Uwe Thaysen (Hrsg.)

Der Zentrale Runde Tisch der DDR

Band V: Dokumente

Der Zentrale Runde Tisch der DDR

Wortprotokoll und Dokumente
Band V: Dokumente

Bearbeitet, mit einem einleitenden Essay versehen und herausgegeben von Uwe Thaysen

Westdeutscher Verlag

Die Deutsche Bibliothek – CIP-Einheitsaufnahme
Ein Titeldatensatz für diese Publikation ist bei
Der Deutschen Bibliothek erhältlich

Dieses Werk wurde gefördert durch den Deutschen Bundestag
und das Bundesministerium des Innern.

Alle Rechte vorbehalten
© Westdeutscher Verlag GmbH, Wiesbaden 2000

Der Westdeutsche Verlag ist ein Unternehmen der Bertelsmann Fachinformation GmbH.

Das Werk einschließlich aller seiner Teile ist urheberrechtlich geschützt.
Jede Verwertung außerhalb der engen Grenzen des Urheberrechtsgesetzes
ist ohne Zustimmung des Verlags unzulässig und strafbar. Das gilt insbesondere für Vervielfältigungen, Übersetzungen, Mikroverfilmungen und
die Einspeicherung und Verarbeitung in elektronischen Systemen.

www.westdeutschervlg.de

Höchste inhaltliche und technische Qualität unserer Produkte ist unser Ziel. Bei der Produktion und Verbreitung unserer Bücher wollen wir die Umwelt schonen: Dieses Buch ist auf säurefreiem und chlorfrei gebleichtem Papier gedruckt. Die Einschweißfolie besteht aus Polyäthylen und damit aus organischen Grundstoffen, die weder bei der Herstellung noch bei der Verbrennung Schadstoffe freisetzen.

Umschlaggestaltung: Horst Dieter Bürkle, Darmstadt
Druck und buchbinderische Verarbeitung: Lengericher Handelsdruckerei, Lengerich
Printed in Germany

ISBN 3-531-12756-X

Vorwort
von Uwe Thaysen

Dem Zentralen Runden Tisch der DDR wurden viele "Papiere" vorgelegt. Diese hatten sowohl "inhaltlich", gemessen an ihrem Gegenstand und an ihrer Qualität, als auch "formal" in ihrem Bezug zum Willensbildungsprozess des Runden Tisches äußerst unterschiedliches Niveau und äußerst unterschiedlichen Status. Darüber ist im einleitenden Essay Auskunft gegeben. Die meisten der Papiere wurden dem Runden Tisch zu Beginn der jeweiligen Sitzung unterbreitet. In späteren Phasen der Verhandlungen wurden sie den Teilnehmern auch - zumeist unmittelbar vor Beginn der betreffenden Sitzung - in "Fächern" über ihre jeweilige Gruppierung beziehungsweise Partei zugänglich gemacht. Der insofern unterschiedliche Status der Papiere ist in ihrer nachfolgenden Zusammenstellung nicht erkennbar; er wäre auch nicht zu rekonstruieren. Im Schloß Niederschönhausen, ab der vierten Sitzung Tagungsort des Zentralen Runden Tisches, gab es neben dem Plenum ein Sekretariat für die Moderatoren und die "Prioritätengruppe", eine Art Ältestenrat des Runden Tisches. Dieses Sekretariat bewerkstelligte die Verteilung der Papiere. Über weite Strecken geschah dies bei fortlaufender Sitzung mehr oder weniger direkt vor den noch angestandenen Tagesordnungspunkten.

Die "Papiere" stammten aus den unterschiedlichsten Quellen. Es wurden auch solche Papiere aufgenommen, die auf keinerlei Weise vorgelegt worden waren, auf welche aber im Verlaufe der Beratungen Bezug genommen wurde. Bestandteil der Transformationsphase der DDR, waren und sind auch diese Dokumente für das Verständnis der Beratungen notwendig. Über die genaue Herkunft eines jeden Papieres ist im jeweiligen Dokumentenkopf Auskunft gegeben; zur Gestaltung des Dokumentenkopfes sowie zum Standort des Dokumentes innerhalb der Willensbildung am Runden Tisch finden sich die notwendigen Erläuterungen im einleitenden Essay (siehe dort die Kommentierung insbesondere der Spalten 3, 5, 6 und 7 des Inhaltsverzeichnisses).

Soweit einzelne Papiere/Materialien dem Plenum des Runden Tisches (nahezu) vollständig vorgelesen wurden, finden sie sich, auch darauf muss hier noch einmal hingewiesen werden, an den entsprechenden Stellen im Wortprotokoll. Dort sind sie, transparent unterlegt, als "graues Material" zusätzlich gekennzeichnet. Die Dokumente sind chronologisch in der Folge angeordnet, in welcher darauf in den Sitzungen selbst und Sitzung für Sitzung Bezug genommen wurde.

Von Beginn an aussichtslos war es und bleibt es, das Original des jeweiligen Papieres ausfindig machen zu wollen. Kaum dass die damaligen Akteure zeitlich und auch sonst in der Lage gewesen wären, "ordentlich" Protokoll zu führen, haben sie noch weniger Zeit darauf verwenden wollen und können, die Originale ihrer Vorlagen für die Historiographie zu archivieren. Derlei gehörte in der DDR ohnehin zu jenen Künsten, die kaum einer hatte erlernen dürfen. Dem Herausgeber ist lebhaft in Erinnerung, dass sich einige der damaligen Akteure darüber schon damals beklagten. Tatsächlich sind die Protokolle der vielen Arbeitsgruppen, sofern überhaupt begonnen, erbarmungswürdig.

Inzwischen verblassen nicht nur bereits die Erinnerungen, sondern auch schon die Fotokopien der Fotokopien von Fotokopien. Die auf dem technischen Stand der DDR vervielfältigten Dokumente erweisen sich - in einigen Fällen in gleichsam doppeltem Sinne - als lichtscheu. Einige taugten nicht mehr, in Faksimile hergestellt zu werden; sie waren neu zu schreiben. Andere tragen die handschriftlichen Vermerke von Autoren, die zu ermitteln nicht angebracht wäre, sofern dies überhaupt gelingen könnte. Handschriftliche Annotationen wurden in den Dokumenten getilgt, soweit dies nur irgend möglich war; sie blieben stehen, wo durch die Tilgung der handschriftlichen Annotation auch der Text selbst nicht mehr lesbar gewesen wäre. Für die Formatierung der Dokumente des hiermit vorgelegten Bandes gilt, was dazu schon im einleitenden Essay über jene Dokumente gesagt wurde, die sich im fortlaufenden Text des Wortprotokolls befinden.

Die meisten der hier wiedergegebenen Dokumente hat der Herausgeber - *windfallprofit* seiner Dauerpräsenz - direkt am Zentralen Runden Tisch der DDR einsammeln können. Sie wurden ergänzt aus den Beständen des Bundesarchives (anfänglich noch in Potsdam, heute, für Parteien und Massenorganisationen der DDR, in Berlin-Lichterfelde). Soweit gesuchte Dokumente dort nicht vorhanden waren, wusste der Herausgeber in aller Regel, an welchen der einstigen Akteure er sich zu wenden hatte. So bleibt auch nur für einige wenige, an sich wünschenswerte Dokumente eine Leerstelle [???] anzuzeigen - ein Ruf nach dem entsprechenden Dokument an die Adresse derjenigen, die weiterhelfen könnten.

Abschließend auch hier: Mein Dank für die unmittelbare Erfahrung nicht nur des Faszinosums 1989/90 an alle, die damals erfolgreich in die Freiheit, und das heißt in die rechtsstaatliche Demokratie strebten! Mein Dank gilt auch und besonders den damals gewonnenen Freunden, die mir weiterhalfen.

Verzeichnis der Dokumente

Sitzung	Dokument	Inhalt des Dokumentes	Seite
1	1/1	ADN Alarm-Meldung vom 7. Dezember 1989: **Pressemeldung** (in drei Teilen) von **Regierungssprecher Wolfgang Meyer** zur Lage in der DDR	1
2	2/1	**Einladung des Bundes der Evangelischen Kirchen** in der DDR (BEK) zur 2. Sitzung des Runden Tisches mit einem Vorschlag zur Tagesordnung sowie zur Gesprächsführung	4
	2/2	**Schreiben Ulrike Poppe** vom 13. Dezember 1989 an den Vorsitzenden des Staatsrates: Voraussetzung für die Arbeit der neuen Gruppierungen und Parteien	6
	2/3	**Informationen des Ministerrates**: Zum Entschluß der Regierung der DDR vom 14. Dezember 1989 zur Auflösung des Amtes für Nationale Sicherheit	7
	2/4	**Beschluß des Ministerrates** vom 14. Dezember 1989: Über die Bildung einer zeitweiligen Untersuchungsabteilung beim Ministerrat	8
	2/5	**Entwurf des Ministerrates**: Ordnung über die Tätigkeit von Bürgerkomitees	10
3	3/1	**Information Evangelische Kirchenkonferenz**: Aufruf zur Demonstration gegen Massaker in Rumänien (Vorlage 3/0)	13
	3/2	**Aufruf FDGB:** Zur Wirtschaftsreform, gegen Sozialabbau (Vorlage 3/3)	14
	3/3	**Information des Ministerrats**: Beschluß zur Unterstützung der Arbeit des Runden Tisches (Vorlage 3/5)	15
	3/4	**Entwurf der Prioritätengruppe** des Runden Tisches: Themenvorschläge für die Sitzungen des Runden Tisches am 3., 8. und 15. Januar 1990 (Vorlage 3/6)	24
4	4/1	**Geschäftsordnung** des Runden Tisches in der 2. Fassung	25
	4/2	**Antrag SED-PDS** u.a. „Appell der 89"	26
	4/3	**Information UFV**: Antrag an die AG "Wirtschaft" (Information 4/2)	27
	4/4	**Information AG "Neue Verfassung"**: Zu einer neuen Verfassung (Information 4/3)	28
	4/5	**Beschluß des Ministerrates** vom 8.12.1989 über die Absicherung der ehemaligen Angestellten oder Mitarbeiter in den Ministerien und Staatsorganen	32
	4/6	**Beschluß des Ministerrates** vom 14.12.1989 zur Bildung eines Verfassungsschutzes	37
	4/7	**Antrag NF**: Verhältnis zur Regierung Modrow	38
	4/8	**Anfragen NF** zum Ankauf von Kernkraftwerken aus der BRD	39
	4/9	**Erklärung von Bürgerinitiativen**: "Staatssicherheit - und wie weiter" (Vorlage 4/7)	41
5	5/1	**Moderation: Verfahrensvorschlag für die Tagesordnung** des Rundtischgespräches am 3. Januar 1990 (Vorlage 5/1)	43
	5/2	**Antrag Initiativgruppe Bürgerbewegung**: Antrag auf Teilnahme am Runden Tisch	44
	5/3	**Erklärung UFV**: Vorbereitung auf das Gespräch mit Ministerpräsident Modrow am 2.1.1990	47

Sitzung	Dokument	Inhalt des Dokumentes	Seite
	5/4	**Antrag FDGB** zur Vorlage 5/2: Soziale Sicherheit der Werktätigen (Vorlage 5/2a)	51
	5/5	**Erklärung VL:** Dissenspapier zu den Vorschlägen der AG "Wirtschaft" (Vorlage 5/3)	52
	5/6	**Antrag AG "Wirtschaft":** Offenlegung der wirtschaftlichen Tätigkeit der Parteien und Organisationen (Vorlage 5/4)	53
	5/7	**Erklärung FDGB:** Zum Bericht von Frau Minister Luft	53
	5/8	**Vorschlag AG "Ökologischer Umbau"** zu Energiefragen	54
	5/9	**Antrag UFV**, ein Hearing des Wirtschaftsausschusses der Volkskammer und der AG "Wirtschaft" des Runden Tisches zu veranstalten (Vorlage 5/5)	55
	5/10	**Entwurf Moderation** vom 27.12.89 Einrichtung eines Arbeitssekretariats des Runden Tisches (Vorlage 5/9)	56
	5/11	**Antrag SDP:** Gerechte Öffnung der Tagespresse für alle Parteien und Organisationen	58
6	6/1	**Vorschlag Prioritätengruppe:** Zur Tagesordnung der 6. Sitzung (Vorlage 6/0)	59
	6/2	**Antrag VL an den Runden Tisch:** Zur Vertagung der Beschlußfassung der Volkskammer über den Gesetzgebungsantrag der Regierung zur Änderung der Art. 12 und 14 in der Verfassung der DDR (Vorlage 6/3)	60
	6/3	**Prioritätengruppe:** Programmplanung (Vorlage 6/1)	61
	6/4	**Anfragen** vom 3.1.1990 zum "Amt für Nationale Sicherheit" und Finanz- und Wirtschaftsfragen (Information 6/2)	62
	6/5	**Information der Regierung der DDR** zur Auflösung des MfS (Information 6/3)	64
	6/6	**[Putsch-] "Aufruf zum Handeln"** des Bezirksamtes AfNS Gera und der Kreisämter (Information 6/3a)	71
	6/7	**Geschäftsordnungsantrag LDPD:** Einbindung des Runden Tisches in die Willensbildung um Joint-ventures (Vorlage 6/10)	73
	6/8	**Antrag VL an den Runden Tisch:** Ablehnung des Gesetzesauftrages der Regierung an die Volkskammer über die Änderung der Artikel 12 und 14 der Verfassung der DDR (Vorlage 6/9)	74
7	7/1	**Mißbilligungsanträge IFM, UFV:** Nr. 2 gegenüber der Regierung Modrow, betreffend Verfassungsänderungen ohne Beteiligung des Runden Tisches; Nr. 3 gegenüber der Volkskammer betreffend deren Ablehnung des Rederechtes für die Opposition des Runden Tisches in der Volkskammer; Nr. 4 gegenüber Regierung und Volkskammer betreffend unrechtmäßige Eigentumstransfers (Vorlage 7/3)	76
	7/2	**Vorschlag zur Tagesordnung** der 7. Sitzung (Vorlage 7/0)	77
	7/3	Aufruf der Vorlagen und Informationen: **Arbeitsplan (Gesetzgebungsplan) der Regierung** Modrow (Information 7/2 und 7/3)	78
	7/4	**Stellungnahme der AG "Neue Verfassung"** des Runden Tisches: Zum Gesetzentwurf der Regierung "zur Änderung und Ergänzung der Verfassung der DDR" (Information 7/1)	91

Sitzung	Dokument	Inhalt des Dokumentes	Seite
	7/5	**Antrag der Arbeitsgruppe "Auflösung des Amtes für Nationale Sicherheit der DDR":** Aufforderung an die Regierung Modrow die Maßnahmen der Arbeitsgruppe des Runden Tisches durchzuführen (Vorlage 7/5)	93
	7/6	**Erklärung DA:** So geht das nicht weiter! (Information 7/8)	95
	7/7	**Antrag NF:** Zur verfassungswidrigen Tätigkeit des MfS (Vorlage 7/5a)	96
	7/8	**Antrag GP:** Zur Erarbeitung eines Integrationsprogrammes für Bürger aus dem MfS/AfNS (Information 7/5)	98
	7/9	**Antrag VL:** Bestandteile des Wahlgesetzes für den 6. Mai 1990 (Vorlage 6/7)	99
	7/10	**Erklärung SPD:** Zum Wahl- und Parteiengesetz (Information 7/9)	100
	7/11	**Erklärung LDPD:** Parteifinanzen der LDPD	102
	7/12	**Information Gesetzgebungskommission Mediengesetz:** Beschlußentwurf der Volkskammer über die Gewährleistung der Meinungs-, Informations- und Medienfreiheit (Information 7/4)	103
8	8/1	**Tagesordnung** (Vorlage 8/0)	107
	8/2	**Antrag SPD, IFM:** Zur Parteienfinanzierung	108
	8/3	**Erklärung NF:** Zur Demonstration am 15. Januar 1990	109
	8/4	**Antrag NDPD:** Kurzfristige Maßnahmen innerhalb eines zu erabeitenden Umweltkonzeptes (Vorlage 8/6)	110
	8/5	**Standpunkt AG "Recht":** Zur Ordnung der Bürgerkomitees	111
	8/6	**Erklärung VL:** Gegen Gewalt von rechts bei einem bevorstehenden Fußballturnier (Vorlage 6/8)	114
9	9/1	**Entwurf Moderation:** Tagesordnung der 9. Sitzung des Runden Tisches (Vorlage 9/0)	115
	9/2	**Anfragen GP** an die Regierung zur Energiepolitik (Information 9/9)	116
	9/3	**Information Sorbischer Runder Tisch:** Zur Strafverfolgungseinrichtung Bautzen I (Information 9/8)	117
	9/4	**Erklärung der VdgB** zur Vergabe der Objekte des MfS/AfNS (Information 9/2)	119
	9/5	**Information AG "Recht":** Zustimmung Rechtsausschuß zum Gesetzgebungsplan der Volkskammer (Information 9/1)	122
	9/6	**Antrag SPD:** Neuregelung im Umgang mit Kader- bzw. Personalunterlagen (Vorlage 9/8)	124
	9/7	**Erklärung AG "Sicherheit":** Vorkommnisse am 15. Januar 1990 und Bestätigung des Dreierkomitees (Vorlage 8/7)	125
	9/8	**Schreiben H. Tondeur:** Zur Demonstration in der Normannenstraße (Information 9/12)	126
	9/9	**Antrag IFM:** Aussetzung der 2. Lesung des Zivildienstgesetzes (Vorlage 9/10)	130
	9/10	**Entwurf AG „Parteien- und Vereinigungsgesetz"** eines Parteien- und Vereinigungsgesetzes für die Beratung des Runden Tisches am 22. 1. 1990	131
	9/11	**Beschlußvorlage Arbeitsgruppe "Neues Wahlgesetz":** Zum Entwurf eines Wahlgesetzes (Vorlage 9/1)	137
10	10/1	**Tagesordnung**	140

Sitzung	Dokument	Inhalt des Dokumentes	Seite
	10/2	**Standpunkt der SED-PDS** zur Umweltpolitik (Vorlage 10/1)	141
	10/3	**Standpunkt der SED-PDS** zur ökologischen und ökonomischen Erneuerung (Information 9/6)	149
	10/4	**Antrag SPD** zu Fragen der Atomenergie und Reaktorsicherheit in der DDR (Vorlage 10/12)	170
	10/5	**Antrag SPD, NF, GP, IFM, GL, UFV, DA:** Zur Stillegung der Kernkraftwerksblöcke 1 bis 4 in Greifswald (Vorlage 10/16)	171
	10/6	**Vorschläge PDS:** Zur Verwirklichung einer weitsichtigen Umweltpolitik durch die Regierung (Information 10/5)	172
	10/7	**Information DA:** Eckpunkte und einige Diskussionsaspekte für die Ausarbeitung eines neuen Energiekonzeptes (Information 10/6)	176
	10/8	**Information PDS:** Zwischenbericht der PDS-Arbeitsgruppe: Zu den Ursachen der bisherigen Nicht-Umweltpolitik der DDR (Information 10/8)	179
	10/9	**Antrag Kommission der Volkskammer** zur Änderung und Ergänzung der Verfassung der DDR vom 19. Januar 1990 (Information 10/3a)	189
	10/10	**Antrag AG "Ausländerfragen":** Benennung eines Ausländerbeauftragten (Dokument 10/20)	186
	10/11	**Information des Ministeriums für Finanzen:** Aufforderung, sich an der Frage der Preisbildung zu beteiligen	186
	10/12	**Information LDPD:** Erklärung i. A. Klaus-Peter Budig, Minister für Wissenschaft und Technik, zur Auflösung MfS/AfNS (Information 10/7)	187
	10/13	**Erklärung der AG "Wirtschaft"** zum Gesamtkonzept der Wirtschaftsreform (Information 10/4)	188
11	11/1	Vorschlag für die **Tagesordnung** der 11. Sitzung (Vorlage 11/0)	190
	11/2	**Zwischenbericht aus dem Dreierkomitee zur Auflösung des MfS/AfNS** vorgetragen von Werner Fischer, Sicherheitsbeauftragter des Runden Tisches und Regierungsbevollmächtigter zur Auflösung des MfS/AfNS	191
	11/3	**Entwurf AG "Parteien- und Vereinigungsgesetz":** Vorläufiges Gesetz über Parteien und andere politische Vereinigungen, Parteiengesetz	209
	11/4	**Antrag AG "Wahlgesetz"** zu Wahltermin und Kandidatenaufstellung für die Volkskammerwahlen am 18. März 1990 sowie Anlage zum Terminplan der auf den 18. März 1990 vorgezogenen Wahl (Vorlage 11/4)	220
	11/5	**Antrag des Präsidiums der Volkskammer** der Deutschen Demokratischen Republik vom 2. Februar 1990: Zum Beschluß der Volkskammer der Deutschen Demokratischen Republik zu Aktivitäten der Partei "Die Republikaner" auf dem Territorium der DDR (Information 11/2)	222
	11/6	**Kommentar des Industrieministers und Vorsitzenden des Wirtschaftsausschusses, Karl Grünheid,** zum Bericht über die Lage der Volkswirtschaft und Schlußfolgerungen zur Stabilisierung, insbesondere zu den Zielvorstellungen der Wirtschaftsreform	224
	11/7	**Erklärung CDU:** Sofortmaßnahmen zur Sicherung des sozialen Status der Werktätigen (Vorlage 11/24)	249
	11/8	**Entwurf der Regierung:** Verordnung über die Gewährung von Vorruhestandsgeld	251

Verzeichnis der Dokumente

Sitzung	Dokument	Inhalt des Dokumentes	Seite
	11/9	**Entwurf der Regierung:** Verordnung über die Gewährung staatlicher Unterstützung und betrieblicher Ausgleichszahlungen an Bürger während der Zeit der Arbeitsvermittlung	254
	11/10	**Erklärung VdgB:** Zu den bisherigen Vorschlägen der AG "Wirtschaftsreform" beim Ministerrat der DDR (Vorlage 11/14 = frühere Information 11/1)	256
	11/11	**Antrag FDGB:** Verwendung von PDS-Geld zur Erhöhung der Mindestrenten und zur Finanzierung der Betreuungsarbeit der Volkssolidarität (Vorlage 11/26a)	270
	11/12	**Antrag PDS:** Kooperation DDR-BRD, Organisation der BRD-Wirtschaftshilfe durch unsere Verwaltungsreform. Ziel: Deutschland einig Vaterland (Vorlage 11/29)	271
	11/13	**Antrag SPD:** Frühestmögliche Durchführung der Preisreform im Bereich Nahrungsgüter, Lebensmittel und Gaststätten in Verbindung mit Ausgleichszahlungen an die Bevölkerung (Vorlage 11/19)	272
	11/14	**Antrag PDS:** Verknüpfung des Wirtschafts- und Währungsverbundes mit einem Sozialverbund (Vorlage 11/31)	273
	11/15	**Antrag PDS:** Sicherung der in der Verfassung und im Arbeitsgesetzbuch der DDR garantierten Rechte für Frauen (Vorlage 11/13)	274
	11/16	**Bericht des Ministerrates der DDR** über die Lage der Volkswirtschaft und Schlußfolgerungen zur Stabilisierung	276
	11/17	**Stellungnahme UFV:** Zum Arbeitsmaterial der AG "Wirtschaft" (Vorlage 11/18)	289
	11/18	**Forderungen und Fragen PDS:** Zu Wirtschafts- und Sozialfragen (Information 11/13)	291
	11/19	**Stellungnahme FDGB:** Zu den "Zielstellungen, Grundrichtungen, Etappen und unmittelbaren Maßnahmen der Wirtschaftsreform ..." vom 29.1.1990 (AG "Wirtschaftsreform" beim Ministerrat der DDR (Information 11/7))	296
	11/20	**Antrag UFV:** Erarbeitung einer Sozialcharta (Vorlage 11/11)	300
	11/21	**Antrag GP:** Soziale Absicherung der Werktätigen (Vorlage 11/15)	301
	11/22	**Erklärung GP:** Zur geplanten Währungsreform (Vorlage 11/22)	302
	11/23	**Antrag GP, NF, GL:** Aushändigung energiestatistischer Unterlagen (Vorlage 11/28)	303
	11/24	**Antrag PDS:** Sofortmaßnahmen ökologisch orientierter Marktwirtschaft im Bereich der klein- und mittelständischen Industrie (Vorlage 11/30)	304
	11/25	**Beschlußvorlage NDPD:** Berücksichtigung der sozialen und ökologischen Erfordernisse bei der Ausarbeitung der Wirtschaftsreform (Vorlage 11/6)	304
	11/26	**Antrag DA:** Änderungen des vorläufigen Parteiengesetzes (Vorlage 11/35)	305
	11/27	**Stellungnahme des Hauptabteilungsleiters im Ministerium für Schwerindustrie, Harald Gatzke,** zu den Auswirkungen einer sofortigen Stillegung des KKW Greifswald auf die Elektroenergie- und Wärmeversorgung	306
	11/28	**Antrag PDS:** Bürgerkontrolle über das KKW Greifswald (Vorlage 11/32)	310

Sitzung	Dokument	Inhalt des Dokumentes	Seite
	11/29	**Erklärung GP, GL, IFM, DFV, NF, DFP, DA:** Zur Abschaltung des KKW Greifswald (Vorlage 11/33)	311
	11/30	**Antrag AG "Bildung, Erziehung und Jugend":** Zum Erhalt von Personal und Einrichtungen für Jugendliche (Vorlage 10/9)	312
	11/31	**Antrag VL:** Erstellung eines Berichtes zur Lage der Kinder und Jugendlichen (Vorlage 11/10)	313
	11/32	**Antrag AG "Ausländerpolitik":** Entsendung von 2 Vertretern der AG "Ausländerpolitik" in den Verfassungs- und Rechtsausschuß der Volkskammer (Vorlage 11/1)	314
	11/33	**Erklärung VL:** Zu den Gefahren des Direkteinstiegs in die Marktwirtschaft (Information 11/4)	315
	11/34	**Antrag SPD:** Herstellung der demokratischen Kontrolle über die staatliche Wirtschaft durch Bildung von Betriebsräten (Vorlage 11/25)	318
	11/35	**Antrag VL:** Sicherung der Werktätigeninteressen und zur Verwirklichung von Wirtschaftsdemokratie bei der Durchführung der Wirtschaftsreform (Vorlage 11/21)	320
	11/36	**Antrag VL:** Zum Abbau der Subventionen bei Kinderbekleidung und -schuhen (Vorlage 11/26b)	321
12	12/1	**Tagesordnung** (Vorlage 12/0)	323
	12/2	**Antrag PDS** (Kommission Umweltpolitik) an den Ministerpräsidenten der DDR, Herrn Dr. Hans Modrow: Bildung einer gemeinsamen Energiekommission (Vorlage 12/7)	323
	12/3	**Offener Brief PDS** an den Bundeskanzler der Bundesrepublik Deutschland, Herrn Dr. Helmut Kohl (Vorlage 12/8)	324
	12/4	**Standpunkt PDS "AG Junger GenossInnen":** Zur Ausgestaltung der Vertragsgemeinschaft auf dem Wege zu einer Konföderation (Information 12/2)	326
	12/5	**Information FDGB:** Bedingungen einer Vertragsgemeinschaft zwischen DDR und BRD auf dem Gebiet der Wirtschafts- und Währungsunion (Information 12/3)	329
	12/6	**Antrag LDP:** Themenvorschlag für die Gespräche von Ministerpräsident Modrow und Bundeskanzler Kohl (Vorlage 12/15)	332
	12/7	**Entwurf AG "Parteien- und Vereinigungsgesetz":** Gesetz über Vereinigungen - Vereinigungsgesetz – (Vorlage 12/5)	333
	12/8	**Erklärung CDU:** Minderheitenvotum zum "Gastredner"-Beschluß der 11. Sitzung (Vorlage 12/22)	342
	12/9	**Antrag GP:** Zum Kommunalwahlrecht, insbesondere zur Anwendung des Verhältniswahlrechts mit Komponenten der Personenwahl (Vorlage 12/21)	344
	12/10	**Antrag PDS:** Vorstellungen über zukünftige politische Strukturen und Arbeitsweisen der Bürgerkomitees (Vorlage 12/9)	346
	12/11	**Zusatzantrag AG "Recht":** Bildung einer Kommission zur Kontrolle der Vernichtung von Daten des MfS/AfNS (Vorlage 12/3)	347
	12/12	**Antrag UFV:** Verknüpfung des Wirtschafts- und Währungsverbundes mit einer Sozialcharta (Vorlage 12/17)	348
	12/13	**Antrag SPD:** Einberufung einer Konferenz der Siegermächte des Zweiten Weltkrieges unter gleichberechtigter Teilnahme der DDR und BRD (Vorlage 12/18)	349

Sitzung	Dokument	Inhalt des Dokumentes	Seite
	12/14	**Position VdgB** für die Verhandlungen Modrow/Kohl am 13. und 14. Februar 1990 - Verhandlungsanregungen - (Information 12/10)	350
	12/15	**Antrag "Freies Forschungskollegium ‚Selbstorganisation' für Wissenskatalyse an Knotenpunkten":** Umgehende Bildung einer Treuhandgesellschaft (Holding) zur Wahrung der Anteilsrechte der Bürger mit DDR-Staatsbürgerschaft am Volkseigentum der DDR (Vorlage 12/29)	352
	12/16	**Antrag FDGB:** Zustimmung zu dem vom Außerordentlichen Gewerkschaftskongreß erarbeiteten Beschluß zur Änderung der Artikel 44 und 45 der Verfassung der DDR sowie zum Entwurf eines Gewerkschaftsgesetzes (Vorlage 12/11)	355
	12/17	**Anlage zu Vorlage 12/11:** Vorschlag zur Änderung der Verfassung der DDR	356
	12/18	**Antrag SPD:** Nationalparkprogramm als Baustein für ein geeinigtes Europa (Vorlage 11/16)	357
	12/19	**Antrag AG "Sozialwesen":** Festlegung differenzierter Ausgleichsbeträge bei Kinderbekleidung und -schuhen (Vorlage 12/14)	362
	12/20	**Erklärung FDGB:** Verwendung der durch die FDJ zurückerstatteten Mittel aus dem Solidaritätsfonds von 50 Millionen Mark (Vorlage 12/10)	362
	12/21	**Erklärung AG "Wirtschaft":** Zu Fragen der Währungsreform (Information 12/4a)	363
13	13/1	**Tagesordnung** (Vorlage 13/0)	365
	13/2	**Entwurf vorgelegt von Minister Wiedemann:** Konzeption zur Vorbereitung, Ausgestaltung und Durchführung der Wirtschaftsreform in der Land-, Forst- und Nahrungsgüterwirtschaft (Information 13/2)	366
	13/3	**Erklärung LDP:** Zum Schutz des Eigentums der DDR und ihrer Bürger (Information 13/5)	387
	13/4	**Beschluß des Ministerrates:** Freistellung in Vorbereitung der Volkskammerwahlen	387
	13/5	**Protest von 16 Rechtsanwälten:** Gegen Vorverurteilungen	389
	13/6	**Protokoll dreier Sitzungen der AG "Sicherheit"**	390
	13/7	**Stellungnahme und Antrag VdgB:** Zum Regierungsentwurf gemäß Information 13/2 (Vorlage 13/10)	399
	13/8	**Antrag NF:** Sofortige Umwandlung von Subventionen für Lebensmittelpreise in personengebundene Einkommensbeträge (Vorlage 13/13)	402
	13/9	**Antrag PDS** an den Ministerrat der DDR: Zum Bodenreformeigentum (Vorlage 13/25)	404
	13/10	**Ergänzungsantrag AG "Ökologischer Umbau":** Zur Vorlage 10/3 "Einbeziehung ökologischer Prinzipien in die Gestaltung der gesellschaftlichen und ökonomischen Entwicklung der DDR" (Vorlage 13/20)	405
	13/11	**Antrag PDS:** Standpunkt zu einem Sozialverbund (Empfehlung eines deutsch-deutschen Runden Tisches) (Vorlage 13/27)	408
	13/12	**Entwurf AG "Parteien- und Vereinigungsgesetz":** Gesetz über Versammlungen – Versammlungsgesetz – (Vorlage 13/8)	412
	13/13	**Grundsatzantrag FDGB:** Zur Sicherung der Interessen der Werktätigen (Vorlage 13/21)	417
	13/14	**Antrag AG "Neue Verfassung":** Verfassungsrechtliche Stellung der Gewerkschaften (Vorlage 13/12)	420

Sitzung	Dokument	Inhalt des Dokumentes	Seite
	13/15	**Auskunftsverlangen AG "Strafrecht":** Zu personellen Voraussetzungen bei der Durchführung der Verfahren wegen Amtsmißbrauch (Vorlage 13/35)	423
	13/16	**Schreiben des Fernsehen der DDR** an den Zentralen Runden Tisch: Zur Live-Übertragung der Beratungen des Runden Tisches	424
14	14/1	**Tagesordnung** (Vorlage 14/0)	425
	14/2	**Anlage** 1 der Vorlage 14/1 Schutzbund der Künstlerverbände: Beschluß der Volkskammer über staatliche Pflichten zum Schutz und zur Förderung von Kultur und Kunst	426
	14/3	**Anlage** 2 der Vorlage 14/1: Arbeitspapier des Verbandes Bildender Künstler Berlin für die Kulturkommission des Runden Tisches: Überlegungen zum gesellschaftlichen Selbstverständnis der Künstler und zu ihrer Position innerhalb der Kulturpolitik des Staates	429
	14/4	**Antrag PDS:** Forderungen zur Arbeitskultur in der DDR (Vorlage 14/3)	433
	14/5	**Antrag DJ:** Schutz des nationalen Filmkulturgutes (Vorlage 14/32)	435
	14/6	**Antrag LDP:** Zur sozialen Sicherstellung von Kunst und Kulturschaffenden - Empfehlung des Runden Tisches an die Regierung (Vorlage 14/29)	436
	14/7	**Antrag LDP:** Zum Schutz und zur Förderung von Kultur und Kunst - Empfehlung des Runden Tisches an die Regierung (Vorlage 14/30)	438
	14/8	**Antrag GP:** Erarbeitung einer Analyse des Zustandes der kommunalen Infrastruktur durch das Ministerium für Kultur (Vorlage 14/42)	439
	14/9	**Antrag GP:** Sicherung der kulturellen Entwicklung durch den Staat (Vorlage 14/38)	439
	14/10	**Antrag GP:** Einrichtung eines solidarischen Kulturfonds (Vorlage 14/39)	440
	14/11	**Antrag GP:** Zur verwaltungsrechtlichen Ausgestaltung des Verfassungsgrundsatzes auf allen Ebenen (Vorlage 14/40)	440
	14/12	**Antrag PDS:** Schaffung der Voraussetzungen für die Umsetzung des Konzepts "Haus der Begegnung - Kulturelles Zentrum für geistig behinderte Menschen und Andere" durch die Regierung (Vorlage 14/24)	441
	14/13	**Standpunkt VdgB:** Zur weiteren Entwicklung von Kultur und Kunst (Vorlage 14/28)	442
	14/14	**Antrag CDU:** Beauftragung der Regierung Modrow zur Förderung von Kultur und Kunst (Vorlage 14/31)	444
	14/15	**Antrag GP:** Einrichtung einer Untersuchungskommission, die sich vor allem um die Bestandsaufnahme des realen Zustandes der nationalen Kultur kümmert (Vorlage 14/41)	447
	14/16	**Antrag Sorbischer Runder Tisch:** Subventionierung der sorbischen Kultur und Kunst in der bisherigen Höhe über zentralen Fonds der Regierung (Vorlage 14/26)	447
	14/17	**Antrag IFM:** Schaffung eines "Hauses der Begegnung - kulturelles Zentrum für geistig behinderte Menschen und andere" (Vorlage 14/35)	448
	14/18	**Antrag DJ, IFM, GL, GP, PDS, DA:** Vorschlag der Initiativgruppe der Berliner Theaterschaffenden (Vorlage 14/36)	449
	14/19	**Antrag DJ:** Bildung einer AG "Wissenschaft" (Vorlage 14/44)	450
	14/20	**Standpunkt PDS:** Zur Einberufung eines Runden Tisches "Wissenschaft" (Information 14/8)	451

Verzeichnis der Dokumente XV

Sitzung	Dokument	Inhalt des Dokumentes	Seite
	14/21	**Antrag PDS:** Zum Entwurf des Wehrdienstgesetzes (Vorlage 14/9)	452
	14/22	**Antrag FDGB:** Programm zur Arbeitsplatzbeschaffung und sozialen Sicherstellung für Zivilbeschäftigte der NVA (Vorlage 14/6)	452
	14/23	**Standpunkte des Runden Tisches "Militärreform" [???]:** Zur Rolle und dem Auftrag deutscher Streitkräfte im Prozeß des Zusammenwirkens der beiden deutschen Staaten (Information 14/4)	453
	14/24	**Maßnahmen des Runden Tisches "Militärreform" [???]:** Zur beruflichen Vorbereitung und sozialen Sicherstellung von Berufssoldaten, die im Ergebnis von Truppenreduzierungen und Abrüstungsmaßnahmen aus dem aktiven Wehrdienst zu entlassen sind (Information 14/3)	457
	14/25	**Stellungnahme PDS:** Zur Militärreform (Information 14/9)	459
	14/26	**Erklärung GP** vom 19.2.1990: Entmilitarisierung Jetzt! (Vorlage 14/10)	461
	14/27	**Antrag VL:** Zur Entmilitarisierung (Vorlage 14/53)	464
	14/28	**Antrag DBD:** Volkseigene Grundstücke der NVA aus der Rechtsträgerschaft der NVA in volkswirtschaftliche Nutzung zu überführen (Vorlage 14/8)	465
	14/29	**Antrag GL, GP, UFV, VL, NF:** Einrichtung von "Grünen Häusern" in allen Bezirksstädten und ökologischen Schwerpunktbereichen (Vorlage 14/13)	466
	14/30	**Empfehlung PDS:** Schaffung eines gemeinsamen Umwelt-Bildung-Zentrums Deutsche Demokratische Republik - Bundesrepublik Deutschland in Berlin (Vorlage 14/16)	467
	14/31	**Antrag PDS:** Veränderung der Smogordnung vom 2.11.1989 (Vorlage 14/17)	468
	14/32	**Antrag PDS:** Zur Übergabe des Hygieneinstituts des ehemaligen MfS/AfNS an das neuzubildende Ökologieinstitut der Akademie der Wissenschaften (Vorlage 14/18)	468
	14/33	**Antrag PDS:** Erhaltung Kulturlandschaft der Lausitz durch neue Energiepolitik (mitteleuropäische Energiekooperation) (Vorlage 14/19)	469
	14/34	**Antrag GP, GL:** Vom Todesstreifen zum Lebensraum (Vorlage 14/43)	470
	14/35	**Antrag AG "Ökologischer Umbau":** Ergänzung zur Vorlage 10/3 (gemäß Beschluß des Runden Tisches vom 29.1.1990) AG "Ökologischer Umbau" (Vorlage 14/14)	473
	14/36	**Antrag PDS:** Altlastsanierung der Folgen des Uran- und Erzbergbaues in der Sächsischen Schweiz, im Erzgebirge und Ost-Thüringen (Raum Gera) (Vorlage 14/11)	476
	14/37	**Antrag UFV:** Zweimal wöchentliche Tagung des Zentralen Runden Tisches (Vorlage 14/45)	477
	14/38	**Antrag NF:** Zweimal wöchentliches Zusammentreten des Zentralen Runden Tisches zwecks Bewältigung bestimmter Themen (Vorlage 14/48)	478
	14/39	**Antrag SPD:** Forderungen an die Regierung im Zusammenhang mit dem Gesetzesentwurf zur Privatisierung staatlichen Eigentums (Vorlage 14/54)	479
	14/40	**Aufruf SPD:** Zur Mitarbeit aller Parteien und der Regierung an der Vorbereitung der Privatisierung des staatlichen Eigentums (Information zu Vorlage 14/54)	481

Sitzung	Dokument	Inhalt des Dokumentes	Seite
	14/41	**Antrag DJ:** Errichtung einer "Treuhandgesellschaft" (Holding) sowie Ernennung einer Kommission für die Errichtung dieser Treuhandstelle (Vorlage 14/33)	492
	14/42	**Antrag SPD, VL:** Freistellung der Kandidaten und Kandidatinnen für das zu wählende Parlament bis zum Wahltag von ihrer Tätigkeit (Vorlage 14/52)	492
15	15/1	**Tagesordnung** (Vorlage 15/0)	493
	15/2	**Antrag Initiativgruppe Interessenverband Kindheit** (Vorlage 15/6)	493
	15/3	**Einzelantrag UFV** innerhalb des Pakets der Sozialcharta (Vorlage 15/6a)	494
	15/4	**Antrag des Zentralausschusses der Volkssolidarität** auf Ergänzung der Vorlage 15/5 (Vorlage o. N.)	495
	15/5	**Antrag NDPD:** Ergänzung zur Rechtssicherheit bei Wohnungen und Grundstücken	495
	15/6	**Antrag PDS** zur Sicherung des Rechts auf Wohnraum	496
	15/7	**Antrag DJ:** Siedlerschutz	499
	15/8	**Antrag PDS, UFV:** Berücksichtigung der Behinderten	500
	15/9	**Antrag SPD:** Medizinische Grundbetreuung	500
	15/10	**Positionspapier AG "Gleichstellungsfragen":** Zu Grundzügen der Gleichstellung von Frau und Mann (Vorlage 15/1)	501
	15/11	**Information UFV** zur Vorlage 15/2 betr. die Geschlechterfrage und die Voraussetzungen zu ihrer Lösung in der DDR (Information 15/1)	510
	15/12	**Antrag AG "Gleichstellungsfragen":** Einrichtung einer Kommission zur Sicherung der Kinderbetreuungseinrichtungen (Vorlage 15/3)	516
	15/13	**Bericht Poßner, StS und Leiter des Amtes für Jugend und Sport:** Beratung des Runden Tisches am 5. März 1990: Ausgewählte Zahlen und Fakten zur Lage der Kinder und Jugendlichen in der DDR (Vorlage o. N.)	518
	15/14	**13 Einzelanträge AG "Bildung, Erziehung und Jugend"** (Vorlage 15/8)	599
	15/15	**Antrag Runder Tisch der Jugend:** Die Regierung soll sich zur Wahrung aller Rechte der Kinder und Jugendlichen bekennen sowie zur Bereitstellung von finanziellen Mitteln aus dem Staatshaushalt für die Tätigkeit der Kinder- und Jugendverbände (Vorlage 15/9)	607
	15/16	**Antrag VL** für Initiative "Streitfall Kind", Kommission Recht und UFV (geänderte Fassung): Zur Durchsetzung von Rechten des Kindes (Vorlage 15/4)	608
	15/17	**Regierungsentwurf** des Richtergesetzes (Vorlage 15/10)	611
	15/18	**Änderungsvorlage des Ministerrates:** Zum Entwurf des 6 STÄG (MR-Vorlage vom 18.1.1990, VK 1. Lesung 5.2.1990) (Vorlage 15/12a)	621
	15/19	**Entwurf eines Gesetzes** zur Änderung und Ergänzung des Strafgesetzbuches der Strafprozeßordnung, des Einführungsgesetzes zum Strafgesetzbuch und zur Strafprozeßordnung sowie des Strafregistergesetzes (6. Strafrechtsänderungsgesetz vom ...)	626
	15/20	**Entwurf einer Verordnung** (der Regierung vom 22. Februar 1990): Über die Tätigkeit und die Zulassung von Rechtsanwälten mit eigener Praxis (Vorlage 15/11)	650
	15/21	**Erklärung DJ:** Zum rechtsstaatlichen Schutz der Bürgerinnen und Bürger der DDR vor Gewalt (Information 15/8)	655

Sitzung	Dokument	Inhalt des Dokumentes	Seite
	15/22	**Antrag AG "Recht" und AG "Strafrecht":** Zur Sicherung der Arbeitsfähigkeit der Gerichte und Gewährleistung einer unabhängigen Rechtsprechung (Vorlage 14/21)	656
16	16/1	**Antrag NF:** Einsatz von sachkompetenten und demokratisch bestätigten Leitern in Wirtschaft und Verwaltung (Vorlage 14/51)	658
	16/2	**Antrag Sitzungsleitung:** Zum Schriftgut des Runden Tisches (Vorlage 16/2)	659
	16/3	**Antrag SPD:** Zur Privatisierung der Volkswirtschaft (Vorlage 15/17)	660
	16/4	**Antrag DJ, SPD:** Aufforderung an die Regierung die Privatisierung des Volkseigentums zugunsten der Bürger voranzutreiben (Vorlage 16/7)	661
	16/5	**Antrag SPD, DJ:** Zur Privatisierung des Volkseigentums (Vorlage 16/3)	663
	16/6	**Ausarbeitung einer Untergruppe der AG "Neue Verfassung":** Die Grundrechte (Vorlage 16/1a)	668
	16/7	**Ausarbeitung einer Untergruppe der AG "Neue Verfassung":** Gesellschaftliche und politische Willensbildung (Vorlage 16/1b)	673
	16/8	**Ausarbeitung einer Untergruppe der AG "Neue Verfassung"** zum Themenkreis "Staatsgrundsätze" (Vorlage 16/1c)	679
	16/9	**Standpunkt Sorbischer Runder Tisch:** Zur Vereinigung Deutschlands (Information 16/9)	713
	16/10	**Anlage 1 zum Bericht von Werner Fischer:** Übersicht der von der Arbeitsgruppe "Sicherheit" des Zentralen Runden Tisches gefaßten wichtigsten Beschlüsse und unterbreiteten Vorschläge	715
	16/11	**Anlage 1a zum Bericht von Werner Fischer:** Bildung des Verbundes der Freidenker in der DDR (VdF)	717
	16/12	**Anlage 2 zum Bericht von Werner Fischer:** Übersicht der benötigten Planstellen und erforderlicher Einstellungen von Mitarbeitern des ehemaligen Amtes für Nationale Sicherheit zur Lösung übertragener neuer Aufgaben durch das Ministerium für Innere Angelegenheiten	720
	16/13	**Anlage 3 zum Bericht von Werner Fischer:** Vom VEB Ingenieurbetrieb für wissenschaftlichen Gerätebau zur Übernahme vorgesehene Objekte	721
	16/14	**Bericht vom Kommissarischen Leiter des Bereiches Kommerzielle Koordinierung, Prof. Gerstenberger**, zum Stand der Eingliederung des Bereiches KoKo und seiner Betriebe in die Volkswirtschaft	722
	16/15	**Schlußansprache der Moderation**, Oberkirchenrat Pfarrer Martin Ziegler	743
	16/16	**Antrag GP, GL, NF:** Zur Verhinderung der Gründung der "Internationalen Beratungs- und Vertriebsgesellschaft mbH" (Vorlage 16/8)	746

- PL 30 -

pl 226 1813 31ZI ADN1183
Pressekonferenz/Meyer 1 (mehrere Teile)
Pressekonferenz zur Lage in der DDR =

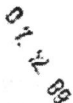

Berlin (ADN). Regierungssprecher Wolfgang Meyer hat am Donnerstag vor der internationalen Presse in Berlin darüber informiert, daß sich der Ministerrat am Donnerstag mit der weiter zugespitzten Lage im Lande befaßt hat. Meyer wies darauf hin, daß diese Lage vor allem im Zusammenhang mit der Aufdeckung von Amtsmißbrauch und Korruption ehemaliger führender Funktionäre stehe. Die Unzufriedenheit über die Verzögerung bei ihrer Aufdeckung habe bei Bürgern und Gruppen zu Empörung und zu spontanen Aktionen geführt. Der Sprecher übermittelte den Dank der Regierung an jene Kräfte, unabhängig von ihrer Weltanschauung, die mitgeholfen haben, den Schaden zu begrenzen und zur Sicherheitspartnerschaft bereit sind. Die staatlichen Organe aller Ebenen seien angewiesen, enger mit den Bürgerinitiativen zusammenzuarbeiten und auf der Grundlage der Verfassung und der Gesetze energisch für Recht und Ordnung einzutreten. Es sei Auffassung der Regierung, alle Probleme gewaltlos und im Dialog zu lösen.

Der Leiter des Amtes für Nationale Sicherheit, Dr. Wolfgang Schwanitz, wandte sich auf der Pressekonferenz an die Bürger der DDR. Leben und Gesundheit von Mitarbeitern des Amtes und ihrer Familienangehörigen in den Bezirken und Kreisen der DDR seien in höchster Gefahr, sagte er. Einige Dienststellen seien bereits nicht mehr arbeitsfähig. Die gesamte Entwicklung könne zu unabsehbaren Folgen für das Land und seine Bürger führen. Die Mitarbeiter seines Amtes würden für die falsche Sicherheitspolitik der ehemaligen Führung verantwortlich gemacht. Er teilte mit, daß der Ministerrat am Donnerstag Festlegungen zur Wiederherstellung von Ordnung und Sicherheit getroffen hat. (folgt)
071840 dez 89

pl 123 984 16ZI ADN1108
Pressekonferenz/Meyer 2

(ADN). Auf eine Frage nach der Vernichtung von Akten in Ämtern für Nationale Sicherheit antwortete Dr. Schwanitz, dazu habe er den Befehl erteilt. Es handele sich um Unterlagen und Dokumente, die auf der veralteten Sicherheitsdoktrin beruhten und damit von der Zeit überholt gewesen seien. Es war psychologisch sicherlich falsch, in dieser Situation einen solchen Befehl zu erlassen, ergänzte er auf die Zusatzfrage, damit etwas vertuschen zu wollen.

Weiterhin informierte er darüber, daß es in diesen Tagen in zahlreichen Bezirksämtern seines Verantwortungsbereiches zu Übergriffen von hunderten Menschen gekommen sei. Auf Seiten der Sicherheitsorgane gäbe es viele Verletzte, die ambulant behandelt worden seien. Ob die Gefahr eines Ausnahmezustandes drohe, lautete eine weitere Frage. Zunächst antwortete Schwanitz, eine solche Maßnahme sei "noch nicht im Gespräch". Schließlich, so fügte Schwanitz auf eine weitere Frage hinzu, sehe kein Gesetz der DDR einen Ausnahmezustand vor. (folgt)

Achtung ! Teil 3 entfällt !

071553 dez 89

Dokument 1/1, ADN Alarm-Meldung vom 7. Dezember 1989: Pressemeldung (in drei Teilen) von Regierungssprecher Wolfgang Meyer zur Lage in der DDR; Seite 1 von 3

- PL 31 -

```
pl 190 1526 24ZI ADN1134
```
Teil 3 entfällt
Pressekonferenz/Meyer 4

(ADN). Wolfgang Schwanitz appellierte an die Vernunft, Gewalttätigkeiten sofort einzustellen und die entstandenen Probleme politisch zu lösen. Er teilte mit, daß mit der Bildung des Amtes für Nationale Sicherheit von ihm Maßnahmen zur Unterbindung von ungerechtfertigten Eingriffen in die Rechte der Bürger der DDR getroffen wurden. Ein ganzer Komplex von Befehlen und Weisungen, die auf die Überprüfung und Kontrolle von Personen abzielten, seien sofort außer Kraft gesetzt worden. Unter Hinweis auf Herausgabedaten mit entsprechender Nummer der Verschlußsache nannte er eine Reihe konkreter Richtlinien des ehemaligen MfS, so für Reisen in kapitalistische Länder, für den Umgang mit Staatsgeheimnissen, Waffen und Sprengmitteln bis hin zum Leistungssport.

Schwanitz informierte ferner, daß bereits die Bezirksämter Cottbus, Dresden, Suhl und Rostock die Arbeit völlig eingestellt haben. Als Grund dafür nannte er unter anderem das Eindringen von Bürgern in diese Dienststellen. Die Tätigkeit weiterer Stellen sei beträchtlich eingeschränkt. Dennoch hielten sich die Mitarbeiter des Sicherheitsamtes diszipliniert an die Befehle, gewaltfrei zu handeln. Er habe befohlen, "keinen gezielten Schuß abzugeben". Es werde jedoch mißbraucht, daß sich seine Mitarbeiter nur durch körperlichen Widerstand wehren könnten. In der gegenwärtigen Situation bestehe die Gefahr einer Eskalation der Lage. Es müsse befürchtet werden, daß dadurch der begonnene Prozeß der demokratischen Erneuerung einen wesentlichen Schaden erleidet und gehemmt wird. (folgt)
071645 dez 89

```
pl 68 551 9ZI ADN1143
```
Pressekonferenz/Meyer 5

(ADN). Im Amt für Nationale Sicherheit sei damit begonnen worden, sagte dessen Leiter, eine neue Sicherheitsdoktrin auszuarbeiten. Gleichfalls werde der Apparat beträchtlich reduziert. So würden über 7.000 ehemalige Mitarbeiter künftig die Zollorgane verstärken, andere an Grenzkontrollpunkten eingesetzt. Eine Anzahl von Dienstgebäuden solle geräumt und anderen Zwecken zur Verfügung gestellt werden. Schwanitz versicherte ausdrücklich, daß grundlegende Dokumente des ehemaligen MfS als Belegexemplare für Archive und Historiker erhalten blieben. (folgt)
071700 dez 89

```
pl 173 1389 23ZI ADN1162
```
Pressekonferenz/Meyer 6 und Schluß

(ADN). Zu den weiteren Beschlüssen der Ministerratssitzung gehörten laut Meyer ein Gesetzentwurf zum Thema Joint ventures, der dem Volkskammerpräsidenten zur Beratung in den Ausschüssen zugeleitet wird. Er sieht vor, in der DDR die Gründung und Tätigkeit von Unternehmen mit ausländischer Beteiligung zuzulassen.

Der Regierungssprecher verwies auf weitere Beschlüsse zur Förderung des ambulanten Handels und zu nebenberuflicher Handelstätigkeit, auf eine Regelung sozialer und arbeitsrechtlicher Fragen für Mitarbeiter des Staatsapparates, die aus Rationalisierungsgründen beziehungsweise Strukturveränderungen ausscheiden. Die Regierung der DDR habe festgestellt, sagte er, daß durch ihre im November zum Schutz des Binnenmarktes ergriffenen Maßnahmen die Warenabkäufe zurückgegangen sind.

Leichtindustrieminister Dr. Gunter Halm informierte über

Dokument 1/1, ADN Alarm-Meldung vom 7. Dezember 1989: Pressemeldung (in drei Teilen) von Regierungssprecher Wolfgang Meyer zur Lage in der DDR; Seite 2 von 3

- PL 32 -

Maßnahmen des Ministerrates zur Entfaltung des privaten und
genossenschaftlichen Handwerks und Gewerbes. Der entsprechende
Beschluß umfaßt mittel- und längerfristige Schritte zur weiteren
Förderung der Leistungs- und Effektivitätsentwicklung im Interesse
der Versorgung der Bevölkerung. Dazu gehörten neue Steuerregelungen,
Heraufsetzung der bisherig gesetzlich erlaubten Beschäftigtenzahl,
leistungsfördernde, aufwandsdeckende und gewinnbringende
Preisveränderungen sowie die Verdoppelung des jährlichen
Steuerfreibetrages für mithelfende Ehepartner.
071736 dez 89

Dokument 1/1, ADN Alarm-Meldung vom 7. Dezember 1989: Pressemeldung (in drei Teilen) von Regierungssprecher Wolfgang Meyer zur Lage in der DDR; Seite 3 von 3

**BUND
DER
EVANGELISCHEN
KIRCHEN**
IN DER DEUTSCHEN DEMOKRATISCHEN REPUBLIK

Rundtisch-Gespräch

An die
Teilnehmer und Beobachter
des Rundtisch-Gespräches
am 7. Dezember 1989

Zg/Hs   11. Dezember 1989

Sehr geehrte Damen und Herren!

In der Anlage übersende ich Ihnen eine Zusammenstellung der Beschlüsse des ersten Rundtisch-Gespräches am 7. Dezember 1989.
Eine Anwesenheitsliste füge ich ebenfalls bei.
Gleichzeitig lade ich Sie zu der verabredeten zweiten Sitzung des Runden Tisches am

Montag, dem 18. Dezember 1989, 9.00 Uhr

wiederum in das Dietrich-Bonhoeffer-Haus, Ziegelstraße 30, Berlin 1040, ein.
Nach den beim ersten Gespräch getroffenen Absprachen ergibt sich für die zweite Sitzung folgender Vorschlag für die Tagesordnung:

1. Eröffnung
2. Entscheidung über die Zulassung weiterer Sitzungsteilnehmer gemäß Ziffer 7 der Geschäftsordnung
3. Bericht des Wirtschaftsausschusses (Dr. Ebeling / Dr. Stief)
4. Bericht des Ausschusses "Neue Verfassung" (Koplanski / G. Poppe)
5. Bericht des Ausschusses "Neues Wahlgesetz" (de Maizière / Dr. Ullmann)
6. Bericht des Ausschusses "Parteien-und Vereinigungsgesetz"
                                              (Henrich / Rospe)
7. Weiterarbeit an den bisher nicht behandelten Themenkomplexen:
7.1. Mediengesetz
7.2. Ökologie
7.3. Ausländerfragen
8. Weiterarbeit des "Runden Tisches"
8.1. Termin, Gastgeber und Ort der nächsten Sitzung
8.2. Künftige Organisation
8.3. Künftige Finanzierung
8.4. Bearbeitung von Eingaben
8.5. Dokumentation
8.6. Öffentlichkeitsarbeit
9. Verschiedenes

Ich gehe davon aus, daß auf Grund der Absprache beim ersten Gespräch die

Dokument 2/1, Einladung des Bundes der Evangelischen Kirchen in der DDR (BEK) zur 2. Sitzung des Runden Tisches mit einem Vorschlag zur Tagesordnung sowie zur Gesprächsführung; Seite 1 von 2

Stellung der Pressesprecher und die Gesprächsleitung wiederum beim einladenden Gastgeber liegen soll.

Falls Änderungen gewünscht werden, müßten sie dem Sekretariat des Bundes sofort mitgeteilt werden, damit der "Runde Tisch" zu Beginn seiner zweiten Sitzung darüber entscheiden kann.

Bis zu einer anderen Regelung bitte ich alle für den "Runden Tisch" bestimmte Post an das Sekretariat des Bundes der Ev. Kirchen in der DDR - Rundtisch-Gespräch - Augustraße 80, Berlin 1040 zu adressieren. Der Zusatz "Rundtisch-Gespräch" ist unbedingt notwendig, damit keine Verwechselungen mit dem Geschäftsgang des Sekretariat des Bundes erfolgen. Für telefonische Nachrichten benutzen Sie bitte die Nummer:

2886138   oder   2829797.

Schließlich erbitte ich von jedem Teilnehmer auf einem gesonderten Blatt die vollständige Adresse und Telefonnummer, unter der zu erreichen ist, damit wir eine vollständige Adressenliste aufstellen und Ihnen übergeben können.

Ich hoffe, daß Sie dieses Schreiben rechtzeitig erreicht und verbleibe

mit freundlichem Gruß

Ziegler

Leiter des Sekretariats

Dokument 2/1, Einladung des Bundes der Evangelischen Kirchen in der DDR (BEK) zur 2. Sitzung des Runden Tisches mit einem Vorschlag zur Tagesordnung sowie zur Gesprächsführung; Seite 2 von 2

Ulrike Poppe
Rykestraße 28
Berlin 1055

Berlin, 13.12 1989

Betr.: Runder Tisch

Sehr geehrter Herr Prof. Dr. Gerlach!

Gemäß der Vereinbarung vom 07.12.1989 übersende ich Ihnen eine Auflistung der matriell-technischen und sonstigen Voraussetzungen für die Arbeit der neuen Gruppierungen der Parteien, die am Runden Tisch beteiligt sind.

1. Büro-, Versammlungs-, Druck- und Archivräume für Gemeinde-, Kreis-, Stadtbezirks-, Bezirks- und Zentralverbände oder -gruppen

   - mit Büroausstattung incl. Telefon
   - mit Telefaxgenemigung

2. Für die Teilnehmer(innen) des Runden Tisches:

   2 Büroräume mit Telefon
   1 Konsultationsraum (für die Ausschüsse, Bürgergespräche u.a.)
   1 Presseraum

3. Die Teilnehmer(innen) der Opposition am Runden Tisch sowie die Mitarbeiter in den Ausschüssen müssen zur Ausübung ihrer Tätigkeit arbeitsbefreit werden. Soweit sie Verdienstausfall erleiden, muß derselbe ihnen aus dem Staatshaushalt ersetzt werden.

4. Einfuhrgenemigung für technische Geräte, einschl. Druckmaschinen ab sofort

5. Einfuhrgenemigungen für sämtliche Druckerzeugnisse

6. Vergabe von Lizenzen und Krediten für unabhängige Zeitungen, eigene Papierkontingente, Möglichkeiten der Auftragsabteilung an staatliche Druckereien

7. Anschluß an das Versandsystem der Deutschen Post (Abonnement) für unsere Druckerzeugnisse

8. Freier Zugang zu den Medien

9. Zugang zu allen Umweltdatenmaterial und den (großen) umweltschädigenden Betrieben und Einrichtungen, zu wissenschaftlichen Gremien geheimen Forschungseinrichtungen

Wir wären Ihnen dankbar, wenn Sie alles Notwendige dazu möglichst bald veranlassen würden, da unter den gegenwärtigen Umständen unsere Arbeit außerordentlich erschwert ist.

Hochachtungsvoll

Dokument 2/2, Schreiben Ulrike Poppe vom 13. Dezember 1989 an den Vorsitzenden des Staatsrates: Voraussetzung für die Arbeit der neuen Gruppierungen und Parteien (Abschrift)

Information

zum Entschluß der Regierung der DDR vom 14. 12. 1989 zur Auflösung des Amtes für Nationale Sicherheit

Ausgehend von den Empfehlungen des Runden Tisches vom 8. 12. 1989 hat sich die Regierung nachstehenden Standpunkt gebildet und sich entschlossen, in folgender Richtung zu arbeiten:

1. Das Amt für Nationale Sicherheit wird umgehend aufgelöst.
   Zur Auflösung des Amtes wird ein ziviler Beauftragter des Ministerrates eingesetzt.
   Bauten und andere Vermögenswerte des Amtes werden neuen Rechtsträgern zur effektivsten volkswirtschaftlichen Nutzung übergeben.

2. Es werden gebildet

   - ein Nachrichtendienst der DDR und

   - ein Organ für Verfassungsschutz der DDR.

   Beide Institutionen werden dem Vorsitzenden des Ministerrates direkt unterstellt.

   Die Regierung der DDR geht davon aus, daß es derartige Einrichtungen in allen sozialistischen und entwickelten kapitalistischen Staaten gibt. Zu den in der BRD bestehenden Einrichtungen dieser Art gehören der Verfassungsschutz des Bundes und der Länder, der Bundesnachrichtendienst, der Militärische Abschirmdienst und auch das Bundeskriminalamt.

   Die Tätigkeit der neu zu bildenden Institutionen der DDR ist auf die Erhaltung des Friedens und die Gewährleistung der äußeren Sicherheit der Deutschen Demokratischen Republik gerichtet. Ihr Auftrag wird darin bestehen, die verfassungsmäßige Ordnung der DDR zu sichern, Spionage und Angriffe auf die Volkswirtschaft abzuwehren, den Kampf gegen rechtsextremistische, gegen neofaschistische und antisemitische Handlungen sowie gegen den Terrorismus zu führen.

Dokument 2/3, Informationen des Ministerrates: Zum Entschluß der Regierung der DDR vom 14. Dezember 1989 zur Auflösung des Amtes für Nationale Sicherheit

B e s c h l u ß

über die Bildung einer zeitweiligen Untersuchungsabteilung beim Ministerrat

vom 14. Dezember 1989

1. Beim Ministerrat der DDR wird mit Wirkung vom 18. Dezember 1989 eine zeitweilige Untersuchungsabteilung für die Prüfung von Amtsmißbrauch und Korruption gebildet.
   Der Untersuchungsabteilung gehören Mitarbeiter staatlicher Untersuchungsorgane, des Ministeriums der Finanzen und Preise und anderer zentraler Staatsorgane sowie sachkundige Bürger der am Runden Tisch vertretenen Parteien und politischen Gruppierungen hauptamtlich an.

2. Aufgabe der Untersuchungsabteilung ist die Prüfung von Sachverhalten, Hinweisen und Mitteilungen zu Rechtsverletzungen durch Amtsträger, insbesondere von schweren Schädigungen des sozialistischen Eigentums und der Volkswirtschaft durch Veruntreuung, Vertrauensmißbrauch und Steuerhinterziehung, Bestechlichkeit und Vorteilsannahme zur persönlichen Bereicherung.
   Der Leiter der Untersuchungsabteilung entscheidet auf Antrag von Bürgerkomitees über die Zulässigkeit der Kontrolle von Unterlagen und Objekten, die im Interesse der staatlichen Sicherheit der Geheimhaltung unterliegen.

3. Die Untersuchungsabteilung übergibt festgestellte Sachverhalte, bei denen der Verdacht von Straftaten oder anderen Rechtsverletzungen besteht, der Staatsanwaltschaft bzw. dem zuständigen staatlichen Untersuchungsorgan.
   Die hauptamtlich mitarbeitenden Bürger der Untersuchungsabteilung nehmen ihre Tätigkeit auf der Grundlage von arbeitsrechtlichen Delegierungsverträgen auf.

Dokument 2/4, Beschluß des Ministerrates vom 14. Dezember 1989: Über die Bildung einer zeitweiligen Untersuchungsabteilung beim Ministerrat; Seite 1 von 2

2

4. Die Untersuchungsabteilung, die von Prof. Dr. Ulrich Dähn geleitet wird, ist dem Vorsitzenden des Ministerrates direkt unterstellt.
Er beruft den Leiter und bestätigt die personelle Zusammensetzung dieser Abteilung.
Auf Vorschlag der Parteien und neuen politischen Gruppierungen des Runden Tisches entscheidet der Leiter der Untersuchungsabteilung über die Einbeziehung von deren Vertretern.

5. Die Aufwendungen für die Tätigkeit der Untersuchungsabteilung trägt das Sekretariat des Ministerrates.

6. Über die Auflösung der Untersuchungsabteilung entscheidet der Ministerrat durch Beschluß.

<u>Anlage</u>

Der Untersuchungsabteilung beim Ministerrat gehören Vertreter folgender zentraler Staatsorgane an:

Anzahl

- Entwurf -

O r d n u n g

über die Tätigkeit von Bürgerkomitees

vom

Die Regierung der Deutschen Demokratischen Republik unterstützt die nationale Bürgerbewegung als aktive eigenständige, pluralistische und gewaltfreie Bewegung, die der Erneuerung der Gesellschaft, dem Bürgerrecht und dem Dialog verpflichtet ist. Dazu können sich Bürgerkomitees in Stadt und Land bilden.

1.1. Bürgerkomitees sind Gremien, die für die gleichberechtigte Mitarbeit von Vertretern der Parteien, gesellschaftlichen Organisationen, politischen Gruppierungen, der Kirchen und Religionsgemeinschaften sowie der Bürger offen sind. Sie wirken ehrenamtlich in Städten, Stadtbezirken, Gemeinden, Ortsteilen und Wohngebieten und sind in ihrer Tätigkeit an die Verfassung, Gesetze und anderen Rechtsvorschriften gebunden.

1.2. Die Bürgerkomitees lassen sich von den Grundwerten des Antifaschismus, Friedens, Humanismus und der Demokratie leiten und wirken an der Erneuerung der (Zivilgesellschaft) mit. Von der Tätigkeit in Bürgerkomitees ist ausgeschlossen, wer für militaristische und revanchistische Ziele eintritt, faschistisches Gedankengut propagiert, Kriegshetze betreibt oder Glaubens-, Rassen- und Völkerhaß bekundet

2.1. Die Bürgerkomitees arbeiten mit den örtlichen Volksvertretungen und ihren Abgeordneten, den Räten und anderen staatlichen Organen im territorialen zusammen. Die Organisation der Zusammenarbeit wird zwischen den zuständigen Staatsorganen im Territorium und den Bürgerkomitees vereinbart.

2.2. Die Bürgerkomitees helfen, kommunale Probleme und Anliegen der Bürger gemeinsam mit den dafür zuständigen staatlichen und gesellschaftlichen Organen und Einrichtungen zu lösen. Die Bürgerkomitees haben ein Mitsprache- und Einspruchsrecht zu Vorhaben in den Territorien, bei denen grundlegende Bürgerinteressen berührt werden.

2.3. In enger Sicherheitsgemeinschaft mit der Deutschen Volkspolizei und anderen zuständigen Organen im Territorium tragen sie zur gewaltfreien Gewährleistung der öffentlichen Ordnung, insbesondere zum Schutz der Bürger vor Übergriffen und Verletzung ihrer Würde bei.

3. Die örtlichen Räte haben die Arbeit der Bürgerkomitees zu unterstützen. Sie informieren und geben Auskünfte zu Fragen, die das Leben der Bürger im Territorium betreffen. Sie stellen den Bürgerkomitees Arbeitsräume entsprechend den territorialen Gegebenheiten zur Verfügung.

4.1. Die Tätigkeit der Bürgerkomitees kann zeitweilig auch darauf gerichtet werden, die Aufdeckung von Amtsmißbrauch, Korruption und die gesellschaftliche Kontrolle darüber zu unterstützen, daß schriftliche und andere Beweismittel gesichert werden. Zur Erfüllung dieser Aufgaben sind sie berechtigt, von den Ö-tlichen Räten und anderen staatlichen Organen im Territorium Informationen und Auskünfte zu verlangen. Die Mitglieder der Bürgerkomitees legitimieren sich mit dem Personalausweis für Bürger der DDR und einem vom Bürgermeister ausgestellten Auftrag, der vom Bürgermeister oder eines von ihm beauftragten Ratsmitglied gegengezeichnet ist.

Dokument 2/5, Entwurf des Ministerrates: Ordnung über die Tätigkeit von Bürgerkomitees; Seite 1 von 2

4.2. Die Bürgerkomitees haben diese Tätigkeit so zu organisieren, daß sie einen wirksamen Beitrag zur Sicherung eines geordneten gesellschaftlichen Lebens im Territorium leisten. Die Handlungsfähigkeit der örtlichen Volksvertretungen, ihrer Räte und der anderen Staatsorgane im Territorium zur Verwirklichung der ihnen obliegenden Aufgaben muß gewährleistet bleiben.

4.3. Verweigern Leiter oder Mitarbeiter der Staatsorgane den Bürgerkomitees die Einsichtnahme oder Auskunft aus Gründen der Geheimhaltung, ist vom Bürgerkomitee die Zustimmung des übergeordneten Staatsorgans zu beantragen. Wird die Zustimmung nicht erteilt, ist der Leiter der Untersuchungsabteilung beim Vorsitzenden des Ministerrates zu informieren. Er entscheidet im Zusammenwirken mit den zuständigen Staatsorganen. Erfolgt die Verweigerung aus anderen Gründen, sind die staatlichen Untersuchungsorgane oder die Staatsanwaltschaft in Kenntnis zu setzen.

5. Die Bürgerkomitees legen vor der Öffentlichkeit Rechenschaft ab.

Dokument 2/5, Entwurf des Ministerrates: Ordnung über die Tätigkeit von Bürgerkomitees; Seite 2 von 2

- Entwurf -

Ordnung
über die Tätigkeit von Bürgerkomitees
vom

Die Regierung der Deutschen Demokratischen Republik unterstützt die nationale Bürgerbewegung als aktive eigenständige, pluralistische und gemeinnützige Bewegung, die der Erneuerung der Gesellschaft, dem Bürgerwohl und dem Dialog verflichtet ist. Dazu können sichBürgerkomitees in Stadt und Land bilden.

1.1 Bürgerkomitees sind Gremien, die für die gleichberechtigte Mitarbeit von Vertretern der Parteien, gesellschaftlichen Organisationen, politischen Gruppierungen, der Kirchen und Religionsgemeinschaften sowie der Bürger offen sind. Sie wirken ehrenamtlich in Städten, Stadtbezirken, Gemeinden, Ortsteilen und Wohngebieten und sind in ihrer Tätigkeit an die Verfassung, Gesetze und anderen Rechtsvorschriften gebunden.

1.2 Die Bürgerkomitees lassen sich von den Grundwerten des Antifaschismus, Friedens, Humanismus und der Demokratie leiten und wirken an der Erneuerung des Sozialismus mit. Von der Tätigkeit in Bürgerkomitees ist ausgeschlossen, wer für militaristische, revanchistische Ziele eintritt, faschistisches Gedankengut propagiert, Kriegshetze betreibt oder Glaubens-, Rassen- und Völkerhaß bekundet.

2.1 Die Bürgerkomitees arbeiten mit den örtlichen Volksvertretungen und ihren Abgeordneten, den Räten und anderen staatlichen Organen im Territorium zusammen. Die Organisation der Zusammenarbeit wird zwischen den zuständigen Staatsorganen im Territorium und den Bürgerkomitees vereinbart.

2.2 Die Bürgerkomitees helfen, kommunale Probleme und Anliegen der Bürger gemeinsam mit den dafür zuständigen staatlichen und gesellschaftlichen Organen und Einrichtungen zu lösen. Die Bürgerkomitees haben ein Mitsprache- und Einspruchsrecht zu Vorhaben in den Territorien, bei denen grundlegende Bürgerinteressen berührt werden.

2.3 In enger Sicherheitsgemeinschaft mit der Deutschen Volkspolizei und anderen zuständigen Organen im Territorium tragen sie zur gewaltfreien Gewährleistung der öffentlichen Ordnung, insbesondere zum Schutz der Bürger vor Übergriffen und Verletzung ihrer Würde bei.

3. Die örtlichen Räte haben die Arbeit der Bürgerkomitees zu unterstützen. Sie informieren und geben Auskünfte zu Fragen, die das Leben der Bürger im Territorium betreffen. Sie stellen den Bürgerkomitees Arbeitsräume entsprechend den territorialen Gegebenheiten zur Verfügung.

4.1 Die Tätigkeit der Bürgerkomitees kann zeitweilig auch darauf gerichtet werden, die Aufdeckung von Amtsmißbrauch, Korruption und die gesellschaftliche Kontrolle darüber zu unterstützen, daß schriftliche und andere Beweismittel gesichert werden. Zur Erfüllung dieser Aufgaben sind sie berechtigt, von den örtlichen Räten und anderen staatlichen Organen im Territorium Informationen und Auskünfte zu verlangen. Die Mitglieder der Bürgerkomitees legitimieren sich mit dem Personalausweis für Bürger der DDR und einem vom Bürgerkomitee ausgestellten Auftrag, der vom Bürgermeister oder einem von ihm beauftragten Ratsmitglied gegengezeichnet ist.

4.2 Die Bürgerkomitees haben diese Tätigkeit so zu organisieren, daß sie einen wirksamen Beitrag zur Sicherung eines geordneten gesellschaftlichen Lebens im Territorium leisten. Die Handlungsfähigkeit der örtlichen Volksvertretungen, ihrer Räte und der anderen Staatsorgane im Territorium zur Verwirklichung der ihnen obliegenden Aufgaben muß gewährleistet bleiben.

4.3 Verweigern Leiter oder Mitarbeiter der Staatsorgane den Bürgerkomitees die Einsichtnahme oder Auskunft aus Gründen der Geheimhaltung, ist vom Bürgerkomitee die Zustimmung des übergeordneten Staatsorgans zu beantragen. Wird die Zustimmung nicht erteilt, ist der Leiter der Untersuchungsabteilung beim Vorsitzenden des Ministerrates zu informieren. Er entscheidet im Zusammenwirken mit den zuständigen Staatsorganen. Erfolgt die Verweigerung aus anderen Gründen, sind die staatlichen Untersuchungsorgane oder die Staatsanwaltschaft in Kenntnis zu setzen.

5. Die Bürgerkomitees legen vor der Öffentlichkeit Rechenschaft ab.

Dokument 2/5, Entwurf des Ministerrates: Ordnung über die Tätigkeit von Bürgerkomitees; Abschrift des vorhergehenden Dokumentes.

PRESSEINFORMATION

Herausgegeben vom Bund der Ev. Kirchen in der DDR
- Pressestelle -
Auguststraße 80, 1040 Berlin
Telefon: 2 88 6 116
Redaktion: Rolf-Dieter Günther

A 5521 - 2896/89   Nr. 46/89

An die
Redaktionen der
kirchlichen Sonntagsblätter,   Berlin, den 21. Dezember 1989
ena, u. a.

Liebe Brüder und Schwestern in Christus, liebe Mitbürger!

Am Freitag, den 22. Dezember 1989, 12.00 Uhr, werden in unserem Land die Glocken unserer Kirchen läuten. Sie rufen Euch zu:
Betet für Rumänien!

In ohnmächtiger Betroffenheit hören wir von den brutalen Einsätzen der Sicherheitsorgane in Rumänien gegen ihre eigenen Landsleute. Die Völker Rumäniens leiden unter einer menschenfeindlichen Diktatur.
Darum bitte ich um Euer Gebet.

Betet darum, daß die Völker Rumäniens schnell den Weg in die Freiheit finden!
Betet darum, daß die Diktatur gewaltlos gestürzt wird!
Betet darum, daß Menschen nicht mehr entehrt, gequält und getötet werden!
Betet für die Hungernden und daß wir bald helfen können!

Während wir uns in der DDR auf das Heilige Christfest vorbereiten und Gott für den gewonnenen Weg in die Freiheit danken, wollen wir ganz an der Seite der geschundenen Menschen, unserer Brüder und Schwestern in Rumänien stehen.

So betet Maria, als ihr der Engel des Herrn die Geburt Jesu verkündet:
"Gott übt Gewalt mit seinem Arm und verstreut, die hoffärtig sind in ihres Herzens Sinn. Er stößt die Gewaltigen vom Thron und erhebt die Niedrigen. Die Hungrigen füllt er mit Gütern und läßt die Reichen leer."

Mit der Bitte um das gemeinsame Beten und in der Gewißheit der Erhörung durch Gott grüßt Euch zum Heiligen Christfest

                                        Euer

                                        Dr. Werner Leich
                                        Vorsitzender der Konferenz
                                        der Evangelischen Kirchenleitungen

                          * * *

Frei zur Veröffentlichung

Dokument 3/1, Information Evangelische Kirchenkonferenz: Aufruf zur Demonstration gegen Massaker in Rumänien (Vorlage 3/0)

Das Stärkste, was die Schwachen haben, sind die Gewerkschaften!

A U F R U F !

AN ALLE !

Für unser Land!

Wirtschaftsreform: Ja!

Sozialabbau und Arbeitslosigkeit: Nein!

Dafür kämpft der FDGB!

Zum Schutz der Interessen von Millionen Mitgliedern fordert das Komitee zur Vorbereitung des außerordentlichen FDGB-Kongresses unverzüglich ein Gespräch mit der Regierung, in dem sie ihre Vorstellungen zur weiteren Preis- und Subventionspolitik mit uns diskutiert.

Wir berufen uns auf unser in der Verfassung verankertes Mitbestimmungsrecht. Wir setzen uns dafür ein, daß Preisveränderungen nicht zum Absinken des Reallohnniveaus führen und nicht insbesondere zu Lasten jener Bürger gehen, die nur über geringe Einkommen verfügen.

Um unsere Verhandlungspositionen zu stärken, braucht der FDGB zu seiner Erneuerung die Unterstützung aller gesellschaftlichen Kräfte.

Deshalb:

. Arbeitet mit in den Betriebsgewerkschaftsleitungen!

. Bringt Eure Ideen und Vorschläge zur Vorbereitung des außerordentlichen FDGB-Kongresses ein!

. Stärkt unsere Positionen bei Verhandlungen mit Betriebsleitungen und mit der Regierung!

Wir sind offen für jeden und brauchen jeden.

Dokument 3/2, Aufruf FDGB: Zur Wirtschaftsreform, gegen Sozialabbau (Vorlage 3/3)

Ministerrat
der Deutschen Demokratischen Republik

> Beschluß des Ministerrates
> 7 / 1.b / 89
> vom 21. Dezember 1989

Betrifft: Beschluß zur Unterstützung der Arbeit des Runden Tisches

Der beiliegende Beschluß wurde bestätigt.

gez. H. Modrow

Verteiler:
Mitglieder des Ministerrates
Leiter anderer zentraler Staatsorgane
Oberbürgermeister von Berlin
Vorsitzende der Räte der Bezirke
Vorsitzende der Räte der Kreise
Präsident der Staatsbank der DDR

Für die Richtigkeit:

Sekretariat des Ministerrates

> Dieser Beschluß ist nach Realisierung zu vernichten;
> die Archivierung erfolgt durch den Herausgeber.

Ministerrat

Beschluß
zur Unterstützung der Arbeit des Runden Tisches

vom 21. Dezember 1989

1. Der Ministerrat stellt für die künftigen Treffen am Runden Tisch, beginnend ab 27. 12. 1989, Räume im Konferenzgebäude 1110 Berlin-Niederschönhausen, Ossietzkystraße, zur Verfügung.

   Arbeitsräume mit Telefon, Konsultationsräume und Arbeitsmöglichkeiten für die Presse werden bereitgestellt.

   <u>Verantwortlich:</u>   Leiter des Sekretariats des Ministerrates

2. Für die neuen Parteien und politischen Gruppen des Runden Tisches, die für ihre politische Arbeit Räume brauchen, wird vorläufig das Gebäude der Kreisleitung der SED - POS Berlin-Mitte (Friedrichstraße 165) möbliert bereitgestellt.
   Die Aufteilung der Räumlichkeiten wird mit den künftigen Nutzern vereinbart.

   Weitere für die Herstellung der Arbeitsfähigkeit erforderliche Büroausstattung ist beim Sekretariat des Ministerrates anzufordern und wird gegebenenfalls durch Umverteilung zur Verfügung gestellt.

   Das Sekretariat des Ministerrates schließt mit der Bezirksleitung der SED - POS Berlin einen entsprechenden Nutzungsvertrag ab, klärt die vermögensrechtlichen Fragen und übernimmt die Finanzierung.

   Diese Regelung gilt bis 1. Juni 1990. Danach wird die Nutzung des Gebäudes in Übereinstimmung mit dem Eigentümer und den Nutzern neu geregelt.

3. Zur Verbesserung ihrer Arbeitsmöglichkeiten können jeder der neuen Parteien und politischen Gruppen zwei PKW aus dem Bestand des Sekretariats des Ministerrates zur Verfügung gestellt werden.

Termine der Übernahme der PKW und damit im Zusammenhang stehende Fragen sind zu vereinbaren.

<u>Verantwortlich für die Abwicklung:</u> Leiter des Sekretariats des Ministerrates

4. <u>Freistellung von der beruflichen Tätigkeit</u>

4.1. Die Teilnehmer des Runden Tisches und die von ihnen bestätigten Mitglieder der Arbeitsgruppen sowie die Mitarbeiter des Arbeitssekretariats (nachfolgend Vertreter am Runden Tisch genannt) können von ihrer beruflichen Tätigkeit freigestellt werden, soweit es für die Wahrnehmung ihrer Aufgaben am Runden Tisch unbedingt erforderlich ist.

Auf Vorschlag des Arbeitssekretariats des Runden Tisches stellt das Ministerium für Arbeit und Löhne eine Freistellungsbescheinigung zur Vorlage gegenüber den Betrieben, Genossenschaften und Einrichtungen aus.

4.2. Die Teilnehmer des Runden Tisches auf der Bezirks-, Kreis-, Stadt- und Gemeindeebene können ebenfalls von ihrer beruflichen Tätigkeit zeitweilig freigestellt werden, soweit es für die Wahrnehmung ihrer Aufgaben am Runden Tisch unbedingt erforderlich ist.
Die erforderlichen Freistellungsbescheinigungen werden vom Vorsitzenden des zuständigen örtlichen Rates ausgestellt.

4.3. In Übereinstimmung mit den Festlegungen für die Abgeordneten der Volksvertretungen gelten folgende Regelungen für Ausgleichs- bzw. Entschädigungszahlungen:

- Vertreter am Runden Tisch, die in einem Arbeitsrechtsverhältnis stehen, erhalten von ihrem Betrieb für die Zeit der Freistellung von der Arbeit einen Ausgleich in Höhe ihres Durchschnittslohnes. Ist der tatsächliche Verdienstausfall höher, wird ihnen vom Betrieb als Ausgleich der Betrag gezahlt, den sie als Verdienst erzielt hätten. Die Freistellung darf nicht zu einer Minderung der Jahresendprämie führe

5

5. Finanzierung

5.1. Die Aufwendungen für die Durchführung der Gespräche des Runden Tisches werden auf der Grundlage eines Nachweises aus dem Haushaltsplan des Sekretariats des Ministerrates finanziert.

<u>Verantwortlich:</u> Leiter des Sekretariats des Ministerrates
Minister der Finanzen und Preise

5.2. Die Aufwendungen für die Tätigkeit der Parteien, gesellschaftlichen Organisationen und politischen Gruppen wie Nutzungsentgelte, Bewirtschaftungskosten und für politische Arbeit werden bis zur Verabschiedung eines Parteien- und Vereinigungsgesetzes aus Mitteln des Staatshaushalts vorfinanziert.

Der Aufwand für hauptamtliche Kräfte der Parteien, gesellschaftlichen Organisationen und politischen Gruppen wird entsprechend dem gesonderten Vorschlag der Vertreter des Runden Tisches ebenfalls aus dem Staatshaushalt vorfinanziert.

Für die Dauer der Vorfinanzierung aus dem Staatshaushalt ist durch die Parteien, gesellschaftlichen Organisationen und politischen Gruppen dem Minister der Finanzen und Preise ein Finanzierungsvorschlag zu den genannten Hauptaufwendungen unter Berücksichtigung aller eigenen Einnahmen vorzulegen.

Die Kontrolle über die aus dem Staatshaushalt vorfinanzierten Mittel wird durch die Volkskammer geregelt.

<u>Verantwortlich:</u> Minister der Finanzen und Preise
in Zusammenarbeit mit den zuständigen Vertretern des Runden Tisches

5.3. Bis zur Verabschiedung des Parteien- und Vereinigungsgesetzes trifft der Präsident der Staatsbank folgende Sonderregelung:

Die Staatsbank stellt Kredite bis zur Höhe von 6 Mio M zur Finanzierung von Ausrüstungen und Materialien an Parteien, gesellschaftliche Organisationen und politische Gruppen des Runden Tisches bereit.

Dokument 3/3, Information des Ministerrats: Beschluß zur Unterstützung der Arbeit des Runden Tisches (Vorlage 3/5); Seite 4 von 9

Vertreter am Runden Tisch, die Mitglieder von Produktionsgenossenschaften sind, erhalten durch die Produktionsgenossenschaft für die Zeit der Freistellung einen Ausgleich in Höhe ihrer bisherigen Durchschnittsvergütung. Die Berechnung des Ausgleichs für Vertreter am Runden Tisch, die Mitglieder von landwirtschaftlichen Produktionsgenossenschaften, gärtnerischen Produktionsgenossenschaften sowie von Produktionsgenossenschaften werktätiger Fischer sind, erfolgt auf der Grundlage des Durchschnitts der im letzten Kalenderjahr geleisteten Arbeitseinheiten und der im Betriebsplan der

Genossenschaften festgelegten Geld- und Naturalvergütung je Arbeitseinheit. Die Berechnung des Ausgleichs für Vertreter am Runden Tisch, die Mitglieder von Produktionsgenossenschaften des Handwerks sind, erfolgt gemäß Ziffer 4.3.
- 1. Stabstrich.

Im Ausnahmefall können auf Antrag der Produktionsgenossenschaft durch den zuständigen örtlichen Rat die für die Ausgleichszahlung aufgewandten Mittel ganz oder teilweise erstattet werden.

- Vertreter am Runden Tisch, die Kommissionshändler, selbständige Handwerker, Gewerbetreibende oder sonstige selbständig bzw. freiberuflich Tätige sind, erhalten auf Antrag für den ihnen durch die Wahrnehmung ihrer Aufgaben entstehenden Verdienstausfall eine Entschädigung vom zuständigen örtlichen Rat. Der Verdienstausfall ist durch Vorlage des Steuerbescheides zu belegen. Die Entschädigungen werden wie Einkünfte aus der jeweiligen Erwerbstätigkeit besteuert und unterliegen der Beitragspflicht zur Sozialversicherung. Die Entschädigung für Verdienstausfall beträgt bis zu 10,-- M je Stunde, im Höchstfall 80,-- M täglich. Ist es Vertretern am Runden Tisch nicht möglich, einen Nachweis über ihren Verdienstausfall zu erbringen, entscheidet der zuständige örtliche Rat über die Höhe der zu zahlenden Entschädigung.

Dokument 3/3, Information des Ministerrats: Beschluß zur Unterstützung der Arbeit des Runden Tisches (Vorlage 3/5); Seite 5 von 9

6

Der Präsident der Staatsbank legt im Rahmen der gesetzlichen Bestimmungen die Kreditbedingungen fest.

<u>Verantwortlich:</u>　Präsident der Staatsbank der DDR

6. <u>Zugang zu den Medien</u>

Den Parteien, gesellschaftlichen Organisationen und politischen Gruppen ist entsprechend der in der Verfassung verankerten Pressefreiheit der Zugang zu den Medien garantiert. Die dem Ministerrat unmittelbar unterstellten Medien – ADN, Rundfunk und Fernsehen – werden verpflichtet, dafür Sorge zu tragen, daß die aktuelle Information über die Arbeit und die Aktivitäten der Parteien, gesellschaftlichen Organisationen und politischen Gruppen kontinuierlich gewährleistet wird.

In Vorbereitung der Wahlen am 6. Mai 1990 sind den sich zur Wahl Stellenden Sendezeiten im Rundfunk und im Fernsehen zur Verfügung zu stellen.

<u>Verantwortlich:</u>　Generaldirektor des Allgemeinen Deutschen Nachrichtendienstes
　　　　　　　　　　Generalintendant des Rundfunks der DDR
　　　　　　　　　　Generalintendant des Fernsehens der DDR

<u>Termin:</u>　　　　sofort

7. <u>Bereitstellung von Papierkontingenten, Druckkapazitäten und Lizenzierungen</u>

7.1. Die neuen Parteien und politischen Gruppen haben das Recht auf eigene Publikationen.

Zur Herausgabe neuer Presseerzeugnisse ist eine Lizenz erforderlich. Diese ist zu beantragen:

Dokument 3/3, Information des Ministerrats: Beschluß zur Unterstützung der Arbeit des Runden Tisches (Vorlage 3/5); Seite 6 von 9

a) Für zentrale periodisch erscheinende Presseerzeugnisse beim Leiter des Presse- und Informationsdienstes der Regierung der DDR, 1086 Berlin, Otto-Grotewohl-Straße 19 O.

b) Für regional periodisch erscheinende Presserzeugnisse beim jeweiligen Vorsitzenden des Rates des Bezirkes.

Im formlosen Antrag muß unbedingt enthalten sein:
- Titel
- Herausgeber
- Erscheinungsweise
- Seitenumfang
- Format
- Auflagenhöhe.

7.2. Auf der Grundlage der erteilten Lizenz sind eigenverantwortlich mit Druckereien aller Eigentumsformen Wirtschaftsverträge zur Herstellung der Zeitungen/Zeitschriften abzuschließen. Erforderlichenfalls ist durch das Sekretariat des Ministerrates Unterstützung zu gewähren.

7.3. Für andere Druckerzeugnisse, wie Broschüren, Plakate, Handzettel usw., sind keine Druckgenehmigungen bzw. Lizenzen erforderlich. Die Parteien, gesellschaftlichen Organisationen und politischen Gruppen sind berechtigt, mit entsprechenden Druckereien aller Eigentumsformen auf vertraglicher Basis die kurzfristige Herstellung solcher Druckerzeugnisse zu vereinbaren.

7.4. Für die Bereitstellung der erforderlichen Papiermengen und Papiersorten sind die Druckereien verantwortlich. Entscheidungen zur zusätzlichen Bereitstellung sind durch das jeweils übergeordnete Organ der Druckereien bzw. die Versorgungskontore Papier und Bürobedarf zu treffen.
Der Vorsitzende der Staatlichen Plankommission wird bevollmächtigt, auf Anforderung des Bilanzorgans erforderliche zusätzliche Papierkontingente bis zu einer Höhe von 2 Mio VM zu Lasten der Zahlungsbilanz zu entscheiden.

Dokument 3/3, Information des Ministerrats: Beschluß zur Unterstützung der Arbeit des Runden Tisches (Vorlage 3/5); Seite 7 von 9

8. Kommunikation und Pressevertrieb

8.1. Das Ministerium für Post- und Fernmeldewesen wird beauftragt,

- den Vertrieb von Presseerzeugnissen, die von neuen Parteien und politischen Gruppen herausgegeben werden, zu den "Allgemeinen Leistungsbedingungen für die Lieferung von Presseerzeugnissen an die Deutsche Post" zu sichern,
- die dem Ministerium für Post- und Fernmeldewesen übergebenen Abonnementsbestellungen für in der DDR vertriebene Presseerzeugnisse für den Eigenbedarf der zentralen Vorstände neuer Parteien und politischen Gruppen entsprechend den "Allgemeinen Bedingungen für den Vertrieb von Presseerzeugnissen im Abonnement" zu realisieren.

8.2. Das Ministerium für Post- und Fernmeldewesen hat die Einrichtung der für die Arbeitsfähigkeit der Parteien, gesellschaftlichen Organisationen und politischen Gruppen erforderlichen

- Fernsprechanschlüsse
- Telexanschlüsse
- Fernkopieranschlüsse

auf der Grundlage der entsprechenden gesetzlichen Bestimmungen zu gewährleisten.

Die Anträge zur Bereitstellung von Fernsprech-, Telex- und Fernkopieranschlüssen sind an das Ministerium für Post- und Fernmeldewesen zu richten.

8.3. Der Minister für Außenwirtschaft wird beauftragt, eine zollrechtliche allgemeine Genehmigung für Parteien, gesellschaftliche Organisationen und politische Gruppen zur gebührenfreien Einfuhr von Vervielfältigungstechnik, Fernseh-, Videogeräten (Videokameras, -recorder), Videokassetten, Disketten und sonstigen visuellen nicht lesbaren Ton-, Daten- und Informationsträgern sowie anderer Bürotechnik zu erteilen.

Dokument 3/3, Information des Ministerrats: Beschluß zur Unterstützung der Arbeit des Runden Tisches (Vorlage 3/5); Seite 8 von 9

Bei Grenzübertritt genügt die Vorlage einer Bescheinigung der Parteien, gesellschaftlichen Organisationen und politische[n] Gruppen, die am Runden Tisch beteiligt sind, daß die einzuführenden Gegenstände zur Organisierung und Durchführung ihrer gesellschaftlichen Arbeit erforderlich sind.
Die Zollverwaltung ist anzuweisen, in diesem Zusammenhang jegliche Unterstützung zu gewähren.

<u>Verantwortlich:</u> Minister für Außenwirtschaft
Leiter der Zollverwaltung.

9. Die Räte der Bezirke, Kreise, Städte und Gemeinden werden beau[f]tragt, entsprechend den Grundsätzen dieses Beschlusses und ihr[en] territorialen Möglichkeiten Unterstützungsmaßnahmen für die ne[uen] Parteien und politischen Gruppen festzulegen.
Davon nicht berührt werden Finanzierungsfragen aus dem Staatsh[aus]halt entsprechend Ziff. 5.2 dieses Beschlusses, die zentral en[t]sprechend den eigenen Strukturen der Parteien und politischen Gruppen geregelt werden.

Eine Finanzierung von Parteien, gesellschaftlichen Organisatio[nen] und politischen Gruppen aus dem örtlichen Haushalt erfolgt nic[ht].

10. Zur Durchführung des Beschlusses wird im Einvernehmen mit den Teilnehmern des Runden Tisches eine ständige Arbeitsgruppe mit festzubenennenden Teilnehmern vereinbart, die regelmäßig Beratungen durchführt.

11. Herr Dr. Günter Hegewald, Abteilungsleiter im Sekretariat des Ministerrates, wird als Beobachter am Runden Tisch vorgeschlage[n]. Er fungiert gleichzeitig als Vermittler bei der materiell-technischen und finanzmäßigen Unterstützung der neuen Parteien und politischen Gruppen.

) Das Ministerium für Außenwirtschaft übergibt ein Muster dieser Bescheinigung an alle am Runden Tisch beteiligten Parteien, gesellschaftlichen Organisationen und politischen Gruppen.

Dokument 3/3, Information des Ministerrats: Beschluß zur Unterstützung der Arbeit des Runden Tisches (Vorlage 3/5); Seite 9 von 9

ad-hoc-Arbeitsgruppe "Prioritätenliste"

Prioritätenliste (Sammlung)

(nach der Aussprache am 18.12.1989)

27.12.1989	Ordnung für Bürgerkomitees
	Beziehung zur Regierung zur Regierung Modrow (N.F)
	Kommunalwahlen
	Gegen Neofaschismus
	Verteilung der Baukapazitäten des ehemaligen MfS
	Entmilitarisierung der Gesellschaft
	Bildung eines zivilen Kontrollausschusses
	Ordnung für ein Arbeitssekretariat des Runden Tisches
	Sicherung der Arbeitsmöglichkeiten der Gruppierungen
03.01.1990	Zur Wirtschaftssituation (Wirtschaftsstruktur, Volkseigentum)
	Sofortmaßnahmen für den Winter
	Justizfragen
	Landwirtschaftsfragen
08.01.1990	Wahlgesetz
	Parteien- und Vereinigungsgesetz
	Neue Verfassung
	Mediengesetz
15.01.1990	Oekologische Situation

Arbeitsgruppen auf Antrag

Dokument 3/4, Entwurf der Prioritätengruppe des Runden Tisches: Themenvorschläge für die Sitzungen des Runden Tisches am 3., 8. und 15. Januar 1990 (Vorlage 3/6)

Geschäftsordnung des Runden Tisches

(2. Fassung vom 27.12.1989)

1. Geschäftsordnungsanträge werden vor Sachanträgen verhandelt.

2. Geschäftsordnungsanträge sind:

    - Bestätigung der Tagesordnung
    - Begrenzung der Redezeit
    - Ende der Rednerliste
    - Ueberweisung an einen Ausschuß
    - Schluß der Beratung
    - Antrag über die Art der Abstimmung

3. Sachanträge sind:

    - Hauptanträge
    - Aenderungs- und Ergänzungsanträge

4. Ueber den inhaltlich weitergehenden Antrag wird stets zuerst abgestimmt.

    Für Aenderungs- und Ergänzungsanträge gilt dies sinngemäß.

    Die zur Abstimmung gestellte Frage muß so gestellt werden, daß sie mit ja/nein beantwortet werden kann.

5. Anträge werden in der Reihenfolge der Antragstellung abgearbeitet.

    Die Tagungsleitung darf Anträge gemäß Ziffer 3, sofern es der Sachzusammenhang erfordert, bis zum Ende des Sitzungstages zurückstellen.

6. Anträge gelten als angenommen, wenn sie einfache Mehrheit gefunden haben.

    Geschäftsordnungsanträge und andere Anträge, bei denen die Teilnehmer dieses beschließen, bedürfen einer Zweidrittelmehrheit. Minderheitsvoten sind zulässig.

7. Ueber die Zulassung weiterer Sitzungsteilnehmer entscheidet der Runde Tisch durch einfache Mehrheit.

8. Die am Runden Tisch vertretenen Parteien und Organisationen haben das Recht, Berater in der gleichen Anzahl hinzuzuziehen, mit der sie selbst am Runden Tisch sitzen. Diese haben kein Rederecht.
    Bei Verhinderung eines Vertreters am Runden Tisch kann ein Berater mit vollem Recht eines Vertreters nachrücken. Den Parteien und Organisationen am Runden Tisch wird empfohlen, die Berater aus den Mitarbeitern der Arbeitsgruppen beim Runden Tisch auszuwählen.
    Berater können ausgetauscht werden.

9. Bei Streit über die Geschäftsordnung entscheidet ein Gremium, das sich aus der Tagesleitung und je einem Mitglied der Delegationen zusammensetzt, in geheimer Sitzung endgültig.

Dokument 4/1, Geschäftsordnung des Runden Tisches in der 2. Fassung

APPELL DER 89

Im Wissen und mit der Erfahrung tiefgreifender Veränderungen in der Welt der sozialistischen Länder, angesichts der sich zuspitzenden ökologischen Krisensituation unseres Planeten, die sich in Gestalt der Bevölkerungsexplosion, der Energie- und Umweltkrise, in der sich anbahnenden Klimakatastrophe, der Zerstörung der schützenden Ozonschicht, der Abholzung des tropischen Regenwaldes und der Verluste von immer mehr Tier- und Pflanzenarten als d i e Existenzgefährdung der Erde erweisen könnte, rufen wir in Übereinstimmung mit der Zusicherung, daß von deutschem Boden nur noch Friede ausgehen wird, alle Menschen guten Willens auf, mit einem mutigen und die Phantasien überflügelnden Schritt, der Welt den Beweis für die Kraft der Vernunft zu liefern, indem die Deutsche Demokratische Republik einseitige Vorleistungen mit dem Ziel einer totalen militärischen Abrüstung bis zum Jahre 2000 vollzieht.

Dieser Schritt ist die logische Konsequenz aus der Einsicht, daß in Europa mit seinem dichten Netz von Kernkraftwerken, Ballungen der chemischen Industrie und anderer hochsensibler Anlagen jede militärische Aktion – auch im konventionellen Fall, auch im Verteidigungsfall – das Ende menschlichen Lebens und den Einzug des nuklearen Winters in der Welt bedeuten würde.

Mit den freigesetzten Mitteln und dem Elan von hunderttausenden junger Menschen, die in einem völlig unproduktiven und überaus kostspieligen Beruf verpflichtet sind, können bisher unvorstellbare moralische, industrielle, wissenschaftliche, ökologische und künstlerische Energien gewonnen werden.

Mit diesen Energien wird unser Land sich aus seiner gesellschaftlichen und ökonomischen Krise befreien können und eine Kultur entwickeln, die das Leben reicher macht, ohne den nur auf Gewinnstreben ausgerichteten Gesellschaften verfallen zu müssen. Kommende Generationen sollen nicht länger nur Schulden und ökologische Sünden von uns erben.

Im Sog des uralten Traums der Menschen von Freiheit, Gleichheit und Brüderlichkeit und seiner ersten wirklichen Chance in der Geschichte werden sich Menschen aller Länder zusammenfinden, die wie wir erkannt haben, daß die völlige Abrüstung der erste Schritt ist, unseren bedrohten Planeten zu retten.

Im letzten Monat des Jahres 1989 erheben wir unsere Stimme aus einem Land der Deutschen, aus einem vielfach zwiespältigem Land, berühmt und belastet gleichermaßen. Berühmt auch durch das Wirken von Dürer, Bach und Goethe, belastet aber auch mit Untaten und Verbrechen zweier Weltkriege und unvorstellbarem Völkermord. Eingedenk dieser Vergangenheit geht unser Ruf an alle friedliebenden Menschen:

Verpflichtet Eure Parteien und Gruppierungen den APPELL DER 89 in ihre Wahlprogramme aufzunehmen und verpflichtet die frei gewählten Parlamentarier diesen APPELL DER 89 zum Dekret Nr. 1 der neuen Volkskammer, zum „Dekret des Friedens" zu erheben.

Dokument 4/2, Antrag SED-PDS u.a. „Appell der 89"; Seite 1 von 2

Unterzeichner »APPELL DER 89«

Rosemarie Schuder, Schriftstellerin
Johannes Schönherr, Biologe
Rudolf Hirsch, Schriftsteller
Kurt Julius Goldstein, F.I.R.-Sekretär
Heinrich Fink, Theologe
Margot Goldstein-Wloch
Jörn Fechner, Dramaturg
Marianne und Ulrich Staedtefeld, Filmemacher
Axel Peters, Bildhauer
Rainer Ohlf, Chemiker
Peter Schreier, Sänger
Bärbel Bohley, Malerin
Katja Havemann
Günther Drefahl, Präsident des Friedensrates der DDR
Elisabeth Wilke, Sängerin
Michael-Christfried Winkler, Organist der Kreuzkirche Dresden
Nuria Quevedo, Malerin
Günther Huniat, Bildhauer
Richard Pietreß, Schriftsteller
Hans-Peter Gensichen, Leiter des Kirchlichen Forschungsheims
Dieter Birr, Rockmusiker („Pudhys")
Christine Schornsheim, Cembalistin
Uwe Hempel, Pressesprecher NVA
Reinhold Sitte, Lehrer
Walther Kaufmann, Schriftsteller
Michael Brie, Philosoph
Christa Wolf, Schriftstellerin
Ruth Kretschmann, Poststellenleiterin
Hans Coppi
Klaus Ampler, Sportler
Joachim Borner, Politökonom
Reinhard Decker, Sänger
Wolfgang Schnur, Rechtsanwalt
Albrecht Schönherr, Bischoff i. R.
Joachim Garstecki, Referent für Friedensfragen im BEK
Friedrich Schorlemmer, Pfarrer
Fritz Bornemann, Regisseur
Toni Krahl, Rockmusiker
A. Monti, Chefarzt
Ulrich Wobus, Molekularbiologe
Oljean Ingster, Kantor der Jüdischen Gemeinde
Walther Nawoyski, Chefredakteur
Elfriede Brüning, Schriftstellerin
Stefan Heym, Schriftsteller
Peter Hoheisel, Chefarzt
Rainer Ilg, Architekt
Hilde Eisler, Journalistin

Reinhold Andert, Liedermacher
Brigitte Fechner, Journalistin
Christine Barckhausen-Canalé, Schriftstellerin
Hans-Hartmut Krüger, Regieassistent
Michael Seidel, Buchhändler
Rainer Eppelmann, Pfarrer
Gerhard Schöne, Liedermacher
Wolfram Beyer, Kameramann
Gina Pietsch, Sängerin
Daniela Dahn, Schriftstellerin
Carl Ordnung, Sekretär der CFK
Wolfgang Hellmich, Sänger
Werner Tübke, Maler
Christo Leuek
Werner Felix, Musikwissenschaftler
Carmen Wedel, Lektorin
André Brie, Friedensforscher
Bettina Sitte, Geigerin
Peter Porsch, Grafiker
Franz Bugenhagen, Kulturwissenschaftler
Jürgen Rennert, Schriftsteller
Hans Vent, Maler
Detlef Espey, Dramaturg
Kay Blumenthal-Barby, Arzt
Knut Jempin, Szenenbildner
Klaus Schmidt, Musikproduzent
Sabine Andert, Cellistin
Ute Rarsberg, Kostümbildnerin
Liane Kubiczek, Musikwissenschaftlerin
André Steiner, Wirtschaftshistoriker
Scarlett Seeboldt, Sängerin
Stefan Körbel, Liedermacher
Michael Köppen, Angestellter
Gerhard Leo, Schriftsteller
Hermann Groth, Theaterwissenschaftler
Adelheid Wedel, Journalistin
Gisela Hellmich
Klaus Kühnel, Redakteur
Christian Krebs, Liedermacher
Jochen Laabs, Schriftsteller
Karl-Friedrich Wessel, Philosoph
Jalda Rebling, Sängerin
Lothar Sell, Grafiker
Günther Scholz, Genetiker
Irene Runge, Soziologin
Peter Kirchner, Vorsitzender der Jüdischen Gemeinde
Joachim Anders, Pfarrer
Magdalena Anders, Kantorin

Gertrud Tamme, Angestellte
Gisela Rimpler, Schauspielerin
Margit Stragies, Lektorin
Nora Leo, Sekretärin
Christian Rau, Liedermacher
Gregor Gysi, Rechtsanwalt
Tamara Danz, Rockmusikerin
Kurt Pätzold, Historiker
Ellen Richter, Chemiker
Elke Erb, Schriftstellerin
Hans-Jürgen Fischbeck, Physiker
Siegfried Matthus, Komponist
Manfred Butzmann, Grafiker
Werner Enders, Sänger
Freimut Börngen, Astronom
Elisabeth Seidel, Apothekerin
Peter Schwarzbach, Restaurator
Eva Butzmann, Gartenarchitektin
Wolfram Blaffert, Tierarzt
Ulrich Schwark, Elektroniking.
Horst Hillmer, Jurist
Franziska Lobeck, Bildhauerin
Gisela Jahrmärker, Grafikerin
Birgit Blaffert, Veterenäringeneurin
Detlev Lücke, Redakteur
Monika Degorea, Dramaturgin
Barbara Börngen
Wolfgang Högner
Heidrun Zschocke
Erika Rosenlöcher
Frank Matthus
Christian Högner
Bettina Schulz
Barbara Kellerbauer, Sängerin
Wolfgang Rieck, Liedermacher
Gerhard Gundermann, Bergmann
Günter Wirth, Kirchenhistoriker
Gerhard Kuback, Musiker
Hartmut Dietz, Programmgestalter
Jürgen Ganzer, Musiker
Conny Gundermann, Techn. Assist.
Frank Nicolovius, Musiker
Reinhard Mann, Tongestalter
Peter Lucht, Musiker
Udo Magister, Liedermacher
Regine Sylvester, Autorin
Ronald Paris, Maler
Friedrich Huth, Theologe
Elisabeth Adler, Philologin
Leonie Gruner, Chordirigentin
Joachim Gruner, Komponist
Günter de Bruyn, Schriftsteller
Johanna Schall, Schauspielerin

Dokument 4/2, Antrag SED-PDS u.a. „Appell der 89"; Seite 2 von 2

Dokument 4/3, Information UFV: Antrag an die AG "Wirtschaft" (Information 4/2), fehlt

Arbeitsgruppe "Neue Verfassung"
des "Runden Tisches" Berlin, 19. 12. 1989

Die Arbeitsgruppe "Neue Verfassung" des "Runden Tisches" vertritt
zu ihren Aufgaben und zu ihrer Arbeitsweise folgenden Standpunkt,
den sie zugleich der Verfassungskommission der Volkskammer
unterbreitet:

1. Die Arbeitsgruppe sieht ihre vordringliche Aufgabe darin, den
   Entwurf einer neuen Verfassung der DDR auszuarbeiten. Dazu
   zieht sie Experten heran. Sie wird notwendige Informationen
   zu Gesetzesvorhaben, die den Entwurf der neuen Verfassung
   berühren könnten, sowohl von Regierungsstellen wie von
   Ausschüssen der Volkskammer anfordern.
   Die Arbeitsgruppe wird ihre Vorstellungen über die neue
   Verfassung ständig in der Öffentlichkeit diskutieren.

2. Es wäre günstig, wenn sich die Verfassungskommission der Volks-
   kammer im Schwerpunkt auf die mit der Verabschiedung notwendiger
   Einzelgesetze (etwa Wahlgesetz, Parteiengesetz, Gesetz über
   Joint Ventures) zusammenhängenden Änderungen der bestehenden
   Verfassung konzentrieren würde. Über ihre Vorstellungen und
   Projekte zur Änderung der bestehenden Verfassung muß die
   Arbeitsgruppe des "Runden Tisches" ständig informiert werden.
   Umgekehrt wird die Arbeitsgruppe des "Runden Tisches" ihre
   Ergebnisse im Hinblick auf die neue Verfassung der Verfassungs-
   kommission der Volkskammer zugängig machen.

3. Im Interesse der Effektivität der Arbeit wäre es zu begrüßen,
   wenn einzelne Personen (Mitglieder und Experten) in beiden
   Gremien mitarbeiten.

4. Die Arbeitsgruppe des "Runden Tisches" anerkennt nur Experten
   der Arbeitsgruppe, nicht einzelner Parteien oder Organisationen.
   Als Experte wird Professor Schöneburg von der Arbeitsgruppe
   berufen. Weitere Experten werden, nachdem sie sich in der
   Arbeitsgruppe vorgestellt haben, in den nächsten Beratungen
   benannt.

Dokument 4/4, Information AG "Neue Verfassung": Zu einer neuen Verfassung (Information 4/3); Seite 1 von 4

V O R S C H L A G

Da es jetzt und in absehbarer Zeit keine regierungsfähige Mehrheit gibt, die schnelle, nötige, verantwortliche Entscheidungen in Vertretung des Volkes treffen kann, muß man die Kapazität glaubhafter, verantwortlicher Persönlichkeiten in Anspruch nehmen.

Die Kirche bekennt sich dazu, daß ihre Hauptaufgabe in der Verkündigung und in der Diakonie liegt. In ihrer wechselnden Geschichte, besonders durch ihre Erfahrungen im Dritten Reich, in der DDR und in der Ökumene, hat sie zunehmend gelernt, ihre Verantwortung zwischen Wort und Tat auch in gesellschaftlichen Prozessen wahrzunehmen.

Persönlichkeiten aus allen Schichten der Bevölkerung haben sich in der Kirche und aus ihr heraus in weithin anerkannter Weise als friedliche, sachlich - analysierende, konstruktive, glaubwürdige, volksverbindende und zukunftsweisende Kraft eingebracht.

Diese Kraft sollte weiterhin unparteiisch wirksam werden können in einem Rat oder Beirat zur Volkskammer und zur Regierung.

In Situationen, in denen differenziert und schnell entschieden werden muß, wo Kenntnis aus der Basisarbeit nötig ist, wo weder die alten Parteien, noch die neuen Gruppierungen eine regierungsfähige Mehrheit bilden, - also bis zu einem Wahlergebnis, sollte der Vorsitzende des Ministerrates Dr. H.Modrow einen solchen ständigen Rat neben sich haben, der durch sein Vertrauensbonus im Volk mögliche Fehlentwicklungen verhindern könnte.

Ein Schritt in diese Richtung sind die Gespräche am Runden Tisch. Diese finden aber nur auf Absprache statt und haben keine Rechtsgrundlage. Die Teilnehmer bilden den Fond, aus dem sich die künftigen Parteien entwickeln werden.

Ein jetzt nötiger Rat muß unabhängig davon sein, muß aus solchen Personen bestehen, die durch persönliche Vertrauenswürdigkeit, Fachkompetenz und erwiesener Mitarbeit im Vorausdenken und Verantworten dieser Bürgerbewegung bekannt sind.

Dokument 4/4, Information AG "Neue Verfassung": Zu einer neuen Verfassung (Information 4/3); Seite 2 von 4

- 2 -

Solche Personen können aus der Kirche, aus den bestehenden
Parteien und den Neuen Parteien und Gruppierungen benannt
werden, also aus dem Kreis des Runden Tisches.
Jede Gruppe des Runden Tisches sollte 2 Personen aufstellen,
die einen Rat bilden, der eine ähnliche Kompetenz wie der
gegenwärtige Staatsrat hätte und dessen Namen sein könnte
RAT - BEIRAT - Präsidialrat
Die Legitimation erhalten die Mitglieder durch die Zustimmung
des Ministerpräsidenten Dr.H.Modrow und die Berufung durch
den Vorsitzenden des Staatsrates Prof.Dr.M.Gerlach.
Das Selbstverständnis dieses Rates sollte sein :

    Wissen unter Gewissen zu stellen

    Fachkompetenz in erwiesener und glaubhafter
    Vorarbeit zur Entwicklung der Erneuerung

    oder mit den Worten Gorbatschovs

    ' religiöse Ethik '

Diese überparteiliche, vertrauensbildende Arbeit kann dieser
Rat nur wahrnehmen, bei dem Recht auf :

    Zugang zu Informationen vor Beschlüssen

    Beratung für Beschlüsse

    Vetorecht gegenüber unbegründeten Beschlüssen

Der Aufgabenbereich erstreckt sich auf :

    Entwicklung zur Rechtsstaatlichkeit

    Trennung von Legislative und Exekutive

    Aufarbeitung der Vergangenheit

    Analyse der Gegenwart

    Wissen und Gewissen für die Zukunft

    Konsens mit allen gesellschaftlichen Kräften

    Vielfalt bei Akzeptanz demokratischer Rechts-
    staatlichkeit

    Staatliche Entwicklung im Rahmen der europäischen
    Entwicklung

    Wahrung der nationalen Identität und Vielfalt
    bei immer stärker werdenden Gemeinsamkeit

    Gültigmachung der international vereinbarten Werte

    Menschenrechte
    Helsinki
    UNO

    Genf

Dokument 4/4, Information AG "Neue Verfassung": Zu einer neuen Verfassung (Information 4/3); Seite 3 von 4

– 3 –

Mit dem Wirksam-werden eines solchen Rates wäre ein etwaiges demokratisches Gleichgewicht schon vor der Wahl am 6. Mai 1990 sichtbar, was wiederum das Einüben demokratischer Prozesse in der Bevölkerung fördern würde.
Dies könnte Anarchie und Extremismus von rechts und links entgegenwirken.

Wenn sich der Rat alshwirksam erweist, d.h. fähig ist zu
    krisenhemmender, sachkundiger, vertrauensbildender,
    entwicklungsfördernder und
    ethisch anerkannter Arbeit
kann er mehr und mehr, in dem Maße, wie sich die Situation stabilisiert, seine Erfahrungen in den Bau eines europäischen Hauses und weltweit einbringen.

Postscriptum

ANALOGIEN

  Zusammenwirken durch Vielfalt :

    Das Facettenauge
    die Summe aller individuellen, selbständigen
    Facetten ergibt das ganze Auge mit seinem
    Überblick von Ost nach West
        von Nord nach Süd

  Auseinanderfallen durch Einförmigkeit :

    Das Kaleidoskop (grch. Schönbildseher)
    unregelmäßige Teilchen eines Systems
    ordnen sich willkürlich zu einem Bild.
    Ihre scheinbare Ordnung und Vielfalt
    entsteht durch Drehung und Selbstspiegelung

Inge Uibel
Berolinastr. 10
Berlin
1020
Tel. 4361191

Inge Uibel

Berlin, am 16.12.89

Berlin, 15. Januar 1990

Erklärung des Vorsitzenden des Ministerrates der DDR,
Hans Modrow, vor den Teilnehmern am Runden Tisch

Sehr geehrte Damen und Herren!

Es ist mir schwergefallen, Ihrer Einladung nachzukommen, und es ist unumgänglich, daß ich Sie nach etwa einer Stunde verlasse, um bei der Neujahrsbegegnung mit dem Diplomatischen Corps anwesend zu sein.

Nehmen Sie mein Kommen heute - einen weiteren Vorschlag werde ich Ihnen gleich machen - als Zeichen des guten Willens und vor allem der großen Sorge um die innenpolitische Situation.

In der jüngsten Regierungserklärung habe ich von den Unruhigen im Lande gesprochen, die für eine weitere demokratische Entwicklung gebraucht werden. Zugleich sind - und das ist kein Widerspruch - Vernunft und Augenmaß erforderlich, damit die DDR nicht aus den Fugen gerät. Käme es dahin, und manche scheinen das zu wollen, würde den Bürgern dieser Republik wie denen der Bundesrepublik _und_ der politischen Stabilität Europas der denkbar schlechteste Dienst erwiesen, ja ein schwarzer Tag bereitet.

Wir alle stehen in der Verantwortung, dies zu verhindern. Deshalb appelliere ich an die Bürger der DDR, Besonnenheit zu wahren. Ich fordere eine Reihe von Politikern und Medien der Bundesrepublik Deutschland noch einmal auf, die DDR nicht zum Tummelplatz der Einmischung zu machen. Und ich bitte die Vertreter aller Parteien und Gruppierungen hier am Runden Tisch den Ministerpräsidenten und seine Regierung an ihrer Aufgabe nicht zerbrechen zu lassen, sondern dafür zu sorgen, daß sie die notwendige Arbeit tun können.

Dokument 4/5, Beschluß des Ministerrates vom 8.12.1989 über die Absicherung der ehemaligen Angestellten oder Mitarbeiter in den Ministerien und Staatsorganen; Seite 1 von 6

2

Jeder, der politische Verantwortung beansprucht, kann an einen Punkt kommen, an dem er sich zwischen Allgemeinwohl und parteipolitischem Ziel zu entscheiden hat. Ich habe mich mit Übernahme meines Amtes für die Arbeit im Interesse aller Bürger entschieden. Es wäre ein Gebot der Fairneß, dies anzuerkennen. Es wäre den Bürgern der DDR dienlich, bei dieser Arbeit zu helfen.

Ich hoffe, daß die heute zur Erörterung stehenden Sachfragen diesmal durch die Regierungsvertreter zufriedenstellend beantwortet werden können. Aus der am 8. Januar geäußerten Kritik habe ich Konsequenzen gezogen. Herr Koch wurde von seiner Funktion als Regierungsbeauftragter für die Auflösung des Amtes für Nationale Sicherheit entbunden.

Ich nehme diese Gelegenheit wahr, den Vertretern der evangelischen und der katholischen Kirche sowie der Arbeitsgruppe Christlicher Kirchen für ihr großes Bemühen um den Runden Tisch und den inneren Frieden der DDR zu danken.

In meiner Erklärung in der Volkskammer am 11. Januar habe ich bereits die wichtige, ja unverzichtbare Arbeit des Runden Tisches hervorgehoben, die für die demokratische Erneuerung geleistet wird. Ich wiederhole und betone:

Die Regierung braucht und sucht den Rat der am Runden Tisch beteiligten Parteien und Gruppierungen. Die Demokratisierung ebenso wie die Stabilisierung und Reform der Wirtschaft erfordern den Konsens aller verantwortungsbewußten Kräfte. Daß er streitbar herbeigeführt werden muß, ergibt sich aus dem politischen Pluralismus nicht nur an diesem Tisch, insbesondere aber aus der komplizierten Situation in der DDR. Ein anderes Verständnis zum Runden Tisch hatte und habe ich nicht.

Dokument 4/5, Beschluß des Ministerrates vom 8.12.1989 über die Absicherung der ehemaligen Angestellten oder Mitarbeiter in den Ministerien und Staatsorganen; Seite 2 von 6

3

Mein Anliegen an Sie umfaßt drei Hauptsachen:

Erstens und vor allem sollten wir gemeinsam dafür Sorge tragen, daß die weitere innenpolitische Entwicklung sich friedlich vollzieht, das humanistische Wort der im Oktober begonnenen Revolution "Keine Gewalt!" gültig bleibt. Das gebietet die Verantwortung für Leben und Gesundheit der Bürger ebenso wie unsere Verantwortung vor der Welt.

Zweitens bitte ich Sie mitzuhelfen, daß die Arbeit in allen Bereichen der Wirtschaft ungestört und so produktiv wie möglich geleistet werden kann, damit das tägliche Leben in normalen Bahnen verläuft und die Reformprozesse fortgesetzt werden können. Dies sehe ich auch als notwendige Voraussetzung für eine hohe Wirksamkeit der von der Bundesrepublik Deutschland zugesagten solidarischen Unterstützung.

Drittens bitte ich Sie, Ihren politischen Einfluß geltend zu machen, damit die Bürger der DDR in ihrer angestammten Heimat bleiben. Niemand kann nach rund acht Wochen Regierungsarbeit Wunder erwarten. Ich versichere jedoch allen Bürgern der DDR: Unser Land hat die realistische Chance, durch eigene Anstrengungen und Hilfen von außen noch in diesem Jahr zu einer Stabilisierung von materieller Produktion und Versorgung zu kommen, die den Beginn einer Prosperität einleitet. Es lohnt sich, in der DDR zu bleiben.

Lassen Sie mich von dem Dargelegten ausgehend, die Vorschläge hervorheben und ergänzen, die meine Regierung dem Runden Tisch gemacht hat. Dies sind inbesondere:

- unmittelbare und verantwortliche Teilnahme an der Regierungsarbeit durch kompetente Persönlichkeiten,
- Mitwirkung in Kommissionen, Arbeitsgruppen und anderen Gremien der Regierung sowie ihrer Organe einschließlich des Wirtschaftskomitees,
- Einbringen inhaltlicher Vorstellungen für mein nächstes Treffen mit dem Bundeskanzler der BRD, inbesondere für den Inhalt der Vertragsgemeinschaft

Dokument 4/5, Beschluß des Ministerrates vom 8.12.1989 über die Absicherung der ehemaligen Angestellten oder Mitarbeiter in den Ministerien und Staatsorganen; Seite 3 von 6

4

- Teilnahme einer Gruppe von Vertretern des Runden Tisches an dem Arbeitstreffen mit dem Kanzler der BRD,
- Mitwirken an der Vorbereitung von Gesetzen sowie Verordnungen und anderen wichtigen Entscheidungen des Ministerrates mit dem Ziel, die Regierungsarbeit effizienter zu machen. Ich denke hier an die Mitarbeit zur Ausgestaltung notwendiger Reformen, die vor dem 6. Mai zum Tragen kommen sollen, sowie zur Arbeit der DDR im RGW, aber auch und besonders an ein Mitwirken an Regelungen und wirksameren Methoden für den raschen Wiedereinsatz freiwerdender bzw. freigewordener Kräfte.

Gewünschte Offenlegung von wirtschaftlichen Zusammenhängen und Daten werden wir Ihnen nach rechtzeitiger Vereinbarung gewährleisten.

Was die Auflösung des Amtes für Nationale Sicherheit und die ursprünglich vorgesehenen beiden Ämter betrifft, verweise ich auf meine Ausführungen in der jüngsten Volkskammertagung. Danach wird es bis zum 6. Mai keine neuen Ämter geben. Über die weitere Auflösung des Amtes für Nationale Sicherheit wird die Regierung öffentlich informieren. Heute werden Ihnen die Regierungsvertreter an Hand von Beschlüssen des Ministerrates bereits Einzelheiten erläutern. Ich bitte erneut um Ihre Mitarbeit bei der zivilen Kontrolle der Auflösung des genannten Amtes.

Es ist uns sehr daran gelegen, daß die Arbeiten am Parteiengesetz und am Wahlgesetz von allen Beteiligten zügig vorangebracht werden.

Ausgehend von den hier dargelegten Hauptanliegen der Regierung und von Vorschlägen des Runden Tisches werden weiterhin Vertreter der Regierung mit Sachkompetenz und Vollmachten den Beratungen am Runden Tisch zur Verfügung stehen.

Dokument 4/5, Beschluß des Ministerrates vom 8.12.1989 über die Absicherung der ehemaligen Angestellten oder Mitarbeiter in den Ministerien und Staatsorganen; Seite 4 von 6

5

Angesichts von Gewicht und Dringlichkeit der anstehenden Probleme schlage ich Ihnen vor, daß meine Stellvertreter Luft und Moreth, die weiteren Mitglieder des Ministerrates Fischer, Meyer und Wünsche sowie ich am 22. Januar am Runden Tisch ausführlich Gelegenheit haben, Ihre Ansichten zu erfahren, die eigene Meinung darzulegen sowie auf Fragen zu antworten.

Lassen Sie mich wiederholen: Es ist mein besonderes Anliegen, daß die Regierung mit Ihrer Unterstützung handlungsfähig bleibt.

Meine Damen und Herren!

Entsprechend der Tagesordnung werden Sie nun den Bericht der Regierung zur inneren Sicherheit, erstattet durch den Minister für Innere Angelegenheiten, Herrn Ahrendt, sowie den Zwischenbericht über den Stand der Auflösung des Amtes für Nationale Sicherheit entgegennehmen. Dazu wird der von mir beauftragte Herr Manfred Sauer, Stellvertretender Leiter des Sekretariats des Ministerrates, sprechen.

Wenn Sie gestatten, möchte ich zum zweiten Bericht noch folgendes erklären:

1. Das Material, von dem Sie und über die Medien die Bürger unseres Landes Kenntnis erhalten werden, war Gegenstand mehrerer Beratungen, schließlich auch im Ministerrat am Wochenende. Dabei ging es vorrangig darum, bei der Erarbeitung des Zwischenberichtes all jene berechtigten Kritiken zu berücksichtigen, die sowohl hier am Runden Tisch als auch in der Volkskammer an der ungenügenden Offenlegung der Tatsachen geübt worden sind. D.h., wir haben mit aller Entschiedenheit darauf gedrungen, daß hier eine intensive und gründliche Prüfung und Aufarbeitung erfolgt, entscheidende Voraussetzung für ein wirksames, beschleunigtes Vorgehen bei der Auflösung des Amtes für Nationale Sicherheit und bei der Beseitigung der alten Strukturen des ehemaligen MfS.

Dokument 4/5, Beschluß des Ministerrates vom 8.12.1989 über die Absicherung der ehemaligen Angestellten oder Mitarbeiter in den Ministerien und Staatsorganen; Seite 5 von 6

6

2. Gleichzeitig wurde und wird die Regierungskommission umgebildet, sie erhält einen neuen Leiter und wird durch Mitarbeiter mit Kompetenz verstärkt. Durch diese Maßnahmen sowie durch die Festlegung exakter Termine für die nächsten Etappen der Auflösung des Amtes für Nationale Sicherheit wird es möglich sein, diesen Prozeß früher abzuschließen als ursprünglich vorgesehen. Natürlich werden wir darüber den Runden Tisch und unsere Bürger stets auf dem laufenden halten.

3. Schließlich möchte ich hier noch einmal die Kooperationsbereitschaft meiner Koalitionsregierung bekräftigen. Es sollte nicht nur zu einem engeren Zusammenwirken unseres Regierungsbeauftragten mit der Arbeitsgruppe Sicherheit des Rundes Tisches kommen, sondern es steht auch - ich möchte das noch einmal sagen - das Angebot an die Teilnehmer des Runden Tisches, ab sofort durch zivile Kontrolle an der Arbeit der Regierung zur Auflösung des Amtes für Nationale Sicherheit mitzuwirken. Wir sind auch bereit, wenn erforderlich, die Arbeitsgruppe Sicherheit des Runden Tisches durch Fachleute der Regierung zu unterstützen.

Um abzuschließen: Ich hoffe auf ein enges Zusammenwirken Regierung - Runder Tisch. Es geht nicht nur darum, auch auf diesem Gebiet die Vergangenheit aufzuarbeiten. Es geht auch und vor allem darum, die Ursachen für bestehende Ängste ein für allemal zu beseitigen und Vertrauen zueinander zu schaffen. Ohne dieses Vertrauen zueinander ist ein Vorankommen auf dem Wege der demokratischen Erneuerung nicht möglich. Darin sollte es - das ist mein sehnlichster Wunsch - nicht nur hier am Runden Tisch, sondern in unserem ganzen Lande Einvernehmen geben.

Dokument 4/5, Beschluß des Ministerrates vom 8.12.1989 über die Absicherung der ehemaligen Angestellten oder Mitarbeiter in den Ministerien und Staatsorganen; Seite 6 von 6

Dokument 4/6, Beschluß des Ministerrates vom 14.12.1989 zur Bildung eines Verfassungsschutzes; fehlt

Runder Tisch
27.12.1989

Antrag
(Nachtrag zu TOP 6.)

Verhältnis zu Regierung Modrow

Im Tagungsverlauf sind zwei Anträge der SDP nicht abgestimmt worden:

1. Anfrage an die Regierung, ob die Informationen des Neuen Forums zutreffen, daß am 07.12.1989 die Regierung Hans Modrow die Vernichtung von Unterlagen des ehemaligen MfS anordnete und am 08.12.1989 einen Beschluß zur Sicherung von Gehältern für entlassene Staatsbeamte für die Dauer von 3 Jahren faßte.

2. Anfrage an die Regierung, ob Ministerpräsident Modrow diese Entscheidungen allein trug oder ob die Mitglieder des Ministerrates, also auch die Minister der DBD, der LDPD, der NDPD und der CDU die Entscheidung mittrugen.

In seiner Grundlegung, dem Selbstverständnis des Runden Tisches, forderte dieser am 07./08.12.1989 von der Volkskammer und der Regierung, rechtzeitig vor wichtigen rechts-, wirtschafts- und finanzpolitischen Entscheidungen informiert und einbezogen zu werden.
Gleichzeitig forderte er die Offenlegung der ökologischen, wirtschaftlichen und finanziellen Situation in unserem Land.

Bis heute ist die Regierung Modrow diesen Forderungen nur sehr unvollständig nachgekommen. Es wurden wichtige Entscheidungen ohne vorherige Information gefällt.
Der Runde Tisch bringt hiermit der Regierung seinen Protest zum Ausdruck und erwartet, daß diese den Forderungen des Runden Tisches künftig nachkommt.

Dokument 4/7, Antrag NF: Verhältnis zur Regierung Modrow

NEUES FORUM

Anfragen an den Runden Tisch am 27.12.1989

1. Wer verhandelt in wessen Auftrag mit den westdeutschen Stromversorgungsunternehmen Preussen-Elektra und den Bayern-Werken über den Bau von zwei mal zwei Kernkraftwerksblöcken zu je 1300 MW auf dem Boden der DDR?

2. Wie ist der gegenwärtige Stand der Verhandlungen?

Antrag an den Runden Tisch am 27.12.1989

1. Der Runde Tisch wird über jede Verhandlung mit den beiden genannten Unternehmen oder anderen Partnern über den Bau von KKW informiert.

2. Der Runde Tisch erklärt bis zu den Wahlen jede bindende Absprache über den Bau von KKW für unzulässig. Bereits getroffene Absprachen werden für ungültig erklärt.

3. Der Runde Tisch unterstützt die z.Zt. nicht an der Regierung beteiligten Gruppierungen und Parteien bei der Erarbeitung einer Alternative zu der gegenwärtig entstehenden offiziellen Energieversorgungsstrategie:
 - Die erforderlichen Daten werden zur Verfügung gestellt.
 - Die offizielle Energieversorgungsstrategie wird - soweit schon vorhanden - offengelegt.
 - Die Regierung der DDR übernimmt die bei der Erarbeitung der Alternative anfallenden Kosten.
 - Die erforderlichen Fachleute aus der DDR werden für die Zeit bis zu den Wahlen freigestellt.

4. Das NEUE FORUM koordiniert die Arbeiten an der Alternative

Begründung:
Seit vielen Jahren ist die Energiepolitik der DDR auf den Ausbau der Kernenergie fixiert. Es bestehen begründete Zweifel, daß diese einseitige Orientierung ökonomisch sinnvoll, ökologisch vorteilhaft und hinreichend sicher ist.

Die gegenwärtige Situation der Energieversorgung ist auf das Äußerste angespannt. Ein erheblicher Anteil der Braunkohlekraftwerke ist überaltert und mitverantwortlich für den ersten Platz, den die DDR in der Liste der SO_2-Emittenten weltweit einnimmt. Die 4 alten KKW-Blöcke in Lubmin bedürfen einer Generalrevision, deren Finanzierbarkeit jedoch ebenso offen

wie das Ausmaß der Strahlenbelastung bei den Revisionsarbeiten ist.
Der Block 5 des KKW in Lubmin ist seit etwa einem Jahr fast fertig, wird aber nach dem letzten fehlgeschlagenen Test in den nächsten Monaten kaum ans Netz gehen.
Die Inbetriebnahme des KKW Stendal ist noch nicht abzusehen.
Die katastrophale Situation der Energieversorgung scheint ohne Hilfe und ohne langfristige internationale Handelsbeziehungen nicht grundlegend verbessert werden zu können.
Wir sehen in der Notwendigkeit zu grundlegenden Erneuerungen nicht nur eine erdrückende Last, sondern auch eine einmalige Chance, uns von ökonomisch, ökologisch und sicherheitstechnisch fragwürdigen großtechnisch orientierten Energieversorgungsstrategien zu befreien. Für westliche Industriestaaten mit funktionierenden Energieversorgungssystemen und stark damit verbundenen Unternehmerinteressen würde es wesentlich schwieriger sein, den Kurs zu ändern - große Investitionen gingen verloren und mächtige Unternehmen würden an Einfluß verlieren. Wir sind im Vergleich dazu frei, die weltbesten Verfahren zur Energieeinsparung und zum intelligenten Umgang mit Energie bei Energieumwandlung und Energieanwendung einzuführen. Qualitätskriterien sind für uns dabei Sicherheit, Umweltfreundlichkeit und Sozialverträglichkeit. Es gibt gute Gründe, die dafür sprechen, daß ein solcher neuer Ansatz zur Energieversorgung nicht teurer wird, als die Fortführung der alten Strategie.
Ebenso ambivalent stellt sich die Situation in den Bereichen der Industrie und des Wohnungswesens dar - eine große Last und eine einmalige Chance insbesondere unter dem Aspekt der Energie:
Wir werden den Anschluß zum Weltmarkt nur erreichen, wenn wir zur Herstellung eines Produktes viel weniger Energie brauchen, als mit den überalterten Anlagen heute.
Wir beginnen jetzt mit der Sanierung unserer Altbausubstanz in großem Stil - Wärmedämmung und vernünftige Heizsysteme können sich organisch in die Rekonstruktion eingliedern.

Wir treten dafür ein, die Chance zu nutzen und werden uns jedem Versuch verweigern, der in der alten riskanten Weise augenblickliche Vorteile zu Lasten unbeteiligter Dritter, kommender Generationen und einer intakten Umwelt ermogelt.

Sebastian Pflugbeil

STAATSSICHERHEIT - UND WIE WEITER?

Meinungsbildung von Mitgliedern von Bürgerinitiativen der Bezirke Magdeburg, Potsdam und Rostock und Schwerin zur Vorbereitung eines DDR-weiten Treffens aller Bürgerinitiativen zur Sicherung von Akten des ehemaligen MfS bzw. des Amtes für nationale Sicherheit

<u>Forderungen an den Runden Tisch</u>

1. Bis zur DDR-weiten Abstimmung zwischen den Bürgerinitiativen aller Bezirke der DDR ist eine Vernichtung sämtlichen Schriftgutes des ehemaligen MfS bzw. des Amtes für nationale Sicherheit zu unterbinden. Außnahmen nur bei
    a) lückenloser nachgewiesener doppelter aktenführung - Vernichtung der Doublette und
    b) gedrucktem Schriftgut sind je zwei Belegexemplare zu erhalten. Alle übrigen Exemplare können vernichtet werden.

   Die Vernichtung von Schriftgut muß durchgesetzt geregelt werden.

2. Es wird die Offenlegung der Archivstruktur des ehemaligen MfS bzw. des Amtes für nationale Sicherheit und die öffentliche Außerkraftsetzung aller bisherigen Dienstanweisungen gefordert.

3. Die Verbindungen des ehemaligen MfS bzw. Amtes für nationale Sicherheit zu den inoffiziellen Mitarbeitern gelten als beendet. Die Weiterführung und Neuanwerbung ist öffentlich als unzulässig zu erklären. Bis zu einer endgültigen Klärung soll die Liste der inoffiziellen Mitarbeiter erhalten bleiben.

4. Es wird die Sicherung und Offenlegung der Archive der ehemaligen Bezirkseinsatzleitungen in Verbindung mit der Sicherung der Akten der Abteilung Sicherheit bei den Bezirksleitungen der SED bzw. SED-PDS gefordert.

5. Alle von der SED-PDS übernommenen Sonderkommunikationsmittel der SED wie z. B. Sondertelefon-, Fernschreib- und Richtfunkverbindungen sind sofort stillzulegen.

Dokument 4/9, Erklärung von Bürgerinitiativen: "Staatssicherheit - und wie weiter" (Vorlage 4/7); Seite 1 von 2

6. Die Grundorganisationen der SED-PDS sind aus allen Bereichen, insbesondere aus den bewaffneten Organen sowie den Staats- und Justizorganen herauszunehmen. Jegliche politisch-ideologische Anleitung dieser Organe durch die SED-PDS sind zu unterlassen.

7. Die Weisung vom 14. 12. 89 zur Bildung eines Verfassungsschutzes ist bis zum 6. 5. 90 auszusetzen. Von der Bildung eines selbständigen Verfassungsschutzes ist Abstand zu nehmen. Konzepte sind öffentlich zu diskutieren.

8. Die Verpflichtung von Mitgliedern von Bürgerinitiativen zum Geheimnisschutz soll nur in den Fällen erfolgen, bei denen unmittelbar die Interessen der Landesverteidigung berührt werden.

Mitglieder von Bürgerinitiativen der Bezirke Magdeburg, Potsdam, Rostock und Schwerin

Kontaktadresse: Wolfgang Loukidis   Seestr. 13
              Retgendorf 2711
              Tel. Camps 350 oder Schwerin 88 31 57

Schwerin, den 25. 12. 89

V O R S C H L A G
für die Tagesordnung
der 5. Sitzung des Runden Tisches am 3. Januar 1990, 9.00 Uhr
Ossietzkystrasse, Berlin 1100.

1. Eröffnung
1.1. Begrüßung und Vorstellung evtl. neuer Vertreter am Runden Tisch
1.2. Beschluß über die endgültige Tagesordnung
1.3. Beschluß über die zeitliche Begrenzung der 5. Sitzung des Runden Tisches
1.4. Beschluß über weitere Zulassungsanträge nach Votum der Prioritätengruppe
1.5. Kurzinformation über Gespräch beim Ministerpräsidenten am 2.1.1990

2. Wirtschaftsfragen
2.1. Einbringung der Vorlage der Arbeitsgruppe Wirtschaft
2.2. Antworten der Regierungsvertreter auf Anfragen vom 22.12.1989 und zu danach bekanntgewordenen wirtschaftlichen Maßnahmen
2.3. Aussprache und Beschlußfassung zur wirtschaftlichen Situation

3. Justizfragen
3.1. Antworten von Regierungsvertretern auf Anfragen vom 27.12.1989
3.2. Aussprache und Voten zur Weiterarbeit an Rechts- und Sicherheitsfragen in den Arbeitsgruppen "Recht" und "Sicherheit"

4. Ordnung für ein Arbeitssekretariat
4.1. Zur Arbeitsordnung
4.2. Zur personellen Besetzung

5. Bekanntgabe von Eingaben und Entscheidung über ihre weitere Bearbeitung

6. Vorschlag der "Prioritätengruppe" für die Tagesordnungen der nächsten Sitzungen

7. Bericht über Konstituierung, Zusammensetzung und Arbeitspläne der Arbeitsgruppen

Dokument 5/1, Moderation: Verfahrensvorschlag für die Tagesordnung des Rundtischgespräches am 3. Januar 1990 (Vorlage 5/1)

42

Aktionsprogramm
für die Erneuerung der Arbeit der Ausschüsse der Nationalen Front
und die Bildung einer nationalen Bürgerbewegung

Getragen vom Willen, die Kraft der mehr als 400 000 in den Ausschüssen der Nationalen Front vereinten Bürger für einen Sozialismus zum Wohle aller Bürger in der DDR einzubringen, stellen wir uns die Aufgabe, in einer nationalen Bürgerbewegung mit dem Angebot an alle zur aktiven Mitarbeit zu wirken. Dazu werden Bürgerkomitees in den städtischen und ländlichen Wohngebieten wirksam.

Ihr Wirken als eigenständige, pluralistische und gemeinnützige Bewegung ist ausschließlich dem Dialog auf dem Boden einer zu erneuernden Verfassung sowie dem Bürgerwohl verpflichtet. Die Bürgerkomitees streben deshalb die Verständigung mit allen progressiven gesellschaftlichen Kräften, Interessenvertretungen, Initiativgruppen und Bürgern an.

Antifaschismus, Frieden, Humanismus und Demokratie sind unverzichtbare Leitlinien des Wirkens der nationalen Bürgerbewegung. Damit ist all jenes voranzubringen, was sich zum Guten für die Bürger unseres Landes, für eine größere soziale Geborgenheit und bessere Lebensbedingungen in den vergangenen Jahrzehnten bewährt hat.

Worin bestehen unsere Vorstellungen ?

- Alle Kräfte konzentrieren sich auf die Arbeit in den Wohngebieten der Städte und Gemeinden. Die Komitees verstehen sich als eine Bewegung des Dialogs und der Mitverantwortung für einen besseren Sozialismus. Die nationale Bürgerbewegung kann nicht Träger zukünftiger Wahlen sein, gleich auf welcher Ebene sie stattfinden. Sie darf sich nicht einem Führungsanspruch einer Partei, Organisation oder Gruppe unterordnen.

- Sie wenden sich den Bürgern zu, nehmen sich ihrer Probleme und Sorgen an und werden für gemeinsame Lösungen wirksam. Die Grundlage ihrer Arbeit sehen sie in der Erklärung der Koalitionsregierung auf der 12. Tagung der Volkskammer.

Dokument 5/2, Antrag Initiativgruppe Bürgerbewegung: Antrag auf Teilnahme am Runden Tisch; Seite 1 von 3

In diesem Sinne werden die Bürgerkomitees kritische Partner der Abgeordneten sein und notwendige Veränderungen auf kommunalpolitischem Gebiet einfordern bzw. daran mitwirken.

Eine kommunale Selbstverwaltung der Städte und Gemeinden, die sich auf kommunales Eigentum und garantierte Verfügungsgewalt, über materielle und finanzielle Fonds stützt, erschließt dafür ein breites Feld des Wirkens.

- Die nationale Bürgerbewegung wirkt mit bei Volksentscheiden sowie bei Diskussionen zu Gesetzesentwürfen, die Belange aller Bürger betreffen. Ihre Komitees erhalten ein gesetzlich garantiertes Mitsprache- und Einspruchsrecht zu Vorhaben des jeweiligen Territoriums, bei denen breite Bürgerinteressen berührt werden.

In enger Zusammenarbeit mit den Volksvertretungen und Abgeordneten treten sie für eine höhere Lebenskultur, insbesondere für bessere Wohnbedingungen, für die Erhaltung der Natur- und Umwelt sowie für Belange der älteren, behinderten und hilfsbedürftigen Bürger ein.

Sie wirken an einer neuen Frauen- und Jugendpolitik mit.

- Im gesellschaftlichen Wirken von Bürgerkomitees in den Städten und Gemeinden sowie in den begonnenen Gesprächen am "Runden Tisch" auf allen Ebenen sieht die nationale Bürgerbewegung neue Formen und Möglichkeiten der demokratischen Verständigung und Mitwirkung zur Erneuerung unseres Landes.

- In Kreisen und Bezirken sowie zentral wirkt die nationale Bürgerbewegung in Gestalt von Konsultations- und Informationskomitees, in denen sich Vertreter oder Sprecher der Parteien, Organisationen und Initiativbewegungen gleichberechtigt über Tätigkeiten, Probleme und Erfahrungen austauschen.

Womit sollte begonnen werden?

- Konstituierung der Bürgerkomitees, die demokratisch in Bürgerversammlungen legitimiert werden.

- Fortführung des Dialogs mit den Bürgern als ständiges Forum mit dem Ziel, daß staatliche Organe und gesellschaftliche Einrichtungen ausschließlich zum Wohle der Bürger arbeiten.

Dokument 5/2, Antrag Initiativgruppe Bürgerbewegung: Antrag auf Teilnahme am Runden Tisch; Seite 2 von 3

44 3

- Unterstützung kommunaler Aufgaben, die sich ausschließlich
  an den Interessen der Einwohner orientieren.

Zur Koordinierung der Arbeit und zum Austausch der Informationen
werden Geschäftsstellen gebildet. Angestrebt wird die Herausgabe
einer Zeitschrift als Informations- und Diskussionstribüne.

Die Unterzeichner des Aktionsprogramms	Die Initiativgruppe für die Erneuerung der Arbeit der Ausschüsse der Nationalen Front und die Bildung einer nationalen Bürgerbewegung
Vorschläge und Hinweise an:	Dr. Norbert Podewin Otto-Grotewohl-Straße 19 D Berlin 1080

Berlin, den 13. Dezember 1989

36

Erklärung des Unabhängigen Frauenverbandes in Vorbereitung auf das
Gespräch mit Ministerpräsident Modrow am 2.1.1990

Ausgangspunkt für die Schaffung eines "Runden Tisches" war die Sorge um unser in die Krise geratenes Land. Es bestand die dringende Notwendigkeit für die Koalitionsregierung Modrow mit den neu entstandenen politischen Bewegungen und Parteien in einen konstruktiven Dialog zu treten.

In der ersten Erklärung des Runden Tisches zum Selbstverständnis wurde von allen Seiten der Wille kundgetan, ihre Verantwortung als "Bestandteil der öffentlichen Kontrolle" wahrzunehmen. Ziel war es, bereits in der Phase der Vorbereitung einer neuen Verfassung und der damit im Zusammenhang stehenden Durchführung freier, gleicher und geheimer Wahlen zu einer Demokratisierung der Gesellschaft in allen ihren Ebenen und Sphären zu gelangen, mehr Durchschaubarkeit und eine breite Öffentlichkeit für die ablaufenden Prozesse zu schaffen und so die Bevölkerung zu aktivieren, an der Erneuerung der Gesellschaft mitzuwirken.

Nunmehr, nach der 4. Tagung des Runden Tisches, sehen wir dieses Ziel auf das äußerste gefährdet. Wir stellen fest:

1. Die Koalitionsregierung stellt sich bisher nicht den Vertretern des Runden Tisches. Sie ist bei den Sitzungen nicht vertreten und hat trotz mehrfacher ausdrücklicher Aufforderung bisher die Bedingungen für eine wirksame öffentliche Kontrolle ihrer Tätigkeit nicht geschaffen. Es wurden z.B. weder die mehrfach angefragten Wirtschaftsdaten noch die Verhandlungspositionen mit Kohl und Mitterand offengelegt.

2. Die ökonomischen und politischen Aspekte der zweiten Grenzöffnung wurden weder vorher noch nachher mit den Vertretern des Runden Tisches erörtert, obwohl hierzu ausdrücklich Anfragen von Seiten der Neuen Gruppierungen gestellt wurden, insbesondere im Zusammenhang mit dem Auftreten von Stellvertreterin Luft.

3. Obwohl bisher keine Strategien zur Internationalisierung der Volkswirtschaft der DDR erarbeitet und zur öffentlichen Diskussion gestellt wurden, finden bereits Vorverhandlungen mit westlichen Kapitalgebern statt, es sind Gesetze zur Regelung von Kapitaltransfer, zum Investitionsschutz und zu Joint Ventures in Arbeit, ohne daß der Runde Tisch davon dezidiert in Kenntnis gesetzt bzw. in die Erarbeitung einbezogen wurde.

4. Die Öffentlichkeit ist de facto von den Verhandlungen am Runden Tisch ausgeschlossen, weil das Staatsfernsehen der DDR und der Rundfunk nach eigenem Ermessen der Redakteure davon berichten. Gegendarstellungen und Kommentare, Kritiken der Neuen Gruppierungen werden von den Medien nach wie vor unterdrückt. Die Regierung hat bisher nichts unternommen, um diesen Zustand zu beenden.

Wir konstatieren: der Dialog zwischen Koalitionsregierung und Neuen Gruppierungen findet nicht statt. Damit wird verhindert, daß am Runden Tisch konstruktiv gearbeitet werden kann. Die Neuen Gruppierungen büßen zunehmend das Vertrauen der Bevölkerung ein, weil es ihnen nicht gelingt, über die Maßnahmen und Strategien der Regierung die öffentliche Kontrolle herzustellen. Aber auch die Koalitionsregierung

Dokument 5/3, Erklärung UFV: Vorbereitung auf das Gespräch mit Ministerpräsident Modrow am 2.1.1990; Seite 1 von 4

37

muß mit einem weiteren Vertrauensverlust in der Bevölkerung rechne[n]
weil sie keine erkennbaren Maßnahmen zur Demokratisierung des Lande[s]
eingeleitet hat, sie vielmehr die alten Formen der Machtausübung
weiter praktiziert. Es ist daher zu befürchten, daß sich die Krise
weiter zuspitzt.

Wenn die Koalitionsregierung nicht bereit ist, sich der öffentliche[n]
Kontrolle zu unterwerfen, muß ihr das Mißtrauen ausgesprochen werd[en].

Wir fordern daher die Koalitionsregierung auf, umgehend Maßnahmen z[ur]
Demokratisierung der Gesellschaft zu ergreifen, der Bevölkerung da[s]
Recht auf umfassende Information und Offenlegung von Reformstrategi[en]
und -konzepten zu sichern und den Neuen Gruppierungen angemessene u[nd]
gleichberechtigte Wirkungsmöglichkeiten zuzugestehen.

Wir fordern die Regierung desweiteren dazu auf, dafür zu sorgen, d[aß]
die Arbeitsfähigkeit des Runden Tisches gewährleistet wird, indem s[ie]

1. selbst am Runden Tisch mit kompetenten Vertretern teilnimmt

2. Vertreter der Neuen Gruppierungen als Beobachter mit dem Recht [auf]
Anfrage an den Sitzungen der Regierung teilnehmen läßt

3. die Vertreter der Neuen Gruppierungen mit beschränkten
parlamentarischen Funktionen ausstattet, so daß sie mit Rederecht [an]
den Sitzungen der Volkskammer und ihrer Ausschüsse teilnehmen könn[en]
und dabei das Recht zur Expertenbenennung und öffentlichen
Expertenanhörung wahrnehmen können

4. volle Öffentlichkeit für die Tagungen des Runden Tisches zu
schaffen und den Neuen Gruppierungen freie Plätze in den Medien
einräumt, d.h. regelmäßige Seiten in den Printmedien, regelmäßige
Sendezeiten in Rundfunk und Fernsehen in eigener Redaktion sichert.

Folgende Sachfragen und Themen sollten ab sofort am Runden Tisch
Priorität gewinnen:

1. Diskussion über die Verfassung

Der Runde Tisch sollte sich auf die Verständigung über die Struktu[r]
und gesellschaftliche Verfassung der DDR konzentrieren. Alle zur Z[eit]
in eklektischer Weise diskutierten Gesetzte berühren Grundfragen e[iner]
zukünftigen Verfassung. Sollen sie nicht nach ihrer Verabschiedung
Kürze revidiert werden, so müssen sie in ihrer Ganzheitlichkeit, d[.h.]
in ihrem Zusammenhang mit der zukünftigen Verfassung erarbeitet un[d]
diskutiert werden. Alle Teilgesetze stoßen an die derzeit existier[ende]
Verfassung, unterlaufen sie tendenziell und schreiben so eine neue
Verfassung in bestimmten Bereichen fest, ohne daß es darüber zu ei[ner]
grundsätzlichen Entscheidung gekommen wäre.

Daher sollten alle am Runden Tisch sitzenden Gruppierungen und
Parteien dazu aufgefordert werden, sich öffentlich über ihre
Vorstellungen zu einer künftigen Verfassung zu äußern, d.h.
insbesondere über die zukünftige Verwaltungsstruktur des Landes, G[...]

die Formen der Gewaltenteilung, über die Stellung des Individuums zum Eigentum, über die Wirtschaftsverfassung und Formen der Wirtschaftsdemokratie.

Sie sollten sich desweitern darüber verständigen, auf welchem Wege die Gesellschaft zu einer demokratischen, von der Bevölkerung in ihrer Mehrheit getragenen Verfassung kommen will.

Ein Plebeszit über die Verfassung vor den Wahlen birgt den Nachteil in sich, daß diese Verfassung allein von einem Expertengremium ausgearbeitet werden würde und in der Kürze der Zeit keine angemessene, d.h. öffentliche und sachkompetente Diskussion zustande käme.

Ein anderer möglicher Weg bestünde darin, zuerst Wahlen zur verfassungsgebenden Versammlung durchzuführen, die legitimiert wäre, eine Verfassung auszuarbeiten und umfassend öffentlich zu diskutieren. Die sich um Sitze in der verfassungsgebenden Versammlung bemühenden Gruppierungen, Parteien und Einzelpersonen müßten sich im Wahlkampf dezidiert zur Verfassung äußern. Dieser Weg hätte den Nachteil, die andauernde tendenzielle Regierungsunfähigkeit noch über einen längeren Zeitraum fortzuschreiben.

2. Diskussion über Strategien zur Wirtschaftsreform

Voraussetzung, um zu einem Paket von Sofortmaßnahmen zur Bekämpfung der Wirtschaftskrise zu gelangen, ist die Offenlegung der Wirtschaftsdaten.

Das betrifft:
- die Deviseneinnahmen und -ausgaben des Staatshaushaltes
- die Bilanzen jedes größeren Kombinates (Gewinne, Verluste, Guthaben, aktiver und passiver Saldo, Schadstoffausstoß usw. - Daten, die auch jedem Konzern regelmäßig abverlangt werden)
- die Produkt- und Rationalisierungsstrategien größerer Wirtschaftseinheiten
- die Bilanz der gesamten Volkswirtschaft

Im Zusammenhang mit der Erarbeitung einer Wirtschaftsreform sollte darüber diskutiert werden, wie man zu einer vernünftigen Strategie der Wirtschaftsanalytik kommen kann, um eine Bewertung des produktiven Vermögens der Volkswirtschaft vornehmen zu können. Die Gründung eines unabhängigen Wirtschaftsinstituts (regierungsunabhängige Experten, Gutachter, Berater) erweist sich als notwendig, um den Anschluß an die Wissenschaft herzustellen.

Das vermutlich wichtigste Problem ist jedoch die Frage, wie kann man solche Sofortmaßnahmen in der Wirtschaft ergreifen, ohne daß durch diese Maßnahmen schon irreversible Wege festgeschrieben werden, sondern umgekehrt sozial abgesicherte Wege zu einer umfassenden Wirtschafts- und Sozialreform eröffnet werden ?

Dokument 5/3, Erklärung UFV: Vorbereitung auf das Gespräch mit Ministerpräsident Modrow am 2.1.1990; Seite 3 von 4

39

Folgende Fragen müssen in diesem Zusammenhang strategisch diskutiert werden:

1. Wie soll die Integration in den Weltmarkt vollzogen werden?
   - Problem der Preis-Einkommensstruktur
   - Problem der Währung
   - Problem des Arbeitskräftemarktes
   - Problem des Kapitalmarktes

2. Welche Wirtschaftsverfassung brauchen wir dazu?
   - Problem der Kompetenzen staatlicher Wirtschaftsorgane
   - Problem der Ökologie
   - Problem der Betriebsverfassung (Leitung/Gewerkschaft)

3. Welche Wirtschaftsstruktur sollten wir anstreben?
   - Strategie zur Energiepolitik (Atomkraft oder alternative Energien)
   - Abbau ressourcenverschwendender, unrentabler und unökologischer Strukturbereiche (nationale Autoindustrie)
   - Abbau von Verschwendungspotentialen in Industrie und Hauswirtschaft (Wohnung, Wasser, Energie, Zeit)
   - Reorganisation der Landwirtschaft
   - Aufbau neuer Industriezweige (Umwelttechnologie)
   - Stärkung der Wissenschaft als Produktivkraft
   - Stärkung der sogenannten unproduktiven Bereiche (Dienstleistungen, Rekonstruktion, Infrastruktur)

4. Welche Sozialpolitik wollen wir verfolgen?
   - Umschulung und soziale Wiedereingliederung bei Massenfreisetzung von Arbeitskräften
   - Aufbau eines Sozialnetzes (Sonderbedingungen für nicht- oder mindererwerbsfähige Minderheiten, Programme für Nichterwerbsarbeit usw.)
   - sozial verträgliche Einkommens- und Subventionsstrategien
   - ökologisch verträgliche, sozial alternative Konsumstrategien

22

Antrag der Gewerkschaften

Angesichts der Entwicklung der wirtschaftlichen und sozialen Lage im Lande und der berechtigten Sorgen der Werktätigen um ihre soziale Sicherheit wird die Regierung der DDR aufgefordert, zu gewährleisten:

1. Entscheidungen über strukturelle Entwicklungen und Veränderungen der Kombinate, Betriebe und Einrichtungen, über Produktionsprofile, Produktionseinstellungen usw., die die sozialen Interessen der Belegschaften, die Beschäftigungsverhältnisse, Arbeitsbedingungen und -einkommen betreffen, dürfen nur mit Zustimmung der zuständigen Gewerkschaftsorganisation getroffen werden. Unabdingbarer Bestandteil solcher Entscheidungen müssen konkrete Maßnahmen (Sozialpläne) zur sozialen Sicherung der Beschäftigten sein.

2. Ab sofort ist monatlich die Entwicklung des Indexes der Preise und Lebenshaltungskosten öffentlich bekannt zu geben. Im Falle inflationärer Entwicklungen sind mindestens quartalsweise die Löhne, Gehälter, Renten und Stipendien proportional der Entwicklung der Lebenshaltungskosten anzupassen.

Dokument 5/4, Antrag FDGB zur Vorlage 5/2: Soziale Sicherheit der Werktätigen (Vorlage 5/2a)

21

Runder Tisch   3. Januar 1990
Initiative Vereinigte Linke

Dissenspapier zu den Vorschlägen der Arbeitsgruppe Wirtschaft
des Runden Tisches

Entgegen dem Beschluß der AG Wirtschaft bei ihrer konstituierenden Sitzung
enthält das von der AG Wirtschaft vorgelegte Arbeitspapier keine Darstellung
des Dissenses in verschiedenen Fragen. Dabei soll hier überhaupt nicht darauf
eingegangen werden, daß zahlreiche Formulierungen ganz unterschiedlich ausleg-
bar sind.

Wir stellen unseren Dissens zu folgenden Formulierungen fest:

zu II., 1. Satz:

Kurzfristige Maßnahmen werden nur beschränkt den hier geforderten Effekt
bringen. Es muß aber die Forderung erhoben werden, daß alle Maßnahmen der
Regierung keine einschneidenden Vorentscheidungen für die Zeit nach den Wahlen
und dem Inkrafttreten einer neuen Verfassung beinhalten.

zu II. 2.:

"Sozialer Ausgleich" wäre zu präzisieren als "Sicherung des gegenwärtigen Le-
bensstandards unter Herstellung des notwendigen sozialen Ausgleichs".

zu II. 4., 1. Punkt:

Im Prozeß des Uebergangs zur Eigenerwirtschaftung der Mittel ist schrittweise
Uebergabe der Fondsverantwortlichkeit beginnend beim Lohnfonds ein wichtiges
Mittel zur Entwicklung sozialistischer Motivationen der Werktätigen.

zu II 4., 2. Punkt:

Die Betriebsräte sollen als Hauptform der Verwandlung von Staats- in Volkseigentum zu Instrumenten betrieblicher Selbstverwaltung entwickelt werden.

zu II. 7.:

Die Formulierung "Herausbildung einer Marktwirtschaft" widerspricht der geltenden Verfassung (s. unser Einwand zur Einleitung von II.)

Wir plädieren dafür, daß sich als Alternative zur bisherigen Kommandowirtschaft
eine "sozialistische Bedarfswirtschaft" entwickelt.

zu II. 9.:

Die Formulierung "Förderung ... mittelständischer Privatbetriebe" widerspricht
dem angestrebten und verfassungsrechtlich verankerten sozialistischen Charakter
der DDR.

Antrag an den Runden Tisch zum Thema Wirtschaftspolitik
Eingereicht von der AG Wirtschaft beim Runden Tisch zur Entscheidung am 03. Januar 1990

Der Runde Tisch fordert die Regierung auf, die Prinzipien und Regelungen der bisherigen wirtschaftlichen Tätigkeit der Parteien und Organisationen offenzulegen. Bisherige und gegenwärtige Finanzierungen von Parteien und Organisationen aus dem Staatshaushalt sowie die Übertragung von Volkseigentum an diese sind bekanntzugeben. Der Runde Tisch bittet weiterhin um Aufklärung durch die Regierung, ob Parteien und Organisationen das staatliche Außenhandelsmonopol verletzt haben.

Zusatz zu diesem Antrag durch die Vertreter von DA, IFM, IVL, NF und SDP in der AG Wirtschaft beim Runden Tisch:
ES wird weiterhin erwartet, daß sich die Regierung mit dafür einsetzt, daß
- die gesamten Einnahmen und Ausgaben,
- die Vermögenswerte und der Besitz,
- die wirtschaftliche Tätigkeit im In- und Ausland

aller Parteien und Organisationen offengelegt werden.

Runder Tisch   3. Januar 1990

Erklärung der Gewerkschaften zum Bericht von Frau Minister Luft

Wir begrüßen, daß die Regierung für eine starke und unabhängige Interessenvertretung der Werktätigen in den Betrieben und Einrichtungen eintritt. Wir können uns aber nicht damit einverstanden erklären, daß die Regierung ohne weiteres und ohne Not Aussagen macht, die auf die Einschränkung der verfassungsmäßig garantierten Rechte der Gewerkschaften zur Interessenvertretung und Mitbestimmung hinauslaufen können.

Erstens halten wir daher für erforderlich, daß noch vor der Verabschiedung neuer Gesetze durch einen gesonderten Beschluß der Volkskammer die Rechte der Gewerkschaften zum Schutz der Interessen der Werktätigen unter den neuen Bedingungen entsprechend der Verfassung der DDR grundsätzlich garantiert und geregelt werden.

Zweitens haben wir alle Parteien und Organisationen des Runden Tisches zu einer Diskussion über diese Problematik eingeladen. Wir haben die Absicht dort alle auftretenden Probleme und unterschiedlichen Auffassungen offen und sachlich zu erörtern, damit es nicht zu einer Schwächung der Interessenvertretung der Werktätigen kommt.

Drittens fordern wir die Regierung auf, in Sachen Interessenvertretung nichts ohne Absprache mit den Gewerkschaften zu verkünden. Wer von der realen Lage in den Betrieben und Einrichtungen ausgeht, kann keine dominante Tendenz zur Bildung von Betriebsräten feststellen, wohl aber das verstärkte Bemühen der Belegschaften zur Neuformierung und Stärkung ihrer gewerkschaftlichen Grundorganisationen und ihrer Mitbestimmungsrechte.

Dokument 5/6, Antrag AG "Wirtschaft": Offenlegung der wirtschaftlichen Tätigkeit der Parteien und Organisationen (Vorlage 5/4)

Dokument 5/7, Erklärung FDGB: Zum Bericht von Frau Minister Luft

Erste Vorschläge am Runden Tisch für 3.1.1990

1. An den Beratungen der Arbeitsgruppe "Ökologischer Umbau" nimmt ab sofort ein auskunftsberechtigter Vertreter des Umweltministeriums teil.

2. An die Arbeitsgruppe "Ökologischer Umbau" ist bis zum 12.1.1990 von der Regierung der DDR ein Umweltbericht vorzulegen, der in konzentrierter Weise über Primärdaten einschließlich Interpretation, Abhilfestrategien und gesundheitliche Belastungen informiert, einschließlich des Kartenwerks für ökologische Gefährdung gemäß Ministerratsbeschluß Stufe 1 - 3 (5 - 15 Jahre Geheimhaltung).

3. Die Aufhebung des Ministerratsbeschlusses über die Geheimhaltung von Umweltdaten vom November 1982 ist sofort öffentlich bekanntzugeben

4. Die staatlichen Stützungen für Elektroenergie und Gas sind kurzfristig aufzuheben. Die Bürger erhalten einen finanziellen Ausgleich in Höhe der durchschnittlichen Mehrkosten und werden somit für eigene Energiesparbeiträge belohnt. Der Wirtschaft sind ohne weitere Stützungen die realen Energiepreise in Rechnung zu stellen.

Diese Vorschläge werden getragen von den Vertretern folgender Parteien, Organisationen und Gruppierungen der AG "Ökologischer Umbau" am Runden Tisch:

CDU
DBD
FDGB
Grüne Liga
Grüne Partei
SED-PDS
VdgB

Dokument 5/8, Vorschlag AG "Ökologischer Umbau" zu Energiefragen

Runder Tisch
5. Sitzung

Antrag

Der Runde Tisch möge beschließen, daß der Ausschuß für Wirtschaft der Volkskammer und der Ausschuß des Runden Tisches zu Wirtschaftsfragen gemeinsam eine Experten-Anhörung veranstaltet.

Das öffentliche Hearing steht unter dem Thema "Wege zur Ausarbeitung eines Konzepts der Wirtschaftsreform in der DDR". Es sollte bis Mitte Januar 1990 stattfinden.

Die Volkskammerfraktion bzw. die am Runden Tisch teilnehmenden Seiten sind berechtigt, Experten zu benennen. Die Experten werden um Vorlage schriftlicher Gutachten gebeten, auf deren Grundlage die Anhörung erfolgt.

Dokument 5/9, Antrag UFV ein Hearing des Wirtschaftsausschusses der Volkskammer und der AG "Wirtschaft" des Runden Tisches zu veranstalten (Vorlage 5/5)

5. Arbeitsordnung des Runden Tisches

1.

1.1. Zur Aufstellung des Arbeitsprogramms des Runden Tisches wird eine Programmgruppe gebildet.

1.2. Ihr gehören je ein Vertreter aller am Runden Tisch mitarbeitenden Parteien und Gruppierungen an. Sie steht unter der Leitung eines der drei Moderatoren des Runden Tisches.

1.3. Die Programmgruppe tritt bei Bedarf auf Antrag des Runden Tisches oder der Moderatoren zusammen.

1.4. Auf Grund von Anträgen des Runden Tisches, von Eingaben und von Anregungen der Regierung stellt sie ein Arbeitsprogramm für jeweils 4 - 6 Wochen auf und legt Prioritäten für die Behandlung der Themen fest. Das Arbeitsprogramm bedarf der Bestätigung des Runden Tisches.

2.

2.1. Die Tagesordnung für die Sitzungen des Runden Tisches wird auf Grund des Arbeitsprogramms und aktueller Anforderungen von den Moderatoren vorgeschlagen.

2.2. Anmeldungen für die Tagesordnung sollen spätestens drei Tage vor der Sitzung erfolgen.

2.3. Ueber die endgültige Tagesordnung und über die Reihenfolge in der Verhandlung beschließt der Runde Tisch jeweils zu Beginn seiner Sitzung.

3.

3.1. Für die Geschäftsführung des Runden Tisches wird ein Sekretariat gebildet.

3.2. Das Sekretariat arbeitet unter der Aufsicht der Moderatoren, die untereinander festlegen, wer die unmittelbare Dienstaufsicht ausübt.

3.3. Zur Klärung grundsätzlicher Fragen des Sekretariats und für Konfliktfälle wird eine Steuerungsgruppe gebildet. Sie besteht aus den drei Moderatoren und jeweils 2 Vertretern der Gruppe der am Runden Tisch mitarbeitenden Parteien und Massenorganisationen einerseits und der oppositionellen Gruppierungen andererseits. Sie tritt bei Bedarf auf Antrag des Runden Tisches, der Mitarbeiter des Sekretariats oder der Moderatoren zusammen.

4.

4.1. Das Sekretariat wird zunächst mit einem Leiter und zwei Schreibkräften besetzt. Bei steigendem Arbeitsanfall wird es auf Antrag des Leiters erweitert.

4.2. Die Mitarbeiter des Sekretariats werden von den am Runden Tisch mitarbeitenden Organisationen und Gruppierungen ganz oder teilweise für die Arbeit des Runden Tisches freigestellt. Ihr Dienstverhältnis bleibt bestehen. Gehaltskosten bzw. Gehaltskostenanteile werden den freistellenden Organisationen auf Antrag erstattet.

5.

5.1. Das Sekretariat organisiert die Sitzungen des Runden Tisches und der Arbeitsgruppen und sichert die dafür notwendigen Voraussetzungen.

5.2. Es bearbeitet sämtliche an den Runden Tisch gerichtete Post und erledigt den Schriftverkehr des Runden Tisches, seiner Arbeitsgruppen und der Pressesprecher.

5.3. Es führt die Akten des Runden Tisches und der Arbeitsgruppen.

5.4. Es führt die Kasse des Runden Tisches und ist für die Abrechnung aller durch die Arbeit des Runden Tisches entstehenden Kosten verantwortlich

5.5. Die notwendigen Festlegungen für die in den Ziffern 5.2. - 5.4. aufgeführten Tätigkeiten trifft der Leiter des Sekretariats mit dem die Dienstaufsicht führenden Moderator.

6.

6.1. Die für die Arbeit des Sekretariats notwendigen Geräte werden von den am Runden Tisch mitarbeitenden Organisationen und Gruppierungen leihweise zur Verfügung gestellt, sofern das nicht durch das Konferenzzentrum geschehen kann.

6.2. Darüber hinaus notwendig werdende Anschaffungen oder geschenkweise zur Verfügung gestellte Geräte werden in einer Inventarliste erfaßt.

7.

7.1. Das Sekretariat des Runden Tisches wird innerhalb von 14 Tagen nach Beendigung der Arbeit des Runden Tisches aufgelöst.

7.2. Ueber den Verbleib der Aktenbestände und Dokumente des Runden Tisches sowie über eventuell entstandenes Eigentum an technischem Gerät (vgl. 6.2.) befindet der Runde Tisch bei seiner letzten Sitzung.

6. Zur Konstituierung der Arbeitsgruppen

Der Runde Tisch beschließt, daß bis zum 8. 1. 1990 die Arbeitsgruppen dem Sekretariat eine Teilnehmerliste und den Namen des Vorsitzenden übergeben.

Dokument 5/10, Entwurf Moderation vom 27.12.89 Einrichtung eines Arbeitssekretariats des Runden Tisches (Vorlage 5/9); Seite 2 von 2

Runder Tisch   3. Januar 1990

SDP
Gerechte Oeffnung der Tagespresse für alle Parteien und Organisationen

Im Interesse ausgewogener Rahmenbedingungen für die Führung des politischen Meinungsstreites im Vorfeld der Wahlen müssen alle am Runden Tisch beteiligten Parteien und Organisationen die Möglichkeit erhalten, sich ab sofort öffentlich zu äußern. Es muß für jede Partei möglich sein, sich in der Tagespresse darzustellen. Dies ist bislang nicht der Fall. Aufgrund der Eigentumslage wird in den nächsten Wochen in der DDR keine unabhängige Tagespresse verlegt werden können. Deshalb unterbreiten wir dem Runden Tisch den Vorschlag, im Interesse eines fairen Wahlkampfes und eines wirklichen politischen Dialoges folgenden Beschluß zu fassen:

Allen Parteien und Gruppierungen des Runden Tisches, die über keine eigene Tageszeitung verfügen, wird das Recht eingeräumt, bei jeder der in der DDR verlegten Tageszeitungen eine oppositionelle Redaktion neben der Stammredaktion zu bilden. Diese oppositionellen Redaktionen arbeiten unabhängig und tragen die redaktionelle Verantwortung für einen zwischen der entsprechenden Redaktion und den neuen Parteien eigenständig auszuhandelnden Umfang der Zeitung. (Die jeweilige Redaktion der oppositionellen Gruppen muß die Möglichkeit erhalten, bis zur Hälfte des politischen Teils einer jeden Tageszeitung einnehmen zu können.)

Dokument 5/11, Antrag SDP: Gerechte Öffnung der Tagespresse für alle Parteien und Organisationen (Vorlage 5/10)

Runder Tisch

6. Sitzung
8. Januar 1990

Vorlage Nr. 0

Vorschlag für die Tagesordnung der 6. Sitzung des Runden Tisches am 8. Januar 1990, 9.00 - ca. 17.00 Uhr, Ossietzkystraße, Berlin, 1110

1. **Eröffnung**

   1.1. Begrüßung und Vorstellung eventuell neuer Vertreter am Runden Tisch
   Hinweis auf Ziff. 8 der Geschäftsordnung betr. Zahl der Berater

   1.2. Beschluß über die endgültige Tagesordnung

   1.3. Entscheidung über Anwesenheit und Tätigkeit von Medienvertretern im Verhandlungssaal.

   1.4. Hinweis auf Gestaltung und Einbringung von Anträgen, von Anfragen an die Regierung und Informationen.

2. **Zur Auflösung des Amtes für nationale Sicherheit**

   2.1. Bericht des Regierungsbeauftragten Dr. Koch zum gegenwärtigen Stand (Antworten zu Anfragen vom 3.1.1990)

   2.2. Anfragen zum Bericht

3. **Zur Gesetzgebungsarbeit der Regierung**

   3.1. Bericht von Staatssekretär Dr. Wittenbeck zum Gesetzgebungsplan und zur Gesetzgebungsarbeit der Regierung

   3.2. Anfragen zum Bericht

4. **Neues Wahlgesetz**

   4.1. Einbringung der Vorlage der Arbeitsgruppe "Neues Wahlgesetz"

   4.2. "Durchführung von Kommunalwahlen vor der Volkskammerwahl" (NF)

   4.3. Aussprache und Voten zur Weiterarbeit an einem neuen Wahlgesetz

5. **Parteien- und Vereinigungsgesetz**

   5.1. Einbringung der Vorlage der Arbeitsgruppe "Parteien- und Vereinigungsgesetz"

   5.2. Aussprache und Voten zur Weiterarbeit an einem Parteien- und Vereinigungsgesetz

6. **Anträge verschiedener Art**

   6.1. SDP - Oeffnung der Tagespresse für alle Parteien und Organisationen

   6.2. Unabhängiger Frauenverband - Rederecht in der Volkskammer und Beobachterstatus bei Regierungssitzungen

   6.3. Grüne Liga/Grüne Partei - Schutz des bisherigen Grenzstreifens an der innerdeutschen Grenze

   6.4. . . .

7. **Bekanntgabe von Eingaben und Entscheidung über ihre weitere Bearbeitung**

Dokument 6/1, Vorschlag Prioritätengruppe: Zur Tagesordnung der 6. Sitzung (Vorlage 6/0)

Runder Tisch

6. Sitzung
8. Januar 1990   Vorlage Nr. 3

Antrag an den Runden Tisch
zur Vertagung der Beschlußfassung der Volkskammer über den Gesetzesantrag der Regierung zur Änderung der Artikel 12 und 14 der Verfassung der DDR

Der Runde Tisch protestiert zum wiederholten Male dagegen, daß er nicht rechtzeitig über den Inhalt von Gesetzesinitiativen der Regierung informiert wurde.

Der Runde Tisch fordert das Präsidium der Volkskammer auf, die Beschlußfassung über diesen Antrag der Regierung so lange auszusetzen, bis er Gelegenheit hatte, seine Auffassung zu diesem Antrag (einschließlich des dazu vorliegenden Entwurfs der Regierungsverordnung) zu diskutieren und durch entsprechenden Beschlüsse zu äußern.

Vereinigte Linke

Dokument 6/2, Antrag VL an den Runden Tisch: Zur Vertagung der Beschlußfassung der Volkskammer über den Gesetzgebungsantrag der Regierung zur Änderung der Art. 12 und 14 in der Verfassung der DDR (Vorlage 6/3); Abschrift

Runder Tisch   Information Nr. 1
6. Sitzung
08.01.1990

RUNDER TISCH

Programmplanung der Prioritätengruppe des Runden Tisches am 3.1.19909

15.01.1990   Wahlgesetz einschließlich Thema „Kommunalwahlen"
               Parteien- und Vereinigungsgesetz
               (nötige Veränderungen der alten Verfassung)
               Bericht über Auflösung des Amtes für Nationale Sicherheit Anträge
               SDP – „Tagespresse"
               Unabhängiger Frauenverband – Rederecht in der Volkskammer
               Grüne Liga – Schutz der bisherigen Grenzstreifen

18.01.1990   Ökologische Situation
               Bürgerkomitees (Votum der AG „Recht")
               Votum zum Aufnahmeantrag der Arbeitsgruppe zur Bildung einer nationalen
               Bürgerbewegung

22.01.1990   Wirtschaftsfragen II (Zuarbeit einer Expertengruppe von Landwirten zu
               Grundfragen der Landwirtschaft)

29.01.1990   Überlegungen für eine neue Verfassung

05.02.1990   Mediengesetz

12.02.1990   Ausgestaltung der Vertragsgemeinschaft mit der BRD
               (Vorbereitung durch NDPD)

19.02.1990   Wirtschaftsfragen III – Schwerpunkt Landwirtschaft

26.02.1990   Konzeptionelle Überlegungen zu einer künftigen Frauenpolitik

Vormerkung für 12. März 1990

Kulturelle Lebensqualität in Städten und Gemeinden (Vorbereitung Bisky und Röth)

Künftig soll nur ein Hauptthema in den Tagungen des Runden Tisches verhandelt werden.

Unter Umständen muß eine Fragesitzung mit Vertretern der Regierung eingeschoben werden.

Es ist von allen Teilnehmern zu fordern, daß sie Fragen an die Regierung schriftlich vorlegen.

Vorlagen sind künftig zu numerieren und dürfen nur nach vorheriger Kenntnisnahme durch die Moderatoren am Runden Tisch verteilt werden.

Dokument 6/3, Prioritätengruppe: Programmplanung (Vorlage 6/1)

Runder Tisch
6. Sitzung
8. Januar 1990   Information Nr. 2

Betr.: Anfragen des RT vom 3.1.1990 zum Problemkreis "Amt für
Nationale Sicherheit" und zu Finanz- und Wirtschaftsfragen

Auf Grund der Aussprache des RT am Nachmittag des 3.1.1990 wurde folgender Fragenkatalog zus-ammengestellt und mit Schreiben vom 4.1.1990 Herrn Staatssekretär Halbritter übermittelt:

1. Bitte um einen Bericht des Generalstaatsanwalts und des Ministers des Innern zur inneren Sicherheit

2. Hinzuziehung einer von der Opposition benannten Vertrauensperson und drei weiterer Mitarbeiter für die Auflösung des Amtes für Nationale Sicherheit

3. Nachweis über die Übergabe der Waffen der Mitarbeiter des Amtes für Nationale Sicherheit an das Ministerium für Nationale Verteidigung

4. Ergebnis der erneuten Regierungsberatung betreffs "Überbrückungsgeld" für ehemalige Mitarbeiter des MfS, wobei die politische Seite dieser Regelung Beachtung finden sollte. (Die Gewerkschaft stelle Beteiligung an dieser Entscheidung in Abrede, da Mitarbeiter des MfS nicht Gewerkschaftsmitglieder waren).

5. Liste der ehemaligen Objekte des MfS, die an andere Träger übergeben wurden oder übergeben werden sollen.

6. Welchen Auftrag und welche Kompetenz hat Herr Koch als Regierungsbeauftragter für die Auflösung des Amtes für Nationale Sicherheit

7. Welche Möglichkeiten der Zusammenarbeit gibt es mit der AG "Sicherheit" des Runden Tisches?

8. Warum spricht die Regierung keine Verwerfung der die Verfassung verletzenden Praktiken des ehemaligen MfS aus?

9. Wird am Aufbau eines Verfassungsgerichtes gearbeitet?

Dokument 6/4, Anfragen vom 3.1.1990 zum "Amt für Nationale Sicherheit" und Finanz- und Wirtschaftsfragen (Information 6/2); Seite 1 von 2

10. Gibt es die Möglichkeit, persönlich in die Dossiers des MfS über die eigene Person Einsicht zu nehmen?

11. Gibt es den Nachrichtendienst der DDR nicht bereits? Wurden nicht ganze Amtsstellen des MfS bzw. des Amtes für Nationale Sicherheit in den neu gebildeten Nachrichtendienst überführt?
   (z.B. Bezirksverwaltung Berlin-Friedrichshain?)

12. Wann wurde die Anweisung zur Vernichtung von Unterlagen des MfS von wem zurückgenommen?

13. Wozu ist ein Organ für Verfassungsschutz neben MdI und Generalstaatsanwaltschaft in der DDR nötig?

14. Welche Aufgabenstellung soll nach Vorstellung der Regierung ein Organ für Verfassungsschutz und der Nachrichtendienst konkret haben?
   (Vgl. Anfragen vom 27.12.1989)

15. Wann ist mit der Vorlage der noch nicht beschlossenen Entwürfe der Regierung für die Bildung eines Nachrichtendienstes der DDR und eines Organs für Verfassungsschutz der DDR an den Runden Tisch zu rechnen?

Im Blick auf Finanz- und Wirtschaftsfragen gab es noch folgende Anfragen (außer den Anfragen an Frau Minister Dr. Luft):

a) Welche Zuschüsse erhielten die Parteien aus dem Staatshaushalt?

b) Welche Produktionsfondsabgaben leisten die parteieigenen Betriebe?

c) Gibt es Analysen zur Entwicklung der Arbeitsstruktur?

d) Gibt es eine schriftliche Struktur- und Schwachstellenanalyse der DDR-Wirtschaft? Kann sie zur Verfügung gestellt werden?

e) Wie will die Regierung den Verfall der Bausubstanz in den Städten aufhalten?
   Wann sind welche Strukturveränderungen im Bauwesen geplant?

gez. Ziegler

Dokument 6/4, Anfragen vom 3.1.1990 zum "Amt für Nationale Sicherheit" und Finanz- und Wirtschaftsfragen (Information 6/2); Seite 2 von 2

Berlin, 5.1.1990

Information der Regierung der DDR an den
"Runden Tisch"
----

1. Mit dem Beschluß über die Auflösung des ehemaligen MfS entsprach die Regierung den Forderungen breiter Bevölkerungskreise, die Durchsetzung einer neuen Sicherheitspolitik zu beschleunigen. Die Regierung verurteilte zugleich Amtsmißbrauch, falsche Befehle und Methoden, für die der ehemalige Minister für Staatssicherheit die politische Verantwortung trägt.

Zu verurteilen ist

- die Funktion bei der Verwirklichung der falschen Sicherheitsdoktrin der ehemaligen Partei- und Staatsführung;

- die flächendeckende Überwachung größerer Personenkreise und damit im Zusammenhang die Schaffung eines überdimensionierten Sicherheitsapparates;

- das Ansinnen, politische Probleme mit strafrechtlichen Mitteln zu lösen;

- die Beteiligung von Teilen des MfS am Schutz der Privilegien, die sich die ehemalige Führungsspitze angemaßt hat.

Die Regierung der DDR nimmt mit Befriedigung die Haltung der Mitarbeiter des ehemaligen MfS zur Kenntnis, die sich in allen Bezirken der DDR gegenüber Vertretern der Bürgerbewegungen und öffentlich gegenüber der Bevölkerung entschuldigt haben.

Die Regierung war mit dem Vorschlag der Volkskammer, ein Amt für Nationale Sicherheit zu bilden, der allgemeinen politischen Erfahrung gefolgt, daß es neben der NVA und der Volkspolizei verfassungsmäßige Dienste geben muß, die mit spezifischen Mitteln Rechtsstaatlichkeit und Sicherheit zu gewährleisten haben.

2

Das sind der Verfassungsschutz und der Nachrichtendienst der DDR. Das berücksichtigte auch die vielen positiven Arbeitsergebnisse, die in den zurückliegenden Jahrzehnten bei der Sicherung des Friedens, der Erhaltung der Souveränität und der Stärkung der Wirtschaftskraft der DDR erreicht wurden.

Im Verlaufe ihrer Tätigkeit haben die Sicherheitsorgane wesentliche Beiträge geleistet

- zur Erhaltung des Friedens, zum Schutz der DDR und ihrer Souveränität sowie zur Erfüllung der von ihr eingegangenen Bündnisverpflichtungen;

- zur Erhöhung der Wirtschaftskraft der DDR, u.a. durch Beiträge zur Brechung der völkerrechtswidrigen Embargopolitik;

- im Kampf gegen die Spionage gegnerischer Geheimdienste gegen geheimzuhaltende Bereiche in Staat, Militär und Volkswirtschaft, Entdeckung einer großen Anzahl von z.T. gefährlichen Spionen;

- Kampf gegen Neonazismus, Aufdeckung von faschistischen Gruppierungen; Aufdeckung von Nazi- und Kriegsverbrechen;

- Kampf gegen Terrorismus, Verhinderung von terroristischen Anschlägen und Aufdeckung von Drohungen in dieser Richtung.

Mit dem Beschluß vom 14.12.1989 über die Auflösung des Amtes für Nationale Sicherheit entsprach die Regierung der Forderung breiter Bevölkerungskreise, die Durchsetzung einer neuen Sicherheitspolitik zu beschleunigen.

Auf den Schutz der Bevölkerung der DDR vor Gefahren, die aus Terrorismus, Rauschgiftkriminalität, Rechtsextremismus und ökologischen Verbrechen hervorgehen, muß sich diese Sicherheitspolitik konzentrieren.

Deshalb haben die neuen Sicherheitsorgane (Verfassungsschutz und Nachrichtendienst) folgende Aufgaben:

- Beschaffung und Auswertung von Informationen aus dem Ausland, die auf anderen Wegen nicht zu erhalten sind, und die von Bedeutung für die Sicherheit der DDR und ihrer Bevölkerung sowie den Schutz unseres Landes sind und als Beitrag zur Entscheidungsfindung der Regierung dienen können;

Dokument 6/5, Information der Regierung der DDR zur Auflösung des MfS (Information 6/3); Seite 2 von 7

3

- Kampf gegen Spionage ausländischer Geheimdienste;

- Beobachtung der rechtsextremen Szene, um den antifaschistischen Charakter des Staates zu wahren und die Bevölkerung vor rechtsextremen Ausschreitungen zu schützen sowie Grundlagen für die strafrechtliche Verfolgung neonazistischer Aktivitäten zu schaffen;

- Aufdeckung von Nazi- und Kriegsverbrechen;

- Mitwirkung bei der Aufklärung von Gewaltverbrechen gegen Leben und Gesundheit der Bürger;

- Mitwirkung bei der Aufdeckung und Verhinderung schwerer Kriminalität von Bränden und Havarien in der Wirtschaft;

- Kampf gegen Terrorismus, Rauschgifthandel und ökologische Verbrechen;

- bedingungslose Unterstützung bei der Aufklärung von Amtsmißbrauch und Korruption.

Die Aufgaben der neuen Sicherheitsorgane sind nur mit spezifischen nachrichtendienstlichen Mitteln und Methoden unter parlamentarischer Kontrolle und auf der Grundlage der Gesetzlichkeit lösbar.
Die Dienste werden über keine Exekutivbefugnisse verfügen.

Die Regierung hat deshalb dem Präsidium der Volkskammer die Bildung einer Parlamentarischen Kontrollkommission vorgeschlagen.

Die Neubildung des Verfassungsschutzes und des Nachrichtendienstes der DDR unter ziviler Leitung duldet keinen Aufschub, weil es die Regierung der DDR gegenüber dem Volk und gegenüber den Verbündeten nicht verantworten kann, ein Sicherheitsvakuum in unserem Lande zuzulassen. Wird die Neubildung der Dienste aufgeschoben, gibt es nur die Alternative, die Auflösung des ehemaligen Amtes für Nationale Sicherheit zu unterbrechen und jene Bereiche weiter bestehen bzw. profilieren zu lassen, die Aufgaben des künftigen Dienstes übernehmen bzw. fortführen müßten.

Dokument 6/5, Information der Regierung der DDR zur Auflösung des MfS (Information 6/3); Seite 3 von 7

4

2. Der Ministerrat entspricht dem Wunsch des "Runden Tisches", eine Analyse über die Sicherheitslage in der DDR vorzulegen und in diesem Zusammenhang in einem besonderen Tagesordnungspunkt die Notwendigkeit der nationalen Sicherheit erneut zu behandeln. Das sollte am 28.1.1990 erfolgen. Diesen Zeitraum hält die Regierung für erforderlich, weil diese Analyse über die Sicherheitslage im Lande durch den Generalstaatsanwalt und den Minister für Innere Angelegenheiten einer tiefgründigen und allseitigen, längere Zeit in Anspruch nehmenden Arbeit bedarf.

3. Der Aufforderung des "Runden Tisches" zur Auflösung des ehemaligen Bereiches "Kommerzielle Koordinierung" durch den Minister für Aussenwirtschaft, Beil, und den Minister der Finanzen und Preise, Nickel, eine Information entgegenzunehmen, wird zugestimmt.
Diese Information kann erst Anfang März 1990 gegeben werden, weil die eingeleitete Tiefenrevision erst am 28.2.1990 abgeschlossen und es nicht möglich ist, in die laufenden Kontrollarbeiten einzugreifen.
Zwischenzeitlich wird die Öffentlichkeit über den Stand der Reorganisation der Betriebe dieses Bereiches, einschließlich erforderlicher Auflösungen, informiert.

Berlin, den 05. 01. 1990

Hinweise

auf Aktivitäten und Ausschreitungen extremistischer Kräfte
auf dem Gebiet der DDR

Entsprechend der angespannten politischen, wirtschaftlichen und sicherheitspolitischen Lage ist in der Bevölkerung die Besorgnis angewachsen hinsichtlich der Aufrechterhaltung der allgemeinen Sicherheit und Ordnung, insbesondere gegenüber Tendenzen von Radikalismus und Erscheinungen von Neofaschismus.

1. Aus den Bezirken werden zahlreiche neofaschistische bis hin zu antisowjetischen Schmierereien gemeldet. Bespiele dafür sind:

   - **Berlin**
     So schändeten unbekannte Täter das sowjetische Ehrenmal im Treptower Park, indem sie am Sockel der Krypta und an 8 Stelen Losungen antisowjetischen und neofaschistischen Charakters anbrachten.

   - **Gera**
     Am 01. 01. 1990 gegen 06.30 Uhr stellen Kräfte der Deutschen Volkspolizei fest, daß durch unbekannte Täter der sowjetische Ehrenhain für im Zweiten Weltkrieg gefallene Rotarmisten geschändet worden war. Die Täter hatten von 48 Grabsteinen die Sowjetsterne abgebrochen sowie fünf Grabsteine umgestürzt.

   - **Neustrelitz**
     Faschistische und rassistische Losungen wurden auf der Heizkraftleitung Marienehe Richtung Lütten-Klein von unbekannten Personen angebracht.

2. Es häufen sich Fälle von Rowdytum und Angriffe auf Dienststellen und Einzelpersonen. Beispiele dafür sind:

   - Beleidigungen und tätlicher Angriff gegen einen ABV durch einen Vorbestraften (seine Zuführung erfolgte)

   - Tätlichkeiten gegen einen Zugführer und Reisende des P 4326 (Rowdys wurden der Transportpolizei zugeführt)

   - ungeklärter Raubüberfall in Stendal (Untersuchungen laufen)

Dokument 6/5, Information der Regierung der DDR zur Auflösung des MfS (Information 6/3); Seite 5 von 7

2

- In **Usedom, Wolgast/Rostock** gab es an der POS "Werner Seelenbinder" in der Nacht vom 31. 12. 1989/01. 01. 1990 provokatotische und beleidigende Schmiereien gegen den Direktor der Schule:

    "Otto. Wir holen Dich, Du Schwein."

    Die Büste W. Seelenbinders wurde ebenfalls mit Farbe beschmiert

- In **Grevesmühlen/Rostock** wurden der Direktor und der Hauptbuchhalter des HO-Kreisbetriebes nach der Silvesterfeier am 01. 01. 1990, gegen 02.00 Uhr, von jugendlichen Tätern mit "Stasischwein" beschimpft und so zusammengeschlagen, daß sie in das Krankenhaus eingeliefert werden mußten. Ein Täter wurde gefaßt.

- Dem Bezirksstaatsanwalt von **Rostock** wurde ein Drohbrief zugesandt, in dem die Revidierung des Urteils gegen den Kriegsverbrecher Holtz gefordert wurde. Sollten keine Reaktionen auf diesen Brief erfolgen, wird angedroht, "die für das Urteil zu zerhacken."
  Durch die zuständigen Organe wurden dazu Untersuchungen eingeleitet.

- Die Bezirksredaktion "Neues Deutschland" **Cottbus** erhielt von einer Gruppe "Radikale Aktion" einen Anruf, daß ein Anschlag auf Energieanlagen erfolgen wird.

- Einer Stadtverordneten (CDU) in **Suhl** wurde der Mord angedroht.

3. Von den Zollorganen wird auf zunehmende Einschleusungsversuche von Rauschgift, Waffen und Druckschriften der neofaschistischen "Republikaner" durch Bürger der BRD hingewiesen. So wurden im Zeitraum vom 24. 12. 1989 bis 04. 01. 1990 folgende Vergehen registriert:

    - Suchtmittel in 64 Fällen
    - Schußwaffen und Gerät in 33 Fällen mit insgesamt 1450 Schuß Munition
    - Einschleusung von Materialien der Republikaner in größerem Umfang in 8 Fällen
    - Devisenvergehen in 1374 Fällen, insgesamt wurden 330.000,-- M eingezogen

    So wurden unter anderem bei

    - einem einreisenden BRD-Bürger 717 verschiedene Druckerzeugnisse der "Republikaner" eingezogen
    - einem weiteren Bürger aus Westberlin 30 derartige Materialien eingezogen
    - in **Rosslau** wurden Druckblätter mit der Bestellnummer 115 der Zeitschrift "Die Republikaner" aufgefunden. 12 weitere Schriften wurden in verschiedenen Straßen aufgesammelt.

3

4. Es verstärken sich die Hinweise, daß ein Formierungsprozeß rechtsextremistischer Gruppen zu erkennen ist.

- In **Suhl** soll eine Ortsgruppe der Republikaner mit ca. 150 bis 200 Mitgliedern bestehen, die offiziell zugelassen werden will. Ihr Programm und Statut wurden bereits vorangekündigt. Diese Gruppe unterhält Kontakte mit Republikanern aus Coburg.

- In **Berlin** erhielten Angehörige von Bürgergruppen pseudonyme Briefe, unterschrieben mit "Todesschwadron", in denen ihre Hinrichtung angedroht wird.

```
Runder Tisch
6. Sitzung
8. Januar 1990                                      Information Nr. 3
```

Fernschreiben vom 9.12., 11.00h
Ministerpräsident
Amt. Staatsratvorsitzender
Präsidium der Volkskammer
Minister für Innere Angelegenheiten / alle BDVP
Minister für Verteidigung
Leiter des Amtes für Nationale Sicherheit / alle Bezirksämter für
Nationale Sicherheit
Vorsitzenden der in der Volkskammer vertretenen Parteien
Fernsehen und Rundfunk der DDR und adn

Als Anlage erhalten Sie einen Aufruf zum Handeln.

DAs Kollktiv des Bezirksamtes für Nationale Sicherheit Gera und
die Kreisämter

Anlage

Heute wir- morgen Ihr
Genossen, kampfgefährten, Patrioten im In- und Ausland, Bürger
der DDR

Von tiefer Besorgnis getragen über die gegenwärtige und sich weiter
jabzeichnende innenpolitische Situation in unserer gemeinsamen
soz. Heimat, DDR, wenden wir uns am euch und an die, für die auch
Ihr Verantwortung tragt, mit einem Aufruf zum noch möglichen
gemeinsamen Handelnfür die Erhaltung der Rechtsstaatlichkeit
und damit der Existenzgrundlage für den weiteren Bestand der DDR.

Unser Land befindet sich gegenwärtig in einer Phase der revolu-
tinären Veränderungen, das Ziel soll und muß ein neuer, wahrer
Sozialismus sein, mit dem wir uns eindeutig identifizieren. Diesen
können wir jedoch nicht erreichen, wenn wir zulassen, daß unserem
Staat Stück fü vStück alle Machtinstrumente aus der Hand genommen
(gegeben?) werden.
Beherzigen wir die Erkenntnis von Lenin über die Fragen der Macht.

Genossen, Bürger und Patrioten der unsichtbaren Front im In- und
Ausland, wer mit der Macht spielt, sie sich aus der Hand nehmen
läßt- besonders während einer Revolution - in der wir uns zur Zeit
befinden, der wird scheitern.

Dokument 6/6, [Putsch-] "Aufruf zum Handeln" des Bezirksamtes AfNS Gera und der Kreisämter (Information 6/3a); Seite 1 von 2

Der nutzt nicht uns, der dient der Reaktion.

Genossen, Bürger, heute richtet sich der Haß eines Teiles unseres Volkes, geführt durch eine Minderheit unserer Bevölkerung, gegen das ehemalige MfS und jetzige Amt für Nationale Sicherheit.

In unserem Bezirksamt gibt es Erkenntnisse, daß Bestrebungen existieren, die an 'Volkszorn', nachdem das Amt für Nationale Sicherheit zerschlagen ist, schnell auf die Strukturen und Kräfte der anderen bewaffneten Organe zu lenken, um diese ebenfalls zu zerschlagen.

sollte es uns allen gemeinsam nicht kurzfristig gelingen, die Anstifter, Anschürer und Organisatoren dieser haßerfüllten Machenschaften gegen die Machtorgane des Staates zu entlarven und zu parasysieren, werden diese Kräfte durch ihre Aktivitäten einen weiteren Teil der Bevölkerung gegen den Staat, die Regierung und alle gesellschaftlichen Kräfte aufbringen. Was kommt dann?

Sorgen wir also gemeinsam für die unverzügliche Wiederherstellung der Rechtsstaatlichkeit - und dies ist unsere Forderung gegenüber jedermann.

Genossen, Bürger, damit keine Zweifel aufkommen, auch wir sind für die Aufklärung und notwendige Bestrafung bei Fällen von Amtsmißbrauch, Korruption und ähnlichen Delikten.

Täglich erhalten wir zahlreiche Anrufe aus dem In- und Ausland, die zum Ausdruck bringen, daß wir alles in unseren Kräften stehende tun müssen, um unseren soz. Staat im Interesse aller zu schützen und zu erhalten.

Diese berechtigte Forderung kann jedoch nur erfüllt werden, wenn die bewaffneten Organe unserer gemeinsamen Heimat, DDR, weiter bestehen und aktiv handeln können.

Dies schließt nach unserem Verständnis und den Praktiken und Notwendigkeiten aller entwickelten Staaten dieser Welt die Existenz eines Organes, welches mit spezifischen Mitteln und Methoden arbeitet, ein.

das kollektiv des bezirksamtes für Nationale Sicherheit Gera und die Kreisämter

Dokument 6/6, [Putsch-] "Aufruf zum Handeln" des Bezirksamtes AfNS Gera und der Kreisämter (Information 6/3a); Seite 2 von 2

Runder Tisch

6. Sitzung
8. Januar 1990   Vorlage Nr. 10

Geschäftsordnungsantrag

Der Staatssekretär Herr Halbritter wird gebeten zu veranlassen, daß der kompetente Vertreter der Regierung, der für das Einbringen der Verfassungsänderung im Zusammenhang mit dem Entwurf der "Verordnung über die Gründung und Tätigkeit von Unternehmen mit ausländischer Beteiligung in der DDR" in die Volkskammer am 11. 1. 1990 Verantwortung trägt sowie jeweils ein kompetentes Mitglied der Volkskammerausschüsse

- Verfassung und Recht (möglichst Prof. Dr. Veichelt) sowie
- Industrie, Bauwesen und Verkehr

um 15.00 Uhr dem Runden Tisch die vorgesehene Verfassungsänderung erläutern, um Gelegenheit zu geben, noch vor der Volkskammersitzung am 11. 1. 90 beratend mitzuwirken.
Den Parteien und Bewegungen wird die Möglichkeit eingeräumt, ihrerseits Experten zur Beratung heranzuziehen.

Dokument 6/7, Geschäftsordnungsantrag LDPD: Einbindung des Runden Tisches in die Willensbildung um Joint-ventures (Vorlage 6/10)

Runder Tisch
6. Sitzung
8. Februar 1990   Vorlage Nr. 9

Antrag an den Runden Tisch zur Ablehnung des Gesetzesantrages der Reigerung an die Volkskammer über die Änderung der Artikel 12 und 14 der Verfassung der DDR
___

Der Runde Tisch stellt fest, daß die Regierung der Volkskammer einen Gesetzesantrag zur Verfassungsänderung vorgelegt hat, der eine grundsätzliche Änderung der gesellschaftlichen Grundlagen der verfassungsmäßigen Ordnung der DDR beinhaltet.

Er fordert alle Fraktionen der Volkskammer auf, diesem Antrag nicht zuzustimmen.

Gründe:

1. Dieser Antrag schafft die verfassungsrechtliche Voraussetzung zur unverzüglichen Einleitung tiefgreifender Einschnitte in die Produktions- und Eigentumsverhältnisse der DDR. Es besteht Konsens darüber, daß derartiges einer durch freie Wahlen legitimierten Volksvertretung der DDR vorbehalten bleiben muß.

2. Gemeinsam mit dem Gesetzesantrag liegt der Entwurf einer Regierungsverordnung vor, der die Absichten der Regierung im Gefolge der Verfassungsänderung offenbart. Damit wird ein Vorhaben der Regierung erkennbar, die auf ihren Antrag geänderte Verfassung unverzüglich danach zu brechen, da der Änderungsantrag (Ergänzung des Artikels 12, Abs. 1) die Verpflichtung zu <u>gesetzlichen</u> Regelungen fordert, die Regierung sich aber dieser Verpflichtung durch eine <u>Verordnung</u> zu entledigen beabsichtigt.

3. Der Inhalt des vorliegenden Verordnungsentwurfs der Regierung zur Unterstützung des Entwurfs der Verfassungsänderung steht im Widerspruch zum Artikel 14, Abs. 1. Eine konzentrierte Aktion mehrerer ausländischer Kapitaleigner kann trotz nomineller Anteilsminderheit in jedem einzelnen Unternehmen (bis zu 49 %)

Dokument 6/8, Antrag VL an den Runden Tisch: Ablehnung des Gesetzesauftrages der Regierung an die Volkskammer über die Änderung der Artikel 12 und 14 der Verfassung der DDR (Vorlage 6/9); Seite 1 von 2

2

im Sinne der Ausübung wirtschaftlicher Macht auf wichtige Bereiche der Wirtschaft der DDR, u.U. sogar auf die gesamte Wirtschafts- und Gesellschaftsordnung der DDR ausgenutzt werden.

4. Rechtsregelungen über die Zulassung ausländischer Kapitalbeteiligungen bedürfen der <u>gleichzeitigen</u> Neuregelung des Steuerrechts und des Arbeitsrechts, da sonst entweder der Grundsatz der Gleichheit vor dem Gesetz und wichtige Grundrechte der Werktätigen (u.a. Artikel 21 der Verfassung) verletzt werden oder gravierende Rechtsunsicherheiten für die ausländischen Kapitalgeber bleiben.

Initiative für eine vereinte Linke

Dokument 6/8, Antrag VL an den Runden Tisch: Ablehnung des Gesetzesauftrages der Regierung an die Volkskammer über die Änderung der Artikel 12 und 14 der Verfassung der DDR (Vorlage 6/9); Seite 2 von 2

Runder Tisch
7. Sitzung
15. Januar 1990

Antrag Nr. 2

Der Runde Tisch mißbilligt, daß die Regierung ein verfassungsänderndes Gesetz ohne vorherige öffentliche Diskussion der Volkskammer zur Beschlußfassung am 11./12. Januar 1990 vorgelegt hat.
Der Runde Tisch fordert die Regierung auf, Gesetzentwürfe, insbesondere auch solche, die die Verfassung sowie die Eigentumsverhältnisse in der DDR grundsätzlich berühren, vor der Beschlußfassung durch die Volkskammer dem Runden Tisch zur Stellungnahme zuzuleiten und ausreichende Zeit für die öffentliche Diskussion zu garantieren.

Initiative Frieden und Menschenrechte

Antrag Nr. 3

Der Runde Tisch mißbilligt, daß das Präsidium der Volkskammer es abgelehnt hat, Teilnehmer des Runden Tisches mit Rederecht zur 14. Tagung der Volkskammer am 11. und 12. Januar 1990 zuzulassen.
Der Runde Tisch fordert das Präsidium der Volkskammer auf, zu allen weiteren Volkskammertagungen bis zum Zeitpunkt der Volkskammerwahl Mitglieder aller am Runden Tisch vertretenen Parteien und Gruppierungen mit Rederecht einzuladen.

Initiative Frieden und Menschenrechte

Antrag Nr. 4

Bezug nehmend auf die Information Nr. [6] der UUK fordert der Runde Tisch die Regierung bzw. Volkskammer auf, einen rechtlichen Vorbehalt zu fixieren bezüglich aller ab 7.10.89 erfolgten Verkäufe von Grundstücken, Betrieben und ähnlichen Sachwerten aus Volkseigentum sowie aus strittigem Eigentum von Parteien und Organisationen.
Dieser Vorbehalt muß es ermöglichen, nach entsprechender Überprüfung solche Verkäufe rückgängig zu machen.

(Dieser Antrag der Unabhängigen Untersuchungskommission wird von der IFM unterstützt und eingebracht)

Dokument 7/1, Mißbilligungsanträge IFM, UFV: Nr. 2 gegenüber der Regierung Modrow, betreffend Verfassungsänderungen ohne Beteiligung des Runden Tisches; Nr. 3 gegenüber der Volkskammer betreffend deren Ablehnung des Rederechtes für die Opposition des Runden Tisches in der Volkskammer; Nr. 4 gegenüber Regierung und Volkskammer betreffend unrechtmäßige Eigentumstransfers (Vorlage 7/3); Abschrift

RUNDER TISCH
7. Sitzung
15. Januar 1990   Vorlage Nr. 0

Vorschlag für die Tagesordnung der 7. Sitzung des Runden Tisches
am 15. Januar 1990, Ossietzkystraße, Berlin 1110

1. Eröffnung
   1.1. Begrüßung
   1.2. Beschlüsse der Prioritätengruppe
   1.3. Festlegung der Tagesordnung
   1.4. Mitteilung von Anträgen auf Zulassung zum Runden Tisch

2. Innere Sicherheit
   2.1. Bericht der Regierungsvertreter
   2.2. Anfragen zum Bericht
   2.3. Vorschläge für die weitere Arbeit

3. Neues Wahlgesetz
   3.1. Einbringung der Vorlage der Arbeitsgruppe "Neues Wahlgesetz"
   3.2. "Durchführung von Kommunalwahlen vor der Volkskammerwahl" (Neues Forum)
   3.3. Aussprache und Voten zur Weiterarbeit

4. Parteien- und Vereinigungsgesetz
   4.1. Einbringung der Vorlage der Arbeitsgruppe "Parteien- und Vereinigungsgesetz"
   4.2. Aussprache und Voten zur Weiterarbeit

5. Verschiedene Anträge
   5.1. SDP: Öffnung der Tagespresse für alle Parteien und Organisationen
   5.2. Unabhängiger Frauenverband: Rederecht in der Volkskammer und Beobachterstatus bei Regierungssitzungen
   5.3. Grüne Liga / Grüne Partei: Schutz des bisherigen Grenzstreifens an der innerdeutschen Grenze
   5.4. Demokratie jetzt: Medien
   5.5. SED-PDS: Vorschläge für die Verhandlungen zwischen Ministerpräsident Modrow und Bundeskanzler Kohl
   5.6. Vereinte Linke: Fußballturnier
   5.7. Moderatoren: Statuten / Programme der Parteien und Organisationen

6. Bekanntgabe von Eingaben und Entscheidung über ihre weitere Bearbeitung

Dokument 7/2, Vorschlag zur Tagesordnung der 7. Sitzung (Vorlage 7/0)

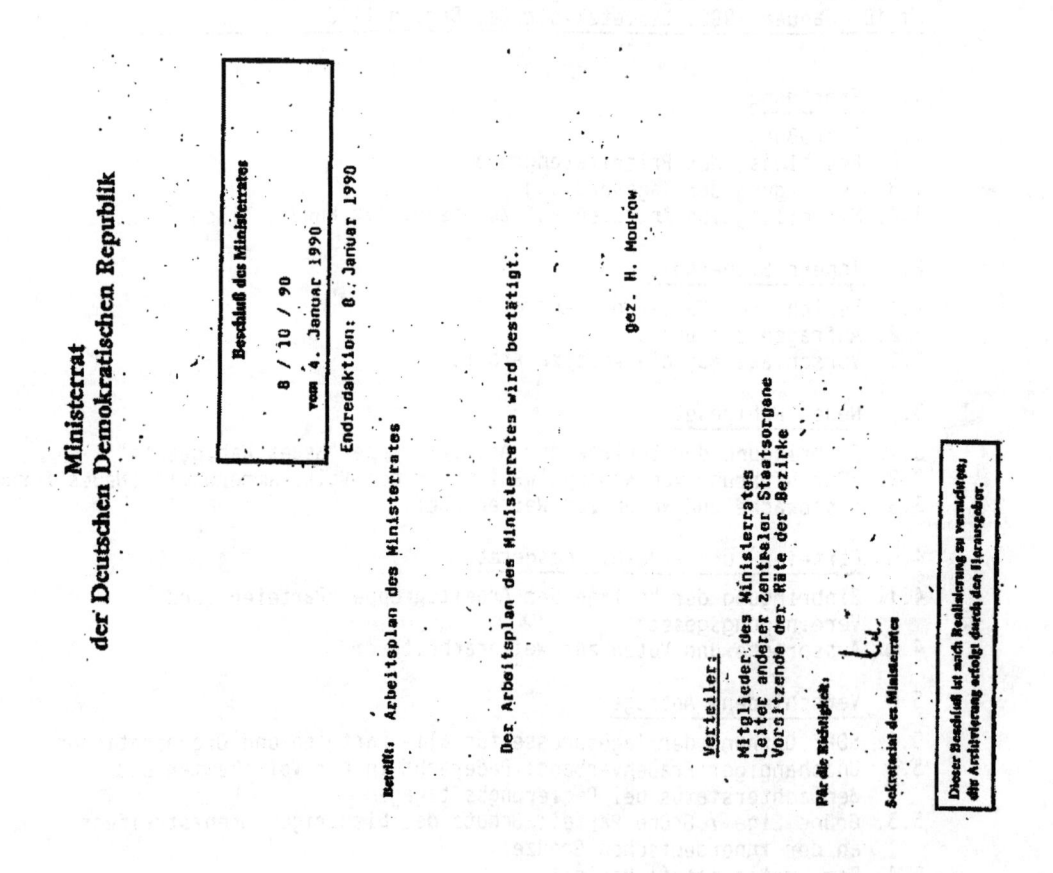

**Ministerrat
der Deutschen Demokratischen Republik**

Beschluß des Ministerrates

8 / 10 / 90

vom 4. Januar 1990

Endredaktion: 8. Januar 1990

Betrifft: Arbeitsplan des Ministerrates

Der Arbeitsplan des Ministerrates wird bestätigt.

gez. H. Modrow

Verteiler:
Mitglieder des Ministerrates
Leiter anderer zentraler Staatsorgane
Vorsitzende der Räte der Bezirke

Für die Richtigkeit,

Sekretariat des Ministerrates

Dieser Beschluß ist nach Realisierung zu vernichten; die Archivierung erfolgt durch den Herausgeber.

Dokument 7/3, Aufruf der Vorlagen und Informationen: Arbeitsplan (Gesetzgebungsplan) der Regierung Modrow (Information 7/2 und 7/3); Seite 1 von 13

Januar

1a) Information zum Stand der Durchführung des Volkswirtschaftsplanes (wird monatlich behandelt)

Verantwortlich: Vorsitzender der Staatlichen Plankommission in Zusammenarbeit mit den zuständigen Mitgliedern des Ministerrates und dem Leiter der Staatlichen Zentralverwaltung für Statistik

1b) Information zur Versorgung der Bevölkerung (wird monatlich behandelt)

Verantwortlich: Minister für Handel und Versorgung in Zusammenarbeit mit den zuständigen Mitgliedern des Ministerrates

2. Zielstellung und Etappen der Wirtschaftsreform sowie ihre Leitung durch die Bildung einer Regierungskommission

Verantwortlich: Stellvertreter des Vorsitzenden des Ministerrates für Wirtschaft
Leiter der Arbeitsgruppe Wirtschaftsreform

3. Gründung und Aufgaben eines Institutes für Unternehmungsführung beim Ministerrat (Umbildung des Zentralinstituts für sozialistische Wirtschaftsführung)

Verantwortlich: Stellvertreter des Vorsitzenden des Ministerrates für Wirtschaft

4. Grundsätze für die Verwaltungsreform sowie Vorschläge zur Rang- und Reihenfolge ihrer rechtlichen Ausgestaltung

Verantwortlich: Stellvertreter des Vorsitzenden des Ministerrates für örtliche Staatsorgane
Stellvertreter des Vorsitzenden des Ministerrates für Wirtschaft
Minister der Justiz

5. Aufgaben, Arbeitsweise und personelle Zusammensetzung einer beim Ministerrat zu bildenden Arbeitsgruppe "Gesellschaftskonzeption und Städteentwicklung"

Verantwortlich: Minister für Bauwesen und Wohnungswirtschaft

Januar

6. Vorschläge für die Sicherung der Einheitlichkeit der Leitung und Koordinierung energiewirtschaftlicher und energieökonomischer Aufgaben in den Bezirken der DDR

Verantwortlich: Stellvertreter des Vorsitzenden des Ministerrates für örtliche Staatsorgane
Minister für Schwerindustrie

7. Bericht zum Stand der Sicherung der Brennstoff- und Energieversorgung in den Wintermonaten

Verantwortlich: Minister für Schwerindustrie

8. Vorschlag zum Abbau des volkswirtschaftlichen Versorgungsdefizits bei Hydraulik- und Pneumatik-Erzeugnissen sowie Maßnahmen zur technischen und ökonomischen Entwicklung der Hydraulik- und Pneumatik-Industrie bis 1995

Verantwortlich: Minister für Maschinenbau

9. Entscheidungsvorschlag zur Entsorgung der Volkswirtschaft der DDR von polychlorierten Biphenylen (PCB), PCB-kontaminiertem Material und Havariegut aus der Produktion des Industriebereiches Elektrotechnik/Elektronik und von nicht deponiefähigen Leiterplattenvormaterial, Elektronikschrott, PUR-Schaumabfällen und Destillationsrückständen, verunreinigter chlorierter Kohlenwasserstoffe sowie Vorschläge zur schadstofffreien Wiederaufbereitung von verbrauchten Zink-Braunstein-, alkalischen und Nickelcadmium-Batterien

Verantwortlich: Minister für Maschinenbau
Vorsitzender der Staatlichen Plankommission
Minister für Wissenschaft und Technik
Minister für Naturschutz, Umweltschutz und Wasserwirtschaft

10. Tarifliche Regelungen zur Umsetzung von Kadern aus örtlichen Staatsorganen zugunsten der Schaffung erforderlicher personeller Voraussetzungen in den Räten der Städte und Gemeinden

Verantwortlich: Leiter des Sekretariats des Ministerrates
Minister der Finanzen und Preise
Minister für Arbeit und Löhne
Stellvertreter des Vorsitzenden des Ministerrates für örtliche Staatsorgane

Dokument 7/3, Aufruf der Vorlagen und Informationen: Arbeitsplan (Gesetzgebungsplan) der Regierung Modrow (Information 7/2 und 7/3); Seite 2 von 13

Januar

11. Vorschläge zur Stabilisierung und Entwicklung der materiell-technischen Basis der Tierproduktion, Fleisch-, Milch- und Kühlwirtschaft

Verantwortlich: Minister für Maschinenbau

Minister für Land-, Forst- und Nahrungsgüterwirtschaft

Vorsitzender der Staatlichen Plankommission

Oberbürgermeister von Berlin

Vorsitzende der Räte der Bezirke

12. Analyse der bisherigen Arbeit mit Produktivlöhnen. Vorschläge zur Erhöhung der stimulierenden Rolle des Lohnfonds sowie zum effektiven Einsatz eingesparter Lohnmittel

Verantwortlich: Minister für Arbeit und Löhne

13. Plan des Ministerrates zum schrittweisen Ausbau der kulturellen Infrastruktur bei weitgehender Dezentralisierung der Entscheidung über den Einsatz dafür notwendiger Mittel

Verantwortlich: Minister für Kultur

14. Grundkonzeption für die Bildungsreform und Bildung einer entsprechenden Regierungskommission

Verantwortlich: Minister für Bildung

15. Maßnahmen zur Neugestaltung von Rechtsvorschriften auf dem Gebiet der Bevölkerungsbefragung und der Meinungsforschung

Verantwortlich: Präsident der Akademie der Wissenschaften der DDR

16. Bestandsaufnahme der Situation im RGW und Vorstellungen für die Mitwirkung der DDR bei der Umgestaltung der Zusammenarbeit im RGW

Verantwortlich: Stellvertreter des Vorsitzenden des Ministerrates für Wirtschaft

Leiter der Abteilung RGW

Januar

17. Auftreten des Leiters der Regierungsdelegation der DDR auf der 45. Tagung des RGW in Sofia, 9. - 10. Januar 1990

Verantwortlich: Stellvertreter des Vorsitzenden des Ministerrates für Wirtschaft

Leiter der Abteilung RGW

18. Direktive für das Auftreten des Vertreters der DDR auf der 5. Tagung des Komitees des RGW für die Zusammenarbeit auf dem Gebiet der Außenwirtschaftsbeziehungen

Verantwortlich: Minister für Außenwirtschaft

19. Information über die Ergebnisse der 44. UN-Vollversammlung

Verantwortlich: Minister für Auswärtige Angelegenheiten

20. Direktive für das Auftreten der DDR-Delegation auf der Genfer Abrüstungskonferenz 1990

Verantwortlich: Minister für Auswärtige Angelegenheiten

21. Information über die Ergebnisse der 25. EAPT/BAFT-Konferenz zur Erhöhung der Luftverkehrs-Passagiertarife und Einführung von Überfluggebühren

Verantwortlich: Minister für Verkehrswesen

22. Militärdoktrin der DDR

Verantwortlich: Minister für Nationale Verteidigung

23. Entscheidungsvorschläge über die Notwendigkeit der Bildung eines staatlichen Organs für Frauenpolitik sowie für Familien- und Sozialpolitik

Verantwortlich: Minister für Gesundheits- und Sozialwesen

24. Herbeiführung einer Entscheidung über Aufgaben und Platz der Zivilverteidigung

Verantwortlich: Leiter der Zivilverteidigung der DDR

Dokument 7/3, Aufruf der Vorlagen und Informationen: Arbeitsplan (Gesetzgebungsplan) der Regierung Modrow (Information 7/2 und 7/3); Seite 3 von 13

Januar

25. Vorschläge über Veränderungen zur Besteuerung der Nebenberuflichen Tätigkeit
    Verantwortlich: Minister der Finanzen und Preise

26. Möglichkeiten einer flexiblen Arbeitszeitgestaltung
    Verantwortlich: Minister für Arbeit und Löhne

27. Verordnung über die Umweltbeauftragten
    Verantwortlich: Minister für Naturschutz, Umweltschutz und Wasserwirtschaft

28. Vorschläge zur Zweckmäßigkeit der Einführung kostendeckender Mieten, des Verkaufs von Einfamilienhäusern und Eigentumswohnungen
    Verantwortlich: Minister der Finanzen und Preise
                    Minister für Bauwesen und Wohnungswirtschaft
                    Minister der Justiz

29. Konzeption zur Aufnahme der Verhandlungen zum Abschluß eines Vertrages über Zusammenarbeit und gute Nachbarschaft zwischen der Deutschen Demokratischen Republik und der Bundesrepublik Deutschland
    Verantwortlich: Minister für Auswärtige Angelegenheiten
                    Staatssekretär W. Rauchfuß

30. Information mit Festlegungen zur Inventarisierung der materiellen Sicherstellung der mit der BRD vereinbarten und am 20./21. 12. 1989 abgestimmten Demonstrations- und Pilotobjekte auf dem Gebiet des Umweltschutzes
    Verantwortlich: Minister für Naturschutz, Umweltschutz und Wasserwirtschaft
                    Minister für Schwerindustrie
                    Minister für Maschinenbau
                    Minister für Außenwirtschaft
                    Vorsitzender der Staatlichen Plankommission

Januar

31. Konzeption für die Verhandlungen mit der BRD über die Personenschiffahrt auf den Binnenwasserstraßen und die Zusammenarbeit im Bereich der Verkehrssicherheit
    Verantwortlich: Minister für Verkehrswesen
                    Minister für Auswärtige Angelegenheiten

32. Konzeption über die Arbeitsprinzipien und Grundsätze der in der zu bildenden Fachgruppe "Tourismus" zu behandelnden Komplexe
    Verantwortlich: Minister für Tourismus
                    Minister der Finanzen und Preise

33. Entscheidungsvorschläge zur einvernehmlichen Lösung von Problemen der Beschäftigung/Gewerbetätigkeit von Bürgern der DDR in der BRD und Berlin (West) sowie von Bürgern der BRD und Berlin (West) in der DDR bei gleichzeitiger Verhinderung illegaler Beschäftigung
    Verantwortlich: Minister für Arbeit und Löhne
                    in Zusammenarbeit mit
                    Minister der Finanzen und Preise
                    Minister für Innere Angelegenheiten
                    Minister der Justiz
                    Minister für Gesundheits- und Sozialwesen
                    Leiter der Zollverwaltung der DDR
                    Oberbürgermeister von Berlin
                    Vorsitzende der Räte der Bezirke Potsdam und Frankfurt/Oder
                    Direktor der Verwaltung der Sozialversicherung beim Bundesvorstand des FDGB

34. Konzeption zur Aufnahme von Expertengesprächen mit der BRD zum Gesamtkomplex des nichtkommerziellen Zahlungsverkehrs
    Verantwortlich: Minister der Finanzen und Preise
                    Präsident der Staatsbank der DDR

Dokument 7/3, Aufruf der Vorlagen und Informationen: Arbeitsplan (Gesetzgebungsplan) der Regierung Modrow (Information 7/2 und 7/3); Seite 4 von 13

Januar

35. Richtergesetz
    Verantwortlich: Minister der Justiz

36. Beschluß zur Vorbereitung und Durchführung der Feriengestaltung 1990 (einschließlich der weiteren Arbeit der zentralen Pionierlager)
    Verantwortlich: Leiter des Amtes für Jugend und Sport

Februar

37. Entwicklung und Anwendung der Mikroelektronik in der Volkswirtschaft der DDR im Zeitraum bis 1995
    Verantwortlich: Minister für Maschinenbau
    Vorsitzender der Staatlichen Plankommission

38. Vorschläge zur beschleunigten Entwicklung und Produktion von Hochleistungs- und Präzisionswerkzeugen sowie von Werkzeugsystemen
    Verantwortlich: Minister für Maschinenbau

39. Maßnahmen zur Sicherung der Leistungs- und Effektivitätsentwicklung im VEB Kombinat Medizin- und Labortechnik für den Zeitraum bis 1995 zur besseren Versorgung des Gesundheitswesens der DDR und für den Export
    Verantwortlich: Minister für Maschinenbau

40. Bericht über die Ergebnisse der Streckenelektrifizierung in Jahre 1989 und die Fortführung des Elektrifizierungsprogramms im Jahre 1990
    Verantwortlich: Minister für Verkehrswesen

41. Maßnahmen zur Sicherung der bedarfsgerechten Produktion und Bereitstellung von chirurgischen Scheren ab 1991
    Verantwortlich: Minister für Leichtindustrie
    Vorsitzender der Staatlichen Plankommission

42. Verbesserung der materiell-technischen Bedingungen in Lehre, Forschung und medizinischer Betreuung im Bezirk Leipzig durch den Neubau eines Bettenhauses mit Operationstrakt für die Kinderklinik an der Karl-Marx-Universität Leipzig
    Verantwortlich: Minister für Bildung

43. Vorlage einer Konzeption über die Hilfe für pflegebedürftige Menschen aller Altersgruppen sowie die Integration von Behinderten in die Gesellschaft.
    Verantwortlich: Minister für Gesundheits- und Sozialwesen

Dokument 7/3, Aufruf der Vorlagen und Informationen: Arbeitsplan (Gesetzgebungsplan) der Regierung Modrow (Information 7/2 und 7/3); Seite 5 von 13

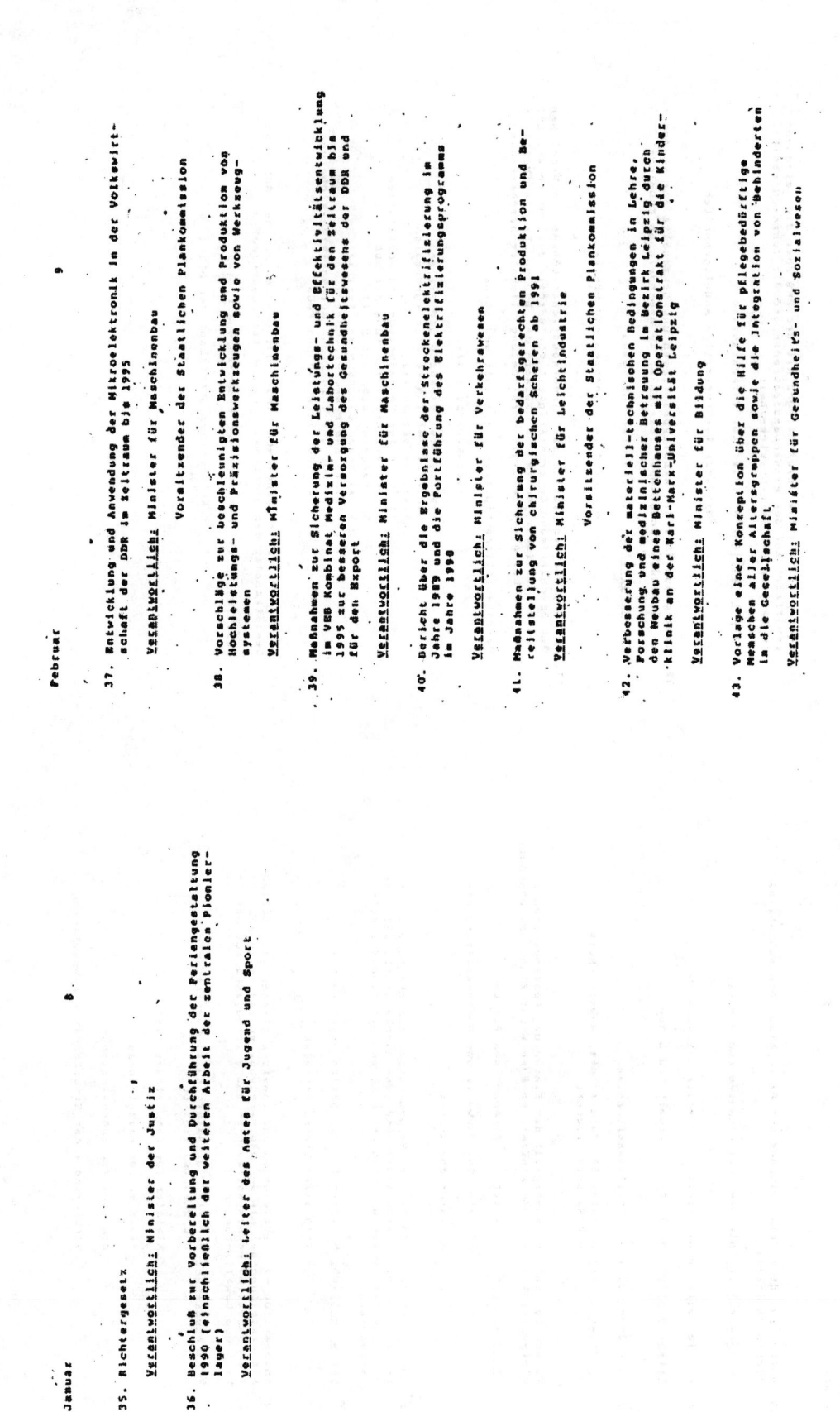

Februar

11

49. Bericht über die Ergebnisse der Verhandlungen zum Abschluß der Protokolle über die gegenseitigen Warenlieferungen im Jahre 1990
a) mit der UdSSR
b) mit den anderen sozialistischen Ländern
und daraus resultierende Maßnahmen für die Plandurchführung

Verantwortlich: Minister für Außenwirtschaft
Vorsitzender der Staatlichen Plankommission

50. Konzept zur weiteren strategischen Gestaltung der Beziehungen zu ausländischen Partnern unter besonderer Berücksichtigung der sich international vollziehenden Integrationsprozesse

Verantwortlich: Minister für Außenwirtschaft

51. Konzeptionelle Vorstellungen zur Schaffung einer Vertragsgemeinschaft mit der BRD

Verantwortlich: Minister für Auswärtige Angelegenheiten
Minister für Außenwirtschaft

52. Beschluß über die Beteiligung der DDR an der Erschließung und Nutzung der Goldlagerstätte Boroo/MVR

Verantwortlich: Minister für Schwerindustrie

53. Beschluß über die Beendigung der Beteiligung der DDR an der Gemeinsamen Organisation "Interozeanmetall"

Verantwortlich: Minister für Schwerindustrie

54. Neufassung des Gesetzes über die Zuständigkeit und das Verfahren der Gerichte zur Nachprüfung von Verwaltungsentscheidungen

Verantwortlich: Minister der Justiz

55. Probleme der Umstrukturierung des Ministeriums für Nationale Verteidigung im Rahmen der Militärreform der DDR

Verantwortlich: Minister für Nationale Verteidigung

Februar

10

44. Vorlage über "Profilierung der wissenschaftlichen Institute der Staatlichen Plankommission, des Ministeriums der Finanzen und Preise, des Ministeriums für Außenwirtschaft und des Ministeriums für Arbeit und Löhne"

Verantwortlich: Stellvertreter des Vorsitzenden des Ministerrates für Wirtschaft

45. Schlußfolgerungen aus der Beratung mit leitenden Kadern und Praktikern der sozialistischen Land- und Nahrungsgüterwirtschaft in Bernburg zur Sicherung einer stabilen Versorgung der Bevölkerung mit Nahrungsmitteln und der Industrie mit Rohstoffen im Jahre 1990

Verantwortlich: Minister für Land-, Forst- und Nahrungsgüterwirtschaft

46. Vorschläge zur Erhöhung des Anteils der eigenen Einnahmen an den Haushalten der Kreise, Städte und Gemeinden sowie zur Erweiterung des Verfügungsrechts der örtlichen Staatsorgane über eingesparte oder zusätzlich erwirtschaftete finanzielle Fonds

Verantwortlich: Minister der Finanzen und Preise
Vorsitzender der Staatlichen Plankommission
Stellvertreter des Vorsitzenden des Ministerrates für örtliche Staatsorgane

47. Vorlage von Grundsätzen für die Durchführung einer Steuerreform und Vorschläge für ihre etappenweise Realisierung

Verantwortlich: Minister der Finanzen und Preise

48. Direktive für das Auftreten des Vertreters der DDR auf der 133. Sitzung des Exekutivkomitees des RGW

Verantwortlich: Stellvertreter des Vorsitzenden des Ministerrates für Wirtschaft
Leiter der Abteilung RGW

Dokument 7/3, Aufruf der Vorlagen und Informationen: Arbeitsplan (Gesetzgebungsplan) der Regierung Modrow (Information 7/2 und 7/3); Seite 6 von 13

Februar

12

56. Information der Obersten Bergbehörde zur Lage auf dem Gebiet der Bergbausicherheit im Bergbau der DDR

   Verantwortlich: Leiter der Obersten Bergbehörde

57. Vorschlag zur Zulassung der Stiftung zur Förderung kultureller Leistungen und der Erhaltung kultureller Werte bei den Staatlichen Museen zu Berlin

   Verantwortlich: Minister für Kultur
   Minister der Finanzen und Preise
   Minister der Justiz

58. Entscheidung zum Aufbau und zur Finanzierung des Centrum Judaicum

   Verantwortlich: Minister für Kultur
   Minister für Bauwesen und Wohnungswirtschaft
   Minister der Finanzen und Preise

59. Maßnahmen zur Umsetzung der KSZE-Vereinbarungen im Innern der DDR

   Verantwortlich: Minister für Auswärtige Angelegenheiten

60. Entscheidungen und Vorschläge zum Ausgleich von Mindereinnahmen 1989 und aus Vorjahren

   Verantwortlich: Vorsitzender der Staatlichen Plankommission
   Minister der Finanzen und Preise
   Minister für Arbeit und Löhne

61. Entscheidungsvorschläge zu Gesamtauswirkungen der entstandenen Mindergewinne auf den Staatshaushalt

   Verantwortlich: Minister der Finanzen und Preise

Februar

13

62. Vorschläge zur Erweiterung des Handlungsspielraumes für die eigenverantwortliche Kreditschaffung und Verwendung von Valutamitteln durch die Generaldirektoren u.a.

   Verantwortlich: Minister für Außenwirtschaft
   Minister der Finanzen und Preise
   Vorsitzender der Staatlichen Plankommission

63. Information zum Stand der Realisierung des Beschlusses des Ministerrates vom 22. Oktober 1987 über Maßnahmen zum beschleunigten Auf- und Ausbau des automatisierten Daten- und Fernschreibnetzes der DDR

   Verantwortlich: Minister für Post- und Fernmeldewesen

64. Information über die vorgesehenen Maßnahmen zur Verbesserung der Kommunikationsbeziehungen in der DDR und im grenzüberschreitenden Verkehr sowie zur Vereinbarung der Postpauschale ab 1991 einschließlich der planmäßigen volkswirtschaftlichen Aufwendungen und eines Vorschlages zur Verwendung der Valutabeträge

   Verantwortlich: Minister für Post- und Fernmeldewesen
   Vorsitzender der Staatlichen Plankommission
   Minister der Finanzen und Preise

65. Konzeption zur Aufnahme der Verhandlungen über eine Vereinbarung mit der BRD zur gegenseitigen Hilfe bei Katastrophenfällen

   Verantwortlich: Minister für Auswärtige Angelegenheiten
   Minister für Innere Angelegenheiten

66. Vorschläge zur praktischen polizeilichen Zusammenarbeit mit der BRD, insbesondere bei der Bekämpfung der Rauschgiftkriminalität und bei der Verhinderung und Aufklärung schwerer Straftaten sowie anderer kriminalistisch bedeutsamer Sachverhalte, einschließlich der erforderlichen innerstaatlichen Maßnahmen

   Verantwortlich: Minister für Innere Angelegenheiten
   Minister für Außenwirtschaft

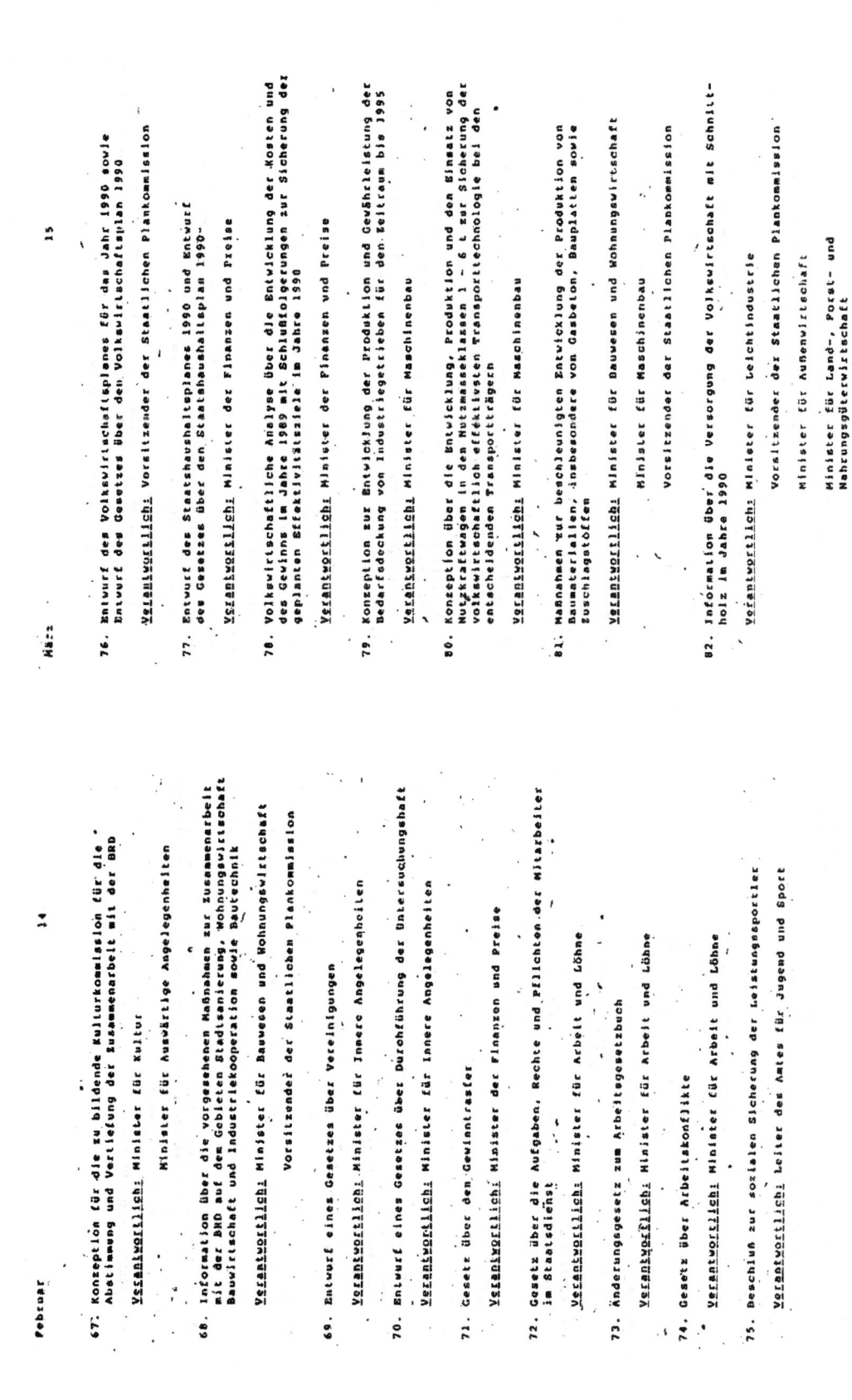

Februar

67. Konzeption für die zu bildende Kulturkommission für die Abstimmung und Vertiefung der Zusammenarbeit mit der BRD

 Verantwortlich: Minister für Kultur

 Minister für Auswärtige Angelegenheiten

68. Information über die vorgesehenen Maßnahmen zur Zusammenarbeit mit der BRD auf dem Gebieten Stadtsanierung, Wohnungswirtschaft, Bauwirtschaft und Industriekooperation sowie Bautechnik

 Verantwortlich: Minister für Bauwesen und Wohnungswirtschaft

 Vorsitzender der Staatlichen Plankommission

69. Entwurf eines Gesetzes über Vereinigungen

 Verantwortlich: Minister für Innere Angelegenheiten

70. Entwurf eines Gesetzes über Durchführung der Untersuchungshaft

 Verantwortlich: Minister für Innere Angelegenheiten

71. Gesetz über den Gewinntrasfer

 Verantwortlich: Minister der Finanzen und Preise

72. Gesetz über die Aufgaben, Rechte und Pflichten der Mitarbeiter im Staatsdienst

 Verantwortlich: Minister für Arbeit und Löhne

73. Änderungsgesetz zum Arbeitsgesetzbuch

 Verantwortlich: Minister für Arbeit und Löhne

74. Gesetz über Arbeitskonflikte

 Verantwortlich: Minister für Arbeit und Löhne

75. Beschluß zur sozialen Sicherung der Leistungssportler

 Verantwortlich: Leiter des Amtes für Jugend und Sport

März

76. Entwurf des Volkswirtschaftsplanes für das Jahr 1990 sowie Entwurf des Gesetzes über den Volkswirtschaftsplan 1990

 Verantwortlich: Vorsitzender der Staatlichen Plankommission

77. Entwurf des Staatshaushaltsplanes 1990 und Entwurf des Gesetzes über den Staatshaushaltsplan 1990

 Verantwortlich: Minister der Finanzen und Preise

78. Volkswirtschaftliche Analyse über die Entwicklung der Kosten und des Gewinns im Jahre 1989 mit Schlußfolgerungen zur Sicherung der geplanten Effektivitätsziele im Jahre 1990

 Verantwortlich: Minister der Finanzen und Preise

79. Konzeption zur Entwicklung der Produktion und Gewährleistung der Bedarfsdeckung von Industriegütriebetn für den Zeitraum bis 1995

 Verantwortlich: Minister für Maschinenbau

80. Konzeption über die Entwicklung, Produktion und den Einsatz von Nutzkraftwagen in den Nutzmasseklassen 1 - 6 t zur Sicherung der volkswirtschaftlich effektivsten Transporttechnologie bei den entscheidenden Transportträgern

 Verantwortlich: Minister für Maschinenbau

81. Maßnahmen zur beschleunigten Entwicklung der Produktion von Baumaterialien, insbesondere von Gasbeton, Bauplatten sowie Zuschlagstoffen

 Verantwortlich: Minister für Bauwesen und Wohnungswirtschaft

 Minister für Maschinenbau

 Vorsitzender der Staatlichen Plankommission

82. Information über die Versorgung der Volkswirtschaft mit Schnittholz im Jahre 1990

 Verantwortlich: Minister für Leichtindustrie

 Vorsitzender der Staatlichen Plankommission

 Minister für Außenwirtschaft

 Minister für Land-, Forst- und Nahrungsgüterwirtschaft

Dokument 7/3, Aufruf der Vorlagen und Informationen: Arbeitsplan (Gesetzgebungsplan) der Regierung Modrow (Information 7/2 und 7/3); Seite 8 von 13

März

83. Information über die Sicherung des Warenumschlages und der Handelstransporte entsprechend den Versorgungserfordernissen, insbesondere der Bereitstellung notwendiger Fahrzeuge, Gabelstapler, Gabelhubwagen und Holzflachpaletten, einschließlich der Versorgung mit Fahrzeugersatzteilen
 Verantwortlich: Minister für Handel und Versorgung
           Minister für Maschinenbau
           Minister für Verkehrswesen
           Vorsitzender der Staatlichen Plankommission

84. Bericht über die Ergebnisse der Leipziger Frühjahrsmesse 1990
 Verantwortlich: Minister für Außenwirtschaft

85. Vorschläge für die Gestaltung der Agrarpreise und der mit ihnen verbundenen ökonomischen Regelungen in der Landwirtschaft ab 1991
 Verantwortlich: Minister für Land-, Forst- und Nahrungsgüterwirtschaft

86. Konzeption für die Leitung strategischer Fragen des Gesundheitswesens durch die Regierung
 Verantwortlich: Minister für Gesundheits- und Sozialwesen

87. Komplexes Programm zur weiteren Ausgestaltung des vorbeugenden Gesundheitsschutzes als gesamtgesellschaftliche Aufgabe
 Verantwortlich: Minister für Gesundheits- und Sozialwesen

88. Konzeption für die Erarbeitung eines Gesetzes zum Schutz der Bürger und der Umwelt vor Gefährdung durch chemische Stoffe – Chemikaliengesetz –
 Verantwortlich: Minister für Gesundheits- und Sozialwesen

89. Fortführung des Investitionsvorhabens "Neubau und Rekonstruktion der Charité und Bereitstellung des erforderlichen Aufwandes zur Reproduktion von Geräten und Ausrüstungen zur Sicherung und Erweiterung der Leistungen der Charité im Zeitraum 1991 – 1995"
 Verantwortlich: Minister für Bildung

März

90. Konzeption für die Entwicklung der Umweltpolitik
 Verantwortlich: Minister für Naturschutz, Umweltschutz und Wasserwirtschaft

91. Bericht über die Durchführung der Maßnahmen zur Gesunderhaltung der Wälder und die Ergebnisse der Waldzustandskontrolle 1989
 Verantwortlich: Minister für Land-, Forst- und Nahrungsgüterwirtschaft

92. Perspektivplan zur Entwicklung der Theaterkunst in der DDR
 Verantwortlich: Minister für Kultur

93. Konzeption zur weiteren Entwicklung der Musikkultur in der DDR
 Verantwortlich: Minister für Kultur

94. Entwurf des 6. Strafrechtsänderungs- und Ergänzungsgesetzes (StÄEG)
 Verantwortlich: Minister der Justiz

95. Verantwortung, Aufgaben und Rechte der Staatlichen Zentralverwaltung für Statistik im Prozeß der Erneuerung
 Verantwortlich: Stellvertreter des Vorsitzenden des Ministerrates für Wirtschaft
           Leiter der Staatlichen Zentralverwaltung für Statistik

96. Probleme der Eingliederung der Berufskader der NVA in das zivile Leben im Ergebnis von Abrüstungsmaßnahmen
 Verantwortlich: Minister für Nationale Verteidigung

97. Bericht über die Tagung des Komitees der Außenminister der Teilnehmerstaaten des Warschauer Vertrages in Bukarest
 Verantwortlich: Minister für Auswärtige Angelegenheiten

98. Teilnahme einer Regierungsdelegation der DDR an der UN-Sondertagung für ökonomische Zusammenarbeit und Entwicklung im April 1990
 Verantwortlich: Minister für Auswärtige Angelegenheiten

Dokument 7/3, Aufruf der Vorlagen und Informationen: Arbeitsplan (Gesetzgebungsplan) der Regierung Modrow (Information 7/2 und 7/3); Seite 9 von 13

März

99. Teilnahme einer Delegation der DDR an der ECE-Plenartagung im April 1990
    Verantwortlich: Minister für Auswärtige Angelegenheiten

100. Konzeptionen zur weiteren Ausgestaltung der Beziehungen gegenüber den westeuropäischen Integrationsorganisationen (EG, Europarat, WEU)
     Verantwortlich: Minister für Auswärtige Angelegenheiten

101. Konzeption für die Wahrnehmung der Mitgliedschaft der DDR in der Internationalen Schiffahrtssatellitenorganisation (INMARSAT)
     Verantwortlich: Minister für Post- und Fernmeldewesen

102. Verordnung über die befristete Beschäftigung ausländischer Bürger in Betrieben der DDR
     Verantwortlich: Minister für Arbeit und Löhne

103. Direktive für Verhandlungen zur Erneuerung des Abkommens über Arbeitskräftekooperation mit der SR Vietnam
     Verantwortlich: Minister für Arbeit und Löhne

104. Entscheidungsvorschläge zur Sicherung der Übereinstimmung von Kaufkraft und Warenfonds
     Verantwortlich: Vorsitzender der Staatlichen Plankommission
     Minister der Finanzen und Preise
     Minister der Justiz

105. Aufgaben, Verantwortung, Arbeitsweise und Unterstellung der Einrichtungen und Betriebe der Wohnungspolitik und Wohnungswirtschaft auf allen Ebenen
     Verantwortlich: Minister für Bauwesen und Wohnungswirtschaft

106. Parteiengesetz (einschließlich Parteienfinanzierungsgesetz)
     Verantwortlich: Regierungskommission

März

107. Versammlungsgesetz
     Verantwortlich: Minister für Innere Angelegenheiten

108. Neufassung des Gesetzes über die Aufgaben und Befugnisse der Deutschen Volkspolizei
     Verantwortlich: Minister für Innere Angelegenheiten

109. Gesetz über den Verkauf volkseigener Gebäude
     Verantwortlich: Minister der Finanzen und Preise

110. Gesetz über die Verleihung von Nutzungsrechten
     Verantwortlich: Minister der Finanzen und Preise

111. Arbeitsprogramm zur Zusammenarbeit mit der BRD bei der kerntechnischen Sicherheit für den Zeitraum 1990/91 unter besonderer Berücksichtigung der Kernkraftwerkskapazitäten der DDR
     Verantwortlich: Präsident des Staatlichen Amtes für Atomsicherheit und Strahlenschutz
     Minister für Schwerindustrie
     Minister für Bauwesen und Wohnungswirtschaft

112. Beratung des Gesetzesentwurfs über den Zivilschutz in der DDR
     Verantwortlich: Leiter der Zivilverteidigung der DDR

113. Gesetz über Gewerbetätigkeit
     Verantwortlich: Regierungskommission Wirtschaftsreform

114. Forschungskonzeption der DDR
     Verantwortlich: Minister für Wissenschaft und Technik
     in Zusammenarbeit mit den zuständigen Ministern und dem Präsidenten der Akademie der Wissenschaften der DDR

Dokument 7/3, Aufruf der Vorlagen und Informationen: Arbeitsplan (Gesetzgebungsplan) der Regierung Modrow (Information 7/2 und 7/3); Seite 10 von 13

März

20

115. Berichterstattung des Rates des Bezirkes Karl-Marx-Stadt über Ergebnisse und Erfahrungen bei der Förderung von Handwerk und Gewerbe für hohe Leistungen gegenüber der Bevölkerung

Verantwortlich: Vorsitzender des Rates des Bezirkes Karl-Marx-Stadt

dazu Stellungnahme: Minister für Leichtindustrie
Minister für Handel und Versorgung
Minister der Finanzen und Preise

116. Konzeption zur Entwicklung des Tourismus der DDR

Verantwortlich: Minister für Tourismus

April

21

117. Konzeption für eine neue Energiepolitik der DDR

Verantwortlich: Minister für Schwerindustrie

118. Entwurf einer Konzeption für die längerfristige Entwicklung der Volkswirtschaft der DDR zur Stabilisierung und Sicherung eines proportionalen, qualitativen Wachstums mit Schlußfolgerungen für die staatlichen Aufgaben zur Ausarbeitung des Planes 1991

Verantwortlich: Vorsitzender der Staatlichen Plankommission

119. Vorschläge für die weitere Durchführung des Wohnungsbaus und der Wohnungswirtschaft bis 1995 unter besonderer Berücksichtigung der Stadtentwicklung

Verantwortlich: Minister für Bauwesen und Wohnungswirtschaft
Vorsitzender der Staatlichen Plankommission

120. Konzeption zur Leistungsentwicklung des VEB Kombinat Nagema im Zeitraum 1991 - 1995

Verantwortlich: Minister für Maschinenbau

121. Konzeption zur Leistungs- und Effektivitätsentwicklung des VEB Kombinat baukema Leipzig und Vorschläge für die Bedarfsdeckung im Inland und Export mit Baumaschinen und Gießereiausrüstungen

Verantwortlich: Minister für Maschinenbau

122. Entwicklung der Produktion und Bereitstellung von Personenkraftwagen und Ersatzteilen einschließlich von Vorschlägen zum Einsatz von Katalysatoren

Verantwortlich: Minister für Maschinenbau

123. Konzeption für die Bereitstellung der erforderlichen Reisezugwagen zur Sicherung der Beförderungsaufgaben der Deutschen Reichsbahn

Verantwortlich: Minister für Verkehrswesen

Dokument 7/3, Aufruf der Vorlagen und Informationen: Arbeitsplan (Gesetzgebungsplan) der Regierung Modrow (Information 7/2 und 7/3); Seite 11 von 13

April

124. Konzeption zur Sicherung einer schnellen Modernisierung der Eisenbahnsignal-, Sicherungs-, Fernmelde- und Prozeßautomatisierungstechnik

    Verantwortlich: Minister für Verkehrswesen

125. Information über die endgültigen Ergebnisse der Abrechnung des Staatshaushaltsplanes 1989 sowie die Haushaltsrechnung für das Jahr 1989, die der Volkskammer vorzulegen ist

    Verantwortlich: Minister der Finanzen und Preise

126. Information und Beschluß über die Ergebnisse und Schlußfolgerungen aus der Bilanzprüfung 1989 in volkseigenen Kombinaten und Betrieben

    Verantwortlich: Minister der Finanzen und Preise

127. Information über die Erfüllung des Staatshaushaltsplanes 1990 bis zum 31. März 1990

    Verantwortlich: Minister der Finanzen und Preise

128. Vorschläge zur Vorbereitung und Durchführung einer Rentenreform

    Verantwortlich: Minister für Arbeit und Löhne

129. Fragen der Wehrgesetzgebung

    Verantwortlich: Minister für Nationale Verteidigung

130. Entwurf des Rehabilitierungsgesetzes

    Verantwortlich: Minister der Justiz

131. Grundkonzeption für die Gestaltung der Kulturpolitik der Koalitionsregierung

    Verantwortlich: Minister für Kultur

132. Beschluß über die Beteiligung an der Erschließung und Nutzung der Seltene-Erden-Lagerstätte Dong Pao/SRV

    Verantwortlich: Minister für Schwerindustrie

April

133. Beschluß über die Beendigung der Beteiligung der DDR an der Gemeinsamen Organisation "Petrobaltic"

    Verantwortlich: Minister für Schwerindustrie

134. Bericht über die wesentlichen Ergebnisse der Forschung der Akademie der Wissenschaften der DDR und Tendenzen der wissenschaftlichen Entwicklung mit Schlußfolgerungen für die gesellschaftliche Praxis und die Volkswirtschaft der DDR

    Verantwortlich: Präsident der Akademie der Wissenschaften der DDR

135. Verordnung über die Umweltverträglichkeitsprüfung

    Verantwortlich: Minister für Naturschutz, Umweltschutz und Wasserwirtschaft

136. Beschluß über Maßnahmen zur Schaffung einer Prüfbasis, mit der die Einhaltung der EG-Richtlinien und der Europäischen Normen durch vom Hersteller der Exporterzeugnisse unabhängigen Prüflabors nachgewiesen wird

    Verantwortlich: Präsident des Amtes für Standardisierung, Meßwesen und Warenprüfung

137. Information über die Arbeitsergebnisse bei der Umsetzung der am 14.6.1988 beschlossenen Maßnahmen zur Anpassung der Standards der DDR an die Erfordernisse des EG-Binnenmarktes und sich daraus ergebende Schlußfolgerungen für den Zeitraum 1991 - 1995

    Verantwortlich: Präsident des Amtes für Standardisierung, Meßwesen und Warenprüfung

    Vorsitzender der Staatlichen Plankommission

    Minister für Außenwirtschaft

    zuständige Industrieminister

138. Entwurf eines Konzepts für die Ausgestaltung von Grundrichtungen der Struktur- und Sozialpolitik nach Varianten und Prioritäten

    Verantwortlich: Vorsitzender der Staatlichen Plankommission

    Stellvertreter des Vorsitzenden des Ministerrates für Wirtschaft

Dokument 7/3, Aufruf der Vorlagen und Informationen: Arbeitsplan (Gesetzgebungsplan) der Regierung Modrow (Information 7/2 und 7/3); Seite 12 von 13

April 24

139. Beschluß zur Wahrnehmung der staatlichen Verantwortung auf dem Gebiet von Körperkultur und Sport

Verantwortlich: Leiter des Amtes für Jugend und Sport

140. Konsequenzen, die sich aus der Einführung der durchgängigen 5-Tage-Unterrichtswoche und einer gestaffelten Ferienregelung ab Schuljahr 1990/91 ergeben

Verantwortlich: Minister für Bildung

141. Vorschläge für die Wissenschafts- und Bildungskonzeption und für die Bestimmung ihres Platzes in einer modernen Gesellschaftskonzeption der DDR

Verantwortlich: Minister für Wissenschaft und Technik
Minister für Bildung

Dokument 7/3, Aufruf der Vorlagen und Informationen: Arbeitsplan (Gesetzgebungsplan) der Regierung Modrow (Information 7/2 und 7/3); Seite 13 von 13

Runder Tisch
7. Sitzung
15. Januar 1990

Information Nr. 1

Berlin, d. 09.01.90

Stellungnahme der Arbeitsgruppe "Neue Verfassung" des Runden Tisches zum Gesetzentwurf der Regierung "zur Änderung und Ergänzung der Verfassung der Deutschen Demokratischen Republik"

---

1. Es kann nicht akzeptiert werden, daß die Regierung ein verfassungsänderndes Gesetz ohne vorherige öffentliche Diskussion am 11. Januar 1990 durch die Volkskammer beschließen lassen will.

2. Die Arbeitsgruppe "Neue Verfassung" des Runden Tisches hat am 9. Januar 1990 den Wortlaut der von der Regierung vorgeschlagenen Verfassungsänderung zur Kenntnis erhalten - ohne Hinweise auf den Inhalt der die Verfassungsänderung erforderlich machenden rechtlichen Regelungen der Regierung über Unternehmen mit ausländischer Beteiligung.
Dies macht es äußerst schwierig, mit der notwendigen Gründlichkeit zu der geplanten Verfassungsänderung Stellung zu nehmen. Das wiegt um so schwerer, als es sich bei dem Gegenstand der Regelung um eine für die Gesellschaft der DDR höchst bedeutsame Angelegenheit handelt.

3. Die Arbeitsgruppe muß feststellen, daß der Vorschlag der Regierung zur Verfassungsänderung erhebliche rechtsstaatliche Mängel aufweist.
Sie kommen insbesondere darin zum Ausdruck, daß es möglich sein soll, Verfassungsbestimmungen durch Rechtsvorschriften des Ministerrates aufzuheben.

4. Die Arbeitsgruppe verlangt, daß künftig angemessene Zeit für eine öffentliche Beratung der Gesetze zur Verfügung steht.

5. Unter den gegebenen Bedingungen schlägt die Arbeitsgruppe folgenden Wortlaut für die Verfassungsänderung vor:

> Der letzte Satz in Artikel 12 Absatz 1 wird gestrichen.
> An seine Stelle tritt der Text:
> "Ausnahmen müssen durch Gesetz mit Zweidrittelmehrheit geregelt werden."

Dokument 7/4, Stellungnahme der AG "Neue Verfassung" des Runden Tisches: Zum Gesetzentwurf der Regierung "zur Änderung und Ergänzung der Verfassung der DDR" (Information 7/1); Seite 1 von 2

- 2 -

Es wird folgender Artikel 14 a eingefügt:

"(1) Die Gründung von Unternehmen mit ausländischer Beteiligung durch Betriebe, Einrichtungen, Genossenschaften, Handwerker und Gewerbetreibende sowie andere Bürger ist nur auf der Grundlage von Gesetzen zulässig.

(2) Die Rechtsstellung der Werktätigen in Unternehmen mit ausländischer Beteiligung richtet sich nach den Gesetzen der DDR."

6. Die Arbeitsgruppe erwartet, daß zwischen der ersten und zweiten Lesung genügend Zeit für die Diskussion vorhanden ist.

Dokument 7/4, Stellungnahme der AG "Neue Verfassung" des Runden Tisches: Zum Gesetzentwurf der Regierung "zur Änderung und Ergänzung der Verfassung der DDR" (Information 7/1); Seite 2 von 2

V o r l a g e
der Arbeitsgruppe des Zentralen Runden Tisches
"Auflösung des Amtes für Nationale Sicherheit der DDR"
für die Sitzung des Zentralen Runden Tisches
am 15. Januar 1990

Der Zentrale Runde Tisch stimmt der Darstellung der Arbeitsgruppe "Auflösung des Amtes für Nationale Sicherheit der DDR" zu und fordert die Regierung Modrow auf, bis zum

17. Januar 1990

die sich daraus ergebenden Entscheidungen und Maßnahmen zu treffen.

1. Grund der ersatzlosen Auflösung des Amtes für Nationale Sicherheit der DDR

   Das Amt für Nationale Sicherheit als institutionalisierte und personelle Nachfolgeeinrichtung des Ministeriums für Staatssicherheit ist ersatzlos aufzulösen.

   Das Vorhandensein und dessen Arbeit in der Vergangenheit, Gegenwart und Zukunft wird im höchsten Maße als Gefahr für die gesellschaftliche Entwicklung sowie den inneren und äußeren Frieden eingeschätzt.

2. Kompetenz der Rundtisch-Arbeitsgruppe:
   Auflösung des Amtes für Nationale Sicherheit der DDR

   Die Mitglieder der Arbeitsgruppe erhalten in Form eines Dienstausweises die Berechtigung, die Arbeit der Regierungskommission "Auflösung des Amtes für Nationale Sicherheit der DDR" zu beobachten und zu kontrollieren.

   14tägig ist die Öffentlichkeit über den Stand der Arbeit in einer gemeinsamen Erklärung von Rundtisch-Arbeitsgruppe und Regierungskommission zu informieren.

   Mit der Arbeitsgruppe arbeitet ein Staatsanwalt zusammen, welcher das Vertrauen der Mitglieder der Arbeitsgruppe genießt.

   Soweit die Arbeitsgruppe sich nicht für einen tätigen Staatsanwalt entscheidet, schlägt sie dem Generalstaatsanwalt selber eine juristisch qualifizierte Vertrauensperson vor, welche als Staatsanwalt berufen werden soll.

3. Materielle und personelle Unterstützung

   Aus dem Bestand des Amtes ist jedem Rundtisch-Arbeitsgruppenmitglied

   - ganztägig ein PKW Lada mit Fahrer
   - ein Diensttelefon mit Anrufbeantworter (in der Privatwohnung)
   - ein Dienstzimmer (Normannenstr.)
   - Schreibbüronutzung

   sofort zur Verfügung zu stellen.

   Die sich aus der Kontrollfunktion ergebenden direkten und indirekten Kosten gehen zu Lasten der Regierungskommission.

Dokument 7/5, Antrag der Arbeitsgruppe "Auflösung des Amtes für Nationale Sicherheit der DDR": Aufforderung an die Regierung Modrow die Maßnahmen der Arbeitsgruppe des Runden Tisches durchzuführen (Vorlage 7/5); Seite 1 von 2

Die Rundtisch-Arbeitsgruppenmitglieder sind berechtigt, Fachleute ihres Vertrauens für die Ausübung der Kontrollfunktion hinzuzuziehen.

4. Informationspflicht der Regierung

Die Regierung verpflichtet sich, den Rundtisch-Arbeitsgruppenmitgliedern in Schriftform alle im Zusammenhang mit der Arbeit und mit der Auflösung des Amtes für Nationale Sicherheit der DDR stehenden Unterlagen umgehend zur Verfügung zu stellen.

a) alle Beschlüsse des Ministerrates zur Auflösung und Überleitung des Amtes
b) Lage- und Funktionspläne der Gebäude nebst Etagenplänen der Zentrale und der zugeordneten Einrichtungen
c) Strukturplan des Amtes mit Funktionsplan, Unterstellungsverhältnis, Querverbindungen, offizielle und inoffizielle Mitarbeiter
d) Angaben zur Beschaffung und Finanzierung
e) Angaben zum ehemaligen Fahrzeugpark, Grund- und Arbeitsmittelbestand und deren weitere Verwendung
f) Angaben betreffs Gehälter und Zuwendungen
   Haushaltspläne der einzelnen Referate
   Devisen
g) Bilanzierungspläne der ehemaligen Baukapazitäten
h) Auflistung des zur Aufrechterhaltung der Gebäude und Einrichtungen notwendigen Wartungspersonals

5. Entwaffnung der ehemaligen und noch im Dienst befindlichen Mitarbeiter

Alle o. g. Mitarbeiter haben bis 31. 1. 1990 die in ihrem Besitz oder in ihrem Zugriff befindlichen Waffen und Kampfmittel an die Dienststellen der Ministerien des Innern und der Verteidigung zu übergeben.
Für Zuwiderhandlungen gelten die strafrechtlichen Bestimmungen.

6. Personen- und Datenschutz

Die Mitglieder der Arbeitsgruppe "Auflösung des Amtes für Nationale Sicherheit der DDR" verpflichten sich zum Personendatenschutz.

Dokument 7/5, Antrag der Arbeitsgruppe "Auflösung des Amtes für Nationale Sicherheit der DDR": Aufforderung an die Regierung Modrow die Maßnahmen der Arbeitsgruppe des Runden Tisches durchzuführen (Vorlage 7/5); Seite 2 von 2

Runder Tisch/ 7. Sitzung/15.1.90 Information Nr. 8
So geht das nicht weiter!

I. Der Demokratische Aufbruch sozial+ökologisch klagt das Ministerium für Staatssicherheit (MfS) und die SED-PDS an:

1. Die Führung hat die Bildung des damaligen MfS selbst angeordnet.

2. Die wichtigsten Aufgaben des MfS war die Sicherstellung der politischen Arbeit einer Partei - der SED- und die Bespitzelung und Überwachung des eigenen Volkes.

3. Alle Leitungskader des MfS sind Mitglieder einer Partei, der SED. Das Ministerium hatte eine eigene Bezirksleitung der SED.

4. Zumindest drei Abteilungen der oben genannten Dienststellen (8,20,22) haben bewußt gegen Grundsätze der Verfassung und Paragraphen des Strafgesetzbuches der DDR verstoßen.

5. Materialien des MfS wurden - zumindest im Umfang eines Güterzuges- im Dezember 1989 zur SECURITATE nach Rumänien verbracht! Wann, auf wessen Befehl, Materialien welcher Art? Welche Beziehungen gibt es z.B. zwischen MfS und SECURITATE?

6. Mitarbeiter des MfS wurden unter anderem der Nationalen Volksarmee und den Botschaften der DDR zugeleitet! Auf wessen Anweisungen?

7. Wir befürchten bei der bestehenden Verschmelzung von MfS und SED weitere Versuche der Verschleppung der Auflösung des Ministeriums und die Verschärfung der innenpolitischen Situation in der DDR.

8. Spitzenfunktionäre der SED (u.a. Günter Schabowski) waren Dienstvorgesetzte der leitenden Organe des MfS und tragen somit die juristische und politische Verantwortung für alle, auch ungesetzliche, kriminelle und terroristische Handlungen des Ministeriums.

II. Der Demokratische Aufbruch sozial+ökologisch fordert darum:

1. Die vollständige, unverzügliche und endgültige Auflösung aller Einheiten des MfS (bzw. NaSi, bzw. Amt für Verfassungsschutz)!

2. Eine wirkungsvolle und vollständige Kontrolle dieser Auflösung - ohne Beteiligung von Mitgliedern der SED-PDS.

3. Eine zentrale Sicherstellung aller Akten, Materialien und technischen Einrichtungen der oben genannten Dienststellen.

4. Die sofortige Offenlegung aller Strukturen, Stellenpläne und Verflechtungen der oben genannten Dienststellen.

5. Die sofortige Beurlaubung bzw. Entlassung aller hauptamtlichen Mitarbeiter und die sofortige Auflösung der Honorarverträge mit allen Mitarbeitern im Nebendienst.

6. Jedem Bürger muß auf Wunsch "seine" Akte ausgehändigt werden.

7. Die Anerkennung ihrer politischen Schuld durch die SED mit der Konsequenz der Selbstauflösung der SED-PDS.   Vorstand Demokratischer Aufbruch

Dokument 7/6, Erklärung DA: So geht das nicht weiter! (Information 7/8)

Runder Tisch Vorlage Nr. 5a
7. Sitzung
15.1.90

Wir fordern die Regierung der DDR auf

1. die Staatssicherheitsorgane zu einer verfassungsfeindlichen Organisation zu erklären,
2. die Befehlsstrukturen der Staatssicherheit und

   Die Vernetzung der staatlichen Organe, insbesondere der Rechts- und Sicherheitsorgane mit dem ehemaligen MfS und dem SED-Apparat ist unverzüglich offenzulegen.

3. Alle von der SED-PDS und den Einheiten des ehemaligen MfS benutzten Sonderkommunikationsmittel wie z.B. Sondertelefon-, Fernschreib- und Richtfunkverbindungen sind sofort stillzulegen und zu demontieren. Die Zahl und die Art der Telefonanschlüsse des ehemaligen MfS sowie des SED-Apparates muß offengelegt werden.

4. Die Archive und Akten der SED(-PDS) und ihrer Abteilungen bzw. Sekretariate Sicherheit auf allen Leitungsebenen sowie die Archive und Akten des Nationalen Verteidigungsrates und der Bezirks- und Kreiseinsatzleitungen sind offenzulegen und sicherzustellen.

5. Ermittlungsverfahren gegen die für die Einsätze der Staatssicherheitsorgane verantwortlichen Personen auf allen Leitungsebenen einzuleiten (Nationaler Verteidigungsrat - 1. Sekretär des ZK der SED, Bezirkseinsatzleitung - 1. Sekretär der SED-Bezirksleitung, Kreiseinsatzleitung - 1. Sekretär der SED-Kreisleitung usw.),

6. unverzüglich sämtliche Einrichtungen der Staatssicherheit und aller ihrer Nachfolgeorganisationen zu schließen und allen ehemaligen Mitarbeitern Hausverbot zu erteilen,

7. das Wachregiment vollständig zu entwaffnen und aufzulösen,

8. Ermittlungsverfahren wegen Vernichtung von Beweismitteln gegen alle Personen einzuleiten, die für die Vernichtung der Akten der Staatssicherheit verantwortlich sind.

Dokument 7/7, Antrag NF: Zur verfassungswidrigen Tätigkeit des MfS (Vorlage 7/5a); Seite 1 von 2

9. Die Zentrale des ehemaligen MfS in Berlin ist sofort zu schließen. Alle Akten und Materialien müssen unverzüglich sichergestellt werden.

10. Schweigeverpflichtungen und andere Abhängigkeiten sind aufzuheben, damit ungehinderte Ermittlungen möglich werden. Rechtsfolgen für Falschaussagen gegenüber den an Ermittlungen beteiligten Personen müssen unverzüglich definiert und inkraftgesetzt werden.

11. Die gegenwärtige Befehlslage der noch tätigen Mitarbeiter des ehemaligen MfS, im Besonderen der auf dem Gebiet der Aufklärung tätigen, ist offenzulegen.

12. Von der Regierung muß veranlaßt werden, daß die Verbindungen des ehemaligen MfS bzw. AfNS zu den inoffiziellen Mitarbeitern sofort beendet werden. Die Weiterführung der Verbindungen zu den inoffiziellen Mitarbeitern und die Neuanwerbung von inoffiziellen Mitarbeitern ist öffentlich als unzulässig zu erklären. Bis zu einer endgültigen Klärung muß die Liste der inoffiziellen Mitarbeiter erhalten bleiben.

13. Alle Überwachungsmethoden der operativen Abteilungen sowie die Methoden der Untersuchungsorgane des ehemaligen MfS sind offenzulegen.

14. Die Finanzen einschließlich der Finanzierungsarten des ehemaligen MfS/AfNS müssen offengelegt werden. Welche Zahlungen sind ab November 1989 bis heute aus dem Staatshaushalt an das ehemalige Mf bzw. AfNS getätigt worden? Es muß eine zentrale und bezirkliche Finanzrevision zur Kontrolle bzw. Aufdeckung der finanziellen Machenschaften des ehemaligen MfS/AfNS (Ausgleichszahlungen, Prämien, Zahlungen an inoffizielle Mitarbeiter) eingesetzt werden.

Für die verfassungswiedrige Tätigkeit des MfS trägt die SED Verantwortung. Eine Namensänderung und der Austausch von Funktionären kann sie hiervon nicht entbinden.
Damit ergibt sich die Notwendigkeit, gegen die SED-PDS wegen des Verdachtes verfassungswiedriger Aktivitäten zu ermitteln. Hiervon leiten wir ab, daß die immer noch bestehenden Machtstrukturen der SED-PDS aufgelöst werden müssen.

Neues Forum

Runder Tisch
7. Sitzung
15. Januar 1990　　　　　　　　　　　　　　　　　　　　　　　　Information Nr. 5

Die Grüne Partei in der DDR ist der Meinung, daß die gegenwärtigen Strukturveränderungen in den Staatsorganen und die Auflösung des Staatssicherheitsdienstes/Amt für Nationale Sicherheit verbunden werden müssen mit einem Integrationsprogramm für die aus ihren Arbeitsplätzen freigesetzten Bürger. Das betrifft die bereits in der Öffentlichkeit diskutierten Lohnfragen (Überbrückungsgeld) als auch Programme zur Arbeitsbeschaffung, der sozialen Integration und Fragen der Öffentlichkeitsarbeit.

Es muß sich in der gesamten Gesellschaft der Gedanke durchsetzen, daß die Grund- und Menschenrechte auch für diesen Personenkreis vollinhaltlich Gültigkeit haben.
die Grüne Partei in der DDR ist der Meinung, daß Defizite auf diesem Gebiet und eine massenhafte Abdrängung von Menschen an den Rand der Gesellschaft zu ihrer Radikalisierung führen kann, deren Folgen für die Stabilität der Gesellschaft nicht abzusehen sind.

Die Grüne Partei in der DDR fordert den Runden Tisch und die Regierung der DDR auf, gemeinsam ein Integrationsprogramm für diese Bürger zu erarbeiten.

　　　　　　　　　　　　　　　　　　　　　　　Grüne Partei

Dokument 7/8, Antrag GP: Zur Erarbeitung eines Integrationsprogrammes für Bürger aus dem MfS/AfNS (Information 7/5); Abschrift

```
Runder Tisch
6. Sitzung
8. Januar 1990                                    Vorlage Nr. 7


Der Runde Tisch möge beschließen:


    Bestandteile des Wahlgesetzes (für den 6. Mai 1990) sollen sein:

    1.) Ein Wahlrecht, das Personal- und Verhältniswahlrecht mitein-
        ander koppelt (Mischwahlrecht).

    2.) Das Recht für Parteien, politische Vereinigungen und freie
        Wählergemeinschaften sowie für Betriebskollektive, Kandida-
        ten aufzustellen.

    3.) Die Möglichkeit, Listenverbindungen einzugehen.

    4.) Der Ausschluß jeglicher Prozentsperren oder -klauseln.

    5.) Gewährleistung jederzeitiger Abwählbarkeit der Abgeordneten
        durch die Wählerversammlung.



                            Vereinigte Linke
```

Dokument 7/9, Antrag VL: Bestandteile des Wahlgesetzes für den 6. Mai 1990 (Vorlage 6/7)

RUNDER TISCH

7. Sitzung
15. Januar 1990   Information Nr. 9

Erklärung der SPD zum Wahl- und Parteiengesetz

1. Wir treten ein für ein Verhältniswahlrecht.
   Jeder Wähler und jede Wählerin verfügt über eine Stimme und wählt mit
   dieser eine Partei, d. h. die Kandidaten und Kandidatinnen auf deren
   Liste. Diese kann republikweit dieselbe sein oder in den Bezirken
   aufgestellt werden. Dieses Wahlsystem ist die demokratisch und zugleich
   einfachste Art und Weise, den Wählerwillen unmittelbar in
   Parlamentsmandate umzusetzen.

2. Eine Verbindung der Verhältniswahl mit der Direktwahl eines Teils der
   Abgeordneten durch eine Zweitstimme - ähnlich der Bundesrepublik
   Deutschland - halten wir bei künftigen Wahlen für anstrebenswert.

   Der Anwendung dieses Wahlsystems bei der Wahl am 6. Mai 1990 steht
   entgegen, daß zur Durchführung Wahlkreise mit annähernd der gleichen
   Bevölkerungszahl geschnitten werden müßten. Dies erscheint uns in
   Anbetracht der uns zur Verfügung stehenden Zeit verwaltungstechnisch kaum
   noch leistbar.

/2

Dazu kommt, daß der Opposition viel zu wenig Zeit bliebe, bis in den letzten Wahlkreis hinein gut profilierte Kandidaten und Kandidatinnen zu benennen und der Öffentlichkeit vorzustellen. So werden die Chancen der Opposition vermutlich verringert.

3. Wir treten ein für die Festsetzung einer 3-%-Klausel, um die Zersplitterung der neuen demokratischen Kräfte im Parlament zu verhindern. Eine "Acht-Parteien-Koalition" wäre nicht gerade stabil.

4. Dürfen nur Parteien oder auch Bürgerbewegungen Kandidaten und Kandidatinnen zur Parlamentswahl aufstellen ?

   Es geht hier nur um die Parlamentswahl. Bei der Wahl zu den Volksvertretungen der Kommunen sind weitergehende Regelungen möglich.

   Es geht auch nicht um die Frage, wie sich diejenigen Gruppierungen nennen, die zu einer Parlamentswahl antreten.

   Es geht um die Bedingungen, die jede Gruppierung erfüllen muß, um Kandidaten und Kandidatinnen für das Parlament aufstellen zu können.

   Das sind drei Bedingungen :

   1. sie muß eine <u>Programmaussage</u> vertreten, welche dem Wähler im voraus klar sagt, welche Politik diese Partei oder Bewegung vertreten wird.

   2. Sie muß eine Gewähr für die <u>Kontinuität</u> dieser Partei oder Bewegung mindestens für die Dauer der Legislaturperiode gewährleisten. Sie braucht deshalb eine <u>Organisationsstruktur</u>, die Dauer verspricht.

   3. Sie muß eine Gewähr dafür geben, daß es im Parlament <u>weder zu offenen noch zu verdeckten Doppelmandaten</u> kommt. Das heißt, die Mitglieder einer Partei oder Bewegung, die sich zur Wahl stellen dürfen nicht zugleich Mitglieder einer weiteren Partei oder Bewegung sein, die Kandidaten oder Kandidatinnen zur Wahl stellt.

5. Wir sind gegen die Möglichkeit der Briefwahl, da hier die Möglichkeiten der Manipulation des Wahlergebnisses erheblich vergrößert werden.

6. Wir sind für von den Parteien in verbindlicher Reihenfolge festgelegte Listen. Nur so ist künftig verantwortliche Parlamentsarbeit (in der Regierungsverantwortung) möglich. Jede Partei muß die Möglichkeit haben, dafür kompetente, aber nicht so öffentlichkeitswirksame Frauen und Männer auf sichere Listenplätze zu setzen.

SPD-Begleitkommission des "Runden Tisches"

Dokument 7/10, Erklärung SPD: Zum Wahl- und Parteiengesetz (Information 7/9);Seite 2 von 2

RUNDER TISCH

7. Sitzung
15. Januar 1990

Information Nr. 7

2 DER MORGEN 13.1.90*

POLITIK

Darlegung der Parteifinanzen der LDPD

LDPD-Pressemitteilung

Berlin. – Der Politische Ausschuß des Zentralvorstandes bestätigte auf seiner Sitzung am Dienstag dieser Woche eine Vorlage zur „Darlegung der Parteifinanzen" auf dem außerordentlichen Parteitag am 9. und 10. Februar in Dresden" und entschied über die Veröffentlichung von Eckenziffern im Vorfeld des Parteitages.

Damit wird den in diesen Wochen zu wählenden Parteitagsdelegierten rechtzeitig Gelegenheit gegeben, sich auf Parteitagsmaterialien einzustellen.

Zugleich wird damit den Anregungen von Parteiverbänden entsprochen, Informationen für die Diskussion mit Parteimitgliedern zur Verfügung zu haben.

Die Ausgaben betrugen:

	1988	1989
● Kosten für politische und Verwaltungsarbeit	39 898,0 TM	46 959,3 TM
●● Löhne und Gehälter	22,6 %	21,3 %
●● Kosten für Werterhaltung	56,3 %	51,4 %
● Kosten für wirtschaftliche und soziale Einrichtungen	11,4 %	13,4 %
● Aufwendungen, die jährlich in unterschiedlicher Höhe auftreten (Anteil an Lückenbebauung Glinkastr. 18, Rekonstruktionsvorhaben, Delegiertenkonferenzen*)	0,8 %	1,2 %
	8,9 %	12,7 %

Die Einnahmen betrugen 39 898,0 TM 46 959,3 TM

	1988	1989
● Mitgliedsbeiträge und Schulungsmarkenverkauf	21,4 %	19,5 %
○ nicht verwendete Mittel Vorjahr	1,6 %	2,1 %
○● Gewinnabführungen der VOB „Aufwärts" (Wirtschaftsbetriebe der LDPD)		39,9 %
● Zuführungen aus dem Staatshaushalt, vorrangig zur Deckung der jährlich in unterschiedlicher Höhe auftretenden Aufwendungen sowie zum Ausgleich der durch Industriepreisänderungen entstandenen Mehraufwendungen	45,7 %	
	31,3 %	38,5 %

Für die Durchführung der Pläne der Auslandsarbeit der LDPD wurden durch den Staatshaushalt Valutamark bereitgestellt:

	1988 (TM)	1989 (TM)
● Nichtsozialistisches Wirtschaftsgebiet Konvertierbare Devisen	5,6	2,0
● Sozialistisches Wirtschaftsgebiet Landeswährung	14,0	23,8
● Personenbeförderungsleistungen	10,0	3,0

Diese Valuten wurden von der Partei nach den geltenden Grundsätzen in unserem Lande in Mark der DDR an den Staatshaushalt bezahlt. Für die Planung und Verwendung der Valuten wurden strenge Maßstäbe angesetzt. Sie wurden ausschließlich für Delegationsaustausche eingesetzt.

Die LDPD und ihre Wirtschaftsbetriebe verfügen über keine Auslandsvermögen.

Zur Wirtschaftstätigkeit der VOB „Aufwärts"

9 Druckereien mit 6 Zweigbetrieben	1255 VbE**)
5 Zeitungsverlage mit 7 Handelseinrichtungen	
1 Buchverlag „Der Morgen" mit 1 Zweigverlag „Prisma" Leipzig	505 VbE
3 Ferienheime (Bettenkapazität 125, volle Auslastung über das ganze Jahr)	70 VbE
1 Zentrale Leitung	
1 Kinderferienlager (60 Plätze)	
1 Verkaufsgalerie „Prisma" – Kunst und Literatur, Berlin	53 VbE
Industrielle Warenproduktion	123 600,0 TM
Export SW	13 200,0 TM
Export NSW	1 000,0 TM
Produktion für die Bevölkerung	26 000,0 TM
Verlagsproduktion	12 500,0 TM
Gewinnabführung an die Partei	18 750,0 TM
Preisstützungen der Tageszeitungen	14 500,0 TM

*) Rückverlagerung der Redaktion und des Verlages der Zeitung „Der Morgen" und des Buchverlages Der Morgen aus verschlissenen Baracken in Berlin-Mitte, Garten in die Lückenbebauung Glinkastraße 18.
**) Vollbeschäftigten-Einheiten

Dokument 7/11, Erklärung LDPD: Parteifinanzen der LDPD

Gesetzgebungskommission Mediengesetz   9. 1. 1990

Entwurf

Beschluß der Volkskammer

über die Gewährleistung der Meinungs-, Informations- und Medienfreiheit

Zur allseitigen Durchsetzung der in der Verfassung vor allem in den Artikeln 27 Abs. 1 und 2, 28 Abs. 2, 30 Abs. 1, aber auch in Artikel 6 Abs. 5 festgelegten Grundrechte und -pflichten sind sofortige Maßnahmen erforderlich. Dasselbe gilt für die Durchsetzung der Verpflichtungen der DDR aus internationalen Abkommen und Erklärungen zu den Grundrechten der Meinungs-, Informations- und Medienfreiheit. Die DDR fördert einen freien Informationsaustausch und eine breite internationale Zusammenarbeit im Bereich von Information und Kommunikation in Übereinstimmung mit den Zielen und Grundsätzen des Völkerrechts, insbesondere der Konvention über zivile und politische Rechte von 1966, der KSZE-Schlußakte von 1975 und der UNESCO-Massenmediendeklaration von 1978.

Zu diesem Zweck faßt die Volkskammer folgenden Beschluß, der bis zum Erlaß einer Mediengesetzgebung gelten soll:

1. Jeder Bürger hat das Recht auf freie Meinungsäußerung. Dieses Recht schließt die Freiheit ein, sich um Informationen und Ideen aller Art ungeachtet der Grenzen mündlich, schriftlich oder gedruckt, in Form von Kunstwerken oder durch jedes andere Mittel seiner Wahl zu bemühen, diese empfangen und mitzuteilen.

2. Es ist verboten, die Medien für Kriegshetze, Aufruf zur Gewalt, die Bekundung von Glaubens-, Rassen- und Völkerhaß sowie für militaristische, faschistische, revanchistische und andere antihumanistische Propaganda zu mißbrauchen. Ebenso verboten sind Veröffentlichungen, die geeignet sind, die Würde des Menschen zu verletzen oder den Schutz der Jugendlichen und Kinder zu gefährden.

2

3. Aus der Wahrnahme seiner verfassungsmäßig garantierten Rechte auf freie und öffentliche Meinungsäußerung dürfen keinem Bürger Nachteile erwachsen.

4. Die Bürger der DDR haben das Recht auf wahrhaftige, vielfältige und ausgewogene Informationen durch die Massenmedien. Das Recht auf Gegendarstellung bei Tatsachenbehauptungen ist zu gewährleisten.

5. Jegliche Zensur der Medien der DDR ist untersagt.

6. Die Medien haben alle Veröffentlichungen verantwortungsbewußt und sorgfältig auf Wahrheit, Inhalt und Herkunft zu prüfen. Sie haben die Würde und die Persönlichkeitsrechte der Bürgerinnen und Bürger zu respektieren.

7. Die öffentlichkeitswirksamen Mitarbeiter in den Medien sind persönlich für ihre Arbeit verantwortlich. Die Mitarbeiter der Medien haben das Recht, die Ausarbeitung eines Materials zu verweigern, wenn Themenstellung und Auftrag ihren persönlichen Überzeugungen widersprechen. Sie sind nicht verpflichtet, öffentlich Ansichten zu vertreten, die ihrer persönlichen Meinung zuwiderlaufen.
Mitarbeiter der Medien haben das Recht, im Zusammenhang mit ihrer beruflichen Tätigkeit im Rahmen dieses Beschlusses alle ihnen notwendig erscheinenden Informationen einzuholen. Sie sind nicht verpflichtet, die Quellen ihrer Informationen offenzulegen. Ausnahmen sind nur durch gerichtliche Entscheidung zulässig. Die Bestimmungen des Urheberrechts sind strikt zu beachten.

8. Alle staatlichen Organe, Betriebe, Genossenschaften sowie politischen Parteien und gesellschaftlichen Organisationen sind verpflichtet, den Medien alle Auskünfte zu erteilen, die für die Erfüllung ihrer öffentlichen Aufgaben und eine wahrheitsgetreue Information erforderlich sind. Sie unterstützen die Medien durch Informationsdienste und Beauftragte für Öffentlichkeitsarbeit.

Dokument 7/12, Information Gesetzgebungskommission Mediengesetz: Beschlußentwurf der Volkskammer über die Gewährleistung der Meinungs-, Informations- und Medienfreiheit (Information 7/4); Seite 2 von 4

9. Alle staatlichen Organe, politischen Parteien und sonstigen gesellschaftlichen Organisationen und Gruppen, die Kirchen und Religionsgemeinschaften sowie die sozialen Minderheiten haben das Recht auf angemessene Darstellung in den Medien. Die Massenmedien verleihen dem Meinungspluralismus ungehindert öffentlichen Ausdruck.
Das Recht zur Herausgabe von Zeitungen, Zeitschriften und anderen Publikationen durch natürliche und juristische Personen der DDR ist zu gewährleisten. Der Ministerrat wird beauftragt, sofort für diesen Zweck im Interesse der Chancengleichheit einen öffentlich kontrollierten gesellschaftlichen Fonds für Druck- und Papierkapazitäten zu schaffen.
Die Lizenzierung im Bereich der Druckmedien ist aufgehoben; es erfolgt lediglich eine Registrierung.
Die Volkskammer beauftragt den Ministerrat, in Übereinstimmung mit dem Runden Tisch die Möglichkeiten für die Herausgabe einer unabhängigen überregionalen Tageszeitung umgehend zu schaffen.

10. Die Deutsche Post (Postzeitungsvertrieb) ist verpflichtet, ab 500 Exemplare den Vertrieb von inländischen Presseerzeugnissen auf vertraglicher Grundlage zu übernehmen. Der Eigenvertrieb ist zulässig.

11. Rundfunk, Fernsehen und ADN sind unabhängige öffentliche Einrichtungen, die nicht der Regierung unterstehen. Sie sind Volkseigentum. Bis zu ihrer Umgestaltung in öffentlich rechtliche Anstalten garantiert der Staat ihre Finanzierung. Die Lizenzpflicht der Programmanbieter im Bereich von Film, Fernsehen und Rundfunk ist aufgehoben; es erfolgt lediglich eine Registrierung.
Zur Sicherung der Eigenständigkeit der Medien unseres Landes bedarf jede Eigentumsbeteiligung an Medien der DDR durch Ausländer der Genehmigung des Medienkontrollrates.

12. Zur Sicherung der Durchführung dieses Beschlusses bildet die Volkskammer auf Vorschlag des Runden Tisches einen Medienkontrollrat.
Insbesondere die Generalintendanten von Rundfunk und Fernsehen sowie der Generaldirektor von ADN sind dem Medienkontrollrat berichtspflichtig.
Die Generalintendanten des Rundfunks und des Fernsehens und der Generaldirektor von ADN werden vom Ministerpräsidenten berufen und vom Medienkontrollrat bestätigt.

13. Die Medien geben sich Statuten, die ihre Programmatik und Struktur regeln. Die demokratische Mitbestimmung der journalistischen und künstlerischen Mitarbeiter bei der Erarbeitung und Durchsetzung der Statuten ist zu sichern.
Beim Rundfunk, dem Fernsehen und dem ADN sind gesellschaftliche Räte zu bilden; den anderen Medien wird die Bildung von Räten empfohlen.

14. Der Ministerrat wird beauftragt, eine gesetzliche Regelung für die Produktenwerbung vorzubereiten und der neuen Volkskammer vorzulegen. Der Entwurf des Gesetzes ist öffentlich zu diskutieren. Bis zum Erlaß dieses Gesetzes ist eine Produktenwerbung in den elektronischen Medien nicht zulässig.

15. Durch die unter Leitung des Ministers der Justiz gebildete Kommission sind Vorschläge für eine Mediengesetzgebung zu erarbeiten. Der Kommission gehören kompetente Vertreter aller Parteien und gesellschaftlichen Gruppen sowie Wissenschaftler, Journalisten und Vertreter der entsprechenden Verbände an. Der Gesetzentwurf ist der Öffentlichkeit zur Diskussion zu unterbreiten und danach der Volkskammer zur Beratung und Beschlußfassung vorzulegen.
Die Beschlußfassung zur Mediengesetzgebung erfolgt erst nach Verabschiedung der neuen Verfassung. Bis dahin bleibt dieser Beschluß in Kraft.

16. Der Ministerrat wird beauftragt, die bisher geltenden Rechtsvorschriften auf ihre Vereinbarkeit mit diesem Beschluß zu überprüfen und gegebenenfalls ihre Anpassung bzw. Aufhebung zu veranlassen.

RUNDER TISCH
8. Sitzung
18. Januar 1990   **Vorlage Nr. 0**

Vorschlag für die Tagesordnung der 8. Sitzung des Runden Tisches
am 18. 1. 1990, Ossietzkystraße, Berlin 1110

1. Begrüßung und Festlegung der Tagesordnung
2. Mediengesetz
3. Ökologie
4. Bürgerkomitees
5. Verfassung
6. Einzelanträge
6.1. SPD: Öffnung der Tagespresse für alle Parteien und Organisationen
6.2. Unabhängiger Frauenverband: Rederecht in der Volkskammer und Beobachterstatus bei Regierungssitzungen
6.3. Grüne Liga/Grüne Partei: Schutz des bisherigen Grenzstreifens an der innerdeutschen Grenze
6.4. SED-PDS: Vorschläge für die Verhandlungen zwischen Ministerpräsident Modrow und Bundeskanzler Kohl
6.5. Vereinigte Linke: Gewalt
6.6. Moderatoren: Statuten / Programme der Parteien und Organisationen
6.7. FDGB: Energiefrage und Preise
6.8. Initiative Frieden und Menschenrechte: Erklärung unabhängiger Untersuchungskommission

Dokument 8/1, Tagesordnung (Vorlage 8/0)

Runder Tisch Vorlage Nr. 10
8. Sitzung
18. Januar 1990

Parteifinanzierung

1. Der Runde Tisch nimmt die Mitteilung der LDPD vom 13. 01. 1990, nach der 38,5 % ihrer Ausgaben im Jahre 1989 aus dem Staatshaushalt finanziert wurden, zum Anlaß, die Regierung erneut aufzufordern, die aus dem Staatshaushalt bzw. Staatsbesitz oder Volkseigentum an Parteien und Organisationen geflossenen Vermögenswerte offenzulegen.

   Das muß zuerst in detaillierter Weise mit der Abrechnung des Staatshaushaltes 1989 erfolgen.

2. Bis zum Inkrafttreten eines Parteien- und Vereinigungsgesetzes ist die Gleichbehandlung aller Parteien und politischen Organisationen in Bezug auf Finanzierung und Nutzung von Gebäuden und Ausrüstungen zu gewährleisten.

IFM
SPD

Dokument 8/2, Antrag SPD, IFM: Zur Parteienfinanzierung

ERKLäRUNG DES NEUEN FORUM BERLIN ZUR DEMONSTRATION AM 15.1.1990

I.
Der Aufruf des NEUEN FORUM war eindeutig auf eine gewaltfreie, phantasievolle Demonstration gerichtet. Der Forderung nach sofortiger Auflösung des ehemaligen MfS/AfNS sollte durch das symbolische Vermauern des Zugangs Nachdruck verliehen werden. Der Vorwurf, daß die Mauersteine, die dafür mitgebracht werden sollten, logischerweise zur Zerstörung benutzt wurden, muß entschieden zurückgewiesen werden.

Die Gruppen von Demonstrationsteilnehmern, die sich bereits zehn Minuten nach Beginn der Veranstaltung, also um 17.10 Uhr, in den Gebäuden des Objektes Normannenstr. befanden, haben den Aufruf nicht befolgt, sondern mißbraucht.

II.
Ein Vertreter des NEUEN FORUM hatte mit der VP-Inspektion Lichtenberg konkrete Absprachen zur gemeinsamen Sicherung der Demonstration getroffen:

- Ein ständiger Kontakt über Funk und Lautsprecher war geplant, wurde aber nicht realisiert.

- Das Tor zur Normannenstr. sollte durch Ordner des NEUEN FORUM gesichert werden, vor dem Tor in der Ruschestr. sollte ein Lautsprecherwagen der VP stehen. Für die Sicherung des Innengeländes war die VP zuständig. Die Verbindung nach innen sollte ebenfalls über Funk hergestellt werden.

- Die Schnelligkeit, mit der die Tore geöffnet wurden, hat unsere Ordner überrumpelt. Sie waren nicht mehr in der Lage, das Betreten des Geländes zu verhindern.
Zu klären bleibt, wie die Tore geöffnet wurden.
Nach Angaben des Präsidenten der VP waren Wachmannschaften des ehemaligen MfS auf dem Gelände anwesend, die auch über Schlüssel zu den Toren verfügten.

III.
Die Ordner des NEUEN FORUM, das Bürgerkomitee und spontan eingreifende Bürger bildeten Ordnungsgruppen. Sie konnten das Gebäude nach etwa 45 Minuten, also bis gegen 18.00 Uhr wieder räumen. Vertreter und Vertreterinnen des NEUEN FORUM riefen vor dem Tor über Lautsprecher und Mikrophon zum Verlassen des Gebäudes und zur Gewaltlosigkeit auf.

IV.
Wir bedauern die Zerstörungen, die durch kleine Gruppen von Demonstrationsteilnehmern angerichtet wurden.
Hiermit erneuern wir unseren Aufruf zur Gewaltlosigkeit. Die begonnene Revolution muß mit ausschließlich friedlichen Mitteln weitergeführt werden.

Dokument 8/3, Erklärung NF: Zur Demonstration am 15. Januar 1990

Runder Tisch Vorlage Nr. 6
8. Sitzung
18.1.1990

Beschlußantrag

Betr.: <u>Kurzfristige Maßnahmen innerhalb eines zu erarbeitenden Umweltkonzeptes</u>

Nach Auffassung der NDPD sind in Angriff zu nehmen

1. Abschluß einer Organisationsvereinbarung zur koordinierten Umweltüberwachung durch die staatlichen Kontrollorgane

2. Zulassung nichtstaatlicher Umweltkontroll- und -projektinitiativen

3. Aufnahme von Kontakten zu bundesdeutschen Ökologie-Instituten

4. Aufnahme von Kontakten zu internationalen Umweltorganisationen und zu internationalen Umweltprojekten

5. Beginn einer umfassenden Altlastsanierung durch Verdachtsflächeninventar und Klassifizierung des Gefährdungspotentials (mit TU Berlin)

6. Vorbereitung weiterer Pilotprojekte zur Optimierung von Braunkohlenfeuerungsanlagen

7. Vorbereitung einer Projektstudie zur Dioxinbelastung der Umwelt durch Verbrennungsprozesse

8. Veranlassung einer kritischen Prüfung der Höchstertragskonzeption in der landwirtschaftlichen Pflanzen- und Tierproduktion

9. Vorbereitung von Morbiditäts-Mortalitäts-Studien in weiteren Hauptbelastungsgebieten

10. Sicherung des ursprünglichen Landschaftsgebietes Müritz-Ost und Vorbereitung der Umwandlung in einen Nationalpark

11. Grundsätzliche Änderung der Verträge über Abfallimporte und Vorbereitung von Entsorgungstechnologien nach den Kriterien der ökologischen Sicherheit

12. Umdisponieren von Staatshaushaltmitteln aus dem Budget der Staatsorgane, der Sicherheitsorgane sowie der staatlichen Zuwengen an gesellschaftliche Organisationen für die Ökotherapie

Vorlage des Beschlusses:

National-Demokratische Partei Deutschlands

Dokument 8/4, Antrag NDPD: Kurzfristige Maßnahmen innerhalb eines zu erabeitenden Umweltkonzeptes (Vorlage 8/6)

Berlin, 10. Januar 1990

Standpunkt des Rechtsausschusses des Runden Tisches zur
Ordnung über die Bürgerkomitees

1. Wir schlagen vor, eine Verordnung über Bürgerkomitees
   so anzulegen, daß sie eine strategische Orientierung für
   die Entfaltung von Elementen der Basisdemokratie im
   künftigen demokratischen Staat sein kann.
   Sie könnte in der neuen Verfassung als Form der Basisdemokratie verankert werden. Der gegenwärtig geltenden
   Verfassung würde sie nicht widersprechen.
   Basisdemokratie wird heute in Form von Bürgerinitiativen
   und Bürgerkomitees ausgeübt. Unter Bürgerinitiativen wird
   das organisierte, meist zeitlich begrenzte Zusammenwirken
   von Bürgern zur Erreichung eines konkreten Zieles verstanden. Sie können regional oder für das ganze Land gebildet werden.

   Bürgerkomitees wirken auf örtlicher Ebene als Interessenvertreter der Bevölkerung vorwiegend auf kommunalpolitischem Gebiet. Sie können sich analog zu den Volksvertretungen nur auf der untersten Ebene, so daß einer Volksvertretung je ein Bürgerkomitee gegenübersteht. Dort, wo
   die Volksvertretung für ein Territorium zuständig ist,
   das in Wohngebiete oder -bezirke gegliedert ist, können
   Bürgerkomitees auf der Ebene der Wohngebiete bzw. -bezirke
   gebildet werden.

   Mitglied des Bürgerkomitees kann jeder Einwohner des jeweiligen Territoriums sein.

   <u>Anmerkung:</u>

   Bei den gegenwärtig existierenden Bürgerkomitees ist zu
   prüfen, ob sie Bürgerkomitees oder Bürgerinitiativen im
   Sinne der künftigen Verordnung sind.

2. Bürgerinitiativen arbeiten parteiunabhängig. Die Mitglieder der Bürgerinitiative legitimieren sich mit dem Personalausweis für Bürger der DDR und einem von der Bürgerinitiative ausgestellten Auftrag, der vom Bürgermeister

oder einem von ihm beauftragten Ratsmitglied gegenzuzeichnen ist.

Für Bürgerinitiativen im Sinne dieser Empfehlung sollten folgende Rechte und Pflichten geregelt werden:

- Zugang zu allen Informationen, die sich auf die von Bürgerinitiativen angestrebten Ziele beziehen.
- Sie haben das Recht, eine schriftliche Stellungnahme zu erstellen und gehört zu werden.
- Bei Ablehnung des Standpunktes der Bürgerinitiative ist diese schriftlich zu begründen.
- Die Positionen aller beteiligten Seiten müssen der Öffentlichkeit zugänglich sein.
- Verweigern Leiter oder Mitarbeiter der Staatsorgane den Bürgerinitiativen eines der genannten Rechte, kann von Bürgerinitiativen die Beschwerde beim übergeordneten Staatsorgan eingelegt werden. Wird der Beschwerde nicht stattgegeben, ist der Leiter der Untersuchungsabteilung beim Vorsitzenden des Ministerrates zu informieren. Er entscheidet im Zusammenwirken mit den zuständigen Staatsorganen. Wird der Beschwerde durch dieses Organ nicht abgeholfen, besteht das Recht zur gerichtlichen Nachprüfung. Es sollte eine Fristenregelung getroffen werden.

3. In einem künftigen politischen System wird es die Selbstverwaltung der Städte und Gemeinden geben. In diesen Mechanismus der Selbstverwaltung sollten sich die Bürgerkomitees als ein regulierendes Moment einordnen.

Die örtliche Volksvertretung ist das oberste Machtorgan, das durch die Bürgerkomitees nicht in Frage gestellt wird. Volksvertretungen, Räte und Staatsapparat müssen aber durch die Gesellschaft kontrollierbar sein. D. h. zu ihren Arbeitsprinzipien müssen Transparenz und Öffentlichkeit gehören. Darüber hinaus bedarf es eigenständiger Gremien, die unabhängig vom Staat oder Parteien Kulminationspunkte des gesellschaftlichen Willensbildungsprozesses zu territorialen Fragen sein können. Diese Funktion käme den Bürgerkomitees zu. Davon ausgehend könnten sie folgende Aufgaben erfüllen:

Dokument 8/5, Standpunkt AG "Recht": Zur Ordnung der Bürgerkomitees; Seite 2 von 3

3

- Sie sind unverzichtbar bei der Vorbereitung von Entscheidungen, die wichtige Lebensfragen der Bevölkerung betreffen. Ihre Meinung muß angehört werden. Sie können beratende Funktion haben. Sie können Initiativen an die Volksvertretung herantragen.

- Sie sollen helfen, Widersprüche in der territorialen Entwicklung rechtzeitig zu erkennen und aufzudecken. Auf Verlangen sind die Staatsorgane verpflichtet, Daten und weitere Informationen den Bürgerkomitees zur Kenntnis zu geben, um fundierte eigene Einschätzungen treffen zu können.

- Die Bürgerkomitees sollen konfliktvorbeugend im Territorium wirken. Gibt es zu Grundfragen des Territoriums gegensätzliche Positionen zwischen Staatsorganen und Bürgerkomitees und muß eine Entscheidung herbeigeführt werden, so gilt das Wort der Volksvertretung. Wird diese Entscheidung nicht von breiten Kreisen der Bevölkerung getragen, so haben sowohl die Staatsorgane als auch das Bürgerkomitee das Recht, eine Einwohnerversammlung einzuberufen, wo nach dem Mehrheitsprinzip entschieden wird, bzw. das Recht, ein Referendum durchzuführen.

- Die Bürgerkomitees achten darauf, daß Rechtsstaatlichkeit herrscht und Machtmißbrauch einzelner ausgeschlossen ist.

Wir empfehlen Präzisierungen zur dargestellten künftigen Entwicklung von Bürgerkomitees sowie anderer außerparlamentarischer Gruppierungen am Runden Tisch zu erarbeiten.

Dokument 8/5, Standpunkt AG "Recht": Zur Ordnung der Bürgerkomitees; Seite 3 von 3

Runder Tisch
6. Sitzung
8. Januar 1990   Vorlage Nr. 8

Antrag an den Runden Tisch

zum geplanten Fußballturnier in der Werner-Seelenbinder-Halle vom 18. bis 20. Januar zwischen Hertha BSC, BFC Dynamo, 1. FC Union und Blau Weiß 90.

Informationen aus der West-Berliner Antifa, eigene Informationen der Autonomen Antifa Berlin und ein Schreiben eines Hertha-Fans, das in ihre Hände gelangt ist, verdichten sich zu ernsthaften Befürchtungen, daß dieses Treffen von rechtsextremen Kräften beider Teile Berlins für großangelegte Gewaltakte außerhalb des eigentlichen Veranstaltungsgeländes benutzt werden sollen. Akute Gefahr besteht für solche linken Zentren, wie die besetzten Häuser in den Stadtbezirken Prenzlauer Berg und Friedrichshain, den besetzten Laden in der Dunkerstr. 78, für die "Umwelt Bibliothek Berlin" und die "Kirche von Unten".

Zum verdeutlichen dieser Befürchtungen:
Der rechtsextremistische Anhang umfaßt bei Hertha bis zu 500 Personen
                                      bei Dynamo   ca. 200 "
                                      bei Union   ca. 50 "

Dem Schreiben des genannten Hertha-Fans ist zu entnehmen, daß großangelegte Randale vorgesehen ist.

Der Runde Tisch teilt die beschriebenen Befürchtungen und fordert angesichts dieses Umstandes,
- dieses Turnier abzusagen;
- bei künftigen Sportveranstaltungen dieser Art die Veranstalter zu verpflichten, derartige Umstände rechtzeitig zu bedenken und entsprechende Vorkehrungen auf der Basis der Sicherheitspartnerschaft, gemeinsam mit Vertretern der Öffentlichkeit, zu treffen.

                              Initiative für eine vereinte Linke
                              im Auftrag der Autonomen Antifa Berlin,
                              einer Gruppe in der IvL

Dokument 8/6, Erklärung VL: Gegen Gewalt von rechts bei einem bevorstehenden Fußballturnier (Vorlage 6/8)

RUNDER TISCH
9. Sitzung
22. Januar 1990   **Vorlage Nr. 0**

Vorschlag für die Tagesordnung der 9. Sitzung des Runden Tisches am 22. Januar 1990, Ossietzkystraße, Berlin 1110

1. Begrüßung und Festlegung der Tagesordnung
2. Beratung mit der Regierung
3. Justizfragen
4. Befragung zu Sicherheitsproblemen
5. Wahlgesetz
6. Anträge auf Zulassung zum Runden Tisch
7. Vorlage der Arbeitsgruppe "Wirtschaft" (Landwirtschaft)
8. Einzelanträge

Dokument 9/1, Entwurf Moderation: Tagesordnung der 9. Sitzung des Runden Tisches (Vorlage 9/0)

RUNDER TISCH
9. Sitzung
22. Januar 1990   Information Nr. 9

Grüne Partei
Anfragen an die Regierung

Bezugnehmend auf die Aussagen der Regierungsvertreter vom
3.1.1990 stellt die Grüne Partei folgende Anfragen:

1. Die genannten Kosten pro Kilowattstunde Atomstrom in Höhe von
   7,93 Pfennig beziehen sich auf die Blöcke 1 bis 4 des KKW
   Nord, die den heutigen Sicherheitsanforderungen nicht mehr
   genügen. Wie hoch liegen die berechneten Kosten für die
   aufwendigeren Blöcke 5 bis 8 und wie teuer wird
   voraussichtlich die Kilowattstunde aus Stendal sein?

2. Wie hoch liegen die jährlichen Betriebskosten unserer
   Kernkraftwerke? Welcher Preisentwicklung unterliegt der aus
   der Sowjetunion bezogene Kernbrennstoff Uran?

3. Welche gesundheitlichen und ökologischen Folgen verursachte
   bisher der Uranbergbau in der DDR? Wir fordern die
   Offenlegung der bislang geheimgehaltenen
   Untersuchungsergebnisse.

4. Stimmt es, daß unsere abgebrannten, hochradioaktiven
   Brennstoffe seit Beginn der 80er Jahre nicht mehr von der
   Sowjetunion abgenommen werden? Welche Lösung ist für die DDR
   vorgesehen? Welche Kosten werden für die Zwischen- und
   Endlagerung veranschlagt und wer trägt sie?

5. Nach sowjetischen Veröffentlichungen dauert der Abriß eines
   Kernkraftwerkes 8 bis 12 Jahre, die Kosten dafür gehen in die
   Milliarden. In welchem Umfang sind diese Kosten schon in
   unserem heutigen Energiepreis enthalten?

6. Der Unfall in Tschernobyl verursachte einen unmittelbaren
   Schaden von 30 Milliarden Mark, Langzeitschäden nicht
   mitberechnet. Sind unsere Kernkraftwerke gegen Unfälle
   versichert, wie hoch ist die Versicherungssumme und wer trägt
   sie?

7. Welche finanziellen Mittel wurden bisher zur Erforschung und
   Entwicklung der Kernenergie in der DDR verausgabt und wieviel
   wurde vergleichsweise für die Entwicklung erneuerbarer
   Energiequellen ausgegeben?

8. Warum liegen die Einkommen der KKW-Bauarbeiter deutlich höher
   als die Einkommen der Bauarbeiter im Wohnungsbau?

9. Wie steht die Regierung der DDR zu der Tatsache, daß in der
   Sowjetunion dank Glasnost für acht Kernkraftwerke durch
   Bürgerinitiativen ein Baustopp erreicht wurde und auch das
   einzige Atomkraftwerk Polens nach massiven Protestaktionen
   nicht zu Ende gebaut wird? (Dänemark und Österreich
   verzichten bekanntlich ganz auf Kernenergie, Holland und
   Schweden bereiten den Ausstieg aus der Atomwirtschaft vor).

Dokument 9/2, Anfragen GP an die Regierung zur Energiepolitik (Information 9/9)

RUNDER TISCH
9. Sitzung
22. Januar 1990   Information Nr. 9/8

Strafvollzugseinrichtung Bautzen I

Betr.: Information für die Teilnehmer des Runden Tisches
       in Berlin

Der Amnestiebeschluß vom 06.12.1989 grenzte einen Teil der
Strafgefangenen aus, die bei der Straftatbegehung Gewalt gegen
Personen angewandt hatten bzw. deren Gesamtstrafmaß 3 Jahre
übertraf. Die Anwendung der Ausschließungsgründe führte in
einer Reihe von Fällen zu Härten, die von den Betroffenen
als ungerechtfertigt erlebt werden und auch aus der Sicht der
Strafvollzugsangehörigen dem Anliegen der Amnestie und dem
Prinzip der Gleichheit vor dem Gesetz zuwider laufen.
Dies betrifft insbesondere die nach der alten Gesetzgebung
praktizierte Strafverschärfung bei Rückfallstraftaten gemäß
§ 44 StGB, welche in vielen Fällen durch das hohe Strafmaß
Amnestieausschluß bedeutete.
Gleiches trat ein, wenn der Vollzug einer relativ hohen
Restfreiheitsstrafe angeordnet wurde, obwohl die eigentliche
Straftat, wegen der eine erneute Freiheitsstrafe ausgesprochen
werden mußte, unter Amnestie gefallen wäre.
Auf heftige Kritik stößt weiterhin die Tatsache, daß die
seitens des Leiters der StVE beantragte Prüfung einer Strafaussetzung auf Bewährung für eine Reihe von Strafgefangenen
von den Justizorganen zu schleppend bearbeitet wird.

Wegen dieser Probleme sind die Strafgefangenen der StVE
Bautzen I seit dem 18.01.90 wieder in einen unbefristeten
Streik getreten. Sie fordern bis zum 23.01.90 eine Prüfung
und Entscheidung ihrer Anliegen vor Ort durch kompetente
Vertreter des Ministeriums für Justiz und der Generalstaats-
anwaltschaft.
Die mit der Durchsetzung von Ordnung und Disziplin beauftragten
Strafvollzugsangehörigen haben auf die hier anstehenden rechtlichen Entscheidungen keinen Einfluß. Die Gewährleistung der
Sicherheit würde sich zunehmend komplizieren, wenn bis zum
o.g. Termin keine Klärung erfolgt. Die in diesem Falle vorhersehbaren Konflikte einschließlich der Gefahr einer Gewalt-
eskalation seitens der Strafgefangenen könnten nur durch die
Anwendung von unmittelbaren Zwangsmaßnahmen eingedämmt werden,
was unter den gegenwärtigen Bedingungen keine Lösung darstellt.

Wir erwarten daher eine sachliche Prüfung und Berücksichtigung
berechtigter Forderungen in einer entsprechenden Ergänzung
zum Amnestiebeschluß. Gleichzeitig sind den Strafgefangenen
von den Justizorganen die rechtlichen Grenzen und Konsequenzen
ihres Handelns eindeutig und unmißverständlich aufzuzeigen.
Für den Fall weiterer Rechtsverstöße seitens der Strafgefangenen
sind die Strafvollzugsangehörigen für ein erforderliches Eingreifen ausdrücklich zu autorisieren.

Durch eine Demo im Stadtgebiet Bautzen wurde uns bekannt, daß in der Zeit der Ausübung der Macht durch die Sowjetarmee in unserer Einrichtung tausende Inhaftierte umgekommen sein sollen.

Derartige Fälle waren uns bis jetzt noch nicht bekannt. Wir fordern eine tiefgründige Untersuchung dieses Zeitabschnittes und distanzieren uns von derartigen Geschehnissen.

Bautzen, den 21. 1. 1990

Weithase Hiekel Sternberg
Stellv.d.Leiters Stellv.d.Leiters Leiter der StVE

Eingebracht durch den Sorbischen Runden Tisch

Runder Tisch
9. Sitzung
22. Januar 1990

Information Nr. 9/2

Erklärung der VdgB zur Vergabe der Objekte des ehemaligen Amtes
für Nationale Sicherheit u. a. Institutionen

Wie bereits schon auf der letzten Sitzung des "Runden Tisches"
mitgeteilt, kann über die VdgB für die 800.000 Genossenschaftsbauern und -gärtner der DDR nur eine Bereitstellung von 25.000
Urlaubsplätzen erfolgen.

Auch unter Beachtung dessen, daß die LPG und GPG über Bungalows
und Ferienwohnungen verfügen, ist es ungleich weniger, als der
FDGB für seine Mitglieder und die Volkseigenen Betriebe für
ihre Werktätigen bereitstellen können. Es ist Tatsache, daß
diese Einrichtungen der LPG in der Regel nicht ganzjährig nutzbar
sind und auch keine gastronomische Versorgung sowie kulturelle
Betreuung erfolgt.

Von unserer Organisation wurde eine Vielzahl von Aktivitäten
unternommen, um mehr Urlaubsplätze bereitzustellen.

Auf dem XIII. Bauernkongreß der DDR wurde durch die Vertreter der
Regierung der Bau einer Urlaubseinrichtung mit ca. 1.000 Plätzen
in der Nähe von Berlin verkündet.
Trotz zügiger Investitionsvorbereitungen unserer Organisation
konnte das Vorhaben nicht begonnen und realisiert werden. Die
Regierung stellte nicht die erforderlichen Bilanzen bereit.

Es liegen bei uns viele Eingaben und Mißfallensäußerungen der
Bauern vor. Sie waren und sind nicht einverstanden damit, daß
das Versprechen nicht gehalten wurde und auch bei den gegenwärtigen Möglichkeiten ihre Belange nicht berücksichtigt werden.

Die Bemühungen unserer Organisation, nach dem Scheitern dieses
Vorhabens nunmehr kleinere Einrichtungen in den Bezirken mit Hilfe

Dokument 9/4, Erklärung der VdgB zur Vergabe der Objekte des MfS/AfNS (Information 9/2); Seite 1 von 3

der Genossenschaften zu errichten, konnte nicht realisiert werden, da auch dafür keine Bilanzen vorhanden sind.

Aufgrund dieser Situation hat sich die VdgB am 04. 12. 1989, 13. 12. 1989 und 08. 01. 1990 an die Regierung Modrow gewandt und die Bitte ausgesprochen, unsere Organisation bei der Übergabe von Gästehäusern und Urlaubseinrichtungen des ehemaligen Amtes für Nationale Sicherheit und anderer Institutionen im Interesse der Bauern des Landes zu berücksichtigen.

Das bisherige Ergebnis ist eine verbale Erklärung, daß man dies alles prüfen wolle.
Wir möchten dabei nicht unerwähnt lassen, daß es uns allerdings durch Aktivitäten der Bauern im Bezirk Frankfurt/O. gelungen ist, von den bezirklichen Organen ein Objekt des ehemaligen Amtes für Nationale Sicherheit mit 60 Betten zu übernehmen.

Wir waren empört, als der Regierungsbeauftragte, Herr Sauer, am 15. 01. 1990 in der Beratung des "Runden Tisches" erklärte, daß es eine Vereinbarung zwischen der Regierung der DDR, dem FDGB und dem Reisebüro der DDR gibt, die die Übergabe von Objekten für diese Institutionen vorsieht, ohne, daß die VdgB dabei einbezogen wurde.

Auch die Bauern haben ein Recht auf Urlaub in Erholungseinrichtungen, wo sie gut versorgt und betreut werden können.

Wir erlauben uns, in diesem Zusammenhang auch darauf hinzuweisen, daß nicht wenige Gästehäuser und andere Erholungseinrichtungen auf landwirtschaftliche Nutzflächen oder in genossenschaftlichen Wäldern entstanden sind, die zuvor den LPG entzogen wurden. Interessant ist auch die Tatsache, daß der FDGB jedes Jahr viele Millionen Mark für seine Arbeit und insbesondere für den Feriendienst erhalten hat.

Dokument 9/4, Erklärung der VdgB zur Vergabe der Objekte des MfS/AfNS (Information 9/2); Seite 2 von 3

3

Wir als Bauernorganisation finanzierten uns bisher ausschließlich selbst, obwohl die Genossenschaftsbauern und -gärtner auch ihren Beitrag zum Nationaleinkommen der DDR leisten.

Unter den neuen Bedingungen unseres Landes, die von den Genossenschaftsbauern und -gärtner voll getragen werden, kann es doch nicht so sein, daß die Bauern, die unter komplizierten Bedingungen fleißig arbeiten, die Versorgung der Bevölkerung ständig sichern, deswegen nicht beachtet werden.

Wir betrachten das Angebot der Regierung nach dem 15. 01. 1990, uns zwei Urlaubseinrichtungen mit 38 bis 40 Plätzen bereitzustellen, als völlig unzureichend.

Wir fordern deshalb die Regierung entschieden auf, den Bauern Urlaubskapazitäten in größerem Umfang bereitzustellen.

Der sozialen Benachteiligung der Bauern und Gärtner treten wir entschieden entgegen.

Berlin, den 19. 1. 1990

                                              Vereinigung der gegenseitigen
                                              Bauernhilfe

Dokument 9/4, Erklärung der VdgB zur Vergabe der Objekte des MfS/AfNS (Information 9/2); Seite 3 von 3

Runder Tisch Information Nr. 9/1
9. Sitzung
22. Januar 1990

Betr.: Gesetzgebungsplan der Volkskammer bis zum 06. 06. 1990

1. Der Rechtsausschuß stimmt grundsätzlich dem Gesetzgebungsplan zu. Er dient der Stabilisierung des Staates, notwendigen Entscheidungen für die Wirtschaftsreform und dem Rechtsschutz der Bürger.

2. In folgenden Punkten hat der Rechtsausschuß eine andere Meinung:

   zu I.3.

   Ein Gesetz über die Durchführung von Volksabstimmungen ist bis zum 06. 05. 1990 nicht als notwendig erachtet, da aus politischen und technischen Gründen eine Volksabstimmung vor dem 06. 05. 1990 als nicht zweckmäßig angesehen wird.

   Die künftige Verfassung sollte ausführlich die Volksbefragung, das Volksbegehren und den Volksentscheid regeln.

   zu II.

   Wünschenswert wäre, wenn bei der Erarbeitung der hier vorgesehenen Gesetze von einem Konzept der Demokratisierung der politischen Macht ausgegangen werden würde.

   zu II.3.; II.11.; IV.4.

   Grundsätzlich gehen wir davon aus, daß das einheitliche Arbeitsrecht bewahrt werden sollte. Im AGB sollte individuelles und kollektives Arbeitsrecht geregelt werden. Das Recht über kollektive Streitigkeiten muß dann nicht in einem gesonderten Gesetz geregelt werden. Die Rechte der Gewerkschaften sind grundsätzlich in der Verfassung festzuschreiben. Die Konkretisierung dieser Rechte bedarf

Dokument 9/5, Information AG "Recht": Zustimmung Rechtsausschuß zum Gesetzgebungsplan der Volkskammer (Information 9/1); Seite 1 von 2

2

ebenfalls keiner gesonderten Kodifikation sondern kann Bestandteil des AGB sein.

Neu zu regeln wäre ein Betriebsverfassungsgesetz.
Außerdem schlagen wir die Erarbeitung eines Gesetzes zur Sicherung des Rechts auf Arbeit vor.

zu II.13.

Das Rehabilitierungsgesetz sollte in das erste Quartal 1990 vorgezogen werden.

zu III.

Es wird vorgeschlagen, die Punkte III.1. und III.2. durch ein Gesetz über die Staatsverwaltung zusammenzufassen, dessen Erarbeitung über den 06. 05. 1990 hinausgehen kann.
Dazu wären mindestens zwei Grundsatzentscheidungen erforderlich

a) über die eigenständige Verwaltungsgerichtsbarkeit
b) über die Einführung eines Beamtentums
c) über einen Rechnungshof.

zu IV.

Wir schlagen zusätzlich die Erarbeitung eines Registergesetzes für die gesamte Wirtschaft vor.

AG Recht

RUNDER TISCH
9. Sitzung
22. Januar 1990   Vorlage Nr. 9/8

Der Runde Tisch möge beschließen:

Die Handhabung mit den in Betrieben und Einrichtungen geführten "Kader-" bzw. "Personalunterlagen" ist grundlegend neu zu regeln.

Die dazu erforderlichen Maßnahmen mögen in die Initiativen der Parteiarbeit übernommen werden unter nachfolgenden Mindestforderungen:

1. Alle bestehenden "Kader-" bzw. "Personalunterlagen" sind in Zusammenarbeit mit dem Betreffenden zu überarbeiten.

2. Die Weitergabe der in Betrieben und Einrichtungen geführten Personalunterlagen an Dritte ist grundsätzlich untersagt.

3. Als Referenz über eine Tätigkeit im Betrieb gilt einzig die im beiderseitigen Einvernehmen erstellte Abschlußbeurteilung oder Leistungseinschätzung.

4. Einsicht durch Dritte ist nur einem eng begrenzten und gesetzlich festgelegtem Personenkreis in Ausnahmefällen zu gewährleisten.

5. Jeder Betriebsangehörige hat jederzeit das Recht, auf Verlangen ohne Vorbehalt seine Kaderakte einzusehen.

                                        SPD

Dokument 9/6, Antrag SPD: Neuregelung im Umgang mit Kader- bzw. Personalunterlagen (Vorlage 9/8)

```
RUNDER TISCH
8. Sitzung
18. Januar 1990                                    Vorlage Nr. 7
```

Am 17. Januar behandelte die Arbeitsgruppe im Objekt
Berlin-Lichtenberg Kontrollaufgaben zur weiteren zügigen
Auflösung des ehemaligen Amtes für Nationale Sicherheit.

Die Arbeitsgruppe bedauerte, daß es im Ergebnis der Demonstration vom 15. 1. 1990 zu gewaltsamen Übergriffen gekommen ist. Sie vertritt den Standpunkt, daß Gewalt in jeder Art die demokratische Entwicklung gefährdet. Den Bürgerkomitees wurde Respekt und Dank für ihr besonnenes Verhalten bei der Eindämmung der Ausschreitungen und bei der Sicherung der zentralen Einrichtungen ausgesprochen.

Die Arbeitsgruppe bittet den Runden Tisch, das am 15. Januar vereinbarte Dreierkomitee sofort zu bestätigen.

Im Interesse der Zusammenarbeit mit den Bürgerkomitees wird der Runde Tisch außerdem gebeten, rechtliche Regelungen für deren Tätigkeit zu bestätigen.

Erklärung der Arbeitsgruppe Sicherheit

Dokument 9/7, Erklärung AG "Sicherheit": Vorkommnisse am 15. Januar 1990 und Bestätigung des Dreierkomitees (Vorlage 8/7)

RUNDER TISCH
9. Sitzung
22. Januar 1990   Information Nr. 9/12

Am 15. Januar fand eine Demonstration vor der Zentrale der
Staatssicherheit in der Normannstr. statt. Es verlief zuerst
alles ruhig und geordnet. Es erschallen immer lauter die
Forderungen "Stasi raus und laßt uns rein". Inzwischen war
die Menge schon unübersehbar geworden. Die Forderungen,
macht die Tore auf, waren zur Woge geworden. So ging es eine
ganze Weile. Dann zur Verwunderung aller ging das Tor in der
Ruschestr. auf. Wenn in der Presse und vom Polizeipräsidenten
behauptet wird, das Tor wurde aufgebrochen, dann ist es einfach unwahr.
Das Tor ging also auf und die Menge stürmte hinein. Rechts auf
der Hofseite war ein Gebäude, aus den Fenstern im II. Stock
schauten viele Polizisten aus den Fenstern, eine Menge von
ihnen klatschten in die Hände.
In einem Gebäude, es war durch eine große Glastür verschlossen,
sah man ein übergroßes Portree von Hanecker an der rechten
Wand stehen. Ein Aufschrei ging durch die Menge, als es bekannt wurde. Die Glastür wurde eingeschlagen und die Menge
stürmte hinein und zertrat zuerst einmal das Bild.
Was dann geschah muß verurteilt werden und ist nicht gut zu
heißen. Türen wurden erbrochen und was man sah, verschlug einem
den Atem. In riesigen Mengen Silberbestecke 80er und 900er
Silber, große Mengen Kristall, Bleikristallgläser und Schalen
in allen Farben. Es ist nicht alles aufzuzählen. In den
Kühlräumen jede Menge Fleisch und was für Fleisch, in keiner
Kaufhalle zu haben. Seelachsfilett, Aale und Konserven,
ausgefallene Konserven in großen Mengen. Anderes kann man
gar nicht aufzählen.
Als das gesichtet wurde, war es keine Empörung mehr, nun
war es Wut. Für meine Begriffe verständlich, wer will hier
eine Schuldfrage stellen?
Wenn hier die Schuldfrage gestellt wird, dann gibt es viele
Schuldige. Der Regierung ist bekannt, wie die Forderungen
des Volkes lauten.
Die Staatssicherheit muß verschwinden, schnell, sehr schnell!
Die Stasi wurde nach dem Gesetz aufgelöst, so heißt es offiziell,

Dokument 9/8, Schreiben H. Tondeur: Zur Demonstration in der Normannenstraße (Information 9/12); Seite 1 von 4

2

Wie sieht die Wirklichkeit aus? Halbwahrheiten, Verschleppungen und Verzögerungen und das von der Regierung. Es glaubt kaum einer mehr daran, so ist der Stand der Dinge zur Zeit.

Und dann überhaupt die Überlegungen von Regierungsseite, Ausgleichzahlungen an ehem. Stasileute und andere zu gewähren. Das noch nach geltendem Recht, Arbeitsgesetzbuch. Das ist ein Schlag ins Gesicht des Volkes. Des Volkes, das von diesen Verbrechern Jahrzehnte lang unterdrückt, der Freiheit beraubt und viele in die Zuchthäuser gesteckt wurden. Familien wurden zerstört, Väter und Mütter verschwanden, die zurückbleibenden Kinder wurden in Heime untergebracht, dort sollten sie sozialistisch erzogen werden. Wer vergab hier Ausgleichzahlungen? Wer wohl? Das Volk schreit auf, wenn es hören muß, daß ehem. Stasis in andere bewaffnete Organe umgesetzt werden sollen und schon sind. Wie da zu benennen, Polizei, Zoll usw. Nicht ausgrenzen dieser Leute. In die Produktion, da wo sie gebraucht werden unter gleichen Bedingungen wie jeder andere Werktätige. Sie sollen mit uns arbeiten, um die Ruine DDR aus der Misere zu ziehen. Das wird vom Volk verlangt und von der Regierung erwartet. - die andere Priorität betrifft die SED.
Staatssicherheit und SED sind eine Einheit. Dabei muß man erkennen, daß es ohne SED auch keine Stasi gegeben hätte. Die SED war die staatstragende Partei und ist die allein schuldige. Was geschieht aber mit ihr? Ihr gesamter Machtapparat existiert nach wie vor. In allen Bereichen ist sie auch heute noch dominant. In den Kombinaten und Betrieben, in den Städten, Kreisen und Bezirken. Es wurden einige ausgewechselt und andere SEDer eingesetzt. Fast alle Medien stehen auch heute noch unter Kontrolle der SED oder gehören ihr.

Da sitzt ein Herr Bentzin als Intendant im Fernsehen. Unter Ulbricht Minister der Kultur. Und so wie sein ehemaliger Herr, auch Herr Benzin ein eingefleischter Stalinist und das ist er auch heute noch, da nützt kein demokratisches Gefasel. Dieser Mann kennt das Wort Demokratie nur vom Hörensagen.

3

Für ihn ist Demokratie gleichbedeutend mit Pest. Genauso sieht es in den Redaktionen der meisten Zeitungen aus. Die Regierung spricht aber von Chancen - Gleichheit und im gleichen Atemzug erwartet sie vom Volk Vertrauen. Herr Modrow, als Mitglied der SED, müßte das doch bekannt sein. Die Partei hat immer Recht gehabt, so sollte es uns eingehämmert werden. Heute sehen wir das Resultat. Heute fordert das Volk sein Recht, mit allen Mitteln, die dem Volk zur Verfügung stehen. Und niemand sollte diese Mittel unterschätzen.
Da sollen Honecker und Mielke zusätzlich des Hochverrats angeklagt werden. Wer sind diese beiden? 2 Leute der vielen Spitzen des einstigen SED Apparates. Dabei darf es nicht bleiben. Die SED war die staatstragende Partei, nur unter ihr war es möglich, daß solche Sumpfblüten gedeien konnten. Die SED als Partei ist unter Anklage des Hochverrats, Verbrechen gegen die Menschlichkeit, Erpressung und Unterdrückung eines ganzen Volkes zu stellen! Der überwiegende Teil unseres Volkes will von dieser Partei nichts mehr wissen. Den Zusatznamen PDS hat diese Partei richtig gewählt. Partei der Stalinisten, so wird sie vom Volk interprätiert. Diese SED darf nie mehr Regierungsverantwortung tragen.

Zusammenfassung
1. Sofortige Auflösung der Staatssicherheit.
2. Überbrückungsgelder entfallen grundsätzlich.
3. Alle ehem. Stasileute in die Wirtschaft, in keine leitenden Stellungen.
4. Grundsätzlich keine Umsetzungen in Polizei, Zoll und andere bewaffneten Organe.
5. Gegen die SED wird Anklage wegen Verbrechen gegen die Menschlichkeit erhoben. Das Vermögen geht in Volkseigentum über.
6. Der Intendant Bentzin wird abberufen und in den Redaktionen der Presse haben Wendehalse nichts zu suchen.

Diese angeführten Punkte sind Forderungen des Volkes auf der Straße, in den Kombinaten und Betrieben.

4

Es wäre ein verhängnisvoller Fehler, sollte die Regierung das nicht richtig einschätzen.
Wir sind das Volk, so war es in den Oktobertagen 1989 zu hören. Wir sind das Volk auch heute und morgen noch!
Man sollte es an verantwortlicher Stelle hören, Tag und Nacht. Auch in der SED sollte das gebührend verstanden werden.
Die Regierung spricht von Vertrauen haben. Wie sieht es damit aus. In 15 Tagen sind es 23000, die mit ihren Füßen die Vertrauensfrage klärten.
Zuletzt noch ein gewichtiger Punkt, man höre gut zu.
In vielen Betrieben, Kombinaten und Dienstleistungsbereichen wächst die Streikbereitschaft. Sogar ein Generalstreik wird nicht mehr ausgeschlossen. Es liegen Hinweise aus allen Teilen unseres Landes vor. Es hat sich eine Meinung gebildet, die da sagt: lieber soll es uns noch dreckiger gehen, aber nie wieder die SED in einer Regierung. 40 Jahre waren genug.

Meine Damen und Herren. Das ist die Lage im Lande und die Meinung des Volkes.
Die Regierung ist gefordert, das Volk fordert.
Wir wollen keine Gewalt. Zündstoff bleibt die SED, sie sollte daran denken und dementsprechend handeln.

Tondeur
Neues Forum

RUNDER TISCH
9. Sitzung
22. Januar 1990   Vorlage Nr. 9/10

Der Volkskammer soll am 29. Januar 1990 das Gesetz über den Zivildienst in zweiter Lesung zur Beschlußfassung vorgelegt werden.
Der Runde Tisch möge dazu beschließen:

1. Die zweite Lesung des Gesetzes über den Zivildienst ist auszusetzen.
2. Wehrpflicht und folglich ziviler Ersatzdienst können erst auf der Grundlage der noch zu erarbeitenden neuen Verfassung gesetzlich geregelt bzw. neugeregelt werden.
3. Bis dahin ist die Zivildienstleistung per Verordnung zu regeln. Wehrdiensttotalverweigerer werden – wie schon in den vergangenen drei Jahren – strafrechtlich nicht verfolgt.

                                                        IFM

Dokument 9/9, Antrag IFM: Aussetzung der 2. Lesung des Zivildienstgesetzes (Vorlage 9/10)

Arbeitsgruppe des Runden Tischs Berlin, 19. 1. 1990
zur Ausarbeitung eines
Parteien- und Vereinigungsgesetzes

Entwurf eines Parteien- und Vereinigungsgesetzes
für die Beratung des Runden Tisches am 22. 1. 1990

Erläuterung:

1. Die Arbeitsgruppe hat in 4 Sitzungen den 3. Entwurf des Gesetzes über Parteien und politische Vereinigungen erarbeitet.

2. Definition und Selbstverständnis von Parteien und politischen Vereinigungen, die an Wahlen teilnehmen wollen, sind im § 2 sowie § 1 (2) enthalten. Es wurde mehrheitlich Übereinstimmung dahingehend erzielt, daß bestimmte Anforderungen an die innere Struktur von Parteien nicht gleichermaßen für politische Vereinigungen zutreffen müssen.

3. Für andere Vereinigungen gilt der noch vorzulegende Entwurf eines Vereinigungsgesetzes.

4. Es wird davon ausgegangen,

   . daß Selbstverständnis und Status solcher Organisationen wie z. B. der Gewerkschaften in gesonderten gesetzlichen Regelungen erfaßt werden;

   . daß die Zulassung zu Wahlen mit dem Wahlgesetz und einer Wahlordnung geregelt wird;

   . daß die Frage der Doppelmitgliedschaft (Partei - politische Vereinigung) ausschließlich in den jeweiligen Satzungen geregelt wird. Kandidaten von politischen Vereinigungen für Wahlen müssen parteilos sein.

5. Die im Entwurf vorgesehenen §§ 14 und 15 (Vermögen und Finanzierung) wurden bis zur Offenlegung dieser Positionen durch alle Parteien zurückgestellt.

6. Der Runde Tisch möge im Interesse einer weiteren zügigen Ausarbeitung des Parteiengesetzes beschließen, diesen Entwurf in Kenntnis der Vorbehalte und mit den Hinweisen für ihre Klärung der Regierungskommission zur Ausarbeitung eines Parteiengesetzes als Arbeitsgrundlage zu übergeben.

Dokument 9/10, Entwurf AG „Parteien- und Vereinigungsgesetz" eines Parteien- und Vereinigungsgesetzes für die Beratung des Runden Tisches am 22.1.1990; Seite 1 von 6

3. Entwurf, 9. 1. 90

Vorläufiges Gesetz über Parteien und politische Vereinigungen
vom..........
Zur Gründung und Tätigkeit von politischen Parteien in der Deutschen Demokratischen Republik beschließt die Volkskammer das folgende Gesetz:

§ 1

(1) Dieses Gesetz regelt die Rechte und Pflichten der Bürger der Deutschen Demokratischen Republik bei der Gründung und Tätigkeit von Parteien.

(2) Dieses Gesetz gilt auch für politische Vereinigungen, mit Ausnahme der §§ 10, 11 und 12.
Anmerkung: Dieser Festlegung wurde in der Arbeitsgruppe Parteien- und Vereinigungsgesetz des Runden Tisches in der Sitzung am 4. 1. 1990 mehrheitlich zugestimmt. Vorbehalte machte der Vertreter der SDP unter Hinweis auf Verletzung des Gleichheitsgrundsatzes geltend.
Übereinstimmung bestand, daß die Fragen der inneren Struktur und der äußeren Vertretung von politischen Vereinigungen regelungsbedürftig sind und dafür die Bestimmungen des Entwurfs des Vereinigungsgesetzes zu prüfen sind.

§ 2

(1) Die Bildung von Parteien erfolgt entsprechend den Grundsätzen der Vereinigungsfreiheit.

(2) Parteien sind politische Zusammenschlüsse der Bürger, die auf der Grundlage längerdauernder Tätigkeit Einfluß auf die politische Willensbildung nehmen und sich mit eigenen Kandidaten an Wahlen beteiligen.

(3) Grundlegende Aufgaben von Parteien sind insbesondere:
- Teilnahme und Mitwirkung an der politischen Willensbildung;
- sich durch Aufstellen von Kandidaten an Wahlen zu beteiligen;
- die politische Bildung und aktive Teilnahme der Bürger am gesellschaftlichen Leben zu fördern;
- für die Vermittlung von Volks- und Staatswillen zu sorgen;
- Auswahl und Befähigung von geeigneten Mitgliedern zur Übernahme staatlicher Verantwortung.

(4) Die Parteien haben beim Präsidenten der Volkskammer
- das Programm und Statut
- die Namen der Mitglieder des geschäftsführenden Vorstandes
zu hinterlegen. Gleiches gilt für Änderungen bzw. Ergänzungen des Programms und Statuts. Änderungen der personellen Zusammensetzung des geschäftsführenden Vorstandes sind umgehend mitzuteilen.
Der Präsident der Volkskammer führt ein Register der Parteien. Das Parteienregister ist öffentlich und jedermann zugänglich.

(5) Ein Zusammenschluß verliert seinen Status als Partei, wenn er innerhalb von sechs Jahren nicht mit eigenen Kandidatenvorschlägen an Wahlen teilgenommen hat. In diesem Fall erfolgt die Streichung aus dem Parteienregister. Die Öffentlichkeit ist darüber in geeigneter Weise zu informieren. Die Fortführung der Tätigkeit eines aus dem Parteienregister gestrichenen Zusammenschlusses richtet sich nach den Bestimmungen des Vereinigungsgesetzes.

Dokument 9/10, Entwurf AG „Parteien- und Vereinigungsgesetz" eines Parteien- und Vereinigungsgesetzes für die Beratung des Runden Tisches am 22.1.1990; Seite 2 von 6

§ 3

(1) Die Bildung von Parteien ist frei und bedarf keiner besonderen Genehmigung.

(2) Die Gründung und Tätigkeit von Parteien, die militaristische, faschistische oder andere antihumanistische Ziele verfolgen oder
der Verbreitung und Bekundung von Glaubens-, Rassen- und Völkerhaß dienen oder ihre Ziele mit Gewalt oder durch Androhung von Gewalt zu verwirklichen suchen, sind verboten.

§ 4

(1) Mitglieder von Parteien können nur natürliche Personen sein.

(2) Ausländer, die sich mit einer Aufenthaltserlaubnis oder einer Aufenthaltsgenehmigung in der DDR aufhalten, können Mitglied einer Partei werden.

§ 5

(1) Jede Partei muß einen Namen haben, der sich von dem einer bereits bestehenden Partei deutlich unterscheidet. Gleiches gilt für eine Kurzbezeichnung, wenn eine solche verwandt wird.

(2) Der Sitz einer Partei und ihres Vorstandes müssen sich im Staatsgebiet der DDR befinden.

§ 6

Soweit staatliche Organe, staatliche Betriebe und Einrichtungen Leistungen o. ä. an eine Partei gewähren bzw. einräumen, haben alle anderen Parteien Anspruch auf Gleichbehandlung.

§ 7

(1) Jede Partei, die sich mit eigenen Kandidatenvorschlägen an Wahlen beteiligt, hat in Zeiten der Wahlvorbereitung und -durchführung die gleichen Rechte und Pflichten.
Das bezieht sich insbesondere auf folgende Rechte:
- Nutzung weiterer Räumlichkeiten im Rahmen der territorialen Möglichkeiten, soweit sie sich in Rechtsträgerschaft der örtlichen staatlichen Organe befinden,
- gleichberechtigten Zugang zu und freie Eigendarstellung in den dem Ministerrat unterstehenden Massenmedien,
- gleichberechtigte Inanspruchnahme von Flächen zur Wahlsichtwerbung.

(2) Für die Realisierung von Ansprüchen der Parteien gemäß Abs. 1 sind der Ministerrat, die zuständigen örtlichen Staatsorgane und Leiter der Einrichtungen verantwortlich. Zur Herstellung und Sicherung der Chancengleichheit sind durch die zuständigen örtlichen Staatsorgane bzw. die Leiter der Einrichtungen mit den jeweiligen Parteien rechtzeitig gemeinsame Vereinbarungen zu treffen.

Dokument 9/10, Entwurf AG „Parteien- und Vereinigungsgesetz" eines Parteien- und Vereinigungsgesetzes für die Beratung des Runden Tisches am 22.1.1990; Seite 3 von 6

§ 8

Parteien sind unter der Voraussetzung des § 2 Abs. 4 rechtsfähig. Sie nehmen als juristische Personen am Rechtsverkehr teil. Das Gleiche gilt für territoriale Gliederungen, sofern das Satut nichts anderes vorsieht.

§ 9

(1) Jede Partei muß über ein Programm und eine Satzung (Statut) verfügen, die demokratischen Prinzipien entsprechen.

(2) Die Satzungen müssen Festlegungen enthalten über
- Namen und Kurzbezeichnung, sofern eine solche verwandt wird;
- Sitz und Tätigkeitsgebiet der Partei;
- allgemeine Gliederung der Partei;
- Zusammensetzung und Befugnisse des Vorstandes und der übrigen Organe;
- Beschlußfassung der Mitgliederversammlung bzw. Delegiertenkonferenz;
- Beginn und Beendigung der Mitgliedschaft sowie der Rechte und Pflichten der Mitglieder;
- Verfahren der Auswahl von Kandidaten der Partei für die Wahlen zu den Volksvertretungen;
- Form und Inhalt einer Finanzordnung.

Über die Einrichtung einer Schiedsgerichtsbarkeit entscheidet die Partei.

§ 10

(1) Organe der Partei sind Mitgliederversammlungen und Vorstände. In der Satzung kann festgelegt werden, daß in überörtlichen Struktureinheiten an die Stelle der Mitgliederversammlung eine Delegiertenkonferenz treten kann.

(2) Die Mitgliederversammlung oder die Delegiertenkonferenz ist das oberste Organ der jeweiligen territorialen Struktureinheit. Sie tritt mindestens einmal in zwei Jahren zusammen. Die Mitgliederversammlung oder die Delegiertenkonferenz (Parteitag) beschließt über die Parteiprogramme, die Satzung (Statut), die Beitragsordnung, die Auflösung und den Zusammenschluß mit anderen Parteien.

(3) Die Mitgliederversammlung oder die Delegiertenkonferenz (Parteitag) wählt den Vorsitzenden der jeweiligen territorialen Struktureinheit, seine Stellvertreter und die übrigen Mitglieder des Vorstandes.

(4) Mindestens alle zwei Jahre hat der Vorstand vor der Mitgliederversammlung oder der Delegiertenkonferenz (Parteitag) einen Tätigkkeitsbericht abzugeben.

§ 11

(1) Die Partei entscheidet satzungsgemäß über die Aufnahme von Mitgliedern. Allgemeine Aufnahmesperren sind unzulässig.

(2) Die Mitglieder der Partei und die Vertreter in den Parteiorganen haben gleiches Stimmrecht.

Dokument 9/10, Entwurf AG „Parteien- und Vereinigungsgesetz" eines Parteien- und Vereinigungsgesetzes für die Beratung des Runden Tisches am 22.1.1990; Seite 4 von 6

(3) Die Partei regelt in ihrer Satzung (Statut) die Disziplinarmaßnahmen gegenüber ihren Mitgliedern und die Gründe für den Parteiausschluß.

§ 12

(1) Der Vorstand leitet die territoriale Struktureinheit und vertritt die Partei im Rechtsverkehr gemäß der Satzung sowie den Beschlüssen der übergeordneten Organe. Sein Handeln berechtigt und verpflichtet die Partei unmittelbar.

(2) Der Vorstand handelt durch seinen Vorsitzenden; im Verhinderungsfalle durch einen gewählten Stellvertreter.

§ 13

Eine Partei kann sich durch Beschluß der Mitgliederversammlung oder Delegiertenkonferenz (Parteitag) auflösen. Das Vermögen der Partei muß in diesem Falle einer Stiftung überwiesen werden.

§ 14

Parteivermögen

§ 15

Parteienfinanzierung

§ 16

(1) Bis zum 30. 6. eines jeden Jahres hat jede Partei öffentlich Rechenschaft über das Vermögen, die Einnahmen und Ausgaben des vergangenen Kalenderjahres zu legen. Für die Gliederung des Berichtes gilt die Anlage. Der Bericht ist mit dem Prüfungsvermerk eines von der Volkskammer zu bildenden unabhängigen Revisionsorgans an den Präsidenten der Volkskammer zu übergeben.

(2) Das unabhängige Revisionsorgan veröffentlicht die Finanzberichte der Parteien.

§ 17

Bis zur Ausgestaltung des Verbots verfassungswidriger Parteien durch die neuzuschaffende Verfassung der DDR gilt für das Verbot solcher Parteien entsprechend § 3 Abs. 2 folgendes Verfahren:

(1) Das Verbot einer Partei ist nur im Rahmen eines rechtsstaatlichen Verfahrens vor dem Großen Senat des Obersten Gerichts der DDR möglich. Vor der Verhandlung ist ein aus Vertretern der Parteien gemäß § 2 Abs. 4 zu bildendes beratendes Gremium zu konsultieren.

(2) Anträge auf Verbot einer Partei können das Präsidium der Volkskammer und der Ministerrat der DDR stellen.

(3) Für das Verfahren vor dem Großen Senat gilt die Zivilprozeßordnung entsprechend.

Dokument 9/10, Entwurf AG „Parteien- und Vereinigungsgesetz" eines Parteien- und Vereinigungsgesetzes für die Beratung des Runden Tisches am 22.1.1990; Seite 5 von 6

(4) Die strafrechtliche Verantwortlichkeit einzelner Mitglieder von Parteien bleibt vom Verbotsverfahren unberührt.

§ 18

(1) Wird eine Partei entsprechend § 17 verboten, ist sie unverzüglich aufzulösen. Verantwortlich für die zur Auflösung zu ergreifenden Maßnahmen ist der Minister für Innere Angelegenheiten.

(2) Das Vermögen der verbotenen Partei fällt an den Staatshaushalt.

§ 19

Die §§ 14 Abs. 2 Satz 2 und 15 Abs. 5 dieses Gesetzes finden innerhalb von zwei Jahren nach Gründung einer Partei keine Anwendung.

§ 20

Dieses Gesetz tritt mit Ausnahme des § 14 Abs. 4 Satz 1 am in Kraft. § 14 Abs. 4 Satz 1 tritt am 7. Mai 1990 in Kraft.

Dokument 9/10, Entwurf AG „Parteien- und Vereinigungsgesetz" eines Parteien- und Vereinigungsgesetzes für die Beratung des Runden Tisches am 22.1.1990; Seite 6 von 6

Runder Tisch   Vorlage 9/1
9. Sitzung
22. 1. 1990

Beschlußvorlage der Arbeitsgruppe
"Wahlgesetz"
_____

Auf der Grundlage des vom zeitweiligen Volkskammerausschuß
vorgelegten Entwurfs "Gesetz über die Wahlen zur Volkskammer
der Deutschen Demokratischen Republik", nach Aussprache in
der Arbeitsgruppe und im Plenum trifft der Runde Tisch folgende
Feststellungen:

1. Der Runde Tisch spricht sich für ein Verhältniswahlrecht
   aus, das in folgender Form angewendet werden soll:
   Der Wähler wählt mit <u>einer</u> Stimme für die Liste einer
   Partei (bzw. gegebenenfalls Vereinigung) und innerhalb
   dieser Liste für einen Kandidaten.
   In diesem Sinne gilt das Prinzip beweglicher Listen.
   Die Vereinigung von Listen ist zulässig. Eine Partei (bzw.
   ggf. Vereinigung) darf sich nur an einer Listenvereinigung
   beteiligen.
   Vereinigte Listen gelten bei der Sitzverteilung im Verhältnis zu den übrigen Listen als eine Liste.
   Eine Listenvereinigung ist der Wahlkommission der DDR spätestens bis zum 30. Tag vor dem Wahltag durch die zentralen
   Leitungsorgane der an der Liste Beteiligten schriftlich zu
   erklären.

2. Zu Fragen des Rechts auf Wahlvorschlag gemäß § 8, Abs. 1 des
   Gesetzentwurfs empfiehlt der Runde Tisch folgende 4 Möglichkeiten zur öffentlichen Diskussion zu stellen:

Dokument 9/11, Beschlußvorlage Arbeitsgruppe "Neues Wahlgesetz": Zum Entwurf eines Wahlgesetzes (Vorlage 9/1); Seite 1 von 3

2

Variante A:
"Wahlvorschläge können von Parteien und politischen Vereinigungen eingereicht werden."

Variante B:
"Wahlvorschläge können von Parteien eingereicht werden."

Variante C:
"Wahlvorschläge können von Parteien eingereicht werden.
Fußnote:
Parteien im Sinne dieses Gesetzes sind Vereinigungen von Bürgern, die dauernd oder für längere Zeit für die DDR auf die politische Willensbildung Einfluß nehmen und an der Vertretung der Bürger in der Volkskammer mitwirken wollen.
Eine Doppelmitgliedschaft von Mandatsträgern ist ausgeschlossen."

Variante D:
"Wahlvorschläge können von Parteien eingereicht werden. Parteilose Mitglieder politischer Vereinigungen können Mandate bei Parteien besetzen, wobei vermerkt wird, welcher Organisation der jeweilige Kandidat angehört."

Die endgültige Entscheidung könnte in folgender Form herbeigeführt werden:
Kommt der Runde Tisch im Ergebnis der öffentlichen Aussprache mit 2/3-Mehrheit zu einem Votum für eine der Varianten, empfiehlt er sie der Volkskammer zur Beschlußfassung.
Kommt eine solche Entscheidung nicht zustande, obliegt der Beschluß in jedem Falle der Volkskammer.

3. Zum § 8, Abs. 2 des Wahlgesetzentwurfs (Ausschluß von Parteien (und politischen Vereinigungen), die Glaubens-, Rassen- und Völkerhaß bekunden, militaristische Propaganda oder Kriegshetze betreiben, die zu Pogromen oder Gewalt aufrufen, von der Wahl) empfiehlt der Runde Tisch:

Dokument 9/11, Beschlußvorlage Arbeitsgruppe "Neues Wahlgesetz": Zum Entwurf eines Wahlgesetzes (Vorlage 9/1); Seite 2 von 3

3

Entscheidungen sind von einem aus 5 neutralen Persönlichkeiten bestehenden Präsidium der Wahlkommission der Republik zu treffen. Es wird empfohlen, in dieses Präsidium einen kirchenleitenden Vertreter, je einen Vertreter aus Wissenschaft und Kunst, einen Arbeiter aus dem Süden sowie einen Bauern aus dem Norden der DDR zu berufen. Sie treffen ihre Entscheidung auf der Grundlage der Anträge auf Zulassung zur Wahl und der Wahlprogramme.

4. Der Runde Tisch bittet den zeitweiligen Volkskammerausschuß, die in den Protokollen der Arbeitsgruppe "Wahlgesetz" des Runden Tisches festgehaltenen mit Mehrheit beschlossenen Änderungsvorschläge zu einzelnen Paragraphen des Wahlgesetzentwurfs in das Gesetz einzuarbeiten. Die beiden Einberufer der Arbeitsgruppe werden gebeten, dem Vorsitzenden des zeitweiligen Volkskammerausschusses diese Vorschläge zu erläutern.

5. Die Auswertung der öffentlichen Diskussion sowie die Erarbeitung und Verabschiedung der Wahlordnung sollten im Einvernehmen zwischen Rundem Tisch und Volkskammer erfolgen. Das könnte in der Form geschehen, daß Mitglieder der Arbeitsgruppe "Wahlgesetz" des Runden Tisches und Experten zur Ausarbeitung herangezogen werden.

Dokument 9/11, Beschlußvorlage Arbeitsgruppe "Neues Wahlgesetz": Zum Entwurf eines Wahlgesetzes (Vorlage 9/1); Seite 3 von 3

Runder Tisch Vorlage Nr. 10/0
10. Sitzung
29.1.1990

Vorschlag für die Tagesordnung der 10. Sitzung des Runden Tisches
am 29.1.1990, Ossietzkystraße, Berlin 1110

1. Begrüßung und Festlegung der Tagesordnung
2. Ökologische Fragen
3. Überlegungen für eine neue Verfassung
4. Öffentlichkeitsarbeit des Runden Tisches
5. Anträge auf Zulassung
6. Einzelanträge

Dokument 10/1, Tagesordnung

Runder Tisch Vorlage Nr.: 10/1
10. Sitzung
29. Januar 1990

Standpunkt der SED-PDS zur Umweltpolitik

1. Zu den Wesensmerkmalen stalinistischer Umweltpolitik

Die SED-PDS bekennt sich zu den Ergebnissen der AG Ökologischer Umbau. Folgende Gedanken sollen diese Ergebnisse analytisch vertiefen und zukunftsorientiert weiterführen:

Antarke Wirtschafts- und Energiepolitik der alten SED beeinhalten:

1.1. eine zu material- und energieaufwendige Struktur der Produktion unserer Volkswirtschaft (z. B. mit 233 GJ/Einwohner hinter der USA und Kanada 2. Platz im spezifischen Primärenenergieverbrauch); energetische Basis, vor allem Braunkohle mit hohen Umwandlungsverlusten zu Gebrauchsenergie und den hohen Belastungen für die Umwelt;

1.2. moralisch und physisch stark verschlissene Technik/Technologie und Erzeugnisse - dieser Zustand hat sich durch die ungenügende produktive Akkumulation erheblich verschlechtert;

1.3. eine extreme Großflächenbewirtschaftung mit den Folgen der Bodenverdichtung, der Zerstörung der Ackerkrume, hohen Einsatzes chemischer Mittel in der Landwirtschaft (Dünger, Pflanzenschutzmittel), ungenügende Berücksichtigung natürlicher Faktoren;

1.4. ein ungenügend herausgebildetes umweltorientiertes Verhalten der Bevölkerung durch stark materiell orientiertes Konsumdenken und Verhalten;

1.5. ein überzentralisiertes, unflexibles wenig wirksames System der Leitung, wodurch selbst vorhandene anerkannt gute gesetzliche Regelungen wenig wirksam wurden, eine Zersplitterung der Kontrollkräfte zugelassen (oder gewollt) wurde;

Dokument 10/2, Standpunkt der SED-PDS zur Umweltpolitik (Vorlage 10/1); Seite 1 von 8

1.6. Das größte Hemmnis war die Geheimhaltung der Schadstoffdaten und -emmissionen mit der Folge, daß Spekulationen geschürt und Iniativen von Bürgern und Bewegungen zur Verbesserung der Umwelt behindert und kriminalisiert wurden. Davon waren viele Mitglieder der SED ebenfalls betroffen.

2. <u>Zur Analyse der gegenwärtigen Situation</u>

- Mit einem jährlichen Ausstoß von

  . 2,2 Millionen t Staub, das sind 0,18 t/Einwohner und 20,2 t/km²
    (BRD: 0,56 Mio t/a)

  . 5,2 Millionen t SO_2, das sind 0,32 t/Einwohner und 48,0 t/km²

SO_2 (kg/a/Ew)	DDR	320
	CSSR	203
	VRP	116
	BRD	40

  hat die DDR die höchsten Belastungen aller europäischen Länder.

  Dazu kommen ein gegenwärtig jährlicher Ausstoß von

  . 708 000 t Stickoxid, das sind 0,04 t/Einwohner und 6,6 t/km²
    (BRD: 1,95 Mio t/a, d.h. 12,4 t/km²)

  sowie weitere Schadstoffe in einer Summe von

  . 3,1 Millionen t, darunter Schwefelwasserstoff, Schwefelkohlenstoff, Chlorwasserstoff, Fluorwasserstoff, Kohlenwasserstoffe (darunter FCKW), Ammoniak und Kohlenoxide.

- Diese Belastungen verteilen sich nicht gleichmäßig über das Land, sondern konzentrieren sich besonders in historisch gewachsenen Ballungsgebieten der Industrie in den südlichen und mittleren Bezirken der DDR. Die Hauptursachen sind die Bereiche der Kohle- und Energieindustrie und die Chemische Industrie, aber auch Kleinverbraucher und Hausbrand.
  Austauscharme Wetterlagen können die Lage weiter komplizieren, indem Smogsituationen entstehen.

- Für 37,2 % der Einwohner der DDR übersteigt die SO_2-Belastung über längere Zeiträume den lufthygienischen Grenzwert für die menschliche Gesundheit von 150 µg SO_2/m^3.

- 44,4 % der Waldfläche sind als Folge der Luftbelastung geschädigt. Zugenommen haben die Schäden an Kiefer, Fichte, Buche und Eiche. In den Bezirken Dresden und Karl-Marx-Stadt ist die einfache Reproduktion der Fichte nicht mehr gewährleistet.

- Die Beschaffenheit der Fließgewässer ist infolge unzureichender Reinigung kommunaler und industrieller Abwässer in einem sehr schlechten Zustand.

- Flußabschnitte im Oberlauf der Elbe, der Vereinigten Mulde, der Saale, der Schwarzen und Weißen Elaster sind in die Klassen IV bis VI (26 %), d.h. nur noch "bedingt als Betriebswasser bzw. für wasserwirtschaftliche Nutzung unbrauchbar" eingestuft.
Nur 3 % der Fließgewässer sind als Trinkwasser geeignet, 36 % als Betriebswasser und bedingt als Trinkwasser verwendbar, 35 % als Betriebswasser brauchbar.

- In Seen und Talsperren führt zunehmender Phosphor- und Nitrateintrag zu einer fortschreitenden Entrophierung.

- Unsachgemäßer Einsatz von Mineraldünger, Gülle, Pflanzenschutzmitteln und Stickstoffeintrag belasten das Grundwasser großräumig und führen auch zu einem immer höheren Aufwand zur Sicherung der Bereitstellung von Trinkwasser.

- Nur 85 % des Abwassers aus dem kommunalen Bereich und 67,1 % des Abwassers aus dem industriellen Bereich werden gegenwärtig ausreichend geklärt.

- 10 % der Bevölkerung werden mit Trinkwasser versorgt, das mit Nitrat und anderen Schadstoffen über den zulässigen Grenzwert hinaus belastet ist.

- Jährlich anfallende 91,3 Millionen t industrieller Abprodukte und Sekundärrohstoffe werden nur zu 39,9 % verwertet. Die verbleibenden 60,1 % werden nicht in den volkswirtschaftlichen Kreislauf zurückgeführt, sondern direkt oder über Zwischenstufen in die Umwelt abgegeben.

- Einem Anfall von jährlich 5 Mio t Hausmüll steht eine Verwendung von 2 Mio t über die Sekundärrohstofferfassung und die Futtermittelgewinnung gegenüber. (BRD ca. 22 Mio t Hausmüll, der aber zum Teil durch Import die DDR belastet).

- Die schadlose Beseitigung zur Zeit nicht nutzbarer Abprodukte ist infolge

    . unzureichender materiell-technischer Basis für einen ordnungsgemäßen Deponiebetrieb

    . ungenügende Deponiebasisabdichtungen und Sickerwasserfragen

    . ungenügende Kontrolltätigkeit

  nur ungenügend gewährleistet. Besondere Gefährdungen gehen von den Beseitigungsanlagen für toxische und schadstoffhaltige Abprodukte aus. Das betrifft auch die fehlende Abgasreinigung in der Mehrzahl der Verbrennungsanlagen sowie hohe Umweltbelastungen durch offene Brandplätze.

- Der Schutz des Bodens galt nur ungenügende Aufmerksamkeit; bestehende gesetzliche Regelungen konnten dem stetigen Rückgang der landwirtschaftlichen Nutzfläche nicht Einhalt gebieten.
  Die Differenz zwischen der Inanspruchnahme für den Braunkohlenbergbau und der Wiederurbarmachung ist aufgrund der sich verschlechternden Abbaubedingungen ständig gestiegen.
  Seit 1976 wurden durch den Braunkohlenbergbau über 42 000 ha Flächen entzogen und weniger als 30 000 ha zurückgegeben.

- Unzureichende materiell-technische Voraussetzungen, Schludereien und mangelnde Kontrollen haben zum unsachgemäßen Umgang mit Düngemitteln und Gülle geführt.

- Zersplitterte Verantwortlichkeiten bei der Kontrolle der Umweltbedingungen und ungenügende Regelungen zur Abgrenzung der Verantwortlichkeiten zwischen wirtschaftsleitenden Einrichtungen und den Kontrollorganen erschweren die Durchsetzung staatlicher Umweltpolitik. Bisher sind die Kontrollkräfte der Staatlichen Umweltinspektion, der Gewässeraufsicht, der Staatlichen Energieinspektion, der Abgasprüfstelle und des Naturschutzes nicht zusammengeführt. Inkonsequente und unterschiedliche Herangehensweisen sichern gegenwärtig nicht die erwarteten Effekte bei der Durchsetzung notwendiger und zum Teil auch schon geplanter Vorhaben.

- Die Umweltüberwachung ist infolge fehlender Meß-, Übertragungs- und Rechentechnik insgesamt nur unzureichend gewährleistet. Für komplexe Einschätzungen zur ökologisch begründeten Belastbarkeit einzelner Gebiete gibt es keine ausreichenden wissenschaftlich-technischen Grundlagen bzw. Untersuchungen.

- Verantwortlichkeiten der örtlichen Organe und Volksvertretungen für die umweltgerechte Entwicklung des Territoriums sind infolge noch bestehender Verwaltungs- und Wirtschaftsstrukturen bzw. fehlender finanzieller und materieller Voraussetzungen eingeschränkt.

Dokument 10/2, Standpunkt der SED-PDS zur Umweltpolitik (Vorlage 10/1); Seite 5 von 8

3. Vorschläge für die Arbeit der Regierung

1. Durch die Regierung ist ab sofort jährlich ein Umweltbericht zu veröffentlichen, der Auskunft gibt über die tatsächliche ökologische Lage und die Auswirkungen der Belastungen für die Menschen, die Natur und die Wirtschaft ungeschminkt wertet. Das ist die Voraussetzung für die umfassende Demokratisierung und die Einbeziehung aller Bürger in die Vorbereitung von Entscheidungen, die ihre Arbeits- und Lebensumwelt betreffen.

2. Die SED-PDS unterstützt die Auffassung anderer Parteien und Bewegungen, zur Verbesserung der Treffsicherheit von Entscheidungen das staatliche Kontroll- und Inspektionssystem zu vereinheitlichen und auszubauen.

    - Es ist zu prüfen, ob aus der Verwaltungsreform freiwerdende Kader zusätzlich gewonnen und eingesetzt werden können.

    - Die SED-PDS prüft, ob in einer Parteischule Kapazität für die schnelle Ausbildung geschaffen werden kann.

3. Die SED-PDS erwartet von der Regierung ein Programm von sofort durchzuführenden Maßnahmen, um sie gemeinsam mit allen interessierten Kräften in der Durchführung zu unterstützen. Das betrifft:

    - Bestimmung von Objekten, Gebieten und Mitteln aus den eingeleiteten Maßnahmen zur Reduzierung der Volksarmee, die in demokratischer Mitbestimmung der Bürger schnell für eine Verbesserung der Umwelt genutzt bzw. eingesetzt werden sollten,

    - Maßnahmen zur schnellen spürbaren Minderung von Umweltbelastungen in den Ballungsgebieten Leipzig/Halle/Bitterfeld, Dresden/Pirna/Zittau, u.a.

7

- Maßnahmen einschließlich ökonomischer Maßnahmen zur Senkung des Energie- und Wasserverbrauchs bei der Bevölkerung.

- Erarbeitung eines Konzepts der Umweltbildung, begonnen von den Schulen über die Qualifizierung der Leitungskader bis hin zur besseren Umweltbildung aller Bevölkerungsschichten. Die SED-PDS schlägt dazu die Bildung eines eigenen Fachverlages und die Herausgabe einer Fachzeitschrift vor.

4. Die SED-PDS geht davon aus, daß der Schutz der Gesundheit und Natur, die Erhaltung der natürlichen Umwelt integraler Bestandteil der ökonomischen Entwicklung unseres Landes sein muß. Sie erwartet deshalb, daß die von der Regierung erarbeiteten Dokumente zur Energie- und Strukturpolitik in unserer Volkswirtschaft eine ökonomisch wie ökologisch tragfähige Grundlage haben werden und schlägt vor, daß sie rechtzeitig auch den Parteien und Bewegungen und der Bevölkerung zur Diskussion zur Verfügung gestellt werden, um einen breiten demokratischen Konsens zu erreichen.

- Die SED-PDS vertritt den Standpunkt, daß mit einer neuen Energiepolitik ein radikaler Abbau der Umweltbelastungen durch den Braunkohlenbergbau und insbesondere bei Staub, SO_2 uns NOx erreicht werden muß, vor allem durch

    . absolute Senkung der Energieverluste und des Energieverbrauchs der Industrie, gesellschaftlicher Bereiche und Haushalte,

    . Senkung der Braunkohleförderung,

    . Entwicklung eines Konzepts zur umfassenden Nutzung umweltfreundlicher Energieträger (Wind, Wasser, Sonne, Geowärme, Biogas)

    . Berücksichtigung energiewirtschaftlicher Aspekte in der Industrie, aber auch im Wohnungsbau, Verkehrswesen, Dienstleistungssektor und Städteentwicklung.

Dokument 10/2, Standpunkt der SED-PDS zur Umweltpolitik (Vorlage 10/1); Seite 7 von 8

8

- Die Entwicklung der Industrie hat so zu erfolgen, daß Maßnahmen zur Sanierung, Substitution oder Stillegung umweltbelastender Produktionen verbunden werden mit

  . durchgreifender Einführung moderner umweltschonender Technologien; Ausbau der Produktion eigener Umwelttechnik in der DDR;

  . hohe Intensität der Ressourcennutzung;

  . Anwendung der Umweltverträglichkeitsprüfung für Projekte, Verfahren und Erzeugnisse;

  . Berücksichtigung ökologischer Aspekte bei der Verbesserung der Infrastruktur, das Verkehrswesen, insbesondere zur Minimierung des Transportaufwandes, des Einsatzes moderner Transportmittel und die Entlastung von Ballungsgebieten.

5. Die SED-PDS unterstützt die Verstärkung der ökologischen Forschung - möglichst in einem eigenen Forschungszentrum in der Akademie der Wissenschaften. Die Regierung sollte prüfen, ob dafür ein Gebäude des ehemaligen Amtes für Nationale Sicherheit bereitgestellt werden könnte.

6. Der Prozeß der umfassenden Intensivierung der Land- und Forstwirtschaft muß den natürlichen Erfordernissen angepaßt werden, um gesunde Ökosysteme und natürliche Umweltbedingungen zu sichern und einen umfassenden Atemschutz zu gewährleisten. Von besonderer Bedeutung sind

  - die Erhaltung und planmäßige Gestaltung einer vielfach genutzten Landschaft;

Dokument 10/2, Standpunkt der SED-PDS zur Umweltpolitik (Vorlage 10/1); Seite 8 von 8

Runder Tisch   Information Nr.: 9/6
9. Sitzung
22. Januar 1990

Standpunkt der SED-PDS
zur ökologischen und ökonomischen Erneuerung in Industriebetrieben
und der Volkswirtschaft (zur Vorbereitung der 10. Sitzung des
Runden Tisches am 29. 1. 90

Umweltschutz und -gestaltung waren und sind in der Industrie und in
der Volkswirtschaft nie <u>primäre</u> Ziele rationellen Wirtschaftens gewesen. Der Leitungs-, Planungs- und Entscheidungsprozeß der Wirtschaftseinheiten weist ein gravierendes Defizit an ökologischer Präsenz auf. Die Wirtschaftskrise unseres Landes ist <u>zugleich</u> Ausdruck
einer tiefgreifenden Krise der Umwelt auf allen Gebieten, d. h. vor
allem auch in der Theorie und Praxis der Leitung, Planung, Entscheidung und Stimulierung. Ein erschreckendes Maß an umweltpolitischer
Ignoranz führte in den Betrieben und Kombinaten zur mangelnden Akzeptanz und Umsetzung dringend notwendiger Umweltaufgaben. In der Prioritätenliste der Aufgaben stand der Umweltschutz in vielen Fällen
auf dem Abstellgleis. Eine Ausnahme bildeten im bestimmten Umfang
gesundheitspolitische Aufgaben usw.

Warum gab und gibt es keine durchgreifenden Fortschritte im Wechsel-
bezug von Ökologie und Ökonomie?

1. Die reale und bedrohende Gefahr des ökologischen Kollaps wurde und
   wird offensichtlich noch verkannt. Man vertraut der Selbstreini-
   gungskraft und dem belastungsfähigen Pufferungsvermögen der Ökosysteme ohne zu wissen, wo die realen Grenzen und Möglichkeiten
   ihrer Belastungsfähigkeit liegen. So gesehen war und ist die bisherige und jetzige Art des sogenannten "dynamischen" Wirtschaftswachstums gekoppelt mit einem ökologischen Blindflug, dessen
   Koordinaten bestimmt werden durch eine

   - extreme Einengung der Naturräume durch Industrie, Landwirtschaft
     und Bevölkerung,

2

- riesige Dimension der Stoffemission und Abfallwirtschaft,
- bisher nicht vorhandene ökologisch orientierte Wirtschaftsstrategie,
- rückkoppelnde Selbstzerstörung des "Produktivkraftsystems Natur" und weiterer Produktivkraftfaktoren, die letztendlich schon heute in Größenordnung die Lebensqualität und das Wirtschaftswachstum bremsen.

2. Es wurde in der DDR nicht die gesamte Tragweite des ökonomischen Problems der Ökologie verstanden, wenn
   - ca. 95 % des Rohstoffeinsatzes nach der Konsumtion nicht cht mehr genutzt werden und
   - eine geschätzte ökonomische Schadenssumme von ca. 28 - 30 Mrd. Mark/Jahr auftreten kann.

3. Die Öko-Organe der DDR haben in allen Ebenen keine ausreichenden festgeschriebenen "Machtbefugnisse". Will man also Änderungen, müs-sen die Entscheidungs- und Kompetenzstrukturen auch ökologisch neu umgebaut werden, sonst läuft nichts.

4. Die Mehrzahl/Masse der Betriebe und Kombinate blieben ökonomisch ungeschoren und ungestraft. Umweltschonendes Verhalten bewirkte keine großen Vorteile, umweltschädigendes Verhalten verursachte keine nennenswerten Nachteile. Im Gegenteil, man sparte Fonds, Kosten, Arbeitskräfte und wurde für vorbildliche Planerfüllung - trotz Umweltbelastung - noch honoriert.

5. Es existieren ganze Tabuzonen, die vom Umweltschutz ausgeklammert wurden. Die Bevölkerung wird im Gegenteil durch Nichtbewertung von Umweltmedien (Wasser) oder der Anti-Umweltpreisbildung auf dem Energiesektor zum Verbrauch angereizt. Das Prinzip der Kostenlosigkeit führt zur Verschwendung und zu großem Verzehr von Umwelt. Wir brauchen eine Mikroregelung, um endverbraucherwirksam die Umweltbelastungen durch Preis- und Kostenbelastung zum Ausdruck zu bringen. Das betrifft z. B.

3

- die Stromtarife
- die Wasserpreise
- Abwasserbewertung
- die Endproduktverbraucherpreisbildung und ihre Attestierung (blauer Engel)
- Recyclingpreise

6. Es existieren große Wissensdefizite - ökologische und ökonomische. Die Betriebswirtschaft ist u. E. ökologisch total veraltet, in den Lehrbüchern dazu: Nulltarif.
   =) also das Problem der Umwelterziehung als erstrangige Aufgabe!

Die Arbeit auf dem Gebiet der Umwelt war geprägt von einem unerträglichen Maß an Geheimniskrämerei, Unterdrückung ökologischer Wahrheiten und fehlenden klaren betrieblichen Umweltkonzepten. Auch auf diesem Gebiet steht die prinzipielle Forderung nach ökologischer Erneuerung in der Wirtschaft, die getragen wird von grundsätzlich veränderten innovativen Strukturwandlungsprozessen im Denken, Handeln und Gestalten.
Damit nicht wieder die Umweltziele und -inhalte neben und gegen wirtschaftliche Zielsetzungen und -strukturen aufgebaut werden, muß das neue Konzept der Erneuerung der politischen, moralischen, ökonomischen, sozialen und ökologischen Erneuerung durchgängig folgende entscheidende umweltpolitischen Grundzüge einschließen:

I. Eine neue Zielbestimmung, die dem ganzheitlichen Umweltschutz nicht als sekundäre Randbedingung sondern als eigenständiges Ziel und materielle Existenzbedingung einen primären Stellenwert einräumt.

II. Die Neugestaltung von einzelnen ökologischen Reformelementen, die paßfähig in den administrativen, juristischen und machtbezogenen Gesamtmechanismus der Volkswirtschaft und der Betriebe integriert werden müssen.

III. Entwicklung von Strategieprogrammen und ihrer etappenweisen Umsetzung für ausgewählte Europrogramme, Volkswirtschaftsprogramme, Territorial- und Betriebsprogramme

IV. Entwicklung und Aufbau eines effektiv arbeitenden Leitungs- und Kontrollsystems der Umwelt im Rahmen der Volkswirtschaft

V. Erweiterung und bzw. Vervollkommnung/ Überarbeitung des umweltpolitischen Gesetzessystems

VI. Erarbeitung eines Stufenplanes der Umsetzung dringender Umweltmaßnahmen auf der Grundlage einer Prioritätenliste.

In Thesenform wird auf einige ausgewählte Reformelemente eingegangen:

These 1

Das Ziel- und Bedingungssystem rationellen Wirtschaftens basiert auf einem veralteten Wachstums- und Reproduktionskonzept.
Wenn unsere Zukunft eine Funktion der Ziele ist, die wir uns setzen, dann waren diese Ziele falsch, weil sie einseitig waren und keine Zukunftsfähigkeit für künftige Generationen aufzuweisen haben.
Unser Wirtschaftskonzept war und ist bis auf den heutigen Tag ein Produktmaxierungskonzept, dessen Rationalitätsbezüge sich auf den Kennziffernkreis von Nettoproduktion, Gewinn, Export und Konsumgüterproduktion - neu eine Quadratur des Kreises - konzentrieren. Die tangierenden Elemente zur Ökologie und Umwelt beziehen sich auf relative, aber nicht absolute Stoffeinsparungen sowie partielle Emissionssenkungen und -begrenzungen. Nachsorgende Umweltbelastung mit hoher und wachsender Kostenbelastung und kaum berechenbare ökonomische und soziale Schadwirkungen prägen unseren Typ der Wirtschaftsentwicklung. Bei einer geschätzten Umweltschadenssumme von ca. 28 Mio M pro Jahr wäre der im Geldausdruck ausgewiesene Nationalreichtumsverlust größer als der Zuwachs im produzierten Nationaleinkommen.

5

Die Schere zwischen Produktionswachstum und kostenspieliger Entsorgung wird sich so nur vergrößern, die materiellen und finanziellen Mittel für den Umweltschutz erschöpfen sich und bremsen letztendlich die Möglichkeiten eines technologisch-nachsorgenden Wirtschaftstyp. <u>Diese Strategie programmiert den Endpunkt des Zusammenbruchs der inneren Reproduktionsfähigkeit der Volkswirtschaft und des Wirtschaftswachstums durch den ökologischen Exodus von vornherein ein.</u> Der Gestaltungsrahmen für die künftige ökologische Erneuerung im Wirtschaftskonzept verlangt zwingend, den Blickwinkel auf vier miteinander verbundene Zielfunktionen zu erweitern:

- die Zielfunktion der Bedürfnisbefriedigung als Optimalaufgabe der materiellen Konsumtion und der Dienstleistungen,

- die Zielfunktion der Regenerierfähigkeit und der Erhaltung der Stabilität von Ökosystemen, um das ökologische Gleichgewicht zu garantieren. Dabei ist dieses generelle Stabilitätserfordernis umstritten, da Ökosysteme Sukzensionsstadien mit veränderten Stabilitätsstadien durchlaufen können und natürlich eine widersprüchliche Beziehung zwischen Ökologie und Ökonomie bestehen bleiben wird: Solange produziert und konsumiert wird, findet Verzehr von Umweltfaktoren und damit verbunden eine Destabilisierung von Natursystemen statt. Diese zuletzt getroffene Aussage trifft zwar für alle zur Zeit funktionierenden Wirtschaftssysteme zu und kann u. E. jedoch im Langzeitprogramm des Wechselbezugs zwischen Ökologie - Ökonomie nicht aufrecht erhalten werden;

- die Zielfunktion der Erhaltung der Umwelt und der Funktionsfähigkeit der Ökosysteme für die Sicherung der menschlichen Lebensweise und Lebensqualität selbst. Wald, Wasser, Flora, Fauna, Landschaft usw. sind die entscheidenden Grundbedürfniselemente im Wertesystem der Gesamtbedürfnisse. <u>Viele andere - sogenannte materielle Bedürfnisse sind dagegen Pseudobedürfnisse.</u> Im übrigen ist dieser Wertewandel in der Prioritätengewichtung der Bedürfnisse eindeutig auch in der DDR erkennbar. In der Öko-Frage tickt gleichfalls eine Zeitzünder-Bombe mit unerhörter politischer Brisanz.

Dokument 10/3, Standpunkt der SED-PDS zur ökologischen und ökonomischen Erneuerung (Information 9/6); Seite 5 von 21

Der verbale Flirt aller Parteien in der DDR mit ökologisch
orientierter Programmatik hat bereits begonnen. Das ist gut
so, nun müs-sen Taten folgen. Viel Zeit bleibt nicht mehr,
z. B. Öko-Karte DDR mit bewirtschaftungsfreien Zonen, die
verbindliche Ordnungsräume festlegen;

- die vierte Zielfunktion muß sich u. E. auf die Natur selbst
  beziehen. Wie viel Natur braucht diese Natur eigentlich selbst,
  um naturnah zu bleiben, um ein Minimum an Artenvielfalt, an
  Population, an stabilen Stoff- und Energiekreisläufen durch
  große Eruptionen zu ermöglichen? Unser einseitiges menschzen-
  triertes Weltbild muß wieder um das naturbezogene angereichert
  werden.

Die grundsätzliche Anerkennung dieser vier Zielfunktionsgruppen
würde zu erheblichen Konsequenzen in der Konsumtions- (vgl.Pkt. 2
und Reproduktionsstrategie einer Volkswirtschaft führen. Umweltschutz und Erhaltung der Ökosysteme erfordert deshalb konkret
die Strukturentscheidungen (des Zielsystems):

- quantitative Konsumbeschränkungen dann zu verlangen, wenn
  die Emission von Schadstoffen für Befriedigung eines konkreten Bedürfnisses stabil und dauerhaft zu Emissionsüberschrei-
  tungen führt und damit zur möglichen Umweltzerstörung;

- toxische Emissionen und ihre mögliche Akkumulation in der
  Nahrungskette, im Boden usw. nicht zuzulassen;

- Konsumtionsbeschränkungen dann zuzulassen, wenn die Regenerierfähigkeit, Reproduzierbarkeit von Naturressourcen und Ökosystemen wesentlich gestört oder zerstört wird. Art und Umfang
  des Konsums müssen eine Ressourcenüberbeanspruchung vermeiden;

- darauf zu achten, daß wertvolle Biotope und Biozönose Tabuzonen
  für wirtschaftliches Handeln ist (Raumordnungskarte);

- bei wichtigen volkswirtschaftlichen bzw. territorialen Entscheidungen durch einen Volksentscheid Strukturentscheidungen
  durch das Volk bzw. Bevölkerungsgruppen zu legitimieren.
  Das relativiert auch die Entscheidungen im Falle von Umweltbelastungen bzw. Konsumtionsfolgen für die Bevölkerung.

Dokument 10/3, Standpunkt der SED-PDS zur ökologischen und ökonomischen Erneuerung (Information 9/6);
Seite 6 von 21

7

Die Strategie des Raubbaus an der Natur und ihre extreme Ausbeutung und Belastung muß durch eine wirksame umweltschonende gesellschaftliche Gesamtstrategie ersetzt werden.

<u>These 2</u>

Eine zentralistisch geleitete ökologisch orientierte Strukturpolitik muß durch eine dezentrale ökologisch-ökonomische Entscheidung in den Wirtschaftseinheiten bestimmt werden.

Ausgangspunkte: Eine jahrzehntelange zentrale Umweltpolitik und ihre Programmatik konnte die komplizierten Umweltprobleme nicht lösen. Die Ursachen liegen

- in der stark propangandistischen, plakativen Umweltpolitik;
- darin, daß der Staat und sein Staatseigentum das größte Monopol darstellen und bei deformierten Zielstrukturen und -vorstellungen auch auf dem Gebiet der Umwelt sich dieser fehlerhafte Kreislauf in Größenordnungen der gesamten Volkswirtschaft fortpflanzt und potenziert. Der selbe Staat
  . erläßt Umweltgesetze auf Weltniveauebene ohne zwingende und durchgreifende materielle Rechnungskonzeptionen zu entwickeln. Das Monopol erläßt die idealen Gesetze, um sie real im eigenen Monopolanspruch und -
  in der Praxis durch Ausnahmeregelungen, übergeordnete Entscheidungen und vor allem durch ein völlig der Umweltidee entgegengesetztes Bewertungssystem die Ziele der Betriebe und Kombinate zu unterlaufen;
  . schaffte gleichfalls einen ideologischen Unterdrückungsmechanismus sowie eine restriktive umweltbezogene Informationspolitik, um Umweltbewußtsein, -prozesse,   in gesamter notwendiger Breite zu entfalten.

Im Rahmen dieses Gesamtkonzepts haben u. E. das Umweltministerium, die staatliche Umweltinspektion, die vielen auf dem Gebiet der Umwelt Tätigen eine bemerkenswerte Arbeit geleistet. Die Grenzen lagen nicht in ihrer Arbeit, weder in den genannten Gesetzstrukturen und -verhältnissen.

8

Jedoch eine Aussage bleibt: Bei manchen erreichten Ergebnissen peremptierte die ökonomische Strategie ihren programmatischen und edlen Anspruch zum Umweltschutz in der Praxis in Größenordnungen;

- in der relativen arbeitsteiligen Verselbständigung von Umweltfragen auf das Fachministerium ohne die tatsächlichen umweltverschmutzenden und verzehrenden Bereiche grundsätzlich zu beseitigen;

- darin, daß in der Art keine prozeßbezogene Umweltpolitik in den Betrieben und Kombinaten bewirkt werden konnte. Die Umweltpolitik war nicht in die Eigenerwirtschaftung sowie die damit verbundenen finanziellen und materiellen Reproduktionskreisläufe integriert.

Darum wird die Integration der Umwelterfordernisse in die Betriebe und ihre Reproduktion zu einer entscheidenden Säule einer künftigen effektiven Umweltstrategie. Uns scheinen diese Strukturveränderungen die tatsächlichen Hauptkettenglieder zu sein.
Das erfordert eine prinzipiell neue Art und Weise der Gestaltung von Umweltprozessen. Damit im betrieblichen Entscheidungsprozeß die Umwelt nicht weiter ausgeblendet wird, müssen vier Grundelemente in neuer Qualität umgesetzt werden. Diese Denkansätze beziehen sich auf

1. die Steuerung der Wirtschaftseinheiten durch ökologische Rahmenbedingungen und Grenzwerte, die den Entscheidungsrahmen der Betriebe eindeutig ökologisch abstecken und eingrenzen sowie ihn kontrollfähig und transparent gestalten.
   Die jetzige - Sonderregelungen bei Emissionsgrenzwertbereichen
   - überwiegend technologisch angepaßte Grenzwerte und Ausnahmeregelungen

   können einfach keine Konzepte einer künftigen modernen Umweltpolitik sein.

2. die Durchsetzung der Umweltpolitik durch Ausnutzung marktwirtschaftlicher Regelungsmechanismen, die zu ökologischen Zwangshandlungen führen, die auch ökologisch vertretbar sind.

9

Die ökonomischen Kategorien müssen real auch die ökologischen Aufwands-, Ergebnis- und Schadensgrößen zum Ausdruck bringen, um die Aufwands-Ergebnisgröße zu "optimieren". Unser bisheriges Denken ging davon aus, alle diejenigen Kostenbelastungen und -wirkungen der Umwelt - bis auf Ausnahmen - zu verdrängen und nicht in der Kostenarten-, Kostenstellen- und Kosten...rechnung der Betriebe in den erforderlichen Größenordnungen sichtbar zu machen. Wenn wir echte Fortschritte in der Umweltpolitik erreichen wollen, müssen die Reproduktions- und Regenerationserfordernisse der Umwelt in der Kostenbilanz und der materiellen Reproduktionsstrategie der Betriebe modellintern verankert werden. Die zentrale staatliche und zum Teil anonyme Strukturpolitik muß durch Strukturkonzepte der Betriebe und Territorien praktiziert werden. Das Umweltministerium sollte hier mehr als "strategisches umweltorientiertes Denkorgan" fungieren, das Rahmenbedingungen für ökologisch-ökonomisches rationelles Handeln schafft.

Solche ökologisch-ökonomischen Entscheidungszwänge auszulösen, erfordert, eindeutige ökonomische Konturen und Verhältnisse auf folgenden Gebieten zu schaffen:

- Die zu eng gefaßte und veraltete traditionelle Betriebswirtschaft und ihre Kostenrechnung wird den modernen Anforderungen an einen tatsächlichen Ausweis der entstandenen Kosten, Ergebnisse und Schäden der Produktion nicht gerecht. Die konsequente Anerkennung und Durchsetzung des Verursachungsprinzips erfordert, wichtige Bestandteile im Rechnungs- und Bilanzgefüge der Betriebe zu erweitern.

. Die Gewinnrechnung der Betriebe ist durch eine Schadensrechnung zu komplettieren. Diese Schadenskosten müssen auch die territorialen und sozialen Schadwirkungen durch die verursachte Schadstoffemission einschließen. Es ist durchaus möglich, solche Schadenskostensätze pro Schadenseinheit in Geldausdruck zu berechnen und tabellarisch auszuwerten. Voraussetzung dazu wäre eine schadstoffbezogene Meßwerterfassung und
- kontrolle.

Die Kostenrechnung als Grundlage für ökonomisch begründete Entscheidungsstrukturen sowie für die realen Geldkreisläufe im Betriebe sollte auf die ökologischen Folgekosten ausgedehnt werden. Der "Rat für Umweltqualität" (Conncil of Enviromental Quality" schlägt folgende Kostenklassifikation vor:

- Kosten zur Verminderung von Umweltbelastungen
- Schadenskosten
- Ausweichkosten sowie
- Regulierungs- (Planungs- und Überwachungs) Kosten

Uns scheint allerdings eine etwas tiefergehende Kostenaufteilung und verursachungsgerechte Kostenzuordnung nach folgenden Kostengruppierungen sinnvoll zu sein:

11

- Sanierungs-, Reparatur- und Entschädigungskosten
- Umweltschutz- und Schadstoffverminderungskosten
- Kosten für eine abfallarme und schadstoffarme sowie rohstoff- und energiesparende Auslegung von Produkten und Produktionstechnologie und
- Kosten für eine Ökologisierung der Produktions- und Konsumtionsbereiche.

Es sollten die noch vorhandenen Möglichkeiten und in diesem Falle auch Vorzüge der einheitlichen Umwelt-Kostenlegung in den Betrieben, Unternehmungen, Kombinaten genutzt und einheitlich geregelt und durchgesetzt werden. Hier kann und sollte man den Erfahrungsschatz anderer Länder (BRD, Frankreich usw.) nutzen.

- Das gesamte Arsenal an Wertkategorien muß in neuer Qualität und Quantität regulierend im ökonomischen Entscheidungsprozeß die Wirtschaftseinheiten zu umweltbewußtem Verhalten im Produktions-, Distributions- und Zirkulationsprozeß stimulieren. "Marktanreize" können und müssen geschaffen werden durch differenzierte Kredit- und Zinsbedingungen, Abschreibungssätze, Preisbildungsformen sowie Umweltabgaben. Für diese monetären Spielräume müssen natürlich materielle Realisierungsbedingungen und unternehmerbezogene Entscheidungsfreiräume vorhanden sein.

Wie kommen die Betriebe und Kombinate an die knappen "Ressourcen" Geldkapital und Technik?

Mit einer kosmetischen Veränderung der Eigenerschaffung vergangener Jahre geht das nicht. Wenn die Betriebe, Unternehmungen, Kombinate bei einzuhaltenden ökologischen Rahmenbedingungen handeln sollen, benötigen sie dazu materielle und finanzielle Möglichkeiten. Strukturell neugestalteter und wirksamer Umweltschutz verlangt die bisherigen Finanz-, Geld- und materiellen Bilanzbeziehungen aus der Hoheit der übergeordneten staatlichen Leitungsorgane zu entflechten und real die Eigenerwirtschaftung durchzusetzen. Das erfordert volle Verfügung über Amortisationen sowie Eigenentscheidung über die Hauptmasse des Gewinns 60 %) sowie in nennenswerten Größenordnungen das Recht auf Anspruch und Verwendung von Devisen.

Also auch und erst recht unter dem globalen Aspekt Umwelt müssen die staatlichen Monopolstrukturen des Valuta- und Devisenmonopols, des Außenhandelsmonopols, des Eigentumsmonopols gebrochen werden.

Will man das Verursachungsprinzip des Umweltschutzes konsequent durchsetzen, so gehören diese Forderungen grundsätzlich dazu. Krise, materielle Belastungen und Restriktionen jetzt in den Betrieben und nun auch noch Umweltschutz ist so gesehen u. E. kein unlösbarer Widerspruch, und er darf es auch nicht sein.

Die Handlungsspielräume für eine effektive Umweltgestaltung der Betriebe und Kombinate können real erweitert werden, indem

13

1. die Quellen einer tatsächlichen - nicht amputierten - Eigenerwirtschaftung in neuer Qualität genutzt werden;
2. die Devisenerwirtschaft und -verwendung alternative Wahlmöglichkeiten für ein modernes, ökologisch orientiertes Strukturwandlungskonzept von Wissenschaft und Technik besser ermöglicht;
3. die Möglichkeiten einer flexiblen Kredit- und Zinsgestaltung den Umweltschutz und Technik fördern;
4. interne Vereinbarungen, Kontakte, Forschungskooperativen, Lizenzen und Umwelt-Joint ventures Realität werden sowie
5. auch neue Formen der Organisationen zwischen Unternehmen zu gemeinsamen Projektions- und Finanzorganen führen.

Brauchen neben Anreizungen ökonomischer Regelungsmechanismen natürlich einen ökologischen Ordnungsrahmen und administrative Regelungen, die Maßstäbe setzen, ein Markt allein regelt nichts bzw. nicht viel.

Sinnvoll ist in diesem Zusammenhang
- für das DDR-Territorium insgesamt und für Territorien einen Raumordnungsplan,
- eine Öko-Karte der Emissionen, die gekoppelt mit Schadzustandskataster dem ökologischen Emissionszustand, der Jahr zu Jahr fortschreitet.

14

These 3

───────

Ohne ökologisch befähigte Leitung bleibt erst die Ökologie und dann in Folge die Ökonomie auf der Strecke.

Für ein modern geführtes Unternehmen ist Umweltschutz Eigenschutz und sichert längerfristig die eigene Reproduzierbarkeit und sichert so den Absatz. In entwickelten Industrieländern gilt der Grundsatz: "Umweltschutz ist Chef-Sache". Daran gemessen klingt es wie ein Märchen: Nach 40 Jahren DDR-Geschichte wurde erstmalig mit Modrow und Generaldirektoren über Ökologie gesprochen. Hier wird ein Öko-Defizit für unsere TOP-Manager in eklatanten Größenordnungen sichtbar. Als Leitungsaufgabe ist die Verantwortung für die ökologische Erneuerung eine unteilbare und erst recht nicht auf drittrangige Ebenen delegierbare Angelegenheit. Diese Leitungskader müssen befähigt werden, die grundsätzlichen Aufgaben Umweltschutzeinheit (Übereinstimmung) mit der Gesamtleitung zu lösen. Das heißt,

- umweltentlastende Strukturwandlungsprozesse sofort, mittel- und langfristig in ihren Wirtschaftseinheiten durchzusetzen;
- eine vorsorgende - präventive - Umweltpolitik, also eine schadensvermeidende Wissenschaft - Technik - Absatzpolitik zu sichern;

Dokument 10/3, Standpunkt der SED-PDS zur ökologischen und ökonomischen Erneuerung (Information 9/6); Seite 14 von 21

15

- insgesamt eine ökologische Wirtschaftspolitik (mangelnde Sachkompetenz der Leiter und ihre Befähigung verändern) umzusetzen.

Diese neue Form der Leitung erfordert eine neue Art der Akzeptanz der Umweltproblematik auf allen Leitungsebenen (Umwelterziehung und -schutz für alle!)
In diesem Zusammenhang muß auch die Rolle, Funktion, Verantwortung der Umweltschutzbeauftragten entsprechend ihrer hohen Bedeutung aufgewertet und neu durchdacht werden. Dazu gibt es sehr unterschiedliche Auffassungen. Eine Auffassung läuft darauf hinaus, sie als unabhängige beratende, überwachende und kontrollierende Berater zu profilieren. Eine andere Auffassung geht davon aus, sie in ihrer Rangigkeit aufzuwerten, aber fest in den Leitungs- und Entscheidungsprozeß als Fachexperten zu integrieren. Ein auf langfristige Liquidität und Gewinn orientierter Betrieb würde so keinen Widerspruch zwischen Ökonomie und Ökologie sehen. Als 'Kontrolleur' bleibt er 'outsider' und wird nicht mit seinem Wissen und Können vermarktet. Der letztere Standpunkt scheint mir akzeptabel, trotz Widerspruch. Gleichfalls müssen auch die territorialen Leitungs- und Funktionsorgane des Umweltschutzes neu durchforstet werden. Natürlich sollen und müssen bewährte und effektive Strukturen erhalten bleiben. <u>Aber:</u> Zur Zeit existiert im Territorium (Bezirke) eine Zergliederung oder institutionell arbeitsteilige Trennung der Bereiche (Hygieneinspektion, STUI-Luft, WWD-Wasser) und ohne große

16

Entscheidungsbefugnisse. In dieser Art ist an einen integrierten territorial effektiv arbeitenden Umweltschutz nicht zu denken.

Es muß - entweder in der personellen und inhaltlichen Aufstockung bestehender Leitungsstruktur beim Bezirk oder in einem neu zu bildenden Dachorgan (z. B. Bezirksleitzentrale usw. <u>oder</u> Landesleitzentrale usw. Sachsen) eine solche Leitungsebene aufgebaut werden, die alle Umweltdaten medienbezogen und betriebsbezogen speichert und eine Gesamtstrategie der Territorien inklusive Stadtökologie sichert.

Zur Leitung auf wissenschaftlicher Grundlage gehört auch ein Öko-Institut, aber nicht in Berlin. Auch darüber sollte im Land Sachsen laut nachgedacht werden.

These 4

Umweltpolitik sollte vorsorgend sein. Die Strategie nachsorgender Schadensvermeidung ist kostspielig und führt auf Dauer zur Destabilisierung der Wirtschaft und der Umwelt.

Wie können und müssen wir im Wirtschaftsbereich schrittweise zur Prävention kommen?

1. Da nicht alle Umweltschäden verursachungsbezogen zuordnungsfähig sind und für größere Umweltprojekte einer ökologisch orientierten Strukturpolitik zentrale

Dokument 10/3, Standpunkt der SED-PDS zur ökologischen und ökonomischen Erneuerung (Information 9/6); Seite 16 von 21

17

Projekte erforderlich sind, sollte auch ein zentraler - SHH-finanzierter - Umwelttat gebildet werden. Die Frage ist zu beantworten: Wieviel Prozent des Nationaleinkommens gibt die DDR für Umweltschutz aus?

2. Für zentrale Vorhaben ist und wird eine Prioritätenliste dieser strukturbestimmenden Vorhaben erarbeitet.

3. Für das Gesamtgebiet der DDR und für die Territorien sind aus dem Emissionskataster weiter Aufgaben abzuleiten bzw. im Sinne einer Langzeitstrategie Grenzwertentwicklungslinien als Grundlage für eigenständige Emissionsminderungsstrategien der Territorien und Betriebe zu berechnen. Die Einhaltung dieser Emissions... sollte mit ökonomischen Sanktionen, Haftungen gekoppelt werden.

4. Im Rahmen der Strukturveränderung brauchen wir in der DDR eine andere Energiepolitik.

5. Die ökonomisch einseitigen Entscheidungsprozesse bei Investitionen, der Herstellung und Produkte usw. erfordert im Sinne des ökologischen Strukturwandels eine einheitliche ökonomisch-ökologische Entscheidungsfindung. Dazu ist endgültig eine Rahmenmethodik nicht nur für Umweltschutzmaßnahmen, sondern für alle Maßnahmen ab einer bestimmten Größe verbindlich vorzuschreiben. Wenn man will, ist eine ökonomische Entscheidungsfindung mit einer Art Umweltverträglichkeitsprüfung der Rohstoffe,

18

der Technologie der Produkte und Abprodukte vorzunehmen. Dazu wurde in den Thesen etwas formuliert: Wichtig ist dabei, daß in der Art grenzwertüberschreitende Technologie, Produkte usw. durch die Checklisten "durchfallen" und rigoros klare ökonomische Entscheidungen in Übereinstimmung mit den ökologischen getroffen werden. Es darf hier keine Aushöhlung wieder geben.

(ökonomisch-ökologisches Pilotprojekt)

These 5

Umweltschutz muß nach klaren Grundsätzen, Prinzipien und Gesetzen geregelt werden, die verbindlich für alle Wirtschaftseinheiten gelten.

Eingrenzend möchte ich noch zu den Prinzipien etwas sagen.
1. Verursachungsprinzip
2. Versorgungsprinzip
3. Allgemeinlastprinzip
4. Primatprinzip
5. Integrationsprinzip
6. Kontrollprinzip
7. Haftprinzip
8. Öffentlichkeitsprinzip/Offenlegungsprinzip

Das <u>Verursachungsprinzip</u> ist gebunden an eine verursacherbezogene Kostenbelastung der Emitenten. Die Logik der Kostenbelastung in der Reihenfolge

- Umweltverschmutzung durch den Emitenten (1)
- Verrechnung der Sanierungsaufwendungen in die individuellen Kosten (3)
- Anerkennung der Kosten als planbare Kosten (2)
- Kalkulation der Kosten zu Zwecken der Preisbildung
- Bezahlung der Aufwendungen durch den Endverbraucher

entspricht nicht dem Verursachungsprinzip und der Ökonomisierung ökologischer Prozesse, denn erstens hatte der Produzent vorher Gewinnvorteile durch unterlassenen Umweltschutz, und zweitens werden im Prozeß der Nachentsorgung die Kosten auf den Endverbraucher abgewälzt. Nach dem ähnlichen Prinzip funktioniert übrigens auch die AEE-Berechnung.

Den Erfordernissen des Wertbildungsprozesses und der effektiven Stimulanz zur Reinigung entspricht das nicht, sondern konserviert bis auf Ausnahmen die Verschmutzungsgrade der Abwässer. Eine Lösung kann in Zukunft nur darin bestehen, Umweltbelastung als individuelle Kosten bei bestehenden Marktpreisen anzuerkennen und über damit vorhandenen Gewinnschmählungen ökonomischen Druck zur Vorsorge auszulösen.

Das <u>Allgemeinlastprinzip</u> geht davon aus, daß nicht alle Umweltschadstoffe auf Verursacher zu reduzieren ist,

20

außerdem existieren umfangreiche ökologische Altlasten. In diesem Fall kann und muß auf volkswirtschaftlicher und territorialer Ebene ein Umweltfonds in Verantwortung der Territorialorgane gebildet werden.

Die Speisungsquellen können sein:

- emissionsabhängige Schadstoffabgaben
- Sanktionen
- Kredite
- SHH-Finanzen

Das <u>Primatprinzip</u> hat die Forderung des Primats der Ökologie vor dem der Ökonomie zum Inhalt.

Diese These ist umstritten. In der Entwicklung haben wir folgenden Erkenntnisstand durchschritten und einfach anerkennen müssen.

1. Phase   Ökonomie, danach Umwelt als Gratisquelle
2. Phase   Ökonomieprimat bis Anfang der 80er Jahre:
           In ... der Kerngedanke "Die Ökonomie muß die Effizienz für den Umweltschutz schaffen."
3. Phase   Einheit Ökonomie und Ökologie
4. Phase   Primatformulierung, und zwar in dem Sinne, daß Geldausdrücke nur Widerspiegelungsformen materieller Prozesse sind. Primatfunktion heißt
           - Sicherung und Zielorientierung auf ökologische Grenzwerte bzw. Orientierung auf bessere Grenzwerte

21
- Erhaltung von Naturgebieten und Schutz vor
  ihrer wirtschaftlichen Vereinnahmung
- Erhaltung der Natur und ihre wirtschaftliche
  Nutzung - Rahmen der Einhaltung der
  ökologischen Gesetze und ihrer Stoffe -
  Populationen und Energiekreisläufe

Offenlegungs- und Öffentlichkeitsprinzip
_____

d. h. Jahresumweltbericht für alle offen
      Publikationen und Erziehung zu Umweltbewußtsein

- Umweltzeitschrift -

damit
- ökologisch beeinflußte Entscheidungsstrukturen nicht in
  Berlin monopolisiert werden
- ein Kompetenzzuwachs für Umweltinstitutionen
- ökologisch orientierte neue Programmatik nicht nur
  Reformenspruch, sondern Wirklichkeit wird.

Runder Tisch
10. Sitzung   Vorlage Nr. 10/12
29.1.1990

Gegenwärtig arbeitet eine Expertenkommission aus beiden
deutschen Staaten zu Fragen der Atomenergie und Reaktorsicherheit in der DDR.
Die Arbeitsergebnisse dieser Kommission sollten nach unserer Auffassung in die Entscheidung über das weitere
Vorgehen in Bezug auf die Nutzung von Kernenergie -und
damit auch die Entscheidung über das zukünftige Energiekonzept der DDR- einbezogen werden.

Um den Prozeß der Entscheidungsfindung zu fördern und
abzusichern, möge der Runde Tisch folgendes beschließen:

- Eine Entscheidung über die Zukunft der Kernkraftwerke
  in der DDR soll erst nach Abschluß der Untersuchungen
  der Expertenkommission getroffen werden.
  Die Kommission wird aufgefordert, zum schnellstmöglichen
  Zeitpunkt den Vertretern am Runden Tisch ihren Abschlußbericht vorzulegen.

- Die Zusammensetzung und die Arbeitsziele der Kommission
  sind dem Runden Tisch bekanntzugeben.

- Die Kommission wird verpflichtet, den Vertretern am
  Runden Tisch Zwischenberichte über Ergebnisse und
  Stand ihrer Arbeit vorzulegen.

SPD

Dokument 10/4, Antrag SPD zu Fragen der Atomenergie und Reaktorsicherheit in der DDR (Vorlage 10/12)

Runder Tisch Vorlage Nr. 10/16
10. Sitzung
29. Januar 1990

A n t r a g

Der Runde Tisch beschließt angesichts der jetzt offensichtlichen Unsicherheiten über den Zustand der 4 ersten Blöcke des KKW "Bruno Leuschner", diese 4 Blöcke umgehend stillzulegen.

Sicherheit muß in diesem hochsensiblen Bereich Vorrang vor wirtschaftlichen Erwägungen haben.

                                              Neues Forum

                                              Grüne Partei

                                              SPD

                                              Initiative für Frieden und Menschenrechte

                                              Grüne Liga

                                              Unabhängige Frauenvereinigung

                                              Demokratischer Aufbruch

Dokument 10/5, Antrag SPD, NF, GP, IFM, GL, UFV, DA: Zur Stillegung der Kernkraftwerksblöcke 1 bis 4 in Greifswald (Vorlage 10/16)

Runder Tisch Information: 10/5
10. Sitzung
29. Januar 1990

Vorschläge für die Arbeit der Regierung zur Verwirklichung einer weitsichtigen Umweltpolitik

1. Durch die Regierung ist ab sofort jährlich ein Umweltbericht zu veröffentlichen, welcher der Bevölkerung Auskunft gibt über die tatsächliche ökologische Lage und die Auswirkungen der Belastungen für die Menschen, die Natur und die Wirtschaft ungeschminkt wertet. Das ist die Voraussetzung für die umfassende Demokratisierung und die Einbeziehung aller Bürger in die Vorbereitung von Entscheidungen, die ihre Arbeits- und Lebensumwelt betreffen.

2. Wir unterstützen die Auffassung anderer Parteien und Bewegungen, zur Verbesserung der Treffsicherheit von Entscheidungen das staatliche Kontroll- und Inspektionssystem zu vereinheitlichen und auszubauen.

    - Es ist zu prüfen, ob aus der Verwaltungsreform und der Auflösung des ehemaligen Amtes für Nationale Sicherheit freiwerdende Kader gewonnen und eingesetzt werden können.

    - Die PDS prüft, wie aus Parteischulen Umwelt-Schulen für Ökonomen und Leiter zu schaffen sind.

3. Wir erwarten von der Regierung die öffentliche Rechenschaftslegung der Arbeit der vier Regierungskommissionen zur Minderung von Umweltbelastungen in Ballungszentren sowie die

Dokument 10/6, Vorschläge PDS: Zur Verwirklichung einer weitsichtigen Umweltpolitik durch die Regierung (Information 10/5); Seite 1 von 4

2

- Bestimmung von Objekten, Gebieten und Mitteln aus den eingeleiteten Maßnahmen zur Reduzierung der Volksarmee, die in demokratischer Mitbestimmung der Bürger schnell für eine Verbesserung der Umwelt genutzt bzw. eingesetzt werden sollten,

- Maßnahmen einschließlich ökonomischer Maßnahmen zur Senkung des Energie- und Wasserverbrauchs bei der Bevölkerung. Wer sollte Wasseruhren bauen?

- Erarbeitung eines Konzepts der Umweltbildung, begonnen von den Schulen über die Qualifizierung der Leitungskader bis hin zur besseren Umweltbildung aller Bevölkerungsschichten. Wir schlagen dazu die Bildung eines eigenen Fachverlages und die Herausgabe einer Zeitschrift "Öko-Forum" vor.

4. Wir gehen davon aus, daß der Schutz der Gesundheit und Natur, die Erhaltung der natürlichen Umwelt das Primat gegenüber der ökonomischen Entwicklung unseres Landes haben muß. Wir erwarten deshalb, daß die von der Regierung erarbeiteten Dokumente zur Energie- und Strukturpolitik in unserer Volkswirtschaft eine ökonomisch wie ökologisch tragfähige Grundlage haben werden und schlagen vor, daß sie rechtzeitig auch den Parteien und Bewegungen und der Bevölkerung zur Diskussion zur Verfügung gestellt werden, um einen breiten demokratischen Konsens zu erreichen.

- Wir vertreten den Standpunkt, daß mit einer neuen Energiepolitik ein radikaler Abbau der Umweltbelastungen durch den Braunkohlen-

3

bergbau und insbesondere bei Staub, SO_2 und NO_x erreicht werden muß, vor allem durch

. absolute Senkung der Energieverluste und des Energieverbrauchs der Industrie, gesellschaftlicher Bereiche und Haushalte,

. Senkung der Braunkohleförderung,

. Entwicklung eines Konzepts zur umfassenden Nutzung umweltfreundlicher Energieträger (Wind, Wasser, Sonne, Geowärme, Biogas),

. Berücksichtigung energiewirtschaftlicher Aspekte in der Industrie, aber auch im Wohnungsbau, Verkehrswesen, Dienstleistungssektor und Städteentwicklung,

. über den Einsatz der Kernenergie sollte öffentlich qualifiziert gestritten werden.

- Die Entwicklung der Industrie hat so zu erfolgen, daß Maßnahmen zur Sanierung, Substitution oder Stillegung umweltbelastender Produktionen verbunden werden mit

. durchgreifender Einführung moderner umweltschonender Technologien; Ausbau der Produktion eigener Umwelttechnik in der DDR,

. hohe Intensität der Ressourcennutzung,

. Anwendung der Umweltverträglichkeitsprüfung für Projekte, Verfahren und Erzeugnisse,

Dokument 10/6, Vorschläge PDS: Zur Verwirklichung einer weitsichtigen Umweltpolitik durch die Regierung (Information 10/5); Seite 3 von 4

4

. Berücksichtigung ökologischer Aspekte bei der Verbesserung der Infrastruktur, das Verkehrswesen, insbesondere zur Minimierung des Transportaufwandes, des Einsatzes moderner Transportmittel und die Entlastung von Ballungsgebieten.

5. Wir unterstützen die Verstärkung der ökologischen Forschung - möglichst in einem eigenen Forschungszentrum in der Akademie der Wissenschaften. Die Regierung sollte prüfen, ob dafür ein Gebäude des ehemaligen Amtes für Nationale Sicherheit bereitgestellt werden könnte.

6. Bei der Gestaltung der deutsch-deutschen Beziehungen sollte mit dem Umwelt-Abkommen der ökologische Handlungsplan sofort in Angriff genommen werden. Besonders ist eine Sperre für den Import solcher Produkte und Technologien erforderlich, die nicht den Erfordernissen der Umweltverträglichkeit genügen.

Partei des demokratischen Sozialismus

Dokument 10/6, Vorschläge PDS: Zur Verwirklichung einer weitsichtigen Umweltpolitik durch die Regierung (Information 10/5); Seite 4 von 4

Runder Tisch Information Nr.: 10/6
10. Sitzung
29. Januar 1990

Eckpunkte und einige Diskussionsaspekte für die Ausarbeitung eines neuen Energiekonzeptes

Wie auf den anderen Wirtschaftsgebieten so ist auch auf dem Energiesektor die auf Autarkie angelegte Politik der SED gescheitert. Die massive Energieverschwendung ist aus ökonomischer und vor allem ökologischer Sicht nicht tragbar.

1. Ein neues Energiekonzept kann nicht wie geplant im April von einer nichtlegitimierten SED-Regierung, also vor freien Wahlen, verabschiedet werden, zumal jahrzehntelang kein tragfähiges Programm dazu existierte.

2. Für ein wirklich begründetes neues Energiekonzept sind umfangreiche und differenzierte Studien und Analysen notwendig, die von verschiedenen und unabhängigen Einrichtungen zu erarbeiten sind. Für die finanziellen Kostenabschätzungen sind die Verwendung einer realen Preisbasis und zukünftige Entwicklungen auf dem Energiesektor ausschlaggebend. Umweltschutz- und Sicherheitsmaßnahmen sind selbstverständlich mit in Rechnung zu stellen, aber auch Sanierungsprogramme, Entschädigungsleistungen oder Versicherungssummen für eventuelle Havariefälle und Kosten, die bei der Freisetzung und Umschulung von Arbeitskräften entstehen.
Ganz wesentlich ist die genaue Ausweisung des Energiebedarfs und der Möglichkeiten der Energieeinsparung nach Territorien und Energieträgern. Die längerfristigen Probleme wie Treibhauseffekt und Endlagerung von Kernbrennstoffen müssen heute berücksichtigt werden.

3. Wir setzen nicht mehr auf die volle Unabhängigkeit der DDR, insbesondere der Energieversorgung, sondern auf den Aufbau einer effektiven sozialen Marktwirtschaft mit hohem ökologischen Anspruch, die zunehmend auch Mittel für den Energieimport erwirtschaftet. Energie ist durch Kapital und technisches Wissen zu ersetzen.
Durch unser Eintreten für eine zukünftige staatliche Einheit der Deutschen sind wir bereit, materielle Hilfen der Bundesrepublik in großem Umfang anzunehmen. (Wir geben zu, daß ein ökologisch zu verantwortendes und ökonomisch realisierbares Energiekonzept für eine "souveräne" DDR nicht existiert.)
Kreditvereinbarungen zwischen der BRD und der DDR sind nicht die zweier unabhängiger Staaten, sondern im Sinne einer Aufbauhilfe des anderen Teils Deutschlands zu verstehen, der bis zur Oder-Neiße-Grenze geht (aber natürlich auch nicht weiter). Eine Rückzahlung wird nur bedingt und mittelbar möglich sein.

4. Auf dem Gebiet der Energieversorgung bedeutet das die Inanspruchnahme der in der Bundesrepublik vorhandenen Elektroenergie aus freien Kraftwerkskapazitäten. Der dafür notwendige Ausbau eines nationalen Energieverbundes sollte im Hinblick auf ein leistungsfähiges europäisches Verbundnetz, an das ganz Osteuropa anzuschließen ist, erfolgen.
Insbesondere bei Erdgas ist ein verstärkter Import vorzusehen, aber auch bei Öl und Steinkohle.

5. Durch diese Sofortmaßnahmen wird es möglich, die großen Einsparpotentiale in unserem Land zu nutzen, die gerade bei der notwendigen Modernisierung unserer Wirtschaft frei werden. (Wesentliche Begriffe hierbei sind weitgehend bekannt: Wärme-Kraft-Kopplung, Abwärmenutzung, Wärmepumpen, kein Einsatz von Elektroenergie für Heizzwecke, ein großes Programm zur Wärmedämmung, weniger energieintensive Industrie und Technologien, moderne Beleuchtungssysteme und Motoren.)

Dokument 10/7, Information DA: Eckpunkte und einige Diskussionsaspekte für die Ausarbeitung eines neuen Energiekonzeptes (Information 10/6): Seite 1 von 3

Energiesparen darf sich nicht in Appellen erschöpfen, sondern muß sich
für jeden Einzelnen lohnen. Der Ernergiepreis muß für alle Verbraucher
den Wert des jeweiligen Energieträgers widerspiegeln und ist insbesondere
bei Elektroenergie zu erhöhen. Es ist zu prüfen, wieweit ein Festschreiben
einer jährlichen Steigerungsrate um 1 oder 2% einer sinnvollen Entwicklung
der Energiewirtschaft dienen kann.
Die Messung verbrauchter Energie hat nicht nur bei Elektroenergie und Gas
zu erfolgen, sondern auch für den Warmwasserverbrauch der Neubauten und
und für Fernwärme. Zum Energiesparen gehört auch der sparsame Umgang mit
allen anderen Ressourcen, z.B. Trinkwasser und eine konsequente Material-
ökonomie.

6. Der Abbau von Rohbraunkohle ist schrittweise zu verringern. Aus ökolo-
gischer Sicht ist die Umstellung der alten Ofenheizungen, insbesondere in
Städten, auf moderne Heizsysteme dringend geboten. Projekte zur Abwärme-
nutzung und zur Nutzung der Erdwärme für die Wärmeversorgung, wie im
Norden der Republik im Aufbau, sind zu forcieren. Moderne kleinere Heiz-
kraftwerke mit entsprechender Umweltschutztechnik, die umwelttechnische
Nachrüstung und Modernisierung älterer Braunkohlenkraftwerke und neue
Kraftwerke mit Wirbelschichtfeuerung sind für einen höheren Wirkungsgrad
und eine bessere ökologische Verträglichkeit bei der Energieerzeugung aus
Rohbraunkohle notwendig. Die einfache Verbrennung der Braunkohle steht
einer effektiven energetischen und chemischen Verwertung entgegen; Verfahren der Kohleveredelung und -verflüssigung sind auf ihren Beitrag zu einer
langfristig tragfähigen Energiekonzeption zu prüfen.

7. Wir sind für den mittelfristigen Ausstieg aus der Kernenergie. Die
Nutzung der Kernenergie ist aber für unsere Gesellschaft augenblicklich
unverzichtbar. Die sicherheitstechnische Überprüfung und Nachrüstung der
vorhandenen und im Bau befindlichen Kernkraftwerke hat sofort zu erfolgen.
Die Entscheidung für den weiteren Bau von KKW, die u.a. aus Frankreich und
der BRD angeboten werden, bedeutet die Festschreibung einer bestimmten
Konzeption der Energieversorgung und darf jetzt und ohne öffentliche Diskussion nicht passieren (auch nicht durch forcierte Stillegungskonzep-
tionen für Braunkohlenkraftwerke). Aus der Sicht unseres "Leipziger
Programms" könnte eine grundsätzliche Entscheidung für die Kernenergie
höchstens über eine Volksabstimmung im gesamtdeutschen Rahmen (!) erfolgen. Der Aufbau einer flächendeckenden Energieversorgung aus Kernenergie
bedeutet die Favourisierung des elektrischen Stroms und verhindert den geforderten Ehrgeiz für Alternativprojekte, bedeutet Konzentration und zentrale Kontrolle und steht somit auch im politischen Bereich gegen kommunale Selbstverwaltung und letztlich Demokratisierung.

8. Der Anteil regenerierbarer Energieträger an der Energieversorgung ist
gering und kann nur wirksam werden, wenn die rationelle Energieanwendung
und Einsparung von Energie wirklich durchgreifen und zunehmend Konzepte
der Dezentralisierung der Energieproduktion verfolgt werden.
Die bereitzustellenden Forschungsmittel sollten für die Entwicklung
marktfähiger Anlagen zur Nutzung regenerierbarer Energiequellen dienen und
nicht für Kernenergieforschungsprojekte ausgegeben werden. Die Nutzung
von Sonnenenergie im Niedrigwärmebereich ist heute weitgehend möglich und
zur Anwendung zu bringen. Biogas kann in ländlichen Bereichen sowohl für
Heiz- als auch Antriebszwecke günstig eingesetzt werden und somit nicht
nur bei der Energieversorgung sondern auch bei der Lösung des Gülleprob-
lems einen wesentlichen Beitrag leisten. Als mittelfristig rentabel ist
auch die Erzeugung von Elektroenergie aus Solarzellen (Photovoltaik) zu
gestalten. Über die solartechnische Erzeugung von Wasserstoff wäre in
einer friedlichen Welt auch eine Zusammenarbeit mit südlicheren Ländern
und der Zweidrittelwelt möglich. Konzepte dafür sind zu erarbeiten.

9. Als spezieller Beitrag der energiepolitischen Zusammenarbeit mit der BRD sollte von Seiten der DDR gefordert werden, vor allem Polen in diese Überlegungen einzubeziehen. Die teilweise großen Mächtigkeiten auch von Braunkohlevorkommen lassen sich wesentlich günstiger gewinnen als Vorräte in der DDR. Bei vorteilhaften Bedingungen für die polnische Wirtschaft und dem Bau moderner Kraftwerke durch westliche Unternehmen in Polen wäre es möglich, auf dem Gebiet der Energiewirtschaft Polen wesentliche Anteile auf dem europäischen Markt zu sichern, und damit die wirtschaftliche Entwicklung und das In-die-Pflicht-nehmen der Polen zu fördern. (Das Eintreten in Verhandlungen hierzu setzt die völkerrechtliche Anerkennung der polnischen Westgrenze durch die Regierung der BRD voraus.)

Die Realisierung eines solchen Energiekonzeptes wird wesentlich von den zur Verfügung stehenden Mitteln abhängen. Der Beitrag der DDR und Osteuropas besteht darin, durch die volle Demokratisierung in den einzelnen Gesellschaften schon bald Bedingungen zu schaffen für ein friedlich geeintes Europa - und damit die Rüstungsausgaben (auch in Nordamerika) drastisch zu senken.

- Demokratischer Aufbruch -

Runder Tisch
10. Tagung: Information 10/8
29. Januar 1990

Information

Zu den Ursachen der bisherigen Nicht-Umweltpolitik der DDR

Der heute vorliegende Regierungsbericht stellt eine Zustandsbeschreibung der ökologischen Lage der DDR dar und berührt wenig deren Ursachen. Um die Einflußnahme der ehemaligen "Partei- und Staatsführung" auf die Umweltbelange unseres Landes klären zu helfen, nahm im Januar 1990 eine zeitweilige Arbeitsgruppe - mit dem Charakter eines Untersuchungsausschusses beim Parteivorstand der PDS - ihre Arbeit auf. Eine erste Sichtung von Akten und Befragungen unmittelbarer Mitarbeiter von Günter Mittag und Hans Reichelt sowie die persönlichen Kenntnisse der vorwiegend aus Umweltwissenschaftlern bestehenden Arbeitsgruppe lassen bereits folgende Aussagen zu über die Ursachen der bisherigen deformierten Umweltpolitik der DDR. In Form eines orientierenden Zwischenberichts schätzt Dr. Helmut Schieferdecker als Leiter dieser Arbeitsgruppe ein:

1. Alle Entscheidungen zu Umweltfragen wurden im "Büro Mittag" getroffen. Nur zwei Aspekte interessierten dabei:

   a) Relevanz zur wirtschaftlichen Entwicklung (und dies auch nur im Kurzfristbereich)

   b) Übereinstimmung mit dem gewünschten Sozialismusbild.

Dokument 10/8, Information PDS: Zwischenbericht der PDS-Arbeitsgruppe: Zu den Ursachen der bisherigen Nicht-Umweltpolitik der DDR (Information 10/8); Seite 1 von 5

2

In der Regel wurden Umweltinformationen aus den Meß- und Kontrollsystemen nicht nur vernachlässigt und unterschätzt, sondern in den letzten Jahren meist ignoriert bzw. direkt verfälscht.

2. Die bis 1974 öffentlichen Umweltberichte waren 1978/79 wenigstens noch fast allen Mitgliedern des Ministerrates als VVS zugänglich. Ab 1982 wurden sie mit der höchsten Geheimhaltungsstufe versehen und nur noch in drei Exemplaren persönlich an G. Mittag, W. Stoph und E. Mielke versandt. Auf die jeweiligen Maßnahmen/Vorschläge erhielt das Umweltministerium offensichtlich nie eine Antwort. Diese "Einbahnstraße" charakterisiert die Zusammenarbeit. In den letzten 30 Jahren befaßte sich weder ein ZK-Plenum der SED noch die wöchentliche Sitzung des Politbüros jemals umfassend mit Umweltfragen.
Selbst der spärlichsten Öffentlichkeitsarbeit des Ministeriums für Umweltschutz stand man im ZK mit größtem Mißtrauen gegenüber; Rüffel sogar Entlassungen waren die Folge.
Im Gegensatz zur Haltung von Willi Stoph durften die Begriffe "Ökologie" bzw. "Umweltschutz" im Umfeld von Erich Honecker und zuletzt auch in dem von G. Mittag nicht gebraucht werden, ohne Unwillen zu erregen.

Obwohl seit 1972 keinerlei Strategie bzw. Konzeption zur Beherrschung der Umweltproblematik vorhanden war, wurden alle diesbezüglichen Entscheidungen im "Büro Mittag", beim Abteilungsleiter Grundstoffindustrie oder auf Mitarbeiterebene im ZK getroffen. Die Wertigkeit der Umweltfragen im

Dokument 10/8, Information PDS: Zwischenbericht der PDS-Arbeitsgruppe: Zu den Ursachen der bisherigen Nicht-Umweltpolitik der DDR (Information 10/8); Seite 2 von 5

3

ehemaligen ZK wird darin deutlich, daß unter den Hunderten Mitarbeitern des Wirtschaftssekretariats kein Mitarbeiter direkt mit Problemen des Umweltschutzes beschäftigt gewesen ist.

3. Der ehemalige Umweltminister der DDR, Hans Reichelt, nutzte offensichtlich immer wieder (und nachweisbar bis Ende 1989) seinen eingegrenzten "Spielraum", die drängenden Probleme zu Gehör zu bringen. Als partiell funktionsfähig erwies sich hierbei der außenpolitische Druck in Umweltfragen. Aber auch hierbei kam es zu grotesken Situationen. Obwohl z. B. die DDR bekanntlich höchste spezifische SO_2-Emissionsraten in Europa aufweist, sollte H. Reichelt das "30 %-Reduzierungsabkommen" von 1984 in München nicht unterschreiben. Der tatsächliche Verlauf der Konferenz zwang zur Unterschrift, die nach vorherigen Telefonaten mit Mittag und dessen Abstimmung mit Honecker dann möglich wurde. Die danach (!) eingeleiteten Untersuchungen der technischen Realisierung kamen immer wieder ins Stocken, so daß die Ratifizierung des völkerrechtlichen Vertrages von Jahr zu Jahr hinausgeschoben wurde. Die internationale Berichterstattung erfolgte auf der Grundlage von vorsätzlich gefälschten Zahlen. Die letzte veröffentlichte Zahl dazu wurde von Honecker direkt vorgegeben.

4. Stimmungen gegen diese Linie einer defacto Nicht-Umweltpolitik wurden sowohl im Ministerrat, in der Wissenschaft als auch in der Öffentlichkeit auf bekannte Weise diszipliniert.

Dokument 10/8, Information PDS: Zwischenbericht der PDS-Arbeitsgruppe: Zu den Ursachen der bisherigen Nicht-Umweltpolitik der DDR (Information 10/8); Seite 3 von 5

Grundlage war ab dem 16.11.1982 der berüchtigte Ministerratsbeschluß, der - zusammen mit seinen Durchführungsbestimmungen selbst geheim - praktisch alle normalen Umwelt-Zustandsdaten in Boden, Wasser, Luft und Lebewesen als Monopol des bürokratisch-administrativen Systems und als geheim erklärte. In ihrer Ohnmacht entwickelten sich Teile der Umweltadiministration der DDR zu reinen Alibi-Organen bzw. zu Handlangern der Desinformation der Bürger.

Besonders schwere Deformationen erlitt die auf Vorlauf bedachte umweltrelevante Grundlagenforschung in Wissenschaftsakademien und Hochschulwesen. Weder Ökologieforschungen wurden jenseits eines "ungefährlichen Minimum als Alibi" unterstützt noch standen Atmosphärenforschern, Ökotoxikologen, Städteplanern oder Umwelthygienikern reale Belastungswerte zur Verfügung.

Bei der allgemeinen Technikgläubigkeit und Wissenschaftsfeindlichkeit weiter Teile des Mittag unterstehenden Partei- und Staatsapparates ist es offensichtlich Hans Reichelt persönlich zuzuordnen, daß einige Disziplinen der Umweltwissenschaften - wenn auch auf Detailfragen abgedrängt und stets mißtrauisch überwacht - wenigstens auf Sparflamme überdauern konnten.
Ihre hier und da zögerlich und zwangsläufig nur intern vorgetragenen Empfehlungen zur Situationsveränderung wurden jedoch ebenso ständig ignoriert wie diejenigen der Künstler und der Kirchen.

Dokument 10/8, Information PDS: Zwischenbericht der PDS-Arbeitsgruppe: Zu den Ursachen der bisherigen Nicht-Umweltpolitik der DDR (Information 10/8); Seite 4 von 5

5

Die gesamte sogenannte Umweltpolitik als "Einheit von Ökologie und Ökonomie" war von vornherein Ökonomiedominant und von anfangs bornierter bis später hilfloser Ignoranz gegenüber den ökologischen Bedürfnissen getragen.

5. Die Kurzsichtigkeit bei der Ignoranz ökologischer Trends im Wirtschaftsapparat von G. Mittag selbst und das fast völlige Fehlen makroökonomischer Betrachtungsweisen mit hinreichendem Langzeithorizont ist erstaunlich und wird Gegenstand weiterer Untersuchungen sein. Besonders betrifft dies Landwirtschaft, Energetik und Chemieindustrie und die fast völlig fehlende ökologische volkswirtschaftliche Verflechtung.

6. Insgesamt ist vorgesehen, die verfügbaren Dokumente zu sichern und für eine gründliche wirtschafts- und wissenschaftsgeschichtliche Aufarbeitung zugänglich zu machen. Für Informationen aus der Bevölkerung bezüglich lokale Fragen überschreitende Beispiele der deformierten Umweltpolitik sind wir dankbar. Ihre Klärung kann jedoch nicht von uns vorgenommen werden.

Zu gegebener Zeit erfolgt ein weiterer Zwischenbericht der mit der Untersuchung beauftragten Arbeitsgruppe.

Dokument 10/8, Information PDS: Zwischenbericht der PDS-Arbeitsgruppe: Zu den Ursachen der bisherigen Nicht-Umweltpolitik der DDR (Information 10/8); Seite 5 von 5

Runder Tisch
10. Sitzung
29. Januar 1990

Information Nr. 10/3a

Antrag

der Kommission der Volkskammer der DDR zur Änderung und
Ergänzung der Verfassung der DDR
vom 19. Januar 1990

Die Volkskammer wolle beschließen:

Gesetz
zur Änderung und Ergänzung der Verfassung
der Deutschen Demokratischen Republik
vom

In Übereinstimmung mit Artikel 63 und Artikel 106 der Verfassung der Deutschen Demokratischen Republik beschließt die Volkskammer folgende Änderungen und Ergänzungen der Verfassung:

§

Der Artikel 3 wird aufgehoben.

§ 2

(1) Der Artikel 22, Absatz 3 wird wie folgt verändert:
"Wahlen werden unter öffentlicher Kontrolle durchgeführt und durch demokratisch gebildete Wahlkommissionen geleitet."

(2) Der Artikel 22 wird durch Absatz 4 ergänzt:
"Für in der Deutschen Demokratischen Republik wohnhafte ausländische Bürger kann mit Ausnahme der Wahlen für die Volkskammer ein Wahlrecht durch Gesetz begründet werden."

§ 3

Der Artikel 54 wird wie folgt verändert:
"Die Volkskammer besteht aus 400 Abgeordneten, die vom Volke auf die Dauer von 4 Jahren in freier, allgemeiner, gleicher, direkter und geheimer Wahl gewählt werden."

§ 4

Dieses Gesetz tritt am   in Kraft.

Prof. Dr. Mühlmann

Dokument 10/9, Antrag Kommission der Volkskammer zur Änderung und Ergänzung der Verfassung der DDR vom 19. Januar 1990 (Information 10/3a); Seite 1 von 2

Runder Tisch   Vorlage Nr. 10/2
10. Sitzung
29. Januar 1990

Die Arbeitsgruppe "Neue Verfassung" schlägt folgende Änderung
zum Beschlußantrag der Volkskammerkommission vor:

(2) Der Artikel 22 wird durch Absatz 4 und Absatz 5 ergänzt:

"In der Deutschen Demokratischen Republik wohnhafte ausländische Bürger und Staatenlose haben Wahlrecht zu den Kreistagen, Stadtverordnetenversammlungen und Gemeindevertretungen.

(3) Das Nähere regeln die Wahlgesetze.

§ 3

Der Artikel 54 wird wie folgt verändert:

"Die Volkskammer besteht aus 400 Abgeordneten, die vom Volke unmittelbar auf die Dauer von 4 Jahren in freier, allgemeiner gleicher und geheimer Wahl gewählt werden.

AG. "Neue Verfassung"

Runder Tisch
10. Sitzung
29. Januar 1990

Vorlage Nr.: 10/20

Die Arbeitsgruppe "Ausländerfragen" schlägt dem Runden Tisch vor:

1. Die sofortige Benennung eines Ausländerbeauftragten beim Ministerrat, der mit Hilfe einer von ihm berufenen Kommission Schutz- und Beratungsfunktion für alle in der DDR lebenden Ausländer wahrnehmen soll. Dies ist umgehend erforderlich, da in einer Situation wachsender Ausländerfeindlichkeit und unklarer Rechtslage Verunsicherungen und Ängste der Ausländer zunehmen. Deshalb ist zur Wahrung der Menschenrechte diese zusätzliche Garantie unbedingt zu sichern.

2. Die Aufgaben des Ausländerbeauftragten sollten daher insbesondere sein:

    - die Organisierung von Koordination, Information von sozialer, psychologischer und rechtlicher Beratung sowie Verfahrenshilfe

    - Förderung gezielter Öffentlichkeitsarbeit zu Problemen der Ausländer in der DDR

    - die Mitwirkung an der Ausarbeitung grundlegender, die Belange der Ausländer tangierender Rechtsvorschriften

    - die sofortige Ergreifung von vertrauensbildenden Maßnahmen z. B. Telefon des Vertrauens.

3. Zur Lösung dieser Aufgaben hat der Ausländerbeauftragte das Recht und die Pflicht, auf zentraler und kommunaler Ebene Kommissionen zu bilden. Er hat ferner das Recht, von allen staatlichen Organen Auskunft über Ausländer betreffende Angelegenheiten zu verlangen.

4. In Fällen der zwangsweisen Beendigung des Aufenthalts von Ausländern hat der Ausländerbeauftragte das Recht, den Vollzug der Entscheidung bis zur endgültigen Klärung auf dem Rechtsweg auszusetzen. Entsprechendes gilt auch für andere staatliche Entscheidungen, die in schwerwiegender Weise in das Leben der betroffenen Ausländer eingreifen. Der Ausländerbeauftragte hat ein eigenes Rechtsmittelrecht.

5. Der Ausländerbeauftragte hat die Pflicht, die Volkskammer regelmäßig über die Situation und die Probleme der in der DDR aufhältigen Ausländer zu informieren.

6. Die Arbeitsgruppe ist bereit, Personalvorschläge für den Beauftragten und die Kommission zu unterbreiten.

AG Ausländerfragen

Dokument 10/10, Antrag AG "Ausländerfragen": Benennung eines Ausländerbeauftragten (Dokument 10/20)

Dokument 10/11, Information des Ministeriums für Finanzen: Aufforderung, sich an der Frage der Preisbildung zu beteiligen; fehlt

Runder Tisch   Information: 10/7
10. Sitzung
29. Januar 1990

Erklärung
zur "Ergänzung zu den Ergebnissen der 9. Sitzung des Runden
Tisches vom 22. Januar 1990" (betr. 2.7: Beschluß des Runden
Tisches auf Antrag des Neuen Forums - Auflösung MfS/AfNS - Neugründung des VEB Ingenieurbetrieb für Wissenschaftlichen Gerätebau sowie Übernahme des Rechenzentrums des MfS durch das Ministerium für Wissenschaft und Technik)

Nach Konsultation der LDPD-Delegation des Runden Tisches mit dem
Minister für Wissenschaft und Technik, Prof. Budig, LDPD, vor
Beginn der heutigen Volkskammertagung bittet uns der Minister,
folgende Erklärung am runden Tisch abzugeben:

1. Der VEB Ingenieurbetrieb für Wissenschaftlichen Gerätebau
   . hat eine neue Leitung und verfügt über eine neue Struktur;
   . der neue Leiter, Kollege Hanke, galt in seiner vorangegangenen Funktion vor Oktober 1989 als "politisches Sicherheitsrisiko" und war Repressalien des ehemaligen MfS ausgesetzt (zu näheren Auskünften ist er persönlich bereit);
   . Das Produktionsprofil des neuen Betriebes ist auf Medizin-, Labor- und Analysetechnik ausgerichtet.

2. Das ehemalige Rechenzentrum des MfS wird nach wie vor durch
   eine Bürgerinitiative kontrolliert und ist defacto noch nicht
   vom Ministerium für Wissenschaft und Technik übernommen worden.
   Der Minister erklärt dazu:
   . bei Mitarbeitern dieser Einrichtung laut Information des Neuen Forums vorhandene neue Dienstausweise sind nicht von ihm und nach seiner Kenntnislage nicht von Vertretern seines Ministeriums ausgestellt worden;
   . das Ministerium stellt sich den zu erwartenden Festlegungen des Runden Tisches zum endgültigen Verbleib oder zur Übernahme dieser Einrichtung sowie zu ihrer inhaltlichen und personellen Neustrukturierung.

3. Der Minister dankt für diese um Aufklärung bemühten Aktivitäten
   des Runden Tisches und bittet dessen Vertreter aus der Arbeitsgruppe "Auflösung des ehemaligen MfS und des AfNS" um weitere
   Zusammenarbeit.

                                           LDPD

Dokument 10/12, Information LDPD: Erklärung i. A. Klaus-Peter Budig, Minister für Wissenschaft und Technik, zur Auflösung MfS/AfNS (Information 10/7)

```
Runder Tisch                      Information: 10/4
10. Sitzung
29. Januar 1990
```

Erklärung der Arbeitsgruppe Wirtschaft des Runden Tisches
zum Gesamtkonzept der Wirtschaftsreform

Die Arbeitsgruppe Wirtschaft des Runden Tisches behandelte am
24. Januar 1990 den ersten Entwurf des Gesamtkonzeptes zur
Wirtschafsreform.
Die Arbeitsgruppe erklärt dazu:

1. Die Arbeitsgruppe Wirtschaft dankt der Arbeitsgruppe Wirtschaftsreform beim Miniterrat für die umfangreiche Arbeit zur Ausarbeitung des vorliegenden Gesamtkonzeptes und für die konstruktive Zusammenarbeit.

2. Wir begrüßen, daß das Gesamtkonzept auf den konsequenten und vollständigen Übergang zu einer demokratisierten, sozial und ökologisch orientierten Marktwirtschaft gerichtet ist und von einem weitgehenden Abbau administrativ-bürokratischer Instrumentarien ausgeht. Im Ergebnis der Beratung orientiert die AG Wirtschaft für die weitere Qualifizierung des Gesamtkonzeptes auf folgende Schwerpunkte:

   - Konsequenterer Abbau von noch im Konzept enthaltenen unnötigen plandirigistischer Auffassungen bei gleichzeitiger klarerer Bestimmung ordnungspolitischer Rahmenbedingungen der marktwirtschaftlichen Mechanismen (eindeutige Bestimmung der Kompetenzen der staatlichen Einflußnahme, Gewerbefreiheit, Wettbewerbsordnung, Kartellrecht, Betriebsverfassungsrecht)·
   - Stärkere Herausarbeitung der sozialen Flankierung aller vorgesehenen Maßnahmen der Wirtschaftsreform und Ausarbeitung eines auf die Bedingungen der Marktwirtschaft abgestimmten Gesamtkonzeptes der Sozialpolitik,
   - Durchgehende Einarbeitung ökologischer Erfordernisse in das Gesamtkonzept

- 2 -

3. Die vorgesehenen Reformschritte sollten deutlicher terminisiert und der breiten Öffentlichkeit vorgestellt werden. Das betrifft insbesondere die Maßnahmen, die noch bis zum Wahltermin realisiert werden müssen.

4. Die Arbeitsgruppe Wirtschaft nahm eine erste Information zur Konzeption der Preispolitik und des Subventionsabbaus entgegen. Sie unterstrich nachdrücklich die Notwendigkeit kurzfristiger Entscheidungen auf diesem Gebiet. Gefordert wurde die umgehende Veröffentlichung des Gesamtkonzepts zur Preisreform und zur Geldpolitik. Zeitgleich mit dem Wirksamwerden von Preismaßnahmen müssen die sozialen Ausgleichsmaßnahmen den Bürgern dargelegt werden.

Die Arbeitsgruppe Wirtschaft wird dem Runden Tisch in der Beratung am 5. Februar 1990 einen ausführlichen Standpunkt zu dem überarbeiteten Gesamtkonzept zur Wirtschaftsreform übergeben.

AG Wirtschaft

Dokument 10/13, Erklärung der AG "Wirtschaft" zum Gesamtkonzept der Wirtschaftsreform (Information 10/4); Seite 2 von 2

Runder Tisch Vorlage: 11/0
11. Sitzung
05. Februar 1990

Vorschlag für die Tagesordnung der 11. Sitzung des Runden Tisches am 05. Februar 1990, Ossietzkystr., Berlin 1110

1. Eröffnung, Begrüßung und Festlegung der Tagesordnung
2. Wirtschaft
3. Problem Kernkraft
4. Wahlgesetz/Parteien- und Vereinigungsgesetz - Zwischenbericht
5. Anträge auf Neuzulassung
6. Einzelanträge

6.1. Gesundheitswesen	Vorlage 11/3
6.2. Bildung und Jugend	Vorlage 10/9
6.3. Ausländerfragen	Vorlage 10/20; 11/1
6.4. Sicherheit	Vorlage 11/2

Dokument 11/1, Vorschlag für die Tagesordnung der 11. Sitzung (Vorlage 11/0)

Zwischenbericht über den Stand der Auflösung des ehemaligen
Amtes für Nationale Sicherheit

Das MfS wurde durch Gesetz am 8. 2. 1950 gebildet.
Angehörige hatten den Fahneneid zu leisten und waren zur
bedingungslosen Erfüllung aller Befehle und Weisungen der
jeweiligen Vorgesetzten und zur absoluten Verschwiegenheit
verpflichtet.
Aufgrund von Beschlüssen des ehemaligen Nationalen Verteidigungsrates der DDR entspricht der Dienst im ehemaligen MfS
der Ableistung des Wehrdienstes.

Die ursprüngliche Hauptaufgabenstellung des ehemaligen MfS
bestand insbesondere in der

- Aufklärung (Auslandsnachrichtendienst),
- Spionageabwehr,
- Sicherung der Volkswirtschaft sowie in der
- Bekämpfung von Angriffen gegen die Staatsorgane.

Das ehemalige MfS wurde nach dem Prinzip der militärischen
Einzelleitung geführt.
Der ehemalige Minister hatte uneingeschränktes Weisungsrecht
gegenüber allen Angehörigen, unabhängig von deren Dienststellung.
Gemäß dem Statut des Nationalen Verteidigungsrates war es
vorgesehen, im Verteidigungszustand durch die Bezirkseinsatzleitungen den Einsatz aller territorialen Kräfte zu
koordinieren.
Das hätte eingeschlossen auch die Weisungsbefugnis gegenüber
den damaligen Bezirksverwaltungen bzw. Kreisdienststellen für
Staatssicherheit. Da der Verteidigungszustand zu keinem Zeitpunkt ausgerufen wurde, ist eine solche Weisung auch nicht
ausgeübt worden.

Zur Gewinnung von Informationen wurden Postkontrolle und Abhörtechnik genutzt sowie inoffizielle Mitarbeiter herangezogen. In den 70er Jahren setzte nach der Wahl Honeckers zum
Generalsekretär und Mielkes zum Kandidaten des Politbüros
eine intensivere Arbeit gegen Andersdenkende und ein rasches
Anwachsen des Mitarbeiterbestandes ein.

Dokument 11/2, Zwischenbericht aus dem Dreierkomitee zur Auflösung des MfS/AfNS vorgetragen von Werner Fischer, Sicherheitsbeauftragter des Runden Tisches und Regierungsbevollmächtigter zur Auflösung des MfS/AfNS; Seite 1 von 18

Bis in die 80er Jahre hinein verdoppelte sich der Mitarbeiterbestand auf 85.000. Von diesen waren 21.100 unmittelbar operativ tätig, davon

in der Telefonüberwachung	1.052
in der Postkontrolle	2.100
in der Beobachtung/Ermittlung	5.000

Der Ministerrat hat, wie inzwischen bekannt ist, beschlossen, das ANS aufzulösen. Das hat rechtliche Konsequenzen, die den Forderungen und Erwartungen der Bürger entsprechen müssen.
Sie verlangen berechtigt Gewißheit darüber, daß jegliche rechtswidrigen Praktiken der ehemaligen Staatssicherheitsorgane ein für allemal beendet sind und notwendige Schlußfolgerungen gezogen wurden.
Niemand darf mehr irgendwelche Rechte wahrnehmen, die dem MfS früher zur Erfüllung seiner spezifischen Aufgaben aufgrund von Gesetzen - z. B. der StPO - oder anderen Rechtsvorschriften Beschlüssen oder Weisungen zustanden. Ein Verstoß dagegen zieht strafrechtliche Konsequenzen nach sich.
Rechtsstaatlichen Erfordernissen entspricht auch, daß bei der Auflösung des ehemaligen ANS auf allen Gebieten die geltenden Rechtsvorschriften exakt angewendet werden. Das muß ebenso für die Gewährleistung der Überführung der Mitarbeiter in ein neues Arbeitsrechtsverhältnis gelten wie für die ordnungsgemäße Übergabe der unter Verwaltung des ehemaligen MfS stehenden Grundstücke, Gebäude und Ausrüstungen an andere Nutzer.
Das Ministerium der Justiz bereitet ein Gesetz über die Rehabilitierung von zu Unrecht verfolgten Bürgern vor. Grundsätze für ein solches Gesetz behandelt der Ministerrat, damit der Gesetzentwurf kurzfristig erarbeitet, beraten und der Volkskammer zugeleitet werden kann.

Dokument 11/2, Zwischenbericht aus dem Dreierkomitee zur Auflösung des MfS/AfNS vorgetragen von Werner Fischer, Sicherheitsbeauftragter des Runden Tisches und Regierungsbevollmächtigter zur Auflösung des MfS/AfNS; Seite 2 von 18

Mit wachsender Instabilität der DDR wurde eine Perfektionierung der Überwachungsmechanismen angestrebt. Der ehemalige Minister forderte den wachsenden Einfluß "Andersdenkender" zurückzudrängen. Deshalb wurde seit 1985 eine totale "flächendeckende" Überwachungsarbeit angestrebt. Grundlage dafür war seine Dienstanweisung Nr. 2/85 zur "vorbeugenden Verhinderung, Aufdeckung und Bekämpfung politischer Untergrundtätigkeit". Alle Weisungen gegen "Andersdenkende" wurden durch die Regierung Modrow mit Wirkung vom 29. 11. 1989 außer Kraft gesetzt.

Mit dem Beschluß über die Auflösung des ehemaligen MfS entsprach die Regierung den Forderungen breiter Bevölkerungskreise, die Durchsetzung einer neuen Sicherheitspolitik zu beschleunigen. Die Regierung verurteilte zugleich Amtsmißbrauch, falsche Befehle und Methoden, für die der ehemalige Minister für Staatssicherheit die politische Verantwortung trägt.

Zu verurteilen ist

- die Funktion des ehemaligen MfS bei der Verwirklichung der falschen Sicherheitsdoktrin der ehemaligen Partei- und Staatsführung,

- die flächendeckende Überwachung größerer Personenkreise und damit im Zusammenhang die Schaffung eines überdimensionierten Sicherheitsapparates,

- das Ansinnen, politische Probleme mit strafrechtlichen Mitteln zu lösen,

- die Beteiligung von Teilen des ehemaligen MfS am Schutz der Privilegien, die sich die ehemalige Führungsspitze angemaßt hat.

Dokument 11/2, Zwischenbericht aus dem Dreierkomitee zur Auflösung des MfS/AfNS vorgetragen von Werner Fischer, Sicherheitsbeauftragter des Runden Tisches und Regierungsbevollmächtigter zur Auflösung des MfS/AfNS; Seite 3 von 18

Kader

Von den ehemals 85.000 Mitarbeitern des sich in Auflösung befindlichen Amtes für Nationale Sicherheit sind 30.000 entlassen.

Bei weiteren 22.500 Mitarbeitern erfolgt gegenwärtig die Eingliederung in die Volkswirtschaft, das Gesundheitswesen bzw. in bewaffnete Organe.

Von den gegenwärtig noch beschäftigten 32.500 Mitarbeitern erfolgt die zügige Entlassung von 20.000 in kürzester Zeit.

Es verbleiben 12.500 Mitarbeiter, die für die weitere Auflösung des Amtes erforderlich sind.
Das betrifft den Schutz, die Erhaltung und die rechtsstaatlich korrekte Übergabe von Gebäuden, Einrichtungen, Fahrzeugen und anderen Sachwerten sowie die notwendige Abwicklung von personellen und finanziellen Angelegenheiten.
Die damit beauftragten Mitarbeiter werden jeweils nach Beendigung ihrer Aufgaben entlassen.

Für das ehemalige Amt für Nationale Sicherheit waren ca. 109.000 ehrenamtliche inoffizielle Personen tätig. Im Innern der DDR wird keine konspirative Arbeit mehr mit diesen Kräften durchgeführt.

Weiterhin möchte ich mitteilen, daß die im Beschluß vom 14. 12. 1989, betreffend die soziale Sicherstellung von Angehörigen des Amtes für Nationale Sicherheit, die mit der Auflösung ausscheiden, enthaltenen Festlegungen

- zur Übergangsbeihilfe bzw. zur Gewährung sogenannter Überbrückungsgelder und
- zur Zahlung eines Einrichtungszuschusses bei/erforderlichem Wohnortwechsel

durch den Ministerrat aufgehoben wurden.
Mit der Eingliederung der ehemaligen Angehörigen des Amtes für Nationale Sicherheit in eine zivile Tätigkeit werden sie demzufolge entsprechend der übernommenen Arbeitsaufgabe wie andere Werktätige entlohnt.

Dokument 11/2, Zwischenbericht aus dem Dreierkomitee zur Auflösung des MfS/AfNS vorgetragen von Werner Fischer, Sicherheitsbeauftragter des Runden Tisches und Regierungsbevollmächtigter zur Auflösung des MfS/AfNS; Seite 4 von 18

Finanzen

Für das ehemalige Ministerium für Staatssicherheit bzw. Amt für Nationale Sicherheit wurden 1989 aus dem Staatshaushalt Haushaltmittel in Höhe von 3,6 Mrd. M bereitgestellt. Das sind 1,3 % des Staatshaushaltes der DDR. Darin sind Aufwendungen für den Personalbestand von 2,4 Mrd. M und für Bauinvestitionen, Technik, Ausrüstung, Energie und Treibstoff von 1,2 Mrd. M, darunter Importe aus dem sozialistischen Wirtschaftsgebiet in Höhe von 100 Mio M, enthalten. Valutamittel für operative Aufgaben wurden 1989 für das sozialistische Wirtschaftsgebiet in Höhe von 7,9 Mio M und für das nichtsozialistische Wirtschaftsgebiet in Höhe von 29,9 Mio VM abgerechnet.

Für 1990 werden keine materiellen Fonds bereitgestellt. Finanzielle Mittel stehen nur auf der Grundlage von Ministerratsentscheidungen zur Verfügung und resultieren aus der Auflösung und Abwicklung des Amtes für Nationale Sicherheit. Die Summe beläuft sich wahrscheinlich auf 500 Mio M. Diese Mittel unterliegen einer strengen Kontrolle durch das Finanzministerium.

Eine abschließende Entscheidung wird durch die Volkskammer mit dem Volkswirtschafts- und Staatshaushaltsplan 1990 getroffen.

Dokument 11/2, Zwischenbericht aus dem Dreierkomitee zur Auflösung des MfS/AfNS vorgetragen von Werner Fischer, Sicherheitsbeauftragter des Runden Tisches und Regierungsbevollmächtigter zur Auflösung des MfS/AfNS; Seite 5 von 18

Bewaffnung

Im ehemaligen Amt für Nationale Sicherheit, einschließlich dem Wachregiment, waren folgende Waffen zur Ausrüstung der Kräfte und als Reserve vorhanden:

Pistolen und Revolver	124.593
Maschinenpistolen	76.592
Gewehre	3.611
leichte Maschinengewehre	449
schwere Maschinengewehre	766
Panzerbüchsen	3.537
Fla-MG, Kal. 14,5 mm	342
Abschußgeräte für spezielle Munition	103
Polizeiflinten	48
Leuchtpistolen	3.303

Mit der Auflösung des ehemaligen Amtes für Nationale Sicherheit begann die Abgabe der Waffen und Munition in die Waffenkammern und deren Sicherung durch Kräfte der Deutschen Volkspolizei.

Bis zum 13. 1. 1990 wurden alle Bestände aus den ehemaligen Kreis- und Bezirksämtern des Amtes für Nationale Sicherheit übernommen sowie die Waffenkammern des Objektes Normannenstraße und weiterer 27 Objekte zentraler Diensteinheiten beräumt.

Die Übernahme der Waffen durch das Ministerium für Innere Angelegenheiten wird bis zum 25. 1. 1990 abgeschlossen. Das schließt auch die Übernahme von polizeilichen Hilfsmitteln (Schlagstöcken, chemischen Reizmitteln, Führungsketten) ein.

Die in den Objekten noch zu Wach- und Sicherungsaufgaben eingesetzten Kräfte des Amtes für Nationale Sicherheit und deren Bewaffung unterstehen der Befehlsgewalt des jeweiligen Einsatzleiters der Deutschen Volkspolizei.

Dokument 11/2, Zwischenbericht aus dem Dreierkomitee zur Auflösung des MfS/AfNS vorgetragen von Werner Fischer, Sicherheitsbeauftragter des Runden Tisches und Regierungsbevollmächtigter zur Auflösung des MfS/AfNS; Seite 6 von 18

Grundstücke, Gebäude und Wohnungen

In Rechtsträgerschaft des ehemaligen ANS befanden sich insgesamt 2.037 Objekte unterschiedlicher Größe und Zweckbestimmung, davon in den Bezirken und Kreisen 1.385 sowie in Berlin 652. Übergeben sind bisher 468. Für 539 Objekte ist die Abgabe eingeleitet. Die verbleibenden 1.030 Objekte werden unverzüglich an andere Rechtsträger übergeleitet.

Vorgesehene künftige Nutzung:

Am 12. 1. 1990 wurde mit dem Feriendienst des FDGB und dem Reisebüro der DDR vereinbart, 24 zentrale Erholungseinrichtungen mit einer Kapazität von 2.058 Betten zu übernehmen.

Es ist entschieden, in Berlin Handwerks-, Gewerbe- und Baukapazitäten an die örtlichen Räte zu übergeben. Dazu gehören:

- die gesamte Wohnungsverwaltung mit Reparaturstützpunkten an den Magistrat,

- Baureparaturkapazitäten an den Stadtbezirk Lichtenberg,

- eine Gärtnerei an den Rat des Stadtbezirkes Hohenschönhausen.

An Betriebe stehen zur Übergabe:

- Instandsetzungskapazitäten für Aufzugsanlagen,

- der Kfz-Instandsetzungsbetrieb Freienwalder Straße,

- die Fahrschule Siegfriedstraße und der Kfz-Pflegekomplex Ahrensfeld.

Intensiv wird an Entscheidungsvorschlägen für die künftige Nutzung solcher Komplexe gearbeitet, wie

- Normannenstraße/Magdalenenstraße,

- Bezirksverwaltung Berlin,

- Objekte in Gosen,

- Freiwalder Straße, Große Leegestraße, Wartenberger Straße, Liebermannstraße, Hans-Loch-Straße, Wuhlheide/Hämmerlingstraße, Hultschiner Damm u. a. sowie

- zentrale Versorgungslager.

Dokument 11/2, Zwischenbericht aus dem Dreierkomitee zur Auflösung des MfS/AfNS vorgetragen von Werner Fischer, Sicherheitsbeauftragter des Runden Tisches und Regierungsbevollmächtigter zur Auflösung des MfS/AfNS; Seite 7 von 18

Der Gebäudekomplex Normannenstraße stellt ein geschlossenes System von ca. 3.000 Verwaltungsräumen und verschiedenen Dienstleistungs- und Versorgungseinrichtungen dar. Mit seiner Nutzung als Verwaltung könnten in erheblichem Umfang bisher zweckentfremdet genutzter Wohn- und Gewerberaum, insbesondere in den Stadtbezirken Mitte und Lichtenberg, freigezogen werden.

Über die Nutzung der Gebäude der ehemaligen Bezirksverwaltung mit ihren 1.000 Räumen und verschiedenen Einrichtungen wird durch den Magistrat an Entscheidungen gearbeitet.

Jede Übergabe/Übernahme erfordert eine korrekte und koordinierte Arbeit bei laufender Abstimmung unterschiedlicher Interessenlagen. Alle diesbezüglichen Unterlagen sind durch Vertreter des Runden Tisches jederzeit einsehbar.

Außerdem ist angewiesen, alle Nutzungsverträge für Objekte eines Verfassungsschutzes zu kündigen. Des weiteren sind die durch die Verwaltung des ehemaligen Amtes für Nationale Sicherheit bewirtschafteten Freizeitobjekte ehemaliger Repräsentanten der Partei- und Staatsführung sofort, soweit das noch nicht erfolgt ist, den zuständigen staatlichen Organen zu übergeben.

Bisher haben Bürgervertreter in Gegenwart der Militärstaatsanwaltschaft eine Vielzahl von Objekten des aufzulösenden Amtes besichtigt. Es gibt Forderungen, weitere Objekte zu besichtigen. Unter ihnen befinden sich auch Objekte, die im Interesse der nationalen Sicherheit strengster Geheimhaltung unterliegen. Im Namen der Regierung biete ich an, daß Vertreter des Runden Tisches, die bereit sind, Staatsgeheimnisse zu wahren, auch solche Einrichtungen zu prüfen, um sich zu überzeugen, daß diese nicht gegen die Interessen der Bevölkerung gerichtet sind. In Berlin betrifft das z. B. den Komplex Rödernstraße.

Dokument 11/2, Zwischenbericht aus dem Dreierkomitee zur Auflösung des MfS/AfNS vorgetragen von Werner Fischer, Sicherheitsbeauftragter des Runden Tisches und Regierungsbevollmächtigter zur Auflösung des MfS/AfNS; Seite 8 von 18

Baukapazitäten

Die Baukapazitäten des ehemaligen Amtes für Nationale Sicherheit in Höhe von ca. 110,- Mio M, bestehen aus dem VEB Spezialhochbau Berlin und dem VEB Raumkunst Berlin. Sie sind mit Wirkung vom 1. Januar 1990 an das Ministerium für Bauwesen und Wohnungswirtschaft übergeleitet worden.
Aus diesen Betrieben und anderen Kapazitäten des Bauwesens wird gegenwärtig der VEB Bau- und Montagekombinat Industriebau Berlin gebildet. Zu seinen Hauptaufgaben gehören Bauvorhaben zur Verbesserung der ökologischen Situation in der Berliner Industrie, der Telekommunikation und der sozialen Infrastruktur.

Es wurde bereits mit solchen Großvorhaben wie die "Biologische Abwasserreinigung" im VEB Berlin-Chemie, die "Rekonstruktion des Heizkraftwerkes Berlin-Mitte", das "Sendezentrum Berlin-Adlershof" sowie eine Reihe von dringend benötigten Wohngebiets- und Betriebsgaststätten begonnen.
Bauvorhaben, die im Auftrag des ehemaligen Amtes für Nationale Sicherheit durchgeführt wurden und unmittelbar vor ihrer Fertigstellung stehen, werden weitergeführt, und nach ihrer Fertigstellung der Bevölkerung zur Nutzung übergeben.
Das betrifft zum Beispiel den Wohnungsbau Berlin Hansastraße und das Ferienobjekt Templin.

Die Reparaturkapazitäten der Abteilung Bauwesen des ehemaligen Amtes bestehend aus derzeit ca. 100 Personen einschließlich der materiell-technischen Basis befinden sich in der Übergabe an den Rat des Stadtbezirkes Berlin-Lichtenberg. Aus ihnen wird bis 1. März ein territorialer Baubetrieb gebildet.
Weitere Baufachleute werden durch Betriebe der Kommunalen Wohnungswirtschaft Berlins übernommen.

Fernsprech-, Fernschreib- und Postverkehr

Die Überwachung des Postverkehrs (Briefpost- und Paketsendungen) erfolgte in Räumen innerhalb der Dienststellen und Ämter der Deutschen Post, zu denen Mitarbeiter der Deutschen Post keinen Zutritt hatten. Diese Überwachung wurde am 8. 11. 1989 endültig eingestellt.

Fernsprechabhör- sowie Fernsprech- und Fernschreibaufzeichnungsanlagen befanden sich außerhalb der Dienststellen der Deutschen Post in Objekten des ehemaligen MfS bzw. in von diesem genutzten Einrichtungen. So gab es im ehemaligen Ministerium, in allen Bezirksverwaltungen und in ausgewählten Kreisdienststellen derartige Einrichtungen. Die Abhör- und Aufzeichnungseinrichtungen in den Bezirksverwaltungen und Kreisdienststellen würden demontiert bzw. die Räume, in denen derartige Technik noch vorhanden ist, durch die Staatsanwaltschaft versiegelt.
Das Abhören und Aufzeichnen von Telefongesprächen bzw. des Fernschreibverkehrs ist mit der Trennung der Kabelverbindungen durch die Deutsche Post technisch nicht mehr möglich.

Die im zentralen Objekt des ehemaligen MfS noch vorhandene aber nicht mehr betriebsfähige derartige Technik befindet sich in Demontage.

Bis zum 31. 1. 1990 wird die gesamte Abhör- und Überwachungstechnik restlos demontiert sowie durch die Deutsche Post über deren weitere Verwendung entschieden. Die nicht für den öffentlichen Fernmeldeverkehr verwendbare Technik wird verschrottet.

Von den durch das ehemalige MfS genutzten Orts- und Fernleitungen wurden zwischenzeitlich mehr als 3 000 an die Deutsche Post zurückgegeben.

Dokument 11/2, Zwischenbericht aus dem Dreierkomitee zur Auflösung des MfS/AfNS vorgetragen von Werner Fischer, Sicherheitsbeauftragter des Runden Tisches und Regierungsbevollmächtigter zur Auflösung des MfS/AfNS; Seite 10 von 18

Zur Aufrechterhaltung der Betriebsfähigkeit der Fernsprech-
und Fernschreibverbindungen für die Regierung und die staatlichen Organe der Bezirke übernimmt das Ministerium für
Innere Angelegenheiten in Objekten des ehemaligen MfS in
Berlin und in den Bezirksstädten technische Anlagen und
technische Kräfte.

Die nicht mehr benötigten Orts- und Fernleitungen, einschließlich
Leitungen zur Datenübertragung, werden bis 16. 1. 1990 der
Deutschen Post übergeben.

Die Abschaltung von Fernsprechsonderverbindungen zu Dienst-
zimmern und Wohnungen ehemaliger Partei- und Staatsfunktionäre
sowie zu den Parteivorständen der SED-PDS wird bis zum
16. 1. 1990 abgeschlossen sein.

Dokument 11/2, Zwischenbericht aus dem Dreierkomitee zur Auflösung des MfS/AfNS vorgetragen von Werner Fischer, Sicherheitsbeauftragter des Runden Tisches und Regierungsbevollmächtigter zur Auflösung des MfS/AfNS; Seite 11 von 18

Verkehrsmittel und Verkehrsanlagen

Entsprechend der Ausstattungsnormative für das Ministerium und die Bezirksverwaltungen waren insgesamt im Fahrzeugbestand per 31. 10. 1989

- 12.903 PKW
- 2.179 B 1000
- 325 KOM Ikarus
- 226 Robur KOM
- 2.124 Lastkraftwagen (ohne B 1000)

vorhanden.

Die technische Betreuung und Instandhaltung dieser Fahrzeuge erfolgten in eigenen Instandhaltungseinrichtungen.
Jede Bezirksverwaltung und die Hochschule Potsdam des ehemaligen Ministeriums für Staatssicherheit verfügten über eigene Instandhaltungseinrichtungen unterschiedlicher Größe zwischen 5 und 25 Schlosser-Arbeitsplätzen.

Die Verantwortung für die Auflösung der bisherigen Strukturen und die Überführung der Kraftfahrzeuge liegt ausschließlich bei den örtlichen Räten. Die vom Berliner Oberbürgermeister gebildete Arbeitsgruppe hat z. B. folgende Grundsätze für die Nutzung der technischen Einrichtungen festgelegt:

1. Bereitstellung von Fahrzeugen für das Gesundheits- und Sozialwesen

2. Bereitstellung von Fahrzeugen zur Verbesserung der Dienstleistungen und Reparaturen für die Bevölkerung

3. Bereitstellung von Fahrzeugen für Bürger, die sich für den Erwerb eines Gebrauchtfahrzeuges angemeldet haben. Gegenwärtig werden Bestellungen aus dem Jahre 1970 realisiert.

4. Bereitstellung von Fahrzeugen für Betriebe zur Sicherung von Beförderungs- und Transportaufgaben der Stadt.

Der Verkauf der Fahrzeuge erfolgt entsprechend den Rechtsvorschriften.
Über diesen Weg wurden durch den Oberbürgermeister mit Stand vom 15. 1. 1990 132 Fahrzeuge übernommen. Davon wurden 55 Fahrzeuge dem Gesundheits- und Sozialwesen zugeordnet.

Dokument 11/2, Zwischenbericht aus dem Dreierkomitee zur Auflösung des MfS/AfNS vorgetragen von Werner Fischer, Sicherheitsbeauftragter des Runden Tisches und Regierungsbevollmächtigter zur Auflösung des MfS/AfNS; Seite 12 von 18

Darüber hinaus wurden vor Konstituierung der Arbeitsgruppe des Oberbürgermeisters 332 PkW, 50 B 1000, 280 LKW und 13 KOM Ikarus an andere bewaffnete Organe umgesetzt bzw. dem VEB Maschinenbauhandel verkauft.

Die bisher noch nicht übergebenen ca. 6.500 Fahrzeuge in Berlin sind vollständig den künftigen Nutzern zu übergeben.

Neben den in den Bezirken bestehenden Instandhaltungseinrichtungen sind in Berlin zentrale Einrichtungen vorhanden. Ihre künftige Verwendung wurde zwischenzeitlich wie folgt entschieden:

1. Ein zentrales Instandhaltungsobjekt in der Freienwalder Straße mit einer Kapazität von 10.000 PKW-Instandsetzungen pro Jahr wird an den VEB Autoservice Berlin zur Erhöhung seiner Kapazität für die Bevölkerung übergeben.

2. Zur Verbesserung der materiell-technischen Basis für den Handelstransport übernimmt der VE Kombinat Großhandel Waren des täglichen Bedarfs das Instandhaltungsobjekt Hultschiner Damm.

3. Zur Verbesserung des Angebotes an Dienstleistungen für die Bevölkerung (Selbstfahrvermietung, Fahrschulausbildung und technische Überprüfung von Fahrzeugen) übernehmen das Kraftfahrzeugtechnische Amt und das VE Kombinat Berliner Verkehrsbetriebe das Dienstobjekt Siegfriedstraße.

4. Das Objekt des ehemaligen Personenschutzes in der Hans-Loch-Straße wird künftig durch das VE Dienstleistungskombinat beim Ministerrat der DDR genutzt.

5. Über die weitere Nutzung des Instandhaltungsobjektes in Ahrensfelde ist noch zwischen den Ministern für Innere Angelegenheiten und für Verkehrswesen zu entscheiden.

6. Über darüber hinaus noch bestehende Kleinstobjekte ist durch die Arbeitsgruppe beim Oberbürgermeister von Berlin zu entscheiden. Dafür liegt eine Vielzahl von Anträgen vor.

Dokument 11/2, Zwischenbericht aus dem Dreierkomitee zur Auflösung des MfS/AfNS vorgetragen von Werner Fischer, Sicherheitsbeauftragter des Runden Tisches und Regierungsbevollmächtigter zur Auflösung des MfS/AfNS; Seite 13 von 18

Im Bestand des ehemaligen Amtes für Nationale Sicherheit befanden sich auch 230 Grenzkontroll-, Sport-, Motor- bzw. Motorkajütboote. Über ihre weitere Verwendung ist entschieden.
Sie werden übergeben
- an das Ministerium für Tourismus
- an das Ministerium für Auswärtige Angelegenheiten
- sowie an die örtlichen Räte.

Die 17 Grenzkontrollboote nutzt künftig die Grenzbrigade Küste.

Für die 4 Flugzeuge und die Anlagen des Fallschirmsportklubs des SV Dynamo in Eilenburg ist eine Weiternutzung durch die SV Dynamo für den Sport vorgesehen.

Dokument 11/2, Zwischenbericht aus dem Dreierkomitee zur Auflösung des MfS/AfNS vorgetragen von Werner Fischer, Sicherheitsbeauftragter des Runden Tisches und Regierungsbevollmächtigter zur Auflösung des MfS/AfNS; Seite 14 von 18

Zum Schriftgut und zu elektronischen Daten

Das gesamte Schriftgut der ehemaligen Kreisämter wurde in die Bezirksämter überführt und befindet sich dort unter Verschluß. Ebenso das Schriftgut der ehemaligen Bezirksämter. Durch Angehörige des Ministeriums für Innere Angelegenheiten, in Sicherheitspartnerschaft mit Vertretern der Bürgerkomitees sowie der Staatsanwaltschaft wird gewährleistet, daß das Schriftgut sicher aufbewahrt ist. Das trifft auch auf die Zentrale des Amtes für Nationale Sicherheit selbst zu.
In Zusammenarbeit mit Bürgerkomitees wird an Lösungen zum weiteren Umgang mit dem Schriftgut gearbeitet.

Die Maßnahmen sichern, daß das Schriftgut zur Aufdeckung von Gesetzesverletzungen, zur Rehabilitierung von Personen sowie zur historischen Dokumentation erhalten bleibt.

Mit Bürgerkomitees besteht Übereinstimmung darin, daß der Quellenschutz gewahrt werden sollte.

Die elektronisch gespeicherten Daten, die entsprechend der falschen Sicherheitsdoktrin gewonnen wurden, sind in Archiven eingelagert und durch die Staatsanwaltschaft versiegelt. Das Rechenzentrum Normannenstraße hat seine Arbeit eingestellt. In den anderen Rechenzentren werden noch Teilaufgaben der Bereiche Rückwärtige Dienste und Finanzen im Zusammenhang mit der Auflösung des Amtes für Nationale Sicherheit realisiert.

Mit den Datenverarbeitungsprojekten der Aufklärung wird zentral noch gearbeitet.

Dokument 11/2, Zwischenbericht aus dem Dreierkomitee zur Auflösung des MfS/AfNS vorgetragen von Werner Fischer, Sicherheitsbeauftragter des Runden Tisches und Regierungsbevollmächtigter zur Auflösung des MfS/AfNS; Seite 15 von 18

Wachregiment

Das Wachregiment unterstand dem ehemaligen Minister für Staatssicherheit bzw. Leiter des Amtes für Nationale Sicherheit. Die Personalstärke betrug 10.992 Angehörige (davon 1.748 Offiziere).
Es war verantwortlich für die Sicherung von Objekten der Partei- und Staatsführung sowie weiteren Sicherungs- und Repräsentationsaufgaben. Wesentliche Teile des Personalbestandes erfüllten seit Jahren Schwerpunktaufgaben in der Energiewirtschaft sowie im Transport- und Dienstleistungswesen.
Waffen und Munition sind, mit Ausnahme der für die Wachaufgaben benötigten, zentralisiert unter Verschluß aufbewahrt und versiegelt. Die Gesamtstärke wurde bis zum jetzigen Zeitpunkt um 3.407 Angehörige reduziert. Als nächster Schritt ist bis 26. 1. 1990 die weitere Verringerung um 2.608 Angehörige festgelegt. Am heutigen Tag wird das Wachregiment dem Minister für Innere Angelegenheiten unterstellt. Zur Übernahme von Aufgaben in die Verantwortung des MfIA sind vorgesehen

- die Bildung einer Wachbereitschaft Berlin und
- bedingt durch die vorgesehene Auflösung der Truppenübungsplätze Belzig, Neuruppin und Marwitz die Schaffung eines Ausbildungszentrums.

Dafür werden bis zu 2.500 Angehörige eingesetzt.
Die Objekte Adlershof und Erkner sind einer zivilen Nutzung zuzuführen.

Dokument 11/2, Zwischenbericht aus dem Dreierkomitee zur Auflösung des MfS/AfNS vorgetragen von Werner Fischer, Sicherheitsbeauftragter des Runden Tisches und Regierungsbevollmächtigter zur Auflösung des MfS/AfNS; Seite 16 von 18

Medizinischer Dienst

Der Medizinische Dienst des ehemaligen ANS umfaßte ein Krankenhaus mit 260 Betten, eine Poliklinik mit mehreren Ambulatorien bzw. Sanitätsstellen sowie Ambulatorien in den Bezirken, im Wachregiment und an der Hochschule Potsdam.
Darüber hinaus existierten einige spezielle Untersuchungsstellen, z. B. auf den Gebieten der Lebensmittel- und Arbeitshygiene.
Insgesamt waren im Medizinischen Dienst des ehemaligen ANS 1.800 Mitarbeiter tätig. Davon arbeiten gegenwärtig noch 1.100 in deren Einrichtungen.

Entscheidungen zur Übergabe/Übernahme sind wie folgt getroffen bzw. vorbereitet:
Das Krankenhaus in Berlin-Pankow, Hobrechtsfelder Chaussee übernimmt bis zum 31. 3. 1990 der Magistrat von Berlin. Es wird dem Städtischen Klinikum Berlin-Buch zugeordnet.
Die Poliklinik Berlin-Lichtenberg, Ruschestraße, übernimmt bis zum 30. 4. 1990 ebenfalls der Magistrat von Berlin. Sie wird dem Oskar-Ziethen-Krankenhaus angeschlossen.
Das Haftkrankenhaus Berlin-Hohenschönhausen wird bis zum 31. 1. 1990 durch das Ministerium für Innere Angelegenheiten übernommen.
Die Lebensmittel- und Wasseruntersuchungsstelle in Berlin-Lichtenberg übernimmt bis zum 31. 3. 1990 das Ministerium für Gesundheitswesen zur Einordnung in das Zentralinstitut für Hygiene, Mikrobiologie und Epidemiologie.

Für weitere zentral geleitete Einrichtungen werden Entscheidungen zur konkreten Nachnutzung vorbereitet. Das betrifft z. B. die Arbeitsmedizinische Untersuchungsstelle und das Zentrum für Pharmazie in Berlin-Pankow, Arztstützpunkte, die in der Regel je einen ärztlichen und einen zahnärztlichen Arbeitsplatz enthalten, Betriebssanitätsstellen innerhalb verschiedener Objekte sowie Kur- und Genesungsheime.

Dokument 11/2, Zwischenbericht aus dem Dreierkomitee zur Auflösung des MfS/AfNS vorgetragen von Werner Fischer, Sicherheitsbeauftragter des Runden Tisches und Regierungsbevollmächtigter zur Auflösung des MfS/AfNS; Seite 17 von 18

Die Ambulatorien der ehemaligen Bezirksämter wurden bzw. werden auf der Grundlage von Beschlüssen der örtlichen Räte durch das örtlich geleitete Gesundheitswesen übernommen.

SV Dynamo

Das Amt für Nationale Sicherheit war eines der drei Trägerorgane der SV Dynamo mit einem Anteil von 17,0 Prozent der Planstellen. 800 Mitarbeiter und Sportler befanden sich im Dienstverhältnis mit dem Amt für Nationale Sicherheit. Von ihnen wurden 175 inzwischen entlassen. 110 Sportler, Trainer und Sportfunktionäre übernimmt das Ministerium für Innere Angelegenheiten. Alle anderen Mitarbeiter gehen ein anderes Arbeitsrechtsverhältnis außerhalb der bewaffneten Organe ein.

Aufgelöst werden der

- SC Dynamo Hoppegarten und
- Fallschirmsportclub Dynamo Eilenburg.

Die Sport- und Trainingsstätten der SV Dynamo stehen künftig der Bevölkerung zur Mitnutzung zur Verfügung.

Dokument 11/2, Zwischenbericht aus dem Dreierkomitee zur Auflösung des MfS/AfNS vorgetragen von Werner Fischer, Sicherheitsbeauftragter des Runden Tisches und Regierungsbevollmächtigter zur Auflösung des MfS/AfNS; Seite 18 von 18

**MINISTERRAT
DER DEUTSCHEN DEMOKRATISCHEN REPUBLIK**
MINISTERIUM DER JUSTIZ

Ministerium der Justiz · 1026 Berlin · Postfach 1271

Fernsprechangabe: 23 37 140

Datum: 26. Januar 1990

Liebe Kollegen!

Beiliegend übergeben wir Ihnen zur Vorbereitung der Beratung der Regierungskommission zur Ausarbeitung eines Parteiengesetzes am

    Mittwoch, dem 31.01.1990, 10.00 Uhr
    im Richtersaal des Ministeriums der
    Justiz, Clara-Zetkin-Straße 93

eine im Ergebnis der ersten Beratung überarbeitete Fassung des Gesetzes. Die veränderten Passagen sind durch Unterstreichung oder Anmerkung kenntlich gemacht.

Mit kollegialem Gruß

Dr. Christoph
Sekretär der Regierungskommission

Überarbeiteter Entwurf vom 26. 1. 1990

Vorläufiges Gesetz über Parteien und politische Vereinigungen
vom ....

Zur Gründung und Tätigkeit von Parteien in der Deutschen Demokratischen Republik beschließt die Volkskammer das folgende Gesetz:

§ 1

(1) Dieses Gesetz regelt die Rechte und Pflichten der Bürger der Deutschen Demokratischen Republik bei der Gründung und Tätigkeit von Parteien.

(2) Dieses Gesetz gilt auch für politische Vereinigungen, mit Ausnahme der §§ 10, 11 und 12.

> Anmerkung: Dieser Festlegung wurde in der Arbeitsgruppe Parteien- und Vereinigungsgesetz des Runden Tisches in der Sitzung am 4. 1. 1990 mehrheitlich zugestimmt. Vorbehalte machte der Vertreter der SDP unter Hinweis auf Verletzung des Gleichheitsgrundsatzes gelten.
> Übereinstimmung bestand, daß die Fragen der inneren Struktur und der äußeren Vertretung von politischen Vereinigungen regelungsbedürftig sind und dafür die Bestimmungen des Entwurfs des Vereinigungsgesetzes zu prüfen sind.

§ 2

(1) Die Bildung von Parteien erfolgt entsprechend den Grundsätzen der Vereinigungsfreiheit.

(2) <u>Parteien sind politische Vereinigungen von Bürgern, die dauernd oder für längere Zeit für die Deutsche Demokratische Republik auf die politische Willensbildung Einfluß nehmen und sich mit eigenen Kandidaten an Wahlen beteiligen.</u>

> Anmerkung: Diese Formulierung entspricht der Definition, auf die sich der zentrale Runde Tisch im Zusammenhang mit dem Wahlgesetz geeinigt hat.

Dokument 11/3, Entwurf AG "Parteien- und Vereinigungsgesetz": Vorläufiges Gesetz über Parteien und andere politische Vereinigungen, Parteiengesetz; Seite 2 von 11

2

(3) Grundlegende Aufgaben von Parteien sind insbesondere
- Teilnahme und Mitwirkung an der politischen Willensbildung;
- sich durch Aufstellen von Kandidaten an Wahlen zu beteiligen;
- die politische Bildung und aktive Teilnahme der Bürger am gesellschaftlichen Leben zu fördern;
- für die Vermittlung von Volks- und Staatswillen zu sorgen;
- Auswahl und Befähigung von geeigneten Mitgliedern zur Übernahme staatlicher Verantwortung.

(4) Die Parteien haben beim Präsidenten der Volkskammer
- das Programm und die Satzung (das Statut),
- die Namen der Mitglieder des geschäftsführenden Vorstandes
zu hinterlegen. Gleiches gilt für Änderungen bzw. Ergänzungen des Programms und Statuts. Änderungen der personellen Zusammensetzung des geschäftsführenden Vorstandes sind umgehend mitzuteilen.
Der Präsident der Volkskammer führt ein Register der Parteien. Das Parteienregister ist öffentlich und jedermann zugänglich.

(5) Eine politische Vereinigung verliert ihren Status als Partei, wenn sie innerhalb von sechs Jahren nicht mit eigenen Kandidatenvorschlägen an Wahlen teilgenommen hat. In diesem Fall erfolgt die Streichung aus dem Parteienregister. Die Öffentlichkeit ist darüber in geeigneter Weise zu informieren. Die Fortführung der Tätigkeit eines aus dem Parteienregister gestrichenen Zusammenschlusses richtet sich nach den Bestimmungen des Vereinigungsgesetzes.

§ 3

(1) Die Bildung von Parteien ist frei und bedarf keiner besonderen Genehmigung.

(2) Die Gründung und Tätigkeit von Parteien, die militaristische, faschistische oder andere antihumanistische Ziele verfolgen oder
der Verbreitung und Bekundung von Glaubens-, Rassen- und Völkerhaß dienen oder ihre Ziele mit Gewalt oder durch Androhung von Gewalt zu verwirklichen suchen, sind verboten.

3

§ 4

(1) Mitglieder von Parteien können nur natürliche Personen sein.

(2) Ausländer, die sich mit einer Aufenthaltserlaubnis oder einer Aufenthaltsgenehmigung in der DDR aufhalten, können Mitglied einer Partei werden, soweit die Satzung nichts anderes bestimmt.

§ 5

(1) Jede Partei muß einen Namen haben, der sich von dem einer bereits bestehenden Partei deutlich unterscheidet. Gleiches gilt für eine Kurzbezeichnung, wenn eine solche verwandt wird.

(2) Der Sitz einer Partei und ihres Vorstandes müssen sich im Staatsgebiet der DDR befinden.

§ 6

Soweit staatliche Organe, staatliche Betriebe und Einrichtungen Leistungen o. a. an eine Partei gewähren bzw. einräumen, haben alle anderen Parteien Anspruch auf Gleichbehandlung.

§ 7

(1) Jede Partei, die sich mit eigenen Kandidatenvorschlägen an Wahlen beteiligt, hat in Zeiten der Wahlvorbereitung und -durchführung die gleichen Rechte und Pflichten.
Das bezieht sich insbesondere auf folgende Rechte:
- Nutzung von Räumen im Rahmen der territorialen Möglichkeiten, soweit sie sich in volkseigener Rechtsträgerschaft der örtlichen staatlichen Organe befinden,
- gleichberechtigten Zugang zu und freie Eigendarstellung in den dem Ministerrat unterstehenden Massenmedien,
- gleichberechtigte Inanspruchnahme von öffentlich verwalteten Flächen zur Wahlsichtwerbung.

(2) Für die Realisierung von Ansprüchen der Parteien gemäß Abs. 1 sind der Ministerrat, die zuständigen örtlichen Staatsorgane und Leiter der Einrichtungen verantwortlich. Zur Herstellung und Sicherung der Chancengleichheit sind zwischen den

Dokument 11/3, Entwurf AG "Parteien- und Vereinigungsgesetz": Vorläufiges Gesetz über Parteien und andere politische Vereinigungen, Parteiengesetz; Seite 4 von 11

4

zuständigen örtlichen Staatsorganen bzw. den Leitern der Einrichtungen mit den jeweiligen Parteien rechtzeitig gemeinsame Vereinbarungen zu treffen.

§ 8

(1) Parteien sind unter der Voraussetzung des § 2 Abs. 4 rechtsfähig. Sie nehmen als juristische Personen am Rechtsverkehr teil. Das Gleiche gilt für territoriale Gliederungen, sofern das Statut nichts anderes vorsieht.

(2) Für die Teilnahme am Rechtsverkehr gelten, soweit dieses Gesetz nichts anderes festlegt, die Regelungen des Vereinigungsgesetzes entsprechend.

§ 9

(1) Jede Partei muß über ein Programm und eine Satzung (Statut) verfügen, die demokratischen Prinzipien entsprechen.

(2) Die Satzungen müssen Festlegungen enthalten über
- Namen und Kurzbezeichnung, sofern eine solche verwandt wird;
- Sitz und Tätigkeitsgebiet der Partei;
- allgemeine Gliederung der Partei;
- Zusammensetzung und Befugnisse des Vorstandes und der übrigen Organe;
- Beschlußfassung der Mitgliederversammlung bzw. Delegiertenkonferenz;
- Beginn und Beendigung der Mitgliedschaft sowie der Rechte und Pflichten der Mitglieder;
- Verfahren der Auswahl von Kandidaten der Partei für die Wahlen zu den Volksvertretungen;
- Form und Inhalt einer Finanzordnung.

Über die Einrichtung einer Schiedsgerichtsbarkeit entscheidet die Partei.

5

§ 10

(1) Organe der Partei sind Mitgliederversammlungen und Vorstände. In der Satzung kann festgelegt werden, daß in überörtlichen Struktureinheiten an die Stelle der Mitgliederversammlung eine Delegiertenkonferenz treten kann.

(2) Die Mitgliederversammlung oder die Delegiertenkonferenz ist das oberste Organ der jeweiligen territorialen Struktureinheit. Sie tritt mindestens einmal in zwei Jahren zusammen. Die Mitgliederversammlung oder die Delegiertenkonferenz (Parteitag) beschließt über die Parteiprogramme, die Satzung (Statut), die Beitragsordnung, die Auflösung und den Zusammenschluß mit anderen Parteien.

(3) Die Mitgliederversammlung oder die Delegiertenkonferenz (Parteitag) wählt den Vorsitzenden der jeweiligen territorialen Struktureinheit, seine Stellvertreter und die übrigen Mitglieder des Vorstandes.

(4) Mindestens alle zwei Jahre hat der Vorstand vor der Mitgliederversammlung oder der Delegiertenkonferenz (Parteitag) einen Tätigkeitsbericht abzugeben.

§ 11

(1) Die Partei entscheidet satzungsgemäß über die Aufnahme von Mitgliedern. Allgemeine Aufnahmesperren sind unzulässig.

(2) Die Mitglieder der Partei und die Vertreter in den Parteiorganen haben gleiches Stimmrecht.

(3) Die Partei regelt in ihrer Satzung (Statut) die Disziplinarmaßnahmen gegenüber ihren Mitgliedern und die Gründe für den Parteiausschluß.

Dokument 11/3, Entwurf AG "Parteien- und Vereinigungsgesetz": Vorläufiges Gesetz über Parteien und andere politische Vereinigungen, Parteiengesetz; Seite 6 von 11

§ 12

(1) Der Vorstand leitet die territoriale Struktureinheit und vertritt die Partei im Rechtsverkehr gemäß der Satzung sowie den Beschlüssen der übergeordneten Organe. Sein Handeln berechtigt und verpflichtet die Partei unmittelbar.

(2) Der Vorstand handelt durch seinen Vorsitzenden; im Verhinderungsfalle durch einen gewählten Stellvertreter.

§ 13

Eine Partei kann sich durch Beschluß der Mitgliederversammlung oder Delegiertenkonferenz (Parteitag) auflösen. Das Vermögen der Partei muß in diesem Falle einer Stiftung überwiesen werden.

§ 14
(neu formuliert)

(1) Die Parteien haben eine Einnahmen- und Ausgabenrechnung sowie eine Vermögensberechnung zu führen und im Finanzbericht der Partei auszuweisen.

(2) Einnahmen sind:
- Mitgliedsbeiträge
- Einnahmen aus Vermögen
- Einnahmen aus wirtschaftlicher Tätigkeit
- Einnahmen aus Schenkungen
- Einnahmen aus Wahlkampfkostenerstattung
- sonstige Einnahmen.

(3) Ausgaben sind:
- Personalausgaben
- Ausgaben des laufenden Geschäftsbetriebes
- Ausgaben für Wahlen
- sonstige Ausgaben.

(4) Die Vermögensrechnung umfaßt
- unbewegliche und bewegliche Grundmittel
- Umlaufmittel
- Forderungen und Verbindlichkeiten.

7

(5) Im Finanzbericht ist die Anzahl der beitragspflichtigen Mitglieder zum Jahresende auszuweisen.

(6) Parteien und politische Vereinigungen sind im Rahmen ihrer politischen Tätigkeit von allen Steuern befreit. Das gilt auch für die Verwaltung, Schulung und Erziehung. Unterhalten sie jedoch einen wirtschaftlichen Geschäftsbetrieb (z. B. Produktion, Handel, Dienstleistungen, Druckerei, Verlag, Erholungsobjekt) so sind sie insoweit steuerpflichtig. Für die Besteuerung der Umsätze und Gewinne sowie dieses Vermögens gelten die bestehenden steuerrechtlichen Vorschriften.

§ 15

(1) Schenkungen (Spenden) in einer Höhe von mehr als 10 000 Mark müssen unverzüglich, spätestens sechs Wochen vor Wahlen, unter Angabe der Höhe und des Spenders im Gesetzblatt der DDR veröffentlicht werden.

Anmerkung: War bisher § 14 Abs. 2

(2) Staatliche Organe und staatliche Betriebe und Einrichtungen dürfen den Parteien keine vermögensmäßige Unterstützung gewähren und eine Partei darf diese nicht annehmen. Das gilt auch für Schenkungen, die erkennbar in Erwartung eines bestimmten wirtschaftlichen oder politischen Vorteils gewährt werden. Diese sind dem Präsidenten der Volkskammer zu überweisen, der sie gemeinnützigen Zwecken zuführt.

Anmerkung: War bisher § 14 Abs. 3

(3) Eine Partei darf keine Schenkungen oder anderweitige wirtschaftliche Unterstützung von einem anderen Staat oder von außerhalb des Geltungsbereiches dieses Gesetzes annehmen. Parteien, die Mitglieder internationaler Parteienzusammenschlüsse sind, können von diesen Organisationen finanzielle Unterstützung erhalten.

Anmerkung: War bisher § 14 Abs. 4 Satz 1 und 2; der Rest wurde gestrichen. Auch § 14 Abs. 5 und 6 wurden gestrichen.

Dokument 11/3, Entwurf AG "Parteien- und Vereinigungsgesetz": Vorläufiges Gesetz über Parteien und andere politische Vereinigungen, Parteiengesetz; Seite 8 von 11

8

§ 16
(neu eingefügt)

(1) Zur Gewährleistung grundsätzlich gleicher Voraussetzungen für die Arbeitsfähigkeit der Parteien wird ein staatlicher Ausgleichsbetrag gezahlt.

(2) Der staatliche Ausgleichsbetrag beträgt 90 % der Differenz, die sich aus der Gegenüberstellung der als einheitliche Norm festgelegten Ausgaben pro Mitglied und der laut Finanzbericht realisierten Einnahmen (ohne Erstattung der Wahlkampfkosten) ergibt.

Anmerkung Der sorbischen Minderheit wird der Ausgleichsbetrag in Höhe von 100 % gezahlt.

§ 17

(1) Parteien, die sich an der Volkskammerwahl mit eigenen Wahlvorschlägen beteiligen, haben Anspruch auf eine angemessene Erstattung der Wahlkampfkosten gemäß Abs. 2.

(2) Der zu bildende staatliche Wahlkampffonds beträgt 5,-- Mark je Wahlberechtigten. Die Wahlkampfkostenerstattung erfolgt anteilmäßig nach den auf die Partei entfallenden gültigen Wählerstimmen.

(3) In Vorbereitung auf Volkskammerwahlen können auf Antrag Abschlagszahlungen in Anspruch genommen werden.

Anmerkung: War bisher § 15 Abs. 3

(4) Die Auszahlung der finanziellen Unterstützung erfolgt durch den Präsidenten der Volkskammer.

Anmerkung: War bisher § 15 Abs. 4; auf § 15 Abs. 5 wurde verzichtet.

Dokument 11/3, Entwurf AG "Parteien- und Vereinigungsgesetz": Vorläufiges Gesetz über Parteien und andere politische Vereinigungen, Parteiengesetz; Seite 9 von 11

(5) Parteien, die nicht mindestens 1 v. H. der gültigen Wählerstimmen auf sich vereinen, erhalten keine Unterstützung.

Anmerkung: War bisher § 15 Abs. 6

(6) Abschlagszahlungen sind nach der Wahl zurückzuzahlen, soweit sie den Erstattungsbetrag gemäß Abs. 2 übersteigen oder wenn ein Erstattungsanspruch nicht entstanden ist.

(7) Für die Wahlen zu den anderen Volksvertretungen werden gesonderte Regelungen getroffen.

Anmerkung: War bisher § 15 Abs. 7

§ 18

(1) Bis zum 30. 6. eines jeden Jahres hat jede Partei öffentlich Rechenschaft über das Vermögen, die Einnahmen und Ausgaben des vergangenen Kalenderjahres zu legen. Der Bericht ist mit dem Prüfungsvermerk eines von der Volkskammer zu bildenden unabhängigen Revisionsorgans an den Präsidenten der Volkskammer zu übergeben.

(2) Der Präsident der Volkskammer veröffentlicht die Finanzberichte im Gesetzblatt der DDR.

§ 19

(1) Über das Verbot einer Partei wird in einem Verfahren vor dem Großen Senat des Obersten Gerichts der DDR entschieden.

Anmerkung: War bisher § 1 (1) Satz 1. Satz 2 wurde gestrichen.

(2) Anträge auf Verbot einer Partei können das Präsidium der Volkskammer, der Ministerrat und Generalstaatsanwalt der DDR stellen.

Dokument 11/3, Entwurf AG "Parteien- und Vereinigungsgesetz": Vorläufiges Gesetz über Parteien und andere politische Vereinigungen, Parteiengesetz; Seite 10 von 11

10

(3) Für das Verfahren vor dem Großen Senat des Obersten Gerichts gilt die Zivilprozeßordnung entsprechend.

Anmerkung: bis zur Ausgestaltung eines Verfahrens über das Verbot verfassungswidriger Parteien, das auf Grundlage einer neuen Verfassung der DDR voraussichtlich von einem Verfassungsgericht durchgeführt werden müßte, wird für das Parteienverbotsverfahren die hier vorgeschlagene Übergangsregelung als zweckmäßig angesehen.

(4) Die strafrechtliche Verantwortlichkeit einzelner Mitglieder von Parteien bleibt vom Verbotsverfahren unberührt.

Anmerkung: Regelungen über die strafrechtliche Verantwortlichkeit werden mit dem 6. StÄG (§ 101) vorbereitet.

§ 20

(1) Wird eine Partei entsprechend § 19 verboten, ist sie unverzüglich aufzulösen. Verantwortlich für die zur Auflösung zu ergreifenden Maßnahmen sind der Minister für Innere Angelegenheiten und der Minister für Finanzen und Preise.

(2) Das Vermögen der verbotenen Partei fällt an den Staatshaushalt.

§ 21

Dieses Gesetz tritt mit Ausahme des § 15 Abs. 3 Satz 1 am in Kraft. § 15 Abs. 3 Satz 1 tritt am 7. Mai 1990 in Kraft.

Dokument 11/3, Entwurf AG "Parteien- und Vereinigungsgesetz": Vorläufiges Gesetz über Parteien und andere politische Vereinigungen, Parteiengesetz; Seite 11 von 11

Runder Tisch Vorlage Nr.: 11/4
11. Sitzung
05. Februar 1990

Beschlußvorlage der Arbeitsgruppe "Wahlgesetz"

1. Angesichts des vorverlegten Wahltermins zur Wahl zur Volkskammer stimmt der Runde Tisch dem zwischen der Arbeitsgruppen "Wahlgesetz" und dem zeitweiligen Volkskammerausschuß vereinbarten Terminablaufplan zu:
(Anlage)

2. Auf den Nachweis von mindestens 1000 Unterschriften je Wahlkreis bei der Einreichung von Wahlvorschlägen wird verzichtet.
(§ 11, Ziffer 3)
Statt dessen sind den Wahlvorschlägen Programm und Statut der jeweiligen Partei oder politischen Vereinigung sowie das Protokoll über die Wahl der Kandidaten in einer beschlußfähigen Mitglieder- bzw. Vertreterversammlung der Partei oder politischen Vereinigung beizufügen.

3. Die Moderatoren des Runden Tisches werden gebeten, gemeinsam mit dem Präsidium der Volkskammer Namensvorschläge für das Präsidium der Wahlkommission der Republik zu erarbeiten, so daß die Volkskammer am 21. Februar 1990 die Wahlkommission der Republik und ihr Präsidium im Einvernehmen mit dem Runden Tisch berufen kann.

Dokument 11/4, Antrag AG "Wahlgesetz" zu Wahltermin und Kandidatenaufstellung für die Volkskammerwahlen am 18. März 1990 sowie Anlage zum Terminplan der auf den 18. März 1990 vorgezogenen Wahl (Vorlage 11/4); Seite 1 von 2

Anlage

Terminablaufplan ausgehend vom Wahltermin
18. März 1990

1. Aufruf der Volkskammer	
- zur Vorbereitung der Wahlvorschläge	
- zur Benennung von Kandidaten für die Wahlkommission der Republik	5. Februar
2. Verabschiedung des Wahlgesetzes	21. Februar
3. Bildung der Wahlkommission der Republik	21. Februar
4. Konstituierende Sitzung der Wahlkommission der Republik	
- Bildung der Wahlkreiskommissionen	
- Aufforderung zur Einreichung von Wahlvorschlägen	22. Februar
5. Abschluß der Bildung der Stimmbezirke	24. Februar
6. Abschluß der Einreichung von Wahlvorschlägen	28. Februar
7. Abschluß der Verfahren zu Beschwerden über Entscheidungen der Wahlkreiskommissionen zu Wahlvorschlägen	6. März
8. Feststellung der an der Wahl teilnehmenden Parteien und Vereinigungen und Bekanntmachung der Wahlvorschläge	9. März
9. Herstellung der Wählerverzeichnisse und Wahlbenachrichtigungen	27. Februar - 4. März
10. Vorschläge der Parteien und Vereinigungen für die Wahlvorstände	1. März
11. Auslegung der Wählerverzeichnisse	28. Februar - 10. März
12. Übergabe der Wahlbenachrichtigungen an die Wähler	bis 8. März
13. Bildung der Wahlvorstände durch die Wahlkreiskommissionen	bis 8. März
14. Abschluß der Wählerverzeichnisse	16. März, 16.00 Uhr

Dokument 11/4, Antrag AG "Wahlgesetz" zu Wahltermin und Kandidatenaufstellung für die Volkskammerwahlen am 18. März 1990 sowie Anlage zum Terminplan der auf den 18. März 1990 vorgezogenen Wahl (Vorlage 11/4); Seite 2 von 2

Runder Tisch, 11. Sitzung, 5. Februar 1990   Information 11/2
    VOLKSKAMMER
        der   Drucksache Nr. 64
Deutschen Demokratischen Republik
    9. Wahlperiode

A n t r a g

des Präsidiums der Volkskammer
der Deutschen Demokratischen Republik
vom 2. Februar 1990

Die Volkskammer wolle beschließen:

B e s c h l u ß

der Volkskammer der Deutschen Demokratischen Republik
zu Aktivitäten der Partei Die Republikaner
auf dem Territorium der DDR

Angesichts der zunehmenden Aktivitäten rechtsextremer und neofaschistischer Kräfte, insbesondere von Mitgliedern und Sympathisanten der Partei Die Republikaner, machen sich sofortige Maßnahmen zum Schutz des Staates und seiner Bürger erforderlich.

Das gilt umso mehr, da in den letzten Tagen in mehreren Orten der DDR im Namen der Republikaner Gewaltakte angekündigt und durch Bedrohungen von Personen Angst und Schrecken verbreitet werden. Der Prozeß der allseitigen demokratischen Erneuerung der Gesellschaft in der DDR wird damit ernsthaft gefährdet.

Ausgehend von der Verantwortung gegenüber unserem Volk und den Völkern der Welt dafür Sorge zu tragen, daß von deutschem Boden nie wieder Faschismus und Krieg ausgehen, und in Übereinstimmung mit den Verpflichtungen aus internationalen Abkommen sowie den Artikeln 6, 29 und 105 der Verfassung der DDR beschließt die Volkskammer der Deutschen Demokratischen Republik:

Dokument 11/5, Antrag des Präsidiums der Volkskammer der Deutschen Demokratischen Republik vom 2. Februar 1990: Zum Beschluß der Volkskammer der Deutschen Demokratischen Republik zu Aktivitäten der Partei "Die Republikaner" auf dem Territorium der DDR (Information 11/2); Seite 1 von 2

- 2 -

1. Die Tätigkeit der Partei Die Republikaner auf dem Territorium der DDR wird für unzulässig erklärt und verboten.

2. Das Verbot erstreckt sich auch auf Nachfolge- oder Ersatzorganisationen, die unter anderen Namen gleiche Ziele verfolgen.

3. Verantwortlich für die Durchsetzung des Verbots ist der Minister für Innere Angelegenheiten.

4. Dieser Beschluß gilt bis zu abschließenden Entscheidungen auf der Grundlage eines künftigen Parteiengesetzes.

Dieser Beschluß tritt mit seiner Veröffentlichung in Kraft.

Günther M a l e u d a
Präsident der Volkskammer
der Deutschen Demokratischen Republik

Dokument 11/5, Antrag des Präsidiums der Volkskammer der Deutschen Demokratischen Republik vom 2. Februar 1990: Zum Beschluß der Volkskammer der Deutschen Demokratischen Republik zu Aktivitäten der Partei "Die Republikaner" auf dem Territorium der DDR (Information 11/2); Seite 2 von 2

Ministerrat der
Deutschen Demokratischen Republik
Wirtschaftskomitee

Bericht über die Lage der Volkswirtschaft
und Schlußfolgerungen zur Stabilisierung

Berlin, 23. Januar 1990

Dokument 11/6, Kommentar des Industrieministers und Vorsitzenden des Wirtschaftsausschusses, Karl Grünheid, zum Bericht über die Lage der Volkswirtschaft und Schlußfolgerungen zur Stabilisierung, insbesondere zu den Zielvorstellungen der Wirtschaftsreform; Seite 1 von 25

Ministerrat der DDR
Wirtschaftskomitee

Bericht über die Lage der Volkswirtschaft
und Schlußfolgerungen zur Stabilisierung

1. Trotz der durch die solide Arbeit des Volkes bei der Entwicklung der Produktion und der Verbesserung der Arbeits- und Lebensbedingungen erreichten Ergebnisse ist die Wirtschaft der DDR infolge einer verfehlten Wirtschaftspolitik und einer sich ständig verfestigenden zentral-bürokratischen Verwaltungs- und Kommandowirtschaft in eine krisenhafte Situation geraten.
Aufgrund der Mißachtung von marktgerechten Methoden und Formen der Wirtschaftstätigkeit sowie der Ignoranz gegenüber den objektiv wirkenden Wertkategorien und der offensichtlich gewordenen Ineffizienz des zentralistischen Systems der Leitung und Planung wird die Lage der Volkswirtschaft seit Jahren durch folgende Entwicklungen charakterisiert:

- Die geringer gewordene Dynamik der Leistungsentwicklung der Volkswirtschaft, die mit unzureichender Bedarfsgerechtheit der Produktion im Inland und mit ihrer abnehmenden Konkurrenzfähigkeit auf den internationalen Märkten verbunden ist. Wesentliche Ursachen dafür sind die zu niedrige produktive Akkumulation und die in diesem Zusammenhang unbefriedigende ökonomische Wirksamkeit von Wissenschaft und Technik und die Vernachlässigung des Leistungsprinzips. Teilweise wurde sie durch eine Verschärfung der ökologischen Situation begleitet.

2

- Die deutliche Verlangsamung der Intensivierungsprozesse in der Volkswirtschaft und den durch eine einseitige Orientierung auf das Wachstum von Mengenkennziffern hervorgerufenen starken Einfluß extensiver Faktoren.
Charakteristisch dafür sind vor allem die Verschlechterung der Grundfondsökonomie, die geringen Ergebnisse bei der Freisetzung von Arbeitskräften aufgrund der langsamen Produktivitätssteigerung und das Zurückbleiben bei der Senkung des spezifischen Produktionsverbrauchs und der Kosten.

Zugleich gibt es einen seit Jahren anhaltenden Rückgang in der Intensität der internationalen Arbeitsteilung. Das trifft insbesondere auf die Entwicklung der Kooperation in der metallverarbeitenden Industrie zu, was wesentliche negative Auswirkungen auf ihre Strukturentwicklung und Effektivität hat. Das alles beeinträchtigte die volkswirtschaftliche Effektivität und stellt eine wesentliche Ursache für das wachsende Defizit des Staatshaushaltes dar.

- Die Mehrheit der Werktätigen der DDR besitzt ein hohes Qualifikationsniveau.
Die durch ungenügende Beherrschung des Intensivierungsprozesses seit Jahren bestehende Arbeitskräfteproblematik wurde 1989 durch die Ausreise von Bürgern der DDR außerordentlich verschärft. Im wesentlichen im 2. Halbjahr haben 343 000 Bürger die DDR verlassen, was einem Arbeitskräftepotential von 220 000 Werktätigen oder etwa 3,1 % aller Arbeiter und Angestellten entspricht.
Es hat sich ein wachsender Widerspruch zwischen dem Bedarf an Arbeitskräften und der tatsächlichen Qualifikationsstruktur herausgebildet.

- Die zunehmenden Disproportionen in der Volkswirtschaft, insbesondere in der Verteilung des volkswirtschaftlichen Endprodukts. Kontinuität und Effektivität der Produktion werden vor allem durch die bedeutenden Niveauunterschiede im Zustand

Dokument 11/6, Kommentar des Industrieministers und Vorsitzenden des Wirtschaftsausschusses, Karl Grünheid, zum Bericht über die Lage der Volkswirtschaft und Schlußfolgerungen zur Stabilisierung, insbesondere zu den Zielvorstellungen der Wirtschaftsreform; Seite 3 von 25

3

der materiell-technischen Basis und der Technologien auf ausgewählten Gebieten im Vergleich zur gesamten Volkswirtschaft sowie durch das Mißverhältnis in der quantitativen und qualitativen Entwicklung zwischen Zulieferindustrie und Finalproduktion negativ beeinflußt. Den stärksten Einfluß auf Richtung und Spielraum der künftigen Wirtschaftspolitik üben die nicht den Erfordernissen entsprechenden Relationen zwischen produziertem und im Inland verwendeten Nationaleinkommen, zwischen Akkumulationsfonds und Konsumtionsfonds sowie zwischen Kauffonds und Warenfonds aus.

- Die wachsende Außenwirtschaftsbelastung der Volkswirtschaft im nichtsozialistischen Wirtschaftsgebiet durch die für die Sicherung der Liquidität notwendige Aufnahme von Krediten bei Banken kapitalistischer Länder.
Es wurde bisher mit einer Höhe der Verbindlichkeiten von 20.6 Mrd. $ gerechnet. Nach der vorläufigen Abrechnung der Zahlungsbilanz und auf der Grundlage der einheitlichen Abrechnung des Außenhandels betragen die Verbindlichkeiten zum Jahresende 1989 18,5 Mrd. $. Eine gewisse Präzisierung kann sich noch im Ergebnis der abschließenden Inventur aller Konten ergeben.
In den Jahren 1988 und 1989 schloß der Außenhandel gegenüber dem nichtsozialistischen Wirtschaftsgebiet mit Importüberschüssen ab. Dadurch treten auch steigende Belastungen für den Staatshaushalt, insbesondere für Zinszahlungen und Kosten für Kreditaufnahme ein.

Die bedeutenden, dazu territorial stark differenzierten Rückstände bei der Entwicklung der technischen und sozialen Infrastruktur, wovon in zunehmendem Maße auch das Leistungswachstum und die Effektivität der produktiven Bereiche beeinflußt werden.

Die angespannte Situation in der natürlichen Umwelt, deren Reproduktion trotz wachsender Aufwendungen nicht ausreichend gesichert werden konnte.

Dokument 11/6, Kommentar des Industrieministers und Vorsitzenden des Wirtschaftsausschusses, Karl Grünheid, zum Bericht über die Lage der Volkswirtschaft und Schlußfolgerungen zur Stabilisierung, insbesondere zu den Zielvorstellungen der Wirtschaftsreform; Seite 4 von 25

(sic!, der Hg.)

5

Insgesamt konnten jedoch verschlissene Ausrüstungen nur unzureichend ausgesondert werden; so hat sich der Verschleißgrad der Ausrüstungen in der Industrie von 47,1 % 1975 auf 53,8 % 1988 erhöht, im Bauwesen von 49 % auf 67 %, im Verkehrswesen von 48,4 % auf 52,1 % und in der Land-, Forst- und Nahrungsgüterwirtschaft von 50,2 % auf 61,3 %. Daraus ergibt sich ein überhöhter und ökonomisch uneffektiver Instandhaltungs- und Reparaturbedarf. Darin liegt auch eine Ursache, daß der Anteil der Beschäftigten mit manueller Tätigkeit in der Industrie seit 1980 nicht gesunken ist, sondern mit 40 % etwa gleichblieb. Das ist ein wesentlicher Grund für das ungenügende Niveau und Tempo der Steigerung der Arbeitsproduktivität.

In engem Zusammenhang mit dem Zurückbleiben der Grundfondsreproduktion in der Mehrzahl der Produktionsbereiche gibt es einen "Überhang" an wissenschaftlich-technischen Leistungen, die materiell nicht realisiert werden konnten.
Der technologische Rückstand zu den führenden kapitalistischen Ländern ist nicht geringer geworden; er hat in der 2. Hälfte der 80er Jahre insgesamt zugenommen. Statistische Berechnungen besagen, daß das produzierte Nationaleinkommen pro Beschäftigten in der materiellen Produktion (volkswirtschaftliche Arbeitsproduktivität) in der BRD um rd. 40 % höher liegt als in der DDR.

Mit der forcierten Nutzung der Rohbraunkohle als Energieträger und Rohstoff für die chemische Industrie entstanden bedeutende Umweltprobleme, die mit weitreichenden wirtschaftlichen Folgen und abnehmender Akzeptanz durch die Bevölkerung verbunden sind. Gegenwärtig werden ca. 420 Produktionsanlagen mit Ausnahmegenehmigungen des Gesundheitswesens betrieben. In einigen Fällen, wie in Pirna und Espenhain, fordern gesellschaftliche Kräfte und Bürgerinitiativen die Stillegung solcher Anlagen, wovon über 100 000 Arbeitskräfte betroffen werden und ein punktueller Produktionsausfall z. B. bei Viskoseseide und bei Chemiegrundstoffen ausgeglichen werden müssen. Werktätige einiger dieser Betriebe andererseits wenden sich gegen solche kurzfristigen Entscheidungen.

Dokument 11/6, Kommentar des Industrieministers und Vorsitzenden des Wirtschaftsausschusses, Karl Grünheid, zum Bericht über die Lage der Volkswirtschaft und Schlußfolgerungen zur Stabilisierung, insbesondere zu den Zielvorstellungen der Wirtschaftsreform; Seite 5 von 25

6

Die Investitionsbeschränkungen führten auch zu einem Zurückbleiben der kommunalen Infrastruktur (Wasser, Abwasser, Strom, Gas, Wärme, Straßen, Wege, Bahnhöfe, Telefon) und zum Zurückbleiben der Reparaturen und der Werterhaltung im Wohnungswesen und der Stadterhaltung und -sanierung.

Die Kaufkraft der Mark der DDR im Bereich der Wirtschaft ist gesunken. In der Industrie und im Bauwesen haben von 1984 - 1986 Kosten- und Preiserhöhungen stattgefunden, die nicht nur auf gestiegene Rohstoffpreise sowohl international als auch im eigenen Land, wie z. B. bei der Rohbraunkohle, sondern auch auf zu hohe Gemeinkosten und sprunghaft gestiegene Reparaturkosten wegen des überalterten Grundmittelbestandes zurückzuführen sind. Seit 1975 erhöhte sich das Niveau der Industrie-, Bau- und Agrarpreise um 56 %.

In den 80er Jahren wuchs in Folge falscher Wirtschafts- und Gesellschaftspolitik, von Mißwirtschaft und parasitärer Verwendung durch die ehemalige Partei- und Staatsführung der Verbrauch schneller als die eigenen Leistungen. Es wurde mehr verbraucht als aus eigener Produktion erwirtschaftet wurde zu Lasten der Verschuldung im NSW, die sich von 0,5 Mrd. $ 1970 auf 18,5 Mrd. $ erhöht hat.

3. Im Vergleich zum Produktivitätsniveau führender kapitalistischer Industrieländer hat die DDR einerseits relativ hohe soziale Standards erreicht. Andererseits verlangt allein schon die dauerhafte Sicherung dieser sozialen Errungenschaften und ihr weiterer schrittweiser Ausbau ein bedeutend höheres Tempo wissenschaftlich-technischer Erneuerung und ein entscheidend höheres Produktivitäts- und Effektivitätsniveau als im zurückliegenden Jahrzehnt. Der Ausstattungsgrad der Haushalte mit langlebigen Konsumgütern betrug 1989 bei Haushaltskälteschränken 99 %, Waschmaschinen 99 %, Fernsehgeräten 96 %, darunter Farbfernsehgeräte 57 %. Dabei beeinträchtigen sowohl Mängel im wissenschaftlich-technischen Niveau, der Qualität als auch

Dokument 11/6, Kommentar des Industrieministers und Vorsitzenden des Wirtschaftsausschusses, Karl Grünheid, zum Bericht über die Lage der Volkswirtschaft und Schlußfolgerungen zur Stabilisierung, insbesondere zu den Zielvorstellungen der Wirtschaftsreform; Seite 6 von 25

im sortimentsgerechten Angebot die Versorgungswirksamkeit, insbesondere unter Berücksichtigung internationaler Vergleiche. Eine stabile landwirtschaftliche Produktion auf genossenschaftlicher Grundlage gewährleistet die Versorgung der Bevölkerung. Der Pro-Kopf-Verbrauch an Grundnahrungsmitteln betrug 1988 bei Fleisch 100,2 kg, Butter 14,9 kg, Gemüse 106 kg, Obst 77 kg.

Die Sozialpolitik forderte einen großen Anteil am volkswirtschaftlichen Gesamtergebnis, ohne daß sie in genügendem Maße zu Leistungen stimulierte. Der Zusammenhang zwischen der Wirkung des Leistungsprinzips und einer dauerhaften Gewährleistung der proportionalen Entwicklung des Warenfonds, der Dienstleistungspotentiale und des Kauffonds der Bevölkerung sowie auf dieser Grundlage des Marktgleichgewichts von Angebot und Nachfrage wurde ernsthaft verletzt.

Während das produzierte Nationaleinkommen 1986 - 1989 um durchschnittlich jährlich 3,1 % wuchs, erhöhten sich die Nettogeldeinnahmen um durchschnittlich jährlich 4,3 %, die indirekten Einkommen aus gesellschaftlichen Fonds und die Zuwendungen für die Bevölkerung aus dem Staatshaushalt als wichtiger Bestandteil des Realeinkommens einschließlich der Subventionen für Wohnungswesen, stabile Preise, Tarife, Bildungswesen, Gesundheitswesen, Kultur, Sport und Erholung stiegen in diesen Jahren um 6 % jährlich.
Das volkswirtschaftliche Erfordernis eines schnelleren Zuwachses der Arbeitsproduktivität gegenüber dem Wachstum der Durchschnittslöhne wurde nach 1975 verletzt, besonders in den Jahren 1976, 1987, 1988. Die Motive zur Leistungssteigerung haben sich abgeschwächt.

In 10 von 14 Jahren nach 1975 wuchsen die Geldeinnahmen der Bevölkerung schneller als die materiellen Warenfonds. Seit Mitte der 70er Jahre stagnierte die Warenbereitstellung bei wichtigen Positionen, z. B. bei Obst und Südfrüchten, bei Fisch, bei PKW und ging bei einzelnen Positionen in den 80er

Dokument 11/6, Kommentar des Industrieministers und Vorsitzenden des Wirtschaftsausschusses, Karl Grünheid, zum Bericht über die Lage der Volkswirtschaft und Schlußfolgerungen zur Stabilisierung, insbesondere zu den Zielvorstellungen der Wirtschaftsreform; Seite 7 von 25

8

Jahren sogar zurück. Es gab zum Teil verdeckte und zum Teil offene Preissteigerungen bei Konsumgütern und Leistungen.
Das der Kaufkraft der Mark der DDR in den Händen der Bevölkerung zugrunde liegende Preisniveau erhöhte sich gegenüber 1975 auf 116,5 %. Die Disproportionen zwischen Geldeinnahmen und Warenfonds führte zu Mangelerscheinungen im Angebot und zu einem beträchtlichen Kaufkraftüberhang.
In den Geldbeziehungen der Bevölkerung sind Disproportionen zwischen Kauf- und Warenfonds eingetreten, denen nicht in vollem Umfang leistungsgerecht gebildete Geldeinkommen und eine unzureichende bedarfsgerechte Realisierung von Einkommen und Ersparnissen zugrunde liegen; insbesondere in den Jahren 1986 - 1988 in Höhe von 10 - 12 Mrd. M. Es muß mit einem mobilen Kaufkraftüberhang von 4 - 5 Mrd. M gerechnet werden.
Der Kaufkraftüberhang resultiert insbesondere aus nicht befriedigter Nachfrage nach Kraftfahrzeugen, Wohnraumgestaltung, moderner Unterhaltungselektronik und Auslandstourismus. Diese Entwicklung vollzog sich bei wachsenden Subventionen für Waren des Grundbedarfs, Tarife und Mieten als Form der konsumtiven Verwendung von Nationaleinkommen.

Insgesamt vollzog sich ein schnelleres Anwachsen der gesellschaftlichen gegenüber der aus Arbeitseinkommen realisierten Konsumtion. Der Anteil der aus gesellschaftlichen Fonds und Subventionen gespeisten Einkommen, beträgt gegenwärtig rd. 50 % des Realeinkommens pro Kopf der Bevölkerung insgesamt. Bei Wahrung der unverzichtbaren Einheit zwischen Anwendung des Leistungsprinzips und sozialer Sicherheit ist es erforderlich, den Wirkungen des Leistungsprinzips mehr Geltung zu verschaffen. Die Kriterien für die Bewertung der Leistung und des daraus abzuleitenden Anspruchs auf Ressourcen bzw. Konsumtionsfonds müssen zunehmend an internationalen Maßstäben der Arbeitsproduktivität, Kosten, Preise, Währungsrelationen und Löhne orientiert sein.

Dokument 11/6, Kommentar des Industrieministers und Vorsitzenden des Wirtschaftsausschusses, Karl Grünheid, zum Bericht über die Lage der Volkswirtschaft und Schlußfolgerungen zur Stabilisierung, insbesondere zu den Zielvorstellungen der Wirtschaftsreform; Seite 8 von 25

9

Die Spareinlagen, einschließlich Versicherungssparen, erhöhten sich von 138 Mrd. M 1985 auf 178 Mrd. M Ende 1989. Das Wachstum beträgt damit durchschnittlich jährlich 6,4 %. Die Zinszahlungen an die Bevölkerung betragen 1989 etwa 5 Mrd. M.

4. Die Austauschrelationen im Handel mit dem nichtsozialistischen Wirtschaftsgebiet haben sich aufgrund der für die DDR ungünstigen Weltmarktpreisentwicklung und wegen überhöhter inländischer Produktionskosten verschlechtert.

Die Hauptursache für das unzureichende NSW-Exportvolumen und die zu geringe Außenhandelseffektivität besteht darin, daß die Eigenverantwortung der Wirtschaftseinheiten für die Außenwirtschaftsaufgaben ungenügend ausgeprägt war und es nicht gelang, genügend effektiv absetzbare Exporterzeugnisse bereitzustellen. Die fehlerhafte Wirtschaftspolitik führte zu einer Abkapselung von der internationalen Arbeitsteilung; dadurch entstand im Verhältnis zur Leistungskraft ein zu breites Produktionssortiment, wodurch die Erzeugnisse nicht das erforderliche wissenschaftlich-technische Niveau besaßen, um wettbewerbsfähig zu sein und die erforderliche Verbesserung der inneren Effektivität zu sichern.

Von wesentlichem Einfluß auf diese Entwicklung war, daß die gestiegenen volkswirtschaftlichen Aufwendungen zum Beispiel für die Energiewirtschaft, nicht durch die Senkung des Aufwandes und der Kosten ausgeglichen wurden. Dadurch stiegen die den nationalen Aufwand deckenden Industriepreise in der DDR schneller als die Preise im nichtsozialistischen Wirtschaftsgebiet, so daß die Rentabilität der Exporte im nichtsozialistischen Wirtschaftsgebiet sank und faktisch eine Abwertung der Kaufkraft der Mark gegenüber kapitalistischen Währungen eintrat.

Die Hauptursache des heutigen Standes der Verbindlichkeiten gegenüber dem nichtsozialistischen Wirtschaftsgebiet ist, daß über die Jahre mehr importiert als exportiert wurde.

Dokument 11/6, Kommentar des Industrieministers und Vorsitzenden des Wirtschaftsausschusses, Karl Grünheid, zum Bericht über die Lage der Volkswirtschaft und Schlußfolgerungen zur Stabilisierung, insbesondere zu den Zielvorstellungen der Wirtschaftsreform; Seite 9 von 25

10

Die Sicherung der Zahlungsfähigkeit der DDR sowie die Sicherung der Rohstoffbezüge und anderer wichtiger Importe durch zuverlässigen Warenaustausch mit den sozialistischen Ländern sind Aufgaben, die alle Maßnahmen auf außenwirtschaftlichem Gebiet bestimmen müssen. Alle eingegangenen internationalen Verpflichtungen sind zuverlässig zu erfüllen.
Zur Verbesserung der Effektivität des Exports sind schon für 1990 die Exporterzeugnisse nach dem Nettovalutaerlös zu überprüfen und Veränderungen der Exportstruktur einzuleiten. Auf keinen Fall dürfen die auf den Märkten erkämpften Positionen verloren gehen.

5. Die Situation im Staatshaushalt wird dadurch charakterisiert, daß im Zusammenhang mit der ungenügenden Grundfondserneuerung, den zu hohen Produktionskosten und den Verlusten aus der Verschlechterung der Austauschrelationen eine stetig gewachsene Inlandsverschuldung entstanden ist. Die Verbindlichkeiten des Staatshaushaltes gegenüber dem Kreditsystem der DDR, die 1970 rd. 12,0 Mrd. M betrugen, nehmen zu.
Die Kreditinanspruchnahme erhöhte sich für den volkseigenen Wohnungsbau auf rd. 54 Mrd. M und für strukturbestimmende Investitionen auf rd. 4 Mrd. M. Darüber hinaus entstand durch das sich ab 1983/84 weiter verschlechternde interne Umrechnungsverhältnis der Mark der DDR zur Valutamark eine Verbindlichkeit gegenüber dem Kreditsystem von 65 Mrd. M, die im Rahmen der Tilgung der Auslandsschulden der DDR durch den Staatshaushalt in den nächsten Jahren zu begleichen ist. Geldumlauf und Verbindlichkeiten des Staates sind schneller gestiegen als die volkswirtschaftliche Leistung.
Im Zusammenhang mit der Wirtschaftsreform ist eine Neubestimmung der Ziele der Finanzpolitik mit einer höheren Priorität der Stabilität der Währung und der Staatsfinanzen als eine grundlegende Bedingung für die umfassende Verwirklichung des Leistungsprinzips notwendig. Sie ist auf die Wiederher-

Dokument 11/6, Kommentar des Industrieministers und Vorsitzenden des Wirtschaftsausschusses, Karl Grünheid, zum Bericht über die Lage der Volkswirtschaft und Schlußfolgerungen zur Stabilisierung, insbesondere zu den Zielvorstellungen der Wirtschaftsreform; Seite 10 von 25

11

stellung des materiellen und finanziellen Gleichgewichts
durch die Bilanzierung der zahlungsfähigen Nachfrage der
Wirtschaft und Bevölkerung mit den materiellen Bedingungen der Akkumulation und Konsumtion zu richten.
Das erfordert, durch Erhöhung der Außenhandelsrentabilität und Maßnahmen zur Beseitigung des Kaufkraftüberhangs
die Währung der DDR zu stärken und schrittweise ihre
Konvertibilität zu erreichen.
Eine Währungsreform ist nicht vorgesehen. Es geht darum,
daß der Wert der Mark der DDR durch zielgerichtete Erhöhung der Leistungskraft bei umfassender Nutzung der
vorhandenen bedeutenden personellen und materiellen Potenzen systematisch zu erhöhen ist.

Dokument 11/6, Kommentar des Industrieministers und Vorsitzenden des Wirtschaftsausschusses, Karl Grünheid, zum Bericht über die Lage der Volkswirtschaft und Schlußfolgerungen zur Stabilisierung, insbesondere zu den Zielvorstellungen der Wirtschaftsreform; Seite 11 von 25

12

II.

1. Die seit Jahren nicht gelösten Probleme in der Volkswirtschaft bestimmten in starkem Maße den Wirtschaftsverlauf und die Planerfüllung 1989.
Das produzierte Nationaleinkommen wuchs im Jahr 1989 nach vorläufigen Angaben um 2 %. Das Gesetz zum Volkswirtschaftsplan sah 4,0 % vor.

Mit dem IV. Quartal vollzog sich ein wesentlicher Bruch in der Entwicklung, wodurch die Ausgangspunkte für das Wirtschaftsjahr 1990 entscheidend verändert wurden. Ausschlaggebend dafür waren

- die verstärkte Abwanderung von Arbeitskräften,
- die Konsequenzen aus der Öffnung der Grenzen auf dem Binnenmarkt,
- die Verkehrssituation und notwendige Importentscheidungen.

So wurde in den Monaten Oktober - Dezember in der Industrie durchschnittlich je Arbeitstag für 57 Mio M weniger produziert als während der ersten drei Quartale.
Insgesamt erreichte das produzierte Nationaleinkommen zu vergleichbaren Preisen des Jahres 1985 ein Volumen von 273, 5 Mrd. M Damit standen für ca. 5,3 Mrd. M weniger Nationaleinkommen als geplant zur Verfügung.

Aus der Senkung des spezifischen Produktionsverbrauchs resultierten nur rund 5 % des Nationaleinkommenszuwachses. Das ist vor allem auf die Überschreitung des geplanten Produktionsverbrauchs in der Industrie und in der Landwirtschaft zurückzuführen.
Besonders spürbar in seinen volkswirtschaftlichen Auswirkungen ist, daß die Produktionsziele bei 216 (von insgesamt 383) volkswirtschaftlich wichtigen Haupterzeugnissen mit einem Gesamtvolumen von 4,8 Mrd. M nicht erfüllt wurden. Dazu gehören die Produktionsziele solcher Zuliefererzeugnisse wie Gußer-

Dokument 11/6, Kommentar des Industrieministers und Vorsitzenden des Wirtschaftsausschusses, Karl Grünheid, zum Bericht über die Lage der Volkswirtschaft und Schlußfolgerungen zur Stabilisierung, insbesondere zu den Zielvorstellungen der Wirtschaftsreform; Seite 12 von 25

zeugnisse, Industriegetriebe, Wälzlager, Ersatzteile für Landmaschinen, Möbelfolien, Flaschen für die Lebensmittelindustrie, elektrische Groß- und Mittelmaschinen, Hoch- und Niederspannungsschaltgeräte, Pumpen, Verdichter, Kammgarne und Baumwollgewebe mit beträchtlichen Auswirkungen auf die Finalproduktion.

Das führte zu weiter anwachsenden Vertragsrückständen, zur Diskontinuität der Produktion, einem hohen operativen Aufwand für ihre materiell-technische Sicherung und zu zusätzlichen Importen aus dem nichtsozialistischen Wirtschaftsgebiet.

Nach übereinstimmenden Einschätzungen beruht der Rückgang der Produktion im November/Dezember bis zu zwei Dritteln auf dem Weggang von Arbeitskräften. Gleichzeitig wirkten gestörte Kooperationsbeziehungen, fehlende Zulieferungen und unzureichende materielle Voraussetzungen. Es wurden aber auch Mängel in der Produktionsorganisation, in der Leitung und in der Arbeitsintensität sichtbar.

Besonders stark wirkte sich der Produktionsrückgang im Maschinenbau und in der bezirksgeleiteten Industrie aus.

So sank in der metallverarbeitenden Industrie die arbeitstägliche Produktion im November um 6,1 % und im Dezember um 8,1 % unter das Niveau des entsprechenden Vorjahresmonats. Im Werkzeug- und Verarbeitungsmaschinenbau betrugen die Rückgänge jeweils rund 10 %.

Gleichzeitig hat sich das Kostenniveau verschlechtert. Für das Gesamtjahr wird in der Industrie gegenüber den vorgesehenen 1,3 % eine Senkung des Kostensatzes von nur 0,1 % eingeschätzt. Es darf nicht übersehen werden, daß sich im Oktober der Kostensatz um 0,9 %, im November um 1,5 % und im Dezember um 3 % erhöhte.

Im Bauwesen wurde - auch bedingt durch den Rückgang von Arbeitskräften - insgesamt kein Leistungsanstieg gegenüber dem Vorjahr erreicht.

Dokument 11/6, Kommentar des Industrieministers und Vorsitzenden des Wirtschaftsausschusses, Karl Grünheid, zum Bericht über die Lage der Volkswirtschaft und Schlußfolgerungen zur Stabilisierung, insbesondere zu den Zielvorstellungen der Wirtschaftsreform; Seite 13 von 25

14

Dadurch entstanden in der Industrie und im Bauwesen Gewinnrückstände zum Plan in Höhe von ca. 4,5 Mrd. M.
Durch die hohen Anforderungen an das Verkehrswesen infolge des zum Teil chaotische Formen annehmenden Reiseverkehrs im IV. Quartal konnten negative Wirkungen auf den Gütertransport nicht verhindert werden. Hervorzuheben ist, daß zum Jahresende eine Stabilisierung im Gütertransport erreicht sowie im Verkehrswesen die geplanten Effektivitätskennziffern per 31. 12. 89 in Größenordnungen von rund 300 Mio M im Nettogewinn und von 12,5 Mio VM im NSW-Saldo überboten wurden.
Durch die Werktätigen der Landwirtschaft wurden die geplanten Leistungsziele in der Tierproduktion erfüllt und überboten, während sie in der Pflanzenproduktion aufgrund der komplizierten Witterungsbedingungen (Trockenheit im Frühjahr und Sommer) nicht erreicht werden konnten.
Die Pflanzenproduktion realisierte einen Gesamtertrag von 46,8 dt Getreideeinheiten je Hektar landwirtschaftliche Nutzfläche. Bei Getreide wurden 10,8 Mio t geerntet; der Minderertrag gegenüber dem Planziel betrug 0,8 Mio t. Die größten Ausfälle aufgrund der Witterungsbedingungen sind bei Zuckerrüben, Kartoffeln und bei Grobfutter zu verzeichnen. Es war notwendig, zusätzlich 1,5 Mio t Futtergetreide zu importieren, um die Auswirkungen auf die Futterlage auszugleichen und im Jahr 1990 die geplante Tierproduktion zu sichern.
Unter Berücksichtigung dieser Faktoren wird der Staatshaushalt 1989 voraussichtlich mit einem Defizit von rd. 6 Mrd. M abschließen.

Die grundlegende Feststellung besteht darin, daß auch unter außerordentlich komplizierten Bedingungen das Funktionieren der Wirtschaft und die Versorgung der Bevölkerung im IV. Quartal mit großen Anstrengungen im wesentlichen gewährleistet wurde.

Dokument 11/6, Kommentar des Industrieministers und Vorsitzenden des Wirtschaftsausschusses, Karl Grünheid, zum Bericht über die Lage der Volkswirtschaft und Schlußfolgerungen zur Stabilisierung, insbesondere zu den Zielvorstellungen der Wirtschaftsreform; Seite 14 von 25

15

Die letzten Wochen haben gezeigt, daß Werktätige vielerorts durch persönlichen Einsatz Leistungs- und Effektivitätsreserven erschlossen haben und auch die Sofortmaßnahmen der Regierung erste Ergebnisse brachten, an die angeknüpft werden kann. Zu den erfreulichen Resultaten gehört, daß die für die Sicherung der Rohstoffimporte übernommenen Exportverpflichtungen gegenüber der UdSSR im wesentlichen erfüllt wurden und die Exporte in das nichtsozialistische Wirtschaftsgebiet gegenüber dem Vorjahr um 8,5 % gewachsen sind. Die Investitionsziele wurden bei allerdings zum Teil hohen unsaldierten Rückständen wertmäßig erreicht.

Es ist hervorzuheben, daß die Versorgung der Bevölkerung, insbesondere mit Waren des Grundbedarfs, trotz der hohen zusätzlichen Belastung durch den Tourismus sowie der starken Abkäufe hochwertiger Konsumgüter in den Monaten November und Dezember im wesentlichen gesichert werden konnte.
Daran haben die Mitarbeiter des Verkehrswesens, des Handels sowie Angehörige der bewaffneten Organe durch Einsatzbereitschaft und Fleiß einen bedeutenden Anteil.

2. Für die wirtschaftliche Entwicklung und Stabilität im I. Quartal 1990 hat die Regierung Entscheidungen getroffen. Schwerpunkte dabei sind die Sicherung der Bereitstellung von Rohstoffen, Zuliefererzeugnissen und Ersatzteilen sowie der Einsatz von Arbeitskräften in volkswirtschaftlichen Schwerpunktbereichen.

Für den Winter sind zur Versorgung mit Energieträgern im I. Quartal 1990 die erforderlichen Bereitstellungen von Heizöl, Braunkohlenbriketts, Steinkohle und Hochofenkoks, der Aufbau einer Kältereserve sowie die Voraussetzungen für die Elektroenergieversorgung auch unter komplizierten Winterbedingungen festgelegt. Das schließt die Verpflichtung aller Verbraucher ein, sparsam mit Energie umzugehen.

Dokument 11/6, Kommentar des Industrieministers und Vorsitzenden des Wirtschaftsausschusses, Karl Grünheid, zum Bericht über die Lage der Volkswirtschaft und Schlußfolgerungen zur Stabilisierung, insbesondere zu den Zielvorstellungen der Wirtschaftsreform; Seite 15 von 25

16

Die für die Bewältigung des Transports unter Winterbedingungen erforderlichen materiell-technischen Voraussetzungen bei der Eisenbahn, beim Straßenwesen sowie beim Seeverkehr und bei den Binnenwasserstraßen wurden geprüft und sind gegeben.

Wie festgelegt, wurden von den Generaldirektoren der Kombinate Anfang Januar ihre Planvorschläge für das I. Quartal 1990 eingereicht. Die Lage in den einzelnen Bereichen ist differenziert. Insgesamt muß damit gerechnet werden, daß vor allem aufgrund der verminderten Anzahl von Arbeitskräften die Produktion im I. Quartal 1990 insgesamt bei rd. 95,3 % im Verhältnis zum gleichen Zeitraum des Vorjahres liegen wird.

Durch die in der Lebensmittelindustrie verfügbaren Kapazitäten und Rohstoffe kann für das I. Quartal 1990 die Versorgung der Bevölkerung gewährleistet werden.
Der Planvorschlag der Generaldirektoren der Kombinate des Bereiches der Leichtindustrie beträgt im I. Quartal 1990 gegenüber dem gleichen Zeitraum des Vorjahres 95,2 %.

Im Bereich der Schwerindustrie liegt das Produktionsniveau laut Planvorschlag für das I. Quartal 1990 bei 95,1 % und im Bereich des Maschinenbaus bei 95,5 %.
Die von den Kombinaten des Ministeriums für Bauwesen und Wohnungswirtschaft vorgeschlagene Bauproduktion beträgt unter Berücksichtigung von Veränderungen in den Gewerken von Neubau auf Instandhaltung und Reparaturen 86,7 % im Vergleich zum I. Quartal 1989.

Die von den Betrieben und Kombinaten vorgesehene Lohnentwicklung steht gegenwärtig für das I. Quartal noch nicht in Übereinstimmung mit der vorgeschlagenen Leistung, was jedoch zur Gewährleistung der Übereinstimmung zwischen Warenfonds und Kaufkraft und der Stabilität des Binnenmarktes gewährleistet werden muß.

Dokument 11/6, Kommentar des Industrieministers und Vorsitzenden des Wirtschaftsausschusses, Karl Grünheid, zum Bericht über die Lage der Volkswirtschaft und Schlußfolgerungen zur Stabilisierung, insbesondere zu den Zielvorstellungen der Wirtschaftsreform; Seite 16 von 25

17.

Zur Erhöhung der Effektivität und zur Sicherung der Eigenerwirtschaftung der Mittel für den Reproduktionsprozeß der Kombinate sowie zur Minderung des Defizits im Staatshaushalt sind Reserven, insbesondere durch die Erhöhung der Arbeitsproduktivität, die Senkung des Produktionsverbrauchs, die Verbesserung der Exportergebnisse sowie der Exportrentabilität und durch eine rationelle Bestandswirtschaft zu erschließen.

Zur Erhöhung des Exportanteils des I. Quartals 1990 ist die Verwendung des Endprodukts für das Inland und den Export unter Berücksichtigung der abgeschlossenen Jahresprotokolle mit den sozialistischen Ländern und den abgeschlossenen Verträgen im nichtsozialistischen Wirtschaftsgebiet zu prüfen. Dazu sind auf der Grundlage der Planvorschläge der Betriebe und Kombinate die notwendigen Entscheidungen zu treffen bzw. den verantwortlichen Bilanzorganen vorzulegen.

3. Im Jahre 1990 muß das Funktionieren der Volkswirtschaft gewährleistet und der Beginn einer Stabilisierungsphase eingeleitet werden, die voraussichtlich auch die Jahre 1991 und 1992 umfassen wird.
Gegenwärtig erfolgt auf der Grundlage staatlicher Orientierungsgrößen die Ausarbeitung von Vorschlägen für den Planentwurf 1990 durch die Kombinate, Betriebe und Einrichtungen sowie durch die örtlichen Staatsorgane bis 15. 2. 1990; das heißt, von unten nach oben.

Von grundlegender Bedeutung für die Einschätzung der Leistungsentwicklung 1990 sind die bedeutenden Veränderungen im gesellschaftlichen Arbeitsvermögen, die sich im wesentlichen im 2. Halbjahr 1989 mit der Ausreise von rd. 343 800 Personen vollzogen haben.
Im Zusammenhang mit der Vorbereitung des neuen Wehrdienstgesetzes werden 31 600 Angehörige der bewaffneten Organe in dieser konzentrierten Form an bestimmten Standorten für den

Dokument 11/6, Kommentar des Industrieministers und Vorsitzenden des Wirtschaftsausschusses, Karl Grünheid, zum Bericht über die Lage der Volkswirtschaft und Schlußfolgerungen zur Stabilisierung, insbesondere zu den Zielvorstellungen der Wirtschaftsreform; Seite 17 von 25

18

Arbeitseinsatz nicht mehr zur Verfügung stehen, wobei gleichzeitig 96 000 Arbeitskräfte aus der Armee in ihrer bisherigen Tätigkeit verbleiben bzw. zu ihr zurückkehren. Außerdem werden durch die Amnestie von 16 000 in ausgewählten Kapazitäten der Produktion tätigen Strafgefangenen 12 000 bis Januar 1990 entlassen. Das Problem besteht in den eintretenden punktuellen Auswirkungen bei einzelnen Erzeugnissen, insbesondere der Zulieferindustrie, wodurch Störungen in ganzen Produktionsketten entstehen und gemeistert werden müssen.

Es muß damit gerechnet werden, daß aufgrund des starken Arbeitskräfteverlustes insbesondere in industriellen Ballungsgebieten und volkswirtschaftlich wichtigen Betrieben und noch weiter anhaltender Ausreisen im Jahre 1990 die Produktion um 4 - 5 % unter dem Niveau des Jahres 1989 liegen wird. Diesen Berechnungen liegt zugrunde, daß die Arbeitsproduktivität im Jahre 1990 um etwa 3 % gegenüber 1989 gesteigert wird. Das muß unter den gegebenen Bedingungen als eine angespannte Zielstellung eingeschätzt werden. Damit wird die Aufgabe unterstrichen, aus Verwaltungen, bewaffneten Organen und gesellschaftlichen Organisationen freigesetzte Arbeitskräfte für produktive Tätigkeiten zu gewinnen, umzuschulen und einzusetzen.

Aufgrund der Analyse des vergangenen Jahres ist es erforderlich, dem Plan zur Stabilisierung der Volkswirtschaft 1990 folgende Hauptgesichtspunkte für die Konzentration der zur Verfügung stehenden Arbeitskräfte und materiellen sowie finanziellen Potentiale zugrunde zu legen:

- Sicherung der materiellen Versorgung der Volkswirtschaft insbesondere mit Zuliefererzeugnissen, Energieträgern und Rohstoffen zur Gewährleistung einer kontinuierlichen Produktion;

- Sicherung der Versorgung der Bevölkerung entsprechend den abgeschlossenen Verträgen insbesondere für das 1. Halbjahr 1990;

Dokument 11/6, Kommentar des Industrieministers und Vorsitzenden des Wirtschaftsausschusses, Karl Grünheid, zum Bericht über die Lage der Volkswirtschaft und Schlußfolgerungen zur Stabilisierung, insbesondere zu den Zielvorstellungen der Wirtschaftsreform; Seite 18 von 25

- Sicherung der mit der UdSSR vereinbarten Lieferungen für den Import der Energieträger und Rohstoffe;

- Sicherung der in den staatlichen Orientierungsgrößen vorgesehenen Exporte in das nichtsozialistische Wirtschaftsgebiet und Mobilisierung von Reserven zu ihrer Überbietung.

Dies muß verbunden werden mit einer Ökonomisierung des gesamten Reproduktionsprozesses insbesondere durch Senkung von unproduktivem Aufwand, um das Defizit im Staatshaushalt zu verringern.

Es ist von großer volkswirtschaftlicher Bedeutung, daß mit dem Abschluß des Jahresprotokolls mit der UdSSR und mit den Protokollen anderer sozialistischer Länder wichtige Grundlagen für die weitere Entwicklung unserer Volkswirtschaft gegeben sind, insbesondere durch die Lieferung lebenswichtiger Energieträger, Rohstoffe und Materialien. Die sich daraus ergebenden Verpflichtungen der DDR für den Export müssen fester Bestandteil der Pläne der Betriebe und Kombinate sein.

Bei allen Problemen muß festgestellt werden, daß die Volkswirtschaft der DDR über entwicklungsfähige Grundlagen zur Stabilisierung und der Wiedergewinnung von Dynamik bei Wachstum und Effektivität verfügt. Dazu gehören:

- Erfahrung, Tradition und ein hohes Qualifikationsniveau der Werktätigen,

- die in der Wirtschaft vorhandenen Arbeitskräftereserven, z. B. der hohe Anteil von Beschäftigten mit manueller tätigkeit,

- das in Jahren gewachsene Leistungsvermögen der Betriebe und Kombinate mit hohem wissenschaftlich-technischem Niveau auf ausgewählten Gebieten und teilweise ein "Überhang" an wissenschaftlich-technischen Erkenntnissen,

- die über lange Zeit gewachsenen Außenmarktsbeziehungen mit dem sozialistischen Wirtschaftsgebiet, insbesondere mit der UdSSR, mit guten Marktpositionen, die nicht preisgegeben werden sollten,

- die bedeutenden Entwicklungsmöglichkeiten bei der Kooperation und wirtschaftlichen Zusammenarbeit mit der BRD in einem vertraglich geregelten Wirtschaftsverbund und die Möglichkeiten der Beteiligung am EG-Binnenmarkt,

Dokument 11/6, Kommentar des Industrieministers und Vorsitzenden des Wirtschaftsausschusses, Karl Grünheid, zum Bericht über die Lage der Volkswirtschaft und Schlußfolgerungen zur Stabilisierung, insbesondere zu den Zielvorstellungen der Wirtschaftsreform; Seite 19 von 25

20

- das relativ hohe Verbrauchs- und Ausstattungsniveau der Bevölkerung mit Konsumgütern sowie ein bedeutender neu geschaffener Wohnungsfonds, wobei andererseits der schlechte Zustand in vielen Altbaugebieten zu berücksichtigen ist, dem dringend abgeholfen werden muß,

- eine insgesamt leistungsfähige Landwirtschaft auf genossenschaftlicher Grundlage mit hohen Viehbeständen,

- entwickelte genossenschaftliche und zum Teil auch private Eigentumsformen sowie die Erfahrungen mit privatem und halbstaatlichem Eigentum bis 1971,

- die Lage des Landes als Transitland von West nach Ost sowie von Nord nach Süd und umgekehrt sowie als potentielles Reiseland,

- die Möglichkeit, daß die Hauptstadt der DDR und Berlin-West sich zu einer Drehscheibe im Ost-West-Verhältnis entwickeln und territoriale Verbindungen eingehen können, was beiden Seiten zugute käme,

- das objektive Interesse der westeuropäischen Nachbarn an ökonomischer, politischer und militärischer Stabilität in Mitteleuropa und ihre wachsende Bereitschaft, sich dafür auch ökonomisch zu engagieren, und nicht zuletzt

- die potentiellen ökonomischen Möglichkeiten weiterer Rüstungsbegrenzung.

Dokument 11/6, Kommentar des Industrieministers und Vorsitzenden des Wirtschaftsausschusses, Karl Grünheid, zum Bericht über die Lage der Volkswirtschaft und Schlußfolgerungen zur Stabilisierung, insbesondere zu den Zielvorstellungen der Wirtschaftsreform; Seite 20 von 25

21

III.

Aus der gegenwärtigen Lage der Wirtschaft ergeben sich folgende grundlegende Schlußfolgerungen:

- Entsprechend den Regierungserklärungen vor der 12. und 14. Tagung der Volkskammer der DDR besteht die wichtigste Aufgabe darin, die Wirtschaft der DDR aus der Krise zu führen, ihr Stabilität zu verleihen und Wachstumsimpulse zu geben. Gegenwärtig geht es darum, das Funktionieren der Wirtschaft unter den Bedingungen eines anhaltenden Verlustes an gesellschaftlichem Arbeitsvermögen und gestörter Kooperationsbeziehungen zu gewährleisten.
Bei der Ausarbeitung der ökonomischen Ziele für 1990 ist von den realen Bedingungen auszugehen. Dabei ist die grundlegende Erfahrung der beiden letzten Jahrzehnte zu berücksichtigen, daß auch und gerade auf dem gegenwärtigen Entwicklungsniveau der Produktivkräfte die Nutzung des Marktmechanismus und der Ware-Geld-Beziehungen eine entscheidende Voraussetzung für steigende Produktivität, internationale Wettbewerbsfähigkeit und wachsende Lebensqualität ist.

Durch die neue Wirtschaftspolitik, energische Schritte zur Verwirklichung der Wirtschaftsreform in Beachtung einer sozial und ökologisch orientierten Marktwirtschaft, eine höhere Wirksamkeit des Leistungsprinzips, der Initiative und des Unternehmergeistes sowie durch die Stärkung der materiellen Basis der Volkswirtschaft, darunter durch die Nutzung der Möglichkeiten der internationalen Arbeitsteilung und Zusammenarbeit, sind der Produktionsrückgang zu stoppen und die Voraussetzungen für die Wiedererlangung von Dynamik bei wachsender Effektivität zu schaffen.
Dabei muß die Mitsprache und die Mitverantwortung der Werktätigen und ihrer gewählten Vertretungen den neuen gesellschaftlichen Anforderungen und ökonomischen Bedingungen entsprechend in höherer Qualität verwirklicht werden.

Dokument 11/6, Kommentar des Industrieministers und Vorsitzenden des Wirtschaftsausschusses, Karl Grünheid, zum Bericht über die Lage der Volkswirtschaft und Schlußfolgerungen zur Stabilisierung, insbesondere zu den Zielvorstellungen der Wirtschaftsreform; Seite 21 von 25

22

- Die Regierung hat weitere konkrete Stabilisierungsmaßnahmen beraten, die der Ausarbeitung und Verwirklichung der Ziele und Aufgaben der ökonomischen Entwicklung zugrunde gelegt werden. Sie enthalten Aufgaben zur Entwicklung einer bedarfsgerechten Produktion, zur vorrangigen Entwicklung volkswirtschaftlich entscheidender Zulieferungen für den Inlandsbedarf sowie zur besseren Ersatzteilversorgung, zur Erhöhung der Kfz-Instandhaltungsleistungen, Aufgaben zur Aufrechterhaltung der Leistungsfähigkeit der Fleisch- und Milchindustrie, der Getränkeversorgung sowie der Leistungen in der örtlichen Versorgungswirtschaft. Es sind energische Maßnahmen zu treffen, um im Interesse der Stabilität des Binnenmarktes und der Stärkung der Mark der DDR die Übereinstimmung der Entwicklung von Kauf- und Warenfonds, beginnend 1990, zu gewährleisten.

Der Stand der Arbeit macht deutlich, daß es erforderlich ist, 1990 beginnend, ein längerfristiges Stabilisierungsprogramm auszuarbeiten, das in Übereinstimmung mit den Etappen der Wirtschaftsreform bis in das Jahr 1992 reichen muß.
Es werden Hemmnisse beseitigt und neue Maßnahmen wirksam für die Entfaltung privater Initiativen, vor allem zur Erhöhung der Konsumgüterproduktion, zur Verbesserung der Dienstleistungen sowie für die Kooperation auf dem Gebiet der Zulieferungen.

- Für die Vorbereitung volkswirtschaftlicher Strukturentscheidungen sind Varianten zu erarbeiten und vornehmlich mit Hilfe von marktgerechten Instrumentarien und Methoden zu verwirklichen, die von folgenden qualitativen Anforderungen ausgehen:

  . Sicherung und Entwicklung der Lebensqualität der Bevölkerung der DDR bei gleichzeitiger Gesundung der ökologischen Bedingungen;

  . Gewährleistung der kontinuierlichen Herausbildung einer proportionalen Volkswirtschaft durch Herstellung der Übereinstimmung von Angebot und Nachfrage auf allen Ebenen;

Dokument 11/6, Kommentar des Industrieministers und Vorsitzenden des Wirtschaftsausschusses, Karl Grünheid, zum Bericht über die Lage der Volkswirtschaft und Schlußfolgerungen zur Stabilisierung, insbesondere zu den Zielvorstellungen der Wirtschaftsreform; Seite 22 von 25

- Konzentration auf Gebiete, auf denen die DDR gute Traditionen und eine ausbaufähige Basis in Forschung, Entwicklung, Produktion und Absatz besitzt;

- schrittweise Einführung der Konvertierbarkeit der Währung auf der Grundlage steigender Produktivität und internationaler Konkurrenzfähigkeit im Gebrauchswert und den Kosten der Erzeugnisse sowie des volkswirtschaftlichen Gleichgewichts;

- Konkurrenzfähigkeit der Struktur sowohl beim Absatz der Erzeugnisse und Leistungen als auch bei der Ausschöpfung aller Effektivitätspotentiale der internationalen Arbeitsteilung durch konsequente Anwendung der Weltmarktpreise und der Konvertierbarkeit der Währung;

- Erwirtschaftung des erforderlichen Exportüberschusses zur Gewährleistung der Zahlungsfähigkeit, zur Sicherung der volkswirtschaftlich notwendigen Rohstoff- und Leistungsimporte sowie von Fertigerzeugnissen, deren Entwicklung und Produktion in der DDR ökonomisch nicht sinnvoll ist;

- kontinuierliche Sanierung der natürlichen Umwelt sowie wachsender Anteil von Investitionen zur Realisierung ökologisch vertretbarer Technologien unter Berücksichtigung der Sicherung der Produktion und Akzeptanz durch die Bevölkerung.

- Zur Erhöhung der Leistungskraft der Volkswirtschaft der DDR ist eine umfassende Modernisierung und Erneuerung des gesamten Produktionsapparates sowie der Infrastruktur erforderlich. Voraussetzung hierfür ist eine breite internationale Öffnung der Wirtschaft der DDR mit dem Ziel der Erreichung internationaler Wettbewerbsfähigkeit, der Erweiterung der Zusammenarbeit mit der UdSSR und anderen RGW-Ländern und der Beteiligung am EG-Binnenmarkt.

Dokument 11/6, Kommentar des Industrieministers und Vorsitzenden des Wirtschaftsausschusses, Karl Grünheid, zum Bericht über die Lage der Volkswirtschaft und Schlußfolgerungen zur Stabilisierung, insbesondere zu den Zielvorstellungen der Wirtschaftsreform; Seite 23 von 25

24

Auf der Grundlage des hohen Wissens und Ausbildungsgrades, der reichen Traditionen und Erfahrungen der Werktätigen der DDR ist die breite Nutzung fortgeschrittenen Know-how und neuester technologischer Lösungen im internationalen Maßstab zur Sicherung höherer Arbeitsproduktivität und Effektivität zu gewährleisten. Dazu ist enge Wirtschaftskooperation, Kapitalbeteiligung und Wirtschaftshilfe aus führenden Industrieländern, insbesondere der BRD, nötig, dringlich und liegt im gegenseitigen Interesse.

- Es geht darum, den erreichten Stand des Lebensniveaus der Bevölkerung durch die Verwirklichung einer neuen Wirtschaftspolitik, verbunden mit einer radikalen Wirtschaftsreform, zu bewahren und nach Überwindung der krisenhaften Erscheinungen entsprechend der Stärkung der Leistungskraft schrittweise weiter zu erhöhen.
  Dabei ist die Einheit von Sozial-, Preis- und Subventionspolitik leistungsorientiert und mit dem Ziel der Erhöhung der Lebensqualität sowie durch die Verbindung von Ökonomie und Ökologie in einer neuen Qualität zu gewährleisten.
  Das Ziel ist eine Leistungsgesellschaft, die die soziale Gerechtigkeit für alle Bürger einschließt, das Recht auf Arbeit, grundlegende soziale Sicherheit und demokratische Mitbestimmung gewährleistet.

- Die Aufgaben zur weiteren Stabilisierung und Wiedererlangung von Wachstum und Dynamik der volkswirtschaftlichen Entwicklung der DDR sind untrennbar mit der zielstrebigen Verwirklichung der von der Regierung vorgeschlagenen radikalen Wirtschaftsreform verbunden.
  Das Ziel der radikalen Wirtschaftsreform besteht darin, mit dem bisherigen System der zentral-bürokratischen Verwaltungs- und Kommandowirtschaft zu brechen und statt dessen zu einer Marktwirtschaft mit entwickelten Ware-Geld-Beziehungen überzugehen.

Dokument 11/6, Kommentar des Industrieministers und Vorsitzenden des Wirtschaftsausschusses, Karl Grünheid, zum Bericht über die Lage der Volkswirtschaft und Schlußfolgerungen zur Stabilisierung, insbesondere zu den Zielvorstellungen der Wirtschaftsreform; Seite 24 von 25

25

Es geht um die Entwicklung eines demokratischen, das heißt dem Volke verpflichteten Wirtschaftssystems, das sozialen und ökologischen Erfordernissen Rechnung trägt, hohe Effizienz gewährleistet und für alle Eigentumsformen sowie private Initiative und Unternehmensgeist umfassende Entwicklungsmöglichkeiten bietet.

Dokument 11/6, Kommentar des Industrieministers und Vorsitzenden des Wirtschaftsausschusses, Karl Grünheid, zum Bericht über die Lage der Volkswirtschaft und Schlußfolgerungen zur Stabilisierung, insbesondere zu den Zielvorstellungen der Wirtschaftsreform; Seite 25 von 25

Runder Tisch
11. Sitzung
5. Februar 1990

Vorlage 11/24

Sofortmaßnahmen
zur Sicherung des sozialen Status der Werktätigen
___

Angesichts der sich rasant zuspitzenden wirtschaftlichen Depression der DDR greifen Hoffnungslosigkeit und Demoralisierung der Menschen mehr und mehr um sich. Neben dem weiteren Rückgang der Industrieproduktion spielen infolge notwendiger wirtschaftsreformatorischer Maßnahmen Arbeitsplatzverlust und Sozialabbau eine wesentliche Rolle in den Ängsten der Menschen. Die Abwanderung von vor allem jungen Arbeitskräften hält unvermindert an, andererseits wächst die Zahl der Menschen, die infolge der Verwaltungsreform und strukturellen Veränderungen arbeitslos werden.

Obwohl der durch die Arbeitsgruppe Wirtschaft heute abgegebenen Erklärung zu den Arbeitskräfte- und sozialen Fragen zuzustimmen ist, gilt es, nicht nur die sozialen Folgen dieses Zustandes abzuschwächen, sondern vielmehr seine Ursachen weitestgehend zu beheben, indem mittelfristig neue Produktions- und Arbeitsplätze geschaffen werden. Der Runde Tisch fordert deshalb von der Regierung, schnellstens Maßnahmen zu konzipieren, die folgende Fragen berücksichtigen:

1. Es sind die rechtlichen, inhaltlichen, finanziellen und personellen Voraussetzungen zu schaffen, um die Umschulung bzw. Qualifizierung freigesetzter bzw. noch freizusetzender Arbeitskräfte sowie deren Wiedereinsatz zügig und zielgerichtet bereits im Vorfeld von wirtschaftsreformatorischen Maßnahmen zu gewährleisten.

2. Besonders über die mittelständische Wirtschaft sind schnell und im großen Umfang neue Arbeitsplätze und neue Produktionsstrukturen zu schaffen. Es sind Maßnahmen einzuleiten, die die inzwischen verordnete Gewerbefreiheit auch tatsächlich in den Kommunen durchzusetzen. Dabei ist vor allem an die schnellstmögliche Schaffung von Gewerbe- und Produktionsräumlichkeiten zu denken, da hier die wesentlichste Bremse für die Bildung von privater Initiative liegt. Die Steuerreform für den Mittelstand ist voranzutreiben.

2

3. Im Hinblick auf das inzwischen erklärte Ziel der deutschen Vereinigung sollte die in der Verordnung über die Kapitalbeteiligung verankerte Sperrminorität von 49 % aufgehoben werden, um den Kapitalimport noch Produktionskapazitäten und damit Arbeitsplätze zu schaffen Gleichermaßen sollten die Niederlassungsfreiheit geregelt werden.

4. Um Niederlassungsfreiheit und Kapitalbeteiligung zu gewährleisten müssenbodenrechtliche Regelungen getroffen werden. Schnellstens muß eine Bodenpacht für Gewerbeflächen, differenziert nach Standorten festgelegt werden.

5. Die Verhandlungen der DDR-Regierung mit der Regierung der BRD, um auf schnellstem Wege zu einem Währungsverbund zu kommen, muß von unserer Seite beschleunigt werden.

Einreicher CDU

Dokument 11/7, Erklärung CDU: Sofortmaßnahmen zur Sicherung des sozialen Status der Werktätigen (Vorlage 11/24); Seite 2 von 2

Entwurf

Verordnung
über die Gewährung von Vorruhestandsgeld

§ 1
Geltungsbereich

Bürger der DDR und ausländische Bürger mit ständigem Wohnsitz in der DDR haben entsprechend den Bestimmungen dieser Verordnung Anspruch auf die Gewährung von Vorruhestandsgeld.

Vorruhestandsgeld
§ 2

(1) Anspruch auf Vorruhestandsgeld haben Arbeiter und Angestellte bei Beendigung des Arbeitsrechtsverhältnisses ab 5. Jahr vor Erreichen des Rentenalters, wenn
- sie die vereinbarte Arbeitsaufgabe wegen ärztlich festgestellter gesundheitlicher Nichteignung, infolge Rationalisierungsmaßnahmen oder Strukturveränderungen oder wegen anderer von ihnen nicht zu vertretender Gründe nicht mehr ausüben können,

- ihnen keine zumutbare andere Arbeit im Betrieb oder in einem anderen Betrieb oder keine zumutbare Umschulung angeboten werden kann und

- sie mindestens 25 Jahre (Männer) bzw. 20 Jahre (Frauen) versicherungspflichtig tätig waren, davon mindestens 5 Jahre vor Ausscheiden aus dem Arbeitsrechtsverhältnis.

(2) Das Vorruhestandsgeld wird vom Betrieb auf Antrag des Werktätigen gewährt. Die Zahlung erfolgt bis zur Gewährung der Alters- oder Invalidenrente.

§ 3

Das Vorruhestandsgeld beträgt für Werktätige, die zum Zeitpunkt der Beendigung des Arbeitsrechtsverhältnisses

a) vollbeschäftigt waren, 70 % des durchschnittlichen Nettolohnes der letzten 12 Monate, mindestens 500 Mark/Monat. Betrug der durchschnittliche Nettolohn weniger als 500 Mark/Monat, wird das Vorruhestandsgeld in Höhe des bisherigen Nettolohnes gezahlt,

b) teilzeitbeschäftigt waren, 70 % des durchschnittlichen Nettolohnes der letzten 12 Monate. Mindestens wird der der Dauer der vereinbarten Arbeitszeit entsprechende Anteil von 500 Mark/Monat gewährt.

§ 4

Das Vorruhestandsgeld ist in voller Höhe zu zahlen, wenn der Werktätige Arbeitseinkünfte bis zu 25 % des Nettolohnes erzielt, der der Berechnung des Vorruhestandsgeldes zugrunde liegt, jedoch nicht mehr als 400 Mark/Monat. Darüber hinausgehende Einkünfte sind vom Werktätigen dem Betrieb zu melden und werden auf das Vorruhestandsgeld angerechnet. Unterläßt der Werktätige die Meldung, besteht für den betreffenden Monat kein Anspruch auf Vorruhestandsgeld.

§ 5

(1) Das Vorruhestandsgeld wird nicht besteuert und unterliegt der Beitragspflicht zur Sozialversicherung.

(2) Der Bezug von Vorruhestandsgeld ist wie ein Arbeitsrechtsverhältnis im Ausweis für Arbeit und Sozialversicherung einzutragen.

(3) Der Bezug von Vorruhestandsgeld gilt bei der Gewährung und Berechnung von Renten der Sozialversicherung als versicherungspflichtige Tätigkeit. Im Berechnungszeitraum für die Alters- oder Invalidenrente liegende Zeiten des Bezuges von Vorruhestandsgeld bleiben bei der Berechnung des Durchschnittsverdienstes unberücksichtigt, wenn es für den Rentner günstiger ist.

Dokument 11/8, Entwurf der Regierung: Verordnung über die Gewährung von Vorruhestandsgeld; Seite 2 von 3

3

§ 6
Erstattung

Den Betrieben werden auf Antrag 50 % des gezahlten Vorruhestandsgeldes aus Mitteln des Staatshaushaltes erstattet.

§ 7
Anwendung für Mitglieder von Produktionsgenossenschaften

Diese Verordnung findet auch Anwendung für Mitglieder von Produktionsgenossenschaften, wenn das von der Vollversammlung der Genossenschaft beschlossen wurde.

Schlußbestimmungen
§ 8

(1) Durchführungsbestimmungen zu dieser Verordnung erläßt der Minister für Arbeit und Löhne.

(2) Durchführungsbestimmungen zur Finanzierung erläßt der Minister der Finanzen und Preise.

§ 9

Diese Verordnung tritt mit ihrer Veröffentlichung in Kraft.

Berlin, den

Der Ministerrat
der Deutschen Demokratischen Republik

Vorsitzender

Minister für Arbeit und Löhne

DEMOKRATIE JETZT

RUNDER TISCH
12. Sitzung
12. Februar 1990

VORLAGE NR. 12/20

Der Runde Tisch möge beschließen:

In der Verordnung des Ministerrats der DDR "Zur sozialen Sicherstellung für Arbeitssuchende in der DDR" vom 9. Februar 1990 heißt es im § 2 Abs. 3: "Anspruch auf Unterstützung besteht nicht, wenn der Bürger Krankengeld, Invalidenrente oder Altersrente bzw. eine entsprechende Versorgung erhält."

Diese Regelung bedeutet eine soziale Benachteiligung der behinderten und geschädigten Werktätigen, mindert ihre Lebensqualität und verletzt das Gleichheitsprinzip, wie es in der Verfassung der Deutschen Demokratischen Republik (Artikel 24) garantiert ist.

Zudem ist zu befürchten, daß die ansonsten zur Unterstützung verpflichteten Betriebe vorrangig jene in § 2 Abs. 3 genannten Werktätigen entlassen werden, weil für sie nicht die Verpflichtung zur betrieblichen Ausgleichszahlung besteht.

Selbst wenn keine unmittelbare soziale Notlage eintreten sollte, bedeutet der Verlust des Arbeitsplatzes gerade für Behinderte und Geschädigte eine besonders schwerwiegende Beeinträchtigung.

Der Runde Tisch fordert den Ministerrat der DDR zur umgehenden Novellierung der genannten Verordnung auf. Dabei ist die Gleichstellung, ein besonderer Schutz des Arbeitsplatzes und der gleiche Anspruch auf Unterstützung und Ausgleichszahlung für Behinderte und Invalidenrentner zu gewährleisten.

<u>Verordnung</u>

Dokument 11/9, Entwurf der Regierung: Verordnung über die Gewährung staatlicher Unterstützung und betrieblicher Ausgleichszahlungen an Bürger während der Zeit der Arbeitsvermittlung; Seite 1 von 2

Verordnung

über die Gewährung staatlicher Unterstützung und betrieblicher Ausgleichszahlung an Bürger während der Zeit der Arbeitsvermittlung

§ 1
Geltungsbereich

Bürger der DDR und ausländische Bürger mit ständigem Wohnsitz in der DDR, die zeitweilig keine Berufstätigkeit ausüben können, haben entsprechend den Bestimmungen dieser Verordnung Anspruch auf die Gewährung einer staatlichen Unterstützung (nachfolgend Unterstützung genannt) und einer betrieblichen Ausgleichszahlung.

Unterstützung

§ 2

(1) Anspruch auf Unterstützung besteht, wenn

- der Bürger aus dem zuletzt bestehenden Arbeitsrechtsverhältnis, Dienstverhältnis oder Mitgliedschaftsverhältnis mit einem Betrieb, einer Einrichtung oder einer Produktionsgenossenschaft (nachfolgend Betrieb genannt) in der DDR ausgeschieden ist und sich im Amt für Arbeit zur Vermittlung einer anderen Tätigkeit meldet,

- der Bürger in den letzten 12 Monaten vor der Meldung eine versicherungspflichtige Tätigkeit in der DDR ausgeübt hat und

- das Amt für Arbeit dem Bürger keine zumutbare Tätigkeit vermitteln kann.

(2) Hat der Bürger durch eigene Kündigung das Arbeitsrechtsverhältnis aufgelöst, obwohl er durch den Betrieb auf die Folgen dieses Schrittes hingewiesen wurde, wird Unterstützung frühestens 4 Wochen nach Beendigung des Arbeitsrechtsverhältnisses gezahlt. Der Bürger, der fristlos entlassen wurde, erhält Unterstützung frühestens 8 Wochen nach Beendigung des Arbeitsrechtsverhältnisses.

(3) Anspruch auf Unterstützung besteht nicht, wenn der Bürger Krankengeld, Invalidenrente oder Altersrente bzw. eine entsprechende Versorgung erhält.

§ 3

(1) Die Unterstützung beträgt monatlich 500 Mark. War der Bürger bis zur Beendigung der bisherigen Tätigkeit teilzeitbeschäftigt, wird die Unterstützung anteilig gewährt.

(2) Bürger, deren Nettodurchschnittslohn in der zuletzt ausgeübten Tätigkeit, bei Vollbeschäftigung, unter 500 Mark/Monat betrug, erhalten die Unterstützung in Höhe des bisherigen Netto-Durchschnittslohnes.

(3) Die staatliche Unterstützung wird aus dem Staatshaushalt finanziert.

§ 4
Ausgleichszahlung

Bürger, denen eine Unterstützung gemäß dieser Verordnung gewährt wird, haben gegenüber dem Betrieb, in dem sie zuletzt beschäftigt waren, Anspruch auf einen Ausgleich in Höhe der Differenz zwischen der Unterstützung und 70 Prozent des bisherigen Nettodurchschnittslohnes, höchstens 500 Mark im Monat. Das gilt nicht bei Beendigung der Tätigkeit gemäß § 2 Abs. 2.

Sonstige Bestimmungen

§ 5

Die Unterstützung wird auf Antrag gewährt. Der Antrag ist bei dem für den Wohnsitz des Bürgers zuständigen Amt für Arbeit zu stellen. Eine ablehnende Entscheidung ist schriftlich zu begründen und dem Bürger zuzustellen.

§ 6

Die Unterstützung wird vom Amt für Arbeit, bei dem sie beantragt wurde, ab dem Tag der Antragstellung gezahlt. Die Zahlung erfolgt jeweils nach Ablauf von zwei Wochen für den zurückliegenden Zeitraum.

§ 7

(1) Bürger, denen Unterstützung gewährt wird, haben unverzüglich

- das Amt für Arbeit über eine aufgenommene berufliche Tätigkeit in Kenntnis zu setzen,

- nach Aufforderung im Amt für Arbeit vorzusprechen,

- Veränderungen zur Person, insbesondere Änderungen des Gesundheitszustandes und des Wohnsitzes, dem Amt für Arbeit mitzuteilen.

Über diese Pflichten ist der Bürger vom Amt für Arbeit nachweislich zu belehren.

(2) Wurde infolge schuldhafter Verletzungen der Pflichten gemäß Abs. 1 die Unterstützung ungerechtfertigt bezogen, kann die Unterstützung zurückgefordert werden. Die Entscheidung ist schriftlich zu begründen und dem Bürger zuzustellen.

§ 8

(1) Die Unterstützung und die Ausgleichszahlung unterliegen nicht der Lohnsteuer und der Beitragspflicht zur Sozialversicherung.

(2) Der Bezug der Unterstützung ist im Ausweis für Arbeit und Sozialversicherung einzutragen. Für die Dauer des Bezugs der Unterstützung besteht Anspruch auf Sachleistungen der Sozialversicherung.

(3) Die Dauer des Bezugs der Unterstützung wird bei der Gewährung und Berechnung von Renten der Sozialversicherung als Zurechnungszeit angerechnet.

§ 9

(1) Gegen eine ablehnende Entscheidung gemäß § 5 sowie gegen Entscheidungen gemäß § 7 Abs. 2 kann der Bürger innerhalb von 2 Wochen nach Zustellung bei dem Amt für Arbeit, das die Entscheidung getroffen hat, Beschwerde einlegen. Die Beschwerde gegen Entscheidungen gemäß § 7 Abs. 2 hat aufschiebende Wirkung. Die Beschwerde ist schriftlich einzulegen und zu begründen. Wird der Beschwerde nicht stattgegeben, ist sie innerhalb einer Woche dem Amt für Arbeit und Löhne beim Rat des Bezirkes zuzuleiten. Dieses hat innerhalb einer weiteren Woche abschließend zu entscheiden.

(2) Wird der Beschwerde des Betroffenen durch das Amt für Arbeit und Löhne beim Rat des Bezirkes nicht abgeholfen, kann er innerhalb von 2 Wochen nach Zugang der abschließenden Entscheidung Antrag auf Nachprüfung durch das Gericht stellen.

(3) Das Gericht kann in der Sache selbst entscheiden.

Schlußbestimmungen

§ 10

(1) Durchführungsbestimmungen zu dieser Verordnung erläßt der Minister für Arbeit und Löhne.

(2) Durchführungsbestimmungen zur Finanzierung erläßt der Minister für Finanzen und Preise.

§ 11

(1) Diese Verordnung tritt mit ihrer Veröffentlichung in Kraft.

(2) Diese Verordnung gilt bis zur gesetzlichen Regelung einer Arbeitslosenversicherung und Arbeitslosenunterstützung.

Der Ministerrat der
Deutschen Demokratischen
Republik
Hans Modrow
Vorsitzender

Hannelore Mensch
Minister für Arbeit
und Löhne

Dokument 11/9, Entwurf der Regierung: Verordnung über die Gewährung staatlicher Unterstützung und betrieblicher Ausgleichszahlungen an Bürger während der Zeit der Arbeitsvermittlung; Seite 2 von 2

Runder Tisch Information Nr.: 11/1
11. Sitzung
05. Februar 1990

Standpunkt der Vereinigung der gegenseitigen Bauernhilfe zu den bisherigen Vorschlägen der Arbeitsgruppe "Wirtschaftsreform" beim Ministerrat der DDR

Zunächst zum Gesamtkonzept der vorgeschlagenen Wirtschaftsreform

1. Die VdgB unterstützt die grundsätzlichen inhaltlichen Vorstellungen der Regierung zur Wirtschaftsreform, die insbesondere
   - im Übergang von der zentralistisch-bürokratischen Plan- zur sozial und ökologisch verträglichen Marktwirtschaft,
   - in der Gewerbefreiheit und der wirtschaftlichen Chancengleichheit für alle Wirtschaftseinheiten aller Eigentumsformen,
   - in der Selbstverwaltung der Genossenschaften und der ökonomischen Eigenverantwortung der volkseigenen Wirtschaftseinheiten zum Ausdruck kommen.

2

Sie entsprechen den Interessen und Wünschen der großen Mehrheit der Bauern und Gärtner in unserem Land.

2. Die VdgB ist der Auffassung, daß der Übergang zur Marktwirtschaft nicht in allen Volkswirtschaftsbereichen mit der gleichen Intensität und mit den gleichen Instrumentarien vollzogen werden kann. In der Landwirtschaft, die wie kein anderer Volkswirtschaftsbereich natürliche Produktionsfaktoren nutzt und ihre Reproduktion maßgeblich beeinflußt, müssen marktwirtschaftliche Prinzipien auch künftig durch ordnungspolitische Restriktionen und marktregulierende finanzielle Eingriffe des Staates ergänzt werden. Die VdgB fordert deshalb in das Konzept der Wirtschaftsreform von vornherein die Bereitstellung von Mitteln aus dem Staatshaushalt;

- die Erhaltung und Pflege der Landschaft;
- den Ausgleich wirtschaftlicher Nachteile bei der Produktion in Trinkwasserschutzzonen (13 % der LN);
- die Erhaltung der landwirtschaftlichen Produktion unter ungünstigen natürlichen Bedingungen, wie z.B. Gebirgslagen und Sandböden;
- die Unterstützung von Strukturveränderungen in den Territorien, soweit sie durch staatliche Fehlentscheidungen in der 70er und 80er Jahren oder Umwelterfordernissen bedingt sind, aufzunehmen.

Dokument 11/10, Erklärung VdgB: Zu den bisherigen Vorschlägen der AG "Wirtschaftsreform" beim Ministerrat der DDR (Vorlage 11/14 = frühere Information 11/1); Seite 2 von 14

3

Die erforderlichen staatlichen Finanzhilfen sind nicht nur ein wichtiger Faktor der sozialen Absicherung der Genossenschaftsbauern und -gärtner und der ökologischen Ausrichtung der Marktwirtschaft, sondern werden auch durch die wirtschaftliche Öffnung der DDR hervorgerufen. In den EG-Ländern werden gegenwärtig fast 30 % der Einkommen der Bauern nicht durch den Verkauf der Erzeugnisse, sondern durch staatliche Zahlungen realisiert. Ohne eine wesentliche Verstärkung finanzieller Zuwendungen des Staates für die LPG, GPG und VEG würde der internationale Wettbewerb zuungunsten unserer Landwirtschaft verzerrt und die Existenz vieler Landwirtschaftsbetriebe gefährdet.

3. Die bisherigen Vorstellungen der Regierung zur Verknüpfung Wirtschaftseinheit und Territorium bedürfen einer dringenden Überarbeitung.

Die VdgB wendet sich gegen die einseitige Bindung des sozialen Fortschritts in den Dörfern und Territorien an die ökonomische Entwicklung der LPG, GPG und VEG. Die kommunale Selbstverwaltung in den Städten und Gemeinden muß finanziell durch __alle__ dort wohnenden Bürger, den Staat und alle dort tätigen Wirtschaftseinheiten abgesichert werden. Die finanzpolitische Grundlage der kommunalen Selbstverwaltung kann nur die Beziehung Wohnort – Arbeitsplatz sein.

Dokument 11/10, Erklärung VdgB: Zu den bisherigen Vorschlägen der AG "Wirtschaftsreform" beim Ministerrat der DDR (Vorlage 11/14 = frühere Information 11/1); Seite 3 von 14

4

Die Realisierung der bisherigen Vorstellungen würde die Agrarbetriebe zugunsten der volkseigenen, privaten und anderer Industrie- und Handelsbetriebe im Territorium benachteiligen. Wir unterstützen deshalb nachdrücklich die Einführung einer <u>allgemeinen</u>, an die Wohnortkommune der Bürger zu zahlende Kommunalsteuer.

4. Vollkommen offen bleibt im bisherigen Gesamtkonzept der Wirtschaftsreform die Frage nach der sozialen Absicherung der <u>Genossenschaftsbauern.</u>

Wir meinen, daß das wirtschaftliche Risiko der genossenschaftlichen Produktion und damit die soziale Gleichstellung der Genossenschaftsbauern in der Gesellschaft zumindest in einer mehrjährigen Übergangsperiode nicht vollständig allein den LPG und GPG überlassen werden kann. Nicht alle Genossenschaften werden ihren Mitgliedern in näherer und ferner Zukunft die Arbeitsplätze sichern können.

Das ist ohne Zweifel eine tragische, zur Zeit kaum vorstellbare Tatsache, auf die wir uns <u>vorbereitet</u> einstellen müssen.

Unabdingbar notwendig werden deshalb wie bei Arbeitern und Angestellten finanzielle Unterstützungen für umschulungsbereite sowie ältere und behinderte Genossenschaftsmitglieder.

Da die Bildung finanzieller Rücklagefonds für die Auszahlung von genossenschaftlichem Eigentum u.ä. den LPG bisher verboten war, muß sich der Staat zu seiner Mitverantwortung

Dokument 11/10, Erklärung VdgB: Zu den bisherigen Vorschlägen der AG "Wirtschaftsreform" beim Ministerrat der DDR (Vorlage 11/14 = frühere Information 11/1); Seite 4 von 14

5

für die soziale Absicherung der Genossenschaftsbauern und -gärtner bekennen. Das könnte u.a. auch durch die finanzielle Förderung zur Schaffung neuer Arbeitsplätze in den Dörfern geschehen.

Nicht akzeptieren können wir die vorgesehene Besteuerung der nebenberuflichen individuellen landwirtschaftlichen Produktion.
Sie würde einer sozialen Benachteiligung der Bauern gleichkommen. Eine Besteuerung der nebenberuflichen landwirtschaftlichen Produktion entspräche nur dann den Grundsätzen der Wirtschaftsreform, z.B. Chancengleichheit, soziale Gerechtigkeit, wenn zukünftig generell die nebenberufliche Tätigkeit von Werktätigen besteuert wird. Steuergerechtigkeit wird unter den Bedingungen der Marktwirtschaft mehr denn je zu einem Grundelement der sozialen Gerechtigkeit in der Gesellschaft.

5. Kaum flankiert wird durch marktwirtschaftliche Mechanismen die ökologische Sanierung der Volkswirtschaft der DDR. Die schrittweise Verbesserung der ökologischen Situation in unserem Land ist nicht nur eine Frage der Größe der Investitionen für den Umweltschutz, von Strukturveränderungen oder ordnungspolitischen Rahmenbedingungen (Grenzwerte, Umweltverträglichkeitsprüfungen). In einer marktwirtschaftlich orientierten Wirtschaft sind auch marktwirtschaftliche

Dokument 11/10, Erklärung VdgB: Zu den bisherigen Vorschlägen der AG "Wirtschaftsreform" beim Ministerrat der DDR (Vorlage 11/14 = frühere Information 11/1); Seite 5 von 14

6

Instrumente notwendig, die die ökonomischen Interessen der Wirtschaftseinheiten am Umweltschutz verstärken. Wir fordern deshalb die Aufnahme des Grundsatzes "was ökologisch schädlich ist, muß teuer, was der Erhaltung der Natur dient, billig sein" in das Konzept der Wirtschaftsreform. Davon ausgehend sind klare Entscheidungen zur Durchsetzung des Verursacherprinzips, zur Zahlung von Umweltschutzabgaben, zur Bildung und Verwendung territorialer oder volkswirtschaftlicher Umweltfonds notwendig. Wir lehnen deshalb auch sowohl eine wirtschaftliche Benachteiligung als auch eine finanzielle Bevorzugung der Landwirtschaft ab.

Im weiteren zur Konzeption der Wirtschaftsreform in der Land-, Forst- und Nahrungsgüterwirtschaft

Obwohl viele konzeptionelle Ansätze und vorgeschlagene Maßnahmen den Interessen und Vorstellungen der Mehrheit der Bauern entsprechen, sind nach unserer Meinung in folgende Richtungen Präzisierungen, Ergänzungen und Korrekturen notwendig:

1. Die Konzeption läßt noch nicht <u>durchgängig</u> erkennen, daß auch in der Landwirtschaft konsequent von der zentralistisch-bürokratischen Planwirtschaft zur Marktwirtschaft übergegangen werden soll. Zu viele alte Begriffe, "halbe" Wandlungen und vereinzelte Versuche administrative Entscheidungsmechanismen neu zu installieren wecken alte und neue Befürchtungen, daß das Tempo der Wirtschaftsreform in der Landwirtschaft im Unterschied zur Industrie gebremst werden soll.

6a

Dieser Eindruck wird durch die ungenügende Reduzierung der staatlichen Plankennziffern für 1990 und anhaltenden dirigistischen Eingriffen staatlicher Organe in den Reproduktionsprozeß der Genossenschaften verstärkt.

Wir fordern deshalb, daß in der überarbeiteten Konzeption solche Begriffe wie zentrale Planung der Landwirtschaft, Kontingente und Bilanzanteile nicht mehr auftauchen und Vorschläge zu einer Neuinstalltion uneffektiver und bürokratischer Entscheidungsmechanismen (z.B. S 41) unterbleiben. Nur auf diese Weise kann das Vertrauen der Bauern in die Wirtschaftsreform erhöht werden.

Dokument 11/10, Erklärung VdgB: Zu den bisherigen Vorschlägen der AG "Wirtschaftsreform" beim Ministerrat der DDR (Vorlage 11/14 = frühere Information 11/1); Seite 7 von 14

7

2. Die Konzeption ist nicht frei von Widersprüchen in bezug auf Wettbewerbsfähigkeit und wirtschaftliche Chancengleichheit aller Eigentumsformen. Wir sind prinzipiell gegen Vorstellungen, die von einem einheitlichen Steuersystem für LPG und volkseigene Landwirtschaftsbetriebe ausgehen, aber private Betriebe nach anderen Gesichtspunkten besteuern wollen. Bodensteuer, Gewinnsteuer, Konsumtions- und Kommunalsteuer müssen von allen Wirtschaftseinheiten - gleich welcher Eigentumsform - erhoben werden, um Chancengleichheit zu sichern.
Auch wir sind für die Schaffung eines Futtermittelmarktes in der DDR, haben aber kein Verständnis für den auf S. 38 unterbreiteten Vorschlag, Futtermittel zu unterschiedlichen Preisen an die Wirtschaftseinheiten verschiedener Eigentumsformen zu verkaufen. Es widerspricht elementaren Grundsätzen der verkündeten Chancengleichheit aller Eigentumsformen, wenn volkseigene und individuelle Tierproduzenten 75 bzw. 50 % des Aufwandes für Futtermittel bezahlen sollen, die LPG Tierproduktion dagegen 100 %.

3. Im vorliegenden Konzept der Wirtschaftsreform fehlen Überlegungen zur Ausgestaltung der Wirtschaftsmechanismen in den Bäuerlichen Handels- und Molkereigenossenschaften vollständig. Der Ausschluß der Handels- und Verarbeitungsgenossenschaften aus der Wirtschaftsreform in der Land-, Forst- und Nahrungsgüterwirtschaft ist wirtschaftlich unbegründet und

Dokument 11/10, Erklärung VdgB: Zu den bisherigen Vorschlägen der AG "Wirtschaftsreform" beim Ministerrat der DDR (Vorlage 11/14 = frühere Information 11/1); Seite 8 von 14

widerspricht unseren Vorstellungen vom Konsens der gesellschaftlich relevanten Kräfte.

Auf diese Weise werden die ökonomischen Potentiale der BHG zur Versorgung der Dörfer mit Produktions- und Konsumtionsmitteln bzw. Dienstleistungen, zur Schaffung neuer Arbeitsplätze in den Dörfern und bei der Schaffung neuer bzw. der Erweiterung bestehenden Verarbeitungskapazitäten von vornherein negiert.

Die VdgB fordert die Mitarabeit in der Arbeitsgruppe 11, um unsere Vorstellungen zur zukünftigen Wirtschaftsweise der BHG und Molkereigenossenschaften mit in die Wirtschaftsreform einbringen zu können. Das betrifft vor allem Fragen der Organisation der Selbstverwaltung dieser Genossenschaften, der Besteuerung ihrer Tätigkeit, ihrer Beteiligung an der Schaffung neuer Verarbeitungs- und Dienstleistungskapazitäten und die Ausweitung des Geschäftsbereiches der Banktätigkeit.

4. Wir sind für eine wesentliche Erweiterung bzw. Verstärkung der ökonomischen und rechtlichen Rahmenbedingungen, die die Gemeinnützigkeit der Bodennutzung in der DDR gewährleisten. Der Boden war und ist in allen Gesellschaften ein besonderes Eigentumsobjekt, deren Nutzung seit langem einer gesellschaftlichen Steuerung und Kontrolle obliegt. Wir fordern im Interesse des Bestandes der LPG und GPG die Bestätigung des zeitlich unbegrenzten Nutzungsrechtes der Genossenschaften am Boden unterschiedlichen Eigentums.

Dokument 11/10, Erklärung VdgB: Zu den bisherigen Vorschlägen der AG "Wirtschaftsreform" beim Ministerrat der DDR (Vorlage 11/14 = frühere Information 11/1); Seite 9 von 14

9

Das muß den Erwerb von land- und forstwirtschaftlichen
genutzten Flächen durch Genossenschaften (Vorkaufsrecht),
die Erbpacht, die Zahlung von Gebühren für die Nutzung
nicht der Genossenschaft bzw. Genossenschaftsmitgliedern
gehörenden Bodenstücken und die Weiterverpachtung durch
LPG an privat wirtschaftende Bauern einschließen.
Der Wechsel von Eigentums- und Nutzungsrechten am
Boden ist zukünftig durch eine staatliche Behörde zu
reglementieren. Die Bodennutzung darf nicht ausschließlich den Gesetzen der Marktwirtschaft unterworfen werden.
Notwendig ist ein neues Bodengesetz und die ökonomische
Neubewertung der Böden.

5. In den Darlegungen zur effektiven Nutzung der Wälder
(S. 9) muß unserer Meinung nach die Überlegung mit
einbezogen werden, daß Genossenschaftswald bzw. private
Waldflächen auch wieder durch Genossenschaften bewirtschaftet werden können. Das wäre u. a. für LPG in
strukturschwachen Gebieten (Gebirge, Sandböden) eine
Möglichkeit, ihre Produktion zu diversifizieren
(mehrere, verschiedene Möglichkeiten nutzend) und
ihre Betriebe auf mehrere Standbeine zu stellen.

Dokument 11/10, Erklärung VdgB: Zu den bisherigen Vorschlägen der AG "Wirtschaftsreform" beim Ministerrat der DDR (Vorlage 11/14 = frühere Information 11/1); Seite 10 von 14

10

6. Wir unterstützen den Vorschlag, daß auch zukünftig landwirtschaftliche Erzeugerpreise für wichtige Produkte durch den Staat festgelegt und garantiert werden sollen. Preisbildungsgrundlage muß neben dem volkswirtschaftlichen Bedarf, der Entwicklung der Preise für industrielle Produktionsmittel u. ä. auch die Entwicklung der Durchschnittseinkommen der Werktätigen in anderen Volkswirtschaftsbereichen und -zweigen sein.
Wir fordern die Sanktionierung der <u>Einkommensparität</u> zwischen Industrie und Landwirtschaft als eine Preisbildungsgrundlage und finanzpolitische Rahmenbedingung für die Besteuerung der LPG.
Gleichgroße Einkommen für vergleichbare Arbeit ist für uns ein Grundkriterium des sozialen Charakters der Marktwirtschaft.

7. Die Konzeption geht von einer wachsenden ökonomischen Verantwortung für die Versorgung der Bevölkerung mit hochwertigen Nahrungsmitteln der verarbeitenden Industrie und des Handels aus.
Die damit verbundenen ökonomischen Maßnahmen dürfen allerdings nicht zu einer Monopolstellung der verarbeitenden Industrie gegenüber der landwirtschaftlichen Wirtschaftseinheiten führen. Wir fordern aus diesem Grund, die Möglichkeiten des demokratischen Einwirkens der LPG auf Entscheidungen der verarbeitenden Industrie, des Interessenausgleiches zwischen Landwirtschaft und verarbeitender Industrie auszubauen. Dabei ist die

Dokument 11/10, Erklärung VdgB: Zu den bisherigen Vorschlägen der AG "Wirtschaftsreform" beim Ministerrat der DDR (Vorlage 11/14 = frühere Information 11/1); Seite 11 von 14

11

Bildung von Erzeugerverbänden bzw. -ketten nur ein
Weg, um dieses Ziel zu erreichen. Darüber hinaus
schlagen wir die Umwandlung der bestehenden staatlichen
Verarbeitungsbetriebe in Genossenschaften, GmbH oder
Aktiengesellschaften und die Möglichkeit für LPG,
Anteile zu erwerben, vor.
Notwendig scheint uns außerdem, die Einflußmöglichkeiten
der VdgB und der Genossenschaftsverbände auf die
Gestaltung der Verflechtungsbeziehungen zwischen
Landwirtschaft, verarbeitender Industrie und Handel
rechtlich zu regeln. Das gilt auch für die wirtschaft-
lichen Aktivitäten der produktionsmittelherstellenden
Industrie.
Vertreter der Bauernschaft gehören in die Wirtschafts-
und Sozialräte bzw. Aufsichtsräte dieser Wirtschafts-
einheiten.

8. Abgelehnt wird von uns die beabsichtigte Bildung eines
"zentralen Versorgungsorgans" für industrielle
Produktionsmittel (S. 39). Wir sind prinzipiell gegen
eine neue Monopolisierung des Produktionsmittelmarktes,
gegen den Austausch staatlicher Kompetenzen (Bilanz-
entscheidungen) durch Befugnisse eines Monopolunternehmens.
Das Handelsmonopol ist ungeeignet, die tatsächlichen
Bedürfnisse der LPG und der Genossenschaftsbauern
nach Produktionsmitteln effektiv zu befriedigen.
Wir fordern die Schaffung eines freien Produktionsmittelmarktes, der durch Handelseinrichtungen unterschiedlicher
Eigentumsformen gebildet werden muß. Die BHG stellen

12

sich dem Wettbewerb um eine bedarfsdeckende und effektive Versorgung der Landbevölkerung und der LPG mit Produktions- und Konsumtionsmitteln.

9. Die VdgB akzeptiert die primäre Ausrichtung der Agrarproduktion auf die Belieferung des Binnenmarktes. Zugleich sind wir für die Vergabe von Exportlizenzen an LPG und VEG für über die vertraglich vereinbarten Mengen produzierten Erzeugnisse. Das vorgeschlagene bürokratische Verfahren zum Erwerb einer Exportlizenz (S. 41) lehnen wir jedoch ab.

Über die Vergabe von Exportlizenzen sollte das Staatsorgan entscheiden, das für eine stabile Versorgung der Bevölkerung mit Nahrungsmitteln eine besondere Verantwortung trägt und die Versorgungslage auf dem Binnenmarkt mit Kompetenz einschätzen kann, d. h. der Rat des Kreises.

Aufgenommen werden sollten in das Konzept der Wirtschaftsreform klare Aussagen über die Höhe der Beteiligung der LPG/VEG an den Deviseneinnahmen aus dem Export.

Unser Vorschlag: 5o %

Außerdem müssen die territorialen Staatsorgane verpflichtet werden, über den Antrag auf eine Exportlizenz kurzfristig (z. B. innerhalb von 48 Stunden) zu entscheiden.

Dokument 11/10, Erklärung VdgB: Zu den bisherigen Vorschlägen der AG "Wirtschaftsreform" beim Ministerrat der DDR (Vorlage 11/14 = frühere Information 11/1); Seite 13 von 14

13

10. Die VdgB ist für die Schaffung eines aussagefähigen Systems der statistischen Berichterstattung durch die LPG und VEG.
Die Pflicht zur ordnungsgemäßen statistischen Berichterstattung muß gesetzlich verankert werden. Die Erhebung darüber hinausgehender statistischer Daten ist erst nach Zustimmung durch die Volksvertretungen zulässig. Wir sind gegen die Schaffung eines ominösen und nicht kontrollierbaren "Informationssystems" für die Land-, Forst- und Nahrungsgüterwirtschaft, wie auf den Seiten 19 - 21 vorgeschlagen wird.

- VdgB -

Dokument 11/10, Erklärung VdgB: Zu den bisherigen Vorschlägen der AG "Wirtschaftsreform" beim Ministerrat der DDR (Vorlage 11/14 = frühere Information 11/1); Seite 14 von 14

```
Runder Tisch                           Vorlage Nr. 11/26
11. Sitzung
05. Februar 1990
```

Der FDGB beantragt im Interesse der sozialen Sicherung und Unterstützung der sozialschwachen Rentner, daß der Runde Tisch beschließen möge:

Die von der PDS der Regierung zur Verfügung gestellten finanziellen Mittel von ca. 3,1 Milliarden Mark sollen zur sofortigen Erhöhung der Mindestrenten ab 1. 3. 1990 sowie zur Finanzierung der Betreuungsarbeit der Volkssolidarität verwendet werden.

- FDGB -

Dokument 11/11, Antrag FDGB: Verwendung von PDS-Geld zur Erhöhung der Mindestrenten und zur Finanzierung der Betreuungsarbeit der Volkssolidarität (Vorlage 11/26a)

Runder Tisch Vorlage Nr.: 11/29
11. Sitzung

Kooperation DDR - BRD, Organisation der BRD-Wirtschaftshilfe durch unsere Verwaltungsreform. Ziel: Deutschland, einig Vaterland

Antrag an die Regierung

Konsequente Internationalisierung, breite Öffnung der DDR-Wirtschaft in allen Formen internationaler Arbeitsteilung und Kooperation hat zur Voraussetzung, daß mit unserer Verwaltungsreform in den nächsten Wochen durch uns auch die inneren Bedingungen für die Wirtschaftshilfe durch die BRD geschaffen werden müssen.
Für die zukünftigen Länder Thüringen, Mecklenburg, Brandenburg, Sachsen-Anhalt, Sachsen sind mit Hilfe der Regierung in den nächsten Wochen Wirtschaftsämter für klein- und mittelständige Industrie zu schaffen, welche die Wirtschaftskooperation steuern. Gemischte Kommissionen für die Zusammenarbeit der Länder der BRD und der zukünftigen Länder in der DDR sind jetzt zu bilden (Beispiel Baden-Württemberg mit Sachsen, d. h. den Bezirken Dresden, Leipzig, Karl-Marx-Stadt).
Gemischte Kommissionen als institutionalisierte Partnerschaften mit Fachkommissionen für Gesundheit, Umwelt, Bildung, Verkehr etc. sollten unsere Wirtschaftsreform mit ausgestalten. In den Kommissionen müssen alle politischen Parteien und Bewegungen ihren festen Platz haben. Der Runde Tisch der jeweiligen Bezirke sollte die Arbeit der Kommissionen unterstützen. Der Gleichschritt der die Länder konstituierenden Bezirke sollte von unten nach oben erfolgen.
Die Regierung muß hier koordinieren.
Die Ratsbereiche haben produktive Funktionen der gemischten Kommissionen zu erfüllen.
Die auf dem Bezirkstag Dresden am 1. Februar 1990 vorgeschlagenen Maßnahmen zur Bildung eines Wirtschaftsamtes können als Beispiellösung dienen. Von der Regierung ist analog dazu ein Regelwerk auszuarbeiten. Ziel: Verwaltungsreform kommt vor Wirtschaftshilfe.
Wenn die Wirtschaftsämter arbeiten, kann das Kapital kommen.

P D S

Runder Tisch
11. Sitzung
5. Februar 1990

Vorlage Nr. 11/19

Im Bereich Nahrungsgüter, Lebensmittel und Gaststätten sind die volkswirtschaftlichen Verluste aufgrund der bisherigen Subventionspolitik immens hoch. Täglich fließen einige Millionen Mark aus dem Staatshaushalt durch Abkäufe durch ausländische BürgerInnen (besonders aus der BRD und Westberlin), durch Verfütterung von Nahrungsmitteln bzw. deren Verschwendung zweckentfremdet ab.
Dies belastet nicht nur den Staatshaushalt unnötig, sondern führt auch zu erheblichen Problemen in der Land- und Nahrungsgüterwirtschaft.
Hier muß schnellstmöglich Abhilfe geschaffen werden.

Der Runde Tisch möge deshalb beschließen:

Eine Preisreform im Bereich Nahrungsgüter, Lebensmittel und Gaststätten wird noch vor den Wahlen zur Volkskammer durchgeführt.
Sie soll zum frühest möglichen Zeitpunkt erfolgen.

Der Abbau der Subventionen im oben genannten Bereich wird mit Ausgleichszahlungen an die Bevölkerung verbunden.

An der Vorbereitung dieser Preisreform werden alle am Runden Tisch vertretenen Parteien und Vereinigungen, die dies wünschen, beteiligt.
Sie können dazu VertreterInnen in die entsprechende Kommission entsenden.

SPD

Dokument 11/13, Antrag SPD: Frühestmögliche Durchführung der Preisreform im Bereich Nahrungsgüter, Lebensmittel und Gaststätten in Verbindung mit Ausgleichszahlungen an die Bevölkerung (Vorlage 11/19)

Runder Tisch Vorlage Nr. 11/31
11. Sitzung

Wirtschafts-Währungsverbund

Schon viel wird über die rasche Verwirklichung eines Wirtschafts- und Währungsverbunds gesprochen, viel zu wenig aber über die hiermit verbundenen negativen Probleme und Erfordernisse.

Wir sind dafür:

ausgehend von den realen Gefahren und begründeten Ängsten, ob das Recht auf Arbeit eingehalten werden kann, ob die sozialen Leistungen, vor allem für Frauen, und für sozial Schwache gesichert werden;

ausgehend von den Erfahrungen bei der Vorbereitung des einheitlichen EG-Binnenmarktes, wo die negativen Probleme lange Zeit in den Hintergrund gedrängt wurden;

die Fragen eines Wirtschafts- und Währungsverbunds von Beginn an mit den Fragen eines Sozialverbunds zu verknüpfen. Dabei sollte von den gemeinsamen Interessen der Werktätigen in der DDR und der BRD ausgegangen werden. Zu den Grundfragen, die mit einem solchen Sozialverbund oder Sozialplan gelöst werden müssen, gehören:

- die Sicherung des Rechts auf Arbeit und die Unterstützung von Arbeitslosen;
- Maßnahmen, um das weitere Abwandern von Menschen aus der DDR in die BRD einzuschränken;
- Maßnahmen, um Schwarzarbeit zu verhindern;
- Maßnahmen, um die sozialen Leistungen der DDR, vor allem auf dem Gebiet der Familienpolitik und der Betreuung von Säuglingen und Kleinkindern zu erhalten.

P D S

Dokument 11/14, Antrag PDS: Verknüpfung des Wirtschafts- und Währungsverbundes mit einem Sozialverbund (Vorlage 11/31)

Runder Tisch
11. Sitzung
5. Februar

Vorlage Nr. 11/13

Antrag an den 11. Runden Tisch

Im Zusammenhang mit der bevorstehenden Wirtschafts- und Verwaltungsreform in allen gesellschaftlichen Bereichen und der Ausrichtung auf eine soziale Marktwirtschaft ist zu befürchten, daß es zu einer weiteren Verschlechterung der sozialen Lage der Frauen kommt. Bereits heute gehen Krisenlasten und Ansätze zu deren Bewältigung auf ihre Kosten. Sozial Erreichtes wird schrittweise abgebaut.

Im Interesse der sozialen und rechtlichen Sicherheit der Frauen möge der Runde Tisch folgendes beschließen:

Die in der Verfassung garantierten Rechte für Frauen, insbesondere die tatsächliche Gewährleistung des Rechts auf Arbeit, werden eingehalten.

Die Bestimmungen des jetzt gültigen Arbeitsgesetzbuches für Frauen und deren Übernahme in das neu zu erarbeitende Arbeitsgesetzbuch werden gesichert. Das heißt:

- besonderer Schutz und soziale Sicherheit wird für Schwangere, Alleinerziehende, Alleinstehende und Frauen im Vorrentenalter gewährleistet. Dazu gehören ein Kündigungsschutz für Schwangere und die Möglichkeit der Qualifizierung während der Arbeitszeit;

- "frauentypische" Berufe werden höher bewertet und gerecht bezahlt;

Dokument 11/15, Antrag PDS: Sicherung der in der Verfassung und im Arbeitsgesetzbuch der DDR garantierten Rechte für Frauen (Vorlage 11/13); Seite 1 von 2

- Frauen werden entsprechend ihrer beruflichen Qualifikation eingesetzt und bezahlt;

- entwickelt werden bezahlte Umschulungsprogramme, die Einrichtung von Sozialämtern und die finanzielle Sicherung bei Arbeitslosigkeit;

- erforderliche Veränderungen im System der Preise, Tarife und Subventionen werden durch besondere Zuwendungen für Alleinerziehende, Rentnerinnen, Bezieherinnen von Mindest- und Niedrigeinkommen kompensiert. Der Staat schafft dafür einen Sozialfonds;

- gesellschaftliche und betriebliche Interessenvertretung durch Frauen für Frauen wird verankert.

PDS

Dokument 11/15, Antrag PDS: Sicherung der in der Verfassung und im Arbeitsgesetzbuch der DDR garantierten Rechte für Frauen (Vorlage 11/13); Seite 2 von 2

Ministerrat der
Deutschen Demokratischen Republik
Wirtschaftskomitee

Bericht über die Lage der Volkswirtschaft
und Schlußfolgerungen zur Stabilisierung

Berlin, 23. Januar 1990

Dokument 11/16, Bericht des Ministerrates der DDR über die Lage der Volkswirtschaft und Schlußfolgerungen zur Stabilisierung; Seite 1 von 13

Ministerrat der DDR
Wirtschaftskomitee

Bericht über die Lage der Volkswirtschaft
und Schlußfolgerungen zur Stabilisierung

I.

1. Trotz der durch die solide Arbeit des Volkes bei der Entwicklung der Produktion und der Verbesserung der Arbeits- und Lebensbedingungen erreichten Ergebnisse ist die Wirtschaft der DDR infolge einer verfehlten Wirtschaftspolitik und einer sich ständig verfestigenden zentral-bürokratischen Verwaltungs- und Kommandowirtschaft in eine krisenhafte Situation geraten.

Aufgrund der Mißachtung von marktgerechten Methoden und Formen der Wirtschaftstätigkeit sowie der Ignoranz gegenüber den objektiv wirkenden Wertkategorien und der offensichtlich gewordenen Ineffizienz des zentralistischen Systems der Leitung und Planung wird die Lage der Volkswirtschaft seit Jahren durch folgende Entwicklungen charakterisiert:

- Die geringer gewordene Dynamik der Leistungsentwicklung der Volkswirtschaft, die mit unzureichender Bedarfsgerechtheit der Produktion im Inland und mit ihrer abnehmenden Konkurrenzfähigkeit auf den internationalen Märkten verbunden ist. Wesentliche Ursachen dafür sind die zu niedrige produktive Akkumulation und die in diesem Zusammenhang unbefriedigende ökonomische Wirksamkeit von Wissenschaft und Technik und die Vernachlässigung des Leistungsprinzips. Teilweise wurde sie durch eine Verschärfung der ökologischen Situation begleitet.

- Die deutliche Verlangsamung der Intensivierungsprozesse in der Volkswirtschaft und den durch eine einseitige Orientierung auf das Wachstum von Mengenkennziffern hervorgerufenen starken Einfluß extensiver Faktoren.
Charakteristisch dafür sind vor allem die Verschlechterung der Grundfondsökonomie, die geringen Ergebnisse bei der Freisetzung von Arbeitskräften aufgrund der langsamen Produktivitätssteigerung und das Zurückbleiben bei der Senkung des spezifischen Produktionsverbrauchs und der Kosten.

Zugleich gibt es einen seit Jahren anhaltenden Rückgang in der Intensität der internationalen Arbeitsteilung. Das trifft insbesondere auf die Entwicklung der Kooperation in der metallverarbeitenden Industrie zu, was wesentliche negative Auswirkungen auf ihre Strukturentwicklung und Effektivität hat. Das alles beeinträchtigte die volkswirtschaftliche Effektivität und stellt ein wesentliche Ursache für das wachsende Defizit des Staatshaushaltes dar.

- Die Mehrheit der Werktätigen der DDR besitzt ein hohes Qualifikationsniveau.
Die durch ungenügende Beherrschung des Intensivierungsprozesses seit Jahren bestehende Arbeitskräfteproblematik wurde 1989 durch die Ausreise von Bürgern der DDR außerordentlich verschärft. Im wesentlichen im 2. Halbjahr haben 343 000 Bürger die DDR verlassen, was einem Arbeitskräftepotential von 220 000 Werktätigen oder etwa 3,1 % aller Arbeiter und Angestellten entspricht.
Es hat sich ein wachsender Widerspruch zwischen dem Bedarf an Arbeitskräften und der tatsächlichen Qualifikationsstruktur herausgebildet.

. Die zunehmenden Disproportionen in der Volkswirtschaft, insbesondere in der Verteilung des volkswirtschaftlichen Endprodukts. Kontinuität und Effektivität der Produktion werden vor allem durch die bedeutenden Niveauunterschiede im Zustand der materiell-technischen Basis und der Technologien auf ausgewählten Gebieten im Vergleich zur gesamten Volkswirtschaft sowie durch das Mißverhältnis in der quantitativen und qualitativen Entwicklung zwischen Zulieferindustrie und Finalproduktion negativ beeinflußt. Den stärksten Einfluß auf Richtung und Spielraum der künftigen Wirtschaftspolitik üben die nicht den Erfordernissen entsprechenden Relationen zwischen produziertem und im Inland verwendeten Nationaleinkommen, zwischen Akkumulationsfonds und Konsumtionsfonds sowie zwischen Kauffonds und Warenfonds aus.

- Die wachsende Außenwirtschaftsbelastung der Volkswirtschaft im nichtsozialistischen Wirtschaftsgebiet durch die für die Sicherung der Liquidität notwendige Aufnahme von Krediten bei Banken kapitalistischer Länder.
Es wurde bisher mit einer Höhe der Verbindlichkeiten von 20,6 Mrd. $ gerechnet. Nach der vorläufigen Abrechnung der Zahlungsbilanz und auf der Grundlage der einheitlichen Abrechnung des Außenhandels betragen die Verbindlichkeiten zum Jahresende 1989 18,5 Mrd. $. Eine gewisse Präzisierung kann sich noch im Ergebnis der abschließenden Inventur aller Konten ergeben.
In den Jahren 1988 und 1989 schloß der Außenhandel gegenüber dem nichtsozialistischen Wirtschaftsgebiet mit Importüberschüssen ab. Dadurch treten auch steigende Belastungen für den Staatshaushalt, insbesondere für Zinszahlungen und Kosten für Kreditaufnahme ein.

Die bedeutenden, dazu territorial stark differenzierten Rückstände bei der Entwicklung der technischen und sozialen Infrastruktur, wovon in zunehmendem Maße auch das Leistungswachstum und die Effektivität der produktiven Bereiche beeinflußt werden.

Die angespannte Situation in der natürlichen Umwelt, deren Reproduktion trotz wachsender Aufwendungen nicht ausreichend gesichert werden konnte.

- Seit mehreren Jahren sinken die Zuwachsraten der real bewerteten wirtschaftlichen Leistung und der volkswirtschaftlichen Arbeitsproduktivität.
Das Wachstumstempo des Nationaleinkommens lag 1986 - 1988 bei jährlich 3 - 4 %. Im Jahre 1989 wurden nur noch 2 % erreicht.

2. Eine wesentliche Ursache dieser Entwicklungen ist der Rückgang der Akkumulationsrate von 29 % im Jahre 1970 auf 21 % Mitte der 80er Jahre. Die Rate der Akkumulation für produktive Investitionen ging von 16,1 % 1970 auf 10,6 % 1988 zurück. Dahinter stand der Versuch, unter allen Umständen der Bevölkerung die Ergebnisse einer "erfolgreichen Politik" zu präsentieren, auch als die in den 70er Jahren zum Teil leichtfertig eingegangene Auslandsverschuldung Anfang der 80er Jahre einen Rückgang im Zuwachs des im Inland verteilbaren Nationaleinkommens zur Folge hatte.
Die produktiven Investitionen sanken bis 1985 unter den Stand von 1977, und auch die Investitionssteigerungen seit 1986, hauptsächlich mit Ausrüstungsimporten auf Kredit, haben den eingetretenen Verlust an materieller Erneuerungskraft nicht kompensiert.
Das Durchschnittsalter der Grundfonds hat sich erhöht, die Aussonderungen und die Erneuerungsrate sind extrem niedrig. Gleichzeitig wurde ein Teil der Investitionsmittel für Objekte eingesetzt, die nicht unmittelbar zum Wachstum des Nationaleinkommens beitragen. Zu der sich in den letzten Jahren ständig verschlechternden qualitativen Struktur der Grundfonds kam die unzureichende Effektivität und der willkürliche Einsatz von Investitionen hinzu. Bei großen Investitionsobjekten mit bedeutendem Aufwand wurde nicht der geplante Nutzen erreicht.
Auf einer Reihe von Gebieten sind moderne und hocheffektive Ausrüstungen vorhanden, wie z. B. in der Mikroelektronik, im Werkzeug- und Verarbeitungsmaschinenbau und auf Teilgebieten der Leichtindustrie, der Möbelindustrie sowie im Bereich der Glas- und Keramikindustrie.

3

Dokument 11/16, Bericht des Ministerrates der DDR über die Lage der Volkswirtschaft und Schlußfolgerungen zur Stabilisierung; Seite 3 von 13

Insgesamt konnten jedoch verschlissene Ausrüstungen nur unzureichend ausgesondert werden; so hat sich der Verschleißgrad der Ausrüstungen in der Industrie von 47,1 % 1975 auf 53,8 % 1988 erhöht, im Bauwesen von 49 % auf 67 %, im Verkehrswesen von 48,4 % auf 52,1 % und in der Land-, Forst- und Nahrungsgüterwirtschaft von 50,2 % auf 61,3 %. Daraus ergibt sich ein überhöhter und ökonomisch uneffektiver Instandhaltungs- und Reparaturbedarf. Darin liegt auch eine Ursache, daß der Anteil der Beschäftigten mit manueller Tätigkeit in der Industrie seit 1980 nicht gesunken ist, sondern mit 40 % etwa gleichblieb. Das ist ein wesentlicher Grund für das ungenügende Niveau und Tempo der Steigerung der Arbeitsproduktivität.

In engem Zusammenhang mit dem Zurückbleiben der Grundfondsreproduktion in der Mehrzahl der Produktionsbereiche gibt es einen "Überhang" an wissenschaftlich-technischen Leistungen, die materiell nicht realisiert werden konnten.
Der technologische Rückstand zu den führenden kapitalistischen Ländern ist nicht geringer geworden; er hat in der 2. Hälfte der 80er Jahre insgesamt zugenommen. Statistische Berechnungen besagen, daß das produzierte Nationaleinkommen pro Beschäftigten in der materiellen Produktion (volkswirtschaftliche Arbeitsproduktivität) in der BRD um rd. 40 % höher liegt als in der DDR.

Mit der forcierten Nutzung der Rohbraunkohle als Energieträger und Rohstoff für die chemische Industrie entstanden bedeutende Umweltprobleme, die mit weitreichenden wirtschaftlichen Folgen und abnehmender Akzeptanz durch die Bevölkerung verbunden sind. Gegenwärtig werden ca. 420 Produktionsanlagen mit Ausnahmegenehmigungen des Gesundheitswesens betrieben. In einigen Fällen, wie in Pirna und Espenhain, fordern gesellschaftliche Kräfte und Bürgerinitiativen die Stillegung solcher Anlagen, wovon über 100 000 Arbeitskräfte betroffen werden und ein punktueller Produktionsausfall z. B. bei Viskoseseide und bei Chemiegrundstoffen ausgeglichen werden müssen. Merktätige einiger dieser Betriebe andererseits wenden sich gegen solche kurzfristigen Entscheidungen.

Die Investitionsbeschränkungen führten auch zu einem Zurückbleiben der kommunalen Infrastruktur (Wasser, Abwasser, Strom, Gas, Wärme, Straßen, Wege, Bahnhöfe, Telefon) und zum Zurückbleiben der Reparaturen und der Werterhaltung im Wohnungswesen und der Stadterhaltung und -sanierung.

Die Kaufkraft der Mark der DDR im Bereich der Wirtschaft ist gesunken. In der Industrie und im Bauwesen haben von 1984 - 1986 Kosten- und Preiserhöhungen stattgefunden, die nicht nur auf gestiegene Rohstoffpreise sowohl international als auch im eigenen Land, wie z. B. bei der Rohbraunkohle, sondern auch auf zu hohe Gemeinkosten und sprunghaft gestiegene Reparaturkosten wegen des überalterten Grundmittelbestandes zurückzuführen sind. Seit 1975 erhöhte sich das Niveau der Industrie-, Bau- und Agrarpreise um 56 %.

In den 80er Jahren wuchs in Folge falscher Wirtschafts- und Gesellschaftspolitik, von Mißwirtschaft und parasitärer Verwendung durch die ehemalige Partei- und Staatsführung der Verbrauch schneller als die eigenen Leistungen. Es wurde mehr verbraucht als aus eigener Produktion erwirtschaftet wurde zu Lasten der Verschuldung im NSW, die sich von 0,5 Mrd. $ 1970 auf 18,5 Mrd. $ erhöht hat.

3. Im Vergleich zum Produktivitätsniveau führender kapitalistischer Industrieländer hat die DDR einerseits relativ hohe soziale Standards erreicht. Andererseits verlangt allein schon die dauerhafte Sicherung dieser sozialen Errungenschaften und ihr weiterer schrittweiser Ausbau ein bedeutend höheres Tempo wissenschaftlich-technischer, Erneuerung und ein entscheidend höheres Produktivitäts- und Effektivitätsniveau als in zurückliegenden Jahrzehnt. Der Ausstattungsgrad der Haushalte mit langlebigen Konsumgütern betrug 1989 bei Haushaltskälteschränken 99 %, Waschmaschinen 99 %, Fernsehgeräten 96 %, darunter Farbfernsehgeräte 57 %. Dabei beeinträchtigen sowohl Mängel im wissenschaftlich-technischen Niveau, der Qualität als auch

im sortimentsgerechten Angebot die Versorgungswirksamkeit, insbesondere unter Berücksichtigung internationaler Vergleiche. Eine stabile landwirtschaftliche Produktion auf genossenschaftlicher Grundlage gewährleistet die Versorgung der Bevölkerung. Der Pro-Kopf-Verbrauch an Grundnahrungsmitteln betrug 1988 bei Fleisch 100,2 kg, Butter 14,9 kg, Gemüse 106 kg, Obst 77 kg.

Die Sozialpolitik forderte einen großen Anteil am volkswirtschaftlichen Gesamtergebnis, ohne daß sie in genügendem Maße zu Leistungen stimulierte. Der Zusammenhang zwischen der Wirkung des Leistungsprinzips und einer dauerhaften Gewährleistung der proportionalen Entwicklung des Warenfonds, der Dienstleistungspotentiale und des Kauffonds der Bevölkerung sowie auf dieser Grundlage des Marktgleichgewichts von Angebot und Nachfrage wurde ernsthaft verletzt.

Während das produzierte Nationaleinkommen 1986 - 1989 um durchschnittlich jährlich 3,1 % wuchs, erhöhten sich die Nettogeldeinnahmen um durchschnittlich jährlich 4,3 %, die indirekten Einkommen aus gesellschaftlichen Fonds und die Zuwendungen für die Bevölkerung aus dem Staatshaushalt als wichtiger Bestandteil des Realeinkommens einschließlich der Subventionen für Wohnungswesen, stabile Preise, Tarife, Bildungswesen, Gesundheitswesen, Kultur, Sport und Erholung stiegen in diesen Jahren um 6 % jährlich.

Das volkswirtschaftliche Erfordernis eines schnelleren Zuwachses der Arbeitsproduktivität gegenüber dem Wachstum der Durchschnittslöhne wurde nach 1975 verletzt, besonders in den Jahren 1976, 1987, 1988. Die Motive zur Leistungssteigerung haben sich abgeschwächt.

In 10 von 14 Jahren nach 1975 wuchsen die Geldeinnahmen der Bevölkerung schneller als die materiellen Warenfonds. Seit Mitte der 70er Jahre stagnierte die Warenbereitstellung bei wichtigen Positionen, z. B. bei Obst und Südfrüchten, bei Fisch, bei PKW und ging bei einzelnen Positionen in den 80er

Jahren sogar zurück. Es gab zum Teil verdeckte und zum Teil offene Preissteigerungen bei Konsumgütern und -leistungen.

Das der Kaufkraft der Mark der DDR in den Händen der Bevölkerung zugrunde liegende Preisniveau erhöhte sich gegenüber 1975 auf 116,5 %. Die Disproportionen zwischen Geldeinnahmen und Warenfonds führte zu Mangelerscheinungen im Angebot und zu einem beträchtlichen Kaufkraftüberhang.

In den Geldbeziehungen der Bevölkerung sind Disproportionen zwischen Kauf- und Warenfonds eingetreten, denen nicht in vollem Umfang leistungsgerecht gebildete Geldeinnahmen und eine unzureichende bedarfsgerechte Realisierung von Einkommen und Ersparnissen zugrunde liegen; insbesondere in den Jahren 1986 - 1988 in Höhe von 10 - 12 Mrd. M. Es muß mit einem mobilen Kaufkraftüberhang von 4 - 5 Mrd. M gerechnet werden.

Der Kaufkraftüberhang resultiert insbesondere aus nicht befriedigter Nachfrage nach Kraftfahrzeugen, Wohnraumgestaltung, moderner Unterhaltungselektronik und Auslandstourismus. Diese Entwicklung vollzog sich bei wachsenden Subventionen für Waren des Grundbedarfs, Tarife und Mieten als Form der konsumtiven Verwendung von Nationaleinkommen.

Insgesamt vollzog sich ein schnelleres Anwachsen der gesellschaftlichen gegenüber der aus Arbeitseinkommen realisierten Konsumtion. Der Anteil der aus gesellschaftlichen Fonds und Subventionen gespeisten Einkommen, beträgt gegenwärtig rd. 50 % des Realeinkommens pro Kopf der Bevölkerung insgesamt. Bei Wahrung der unverzichtbaren Einheit zwischen Anwendung des Leistungsprinzips und sozialer Sicherheit ist es erforderlich, den Wirkungen des Leistungsprinzips mehr Geltung zu verschaffen. Die Kriterien für die Bewertung der Leistung und des daraus abzuleitenden Anspruchs auf Ressourcen bzw. Konsumtionsfonds müssen zunehmend an internationalen Maßstäben der Arbeitsproduktivität, Kosten, Preise, Währungsrelationen und Löhne orientiert sein.

Dokument 11/16, Bericht des Ministerrates der DDR über die Lage der Volkswirtschaft und Schlußfolgerungen zur Stabilisierung; Seite 5 von 13

Die Spareinlagen, einschließlich Versicherungssparen, erhöhten sich von 138 Mrd. M 1985 auf 178 Mrd. M Ende 1989. Das Wachstum beträgt damit durchschnittlich jährlich 6,4 %. Die Zinszahlungen an die Bevölkerung betragen 1989 etwa 5 Mrd. M.

4. Die Austauschrelationen im Handel mit dem nichtsozialistischen Wirtschaftsgebiet haben sich aufgrund der für die DDR ungünstigen Weltmarktpreisentwicklung und wegen überhöhter inländischer Produktionskosten verschlechtert.
Die Hauptursache für das unzureichende NSW-Exportvolumen und die zu geringe Außenhandelseffektivität besteht darin, daß die Eigenverantwortung der Wirtschaftseinheiten für die Außenwirtschaftsaufgaben ungenügend ausgeprägt war und es nicht gelang, genügend effektiv absetzbare Exporterzeugnisse bereitzustellen. Die fehlerhafte Wirtschaftspolitik führte zu einer Abkapselung von der internationalen Arbeitsteilung; dadurch entstand im Verhältnis zur Leistungskraft ein zu breites Produktionssortiment, wodurch die Erzeugnisse nicht das erforderliche wissenschaftlich-technische Niveau besaßen, um wettbewerbsfähig zu sein und die erforderliche Verbesserung der inneren Effektivität zu sichern.
Von wesentlichem Einfluß auf diese Entwicklung war, daß die gestiegenen volkswirtschaftlichen Aufwendungen zum Beispiel für die Energiewirtschaft, nicht durch die Senkung des Aufwandes und der Kosten ausgeglichen wurden. Dadurch stiegen die den nationalen Aufwand deckenden Industriepreise in der DDR schneller als die Preise im nichtsozialistischen Wirtschaftsgebiet, so daß die Rentabilität der Exporte im nichtsozialistischen Wirtschaftsgebiet sank und faktisch eine Abwertung der Kaufkraft der Mark gegenüber kapitalistischen Währungen eintrat.
Die Hauptursache des heutigen Standes der Verbindlichkeiten gegenüber dem nichtsozialistischen Wirtschaftsgebiet ist, daß über die Jahre mehr importiert als exportiert wurde.

Die Sicherung der Zahlungsfähigkeit der DDR sowie die Sicherung der Rohstoffbezüge und anderer wichtiger Importe durch zuverlässigen Warenaustausch mit den sozialistischen Ländern, sind Aufgaben, die alle Maßnahmen auf außenwirtschaftlichem Gebiet bestimmen müssen. Alle eingegangenen internationalen Verpflichtungen sind zuverlässig zu erfüllen.
Zur Verbesserung der Effektivität des Exports sind schon für 1990 die Exporterzeugnisse nach dem Nettovalutaerlös zu überprüfen und Veränderungen der Exportstruktur einzuleiten. Auf keinen Fall dürfen die auf den Märkten erkämpften Positionen verloren gehen.

5. Die Situation im Staatshaushalt wird dadurch charakterisiert, daß im Zusammenhang mit der ungenügenden Grundfondserneuerung, den zu hohen Produktionskosten und den Verlusten aus der Verschlechterung der Austauschrelationen eine stetig gewachsene Inlandsverschuldung entstanden ist. Die Verbindlichkeiten des Staatshaushaltes gegenüber dem Kreditsystem der DDR, die 1970 rd. 12,0 Mrd. M betrugen, nehmen zu.
Die Kreditinanspruchnahme erhöhte sich für den volkseigenen Wohnungsbau auf rd. 54 Mrd. M und für strukturbestimmende Investitionen auf rd. 4 Mrd. M. Darüber hinaus entstand durch das sich ab 1983/84 weiter verschlechternde interne Umrechnungsverhältnis der Mark der DDR zur Valutamark eine Verbindlichkeit gegenüber dem Kreditsystem von 65 Mrd. M, die im Rahmen der Tilgung der Auslandsschulden der DDR durch den Staatshaushalt in den nächsten Jahren zu begleichen ist. Geldumlauf und Verbindlichkeiten des Staates sind schneller gestiegen als die volkswirtschaftliche Leistung.
In Zusammenhang mit der Wirtschaftsreform ist eine Neubestimmung der Ziele der Finanzpolitik mit einer höheren Priorität der Stabilität der Währung und der Staatsfinanzen als eine grundlegende Bedingung für die umfassende Verwirklichung des Leistungsprinzips notwendig. Sie ist auf die Wiederher-

Dokument 11/16, Bericht des Ministerrates der DDR über die Lage der Volkswirtschaft und Schlußfolgerungen zur Stabilisierung; Seite 6 von 13

stellung des materiellen und finanziellen Gleichgewichts durch die Bilanzierung der zahlungsfähigen Nachfrage der Wirtschaft und Bevölkerung mit den materiellen Bedingungen der Akkumulation und Konsumtion zu richten.

Das erfordert, durch Erhöhung der Außenhandelsrentabilität und Maßnahmen zur Beseitigung des Kaufkraftüberhangs die Währung der DDR zu stärken und schrittweise ihre Konvertibilität zu erreichen.

Eine Währungsreform ist nicht vorgesehen. Es geht darum, daß der Wert der Mark der DDR durch zielgerichtete Erhöhung der Leistungskraft bei umfassender Nutzung der vorhandenen bedeutenden personellen und materiellen Potenzen systematisch zu erhöhen ist.

II.

1. Die seit Jahren nicht gelösten Probleme in der Volkswirtschaft bestimmten in starkem Maße den Wirtschaftsverlauf und die Planerfüllung 1989.

Das produzierte Nationaleinkommen wuchs im Jahr 1989 nach vorläufigen Angaben um 2 %. Das Gesetz zum Volkswirtschaftsplan sah 4,0 % vor.

Mit dem IV. Quartal vollzog sich ein wesentlicher Bruch in der Entwicklung, wodurch die Ausgangspunkte für das Wirtschaftsjahr 1990 entscheidend verändert wurden. Ausschlaggebend dafür waren

- die verstärkte Abwanderung von Arbeitskräften,
- die Konsequenzen aus der Öffnung der Grenzen auf dem Binnenmarkt,
- die Verkehrssituation und notwendige Importentscheidungen.

So wurde in den Monaten Oktober – Dezember in der Industrie durchschnittlich je Arbeitstag für 57 Mio M weniger produziert als während der ersten drei Quartale.

Insgesamt erreichte das produzierte Nationaleinkommen zu vergleichbaren Preisen des Jahres 1985 ein Volumen von 273,5 Mrd. M Damit standen für ca. 5,3 Mrd. M weniger Nationaleinkommen als geplant zur Verfügung.

Aus der Senkung des spezifischen Produktionsverbrauchs resultierten nur rund 5 % des Nationaleinkommenszuwachses. Das ist vor allem auf die Überschreitung des geplanten Produktionsverbrauchs in der Industrie und in der Landwirtschaft zurückzuführen.

Besonders spürbar in seinen volkswirtschaftlichen Auswirkungen ist, daß die Produktionsziele bei 216 (von insgesamt 383) volkswirtschaftlich wichtigen Haupterzeugnissen mit einem Gesamtvolumen von 4,8 Mrd. M nicht erfüllt wurden. Dazu gehören die Produktionsziele solcher Zulieferzeugnisse wie Guß-

Dokument 11/16, Bericht des Ministerrates der DDR über die Lage der Volkswirtschaft und Schlußfolgerungen zur Stabilisierung; Seite 7 von 13

Zeugnisse, Industriegetriebe, Wälzlager, Ersatzteile für Landmaschinen, Möbelfolien, Flaschen für die Lebensmittelindustrie, elektrische Groß- und Mittelmaschinen, Hoch- und Niederspannungsschaltgeräte, Pumpen, Verdichter, Kammgarne und Baumwollgewebe mit beträchtlichen Auswirkungen auf die Finalproduktion.

Das führte zu weiter anwachsenden Vertragsrückständen, zur Diskontinuität der Produktion, einem hohen operativen Aufwand für ihre materiell-technische Sicherung und zu zusätzlichen Importen aus dem nichtsozialistischen Wirtschaftsgebiet.

Nach übereinstimmenden Einschätzungen beruht der Rückgang der Produktion im November/Dezember bis zu zwei Dritteln auf dem Weggang von Arbeitskräften. Gleichzeitig wirkten gestörte Kooperationsbeziehungen, fehlende Zulieferungen und unzureichende materielle Voraussetzungen. Es wurden aber auch Mängel in der Produktionsorganisation, in der Leitung und in der Arbeitsintensität sichtbar.

Besonders stark wirkte sich der Produktionsrückgang im Maschinenbau und in der bezirksgeleiteten Industrie aus. So sank in der metallverarbeitenden Industrie die arbeitstägliche Produktion im November um 6,1 % und im Dezember um 8,1 % unter das Niveau des entsprechenden Vorjahresmonats. Im Werkzeug- und Verarbeitungsmaschinenbau betrugen die Rückgänge jeweils rund 10 %.

Gleichzeitig hat sich das Kostenniveau verschlechtert. Für das Gesamtjahr wird in der Industrie gegenüber den vorgesehenen 1,3 % eine Senkung des Kostensatzes von nur 0,1 % eingeschätzt. Es darf nicht übersehen werden, daß sich im Oktober der Kostensatz um 0,9 %, im November um 1,5 % und im Dezember um 3 % erhöhte.

Im Bauwesen wurde - auch bedingt durch den Rückgang von Arbeitskräften - insgesamt kein Leistungsanstieg gegenüber dem Vorjahr erreicht.

Dadurch entstanden in der Industrie und im Bauwesen Gewinnrückstände zum Plan in Höhe von ca. 4,5 Mrd. M.

Durch die hohen Anforderungen an das Verkehrswesen infolge des zum Teil chaotischen Formen annehmenden Reiseverkehrs im IV. Quartal konnten negative Wirkungen auf den Gütertransport nicht verhindert werden. Hervorzuheben ist, daß zum Jahresende eine Stabilisierung im Gütertransport erreicht sowie im Verkehrswesen die geplanten Effektivitätskennziffern per 31. 12. 89 in Größenordnungen von rund 300 Mio M im Nettogewinn und von 12,5 Mio. VM im NSW-Saldo überboten wurden.

Durch die Werktätigen der Landwirtschaft wurden die geplanten Leistungsziele in der Tierproduktion erfüllt und überboten, während sie in der Pflanzenproduktion aufgrund der komplizierten Witterungsbedingungen (Trockenheit im Frühjahr und Sommer) nicht erreicht werden konnten.

Die Pflanzenproduktion realisierte einen Gesamtertrag von 46,8 dt Getreideeinheiten je Hektar landwirtschaftliche Nutzfläche. Bei Getreide wurden 10,8 Mio t geerntet; der Minderertrag gegenüber dem Planziel betrug 0,8 Mio t. Die größten Ausfälle aufgrund der Witterungsbedingungen sind bei Zuckerrüben, Kartoffeln und bei Großfutter zu verzeichnen. Es war notwendig, zusätzlich 1,5 Mio t Futtergetreide zu importieren, um die Auswirkungen auf die Futterlage auszugleichen und im Jahr 1990 die geplante Tierproduktion zu sichern.

Unter Berücksichtigung dieser Faktoren wird der Staatshaushalt 1989 voraussichtlich mit einem Defizit von rd. 6 Mrd. M abschließen.

Die grundlegende Feststellung besteht darin, daß auch unter außerordentlich komplizierten Bedingungen das Funktionieren der Wirtschaft und die Versorgung der Bevölkerung im IV. Quartal mit großen Anstrengungen im wesentlichen gewährleistet wurde.

Dokument 11/16, Bericht des Ministerrates der DDR über die Lage der Volkswirtschaft und Schlußfolgerungen zur Stabilisierung; Seite 8 von 13

Die letzten Wochen haben gezeigt, daß Werktätige vielerorts durch persönlichen Einsatz Leistungs- und Effektivitätsreserven erschlossen haben und auch die Sofortmaßnahmen der Regierung erste Ergebnisse brachten, an die angeknüpft werden kann. Zu den erfreulichen Resultaten gehört, daß die für die Sicherung des Rohstoffimports übernommenen Exportverpflichtungen gegenüber der UdSSR im wesentlichen erfüllt wurden und die Exporte in das nichtsozialistische Wirtschaftsgebiet gegenüber dem Vorjahr um 8,5 % gewachsen sind. Die Investitionsziele wurden bei allerdings zum Teil hohen unsaldierten Rückständen wertmäßig erreicht.

Es ist hervorzuheben, daß die Versorgung der Bevölkerung, insbesondere mit Waren des Grundbedarfs, trotz der hohen zusätzlichen Belastung durch den Tourismus sowie der starken Abkäufe hochwertiger Konsumgüter in den Monaten November und Dezember im wesentlichen gesichert werden konnte.

Daran haben die Mitarbeiter des Verkehrswesens, des Handels sowie Angehörige der bewaffneten Organe durch Einsatzbereitschaft und Fleiß einen bedeutenden Anteil.

2. Für die wirtschaftliche Entwicklung und Stabilität im I. Quartal 1990 hat die Regierung Entscheidungen getroffen. Schwerpunkte dabei sind die Sicherung der Bereitstellung von Rohstoffen, Zulieferzeugnissen und Ersatzteilen sowie der Einsatz von Arbeitskräften in volkswirtschaftlichen Schwerpunktbereichen.

Für den Winter sind zur Versorgung mit Energieträgern im I. Quartal 1990 die erforderlichen Bereitstellungen von Heizöl, Braunkohlenbriketts, Steinkohle und Hochofenkoks, der Aufbau einer Kältereserve sowie die Voraussetzungen für die Elektroenergieversorgung auch unter komplizierten Winterbedingungen festgelegt. Das schließt die Verpflichtung aller Verbraucher ein, sparsam mit Energie umzugehen.

Die für die Bewältigung des Transports unter Winterbedingungen erforderlichen materiell-technischen Voraussetzungen bei der Eisenbahn, beim Straßenwesen sowie beim Seeverkehr und bei den Binnenwasserstraßen wurden geprüft und sind gegeben.

Wie festgelegt, wurden von den Generaldirektoren der Kombinate Anfang Januar ihre Planvorschläge für das I. Quartal 1990 eingereicht. Die Lage in den einzelnen Bereichen ist differenziert. Insgesamt muß damit gerechnet werden, daß vor allem aufgrund der verminderten Anzahl von Arbeitskräften die Produktion im I. Quartal 1990 insgesamt bei rd. 95,3 % im Verhältnis zum gleichen Zeitraum des Vorjahres liegen wird.

Durch die in der Lebensmittelindustrie verfügbaren Kapazitäten und Rohstoffe kann für das I. Quartal 1990 die Versorgung der Bevölkerung gewährleistet werden.
Der Planvorschlag der Generaldirektoren der Kombinate des Bereiches der Leichtindustrie beträgt im I. Quartal 1990 gegenüber dem gleichen Zeitraum des Vorjahres 95,2 %.

Im Bereich der Schwerindustrie liegt das Produktionsniveau laut Planvorschlag für das I. Quartal 1990 bei 95,1 % und im Bereich des Maschinenbaus bei 95,5 %.
Die von den Kombinaten des Ministeriums für Bauwesen und Wohnungswirtschaft vorgeschlagene Bauproduktion beträgt unter Berücksichtigung von Veränderungen in den Gewerken von Neubau auf Instandhaltung und Reparaturen 86,7 % im Vergleich zum I. Quartal 1989.

Die von den Betrieben und Kombinaten vorgesehene Lohnentwicklung steht gegenwärtig für das I. Quartal noch nicht in Übereinstimmung mit der vorgeschlagenen Leistung, was jedoch zur Gewährleistung der Übereinstimmung zwischen Warenfonds und Kaufkraft und der Stabilität des Binnenmarktes gewährleistet werden muß.

Dokument 11/16, Bericht des Ministerrates der DDR über die Lage der Volkswirtschaft und Schlußfolgerungen zur Stabilisierung; Seite 9 von 13

17. Zur Erhöhung der Effektivität und zur Sicherung der Eigenerwirtschaftung der Mittel für den Reproduktionsprozeß der Kombinate sowie zur Minderung des Defizits im Staatshaushalt sind Reserven, insbesondere durch die Erhöhung der Arbeitsproduktivität, die Senkung des Produktionsverbrauchs, die Verbesserung der Exportergebnisse sowie der Exportrentabilität und durch eine rationale Bestandswirtschaft zu erschließen.

Zur Erhöhung des Exportanteils des I. Quartals 1990 ist die Verwendung des Endprodukts für das Inland und den Export unter Berücksichtigung der abgeschlossenen Jahresprotokolle mit den sozialistischen Ländern und den abgeschlossenen Verträgen im nichtsozialistischen Wirtschaftsgebiet zu prüfen. Dazu sind auf der Grundlage der Planvorschläge der Betriebe und Kombinate die notwendigen Entscheidungen zu treffen bzw. den verantwortlichen Bilanzorganen vorzulegen.

3. Im Jahre 1990 muß das Funktionieren der Volkswirtschaft gewährleistet und der Beginn einer Stabilisierungsphase eingeleitet werden, die voraussichtlich auch die Jahre 1991 und 1992 umfassen wird.

Gegenwärtig erfolgt auf der Grundlage staatlicher Orientierungsgrößen die Ausarbeitung von Vorschlägen für den Planentwurf 1990 durch die Kombinate, Betriebe und Einrichtungen sowie durch die örtlichen Staatsorgane bis 15. 2. 1990; das heißt, von unten nach oben.

Von grundlegender Bedeutung für die Einschätzung der Leistungsentwicklung 1990 sind die bedeutenden Veränderungen im gesellschaftlichen Arbeitsvermögen, die sich im wesentlichen im 2. Halbjahr 1989 mit der Ausreise von rd. 343 800 Personen vollzogen haben.

In Zusammenhang mit der Vorbereitung des neuen Wehrdienstgesetzes werden 31 600 Angehörige der bewaffneten Organe in dieser konzentrierten Form an bestimmten Standorten für den Arbeitseinsatz nicht mehr zur Verfügung stehen, wobei gleichzeitig 96 000 Arbeitskräfte aus der Armee in ihrer bisherigen Tätigkeit verbleiben bzw. zu ihr zurückkehren. Außerdem werden durch die Amnestie von 16 000 in ausgewählten Kapazitäten der Produktion tätigen Strafgefangenen 12 000 bis Januar 1990 entlassen. Das Problem besteht in den eintretenden punktuellen Auswirkungen bei einzelnen Erzeugnissen, insbesondere der Zulieferindustrie, wodurch Störungen in ganzen Produktionsketten entstehen und gemeistert werden müssen.

Es muß damit gerechnet werden, daß aufgrund des starken Arbeitskräfteverlustes insbesondere in industriellen Ballungsgebieten und volkswirtschaftlich wichtigen Betrieben und noch weiter anhaltender Ausreisen im Jahre 1990 die Produktion um 4 - 5 % unter dem Niveau des Jahres 1989 liegen wird. Diesen Berechnungen liegt zugrunde, daß die Arbeitsproduktivität im Jahre 1990 um etwa 3 % gegenüber 1989 gesteigert wird. Das muß unter den gegebenen Bedingungen als eine angespannte Zielstellung eingeschätzt werden. Damit wird die Aufgabe unterstrichen, aus Verwaltungen, bewaffneten Organen und gesellschaftlichen Organisationen freigesetzte Arbeitskräfte für produktive Tätigkeiten zu gewinnen, umzuschulen und einzusetzen.

Aufgrund der Analyse des vergangenen Jahres ist es erforderlich, dem Plan zur Stabilisierung der Volkswirtschaft 1990 folgende Hauptgesichtspunkte für die Konzentration der zur Verfügung stehenden Arbeitskräfte und materiellen sowie finanziellen Potentiale zugrunde zu legen:

- Sicherung der materiellen Versorgung der Volkswirtschaft insbesondere mit Zulieferzeugnissen, Energieträgern und Rohstoffen zur Gewährleistung einer kontinuierlichen Produktion;

- Sicherung der Versorgung der Bevölkerung entsprechend den abgeschlossenen Verträgen insbesondere für das 1. Halbjahr 1990;

Dokument 11/16, Bericht des Ministerrates der DDR über die Lage der Volkswirtschaft und Schlußfolgerungen zur Stabilisierung; Seite 10 von 13

- Sicherung der mit der UdSSR vereinbarten Lieferungen für den Import der Energieträger und Rohstoffe;

- Sicherung der in den staatlichen Orientierungsgrößen vorgesehenen Exporte in das nichtsozialistische Wirtschaftsgebiet und Mobilisierung von Reserven zu ihrer Überbietung.

Dies muß verbunden werden mit einer Ökonomisierung des gesamten Reproduktionsprozesses insbesondere durch Senkung von unproduktivem Aufwand, um das Defizit im Staatshaushalt zu verringern.

Es ist von großer volkswirtschaftlicher Bedeutung, daß mit dem Abschluß des Jahresprotokolls mit der UdSSR und mit den Protokollen anderer sozialistischer Länder wichtige Grundlagen für die weitere Entwicklung unserer Volkswirtschaft gegeben sind, insbesondere durch die Lieferung lebenswichtiger Energieträger, Rohstoffe und Materialien. Die sich daraus ergebenden Vertpflichtungen der DDR für den Export müssen fester Bestandteil der Pläne der Betriebe und Kombinate sein.

Bei allen Problemen muß festgestellt werden, daß die Volkswirtschaft der DDR über entwicklungsfähige Grundlagen zu Stabilisierung und der Wiedergewinnung von Dynamik bei Wachstum und Effektivität verfügt. Dazu gehören:

- Erfahrung, Tradition und ein hohes Qualifikationsniveau der Werktätigen,

- die in der Wirtschaft vorhandenen Arbeitskräftereserven, z. B. der hohe Anteil von Beschäftigten mit manueller Tätigkeit,

- das in Jahren gewachsene Leistungsvermögen der Betriebe und Kombinate mit hohem wissenschaftlich-technischem Niveau auf ausgewählten Gebieten und teilweise ein "Überhang" an wissenschaftlich-technischen Erkenntnissen,

- die über lange Zeit gewachsenen Außenmarktsbeziehungen mit dem sozialistischen Wirtschaftsgebiet, insbesondere mit der UdSSR, mit guten Marktpositionen, die nicht preisgegeben werden sollten,

- die bedeutenden Entwicklungsmöglichkeiten bei der Kooperation und wirtschaftlichen Zusammenarbeit mit der BRD in einem vertraglich geregelten Wirtschaftsverbund und die Möglichkeiten der Beteiligung am EG-Binnenmarkt,

- das relativ hohe Verbrauchs- und Ausstattungsniveau der Bevölkerung mit Konsumgütern sowie ein bedeutender neu geschaffener Wohnungsfonds, wobei andererseits der schlechte Zustand in vielen Altbaugebieten zu berücksichtigen ist, dem dringend abgeholfen werden muß,

- eine insgesamt leistungsfähige Landwirtschaft auf genossenschaftlicher Grundlage mit hohen Viehbeständen,

- entwickelte genossenschaftliche und zum Teil auch private Eigentumsformen sowie die Erfahrungen durch privatem und halbstaatlichem Eigentum bis 1971,

- die Lage des Landes als Transitland von West nach Ost sowie von Nord nach Süd und umgekehrt sowie als potentielles Reiseland,

- die Möglichkeit, daß die Hauptstadt der DDR und Berlin-West sich zu einer Drehscheibe im Ost-West-Verhältnis entwickeln und territoriale Verbindungen eingehen können, was beiden Seiten zugute käme,

- das objektive Interesse der westeuropäischen Nachbarn an ökonomischer, politischer und militärischer Stabilität in Mitteleuropa und ihre wachsende Bereitschaft, sich dafür auch ökonomisch zu engagieren, und nicht zuletzt

- die potentiellen ökonomischen Möglichkeiten weiterer Rüstungsbegrenzung.

Dokument 11/16, Bericht des Ministerrates der DDR über die Lage der Volkswirtschaft und Schlußfolgerungen zur Stabilisierung; Seite 11 von 13

III.

Aus der gegenwärtigen Lage der Wirtschaft ergeben sich folgende grundlegende Schlußfolgerungen:

- Entsprechend den Regierungserklärungen vor der 12. und 14. Tagung der Volkskammer der DDR besteht die wichtigste Aufgabe darin, die Wirtschaft der DDR aus der Krise zu führen, ihr Stabilität zu verleihen und Wachstumsimpulse zu geben. Gegenwärtig geht es darum, das Funktionieren der Wirtschaft unter den Bedingungen eines anhaltenden Verlustes an gesellschaftlichem Arbeitsvermögen und gestörter Kooperationsbeziehungen zu gewährleisten.
Bei der Ausarbeitung der ökonomischen Ziele für 1990 ist von den realen Bedingungen auszugehen. Dabei ist die grundlegende Erfahrung der beiden letzten Jahrzehnte zu berücksichtigen, daß auch und gerade auf dem gegenwärtigen Entwicklungsniveau der Produktivkräfte die Nutzung des Marktmechanismus und der Waren-Geld-Beziehungen eine entscheidende Voraussetzung für steigende Produktivität, internationale Wettbewerbsfähigkeit und wachsende Lebensqualität ist.

Durch die neue Wirtschaftspolitik, energische Schritte zur Verwirklichung der Wirtschaftsreform in Beachtung einer sozial und ökologisch orientierten Marktwirtschaft, eine höhere Wirksamkeit des Leistungsprinzips, der Initiative und des Unternehmergeistes sowie durch die Stärkung der materiellen Basis der Volkswirtschaft, darunter durch die Nutzung der Möglichkeiten der internationalen Arbeitsteilung und Zusammenarbeit, sind der Produktionsrückgang zu stoppen und die Voraussetzungen für die Niederterlangung von Dynamik bei wachsender Effektivität zu schaffen.

Dabei muß die Mitsprache und die Mitverantwortung der Werktätigen und ihrer gewählten Vertretungen den neuen gesellschaftlichen Anforderungen und ökonomischen Bedingungen entsprechend in höherer Qualität verwirklicht werden.

- Die Regierung hat weitere konkrete Stabilisierungsmaßnahmen beraten, die der Ausarbeitung und Verwirklichung der Ziele und Aufgaben der ökonomischen Entwicklung zugrunde gelegt werden.
Sie enthalten Aufgaben zur Entwicklung einer bedarfsgerechten Produktion, zur vorrangigen Entwicklung volkswirtschaftlich entscheidender Zulieferungen für den Inlandsbedarf sowie zur besseren Ersatzteileversorgung, zur Erhöhung der Kfz-Instandhaltungsleistungen, Aufgaben zur Aufrechterhaltung der Leistungsfähigkeit der Fleisch- und Milchindustrie, der Getränkeversorgung sowie der Leistungen in der örtlichen Versorgungswirtschaft.
Es sind energische Maßnahmen zu treffen, um im Interesse der Stabilität des Binnenmarktes und der Stärkung der Mark der DDR die Übereinstimmung der Entwicklung von Kauf- und Warenfonds, beginnend 1990, zu gewährleisten.

Der Stand der Arbeit macht deutlich, daß es erforderlich ist, 1990 beginnend, ein längerfristiges Stabilisierungsprogramm auszuarbeiten, das in Übereinstimmung mit den Etappen der Wirtschaftsreform bis in das Jahr 1992 reichen muß.
Es werden Hemmnisse beseitigt und neue Maßnahmen wirksam für die Entfaltung privater Initiativen, vor allem zur Erhöhung der Konsumgüterproduktion, zur Verbesserung der Dienstleistungen sowie für die Kooperation auf dem Gebiet der Zulieferungen.

- Für die Vorbereitung volkswirtschaftlicher Strukturentscheidungen sind Varianten zu erarbeiten und vornehmlich mit Hilfe von marktgerechten Instrumentarien und Methoden zu verwirklichen, die von folgenden qualitativen Anforderungen ausgehen:

. Sicherung und Entwicklung der Lebensqualität der Bevölkerung der DDR bei gleichzeitiger Gesundung der ökologischen Bedingungen;

. Gewährleistung der kontinuierlichen Herausbildung einer proportionalen Volkswirtschaft durch Herstellung der Übereinstimmung von Angebot und Nachfrage auf allen Ebenen;

Dokument 11/16, Bericht des Ministerrates der DDR über die Lage der Volkswirtschaft und Schlußfolgerungen zur Stabilisierung; Seite 12 von 13

Konzentration auf Gebiete, auf denen die DDR gute Traditionen und eine ausbaufähige Basis in Forschung, Entwicklung, Produktion und Absatz besitzt;

schrittweise Einführung der Konvertierbarkeit der Währung auf der Grundlage steigender Produktivität und internationaler Konkurrenzfähigkeit in Gebrauchswert und den Kosten der Erzeugnisse sowie des volkswirtschaftlichen Gleichgewichts;

Konkurrenzfähigkeit der Struktur sowohl beim Absatz der Erzeugnisse und Leistungen als auch bei der Ausschöpfung aller Effektivitätspotentiale der internationalen Arbeitsteilung durch konsequente Anwendung der Weltmarktpreise und der Konvertierbarkeit der Währung;

Erwirtschaftung des erforderlichen Exportüberschusses zur Gewährleistung der Zahlungsfähigkeit, zur Sicherung der volkswirtschaftlich notwendigen Rohstoff- und Leistungsimporte sowie von Fertigerzeugnissen, deren Entwicklung und Produktion in der DDR ökonomisch nicht sinnvoll ist;

kontinuierliche Sanierung der natürlichen Umwelt sowie wachsender Anteil von Investitionen zur Realisierung ökologisch vertretbarer Technologien unter Berücksichtigung der Sicherung der Produktion und Akzeptanz durch die Bevölkerung.

- Zur Erhöhung der Leistungskraft der Volkswirtschaft der DDR ist eine umfassende Modernisierung und Erneuerung des gesamten Produktionsapparates sowie der Infrastruktur erforderlich. Voraussetzung hierfür ist eine breite internationale Öffnung der Wirtschaft der DDR mit dem Ziel der Erreichung internationaler Wettbewerbsfähigkeit, der Erweiterung der Zusammenarbeit mit der UdSSR und anderen RGW-Ländern und der Beteiligung am EG-Binnenmarkt.

Auf der Grundlage des hohen Wissens und Ausbildungsgrades, der reichen Traditionen und Erfahrungen der Werktätigen der DDR ist die breite Nutzung fortgeschrittenen Know-how und neuester technologischer Lösungen in internationalem Maßstab zur Sicherung höherer Arbeitsproduktivität und Effektivität zu gewährleisten. Dazu ist enge Wirtschaftskooperation, Kapitalbeteiligung und Wirtschaftshilfe aus führenden Industrieländern, insbesondere der BRD, nötig, dringlich und liegt in gegenseitigem Interesse.

Es geht darum, den erreichten Stand des Lebensniveaus der Bevölkerung durch die Verwirklichung einer neuen Wirtschaftspolitik, verbunden mit einer radikalen Wirtschaftsreform, zu bewahren und nach Überwindung der krisenhaften Erscheinungen entsprechend der Stärkung der Leistungskraft schrittweise weiter zu erhöhen.

Dabei ist die Einheit von Sozial-, Preis- und Subventionspolitik leistungsorientiert und mit dem Ziel der Erhöhung der Lebensqualität sowie durch die Verbindung von Ökonomie und Ökologie in einer neuen Qualität zu gewährleisten.

Das Ziel ist eine Leistungsgesellschaft, die soziale Gerechtigkeit für alle Bürger einschließt, das Recht auf Arbeit, grundlegende soziale Sicherheit und demokratische Mitbestimmung gewährleistet.

Die Aufgaben zur weiteren Stabilisierung und Wiedererlangung von Wachstum und Dynamik der volkswirtschaftlichen Entwicklung der DDR sind untrennbar mit der zielstrebigen Verwirklichung der von der Regierung vorgeschlagenen radikalen Wirtschaftsreform verbunden.

Das Ziel der radikalen Wirtschaftsreform besteht darin, mit dem bisherigen System der zentral-bürokratischen Verwaltungs- und Kommandowirtschaft zu brechen und statt dessen zu einer Marktwirtschaft mit entwickelten Ware-Geld-Beziehungen überzugehen.

Es geht um die Entwicklung eines demokratischen, das heißt dem Volke verpflichteten Wirtschaftssystems, das sozialen und ökologischen Erfordernissen Rechnung trägt, hohe Effizienz gewährleistet und für alle Eigentumsformen sowie private Initiative und Unternehmensgeist umfassende Entwicklungsmöglichkeiten bietet.

Dokument 11/16, Bericht des Ministerrates der DDR über die Lage der Volkswirtschaft und Schlußfolgerungen zur Stabilisierung; Seite 13 von 13

Runder Tisch
11. Sitzung
5.2.1990

Vorlage Nr. 11/18

Stellungnahme des Unabhängigen Frauenverbandes zum Arbeitsmaterial der AG "Wirtschaft" vom 29.2.) 9o sic!

Der Unabhängige Frauenverband stimmt grundsätzlich mit dem erarbeiteten Material der AG "Wirtschaft" überein. Zugleich sehen wir die Notwendigkeit, das Material zu ergänzen.

1. Im Zusammenhang der Demokratisierung in den Wirtschaftseinheiten fordern wir die obligatorische Berufung von Gleichstellungsbeauftragten sowie die Quotierung der Gewerkschaftsleitungen bzw. Betriebsräte entsprechend dem Frauenanteil der jeweiligen Belegschaft. Diese Position ist in einem Betriebs- bzw. Gewerkschaftsgesetz zu verankern, die noch vor dem 18.3.1990 der Volkskammer zur Beschlußfassung vorgelegt werden müssen.

2. Im Rahmen einer umfassenden rechtlichen Absicherung von freigesetzten Arbeitskräften ist auch die Frist der Zahlung von Überbrückungsgeldern sowie die Art und die Höhe einer weiteren finanziellen Unterstützung nach Ablauf dieser Frist festzulegen.

   Alle finanziellen Maßnahmen setzen die Bestimmung des Existenzminimus und seine ständige Aktualisierung in Abhängigkeit von den Veränderungen der Lebenshaltungskosten voraus.

   Im Zusammenhang der Gewährung von finanziellen Unterstützungen durch die Arbeitsämter müssen Kriterien der Zumutbarkeit von vermittelten Arbeitsplätzen eindeutig definiert werden. Dabei sind insbesondere der Qualifikationsabschluß, die Berufserfahrung, territoriale Bindungen und die familiäre Situation zu berücksichtigen.

3. Die Sicherung der Arbeitsfähigkeit der Arbeitsämter erfordert die klare Fixierung von Rechten und Pflichten im Zusammenwirken von Betrieben, Arbeitsämtern und Staat.

4. Die Maßnahmen zur inhaltlichen, personellen und technischen Neuprofilierung der Arbeitsämter seitens der Regierung sind wesentlich zu beschleunigen. Wir fordern Frau Ministerin Mensch auf, ihre diesbezügliche Konzeption dem RT vorzustellen.

5. Über jede geplante Veränderung im AGB der DDR muß mit dem RT beraten werden.
Wir fordern die Ministerin für Arbeit und Löhne auf, ihren Zeitplan dem RT bekannt zu geben.

Unabhängiger Frauenverband

Runder Tisch　　　　　　　　　　　　　　Information Nr. 11/13
11. Sitzung
5. Februar 1990

Forderungen und Fragen der PDS an die Regierung zur Beratung
von Wirtschafts- und Sozialfragen am "Runden Tisch" am
5. Februar 1990

1. Die PDS sieht in der überall um sich greifenden Angst um
   die Erhaltung des Arbeitsplatzes eine reale Gefahr und
   einen Faktor wachsender politischer Destabilität. Sie hält
   Sofortmaßnahmen der Regierung für notwendig, um das verfassungsmäßige Recht auf Arbeit auch bei notwendigen Strukturveränderungen und Rationalisierungsmaßnahmen in der
   Wirtschaft zu gewährleisten, Ungesetzlichkeiten bei Entlassungen zu verhindern und für Werktätige, die ihren Arbeitsplatz verlieren, die notwendigen sozialen Sicherheiten zu schaffen.

   Wir erwarten von der Regierung, a l l e s zu tun, um

   - den rationellen Wiedereinsatz bereits freigesetzter Ar-
     beitskräfte energisch zu fördern, soziale Gerechtigkeit
     gegenüber jedermann zu gewährleisten und dazu die Wirk-
     samkeit der Ämter für Arbeit für Arbeitsvermittlung und
     Umschulung entschieden zu erhöhen.
     Die vorgesehene Bildung von Arbeitsgruppen in den Bezir-
     ken und Kreisen erscheint uns - wenn diese Arbeiten mit
     Entschlossenheit und Klugheit durchgeführt werden - als
     ein wichtiger Weg.

   - Maßnahmen zum besonderen Schutz von Frauen, älteren Werk-
     tätigen und Behinderten zu ergreifen. Es sind sofort Re-
     gelungen zur finanziellen Unterstützung von Arbeitslosen
     zu treffen.

2

2. Die Wirtschaftsreform der Regierung enthält wichtige Maßnahmen zu Währung, Preisen, Subventionen, Finanzen.

Zwei Problemkreise berühren die soziale Lage der Bevölkerung in besonderem Maße:

<u>Erstens:</u> Wir halten für notwendig, umgehend eine klare Position zum weiteren Abbau produktgebundener Subventionen zugunsten personengebundener zu erarbeiten. Die zügige Beseitigung derartiger Verzerrungen in der Preis- und damit in der Verbrauchs- und Produktionsstruktur ist u.E. dringlich - auch zum weiteren Schutz des Binnenmarktes. Die Einführung neuer Mieten sollte zuletzt erfolgen und bedarf komplexer Lösungen.

Es stellt sich die Frage an die Regierung nach ersten Erkenntnissen und Erfahrungen über den jüngst erfolgten Abbau von Subventionen bei Kindersortimenten.

Die PDS hält es für notwendig, nicht schlechthin einen personenbezogenen Ausgleich zu gewährleisten, sondern die Renter, Alleinerziehende und kinderreiche Familien besonders zu schützen.

Wie soll gewährleistet werden, daß Rücklagen vor allem der älteren Menschen für einen gesicherten Lebensabend nicht gravierend entwertet werden ?

Welche Gefahren sieht die Regierung für spontane inflationäre Entwicklungen und wie soll ihnen entgegengewirkt werden?

<u>Zweitens:</u> Die Regierungsvorlage bekennt sich zu einem schnellen Übergang zur Konvertierbarkeit der Währung der DDR bei realen Kursverhältnissen. Bereits für das 1. Halbjahr 1990 sind Schritte zur Teilkonvertierbarkeit auf der Grundlage einer währungspolitischen Kooperation mit der BRD vorgesehen.

3

Unser Standpunkt ist: Der zügige Übergang zur Konvertierbarkeit (genauer: Teilkonvertierbarkeit) der Mark der DDR ist grundsätzlich aus der Sicht sowohl der Bürger als auch der Wirtschaft außerordentlich wünschenswert.

Aber: Eine schnelle Herbeiführung von Konvertierbarkeit bedeutet auch einen bedeutenden Druck auf die Betriebe des Landes. Sie werden kurzfristig mit der harten internationalen Konkurrenz voll konfrontiert.

Was bedeutet das für die Werktätigen? Auf welchen Wegen können derartige Wirkungen "abgefedert" werden - ohne den kompromißlosen Wettbewerb mit der Konkurrenz aufzuheben?

3. Viele Bürger - speziell Werktätige in den industriellen Ballungsgebieten - sehen mit großer Sorge, wie seit Jahren die krisenhafte wirtschaftliche Entwicklung vielfach auch von einer Verschärfung der ökologischen Situation begleitet wurde - und so die Lebensbedingungen zum Teil beträchtlich beeinflußt werden. Dieser Zustand hält an.

Das vorliegende Konzept orientiert nunmehr auf eine "... ökologisch orientierte Marktwirtschaft".

Dabei stellen sich aber weitergehende Fragen, insbesondere:

- Wie können ökologische Erfordernisse sowohl beim Setzen staatlicher Rahmenbedingungen, vor allem zur makroökonomischen Strukturentwicklung als auch in der Unternehmensführung als immanenter Bestandteil der Wirtschaftsreform durchgesetzt werden?

  . Welcher Stellenwert wird dabei einem neuen Energiekonzept beigemessen?

  . Welche Möglichkeiten werden gesehen, um auf ökonomisch-rechtliche Weise zwingend zur grundlegenden Senkung des Produktionsverbrauchs und damit zur Beseitigung von Ursachen einer hohen ökologischen Belastung beizutragen?

4

- Ist an die Bildung zentraler und/oder territorialer Umweltfonds zur Förderungsfinanzierung von umweltfreundlichen Verfahren und Technologien gedacht?

- Was können kostendeckende Preise für Trink- und Brauchwasser bewirken und der Abbau entsprechender Subventionen leisten - bei Gewährleistung sozialer Gerechtigkeit?

- Ist auf diesem Gebiet eine Überprüfung der vorhandenen gesetzlichen Grundlagen, z.B. Landeskulturgesetz, und ihre Anhebung auf einen internationalen Standard besonders dringlich?

- Wir halten es für geboten, bei der weiteren Ausgestaltung internationaler Kooperationsbeziehungen, insbesondere bei der Genehmigung von Joint ventures, jene große Anzahl von Betrieben und Produktionen zu berücksichtigen, die die festgelegten Normen von Umweltbelastungen überschreiten und auf der Grundlage von Ausnahmegenehmigungen arbeiten.

4. Zu den gegenwärtig am dringendsten zu lösenden Problemen rechnet die PDS die Abstoppung des Übersiedlerstroms in die BRD. Dies wird zunehmend zu einer Existenzfrage für die DDR.

Zur Stabilisierung der Lage ist nach Auffassung der PDS vor allem notwendig, das Vertrauen der Bevölkerung in eine Verbesserung ihrer Lebenslage als Bürger der DDR zu stärken. Welche Aufgaben hält die Regierung in diesem Zusammenhang für vordringlich, die einerseits in der DDR und andererseits auch durch mit der Regierung der BRD zu vereinbarende Maßnahmen zu lösen sind?

5. Die PDS unterstützt im Interesse der Erhöhung der wirtschaftlichen Leistungskraft die sich umfangreich anbahnende Zusammenarbeit der Kombinate und Betriebe mit Firmen der BRD und anderer Länder.

5

Welche Maßnahmen trifft die Regierung unter den Bedingungen verstärkter Eigengeschäftstätigkeit, daß internationale Verpflichtungen der DDR als Ganzes eingehalten werden können?

Das betrifft insbesondere

- die konkret eingegangenen Lieferungen gegenüber der UdSSR zur Sicherung der für die Volkswirtschaft der DDR unbedingt notwendigen Rohstoffimporte,

- die Konzentration von Valuten in den Händen des Staates zur Erfüllung der Schuldendienstverpflichtungen und zum Abbau der NSW-Verbindlichkeiten, die die DDR als Ganzes zu vertreten hat.

6. Ist trotz der Defizite im Staatshaushalt für 1990 gesichert, daß die gesetzlich festgelegten Leistungen aus dem Staatshaushalt für die Bevölkerung, insbesondere für Renten, gesundheitliche Betreuung, Schulspeisung, Kinderkrippen und Kindergärten ohne Abstriche gezahlt werden können?

PDS

Dokument 11/18, Forderungen und Fragen PDS: Zu Wirtschafts- und Sozialfragen (Information 11/13); Seite 5 von 5

Runder Tisch
11. Sitzung
5. Februar 1990   Information Nr. 11/7

Stellungnahme

der Gewerkschaften zu den "Zielstellungen, Grundrichtungen, Etappen und unmittelbaren Maßnahmen der Wirtschaftsreform..." vom 29.1.1990 (Arbeitsgruppe Wirtschaftsreform beim Ministerrat der DDR)

Die Gewerkschaften gehen davon aus, daß die Sicherung des sozialen Lebensniveaus der Werktätigen und das Freisetzen neuer Impulse für soziale Entwicklung den schrittweisen Übergang zu einer sozialen und ökologisch orientierten Marktwirtschaft erfordern. Deshalb unterstützen sie die Grundrichtung der von der Regierung konzipierten Wirtschaftsreform.

Die Gewerkschaften sehen ihren eigenen Beitrag zur Wirtschaftsreform vor allen Dingen in ihrer Mitwirkung an der konsequenten Demokratisierung der Wirtschaft und an der sozialen Sicherung der Werktätigen bei den notwendigen Reformschritten.

Die Gewerkschaften begrüßen die Orientierung auf die Erweiterung der Inhalte und den Ausbau der Rechte der Werktätigen und ihrer Gewerkschaften in den Betrieben in den gesellschaftlichen Aufsichtsräten, in den Industriezweigen, Bereichen und auf zentraler Ebene.

Wir müssen jedoch mit Nachdruck darauf hinweisen, daß die realen Prozesse in vielen Betrieben und Einrichtungen den Orientierungen auf den Ausbau der Wirtschaftsdemokratie diametral entgegenlaufen. Zum Nachteil der Werktätigen werden bestehende gewerkschaftliche Rechte eklatant verletzt.

Aus diesem Grunde und aus prinzipiellen Erwägungen zur Demokratisierung der Wirtschaft hat der außerordentliche Gewerkschaftskongreß am 1.2.1990 mit großer Mehrheit den Entwurf eines Gesetzes

Dokument 11/19, Stellungnahme FDGB: Zu den "Zielstellungen, Grundrichtungen, Etappen und unmittelbaren Maßnahmen der Wirtschaftsreform ..." vom 29.1.1990 (AG "Wirtschaftsreform" beim Ministerrat der DDR (Information 11/7)); Seite 1 von 4

2

über die Rechte der Gewerkschaften in der DDR bestätigt. In diesem Entwurf werden die Rechte der Gewerkschaften zur Mitbestimmung bei allen Fragen der Gestaltung und Umgestaltung des gesellschaftlichen und betrieblichen Reproduktionsprozesses definiert. Wir wollen damit eine stabile, wirksame und rechtlich gesicherte Interessenvertretung in einer sozialen Marktwirtschaft erreichen. Das Gesetz sieht gewerkschaftliche Kampfmittel zur Lösung von Arbeitskonflikten vor. Es enthält Regelungen zum Schutz gewählter Interessenvertreter.

Die Gewerkschaften bitten, alle am Runden Tisch vertretenen Parteien und Gruppierungen, die schnelle Verabschiedung dieses Gesetzes durch die Volkskammer zu unterstützen.

Dokument 11/19, Stellungnahme FDGB: Zu den "Zielstellungen, Grundrichtungen, Etappen und unmittelbaren Maßnahmen der Wirtschaftsreform ..." vom 29.1.1990 (AG "Wirtschaftsreform" beim Ministerrat der DDR (Information 11/7)); Seite 2 von 4

3

Die Gewerkschaften teilen die Auffassung, daß der Übergang zur sozialen Marktwirtschaft ein en Umbau des sozialen Sicherungssystems erfordert. Die im Entwurf fixierten Maßnahmen gegen ein Absinken des sozialen Standards für alle Schichten und Beschäftigungsgruppen finden unsere volle Unterstützung.

Wir müssen aber feststellen, daß strukturpolitische und Rationalisierungsschritte sich schneller vollziehen als die Schaffung entsprechender sozialer Sicherungssysteme. Dies betrifft insbesondere fehlende Regelungen zu einer aktiven Beschäftigungspolitik, kaum vorhandene Umschulungsprogramme und -kapazitäten sowie ungenügende Schritte zur Profilierung der Ämter für Arbeit.

Es steht eine Diskrepanz zwischen Wirtschafts- und Sozialpolitik, die von den Werktätigen als soziale Verunsicherung erlebt und empfunden wird. Eine Folge davon sind sich häufende wilde Streiks.

Die Gewerkschaften fordern:

- Veränderung der Eigentumsverhältnisse, Produktionsein- und Umstellungen sowie andere Strukturveränderung erst dann vorzunehmen, wenn Maßnahmen zur sozialen Sicherung der Werktätigen getroffen sind;

- die Einführung neuer Technologien und die Durchführung von Investitionen einer verbindlichen Prüfung der sozialen Nützlichkeit und der ökologischen Verträglichkeit zu unterziehen und ihre Realisierung an das Vorliegen eines Sozialprojektes zu binden.

Dokument 11/19, Stellungnahme FDGB: Zu den "Zielstellungen, Grundrichtungen, Etappen und unmittelbaren Maßnahmen der Wirtschaftsreform ..." vom 29.1.1990 (AG "Wirtschaftsreform" beim Ministerrat der DDR (Information 11/7)); Seite 3 von 4

In der Struktur- und Investitionspolitik sind gewerkschaftliche Mitbestimmungsrechte gesetzlich zu regeln.

Die notwendige Rentabilitätserhöhung darf insbesondere nicht zu Lasten von Alleinstehenden mit Kindern, von Behinderten und Werktätigen im höheren Lebensalter gehen.

Wir wenden uns an alle politischen Kräfte und Gruppierungen, daran mitzuwirken, daß bei bevorstehenden Strukturveränderungen ein reibungsarmer Zyklus von Freisetzung-Umschulung-Wiedereinsatz herausgebildet und gesichert wird.

Das Recht auf Arbeit kann nur gesichert werden, wenn Vollbeschäftigung ein primäres Ziel der Wirtschaftstätigkeit ist.

Wir unterstützen die Durchsetzung einer Lohn-Tarif- und Steuerreform. In diesem Zusammenhang erwarten wir, daß die Veränderung von Subventionen und Preisen so vorgenommen wird, daß das Niveau der Reallöhne und Lebenshaltungskosten nicht absinkt.

Wir erneuern unsere Forderung an die Regierung, ein Gesamtkonzept der Änderungen der Preis- und Subventionspolitik vorzulegen.

FDGB

Dokument 11/19, Stellungnahme FDGB: Zu den "Zielstellungen, Grundrichtungen, Etappen und unmittelbaren Maßnahmen der Wirtschaftsreform ..." vom 29.1.1990 (AG "Wirtschaftsreform" beim Ministerrat der DDR (Information 11/7)); Seite 4 von 4

Runder Tisch
11. Sitzung
5. Februar 1990　　　　　　　　Antrag Nr. 11/11

Antrag des Unabhängigen Frauenverbandes an den Runden Tisch

Wir halten es für unerläßlich, daß im Zusammenhang mit der anvisierten Wirtschafts-, Währungs- und Verkehrsunion DDR/BRD eine Sozialcharta, die wesentliche soziale Standards für die BürgerInnen in beiden deutschen Staaten regelt, zu erarbeiten ist.

Aus unserer Sicht müßten in dieser Sozialcharta die folgenden für die DDR geltenden Leistungen festgeschrieben werden:

1. Recht auf Schwangerschaftsunterbrechung entsprechend den gesetzlichen Regelungen der DDR von 1972 (Fristenlösung);
2. Mieterschutz bei gleichzeitiger Mietpreisbindung;
3. bedarfsdeckende Bereitstellung von Kinderbetreuungseinrichtungen als grundlegende Voraussetzung für die Vereinbarkeit von Berufstätigkeit und Elternschaft;
4. Festschreibung der im AGB der DDR enthaltenen gesetzlichen Regelungen zum Schutz von Eltern mit Kindern;
5. Sicherung eines sozialen Grundeinkommens für jede Bürgerin und jeden Bürger.

6. Chancengleicher Zugang aller Gesellschaftsmitglieder zu Bildungs- und Gesundheitswesen.

Der Runde Tisch möge diesen Antrag unterstützen und die Regierung mit der Erarbeitung einer Sozialcharta beauftragen.

　　　　　　　　　　　　　　　　　　Unabhängiger Frauenverband

Dokument 11/20, Antrag UFV: Erarbeitung einer Sozialcharta (Vorlage 11/11)

Runder Tisch
11. Sitzung
5. Februar 1990   Vorlage 11/15

Soziale Absicherung der Werktätigen:

Die soziale Absicherung der Werktätigen, die zum Teil administrativ durchgesetzt wurde, wird derzeit massiv von den Betrieben und Einrichtungen, im folgenden Betriebe genannt, unterlaufen. Aus diesem Grund bringt die Grüne Partei folgende Vorlage ein, damit der Runde Tisch sie beschließen möge.

1. Jeder Bürger der DDR hat nach wie vor das Recht auf Arbeit. Werktätigen, den man in ihrer Qualifikation keine Anstellung vermitteln kann, werden auf Kosten des Staates umgeschult und erhalten von ihrem ehemaligen Betrieb ein Überbrückungsgeld von 70 % ihres letzten Nettogehaltes.

2. Jeder Betrieb ist verpflichtet, 10 % der Arbeitsplätze mit behinderten Werktätigen zu besetzen. Betriebe, die diese Auflage nicht erfüllen, haben pro Arbeitskraft monatlich eine Abgabe von 2 TM zu zahlen.

3. Für Mütter, die Kinder im Alter bis zu 7 Jahren haben, brauchen Betriebe nur 50 % der üblichen Steuern abzuführen. Die Bezahlung der monatlichen Unterstützungen im Mütterjahr erfolgt nicht durch die Betriebe, sondern durch den Staat. Der Betrieb ist verpflichtet, der Mutter nach Ablauf des Mütterjahres einen Arbeitsplatz anzubieten. Ist dies nicht möglich, so muß er ein Überbrückungsgeld in Höhe von 6 Monaten zahlen.

4. Zur Wiedereingliederung von Haftentlassenen und Sozialgeschädigten wird den Betrieben eine einmalige Steuerermäßigung von 5 TM pro Arbeitskraft gewährt. Das gleiche gilt auch bei der Einstellung von Langzeitarbeitslosen (über 1 Jahr).

5. Betriebe haben das Recht, Bürger mit geringer Leistungsmotivation und unregelmäßiger Anwesenheit als Gelegenheitsarbeiter befristet einzustellen. Die Vergütung kann dabei bis zu 30 % unter dem Tarif liegen.
Dadurch wird diesem Bevölkerungsteil ein freies Leben auf niedrigerem materiellem Niveau ermöglicht.

                                        Grüne Partei

Runder Tisch   Vorlage Nr. 11/22
11. Sitzung
05. Februar 1990

Erklärung der Grünen Partei zur geplanten Währungsreform

Wie gestrigen Äußerungen ihres Premierministers zu entnehmen ist, hält die Modrow-Regierung bei einer zukünftigen Währungsreform einen Umtausch der DDR-Mark in DM zu einem Kurs von 3 : 1 möglich.
Damit soll unsere Bevölkerung um zwei Drittel ihrer Ersparnisse gebracht und für die von der SED und den Altparteien verursachte Krise in unserem Land zur Kasse gebeten werden.

Die Grüne Partei vertritt entschieden den Standpunkt, daß die Parteien und gesellschaftlichen Organisationen die für die Krise verantwortlich sind, auch die materielle Verantwortung dafür übernehmen müssen. Die Grüne Partei schlägt deshalb vor, daß im Falle einer Einführung der DM als gesamtdeutsche Währung das Sparguthaben der DDR-Bürger im Kurs von 1 : 1 zur DM in die neue Währung umgeschrieben wird. Wenn nötig, sollten die Altparteien und Organisationen mit ihrem Vermögen für die Absicherung des Kurses haftbar gemacht werden.
Sollte dennoch nicht das gesamte Sparguthaben der Bevölkerung so umgewandelt werden können, daß das gesamte Geld sofort verfügbar ist, sollten die über einen festzulegenden Sockelbetrag sofort verfügbaren Geldes hinausgehenden Beträge in mittel-, bzw. langfristige Staats-, und Kommunalanleihen angelegt werden, die durch das Staatsvermögen der DDR, insbesondere KWV-Wohnungen, Grund und Boden, Betriebe usw. gesichert sind. Nur Bürgern, die solche Anleihen nicht zeichnen möchten, sollte der Umtauschkurs von 3 : 1 für ihr Restvermögen zugemutet werden.

                                                  Grüne Partei

Runder Tisch
11. Sitzung
5.2.1990

Vorlage Nr. 11/28

Antrag an die Regierung

Ministerpräsident Modrow und Wirtschaftsministerin Luft haben die neuen am Runden Tisch vertretenen Parteien und politischen Vereinigungen mehrfach aufgefordert, sich an der Ausarbeitung von Wirtschafts- und Energiekonzeptionen zu beteiligen.

Für eine qualifizierte Mitarbeit an der Energiekonzeption sind erforderlich:

Energiestatistik der DDR (Institut für Energetik Leipzig)
Komplexbilanzen Energie (Zentralstelle für rationelle Energieanwendung)
Statistik Erhebungen energieverbrauchender Anlagen (Inst. f. Energetik)
Jahresberichte Kraftwerke (Orgreb-Inst. Cottbus)
Jahresberichte der Energiekombinate (u.a. Kernkraftwerke, Braunkohlekraftwerke)

Wir bitten um schnellstmögliche Aushändigung der o.g. Unterlagen an die Antragsteller.

Grüne Partei
Neues Forum
Grüne Liga

Dokument 11/23, Antrag GP, NF, GL: Aushändigung energiestatistischer Unterlagen (Vorlage 11/28)

Vorlage 11/30

Runder Tisch
11. Sitzung
5. Februar 1990

Antrag an den 11. Runden Tisch

Betr.: Sofortmaßnahmen ökologisch orientierter Marktwirtschaft
im Bereich der Klein- und mittelständigen Industrie

Es sind Maßnahmen erforderlich, durch welche verhindert wird, daß in die DDR importierte Technologien und Produkte zu neuen Umweltbelastungen führen. Deshalb wird empfohlen, sofort Umweltverträglichkeitsprüfungen im Bereich der Klein- und mittelständigen Industrie einzuführen. Damit wird auch diffusen flächenhaften Umweltbelastungen vorgebeugt.

PDS

Runder Tisch   Vorlage Nr. 11/6
11. Sitzung
5. Februar 1990

Beschlußvorlage

Die von der AG "Wirtschaft" in ihrer Beratung am 24. 1. 1990 eingebrachten Hinweise zur Beachtung ökologischer Erfordernisse im Zusammenhang mit der Vorbereitung und Durchführung der Wirtschaftsreform wurden nicht ausreichend als unerläßlicher Bestandteil des wirtschaftlichen und sozialen Gesamtkonzeptes berücksichtigt.

Der Runde Tisch möge in Kenntnis

- des am 29. 1.90 gegebenen Regierungsberichtes zur ökologischen Lage,
- des ebenfalls am 29. 1. 90 bestätigten Grundlagenpapiers der AG "Ökologischer Umbau",
- der am 16. 1. 90 zwischen Bundesumweltminister Prof. Töpfer und DDR-Umweltminister Dr. Diederichs vereinbarten gemeinsamen Umweltkommission,
- der am 17. 1. 90 zwischen Prof. Töpfer und dem Minster für Schwerindustrie der DDR, Dr. Singhuber, behandelten Fragen zur Verringerung der Umweltbelastung, insbesondere durch Energieerzeugungsprozesse und -anlagen

beschließen.

1. daß die AG "Wirtschaftsreform" beim Ministerrat aufgefordert wird, die genannten sozialen und ökologischen Erfordernisse der vorliegenden Konzeption für eine funktionsfähige Marktwirtschaft unverzüglich zuzuordnen,

2. daß der Runde Tisch im Ergebnis dessen die Arbeitgruppe "Wirtschaft" und "Ökologischer Umbau" mit der kurzfristigen Erarbeitung einer Stellungnahme beauftragt.

NDPD

Dokument 11/24, Antrag PDS: Sofortmaßnahmen ökologisch orientierter Marktwirtschaft im Bereich der klein- und mittelständischen Industrie (Vorlage 11/30)

Dokument 11/25, Beschlußvorlage NDPD: Berücksichtigung der sozialen und ökologischen Erfordernisse bei der Ausarbeitung der Wirtschaftsreform (Vorlage 11/6)

Runder Tisch
11. Sitzung
5. Februar 1990   Vorlage Nr. 11/35

Beschlußvorlage

Der Runde Tisch möge folgende Änderungen zum vorgelegten Entwurf des vorläufigen Parteiengesetzes beschließen:

1. § 12 (2) wird ergänzt durch:
   "soweit durch Satzung/Statut nichts anderes bestimmt ist."
2. § 14 (3) Um Verschleierungen zu vermeiden, ist der zweite Anstrich in zwei separate Anstriche zu trennen.
3. § 15 (1) Die Obergrenze für anmeldepflichtige Spenden wird auf 20.000 M erhöht.
4. § 15 (1) Im zweiten Satz wird statt "im Gesetzblatt": "in geeigneter Weise" formuliert.
5. § 15 (2) Im ersten Satz wird vor "Einrichtungen" "staatliche" eingefügt.
6. § 15 (2) Im zweiten Satz wird das Wort "sollen" angefügt.
7. § 15 (2) Der letzte Satz ist zu streichen.
8. § 15 (3) An den ersten Satz wird angefügt: "wenn damit auf den politischen Handlungswillen Einfluß genommen werden soll."
9. § 16 ist genauer zu formulieren. Insbesondere ist die Berechnung der "einheitlichen Norm", ein Stichtag, das Verfahren des Mitgliedernachweises und die unabhängige Prüfung der Finanzangaben der Parteien zu benennen.
10. § 19 (1) wird wie folgt ergänzt:
    "Das Verbot einer Partei gem. § 3 (2) erfolgt <u>bis zur Bildung eines Verfassungsgerichtes</u> in einem Verfahren..."

                                           Demokratischer Aufbruch

Dokument 11/26, Antrag DA: Änderungen des vorläufigen Parteiengesetzes (Vorlage 11/35)

Berlin, den 1. 2.1990

Niederschrift
über eine Beratung mit Experten der DDR zur Frage des
Weiterbetriebes der Blöcke 1 bis 4 des Kernkraftwerkes
Greifswald

Auf Grund der am Runden Tisch am 29. 1. 1990 erhobenen Forderung nach sofortiger Stillegung der Blöcke 1 bis 4 des Kernkraftwerkes Greifswald hatte das Ministerium für Schwerindustrie kompetente Experten der DDR zu einer Beratung eingeladen.
Der 1. Stellvertreter des Generaldirektors des Kernkraftwerkes Greifswald, Herr Dr. Brune, informierte eingangs über das festgelegte Betriebsregime und den Stand der Maßnahmen, die den sicheren Betrieb der Blöcke 1 bis 4 gewährleisten.
Gegenüber früheren Sicherheitsbewertungen, die im Rahmen der Ständigen Kontrollgruppe beim Vorsitzenden des Ministerrates und des Wissenschaftlichen Rates Kernenergie zum sicheren Betrieb der Blöcke 1 bis 4 ausgearbeitet wurden, sind keine neuen Aspekte aus Sicht der Anlagentechnik bzw. des Betriebsregimes eingetreten, die die früheren Bewertungen einschränken.

Die Experten wurden informiert, daß zwischen dem Minister für Schwerindustrie der DDR, Herrn Dr. Singhuber, und dem Bundesminister für Umwelt, Naturschutz und Reaktorsicherheit der BRD, Herrn Prof. Dr. Töpfer, vereinbart wurde, die vorliegenden Sicherheitsanalysen durch gemeinsame Expertengruppen zu vertiefen mit dem Ziel, zu klären, ob und gegebenenfalls unter welchen Bedingungen (Nachrüstung) sowie für welchen Zeitraum die Blöcke 1 bis 4 des Kernkraftwerkes Greifswald weiter betrieben werden können.
Eine erste Bewertung soll im April 1990 vorgelegt werden.

Im Ergebnis der Aussprache kamen die Experten auf Grund der von Ihnen durchgeführten wissenschaftlich-technischen Arbeiten

Dokument 11/27, Stellungnahme des Hauptabteilungsleiters im Ministerium für Schwerindustrie, Harald Gatzke, zu den Auswirkungen einer sofortigen Stillegung des KKW Greifswald auf die Elektroenergie- und Wärmeversorgung; Seite 1 von 4

2

und ihrer Anlagenkenntnis zu den Blöcken 1 bis 4 zu der Einschätzung, daß bei Gewährleistung der Projektsicherheit und unter Berücksichtigung der inzwischen realisierten zusätzlichen sicherheitsrelevanten Maßnahmen der Weiterbetrieb der Blöcke bis zum Vorliegen einer vertieften Sicherheitsanalyse vertretbar ist.

Dipl.-Ing. Kraemer
Ministerium für Schwerindustrie

Prof. Dr. sc.techn. Dr.rer.nat. Adam
Technische Universität Dresden

Prof. Dr.sc.techn. Albrecht
Technische Hochschule Zittau

Prof. Dr.sc.techn. Blumenauer
Technische Universität Magdeburg

Prof. Dr.sc.nat. Collatz
Zentralinstitut für Kernforschung Rossendorf

Prof. Dr.sc.nat. Flach
Zentralinstitut für Kernforschung Rossendorf

Prof. Dr.sc.techn. Morgner
Technische Universität Magdeburg

Dr. sc.techn. Steinkopf
Zentralinstitut für Kernforschung Rossendorf

Prof. Dr.rer.nat.habil. Winkler
Technische Universität Dresden

Dokument 11/27, Stellungnahme des Hauptabteilungsleiters im Ministerium für Schwerindustrie, Harald Gatzke, zu den Auswirkungen einer sofortigen Stillegung des KKW Greifswald auf die Elektroenergie- und Wärmeversorgung; Seite 2 von 4

Ministerium für Schwerindustrie   Berlin, den 2. 2. 1990

Auswirkungen einer sofortigen Stillegung des Kernkraftwerkes Greifswald auf die Elektroenergie- und Wärmeversorgung
_____

Mit der im Kernkraftwerk Greifswald bisher im Dauerbetrieb befindlichen Leistung von 4 x 440 MW werden jährlich 12 TWh Elektroenergie erzeugt. Das entspricht für das Jahr 1990 einem Anteil von 10 % des Elektroenergieverbrauchs der DDR. Gleichzeitig wird zur Wärmeversorgung der Stadt Greifswald und der Großbaustelle KKW Greifswald (Blöcke 5 bis 8) eine Wärmemenge von maximal 300 MW-th ausgekoppelt. Damit werden in der Stadt Greifswald

- 14000 Wohnungen,
- 45 Industriebetriebe,
- 1 Gewächshausgroßanlage,
- 50 gesellschaftliche und Handelseinrichtungen,
- 15 Schulen,
- 15 Kinderkombinationen,
- 6 Krankenhäuser und
- 20 Wohnheime

mit Wärme und Warmwasser versorgt.

Im VEB Kernkraftwerk Greifswald sind gegenwärtig ca. 5000 Personen und auf der Großbaustelle KKW Greifswald ca. 7000 Personen beschäftigt. Von den 7000 Bau- und Montagearbeitern sind ca. 2500 in der Stadt Greifswald und Umgebung angesiedelt.

Eine sofortige Stillegung der Blöcke 1 - 4 des Kernkraftwerkes Greifswald hätte folgende Auswirkungen:

1. Ausgehend von dem Ansatz der Elektroenergiebilanz für das 1. Halbjahr 1990 würde eine elektrische Arbeit von ca. 4.3 TWh ausfallen. Zum Ausgleich müßten

    - Reserveleistung im Umfang von etwa 2.0 TWh auf Basis von Importenergieträger (mit einem zusätzlichen Importmittelbedarf von 100 Mio VM), Braunkohlenbriketts und Rohbraunkohle vollständig in Anspruch genommen werden,

    - ein zusätzlicher Import von Elektroenergie aus der BRD und aus Österreich mit einer elektrischen Arbeit von 1,0 TWh (zusätzlicher Importmittelaufwand von 95 Mio VM) über die bisher vereinbarten Lieferungen in Höhe von insgesamt 0.6 TWh hinaus durchgeführt werden.

    Das würde kurzfristig eine Erhöhung der Übertragungsmöglichkeiten aus der BRD von derzeitig 320 MW auf ca. 800 MW und die weitgehende Ausschöpfung der Importmöglichkeiten aus Österreich erfordern.

Dokument 11/27, Stellungnahme des Hauptabteilungsleiters im Ministerium für Schwerindustrie, Harald Gatzke, zu den Auswirkungen einer sofortigen Stillegung des KKW Greifswald auf die Elektroenergie- und Wärmeversorgung; Seite 3 von 4

(Die Importmöglichkeiten aus Österreich werden stark durch die Transitbedingungen in der ČSR bestimmt - zeitweise sind bis zu 1000 MW übertragbar.)

Die Mittel für diese Importe sind nicht in den Plänen für 1990 enthalten.

Dieser Betrachtung wurde bereits zugrunde gelegt, daß der Elektroenergiebedarf im 1. Halbjahr 1990 um 1,3 TWh unter den geplanten Werten liegen wird.

Durch die höhere Auslastung der konventionellen Wärmekraftwerke erhöht sich die Schadstoffemission in der DDR, darunter der Ausstoß von Schwefeldioxyd um 60- bis 70000 t in diesem Zeitraum.

Durch die vollständige Ausnutzung der verfügbaren Reserveleistungen verringert sich die Versorgungszuverlässigkeit im Elektroenergiesystem mit der Gefahr notwendiger Flächenabschaltungen. Darüber hinaus kann der Nordraum der DDR (Bezirke Rostock, Schwerin und Neubrandenburg) durch Wegfall des leistungsstärksten Einspeiseknotens nicht mehr zuverlässig versorgt werden. Bei einem einfachen Störfall treten Flächenabschaltungen und damit erhebliche Versorgungseinschränkungen für Industrie und Landwirtschaft auf.

2. Für die Wärmeversorgung der Stadt Greifswald bestehen kurzfristig keine Alternativen. Das in der Stadt Greifswald bestehende Heizwerk mit einer Kapazität von 58 MW-th (24 % des gesamten Wärmebedarfs) ist nur zum Warmhaltebetrieb in Havariefällen vorgesehen. Eine zusätzliche Beschaffung und Installation von konventionellen Wärmeerzeugungsanlagen ist in dem erforderlichen Umfang kurzfristig nicht möglich.

Damit ist das gesellschaftliche und wirtschaftliche Leben der Stadt Greifswald in der Winterperiode nicht sicherbar, und es müßten Evakuierungsmaßnahmen erwogen werden.

3. Die Wärme- und Medienversorgung der Großbaustelle der Blöcke 5 bis 8 des Kernkraftwerkes Greifswald und der Probebetrieb des Blockes 5 des KKW Greifswald sind nicht mehr gesichert. Der Probebetrieb des Blockes 5 konnte nicht weitergeführt werden. Die Bau- und Montagearbeiten mußten eingestellt werden.

Über diese unmittelbaren Auswirkungen auf die Elektroenergie- und Wärmeversorgung im Jahr 1990 hinaus entstehen komplizierte sozialökonomische Fragen für einen großen Teil der Bevölkerung Greifswalds sowie langfristige Wirkungen auf die Energieversorgung der DDR, die noch zu untersuchen sind.

Dokument 11/27, Stellungnahme des Hauptabteilungsleiters im Ministerium für Schwerindustrie, Harald Gatzke, zu den Auswirkungen einer sofortigen Stillegung des KKW Greifswald auf die Elektroenergie- und Wärmeversorgung; Seite 4 von 4

Vorlage Nr. 11/32

Runder Tisch
11. Sitzung
5. Februar 1990

Antrag an den 11. Runden Tisch
_____

Die Abschätzung des Risikos der Kernenergieproduktion ist
1. abhängig vom technischen Zustand der Anlagen,
2. von der disziplinierten Arbeit des Personals, d. h. von der Einhaltung des Betriebsregimes.

Dazu zwei Anfragen, die auch in die Expertergutachten eingehen müssen:

1) Wie schnell und wie genau können Fehlhandlungen des Reaktorbedienpersonals diagnostiziert und Störfälle analysiert werden?

2) Was wurde getan, um die 57 Prozent der Fehlhandlungen des Personals bei Störfällen vor allem an Sonntagen und in Nachtschichten abzubauen?

Forderung der PDS:

Das Betreiben des KKW Greifswald wie aller anderen KKW ist unter Bürgerkontrolle zu stellen. Die Kontrolle sollte durch Experten und Bürgerkomitees erfolgen.

Diese Form der Basisdemokratie sollte in das zukünftige Deutschland vom Runden Tisch eingebracht werden.
Alle Kernenergieproduktion gehört unter Volkskontrolle!

PDS

Dokument 11/28, Antrag PDS: Bürgerkontrolle über das KKW Greifswald (Vorlage 11/32)

Vorlage Nr. 11/33

11. Runder Tisch
5.2.1990

Erklärung

In der ADN-Meldung vom 3./4. Februar wird durch Mitarbeiter des KKW Greifswald verlangt, die von den Sprechern einiger Parteien des Runden Tisches erhobene Forderung nach umgehender Stillsetzung der Blöcke 1 bis 4 solle öffentlich zurückgenommen werden.

Diese Forderung weisen wir entschieden zurück. Die Unsicherheiten über Zustand und Betrieb des Kernkraftwerkes wurden weder durch die Ausführungen der Vertreter der Kernenergiewirtschaft vor dem Runden Tisch noch durch die Zeitungsmeldungen entkräftet.

Es kann nicht sein, daß die Bevölkerung der DDR über ihre eigenen Medien keine oder allenfalls geschönte Informationen über die tatsächliche Situation im KKW erhält. Auch das durch westliche Enthüllungen erzwungene stückweise Zugeben von Konstruktionsmängeln, Schnellabschaltungen und Störfällen kann nur ein tiefes Mißtrauen hervorrufen.

Nicht die Antragsteller haben, wie behauptet wurde, die Zukunftsängste der Bevölkerung in leichtsinniger Weise verschärft, sondern die tatsächlichen Mißstände, Störfälle und deren Geheimhaltung durch die Verantwortlichen unserer Kernenergiepolitik.

Wir erwarten umgehend eine umfassende, öffentliche Stellungnahme der KKW-Betreiber zu den in westlichen Medien dargestellten Mißständen und Havarien im KKW Greifswald.

Bevor diese Unsicherheiten nicht glaubhaft ausgeräumt werden, halten wir unsere Forderung nach Abschaltung aufrecht.

Grüne Partei
Grüne Liga
Initiative Frieden und Menschenrechte
Demkratischer Frauenverband

Neues Forum
Deutsche Forumspartei
Demokratischer Aufbruch

Dokument 11/29, Erklärung GP, GL, IFM, DFV, NF, DFP, DA: Zur Abschaltung des KKW Greifswald (Vorlage 11/33)

Runder Tisch Volage Nr. 10/9
10. Sitzung
29. Januar 1990

Dringlichkeitsantrag der Arbeitsgruppe "Bildung und Jugend"
an den Runden Tisch
_____

Der Runde Tisch wird gebeten, alle politischen Parteien,
Bewegungen und Organisationen, staatlichen Organe, Betriebe,
Genossenschaften und Einrichtungen aufzufordern, sich bis
zur Verabschiedudng anderer Regelungen für die Bewahrung
und Unantastbarkeit vorhandener Einrichtungen, finanzieller
Fonds und personeller Kräfte für die Arbeit mit Kindern
und Jugendlichen unabhängig von ihrer gegenwärtigen Zuordnung und Trägerschaften, einzusetzen.

Das schließt die Forderung an die Regierung ein, dafür umgehend entsprechende Maßnahmen zu ergreifen und darüber
auf allen Ebenen die öffentliche Kontrolle zu sichern.

               AG "Bildung, Erziehung und
               Jugend

Dokument 11/30, Antrag AG "Bildung, Erziehung und Jugend": Zum Erhalt von Personal und Einrichtungen für Jugendliche (Vorlage 10/9)

Runder Tisch
11. Sitzung
5. Februar 1990   Vorlage Nr. 11/10

Der Runde Tisch möge beschließen, daß bis Anfang März ein
   Bericht zur Lage der Kinder und Jugendlichen in unserem Land
von der Regierung durch einen Beauftragten vorgelegt wird.

In diesem Bericht sind konkrete Aussagen zu treffen:
- zur Lage der Altersgruppen und ihren Besonderheiten, die bisher ausgespart wurden.
- Zur Lage der behinderten Kinder und Jugendlichen
- zur Lage der psychisch bzw. physisch geschädigten Kinder und Jugendlichen
- zur Lage der Heimkinder, Kinder und Jugendlichen in Jugendwerkhöfen
- zur Lage der Jugendlichen in Wohnheimen und Internaten
- zur Lage der Mädchen und jungen Frauen
- zur Lage der Verbreitung rechtsextremer Positionen unter der Jugend
- zur Lage weiterer sogenannter Randgruppen, dazu gehören u. a. Kinder und Jugendliche von Alleinerziehenden, sozial schwachen Familien, sowie zur Lage der Homosexuellen.

Hierbei erfordern besondere Berücksichtigung zu Problemen
- der Gewalt gegen Kinder und Jugendliche
- Materiellen Absicherungen, z. B. der Heimkinder bei Abbau der Subventionen
- der Wohnraumversorgung der Jugend
- den speziellen räumlichen Ansprüchen der Behinderten und Geschädigten in allen Lebensbereichen
- kinderfeindlichen Lebensräumen, die aus ökonomischen Zwängen abgeleitet wurden, z. B. Schultypenbauten oder Heimtypenbauten, die sowohl Altersheim, Gesundheitseinrichtung als auch Kinderheim darstellen.

Gleichzeitig muß eine Offenlegung aller Untersuchungsergebnisse aller Institute und Akademien zu diesen Fragen erfolgen.

                                                  Vereinigte Linke

Dokument 11/31, Antrag VL: Erstellung eines Berichtes zur Lage der Kinder und Jugendlichen (Vorlage 11/10)

Runder Tisch   Vorlage Nr.: 11/1
11. Sitzung
05. Januar 1990

Die Arbeitsgemeinschaft Ausländer hat auf ihrer Sitzung am
15. 1. 1990 im Rahmen ihrer langfristigen Arbeitsplanung festgestellt, daß die rechtlichen und praktischen Fragen einer neuen
Ausländerpolitik als eine grundsätzliche Dimension unserer Gesellschaft in einer ganzen Anzahl jetzt zu verhandelnder Ge-
setzesentwürfe bedacht werden muß. Um nicht immer wieder ge-
nötigt zu sein, zu vorliegenden Entwürfen Stellung zu beziehen,
bittet die Arbeitsgemeinschaft nachdrücklich darum, 2 Vertreter in den Rechtsausschuß der Volkskammer entsenden zu können.
Dazu sind entsprechende Nominierungen beschlossen worden.

Die Arbeitsgemeinschaft bittet den Runden Tisch, dafür Sorge
zu tragen, daß der Präsident der Volkskammer 2 Vertreter der
Arbeitsgemeinschaft mit beratender Stimme zu den Sitzungen des
Rechtsausschusses möglichst umgehend einlädt.

                            AG Ausländer

Dokument 11/32, Antrag AG "Ausländerpolitik": Entsendung von 2 Vertretern der AG "Ausländerpolitik" in den Verfassungs- und Rechtsausschuß der Volkskammer (Vorlage 11/1)

Runder Tisch Information 11/4
11. Sitzung
05. Februar 1990

1. Der Direkteinstieg in die Marktwirtschaft ist ein äußerst gefährliches Experiment!

Große Teile der DDR-Bevölkerung identifizieren 40 Jahre Kommandowirtschaft mit einem sozialistischen Experiment und lehnen das ab. Auch der dringend notwendige Übergang in einem ökonomisch gesteuerten Wirtschaftstyp wird daher als Experiment abgelehnt. Sie fordern einen Direktanschluß an die BRD, weil sich deren Marktmechanismus bewährt habe.
Tatsächlich ist aber gerade ein solcher stufenloser Direktübergang in eine Marktwirtschaft das gefährlichste Experiment, das gegenwärtig möglich ist!

2. Der schnelle Anschluß als Wirtschaftsvereinigung mit der BRD ist weder finanzierbar noch politisch beherrschbar!

Die Übernahme der DM in die Geldzirkulation der DDR würde die derzeit bestehenden Schutzmechanismen gegen ökonischen Niedergang und sozialen Abstieg von Massen von Werktätigen durch Ruin unrentabler Betriebe abbauen: Das führt zu:

a) Entwertung aller DDR-Mark Vermögen, d. h. Inflation, die durch einem Wechselkurs selbst von 1 : 3 sind dazu rund 50 MRD DM nötig. Dieser Betrag steht auch der BRD nicht zur Verfügung. Die Bundesregierung hält gegenwärtig nicht einmal 6 Mrd. DM für finanzierbar, die die SPD für die Altersversorgung fordert.

b) Konkurs von rund 2/3 der DDR-Betriebe aufgrund des Produktivitätsgefälles, das bei der Kalkulation von Kosten und Preisen in DM sichtbar wird und beim Verkauf zu Weltmarktpreisen notwendig eintritt.
Subventionen zum Abfangen dieser Mehrkosten würden einen Finanzaufwand von jährlich etwa 200 Mrd. DM erfordern. Bei rund

2

2,5 Bio. BRD-Bruttosozialprodukt wären so etwa 30 % gebunden. Sie würden die Position der BRD-Wirtschaft in der Weltmarktkonkurrenz mit den USA und Japan deutlich gefährden. Selbst ein Zehntel dieser Summe ist nicht aufzubringen!

c) Wachsende Abwanderung von Arbeitskräften aus den unterentwickelten DDR- in die hochentwickelten BRD-Regionen in einer sozial und politisch nicht mehr beherrschbaren Größenordnung. Alle Erfahrungen westlicher Länder zeigen, das dies mittel- und schon gar nicht kurzfristig selbst durch gut funktionierende Regionalausgleichfonds nicht zu bewältigen ist.
Die Massenübersiedlungen würden kurzfristig die Sozialnetze beider deutscher Staaten zerstören, eine rasante Verdrängungskonkurrenz auf dem BRD-Arbeitsmarkt auslösen, die bis in die EG hineinreicht und deren Integrationsprozeß dramatisch bedrohen.

3. Der direkte, stufenlose Übergang zu einem ökonomisch gesteuerten Marktwirtschaftstyp ist weltweit durch Fremdfinanzierung nicht gelungen. Er kann nur durch eine bewußt begrenzte Konvertibilität erreicht werden!

- Natürlich sind durch die gewaltigen Fehlinvestionen, durch absinkende Effektivität und steigenden Staatsverbrauch volkswirtschaftliche Disproportionen entstanden, die nicht ohne Kapitalhilfe abgebaut werden können.

- Eine Kapitalhilfe durch weitere hohe Verschuldung und IWF-Kredite führt aber zu keinem Ausweg, weil dies kein System einer wechselseitigen Konditionalität ist! Die IWF-Kredite führen so zu wachsenden Zinsbelastungen, die die Investitionsmöglichkeiten weiter verringern.

- Dagegen ist der ecu ein Währungssystem, das auf dem Prinzip der wechselseitigen Konditionalität aufbaut. Die Ausgleichsmaßnahmen werden da gleichermaßen von den entwicklungsstarken und -schwachen Ländern getragen. So kann auf die in schwachen Währungen gehaltenen Einlagen ein Negativzins berechnet werden, der anderseits bestehende Überschüsse stark entwickelter Länder abbaut.

- Um dieses Kapitalhilfsprinzip durchzusetzen, müßten schwächere EG-Staaten, EFTA-Staaten und RGW-Länder Assoziierungsanträge für die EG stellen. Da sie alle das gleiche Problem der ökonomischen Unterentwicklung gegenüber den Starken haben, könnte so eine unter dem Dach der KSZE angesiedelte europäische Investitionsbank geschaffen werden.

- Über einen solchen Hilfsfonds kann ein von der BRD zu finanzierendes Schuldenmoratorium für 10 Jahre einsetzen. Es würde für die BRD eine jährliche Maximalbelastung von 2 Mrd. DM bedeuten, die durch Devisenreserven der Bundesbank gedeckt sind.

- Die Reisendevisenfinanzierung kann auf Grundlage eines durch die BRD gestützen Wechselkurses von 1 : 3 wesentlich erhöht werden. Dabei muß der 1 : 1 zu tauschende Grundbetrag im wesentlichen gleich bleiben.

4. Bewußt begrenzte Konvertibilität kann nur refinanziert werden, wenn der stufenweise Übergang zu ökonomischer Wirtschaftssteuerung durch einen staatlichen Rahmenplan einer Wirtschaftsreform abgesichert wird.

- Vereinigte Linke -

Runder Tisch
11. Sitzung
5. Februar 1990　　　　　　　　　　　　Vorlage Nr. 11/25

Herstellung der demokratischen Kontrolle über die staatliche Wirtschaft durch Bildung von Betriebsräten
----

1. Als erster Schritt sind zur Herstellung der demokratischen Kontrolle über die staatliche Wirtschaft umgehend in allen staatlichen Betrieben und wirtschaftlichen Einrichtungen Betriebsräte zu wählen sowie auf Kombinatsebene Gesamtbetriebsräte aus Vertretern der Betriebsräte zu bilden.
Die Anzahl der Betriebsratmitglieder soll den jeweiligen Erfordernissen hinsichtlich der Größe und Struktur der Einrichtungen entsprechen.
Betriebsräte sind als Vertreter der Gesamtbelegschaft zu bilden.

   <u>Aufgaben der Betriebsräte sind:</u>

   - Behandlung des Geschäftsberichtes der staatlichen Leitung zur Wirtschaftslage des Betriebes, Kombinates bzw. der Wirtschaftseinrichtung,

   - Behandlung der Maßnahmen der staatlichen Leitung zur Sicherung der laufenden Produktion und Liquidität,

   - Behandlung der Vorstellungen und Sondierungen der staatlichen Leitung zur weiteren Entwicklung, z. B. zum Produktionsprofil, strukturellen und organisatorischen Maßnahmen, Zusammenarbeit mit ausländischen Partnern.

   Hieraus ergibt sich jedoch keine Legitimierung der staatlichen Leitung für Entscheidungen oder vertragliche Vereinbarungen zur weiteren Entwicklung.

- 2 -

Dokument 11/34, Antrag SPD: Herstellung der demokratischen Kontrolle über die staatliche Wirtschaft durch Bildung von Betriebsräten (Vorlage 11/25); Seite 1 von 2

- 2 -

2. Die Betriebsräte sind berechtigt, von den staatlichen Leitungen entsprechende Vorlagen zu verlangen, durch Beauftragte Einsicht in alle betrieblichen Unterlagen, einschließlich der Buchungsbelege und Vertragsunterlagen zu nehmen und die Mitglieder der staatlichen Leitung gemeinsam oder einzeln zu befragen.

3. Bei erheblichen Unregelmäßigkeiten oder Mängeln in der Arbeit der staatlichen Leitung ist der Betriebsrat berechtigt, deren Ablösung zu verlangen.
In solchen Fällen ist eine geschäftsführende Leitung auf der Basis eines öffentlichen Ausschreibungsverfahrens unter Beteiligung eines Betriebsrates einzusetzen.

4. Es wird als notwendig angesehen, daß die demokratisch gewählte Volkskammer schnellstmöglich mit einem Betriebsverfassungsgesetz die Aufgaben und Rechte der Betriebsräte umfassend regelt.

Dokument 11/34, Antrag SPD: Herstellung der demokratischen Kontrolle über die staatliche Wirtschaft durch Bildung von Betriebsräten (Vorlage 11/25); Seite 2 von 2

Runder Tisch Vorlage Nr. 11/21
11. Sitzung
5.2.90

Antrag an den Runden Tisch zur Sicherung der Werktätigeninteressen und zur Verwirklichung von Wirtschaftsdemokratie bei der Durchführung der Wirtschaftsreform

Der Runde Tisch möge beschließen:

1. Zur Verwirklichung der Wirtschaftsdemokratie in allen Unternehmen ist in einem Betriebsverfassungsgesetz die Sicherung der Werktätigeninteressen durch
    a) Verbot von Aussperrungen
    b) gewerkschaftliches Streikrecht
    c) paritätische Mitbestimmung über gewählte, dem Einfluß der Betriebsleitungen entzogene und der Belegschaft verpflichtete Betriebsräte
   zu gewährleisten.

2. Um Selbstverwaltung in staatlichen Betrieben im Interesse der Belegschaften zu entwickeln, sind
    a) Sicherung der Kontrolle der Betriebsleitungen durch gewählte Betriebsräte einschließlich des Zustimmungsvorbehalts der Räte bei strategischen Unternehmensentscheidungen (Arbeitskräftepolitik, Eigentumsentscheidungen, Strukturplanung, Investitionen, Rationalisierungsmaßnahmen ect.)
    b) Vetorecht der Gewerkschaften in allen die sozialen und Arbeitsbedingungen der Werktätigen betreffenden betrieblichen Entscheidungen und die Tarifautonomie
    c) Informationspflicht der Betriebsleitungen gegenüber Gewerkschaft und Betriebsrat
    d) demokratische Wahl der Betriebsleitungen durch die Belegschaften bzw. die Bestätigung der Betriebsleitungen durch von Werktätigen bevollmächtigte Organe.
   in einem Betriebsverfassungsgesetz zu verankern.

Vereinigte Linke

Dokument 11/35, Antrag VL: Sicherung der Werktätigeninteressen und zur Verwirklichung von Wirtschaftsdemokratie bei der Durchführung der Wirtschaftsreform (Vorlage 11/21)

Runder Tisch Vorlage Nr. 11/26
11. Sitzung
5. Februar 1990

Im Zusammenhang mit dem Abbau der Subventionen bei Kinderbekleidung und -schuhen beantragen wir, den entsprechenden Regierungsbeschluß noch einmal grundsätzlich zu überprüfen.

Begründung:

Die absoluten Mehrausgaben für Kinderbekleidung und -schuhe sind nachweislich nicht durch die Zuschüsse von mtl. 45,- M bzw. 65,- M abzudecken. Einem Mehraufwand von ca. 1000,- M jährlich pro Kind in jeder Altersklasse (sh. Information Nr.   ) steht ein Zuschuß von 540,- bzw. 780,- M gegenüber. Damit ist klar, daß trotz Einhaltung der von Frau Ministerin Luft gemachten Zusage, daß die Gesamtsumme der Subventionen (2,05 Mrd. M) auf die Zuschüsse (2,1 Mrd. M) umgelegt werden, insbesondere für die sozial schwächeren Schichten der Bevölkerung erhebliche finanzielle Mehrbelastungen entstehen. Zudem hat sich die von der Regierung zugrunde gelegte Staffelung nach Altersgruppen bei der Verteilung der Zuschüsse (0-11 Jahre, ab 12 Jahre) in der Praxis der Preisgestaltung als zu undifferenziert und damit ebenfalls als sozial unausgewogen erwiesen.

Der Runde Tisch schlägt der Regierung deshalb vor:

1. Es sollte eine differenzierte Staffelung der Zuschüsse nach folgenden Altersgruppen erfolgen:
       0 - 4 Jahre
       5 - 8 "
       9 - 13 "
       ab 14 Jahre

2. Da davon auszugehen ist, daß weitere Fonds zum Ausgleich der bereits dargelegten Mehrbelastungen der einzelnen Haushalte nicht zur Verfügung stehen, muß die Umstrukturierung der Zuschüsse einkommensbezogen im Rahmen der auf die Zuschüsse umgelegten Subventionssumme erfolgen. Das heißt, daß dem Prinzip nach die Höhe der Kindergeldzuschüsse umgekehrt proportional zur Höhe des jeweiligen Familieneinkommens sowie unter Berücksichtigung der Anzahl der zu versorgenden Kinder erfolgen muß. Außerdem sollte ab einer bestimmten Einkommenshöhe (ca. 4000,- M Familienbruttoeinkommen) in Abhängigkeit von der Anzahl der zu versorgenden Kinder der Zuschuß zum Kindergeld ganz entfallen. Zur Berechnung des Gesamtzuschusses für den einzelnen Haushalt wird somit ein altersbezogener Festbetrag zugrunde gelegt, welcher sich entsprechend dem erzielten Bruttoeinkommen dieses Haushaltes verändert.

                                  Vereinigte Linke

Runder Tisch
11. Sitzung
5. Februar 1990

Information Nr. 11/1
Zu Vorlage Nr. 11/26a

Durchschnittliche Ausstattung eines Kindes mit Bekleidung und Schuhen, jährlich.

untersuchte Altersgruppen: II. 6 - 8 Jahre (Größe 116 - 134)
III. 9 -11 Jahre (" 140 - 152)
IV.12 - 14 Jahre(" 158 - 164)

	Altersgruppe II		Altersgruppe III		Altersgruppe IV	
	Preis, ges.		Preis, ges.		Preis, ges.	
	alt	neu	alt	neu	alt	neu
2 Paar Halbschuhe	46,-	120,-	48,-	155,-	84,-	170,-
2 Paar Stiefel	60,-	170,-	70,-	194,-	100,-	200,-
2 Paar Sandalen	35,-	85,-	50,-	122,-	60,-	126,-
5 Hosen, lang	190,-	327,-	250,-	364,-	320,-	496,-
4 Hosen, kurz	61,-	145,-	72,-	164,-	92,-	192,-
5 Pullover	200,-	302,-	240,-	344,-	255,-	373,-
7 Nickies	49,-	157,-	63,-	189,-	73,-	220,-
2 Anoraks	123,-	210,-	150,-	273,-	273,-	383,-
2 Leichtjacken	70,-	145,-	137,-	210,-	149,-	216,-
2 Mützen	30,-	30,-	36,-	36,-	40,-	40,-
2 Schals	10,-	10,-	16,-	16,-	20,-	20,-
2 Paar Handschuhe	10,-	10,-	12,-	12,-	14,-	14,-
4 Schlafanzüge	72,-	72,-	88,-	88,-	110,-	110,-
5 x Unterwäsche	31,-	31,-	34,-	34,-	38,-	38,-
5 Slips	19,-	19,-	23,-	23,-	25,-	25,-
10 Paar Strümpfe	40,-	40,-	48,-	48,-	53,-	53,-
3 Strumpfhosen	27,-	27,-	33,-	33,-	38,-	38,-
gesamt in M	1073,-	1900,-	1370,-	2305,-	1744,-	2714,-

Zu den aufgeführten Bekleidungsstücken kommen noch Teile, die, weil sie nicht unbedingt jedes Jahr angeschafft werden müssen, hier keine Berücksichtigung fanden.

Runder Tisch
12. Sitzung
12. Februar 1990   Vorlage 12/0

Vorschlag für die Tagesordnung der 12. Sitzung des Runden Tisches
am 12. Februar 1990, Ossietzkystraße, Berlin 1110

1. Eröffnung, Begrüßung und Feststellung der Tagesordnung
2. Ausgestaltung einer Vertragsgemeinschaft mit der BRD
3. Parteien- und Vereinigungsgesetz
4. Erklärung des Postministers zum Vertriebssystem für Verlage der BRD
5. Bürgerkomitees
6. Interessenvertretung und Mitbestimmung in den Betrieben
7. Einzelanträge
7.1. Nationalparks Vorlage 11/15
7.2. Kinderbekleidung Vorlage 11/26

Runder Tisch   Vorlage Nr. 12/7
12. Sitzung
12. Februar 1990

Antrag an den Ministerpräsidenten der DDR, Herrn Dr. Hans Modrow

Sehr geehrter Herr Ministerpräsident!

Der Runde Tisch bittet Sie, bei Ihren Gesprächen mit Herrn
Bundeskanzler Kohl mit einzubeziehen, wie im Rahmen des angestrebten Vertragswerkes ein Energiekonzept, einschließlich
eines Vertrages zur Energieversorgung in Kraft treten kann.
Zu diesem Zwecke wird die Bildung einer gemeinsamen Energiekommission vorgeschlagen, die bereits Anfang März ihre Tätigkeit
aufnimmt. Sie erarbeitet ein Soforthilfeprogramm für die DDR
und ein langfristiges Programm, das sich einpaßt in eine europäische Energiekonzeption.

Im Interesse der Bürger der DDR, des Umweltschutzes und insbesondere der Erhaltung der Kulturlandschaft Lausitz bitten wir
Sie, Ihren Einfluß geltend zu machen.

                                          PDS
                                          Kommission Umweltpolitik

Dokument 12/1, Tagesordnung (Vorlage 12/0)

Dokument 12/2, Antrag PDS (Kommission Umweltpolitik) an den Ministerpräsidenten der DDR, Herrn Dr. Hans Modrow: Bildung einer gemeinsamen Energiekommission (Vorlage 12/7)

Runder Tisch
12. Sitzung
12. Februar 1990

Vorlage Nr. 12/8
Einbringer PDS

Offener Brief

An den Bundeskanzler der Bundesrepublik Deutschland
Herrn Dr. Helmut Kohl

Sehr geehrter Herr Bundeskanzler!

Die bevorstehenden Gespräche zwischen Ihnen und dem Ministerpräsidenten der DDR werden von der Bevölkerung unseres Landes mit einer hohen Erwartungshaltung hinsichtlich greifbarer Ergebnisse für den Ausbau einer Vertragsgemeinschaft verfolgt. Der Wunsch vieler Bürgerinnen und Bürger, mit der deutschen Einigung zum europäischen Prozeß beizutragen, ist mit der Hoffnung auf eine Verbesserung der wirtschaftlichen Situation, aber auch mit der Sorge um die Gefährdung sozialer Sicherheiten verbunden.

Da Sie in Ihren Vorstellungen offensichtlich von einer baldigen Vereinigung beider deutscher Staaten ausgehen, bitten wir Sie, im Zuge der Gespräche mit Ministerpräsident Modrow, Ihre Positionen zu folgenden Fragen zu benennen.

Welche Gewähr auf rechtliche Garantien haben die Bürgerinnen und Bürger der DDR in einem sich einenden Deutschland?

1. für den Schutz persönlichen Eigentums (z.B. Eigenheime, Wochenendhäuser, Kleingärten) auf heute volkseigenem Grund und Boden

2. für die Gültigkeit von Mietverträgen in kommunal verwalteten und heute volkseigenen Wohnungen

3. für Renten für alle Bürgerinnen und Bürger der heutigen DDR

Dokument 12/3, Offener Brief PDS an den Bundeskanzler der Bundesrepublik Deutschland, Herrn Dr. Helmut Kohl (Vorlage 12/8); Seite 1 von 2

2

4. der gegenwärtig gültigen Regelungen zum Schutz von Eltern und Kind

5. der in der DDR geltenden Regelung zur Schwangerschaftsunterbrechung

6. des kommunalen Wahlrechts für ausländische Mitbürgerinnen und Mitbürger

7. für das den Bauern im Zuge der Bodenreform übergebene Land

8. der Achtung der durch Volksentscheid erfolgten Enteignung von Nazi- und Kriegsverbrechern

9. für den staatlich finanzierten und garantierten freien Zugang zur Bildung und Gesundheitswesen für Alle

10. für eine Beibehaltung des Rechts auf Arbeit als ein Grundwert einer wahrhaft sozialen Gesellschaft?

Die Antworten auf diese Frage sind unseres Erachtens von Bedeutung für eine sachliche und überlegte Entscheidung der Bürgerinnen und Bürger über die Zukunft unseres Landes.

Hochachtungsvoll

Die Teilnehmerinnen und
Teilnehmer des Runden Tisches

Dokument 12/3, Offener Brief PDS an den Bundeskanzler der Bundesrepublik Deutschland, Herrn Dr. Helmut Kohl (Vorlage 12/8); Seite 2 von 2

Runder Tisch
12. Sitzung
12. Februar 1990

Information Nr. 12/2

Unser Standpunkt zur Ausgestaltung der Vertragsgemeinschaft auf dem Wege zu einer Konföderation

1. Ein im Prozeß der Vertragsgemeinschaft entstehendes Deutschland darf nicht zum Sicherheitsrisiko für die Bürger beider deutscher Staaten, für die Nachbarn in Ost und West werden.

   Das erfordert:

   - beiderseitige zügige Abrüstung und Realisierung kollektiver politischer Schritte zur Auflösung der militärischen Blöcke in Europa

   - die zum Einigungsprozeß parallel laufende Einbindung der DDR in die Europäische Gemeinschaft bei gleichzeitiger Ausprägung der Beziehungen zu den RGW-Ländern

   - Gewährleistung der inneren Sicherheit auf der Grundlage der Auflösung von BND, MAD und BfV, sowie die Schaffung eines den demokratischen Prinzipien eines neuen Deutschland verpflichteten und öffentlicher Kontrolle unterworfenen Verfassungsschutzes

   - Schaffung rechtlicher Garantien zur Verhinderung des Auflebens von Nationalismus, Revanchismus, Rechts- und Linksradikalismus

   - Ausarbeitung einer neuen demokratischen Verfassung, die sich an den Prinzipien der europäischen Menschenrechts-Charta orientiert und ausdrücklich das Recht auf Arbeit und das Aussperrungsverbot einschließt.

2. Ein sich einendes Deutschland darf nicht zur Gefahr für die soziale Sicherheit seiner Menschen werden.

Dokument 12/4, Standpunkt PDS "AG Junger GenossInnen": Zur Ausgestaltung der Vertragsgemeinschaft auf dem Wege zu einer Konföderation (Information 12/2); Seite 1 von 3

Das erfordert:

- einen auf der europäischen Sozial-Charta basierenden Abschluß eines Sozialverbundes, der darüber hinaus das Recht auf Arbeit und den spezifischen Schutz von Eltern und Kind einschließt

- die Festschreibung der staatlichen Pflicht zu einer aktiven Beschäftigungspolitik um den strukturellen Anpassungsprozeß der DDR-Wirtschaft im Interesse der Menschen eines geeinten Deutschland zu gestalten

- die an Prinzipien der EG orientierte Harmonisierung der Rechtssysteme auf der Grundlage gegenseitiger Anerkennung von Rechtsnormen.
  Dabei konzentrieren sich die Interessen der DDR-Bürger auf das geltende
  Bodenrecht und
  Mietrecht
  und die Schaffung neuer gegenseitiger Interessen berücksichtigende Rechtsnormen.

3. Zu den Grundlagen eines sich einenden Deutschland gehören

   - ein auf Beseitigung globaler Gefährdung der Umwelt und auf qualitatives, bedürfnisorientiertes Wachstum gerichteter sowie von demokratischer Mitbestimmung und Mitentscheidung getragener Wirtschaftsverbund

   - die schrittweise Herausbildung eines Währungsverbundes

3

in einer zweiten Phase ist durch einen Beitritt zum
Europäischen Währungssystem der europäischen Ausrichtung
des Einigungsprozesses beider deutschen Staaten Rechnung
zu tragen

- die Schaffung eines Energieverbundes, der mit einem Soforthilfeprogramm und mit der langfristigen Einordnung in ein
europäisches Energiekonzept den Braunkohlenraubbau an unserer
Umwelt stoppen kann.

Wir empfehlen, diese Positionen in die Verhandlungen des Ministerpräsidenten Modrow mit den Bundeskanzler Kohl einzubeziehen.

PDS
"Arbeitsgemeinschaft Junger GenossInnen"

Dokument 12/4, Standpunkt PDS "AG Junger GenossInnen": Zur Ausgestaltung der Vertragsgemeinschaft auf dem Wege zu einer Konföderation (Information 12/2); Seite 3 von 3

Runder Tisch Information Nr. 12/3
12. Sitzung
12.2.1990

Information des FDGB

Den am Runden Tisch vertretenen Parteien und Bewegungen geben wir folgenden Standpunkt zur Kenntnis:

Wenn eine Wirtschafts- und Währungsunion über eine Vertragsgemeinschaft DDR - BRD unumgänglich ist, dann wird sie von den Gewerkschaften an folgende grundlegende Bedingungen geknüpft.

1. Der Wirtschafts-Währungs- und Verkehrsverbund muß einen Sozialverbund einschließen, der die Grundrechte der Werktätigen auf Arbeit und soziale Sicherung gewährleistet und sozial Schwächere, insbesondere Rentner, Kinder, Behinderte nicht ausgrenzt. Die Rechtsangleichung muß dieser Forderung genügen.

2. Die Gewerkschaften fordern Garantien dafür, daß die durch die Artikel 44 und 45 der Verfassung der DDR, die im Arbeitsgesetzbuch und im Gewerkschaftsgesetz (vorbehalten der Beschlußfassung durch die Volkskammer noch vor dem 18.3.1990) und weiteren Rechtsvorschriften festgeschriebenen Mitbestimmungsrechte der Gewerkschaften nicht demontiert werden.

3. Vor dem Abschluß der Vertragsgemeinschaft sind alle ökonomischen und sozialen Vor- und Nachteile der Regelungen für die Bürger/innen der DDR und BRD offenzulegen. Die Bürger müssen in die Lage versetzt werden, in vollem Bewußtsein der Auswirkungen, erforderlichenfalls in einer Volksabstimmung zu entscheiden.

Ausgehend von diesen grundlegenden Forderungen, halten die Gewerkschaften für unverzichtbar und vordringlich, daß

- den Arbeitenden und ihren Gewerkschaften die Mitwirkung bei der Gestaltung effektiver Produktions- und Arbeitsstrukturen, bei volkswirtschaftlichen und betrieblichen Strukturentscheidungen,

Dokument 12/5, Information FDGB: Bedingungen einer Vertragsgemeinschaft zwischen DDR und BRD auf dem Gebiet der Wirtschafts- und Währungsunion (Information 12/3); Seite 1 von 3

2

Rationalisierungsmaßnahmen sowie bei allen sich daraus ergebenden sozialen, lohn- und arbeitsrechtlichen Maßnahmen garantiert wird;

- die qualifizierte Mitbestimmung der Gewerkschaften in gesellschaftlichen Aufsichtsräten bzw. Wirtschafts- und Sozialräten bei Veränderung der Eigentumsverhältnisse, bei der Auflösung des Betriebes, von Betriebsteilen und -abteilungen sowie bei Stillegungen oder Teilstillegungen gesichert wird und die Beschäftigten (Arbeitnehmer) auf sozialem und lohnrechtlichem Gebiet vor unvertretbaren Auswirkungen geschützt werden;

- mögliche Arbeitslosigkeit durch Arbeitsbeschaffungs- und Umschulungsprogramme, Verkürzung der Tages-, Wochen- und Lebensarbeitszeit sowie durch Vorruhestandsregelungen eingegrenzt wird;

- Es geht um einen funktionierenden Zyklus, Freisetzung - Umschulung - Wiedereinsatz, für den Staat und Unternehmen finanzielle und institutionelle Verantwortung tragen;

- das Recht auf Mitbestimmung, Mitentscheidung und Kontrolle bei der Verwendung der betrieblichen Fonds der Arbeits- und Lebensbedingungen in Betrieben/Unternehmen aller Eigentumsformen gesichert wird. Dies hat in Betriebskollektivverträgen bzw. Betriebsvereinbarungen zu geschehen;

- beim Verbund der Währungen der DDR und der BRD keine, das Lebensniveau der DDR-Bevölkerung absenkenden Folgen eintreten.

Weitere Schwerpunkte des Wirtschafts- und Sozialverbundes müssen sein:

- Die kostenlose Lehr-, Berufs- und Fachschulausbildung, unabhängig vom sozialen Status, einschließlich der Gewährung von Stipendien;

- die Sicherung kostenloser Gesundheitsfürsorge und Krankenbetreuung;

- die Beibehaltung des Grundrechts auf Wohnung und Sicherung eines wirksamen Mieterschutzes;

- Erhaltung aller Einrichtungen zur sozialen Betreuung der Kinder (Kinderkrippen/-gärten, Schulhorte, Schülerspeisung sowie Freizeiteinrichtungen).

Dokument 12/5, Information FDGB: Bedingungen einer Vertragsgemeinschaft zwischen DDR und BRD auf dem Gebiet der Wirtschafts- und Währungsunion (Information 12/3); Seite 2 von 3

3

- Reform des Rentensystems bei gegenseitiger Anerkennung ehrlich erworbener Renten- und Versicherungsansprüche;

  gegenseitige Anerkennung von Bildungs- und Qualifizierungsabschlüssen.

Zur Gewährleistung der hier erhobenen Forderungen zur Verwirklichung eines möglichen Währungs- Wirtschafts- und Sozialverbundes erklärt der FDGB seine Absicht, eng mit dem DGB zusammenzuwirken.

FDGB

Dokument 12/5, Information FDGB: Bedingungen einer Vertragsgemeinschaft zwischen DDR und BRD auf dem Gebiet der Wirtschafts- und Währungsunion (Information 12/3); Seite 3 von 3

Runder Tisch
12. Sitzung
12. Februar 1990   Vorlage 12/15

Themenvorschlag für Gesprche von Ministerpräsident Modrow und
Bundeskanzler Kohl

Der Runde Tisch möge beschließen:

Gegenstand der Gespräche zur Vorbereitung weiterer Vereinbarungen
zwischen der DDR und der BRD sollten auch sein:

Rechtliche Festlegungen zur gegenseitigen Anerkennung von
Schulzeugnissen, Fach- und Hochschulabschlüssen, wissenschaft-
lichen Graden, anderweitigen Qualifizierugsmerkmalen sowie
Berufsbezeichnungen.

                              LDP

Dokument 12/6, Antrag LDP: Themenvorschlag für die Gespräche von Ministerpräsident Modrow und Bundeskanzler Kohl (Vorlage 12/15)

Runder Tisch   Vorlage 12/5
12. Sitzung
12. Februar

           Entwurf
    Gesetz über Vereinigungen
    - Vereinigungsgesetz -
            vom

Zur Ausgestaltung der durch die Verfassung der Deutschen Demokratischen Republik garantierten Vereinigungsfreiheit und in Übereinstimmung mit der Internationalen Konvention über zivile und politische Rechte (GBl. II 1974 S. 58) wird mit dem Ziel, allen Bürgerinnen und Bürgern das gleiche Recht auf aktive Teilnahme am öffentlichen Leben und auf Verwirklichung ihrer Interessen zu sichern, folgendes bestimmt:

Grundsätze
§ 1

(1) Vereinigungen im Sinne dieses Gesetzes sind Freiwillige, sich selbst verwaltende Zusammenschlüsse von Bürgern zur Wahrnehmung gemeinsamer Interessen und Erreichung gemeinsamer Ziele, unabhängig von ihrer Rechtsfähigkeit.

(2) Die Bestimmungen dieses Gesetzes finden keine Anwendung für

a) Gewerkschaften

b) Gemeinschaften der Bürger nach dem Zivilgesetzbuch der Deutschen Demokratischen Republik

c) Zusammenschlüsse, die auf Erwerbstätigkeit gerichtet sind

2

a) Bürgerkomitees, die auf der Grundlage spezieller Rechtsvorschriften tätig sind

e) Kirchen und Religionsgemeinschaften - außer Vereinigungen, die ausschließlich diakonischen oder caritativen Zwecken dienen

(3) Die Bestimmungen dieses Gesetzes finden für Parteien und politische Vereinigungen Anwendung, soweit sich das aus dem Parteiengesetz ergibt.

§ 2

(1) Die Bildung und Tätigkeit von Vereinigungen ist frei und bedarf keine Genehmigung.

(2) Die Gründung und Tätigkeit von Vereinigungen, die militaristische oder faschistische oder andere antihumanistische Ziele verfolgen oder der Verbreitung und Bekundung von Glaubens-, Rassen- oder Völkerhaß dienen oder ihre Ziele mit Gewalt oder durch Androhung von Gewalt zu verwirklichen suchen oder in anderer Weise gegen Strafgesetze verstoßen, sind verboten.

(3) Die Aufnahme von Vereinigungen des Auslands, deren Tätigkeit auf Ziele im Sinne des Abs. 2 ausgerichtet ist, als Mitglieder in Vereinigungen der Deutschen Demokratischen Republik ist verboten.

Mitgliedschaft
§ 3

(1) Jeder volljährige Bürger kann Mitglied einer Vereinigung werden. Mitglieder können auch Vereinigungen oder juristische Personen sein, soweit dadurch nicht ein Zusammenschluß entsteht, der auf Erwerbstätigkeit gerichtet ist.

(2) Kinder und Jugendliche unter 18 Jahren können mit Zustimmung ihrer gesetzlichen Vertreter einer Vereinigung beitreten, wenn es das Statut der Vereinigung vorsieht.

(3) Soweit Kinder und Jugendliche unter 18 Jahren mit Zustimmung ihrer gesetzlichen Vertreter eine rechtsfähige Vereinigung gründen wollen, muß dem Vorstand mindestens ein volljähriges Mitglied angehören.

(4) Die Mitgliedschaft in einer Vereinigung ist nicht übertragbar und nicht vererblich.

(5) Die Mitglieder sind berechtigt, aus der Vereinigung auszutreten.

Rechtsfähige Vereinigung
§ 4

(1) Eine Vereinigung erlangt mit ihrer Registrierung Rechtsfähigkeit.

(2) Die Registrierung ist bei Erfüllung folgender Voraussetzungen vorzunehmen:

- Nachweis einer Mitgliedschaft von mindestens 15 Personen
- Übergabe einer namentlichen Aufstellung des gewählten Vorstandes einschließlich deren Wohnanschriften und eines Statuts (Satzung),
- Mitteilung über den Namen und Sitz der Vereinigung sowie ihre Vertretung im Rechtsverkehr.

(3) Das Statut muß Festlegungen enthalten über

a) Name und Sitz der Vereinigung
b) Ziele und Aufgaben der Vereinigung.

(4) Das Statut soll als weitere Festlegungen enthalten:

a) Struktur und territorialer Tätigkeitsbereich der Vereinigung
b) Erwerb und Beendigung der Mitgliedschaft sowie Rechte und Pflichten der Mitglieder
c) Aufgaben, Rechte und Pflichten sowie Einberufung, Beschlußfähigkeit und Beschlußfassung der Mitgliederversammlung oder Delegiertenversammlung
d) Wählbarkeit des Vorstandes und der anderen durch Statut bestimmten Organe sowie deren Aufgaben, Rechte und Pflichten
e) Finanzierung, einschließlich Beitragszahlung, Eigentumsverhältnisse, Haftung und Gewährleistung der Revision
f) Vertretung im Rechtsverkehr
g) Auflösung der Vereinigung und die damit verbundene Abwicklung der Geschäfte.

Dokument 12/7, Entwurf AG "Parteien- und Vereinigungsgesetz": Gesetz über Vereinigungen - Vereinigungsgesetz – (Vorlage 12/5); Seite 2 von 9

§ 5

(1) Die Vereinigung muß einen Namen haben, der sich von dem einer anderen bereits bestehenden Vereinigung im territorialen Tätigkeitsbereich deutlich unterscheidet.

(2) Vereinigungen führen zum Namen die Bezeichnung "eingetragene Vereinigung" (e. V.).

§ 6

(1) Das höchste Organ der Vereinigung ist die Mitgliederversammlung bzw. die Delegiertenversammlung (im folgenden Mitgliederversammlung).

(2) Die Mitgliederversammlung ist in den in dem Statut bestimmten Fällen sowie dann einzuberufen, wenn es die Interessen der Vereinigung erfordern. Die Mitgliederversammlung ist einzuberufen, wenn mindestens 1/3 der Mitglieder es schriftlich verlangt, soweit im Statut nichts anderes bestimmt ist. Die Einberufung der Mitgliederversammlung und deren Tagesordnung ist den Mitgliedern rechtzeitig zur Kenntnis zu geben. Wird dem Verlangen nicht entsprochen, kann das Kreisgericht, in dessen Zuständigkeitsbereich die Vereinigung ihren Sitz hat, die Mitglieder, die das Verlangen gestellt haben, zur Einberufung der Mitgliederversammlung ermächtigen und über die Führung des Vorsitzes in der Mitgliederversammlung Festlegungen treffen. Auf die Ermächtigung muß bei der Einberufung der Mitgliederversammlung Bezug genommen werden.

(3) Die Beschlußfassung in der Mitgliederversammlung erfordert eine Mehrheit der erschienenen Mitglieder. Zu einem Beschluß, der eine Änderung des Statuts enthält, ist eine Mehrheit von 2/3 der Erschienenen notwendig. Zur Änderung der Ziele und Aufgaben der Vereinigung ist die Zustimmung aller Mitglieder erforderlich; die Zustimmung der nicht erschienenen Mitglieder muß schriftlich erfolgen. Diese Regelungen gelten nur, wenn das Statut nichts anderes bestimmt.

(4) Ein Mitglied ist nicht stimmberechtigt, wenn die Beschlußfassung einen Vertrag oder ein anderes Rechtsgeschäft zwischen dem Mitglied und der Vereinigung betrifft.

§ 7

(1) Die Vereinigung hat einen Vorstand, der durch die Mitgliederversammlung gewählt wird. Er besteht aus mindestens drei Mitgliedern. Die Bezeichnung, die Rechte und Pflichten sowie die Struktur des Vorstandes werden durch das Statut bestimmt.

(2) Für die Beschlußfassung des Vorstandes gelten die Bestimmungen des § 6 Absatz 3 erster Satz und Absatz 4. Soweit eine Willenserklärung gegenüber der Vereinigung abzugeben ist, genügt die Abgabe gegenüber einem Mitglied des Vorstandes.

(3) Der Vorstand vertritt die Vereinigung im Rechtsverkehr. Im Statut kann bestimmt werden, daß vom Vorstand ein bevollmächtigter Vertreter berufen werden kann. Dieser muß nicht selbst der Vereinigung angehören. Ihr Handeln berechtigt und verpflichtet die Vereinigung unmittelbar.

(4) Fehlt ein handlungsfähiger Vorstand, ist ein solcher in dringenden Fällen bis zur Neuwahl durch die Mitgliederversammlung auf Antrag eines Beteiligten von dem Kreisgericht zu bestellen, in dessen Zuständigkeitsbereich die Vereinigung ihren Sitz hat.

Dokument 12/7, Entwurf AG "Parteien- und Vereinigungsgesetz": Gesetz über Vereinigungen - Vereinigungsgesetz – (Vorlage 12/5); Seite 3 von 9

§ 8

(1) Die Ziele der Vereinigung sind durch ihre Organe und Mitglieder so zu verwirklichen, daß die Interessen der Mitglieder gewahrt und die berechtigten Interessen Dritter nicht verletzt werden.

(2) Für Schäden, die Dritten durch das Handeln der Organe oder Vertreter in Ausübung der Tätigkeit der Vereinigung entstehen, ist diese nach den Vorschriften des Zivilrechts verantwortlich. Der Schadenersatzanspruch richtet sich gegen die Vereinigung. Die Regelungen des Statuts haben keinen Einfluß auf die Verpflichtung der Vereinigung, Schadenersatz zu leisten.

(3) Die Vereinigung haftet mit ihrem Vermögen. Die Mitglieder haften nicht mit ihrem persönlichen Eigentum für Ansprüche gegen die Vereinigung.

(4) Mitglieder des Vorstandes oder andere Bevollmächtigte, die ihre Befugnisse überschreiten, sind der Vereinigung für einen dadurch entstandenen Schaden verantwortlich.

§ 9

(1) Die Vereinigung kann sich durch Beschluß der Mitgliederversammlung auflösen. Für den Beschluß ist eine Mehrheit von 2/3 der Mitglieder bzw. Delegierten erforderlich, soweit das Statut nichts anderes bestimmt. Der Beschluß über die Auflösung ist dem für die Registrierung zuständigen Gericht schriftlich zu übersenden.

(2) Für die Abwicklung gilt die Vereinigung als fortbestehend. Die vermögensrechtlichen Angelegenheiten hat der Vorstand zu regeln. Er bleibt in diesem Umfang handlungsfähig und verantwortlich. Der Vorstand ist insbesondere verpflichtet,

a) Forderungen der Vereinigung gegenüber Dritten geltend zu machen,

b) Verpflichtungen gegenüber den Gläubigern der Vereinigung zu erfüllen,

c) Anteile des Vermögens, die aus öffentlichen Mitteln finanziert wurden, an den Haushalt des zuständigen staatlichen Organs zurückzuführen,

d) das Restvermögen der Vereinigung nach Vereinnahmung der Forderungen und Begleichung der Verbindlichkeiten gemäß a) bis c) entsprechend den Festlegungen im Statut zu verwenden.

(3) Fehlt im Statut eine Festlegung entsprechend Abs. 2 d, fällt das Vermögen, wenn die Vereinigung ausschließlich den Interessen der Mitglieder diente, an die Mitglieder, die zur Zeit der Auflösung der Vereinigung angehören. Soweit es gemeinnützigen oder anderen Zwecken diente, fällt das Vermögen an den Haushalt des staatlichen Organs, in dessen Bereich die Vereinigung ihren Sitz hat.

(4) Fällt entsprechend den Bestimmungen dieses Gesetzes das Vermögen einer Vereinigung an den Haushalt des zuständigen staatlichen Organs, finden die Bestimmungen des § 369 Abs. 2 und 3 des Zivilgesetzbuches entsprechende Anwendung.

(5) Die Auflösung der Vereinigung ist durch den Vorstand bzw. das in Abs. 7 genannte Gremium unverzüglich öffentlich bekanntzumachen. In der Bekanntmachung sind die Gläubiger zur Anmeldung bestehender Ansprüche aufzufordern. Die Bekanntmachung wird 2 Tage nach der ersten Veröffentlichung

Dokument 12/7, Entwurf AG "Parteien- und Vereinigungsgesetz": Gesetz über Vereinigungen - Vereinigungsgesetz – (Vorlage 12/5); Seite 4 von 9

rechtswirksam. Bekannte Gläubiger sind durch besondere Mitteilung zur Anmeldung von Ansprüchen aufzufordern. Das Restvermögen der Vereinigung gemäß Abs. 2 d darf nicht vor Ablauf eines Jahres nach der öffentlichen Bekanntmachung an die Berechtigten übergeben werden.

(6) Soweit der Vorstand oder das in Abs. 7 genannte Gremium die Pflichten gemäß Abs. 2 und 5 schuldhaft verletzt, sind sie gegenüber den Gläubigern für den daraus entstehenden Schaden als Gesamtschuldner verantwortlich.

(7) Die Mitgliederversammlung kann beschließen, daß anstelle des Vorstandes ein anderes, mindestens aus drei gewählten Mitgliedern bestehendes Gremium die Rechte und Pflichten gemäß Abs. 2 und 5 wahrnimmt. Der Vorstand hat die Eintragung dieses Gremiums im Vereinigungsregister zu beantragen.

§ 10

(1) Die Vereinigung verliert ihre Rechtsfähigkeit, wenn gegen sie das Verfahren der Gesamtvollstreckung eröffnet wird.

(2) Der Vorstand ist verpflichtet, im Falle der Überschuldung die Einleitung der Gesamtvollstreckung beim Gericht zu beantragen. Wird die Pflicht zur Stellung des Antrages schuldhaft verletzt, sind die Vorstandsmitglieder für einen dadurch entstandenen Schaden als Gesamtschuldner verantwortlich.

(3) Die Eröffnung der Gesamtvollstreckung ist im Vereinigungsregister einzutragen.

§ 11

Sinkt die Mitgliederzahl der Vereinigung unter 15 oder wird von der Vereinigung, die nach den Bestimmungen dieses Gesetzes registriert wurde, eine Erwerbstätigkeit durchgeführt, ist auf Antrag des Vorstandes, und wenn ein solcher Antrag nicht gestellt wird, nach Anhörung des Vorstandes die Vereinigung im Vereinigungsregister zu löschen.

§ 12

(1) Das Vereinigungsregister wird beim dem für den Sitz der Vereinigung zuständigen Kreisgericht geführt.

(2) Die Registrierung und jede weitere Eintragung sind gebührenpflichtig.

(3) Die Vereinigungsregister sind öffentlich und Dritten zugänglich.

§ 13

Liegen die Voraussetzungen gemäß §§ 4 Abs. 2 und 3 sowie 5 Abs. 1 nicht vor, erfolgt keine Registrierung. Das gilt auch für Eintragungen über diesbezügliche Änderungen des Statuts. Dagegen ist die Beschwerde nach den Bestimmungen der Zivilprozeßordnung zulässig.

Dokument 12/7, Entwurf AG "Parteien- und Vereinigungsgesetz": Gesetz über Vereinigungen - Vereinigungsgesetz – (Vorlage 12/5); Seite 5 von 9

§ 14

(1) In das Vereinigungsregister sind einzutragen

a) Name und Sitz der Vereinigung
b) Datum der Annahme des Statuts
c) Namen der Mitglieder des Vorstandes sowie Beschränkungen ihrer Vertretungsvollmacht, soweit solche im Statut festgelegt sind.

(2) Über die Registrierung einer Vereinigung ist dieser eine Urkunde auszuhändigen.

§ 15

(1) Änderungen des Statuts bedürfen zu ihrer Wirksamkeit der Eintragung in das Vereinigungsregister. Der Vorstand der Vereinigung ist verpflichtet, dem zuständigen Kreisgericht Veränderungen der Angaben gemäß §§ 4 Abs. 2 und 9 Abs. 1 innerhalb von 3 Wochen nach Beschlußfassung schriftlich mitzuteilen.

(2) Auf Verlangen des Kreisgerichts ist diesem durch den Vorstand eine Bescheinigung über die Zahl der Mitglieder der Vereinigung einzureichen.

(3) Wird eine Vereinigung aufgelöst, ist der Vorstand verpflichtet, die Beendigung der Abwicklung der Auflösung dem zuständigen Kreisgericht mitzuteilen sowie die Urkunde über die Registrierung zurückzugeben. Die Vereinigung ist im Vereinigungsregister zu löschen.

(4) Verliert eine Vereinigung ihre Rechtsfähigkeit, ist die Urkunde über die Registrierung einzuziehen.

Nichtrechtsfähige Vereinigungen
§ 16

(1) Die Bestimmungen der §§ 1 bis 3, 6 Abs. 1, 2 und 4, 7 Abs. 1 und 8 Abs. 1 finden auf nichtrechtsfähige Vereinigungen entsprechende Anwendung.

(2) Soweit sich die Vereinigung ein Statut gibt, gelten die in § 4 Abs. 2 und 3 dazu getroffenen Festlegungen. Anstelle des Statuts kann auch eine Vereinbarung der Mitglieder abgeschlossen werden.

(3) Gibt sich die Vereinigung einen Namen, gilt § 5 Abs. 1 entsprechend.

(4) Als Sitz der Vereinigung gilt der Ort, an dem die Verwaltung geführt wird, soweit das Statut oder die Vereinbarung der Mitglieder nichts anderes bestimmt.

§ 17

(1) Die Vertretung der Vereinigung steht allen Mitgliedern gemeinschaftlich zu. Mitglieder der Vereinigung oder andere Personen können entsprechend den Festlegungen im Statut oder durch Vereinbarung der Mitglieder zur Vertretung der Vereinigung bevollmächtigt werden. Die Bevollmächtigten können im Namen der Mitglieder klagen und verklagt werden.

(2) Die von den Mitgliedern eingezahlten Beiträge, erhaltene Zuwendungen und andere Einnahmen aus Leistungen im Rahmen der Tätigkeit der Vereinigung werden gemeinschaftliches Eigentum der Mitglieder. Die Mitglieder können darüber nur gemeinschaftlich verfügen.

(3) Forderungen der Vereinigung stehen gemäß § 435 des Zivilgesetzbuches den Mitgliedern als Gesamtgläubiger zu. Für Verbindlichkeiten der Vereinigung haften die Mitglieder entsprechend § 434 Zivilgesetzbuch als Gesamtschuldner.

Dokument 12/7, Entwurf AG "Parteien- und Vereinigungsgesetz": Gesetz über Vereinigungen - Vereinigungsgesetz – (Vorlage 12/5); Seite 6 von 9

(4) Handeln Mitglieder der Vereinigung ohne Vertretungsbefugnis oder wird diese durch Bevollmächtigte überschritten, gelten die Bestimmungen des § 59 Abs. 1 und 2 des Zivilgesetzbuches.

(5) Für Schäden, die Dritten durch das Handeln der Mitglieder der Vereinigung entstehen, ist der Handelnde nach den Bestimmungen der §§ 330 ff. Zivilgesetzbuch persönlich verantwortlich.

§ 18

(1) Die Vereinigung kann sich durch Beschluß der Mitglieder auflösen. Dieser bedarf der Zustimmung aller Mitglieder, soweit das Statut oder die Vereinbarung der Mitglieder nichts anderes vorsieht.

(2) Die vermögensrechtlichen Angelegenheiten sind durch die Mitglieder gemeinschaftlich oder durch bevollmächtigte Vertreter zu regeln.

(3) Reicht das gemeinschaftliche Eigentum zur Erfüllung bestehender Verbindlichkeiten nicht aus, sind die Mitglieder verpflichtet, zu gleichen Teilen den Fehlbetrag zu erstatten.

(4) Das nach Erfüllung aller Verbindlichkeiten verbleibende gemeinschaftliche Eigentum ist wertmäßig zu gleichen Teilen an die Mitglieder zu verteilen, soweit die Festlegungen im Statut oder der Vereinbarung der Mitglieder nichts anderes vorsehen.

Verbot einer Vereinigung
§ 19

(2) Das Verbot einer Vereinigung kann nur im Ergebnis eines gerichtlichen Verfahrens ausgesprochen werden.

(2) Anträge auf Verbot einer Vereinigung können der Minister für Innere Angelegenheiten, der Generalstaatsanwalt der DDR, das Mitglied des Rates des Bezirkes für Innere Angelegenheiten und der Staatsanwalt des Bezirkes stellen.

(3) Über das Verbot einer Vereinigung oder die Untersagung bestimmter Tätigkeiten oder Aktivitäten entscheidet das für den Sitz der Vereinigung zuständige Bezirksgericht in 1. Instanz. Für das Verfahren gilt die Zivilprozeßordnung entsprechend.

§ 20

(1) Wird eine Vereinigung gemäß § 19 verboten, ist sie unverzüglich aufzulösen. Die zur Auflösung erforderlichen Maßnahmen sind durch das für den Sitz der Vereinigung zuständige staatliche Organ wahrzunehmen. Die Registrierung im Vereinigungsregister ist zu löschen.

(2) Das Vermögen einer verbotenen Vereinigung fällt an den Haushalt des zuständigen staatlichen Organs.

Dokument 12/7, Entwurf AG "Parteien- und Vereinigungsgesetz": Gesetz über Vereinigungen - Vereinigungsgesetz – (Vorlage 12/5); Seite 7 von 9

§ 21

Gemeinnützige Vereinigungen

(1) Eine rechtsfähige Vereinigung kann als Gemeinnützige Vereinigung anerkannt werden. Voraussetzung dafür ist, daß ihre Ziele, Aufgaben und Ergebnisse auf die Wahrung und Verwirklichung insbesondere humanistischer, sozialer, kultureller oder ökologischer Interessen der Bürger gerichtet sind.

(2) Über die Anerkennung entscheiden das Präsidium der Volkskammer für Vereinigungen mit gesamtgesellschaftlichem Tätigkeitsbereich oder die zuständigen Volksvertretungen für Vereinigungen mit territorialem Tätigkeitsbereich (Bezirk, Kreis, Stadt, Gemeinde).

(3) Mit der Anerkennung entsteht nach den geltenden steuerlichen Rechtsvorschriften Anspruch auf steuerliche Vergünstigungen und finanzielle Unterstützung aus öffentlichen Mitteln. Über die Höhe wird mit dem jährlichen Haushaltsplan entschieden.

(4) Über die Verwendung der finanziellen Unterstützung aus öffentlichen Mitteln ist dem Präsidium der Volkskammer bzw. den zuständigen Volksvertretungen jährlich zum 31. März ein Finanzbericht über das vorangegangene Jahr einzureichen, der mit einem Prüfungsvermerk eines unabhängigen Revisionsorgans versehen ist.

§ 22

Übergangsbestimmungen

(1) Vereinigungen, die zum Zeitpunkt des Inkrafttretens dieses Gesetzes aufgrund staatlicher Anerkennung oder des Erlasses von Rechtsvorschriften rechtsfähig sind, haben sich bei dem für den Sitz der Vereinigung zuständigen Kreisgericht innerhalb von 6 Monaten nach Inkrafttreten dieses Gesetzes registrieren zu lassen. Die Bestimmung des § 4 Abs. 2 gilt entsprechend.

(2) Soweit sich Vereinigungen bis zum Ablauf der in Abs. 1 genannten Frist nicht registrieren lassen, erlischt deren Rechtsfähigkeit.

(3) Das Ministerium für Innere Angelegenheiten sowie die Räte der Bezirke und Kreise übergeben die Unterlagen über staatlich anerkannte Vereinigungen innerhalb von 6 Wochen nach Inkrafttreten dieses Gesetzes an die zuständigen Kreisgerichte.

Schlußbestimmungen

§ 23

Dieses Gesetz gilt auch für Ausländer und Staatenlose, die sich mit einer Aufenthaltserlaubnis oder Aufenthaltsgenehmigung in der Deutschen Demokratischen Republik aufhalten.

§ 24

Die zur Durchführung dieses Gesetzes erforderlichen Rechtsvorschriften erläßt der Ministerrat der Deutschen Demokratischen Republik.

Dokument 12/7, Entwurf AG "Parteien- und Vereinigungsgesetz": Gesetz über Vereinigungen - Vereinigungsgesetz – (Vorlage 12/5); Seite 8 von 9

§ 25

(1) Dieses Gesetz tritt am   in Kraft.

(2) Gleichzeitig treten die Verordnung vom 6. November 1975 über die Gründung und Tätigkeit von Vereinigungen (GBl. I Nr. 44 S. 723) sowie Ziffer 8 der Anlage zur Verordnung vom 14. Dezember 1988 zur Anpassung von Regelungen über Rechtsmittel der Bürger und zur Festlegung der gerichtlichen Zuständigkeit für die Nachprüfung von Verwaltungsentscheidungen (GBl. I Nr. 28 S. 330) außer Kraft.

(3) Die von zentralen staatlichen Organen erlassenen Rechtsvorschriften, nach denen Vereinigungen die Rechtsfähigkeit erlangt haben, treten nach Ablauf der in § 22 Abs. 1 genannten Frist außer Kraft.

Dokument 12/7, Entwurf AG "Parteien- und Vereinigungsgesetz": Gesetz über Vereinigungen - Vereinigungsgesetz – (Vorlage 12/5); Seite 9 von 9

Runder Tisch
12. Sitzung
12. Februar 1990   Vorlage 12/22

Der Runde Tisch hat während seiner 11. Sitzung am 5. Februar 1990 die Beschlußvorlage der Arbeitsgruppe "Wahlgesetz" bestätigt, die notwendige rechtliche Veränderungen angesichts des vorgezogenen Wahltermins beinhaltet. In diesen mit dem zeitweiligen Volkskammerausschuß abgestimmten Beschluß wurde auf Antrag der Gesellschaft "Initiative Frieden und Menschenrechte" ein Zusatz hineinmontiert, der trotz mehrheitlicher Zustimmung sachfremd ist und bleibt. Er hat mit den einvernehmlich getroffenen Vereinbarungen über die rechtliche Vorbereitung der Volkskammerwahl absolut nichts zu tun, sondern stellt einen massiven Eingriff in die inhaltliche Gestaltung des Wahlkampfs und damit in die ausschließliche Kompetenz der einzelnen Parteien dar. Dies wurde vom Vertreter der CDU ebenso wie von Vertretern anderer Parteien unmißverständlich klargestellt.

Da diese Klarstellung und die Schlußfolgerung, daß sich die CDU an eine solche bevormundende Forderung nicht gebunden fühlt, nunmehr von bestimmter Seite als Ignorieren eines Beschlusses des Runden Tisches interpretiert wird, legt die CDU nochmals ihre Gründe dar.

1. Regelungen, die die von Legislative und Exekutive des Staates zu leistende rechtliche Vorbereitung und Durchführung von Wahlen betreffen, können keine in die Autorität der Parteien ein-

2

greifenden inhaltlichen Festlegungen enthalten, die das Vorstellen von Programmen, Positionen und Personen gegenüber den Wählern beschneiden.

2. Freie Wahlen mit souveränen Parteien schließen die Freiheit der Meinungsäußerung und der Wahl von Rednern und Gästen zu Veranstaltungen ein.

3. Die Fairneß des Wahlkampfs wird nicht von Inhalt oder Methode berührt, wie eine Partei sich öffentlich darstellt, sondern allenfalls davon, ob Regeln der Seriosität und Wahrhaftigkeit im Umgang mit anderen Parteien und ihr angehörenden Personen eingehalten werden.

4. Von ausschlaggebendem Gewicht für die Entscheidung der CDU, christdemokratische Politiker der Bundesrepublik Deutschlands und Westberlins zu öffentlichen Wahlveranstaltungen einzuladen und daran festzuhalten, ist die unbestreitbare Tatsache, daß heute die politische Zukunft unseres Landes und seiner Bevölkerung überhaupt nicht mehr vom Verhalten der politischen Kräfte in der Bundesrepublik zu trennen ist.
Der Wähler hat Anspruch darauf, authentisch zu erfahren, wie sich die Partner der zur Wahl antretenden Parteien zu diesen Fragen stellen und welche Konsequenzen sich daraus im Ergebnis der Wahl bei der Bildung von Parlament und Regierung ergeben.

CDU

Dokument 12/8, Erklärung CDU: Minderheitenvotum zum "Gastredner"-Beschluß der 11. Sitzung (Vorlage 12/22); Seite 2 von 2

Runder Tisch
12. Sitzung
12. Februar 1990   Vorlage 12/21

Antrag an den Runden Tisch

Der Vorschlag des Volkskammerausschusses zum Kommunalwahlrecht sieht ein Mehrheitswahlrecht in Mehrmandatswahlkreisen vor. Dieser Vorschlag wurde durch die Arbeitsgruppe Wahlrecht des Runden Tisches bestätigt.

Das demokratische Potential des Mehrheitswahlrechts ist im Vergleich zum Verhältniswahlrecht erheblich geringer, da ein bedeutender Teil der Wählerstimmen bei der Verteilung der Mandate nicht berücksichtigt und damit in der Volksvertretung nicht repräsentiert wird.
Deshalb begünstigt das Mehrheitswahlrecht große Parteien und führt regelmäßig zu einer Festschreibung der Parteienlandschaft in den Volksvertretungen. Kleine Parteien und Gruppierungen haben kaum eine Chance.
Diese Fakten wurden auch in der Diskussion um das Volkskammerwahlgesetz festgestellt.

Bei der Entscheidung für das Mehrheitswahlrecht in den Kommunen gingen die Mitglieder der Arbeitsgruppe Wahlrecht des Runden Tisches davon aus, daß in diesem Bereich eine enge Bindung des Wählers an den Kandidaten besteht, der Wähler die Kandidaten als Personen kennt und damit die Möglichkeit besteht, durch ein Personenwahlrecht die Anonymität der Parteienwahl zu durchbrechen.

Wir unterstützen dieses Ziel, meinen jedoch, daß die vorgestellten Voraussetzungen nicht bestehen.
Selbst wenn im ländlichen Bereich eine solche Beziehung zu den Kandidaten bestehen mag, daß sie der Mehrzahl der Wähler als Personen bekannt sind, so ist diese Annahme in größeren Städten ausgeschlossen. Es ist dort auch im Wahlkampf nicht möglich,

- 2 -

Dokument 12/9, Antrag GP: Zum Kommunalwahlrecht, insbesondere zur Anwendung des Verhältniswahlrechts mit Komponenten der Personenwahl (Vorlage 12/21); Seite 1 von 2

2

eine solche Beziehung zwischen Wähler und Kandidaten herzustellen, weil:

1) die Zahl der Kandidaten und die vorhandenen Räumlichkeiten kaum die notwendige Zahl von Veranstaltungen möglich machen, um allen Wählern die Möglichkeit zu geben, die Kandidaten kennenzulernen,

2) nicht zu erwarten ist, daß der Wähler die dazu notwendigen zusätzlichen Aktivitäten mehrheitlich unternehmen wird.

Die Folge wäre, daß die Wähler sich an den Parteien und nicht an den Personen orientieren. Das ist unter den Bedingungen des Mehrheitswahlrechts verhängnisvoll, haben doch dann nur große Parteien eine Chance, in die Parlamente der Kommunen einzuziehen.

Deshalb möge der Runde Tisch beschließen:

Bei den Kommunalwahlen soll ein Verhältniswahlrecht mit Komponenten der Personenwahl zur Anwendung kommen, beispielsweise als Verhältniswahlrecht mit loser oder offener Liste.

Grüne Partei

Dokument 12/9, Antrag GP: Zum Kommunalwahlrecht, insbesondere zur Anwendung des Verhältniswahlrechts mit Komponenten der Personenwahl (Vorlage 12/21); Seite 2 von 2

Runder Tisch   Vorlage Nr. 12/9
12. Sitzung.
12. Februar 1990

Vorstellungen über zukünftige politische Strukturen und
Arbeitsweise der Bürgerkomitees

In den Bürgerkomitees sollten im Sinne des politischen
Pluralismus in unserer Gesellschaft alle Parteien und
politischen Bewegungen ihren Platz finden, insofern sie
dies selbst wünschen. Zugleich werden in die Tätigkeit
der Komitees Fachexperten und Beratergruppen einbezogen.
Dafür stellen die örtlichen Räte finanzielle Mittel zur
Verfügung.

Bürgerkomitees sichern die basisdemokratische politische
Mitbestimmung, Kontrolle und fachliche Beratung kommunaler
Aufgaben und repräsentieren ein breites Spektrum der
Bürgerinteressen.

PDS

Dokument 12/10, Antrag PDS: Vorstellungen über zukünftige politische Strukturen und Arbeitsweisen der Bürgerkomitees (Vorlage 12/9)

Runder Tisch Vorlage Nr. 12/3
12. Februar
12. Sitzung

Zusatzantrag der Arbeitsgruppe "Recht" an den Runden Tisch.

Der Runde Tisch möge beschließen, eine von der Regierung und dem Runden Tisch kurzfristig zu bestätigende Kommission zu bilden, die bevollmächtigt wird:

1. Verbindliche Entscheidungen über die Vernichtung von Personalakten bzw. anderen Datenträgern, die vom ehemaligen MfS gesammelt wurden und die vom weitergehenden Antrag nicht erfaßt wurden.

2. Dabei sollte gesichert werden, daß folgende Akten nicht der Vernichtung zugeführt werden, die

    a) zur Rehabilitierung der Opfer politischer Verfolgung erforderlich sind

    b) zur Strafverfolgung von Mitarbeitern des ehemaligen MfS nach Prüfung der Verjährung erforderlich sind

    c) ausnahmsweise auf Gründen der geschichtlichen Aufarbeitung der Struktur und Arbeitsweise des ehemaligen MfS unbedingt

    erhalten werden sollten.

3. Diese Kommission sollte die Durchführung kontrollieren und ist dem Parlament rechenschaftspflichtig.

AG Recht

Dokument 12/11, Zusatzantrag AG "Recht": Bildung einer Kommission zur Kontrolle der Vernichtung von Daten des MfS/AfNS (Vorlage 12/3)

Runder Tisch
12. Sitzung
12. Februar 1990

Vorlage 12/17

Antrag des unabhängigen Frauenverbandes an den Runden Tisch

Im Rahmen der Verhandlungen zwischen der DDR- und der BRD- Regierung über einen möglichen Wirtschafts- und Währungsverbund bzw. eine Vertragsgemeinschaft beantragen wir, eine Sozialcharta zu erarbeiten, die die sozialen Standards für BürgerInnen unseres Landes sichert. Diese Sozialcharta ist maßstabsetzend für die in der DDR im Zusammenhang mit der Wirtschaftsreform zu erarbeitende, notwendige Sozialgesetzesgebung, einer Überarbeitung des AGB, einer Rentengesetzgebung, einer Arbeitslosenversicherung, Arbeitsförderungsmaßnahmen, Bildungs- und Umschulungsprogramme, Familiengesetzgebung und einer Krankenversicherung.

Unabhängiger Frauenverband

Dokument 12/12, Antrag UFV: Verknüpfung des Wirtschafts- und Währungsverbundes mit einer Sozialcharta (Vorlage 12/17)

Runder Tisch
12. Sitzung
12. Februar 1990   Vorlage 12/18

Der Runde Tisch möge beschließen:

Die Regierungsdelegation der DDR unter Leitung von Hans Modrow wird gebeten, folgende Vorschläge und Forderungen in die Verhandlungen mit der Regierung der BRD unter Leitung von Helmut Kohl einzubringen:

Die beiden deutschen Staaten treten dafür ein, so schnell wie möglich eine Konferenz der Siegermächte des II. Weltkrieges unter **g l e i c h b e r e c h t i g t e r** Teilnahme der DDR und der BRD einzuberufen.
Diese Konferenz soll wesentliche Vorarbeiten für die nächste KSZE-Konferenz insbesondere in Bezug auf den deutschen Einigungsprozeß leisten.

Der Termin der KSZE-Konferenz soll so weit wie möglich vorgezogen werden, mindestens auf September 1990. Ein entsprechender Vorschlag soll von beiden deutschen Staaten gemeinsam eingebracht werden.

Nach der Parlamentswahl am 18.03.1990 geben die Regierungen beider deutscher Staaten eine Garantieerklärung zur Sicherheit der 1950 festgelegten polnischen Westgrenze ab.

Die beiden deutschen Staaten nehmen sofort Vorgespräche auf, um Einzelschritte des Vereinigungsprozesses vorzubereiten. Dazu werden entsprechende Kommissionen gebildet.
Die Voraussetzungen für einen gemeinsamen Wirtschafts-, Währungs- und Sozialraum sollten zügig geschaffen werden.
Soforthilfe, die in größerem Maße auch schon vor der Wahl möglich ist, sollte von der BRD schnellstens gewährt werden.

Gleichzeitig wird die Zusammenarbeit zur Vorbereitung weitreichender Abrüstungsschritte intensiviert.
Die besonderen Möglichkeiten der beiden deutschen Staaten, durch Kooperation den gesamteuropäischen Abrüstungsprozeß voranzubringen, sollten voll genutzt werden.

                                        SPD

Dokument 12/13, Antrag SPD: Einberufung einer Konferenz der Siegermächte des Zweiten Weltkrieges unter gleichberechtigter Teilnahme der DDR und BRD (Vorlage 12/18)

Runder Tisch   Information 12/10
12. Sitzung
12. Februar 1990

P o s i t i o n
der Vereinigung der gegenseitigen Bauernhilfe für die Verhandlungen Modrow/Kohl am 13./14. 2. 1990 - Verhandlungsanregungen

Ein Drittel der Bevölkerung der DDR wohnt auf dem Land, 800 000 Bauern und Gärtner sowie 27 000 Werktätige der BHG fordern klare Zukunftschancen ein.

Deshalb sind wir dafür:

- bis zum 18. 3. 1990 und auch für weitergehende Verhandlungen sollten keine übereilten Schritte gegangen werden, die die bisherige Struktur in der Landwirtschaft sowie das erreichte Niveau in der Versorgung gefährden könnten,

- ein Stufenprogramm zur weiteren Entwicklung der Landwirtschaft das überschau- und kontrollierbar für die Bauern ist,

- Maßnahmen einzuleiten, die sofort wirksam werden können, wie z. B. die Bereitstellung von fehlenden Ersatzteilen für die Landtechnik, von Pflanzenschutzmitteln, Kleinmechanismen, Spezialtechnik und Technik für die Nahrungsgüterwirtschaft,

- aus dem auszuhandelnden Solidarbeitrag der BRD einen angemessenen Anteil für die Stabilisierung und Entwicklung der Landwirtschaft der DDR einzusetzen.

Ein sehr klares Wort muß zur gesamten Frage des Bodenrechtes gesagt werden. Unbedingt berücksicht werden sollten dabei:

- die Anerkennung der Bodenreform
- die Sicherung der Gemeinnützigkeit des Bodens
- die Erhaltung der überwiegend genossenschaftlichen Bewirtschaftung des Bodens

Dokument 12/14, Position VdgB für die Verhandlungen Modrow/Kohl am 13. und 14. Februar 1990 - Verhandlungsanregungen - (Information 12/10); Seite 1 von 2

2

Für den bevorstehenden Beitritt zur EG fordern wir:

1. ein langfristiges Stufenprogramm, in dem Strukturen geschaffen werden, die uns die Wettbewerbsfähigkeit in der Landwirtschaft garantieren,

2. die Bereitstellung von Mitteln aus dem Staatshaushalt für gezielte Maßnahmen zur Gewährung der Chancengleichheit und Berücksichtigung der Differenziertheit der natürlichen Produktionsbedingungen,

3. die soziale Absicherung freiwerdender Arbeitskräfte in der Landwirtschaft.

- VdgB -

Dokument 12/14, Position VdgB für die Verhandlungen Modrow/Kohl am 13. und 14. Februar 1990 - Verhandlungsanregungen - (Information 12/10); Seite 2 von 2

Runder Tisch   Vorlage Nr. 12/29
12. Sitzung
12. Februar 1990

Freies Forschungskollegium »Selbstorganisation«
für Wissenskatalyse an Knotenpunkten

Mitglieder des Gründungsvereins: Gerd Gebhardt[1], Matthias Artzt[2], Rainer Schönfelder[3], Wolfgang Ullmann[4], János Wolf[5], Hans Blüher[6], Hans Lehmann[7]

Potsdam, den 11.02.1990
beauftragt: Dr. Gerd Gebhardt   Tel. 78106
            R.-Breitscheid-Straße 82 a
            Potsdam, DDR - 1590

An den
Ministerpräsidenten der DDR,
Herrn Dr. Hans Modrow

und an
die Vertreter am "Runden Tisch" der DDR
B E R L I N

Vorschlag der umgehenden Bildung einer "Treuhandgesellschaft (Holding) zur Wahrung der Anteilsrechte der Bürger mit DDR-Staatsbürgerschaft am »Volkseigentum« der DDR"
==

Offenbar ist statt einer deutschen Fusionslösung eine baldige Angliederung der DDR an die Bundesrepublik Deutschland wahrscheinlich geworden. Damit 40 so schrecklich fehlgeleitete Lebensjahre voller Arbeit und Mühen für die Bürger der DDR nicht gänzlich ergebnislos bleiben, wird der o.g. Vorschlag unterbreitet. Durch die sofortige Schaffung der o.g. Kapital-Holding-Treuhandgesellschaft als neues Rechts-Subjekt würde dafür Sorge getragen werden, daß das in Volksbesitz befindliche Eigentum - soweit es sich als demokratisch legitimiert bzw. durch Kriegsergebnisse zustandegekommen erweisen wird - in der DDR nicht herrenlos wird und einfach verloren geht (an wen mit welcher Berechtigung ?).

Die Verlustgefahr resultiert daraus, daß die Rechtskonstruktion "Volkseigentum" nicht im Grundgesetz der Bundesrepublik Deutschland, dessen Geltungsbereich ja vermutlich auf das Territorium der DDR ausgedehnt werden wird, enthalten ist.
Deshalb muß umgehend das Volkseigentum in eine Form transformiert werden, die den Rechts- und Eigentumsformen der Bundesrepublik entspricht.

Als erste Handlung müßte diese Holding-Gesellschaft gleichwertige An-
----
1. Geschäftsführer Institutsbereich Potsdam.
   Dipl.-Phys. (wissenschaftlicher Gutachter für Umwelthygiene, Bezirks-Hygieneinspektion u.-institut Potsdam) und: Dr. phil.: Selbstorganisationsprinzipien und Evolutionsdynamik in Natur u. Gesellschaft, z.Z. Humboldt Universität Berlin (B-Aspirant). Adresse: R.-Breitscheid-Str. 82a, Potsdam, DDR-1590, Tel. 78106.
2. Geschäftsführer Institutsbereich Berlin. Dr.-Ing. (dissipative Strukturübergänge fernab vom Gleichgewicht) und z.Z stud.-theol. am Sprachenkonvikt Berlin; Forschungsgegenstand: Selbstorganisationsprinzipien in der Ideen-, Kultur- und Sozialgeschichte. Adresse: Chausseestraße 107, Berlin, DDR-1040, Tel. 2825563.
3. Dipl.-Ing., Systemanalytiker: Abteilungsleiter Softwareentwicklung, Robotron Export-Import.
   Adresse: Guntherstraße 3, Berlin, DDR-1130, Tel. 5599283.
4. Dr.theol., Historiker, Dozent am Sprachenkonvikt. Mitinitiator von "Demokratie Jetzt", Teilnehmer am Runden Tisch.
5. Philosoph (Wissenschaftshistoriker): Strukturumbrüche in den Wissenschaften, Akad. d. Wissenschaften., ITW
6. Diplomwirtschaftler (Geld und Kredit), amt. Direktor d. Verbandes d. Genossenschaftskassen der DDR
7. Kunsthistoriker (Gebiet: Stilpluralität und Kunstmarkt im 20. Jh.), Verband Bildender Künstler d.DDR, Berlin.

Dokument 12/15, Antrag "Freies Forschungskollegium ‚Selbstorganisation' für Wissenskatalyse an Knotenpunkten": Umgehende Bildung einer Treuhandgesellschaft (Holding) zur Wahrung der Anteilsrechte der Bürger mit DDR-Staatsbürgerschaft am Volkseigentum der DDR (Vorlage 12/29); Seite 1 von 3

teilsscheine im Sinne von Kapitalteilhaber-Urkunden an alle DDR-Bürger emittieren. Ausgabe-Stichtag sollte der 18.3.1990 sein, um die Legitimitäts-Kontinuität aus der Vergangenheit in die Zukunft zu gewährleisten.

Die Rechtskonstruktion sollte sich am Modell der Nachlaßverwaltung eines Erblassers zugunsten der legitimen Erbberechtigten orientieren und sollte bewußt an dementsprechende Rechtssätze des bürgerlichen Gesetzbuches der Bundesrepublik angepaßt werden.

Die Entscheidungsbefugnis zur Verwendung dieses Grundkapitals (zum Beispiel hinsichtlich der ordnungs- und ökologiepolitischen Kardinalfrage des Eigentums an volkseigenem Grund und Boden oder die Verkäuflichkeit sowie die spätere Gewinnausschüttung betreffend) dürfte nur demokratisch durch die Bürger der DDR bestimmt werden.

Das heißt, das die Kompetenzen und Aufgaben definierende Statut dieser Treuhandgesellschaft müßte durch die neu gewählte Volkskammer (solange es diese gibt) oder später durch Volksentscheide der Bürger in den Ländern der ehemaligen DDR definiert werden.

Diese Treuhandgesellschaft hätte zum Beispiel die Aufgabe, sicherzustellen, daß die Wertbestimmung jedes einzelnen, konkreten Volkseigentums wirklich frei über den Markt erfolgt: eine Wertbestimmung insbesondere im Hinblick auf das qualifizierte und kultivierte Zukunftspotential des Standortes DDR im Herzen Europas an der Nahtstelle zu Osteuropa kann nur über die Nachfrage konkurrierender Interessenten aus der Wirtschaft der ganzen Welt zustandekommen. Dabei ist nicht in erster Linie an Verkauf zu denken, sondern daran, daß bei Joint Ventures die Interessenten über Konkurrenz dazu stimuliert werden, der DDR-Holding möglichst hohe Beteiligungsquoten an den Unternehmen einzuräumen.

Weiterhin wären in allen derartigen Unternehmen Aufsichtsräte zu bilden, in denen das DDR-Interesse auf geeignete Weise entsprechend der Beteiligungsquote repräsentiert wäre (natürlich auch entsprechende Gewinnbeteiligung !).

Schließlich wären die Modalitäten festzulegen, wie mittels der Kapitalbeteiligungsurkunden Wohnungen, Gebäude, Betriebsstätten für private oder genossenschaftliche Firmengründungen durch DDR-Bürger (Vorkaufsrecht ?) erworben werden können.

Ferner sei empfohlen, die Holding als 15 gleichrangige, bezirksgebundene Rechtssubjekte zu gründen mit einem DDR Dachverband, so daß bei dessen Auflösung (mit derjenigen der DDR, die Bezirks-Holdings zu Länder-Holdings fusionieren können, die dann den betreffenden Länderparlamenten rechenschaftspflichtig wären.

Dokument 12/15, Antrag "Freies Forschungskollegium ‚Selbstorganisation' für Wissenskatalyse an Knotenpunkten": Umgehende Bildung einer Treuhandgesellschaft (Holding) zur Wahrung der Anteilsrechte der Bürger mit DDR-Staatsbürgerschaft am Volkseigentum der DDR (Vorlage 12/29); Seite 2 von 3

Im übrigen sollten hinsichtlich des Managements während der Installationsphase nur nachweislich erfolgreiche Führungspersönlichkeiten über ein Ausschreibungsverfahren aus der Wirtschafts- und Finanzwelt z.B. der Bundesrepublik (bei bester Vergütung) geworben werden. Keine Experimente mehr mit sachlicher Inkompetenz!.

Es steht zu erwarten, daß bei einem grundsätzlichen "Ja" zu diesem Vorschlag sofort Kapitalanbieter Schlange stehen werden, daß dann der Wirtschaftsaufschwung sofort beginnt und übersiedlungswillige DDR-Bürger nicht leichtfertig diesen Vermögensanteil auf's Spiel setzen werden.

Die Stabilisierungswirkungen eines solchen Schrittes sind unbestreitbar.

Außerdem hätte die DDR endlich einen konstruktiven Beitrag zur Ausgestaltung der deutschen Rechts-, Währungs- und Wirtschaftsunion geleistet, ohne daß erkennbar wäre, daß irgend jemandem Nachteile entstünden. Nach der viel zu langen Phase der Konzeptionslosigkeit hätte sich die DDR dem Gesetz des Handelns gestellt !

Bei all dem hätten der Runde Tisch und die Regierung in keiner Weise ihre Verantwortungsgrenzen überschritten, da ja die Verantwortung über die zukünftige Verwendung des Volkseigentums an die künftigen, demokratisch legitimierten Parlamente übertragen werden würde.
Nur im Falle weiterer Unentschlossenheit entsteht berechtigt der nachweisliche Vorwurf, eine letztmögliche Vorsorge zugunsten der DDR-Bürger unterlassen zu haben.

Deshalb wird vorgeschlagen, einen Antrag zu stellen, darüber abstimmen zu lassen, ob eine entsprechende Gesetzesgrundlage - unter breitester Einbeziehung aller sachkompetenten Institutionen - an die Volkskammer mit kürestmöglicher Friststellung in Auftrag gegeben werden soll oder nicht!

(Gerd Gebhardt)

Dokument 12/15, Antrag "Freies Forschungskollegium ‚Selbstorganisation' für Wissenskatalyse an Knotenpunkten": Umgehende Bildung einer Treuhandgesellschaft (Holding) zur Wahrung der Anteilsrechte der Bürger mit DDR-Staatsbürgerschaft am Volkseigentum der DDR (Vorlage 12/29); Seite 3 von 3

Runder Tisch
12. Sitzung
12. 2. 1990

Vorlage Nr. 12/11

Der Runde Tisch möge beschließen:

Der Beschluß des außerordentlichen Gewerkschaftskongresses zur Änderung der Artikel 44 und 45 der Verfassung der DDR sowie für ein Gesetz über die Rechte der Gewerkschaften in der DDR wird zur Kenntnis genommen und findet Unterstützung.

Der Mehrheitswille der Gewerkschaftsmitglieder nach Erneuerung der Gewerkschaften als vom Staat sowie von allen Parteien, Organisationen und Bürgerbewegungen unabhängige Interessenvertreter erfordert eine Änderung der Verfassungsartikel sowie die Sicherung gewerkschaftlicher Rechte in einem gesonderten Gesetz. Damit würde auch der Notwendigkeit der zügigen Entwicklung einer Solidargemeinschaft mit dem DGB Rechnung getragen.

Mit der Schaffung rechtlicher Garantien für Tarifautonomie erhalten die im Gewerkschaftsbund vereinten Industriegewerkschaften und Gewerkschaften die notwendige Autorisierung zur Wahrnehmung ihrer Verantwortung.

Mit den vorliegenden Materialien soll der Forderung der Gewerkschaftsmitglieder und Gewerkschaftsvertreter in den Betrieben nach mehr Basisdemokratie und Rechtsschutz vor willkürlicher Beeinträchtigung ihrer Rechte entsprochen werden. Die Einführung von Kampfmaßnahmen bis zum Streikrecht sowie das Verbot der Aussperrung sollen die Kampfkraft der Gewerkschaften erhöhen.

FDGB

Dokument 12/16, Antrag FDGB: Zustimmung zu dem vom Außerordentlichen Gewerkschaftskongreß erarbeiteten Beschluß zur Änderung der Artikel 44 und 45 der Verfassung der DDR sowie zum Entwurf eines Gewerkschaftsgesetzes (Vorlage 12/11)

Runder Tisch
12. Sitzung
12.2.1990

Anlage zu Vorlage Nr. 12/11

Vorschlag zur Änderung der Verfassung der DDR

Artikel 44

1 Die freien unabhängigen Gewerkschaften sind Interessenvertreter ihrer Mitglieder und aller Werktätigen. Sie haben das Recht, sich in einem Gewerkschaftsbund zu vereinen.

2 Niemand darf die Gewerkschaften in ihrer Tätigkeit einschränken oder behindern. Gewerkschaftliche Kampfmaßnahmen bis hin zum Streik sind zulässig. Die Aussperrung ist verboten.

3 Die Gewerkschaften nehmen durch die Tätigkeit ihrer Organisationen und Organe sowie der Gewerkschaftsvertreter ihre Mitwirkungs- und Mitbestimmungsrechte auf der Grundlage der Gesetze und anderen Rechtsvorschriften wahr.

Artikel 45

1 Die Gewerkschaften haben das Recht der Gesetzesinitiative. Gesetze und andere Rechtsvorschriften zu den Arbeits- und Lebensbedingungen der Werktätigen bedürfen der gewerkschaftlichen Zustimmung.

2 Die Gewerkschaften nehmen Anteil an der Gestaltung der demokratischen Rechtsordnung. Sie kontrollieren die Einhaltung der Gesetze und anderen Rechtsvorschriften zu den Arbeits- und Lebensbedingungen der Werktätigen, insbesondere zum Recht auf Arbeit.

3 Alle Staatsorgane und Leiter von Betrieben und Einrichtungen aller Eigentumsformen sind verpflichtet, die ungehinderte Arbeit der freien unabhängigen Gewerkschaften in ihrem Verantwortungsbereich zu gewährleisten.

Dokument 12/17, Anlage zu Vorlage 12/11: Vorschlag zur Änderung der Verfassung der DDR

Runder Tisch Vorlage Nr. 11/16
   Sitzung
05.02.1990

Beschlußvorlage

Betr.: Nationalparkprogramm als Baustein für ein geeintes Deutschland und Europa

* Landschaft ist natürliche Existenzgrundlage jeder Gesellschaft.

* Landschaft in der DDR wurde unter vorgeblich ökonomischen Zwängen durch ideologisch abgesegnete Ressortinteressen jahrzehntelang ausgebeutet, mißhandelt und verantwortungslos vernutzt.

* Jetzt sind Ausverkauf und Vermarktung der Reste intakter Landschaft in vollem Gange.

* Globale Krise und Krise der Landschaft in der DDR erfordern neues Denken in allen Bereichen der Landnutzung.

* Noch besteht die Chance zu einem offensiven Naturschutz- und Umweltprogramm, das den künftigen Belastungen gewachsen und beispielhaft für die existentiell notwendige ökologische Umgestaltung in Europa sein wird.

* Gesunde Landschaft und zukunftsfähige Konzepte des Umgangs mit Natur gehören zu den wertvollsten Bausteinen, die wir in ein geeintes Deutschland und ein europäisches Haus einbringen können.

* Kernstück zukunftsorientierter Landespflege sind großräumige Schutzgebiete, in denen Schutz und Nutzung miteinander in Einklang gebracht werden.

* In Bürgerinitiativen wird ein Nationalparkprogramm gefordert, dessen Grundzüge inzwischen erarbeitet worden sind.

* Die Einrichtung von Biosphärenreservaten, Nationalparks und Naturschutzparks ist ein entscheidender Schritt zur ökologischen Umgestaltung, ein Schritt auf dem Wege zur Aussöhnung mit der mißhandelten Erde.

* Engagierte Menschen in den Territorien liegen im Wettrennen mit landschaftszerstörenden Wirtschaftsunternehmen.

* Aber es fehlen Stellen für Nationalpark-Aufbaustäbe und Geld. Beides muß schnell bereitgestellt werden, damit die Arbeit zur Rettung der Gebiete aufgenommen werden kann, bevor es zu spät ist.

* Wenn fast 6 Milliarden Mark jährlich allein für "öffentliche Sicherheit und Sicherung der Staatsgrenzen" verschleudert wurden, wenn jetzt die Bezirke über jeweils 30 bis 40 Millionen Mark zweckgebunden für Tourismus verfügen, dann darf die Sicherung von Landschaft als natürlicher Lebensgrundlage nicht am Geld scheitern!

* Wir haben nur eine Zukunft, wenn es uns gelingt, die Ausplünderung und Zerstörung der Erde zu überwinden.

ANLAGE

1. Definitionen

1.1. Biosphärenreservate (BR)
sind Bestandteil eines weltweiten Netzes großflächiger Reservate. Die von der UNESCO entwickelte Konzeption bezieht den arbeitenden Menschen in seiner Wirkung auf die Biosphäre von vornherein mit ein. Schutz, Pflege und ressourcenschonende Nutzung von Kulturlandschaften mit spezifischer Naturausstattung werden in ihrer Verbundenheit modellhaft praktiziert. 3 bis (4) Schutzzonen werden unterschieden:
Die Kernzone bleibt ganz natürlicher Dynamik überlassen. Der Mensch ist hier nur als wissenschaftlicher Beobachter natürlicher Strukturen und Prozesse zugelassen (Status Totalreservat).
Die Puffer- und Experimentierzone dient der Pufferung von Schadeinflüssen auf die Kernzone und der Erhaltung und Pflege landschaftstypischer Diversität. Naturschutz hat hier absoluten Vorrang vor jeglicher anderer Nutzung.
Die Zone harmonischer Kulturlandschaft nimmt den größten Teil eines Biosphärenreservates ein. In ihr werden traditionelle Landnutzung und Landschaftspflege beispielhaft demonstriert, hier verbinden sich Natur und Kultur zu harmonischer Ganzheit.
In der Regenerierungszone wird geschädigte Landschaft unter Anwendung ingeneurbiologischer und ökotechnologischer Methoden regeneriert und zu harmonischer Kulturlandschaft entwickelt.

In der DDR bestehen bisher 2 Biosphärenreservate zwei weitere sind geplant.

1.2. Nationalparks (NP)
sind großräumige Schutzgebiete von besonderer Eigenart der Naturausstattung mit nationaler (und internationaler) Bedeutung. Ein Nationalpark soll
* einzigartige Landschaften vor der Zerstörung durch Übernutzung bewahren,
* Lebensraum für möglichst viele heimische Pflanzen- und Tierarten in ihren typischen Lebensgemeinschaften bieten,
* Natur weitgehend frei entfalten und selbst regulieren lassen,
* von der Wirtschaft des Menschen möglichst wenig gestört, dabei
* aber der Allgemeinheit zugänglich sein, soweit es das Schutzziel erlaubt.

Nationalparks werden von der höchsten Autorität eines Staates durch Gesetz beschlossen.

In Mitteleuropa gibt es nur wenige als Nationalpark geeignete Landschaften. Die Gliederung in Schutzzonen entspricht inhaltlich den Biosphärenreservaten. In Nationalparks ist jedoch der Anteil von Kernzone und Puffer/Experimentierzone wesentlich größer, er sollte mehr als 50% der Gesamtfläche betragen.

Die geplanten 5 Nationalparks gehören zu den wertvollsten Landschaften Mitteleuropas und repräsentieren charakteristische Ausschnitte der wichtigsten Großlandschaften der DDR.

1.3. Naturschutzparks (NSP)
sind großräumige landschaftlich besonders reizvolle Schutzgebiete mit wertvoller Naturausstattung. Sie unterliegen besonderer Nachfrage durch Tourismus, der aber mit Forderungen des Naturschutzes abgestimmt und so organisiert werden muß, daß

Eigenart und natürlicher Reichtum der Landschaft gewahrt bleiben. Eingeschlossene Naturschutzgebiete haben vorrangige Schutzfunktion. Der größte Flächenanteil von Naturschutzparks entspricht der Zone harmonischer Kulturlandschaft, die durch angemessene Infrastruktur sanftem Tourismus erschlossen wird.

1.4. Weitere Kategorien von Schutzgebieten sind Naturschutzgebiete (NSG), Landschaftsschutzgebiete (LSG) und Feuchtgebiete von internationaler oder nationaler Bedeutung sowie Flächennaturdenkmale und geschützte Parks.

2. **Liste der Schutzgebiete im Nationalparkprogramm der DDR**
   (Stand 1.2.1990)

2.1. **Biosphärenreservate**   Zusammenarbeit mit

1) BR Mittlere Elbe   –
2) BR Vessertal   –
3) BR Schorfheide-Chorin   –
4) BR Spreewald   –

2.2. **Nationalparks**

1) NP Ostseeküste   –
2) NP Müritz   –
3) NP Oberharz   BRD
4) NP Hintere Sächsische Schweiz   CSSR
5) NP Thüringische Rhön   BRD

2.3. **Naturschutzparks**

1) NSP Schaalsee   BRD
2) NSP Mecklenburgisches Elbtal   BRD
3) NSP Krakower Seen   –
4) NSP Usedom-Oderhaff   Polen
5) NSP Feldberger Seenlandschaft   –
6) NSP Märkische Schweiz   –
7) NSP Drömling   BRD
8) NSP Harz   BRD
9) NSP Kyffhäuser   –
10) NSP Eichsfeld   BRD
11) NSP Thüringisches Grabfeld   BRD
12) NSP Frankenwald   BRD

2.4. **Landschaftsschutzgebiete zentraler Bedeutung**

1) Mecklenburgisch-brandenburgische Seenplatte
2) Sächsische Schweiz
3) Thüringer Wald-Schiefergebirge

3. **Erforderliche Maßnahmen**

3.1. **Erste Stufe – Vorbereitung** (1. Quartal 1990)

1) Geplante Gebiete sind auf Grundlage Naturschutzverordnung vom 18.5.89 (§ 25 und § 16) durch die zuständigen Räte der Kreise und Bezirke als LSG zentraler Bedeutung einstweilig zu sichern als

Vorbehaltsflächen für die Einrichtung von Biosphärenreservaten, Nationalparks oder Naturschutzparks. Landschaftsverändernde Maßnahmen, insbesondere Hoch- und Tiefbauten außerhalb von geschlossenen Ortschaften, Ufer- und Wasserbau, Straßenbau, Erweiterung von Campingplätzen, Anlage von Bootshäfen, Meliorationen usw. müssen für die Dauer der einstweiligen Sicherung gestoppt werden.

2) Sicherstellung materiell-technischer Basis (freigewordene Gebäude Staatsjagd, MfS u.a.) für Nutzung durch Aufbaugruppen und spätere Schutzgebietsverwaltungen.

3) Einsetzung hauptamtlicher Aufbaugruppen von 5 Mitarbeitern je Gebiet, Bereitstellung und Verwaltung von Planstellen über Räte der Bezirke, Unterstellung und Anleitung durch MNUW (ca. 100 Planstellen befristet auf zwei Jahre).

4) Konstitution wissenschaftlicher Beratergremien (Kuratorien) zu jedem Schutzgebiet.

5) Einschaltung aller Medien zur Gewinnung breiter Öffentlichkeit für Nationalparkprogramm.

6) Regierungserklärung zum Nationalparkprogramm.

3.2. Zweite Stufe - Einrichtung (1990-1991)

1) Komplexe Inventur der Naturausstattung, Siedlungs- und Wirtschaftsstruktur, Landnutzungs- und Belastungsanalyse. Dafür müssen Teilprojekte ausgeschrieben und wissenschaftlichen Einrichtungen angeboten werden. Koordinierung durch MNUW und Kuratorien der Gebiete.

2) Einrichtung von den Aufbauleitungen unterstellten Landschaftspflegebetrieben in jedem Gebiet.

3) Bildung von Wirtschaftsverbänden gebietsansässiger Landnutzer, Strukturveränderungen zu ökologisch verantwortbarer Wirtschaftsweise.

4) Überarbeitung Naturschutzverordnung und Erarbeitung Gesetzesvorlage für Nationalparks.

5) Beschluß des Nationalparkprogramms durch Volkskammer und Ministerrat (Ende 1991).

3.3. Dritte Stufe - laufender Betrieb (ab 1992)

1) Entwicklung notwendiger Infrastruktur für Betreuung und Nutzung.

2) Ständige Betreuung der Schutzgebiete auf drei Ebenen:
   1. Verwaltung/Koordinierung - Kontrolle
   2. Forschung/Projektbearbeitung - Bildung/Öffentlichkeitsarbeit
   3. Pflege - Landnutzung/Wirtschaft

* * *

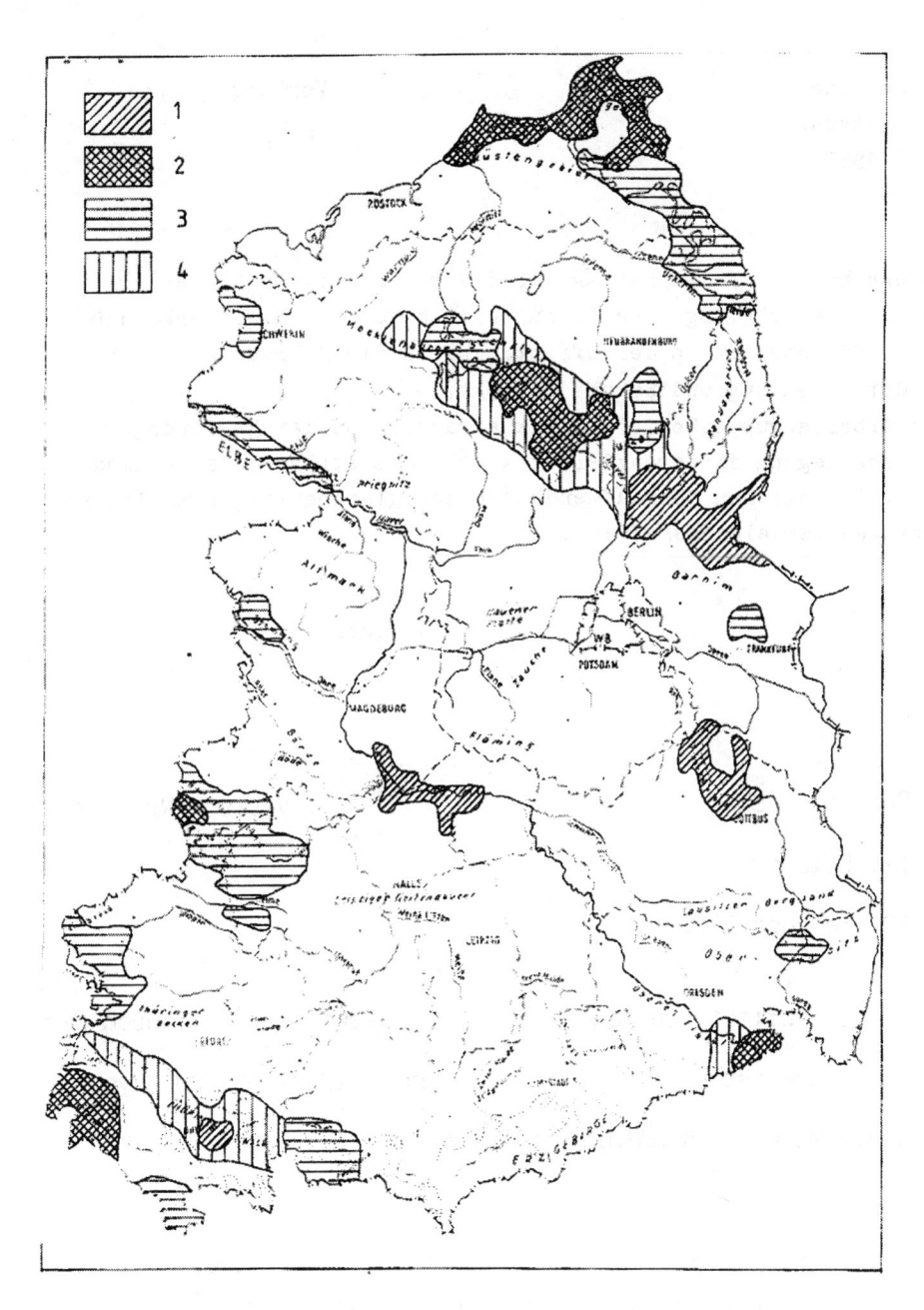

NATIONALPARKPROGRAMM

1. Biosphärenreservate
2. Nationalparks
3. Naturschutzparks
4. LSG zentraler Bedeutung

Der Runde Tisch möge beschließen:

1. Das in der Anlage vorgestellte Nationalparkprogramm muß realisiert werden.

2. Der Runde Tisch bittet die Regierung, die dafür notwendigen Mittel <u>kurzfristig</u> zur Verfügung zu stellen.

- SPD -

Dokument 12/18, Antrag SPD: Nationalparkprogramm als Baustein für ein geeinigtes Europa (Vorlage 11/16);
Seite 5 von 5

Runder Tisch Vorlage 12/14
12. Sitzung
12.2.1990

Bezugnehmend auf den Antrag 11/26 der Vereinigten Linken erwartet die Arbeitsgruppe Sozialpolitik von der Regierung, daß sie differenziert in der Öffentlichkeit die Mehrausgaben für Kinderbekleidung und Schuhe darlegt.
Die Arbeitsgruppe Sozialpolitik erwartet von der Regierung die Festlegung differenzierter Ausgleichsbeträge entsprechend den tatsächlichen Mehraufwendungen bei gleichzeitiger möglichst geringem Verwaltungsaufwand.

AG "Sozial"

Runder Tisch Vorlage Nr. 12/10

12. Sitzung

12. Februar 1990

Der FDGB bittet den Runden Tisch die Verwendung der durch die FDJ zurückerstatteten Mittel aus dem Solidaritätsfonds von 50 Mio Mark zur Kenntnis zu nehmen.

1. Bereitstellung von 20 Mio Mark an den Zentralausschuß der Volkssolidarität zur Veteranenbetreuung.

2. Bereitstellung von 30 Mio Mark an den Ministerrat zur Verwendung für Feierabend- und Pflegeheime, Behinderte sowie für Heime elternloser und behinderter Kinder.

3. Der Geschäftsführende Vorstand des FDGB stimmt mit dem Zentralausschuß der Volkssolidarität und dem Ministerrat die Verfahrensweise ab.

FDGB

Dokument 12/19, Antrag AG "Sozialwesen": Festlegung differenzierter Ausgleichsbeträge bei Kinderbekleidung und -schuhen (Vorlage 12/14)

Dokument 12/20, Erklärung FDGB: Verwendung der durch die FDJ zurückerstatteten Mittel aus dem Solidaritätsfonds von 50 Millionen Mark (Vorlage 12/10)

Runder Tisch
12. Sitzung
12. Februar 1990　　　　　　　　　　　　　　Information 12/4a

1. Die Arbeitsgruppe Wirtschaft des Runden Tisches nahm am
   7. 2. 1990 Informationen von Vertretern der Staatsbank über

   - die Neugestaltung des Bankensystems und des Kreditwesens

   - Maßnahmen zur Sicherung der Währungsstabilität und zur
     Vorbereitung einer Währungsunion mit der BRD

   - Bedingungen zur Ausreichung von Krediten aus der BRD für
     die Förderung der privaten Wirtschaft in der DDR

   zur Kenntnis.

   Die Arbeitsgruppe Wirtschaft schlägt dem Runden Tisch vor,
   die Regierung zur unverzüglichen Durchführung einer Pressekonferenz aufzufordern, mit der Verunsicherungen und Ängste
   in der Bevölkerung wegen einer Währungsreform abgebaut werden.
   Die zuständigen zentralen Organe der Regierung sollten beauftragt werden, Informationen über die realen Möglichkeiten zur
   Sicherung der Währungsstabilität und der Sparguthaben, wie
   sie in der Beratung von den Vertretern der Staatsbank konkret
   dargelegt wurden, in den Medien zu veröffentlichen.

   Die Arbeitsgruppe erwartet von den Vertretern der Staatsbank
   die Übergabe von Informationen über weitere Daten zur Währungs-
   situation, insbesondere im Verhältnis zur BRD, und nächste
   Schritte auf dem Gebiet des Geld- und Kreditwesens.

2. Die AG Wirtschaft des Runden Tisches hat die Vorstellungen
   der Regierung zum notwendigen Abbau von Subventionen zur Kenntnis genommen.
   Bestandteil dieser Maßnahmen ist das Prinzip des vollen sozialen
   Ausgleichs. Davon ausgehend hält es die AG Wirtschaft für notwendig, daß die Regierung an diesen Maßnahmen zielstrebig
   weiterarbeitet.

   　　　　　　　　　　　　　　　　　　　　　AG Wirtschaft

Runder Tisch
12. Sitzung
12. Februar 1990　　　　　　　　　　　　Information 12/4b

Empfehlung der AG Wirtschaft an den Runden Tisch

Die Arbeitsgruppe Wirtschaft schlägt dem Runden Tisch vor, daß die zur Wirtschaftspolitik eingebrachten Vorlagen den Vertretern der einzelnen Parteien und Organisationen zur Berücksichtigung der Arbeit im Ministerrat empfohlen werden und damit als Anträge an den Runden Tisch zurückgenommen werden.

Dokument 12/21, Erklärung AG "Wirtschaft": Zu Fragen der Währungsreform (Information 12/4a); Seite 2 von 2

Runder Tisch
13. Sitzung
19. Februar 1990   **Vorlage 13/0**

Vorschlag für die Tagesordnung der 13. Sitzung des Runden Tisches am 19. Februar 1990, Ossietzkystraße, Berlin 1110

---

1. Eröffnung, Begrüßung und Festlegung der Tagesordnung

2. Wirtschaft III - Landwirtschaft

3. Sozialpolitik

4. Versammlungsgesetz

5. Einzelanträge

Dokument 13/1, Tagesordnung (Vorlage 13/0)

E n t w u r f

Konzeption zur Vorbereitung, Ausgestaltung und
Durchführung der Wirtschaftsreform in der Land-,
Forst- und Nahrungsgüterwirtschaft
===

Gliederung

1. Zielstellung und Grundrichtungen

II. Aufgaben, Lösungsrichtungen und Arbeitsetappen

1. Eigenverantwortung und Selbstverwaltung der Genossenschaften, Betriebe und Vereinigungen - Schutz des Eigentums an Boden und seiner Nutzung

2. Hauptrichtungen zur Neugestaltung des Wirtschaftsmechanismus

3. Die Gestaltung leistungsorientierter und sozial gerechter Einkommenspolitik und die Verwirklichung des Leistungsprinzips

4. Entwicklungsschwerpunkte für eine leistungsfähige, ökologisch orientierte Land-, Forst- und Nahrungsgüterwirtschaft

5. Neugestaltung der Beziehungen von Wissenschaft und Produktion - Gewährleistung eines hohen Innovationsvermögens

6. Schwerpunkte der rechtlichen Ausgestaltung der Wirtschaftsreform in der Land-, Forst- und Nahrungsgüterwirtschaft

I. Zielstellung und Grundrichtungen

Die bevorstehende Integration in die Europäische Gemeinschaft verlangt, die Existenz unterschiedlicher Agrarverhältnisse in den Mitgliedsländern der Europäischen Gemeinschaft einerseits und in der DDR andererseits zu berücksichtigen. Grundsätzlich wird davon auszugehen sein, daß die Herausbildung konföderativer Strukturen zwischen den beiden deutschen Staaten, die Schaffung einer Wirtschafts- und Währungsunion u.a. in besonderem Maße substantielle Fragen der Agrarpolitik tangieren. Die Integration der Agrarwirtschaft in den Prozeß der Annäherung der DDR an die BRD und zugleich an die Europäische Gemeinschaft muß unter den besonderen Bedingungen der zu lösenden deutschen Frage vollzogen werden. Gravierende Unterschiede bestehen hinsichtlich

- der Eigentums- und Besitzverhältnisse sowie daraus resultierender Betriebs- und Produktionsstrukturen, die in Westeuropa und insbesondere in der BRD durch den bäuerlichen Familienbetrieb und in der DDR durch LPG und VEG als genossenschaftliche bzw. staatliche landwirtschaftliche Großbetriebe charakterisiert sind;

- der technischen Ausstattung, des technologischen Niveaus und der höheren Produktionsmittelpreise, insbesondere im Vergleich zur Bundesrepublik, woraus maßgeblich das bestehende hohe Kostenniveau, sowie ein bedeutendes Produktivitäts- und Effektivitätsgefälle entstanden ist.

- der Agar- insbesondere der Steuergesetzgebung und Subventionspolitik, die in der EG den bäuerlichen Familienbetrieb bevorzugt und den landwirtschaftlichen Großbetrieb benachteiligt.

Aus diesen u.a. spezifischen Unterschieden ergibt sich die Notwendigkeit einer Übergangsperiode, die ähnlich zu früheren Regelungen für neue Mitgliedsländer die Anpassung der Land-, Forst- und Nahrungsgüterwirtschaft an die EG-Bedingungen erleichtert.

Zugleich sind Lösungen anzustreben, die die volle Integration der potentiell leistungsfähigen landwirtschaftlichen Betriebe der DDR als wettbewerbsfähige Partner in den europäischen Verbund ohne Nachteile ermöglichen.

Dokument 13/2, Entwurf vorgelegt von Minister Wiedemann: Konzeption zur Vorbereitung, Ausgestaltung und Durchführung der Wirtschaftsreform in der Land-, Forst- und Nahrungsgüterwirtschaft (Information 13/2); Seite 1 von 21

Ausgehend von diesen äußeren Bedingungen sowie den wirtschafts-, sozial- und agrarpolitischen Zielsetzungen der DDR ist die Wirtschaftsreform darauf gerichtet:

- Bedingungen für die Entwicklung einer modernen, hochproduktiven und international konkurrenzfähigen Land-, Forst- und Nahrungsgüterwirtschaft zu schaffen, die eine stabile, bedarfsgerechte gesunde Ernährung der Bevölkerung der DDR mit attraktivem Angebot bei sinkendem Aufwand sichern kann,
- leistungsfähigen Unternehmen dieses Bereiches der Wirtschaft Zukunftssicherheit zu geben, bei konsequenter Anwendung des Leistungsprinzips und den in diesem Bereich Tätigen ein vergleichbares Einkommen zu anderen Zweigen der Wirtschaft sowie soziale Sicherheit zu gewährleisten,
- den Boden als Naturreichtum vor Zerstörung, Spekulation und Zersiedelung zu schützen, die Gemeinnützigkeit der Bodennutzung zu gewährleisten, die natürliche Umwelt zu schonen, die landeskulturellen Leistungen zu erhöhen und den ländlichen Raum als Arbeits-, Lebensmilieu und Heimat eines großen Teils unseres Volkes, als Kulturlandschaft für die Erholung sowie als Lebensraum für eine Vielfalt von Pflanzen und Tieren zu bewahren.

Das erfordert den Übergang zu einer sozialen und ökologisch orientierten Marktwirtschaft.
Dazu sind folgende Rahmenbedingungen zu schaffen, die es erfmöglichen, vorhandene natürliche, ökonomische, wissenschaftlich-technische und subjektive Potenzen in weit höherem Maße als bisher zu nutzen:

- grundlegende Umgestaltung der Struktur und Funktionsweise des Wirtschaftsmechanismus, Schaffung eines funktionierenden Produktionsmittel- und Absatzmarktes sowie der dafür notwendigen rechtlichen Voraussetzungen,
- Integration des Ernährungskomplexes als einen tragenden Bestandteil in das volkswirtschaftliche Strukturkonzept, seine volkswirtschaftliche Neubewertung und Bestimmung,
- Sicherung voller juristischer und wirtschaftlicher Selbständigkeit und Eigenverantwortlichkeit der Unternehmen,
- Eigentumsvielfalt, wirtschaftliche Chancengleichheit aller Eigentumsformen, Unternehmen und Personen,
- Anwendung modernster, arbeitszeitsparender und hohe Erzeugnisqualität sichernder Produktionsverfahren, radikale Erneuerung der materiell-technischen Produktionsbasis, auch mit Hilfe von ausländischem Kapital und Know-how,
- Übergang zu innerbetrieblicher Selbstverwaltung, relative organisatorische und ökonomische Selbständigkeit einzelner Kollektive sowie einzelner Bauern und Arbeiter, zur Entwicklung von Eigentümerbewußtsein und allmähliche Wandlung der LPG in Genossenschaften, die sich als freiwilliger Zusammenschluß von Produzenten und Teilhabern am genossenschaftlichen Eigentum verstehen,
- zunehmender Wettbewerb zwischen den Produzenten eines Erzeugnisses um die Absatzmärkte,
- wirksame materielle und ideelle Wertschätzung risikofreudiger Unternehmensführung durch die Gesellschaft und in den Betrieben.

Mit der Wirtschaftsreform wird die administrative und zentralistische Leitung und Planung beseitigt und eine vorwiegend mit ökonomischen Mitteln regulierte Marktwirtschaft geschaffen. Markt- und bedarfsgerechtes Verhalten, ökologische Erfordernisse sowie hohe Effektivität und Gewinnerwirtschaftung werden, ausgehend vom Binnen- und Außenmarkt, bei wirksamer Nutzung internationaler Arbeitsteilung zum bestimmenden Ausgangspunkt und Anliegen der Wirtschaftstätigkeit der Genossenschaften, Betriebe und Vereinigungen. Wichtige Zielsetzung der Wirtschaftsreform ist es, die Verwirklichung der Marktwirtschaft mit der Erhaltung und dem weiteren Ausbau sozialer Errungenschaften der Genossenschaftsbauern und Arbeiter zu verbinden. Sozialer Fortschritt wird zugleich auf die Ausprägung der bäuerlichen Lebensweise in den Dörfern orientiert. Die Vorbereitung, Ausgestaltung und Durchführung der Wirtschaftsreform ist mit der Ausarbeitung und Durchführung eines Strukturkonzepts für die Nahrungs- und biogene Rohstoffproduktion sowie mit unmittelbaren und langfristig wirkenden Stabilisierungsmaßnahmen zu verbinden. Im Zentrum dabei stehen:

- Überwindung der Mangelwirtschaft durch Entspannung der Nahrungsgüterbinnenmärkte im Gefolge des Subventionsabbaus, durch schrittweise Einstellung unwirtschaftlicher Nahrungsgüterexporte, Leistungs- und Ertragssteigerung. Die dadurch entstehenden Freiräume sind für die Überwindung von Disproportionen zwischen Pflanzen- und Tierproduktion, Primärproduktion, Verarbeitung und Handel sowie für eine standortgerechte Produktions- und Leistungsstruktur zu nutzen. Die Erzeugung tierischer Produkte ist ausgehend von den markterfordernissen mengenmäßig zu begrenzen (Quotierung, Vertragsproduktion) und der Getreideverkauf besonders zu stimulieren.

Dokument 13/2, Entwurf vorgelegt von Minister Wiedemann: Konzeption zur Vorbereitung, Ausgestaltung und Durchführung der Wirtschaftsreform in der Land-, Forst- und Nahrungsgüterwirtschaft (Information 13/2); Seite 2 von 21

- Überwindung des technologischen Rückstandes in der Land- und Nahrungsgüterwirtschaft der DDR, um das Ertrags- und Leistungsvermögen von Boden, Pflanze und Tier, das jetzt wesentlich unter dem internationalen Niveau liegt, besser auszuschöpfen und zugleich das Niveau der Arbeitsproduktivität bedeutend zu erhöhen. Das erfordert den Land- und Nahrungsgütermaschinenbau so zu profilieren, daß ergänzt durch die Leistungen des Rationalisierungsmittelbaus der Land-, Forst- und Nahrungsgüterwirtschaft sowie durch Importe eine kurzfristige Modernisierung der Land- und Nahrungswirtschaft gewährleistet werden kann und damit entscheidende Grundbedingungen für höhere Wettbewerbsfähigkeit geschaffen werden.

II. Aufgaben, Lösungsrichtungen und Arbeitsetappen

1. Eigenverantwortung und Selbstverwaltung der Genossenschaften, Betriebe und Vereinigungen - Schutz des Eigentums an Boden und seiner Nutzung

In Verbindung von Wirtschaftsorganisation und Wirtschaftsmechanismus sind solche ökonomischen und gesetzlichen Rahmenbedingungen zu schaffen, die die Entwicklung einer leistungsfähigen markt-, ökologisch und sozial orientierten Landwirtschaft, Forstwirtschaft und Nahrungsgüterwirtschaft gewährleisten, den Schutz des Eigentums an Boden und seiner Nutzung durch die Genossenschaften, Betriebe und andere Unternehmen sichern.

Die Unternehmen stehen als ökonomische und soziale Einheiten im Mittelpunkt der Wirtschaftsordnung. Mit der Wirtschaftsreform werden Voraussetzungen geschaffen, daß sie

- die wirtschaftliche und juristische Selbständigkeit auf der Grundlage der Rechtsstaatlichkeit besitzen,
- die Mittel für ihre Reproduktion in eigenverantwortlicher Wirtschaftstätigkeit auf der Grundlage vertraglich gebundener Produktion und Leistungen selbst erwirtschaften und unter Beachtung gesetzlicher Regelungen eigenverantwortlich einsetzen,
- sich alle Formen der Arbeitsteilung, Kooperation und Kombination nutzbar machen können,
- sich in Vereinigungen, Verbänden organisieren und an gemeinsamen Vorhaben beteiligen können,
- ihre Beziehungen in den Territorien mit den örtlichen Organen abstimmen und vertraglich gestalten.

Schrittweise sind effektive, markt- und ökologisch orientierte Produktionsstrukturen standortbezogen herauszubilden und moderne Technologien in der Feld- und Viehwirtschaft, der Be-

und Verarbeitung landwirtschaftlicher Produkte einzuführen, um die Wettbewerbsfähigkeit der Genossenschaften und Betriebe auf der Grundlage hoher ökonomischer Effizienz zu entwickeln. Der Gewinn rückt in das Zentrum der wirtschaftlichen Tätigkeit der Genossenschaften, Betriebe und Einrichtungen. Die Betriebskollektive werden in allen Eigentumsformen entsprechend ihren spezifischen Verteilungsprinzipien am wirtschaftlichen Ergebnis beteiligt. Die Genossenschaften und volkseigenen Betriebe übernehmen mit der Ausgestaltung ihrer inneren Organisations- und Leitungsstruktur zugleich die volle Verantwortung für das Wirksammachen der demokratischen Mitbestimmung, die Entwicklung ihrer Betriebsstrategie, für die Entfaltung der Prinzipien rationellen Wirtschaftens im Rahmen gesellschaftlicher Regelungen und für das ökonomische Ergebnis ihrer Wirtschaftstätigkeit sowie für die Entwicklung der Fonds für die einfache und erweiterte Reproduktion.

Die sozialökonomische Struktur und die Betriebsstruktur in der Landwirtschaft und Nahrungsgüterwirtschaft werden künftig vielfältiger und variabler. In Wahrnehmung der Selbstverwaltung der Genossenschaften und der Eigenverantwortung der Betriebe entscheiden sie über die Entwicklung optimaler Proportionen, über die Produktionsstruktur, die Entwicklung der Hilfs- und Nebenproduktion, über die Bildung bzw. Beteiligung an kooperativen Einrichtungen, Verbänden und Vereinigungen sowie über die erforderlichen Schritte zur weiteren Konzentration, Spezialisierung und Kombination. Die neue Qualität der Wirtschaftsorganisation bildet sich stufenweise heraus.

Im Zusammenhang mit der Stabilisierung der Genossenschaften und Betriebe geht es vorrangig um die ökonomische und ökologische Beherrschung der Stoffkreisläufe im einheitlichen Reproduktionsprozeß von Pflanzen- und Tierproduktion, um die Verringerung des Aufwandes an lebendiger und vergegenständlichter Arbeit je Produkteinheit und um die Überwindung von Disproportionen.

Dabei organisieren die Genossenschaften und Betriebe ausgehend von ihren konkreten örtlichen Bedingungen selbständig die weiteren Schritte zur Vervollkommnung der Betriebsorganisation einschließlich einer ökonomisch und ökologisch begründeten Kombination von Pflanzen- und Tierproduktion. Sie entscheiden darüber, ob und wie sie

- die Kooperation von Pflanzen- und Tierproduktion weiterführen und dementsprechend ausgestalten,
- den Zusammenschluß von Pflanzen- und Tierproduktion in einem Betrieb vornehmen,
- die betriebliche Verbindung der Territorialabteilungen großer Pflanzenproduktionsbetriebe mit den jeweils kooperierenden Tierproduktionsbetrieben organisieren oder
- andere spezifische Formen der effektiven und rationellen Ge-

staltung des einheitlichen landwirtschaftlichen Reproduktionsprozesses nutzen.

Die Kapazitäten der Haupt-, Hilfs- und Nebenproduktion (Instandhaltung, Landtechnik, Land- und Meliorationsbau, Agrochemie, Transport, individuelle Produktion usw.) sind innerbetrieblich und durch zwischenbetriebliche Kooperation in ein ökonomisch günstiges Verhältnis zu bringen. Dabei befinden die Trägerbetriebe kooperativer Einrichtungen darüber, inwieweit sie ihre gemeinsamen Einrichtungen weiter wie bisher bewirtschaften und nutzen oder eine Umwandlung in eine selbständig wirtschaftende Genossenschaft vornehmen bzw. ausgegliederte Produktions- und Arbeitsprozesse wieder in die direkte Verantwortung der Trägerbetriebe zurückführen. Die Betriebskollektive in den kooperativen Einrichtungen sind in die Entscheidungsfindung einzubeziehen.
Durch den Auf- und Ausbau durchgängiger Erzeugnislinien, sind landwirtschaftliche Primärproduktion, Verarbeitung und Handel proportional zu entwickeln und die Beziehungen zwischen den Partnern nach den Prinzipien von Gleichberechtigung und gegenseitigem Vorteil zu gestalten.

Für die Sicherung des Eigentums an Boden und der Gemeinnützigkeit der Bodennutzung sind kurzfristig rechtliche Regelungen zu schaffen. Sie betreffen vor allem Fragen

- des Eigentums und Nutzungsrechts,
- des Schutzes der Interessen der staatlichen und genossenschaftlichen Landwirtschaftsbetriebe und anderer landwirtschaftlicher Unternehmen,
- der Bereitstellung von Flächen für gewerbliche und industrielle Nutzung sowie für gesellschaftliche Zwecke.

Zu überarbeiten sind die ökonomischen Regelungen im Zusammenhang mit Pacht- und Nutzungsgebühren. Es sind Voraussetzungen zu schaffen, den Boden neu zu bewerten und einen neuen Bodenpreis zu bestimmen. Zur Realisierung dieser Maßnahmen sind kurz- und mittelfristige Lösungen zu erarbeiten. Erforderlich wird:

- Bildung eines staatlichen Bodenamtes,
- Einarbeitung gesetzlicher Regelungen zum Bodenrecht in die Neufassung des LPG-Gesetzes,
- Schaffung eines Bewertungsrahmens zur Festlegung von Bodenpreisen.

Die sozialökonomische Struktur in der Land-, Forst- und Nahrungsgüterwirtschaft wird durch verschiedene Eigentumsformen gekennzeichnet, die gleichberechtigt existieren und sich chancengleich entwickeln.

Das genossenschaftliche Eigentum, das sich historisch als überwiegende Eigentumsform in der Landwirtschaft entwickelte, wird auch künftig die entscheidende Basis der landwirtschaftlichen Produktion sein. Der Reichtum der über hundertjährigen bäuerlichen Erfahrungen im Genossenschaftswesen wird so wirksamer erschlossen. Die Mitglieder der Genossenschaften entscheiden in Übereinstimmung mit dem Genossenschaftsgesetz eigenverantwortlich über ihre inneren und äußeren Produktionsbeziehungen ,sowie die soziale Entwicklung. "Die Selbstverwaltung der Genossenschaften sichert auch ihr Recht, genossenschaftliche Vereinigungen zu bilden, bzw. ihnen beizutreten und die dafür zweckmäßigsten Organisationsformen zu wählen.
Zur engen Bindung der Genossenschaftsmitglieder an den Boden und ihr genossenschaftliches Eigentum sind sie materiell spürbar an ihrer effektiven gemeinsamen Nutzung zu interessieren. Wichtige Elemente zur Entwicklung des Eigentümerbewußtseins sind Vergütung nach der Leistung, Jahresendauszahlung nach Leistung und wirtschaftlichem Ergebnis, Bodenanteile, Gewinnbeteiligung, Genossenschaftsanteile sowie weitere Formen der Beteiligung am wirtschaftlichem Ergebnis. Dazu wird den Genossenschaften empfohlen, allen Boden- und Inventareinbringern Bodenanteile zu gewähren, einschließlich für Mitglieder, die bereits das Rentenalter erreicht haben und nicht mehr mitarbeiten. Den anderen Genossenschaftsmitgliedern sollte in Verbindung mit ihrem Mitgliedschaftsverhältnis von der Vollversammlung das Recht eingeräumt werden, Genossenschaftsanteile zu erwerben (im Rahmen einer von der Vollversammlung festgelegten Anzahl insgesamt und je Mitglied). Es wird davon ausgegangen, daß das leistungsbezogene Einkommen aus der direkten Teilnahme an der genossenschaftlichen Arbeit die Haupteinnahmequelle für den Genossenschaftsbauern bleibt.

Die Erhöhung der Leistungsfähigkeit des staatlichen Eigentums in den VEG, in den volkseigenen Betrieben der Nahrungsgüterwirtschaft, der Landtechnik, des Land- und Meliorationsbaues und der Forstwirtschaft erfordert die volle Eigenwirtschaftung der Mittel für die einfache und erweiterte Reproduktion, einschließlich der Mittel für die Leistungsstimulierung. Konsequente Anwendung des Leistungsprinzips und Beteiligung am Gewinn des Betriebes sind Grundlage für ein neues Eigentümerverhalten auch dieser Werktätigen. Dabei ist zu prüfen, wie eine enge Bindung der Produzenten an das Wirtschaftsergebnis und das Eigentum sowohl durch Umwandlung der Jahresendprämie in eine wirksame Gewinnbeteiligung als auch durch Einräumung von Eigentumsanteilen erreicht werden kann. Auf die-

Dokument 13/2, Entwurf vorgelegt von Minister Wiedemann: Konzeption zur Vorbereitung, Ausgestaltung und Durchführung der Wirtschaftsreform in der Land-, Forst- und Nahrungsgüterwirtschaft (Information 13/2); Seite 4 von 21

ser Grundlage sind die erforderlichen ökonomisch-rechtlichen Rahmenbedingungen zu schaffen für volkseigene Güter und andere volkseigene Betriebe hinsichtlich:

- der Stellung der VEG/VEB in der Wirtschaft und der Eigenverantwortung von Belegschaft und Direktor,
- der Nutzung von genossenschaftlichem und privatem Eigentum im VEG und VEB auf einer Rechtsgrundlage (z.B. über Vereinbarung, Vertrag, Pacht, Miete, Kauf),
- der Vermeidung kurzfristiger Aufkündigungen derartiger Vereinbarungen, Verträge oder Pachten (z.B. Sicherung des Nutzungsrechts auf mindestens 10-15 Jahre),
- der Beteiligung von anderen Staatsbetrieben, Genossenschaften bzw. privaten Kapitalgebern (auch aus dem Ausland) an VEG oder VEB,
- des Verkaufs oder der Verpachtung staatlichen Eigentums an andere VEB, Genossenschaften oder private Nutzer,
- der Gewinnbeteiligung auf der Grundlage von Anteilen der VEG oder VEB an Grundfonds der LPG und umgekehrt.

Die VEG müssen auch unter Marktbedingungen ihre bisherigen Hoheitsaufgaben insbesondere auf den Gebieten der Saat- und Pflanzgutproduktion, der Tierzucht sowie als Experimentierbasen für die Wissenschaft wahrnehmen.

Die individuelle und Kleinproduktion in den Hauswirtschaften und als Nebenerwerb der Genossenschaftsbauern, Arbeiter und anderen Kleinproduzenten ist auch zukünftig bedeutsame Ergänzung der gesellschaftlichen Produktion. Für sie gelten die gleichen Marktbedingungen wie für alle Produzenten. Die individuelle Produktion sollte auf der Grundlage von Verträgen erfolgen. Hinsichtlich der Bereitstellung von Produktionsmitteln, Jungtieren, Futter usw. sollten die Genossenschaften und VEG ihre Mitglieder und Betriebsangehörigen unterstützen.

Private Betriebe in der Land-, Forst- und Nahrungsgüterwirtschaft können in einem breiten Spektrum Aufgaben übernehmen, wie z.B. im Garten- und Zierpflanzenbau, bei Sonderkulturen, der Konsumgüterproduktion, dem Holztransport, zur Verarbeitung landwirtschaftlicher Erzeugnisse sowie auf allen anderen Gebieten.

Die Wirtschaftsreform eröffnet Möglichkeiten, in landwirtschaftlichen bzw. Verarbeitungsbetrieben verschiedene Eigentumsformen gemeinschaftlich wirksam zu machen. Bestimmend dafür ist ausschließlich die ökonomische Effizienz der jeweiligen Produktionseinheit. Zur weiteren Entfaltung der genossenschaftlichen Entwicklung

und zur Nutzung ihrer ökonomischen Wachstumspotentiale wird die Neubildung von Genossenschaften in allen Bereichen des Agrar-Industrie-Komplexes ermöglicht. Das betrifft auch die Beteiligung von LPG, GPG und privaten Unternehmen an Betrieben der Nahrungsgüterwirtschaft und des Vorleistungsbereiches durch die Bildung von GmbH und Aktiengesellschaften.

Das schließt die Möglichkeiten zur Umwandlung staatlicher Verarbeitungsbetriebe und Betriebe des Vorleistungsbereiches (Kreisbetriebe für Landtechnik, Betriebe des Land- und Meliorationsbaus) ein. Die Formen des gemeinschaftlichen Wirtschaftens ermöglichen grundsätzlich die Beteiligung ausländischen Kapitals in Verbindung mit der Modernisierung von Kapazitäten, des Transfers von Technik und Technologien der Höherveredlung landwirtschaftlicher Produkte und der Effektivierung außenwirtschaftlicher Beziehungen.

Einen gewichtigen Anteil an der genossenschaftlichen Entwicklung haben die bäuerlichen Handels- und Verarbeitungsgenossenschaften (BHG, Molkereigenossenschaften u.a.). Damit werden die ökonomischen Potentiale der BHG zur Versorgung der Dörfer mit Produktions- und Konsumtionsmitteln bzw. Dienstleistungen, zur Schaffung neuer Arbeitsplätze in den Dörfern und beim Aufbau neuer bzw. bei der Erweiterung bestehender Verarbeitungskapazitäten genutzt. Im Rahmen der Wirtschaftsreform sind Mechanismen auszuarbeiten, die die

- Selbstverwaltung dieser Genossenschaften,
- Besteuerung ihrer Tätigkeit,
- Auswertung der Banktätigkeit und
- Beteiligung an neuen Verarbeitungs- und Dienstleistungskapazitäten fördern.

In der Forstwirtschaft besteht überwiegend staatliches Eigentum, ergänzt durch genossenschaftliches und privates Eigentum. Aufgabe des Staates ist die Sicherung gesamtgesellschaftlicher Interessen bei der Reproduktion der Wälder hinsichtlich ihrer Produktionsgrundlagen und landeskulturellen Funktionen unabhängig von den Eigentumsformen. Ihre Verwirklichung wird auf territorialer Ebene von der staatlichen Forstwirtschaft wahrgenommen. Dabei sind die rechtlichen und ökonomischen Regelungen so zu gestalten, daß alle Eigentümer gleiche Nutzenschancen und Pflichten aus dem Waldbesitz haben. Im volkswirtschaftlichen Gesamtinteresse wird die einheitliche Bewirtschaftung durch die staatlichen Forstwirtschaftsbetriebe auf vertraglicher Basis mit den jeweiligen Eigentümern gefördert. Das schließt ein, daß unter spezifischen Bedingungen Genossenschaften und Betriebe den Wald unter Beachtung gesellschaftlicher Richtlinien selbst bewirtschaften können. Es sind Neuregelungen zur Beteiligung der Eigentümer am Wirtschaftsergebnis

Dokument 13/2, Entwurf vorgelegt von Minister Wiedemann: Konzeption zur Vorbereitung, Ausgestaltung und Durchführung der Wirtschaftsreform in der Land-, Forst- und Nahrungsgüterwirtschaft (Information 13/2); Seite 5 von 21

zu schaffen. Notwendig wird die Bereitstellung der für eine schnelle Rückzahlung der zusätzlichen Inventarbeiträge erforderlichen finanziellen Mittel durch die Forstwirtschaftsbetriebe an die LPG. Es sind Regelungen zu schaffen, um für den eingebrachten Waldboden und das Inventar differenzierte Bodenanteile zahlen zu können. Für den eigenen Bedarf ist mehr Rohholz bereitzustellen (orientiert wird auf 0,5 m³ Holz/ha). Für die Beratung und Entscheidung aller die Waldbewirtschaftung betreffender Fragen wird die Bildung von Beiräten bei den staatlichen Forstwirtschaftsbetrieben für den Genossenschafts- und Privatwald empfohlen. Um verstärkt Produktionsstrukturen zu entwickeln, die zur Verbesserung der Wirtschaftlichkeit des forstlichen Produktionsprozesses beitragen, werden Formen des privaten und genossenschaftlichen Eigentums an forstwirtschaftlichen Arbeits- und Produktionsmitteln entstehen.

Im Interesse hoher Effizienz der Wirtschaftstätigkeit und auf der Grundlage der Selbstverwaltung und Eigenverantwortung der Betriebe ist die Herausbildung und effektive Nutzung verschiedener Formen unternehmerischer Kooperation insbesondere von Vereinigungen und Verbänden grundsätzliches Erfordernis, um die gemeinsamen Interessen auf dem Markt durchsetzen zu können. Ihre Ausgestaltung erfolgt als wirtschaftlich operierende Interessengemeinschaften, sowohl auf dem Gebiet der Produktion als auch des Handels.
Bestimmend für die Schaffung und Ausgestaltung von Kooperationsbeziehungen und Verbandsbildungen sind damit die ökonomischen Interessen der Genossenschaften und Betriebe.
Die Vereinigungen und Verbände umfassen Wirtschaftsbeziehungen im Rahmen des Wirtschaftsterritoriums und in Erzeugnislinien, insbesondere als

- territoriale Produktionsvereinigungen zur Nutzung vorwiegend horizontaler Effekte der Kooperation,
- Erzeugnisverbände für Produktion, Veredlung und Absatz von Produkten, Produktgruppen sowie für Leistungen,
- Wirtschaftsverbände auf regionaler oder Landesebene vorwiegend zur Organisation übergreifender Aufgaben, die sich aus gemeinsamen Interessen von Erzeugnisverbänden des gleichen Typs ergeben.

Die im Wirtschaftsterritorium kooperierenden Genossenschaften und Betriebe einschließlich der Wirtschaftseinheiten des landwirtschaftlichen Vorleistungsbereiches sowie der Nahrungsgüterwirtschaft können in mehreren Erzeugnisverbänden Mitglied sein.

In den territorialen Vereinigungen und vertikalen Erzeugnisverbänden übertragen die Partner den gewählten Leitungsorganen

ökonomische und kommerzielle Funktionen, die diese in deren Aufträge und Interesse wahrnehmen. Sie sind damit als demokratische Selbstverwaltungsorgane den Mitgliedsbetrieben rechenschaftspflichtig, werden von ihnen finanziert, stimuliert und kontrolliert.

Die Erzeugnisverbände werden zum Mittler zwischen den Interessen der Verbraucher und der Produzenten und nehmen Einfluß auf die ausgewogene effektive Organisation von Primärproduktion, Verarbeitung und Absatz konsumfähiger Endprodukte in notwendiger Qualität und Struktur. Mit der Verbandsarbeit schaffen sich die beteiligten Genossenschaften und Betriebe bei konsequent unternehmerischer Ausrichtung ihrer Wirtschaftstätigkeit zugleich Sicherheiten für eine gute ökonomische und soziale Stabilität ihrer Entwicklung.

Mit der Entwicklung der Selbstverwaltung und Eigenverantwortung der Genossenschaften und Betriebe sowie der stufenweisen Schaffung von Vereinigungen und Verbänden zur Organisation der marktwirtschaftlichen Beziehungen entstehen die Bedingungen für eine Neuorientierung und bedeutende personelle Reduzierung der staatlichen Leitung auf allen Ebenen.
Die Erneuerung des politischen und ökonomischen Systems ist - beginnend mit der demokratischen Selbstverwaltung in den Betrieben - mit einer durchgängigen Demokratisierung des Lebens in den Dörfern und im gesamten Ernährungskomplex verbunden. Über die Wirtschaftsvereinigungen und Verbände hinaus ergibt sich damit auch die Notwendigkeit einer Vertretung der politischen und sozialen Interessen der Genossenschaften und landwirtschaftlichen Betriebe. Diese Aufgaben sollten von einem Dachverband der Genossenschaften und einem Dachverband der VEG und anderer volkseigener Betriebe wahrgenommen werden.

2. Hauptrichtung zur Neugestaltung des Wirtschaftsmechanismus

Die Funktionsweise der Steuerung und Regelung wirtschaftlicher Prozesse in der Land-, Forst- und Nahrungsgüterwirtschaft geht von folgenden marktwirtschaftlichen Prinzipien aus:

- Existenz ökonomisch selbständiger, eigenverantwortlich handelnder und Risiko tragender Betriebe, deren Interessen am Markt orientiert sind und die auf dessen Erfordernisse unmittelbar - ohne direktive Eingriffe des Staates durch Plan und Bilanz - reagieren können.
- Auf dem Markt findet der Ausgleich der Interessen der Wirtschaftspartner und der Ausgleich der ökonomischen Interessen der Wirtschaftspartner und die Anerkennung des verausgabten individuellen Aufwandes im Maße des gesellschaftlich notwendigen

---

Dokument 13/2, Entwurf vorgelegt von Minister Wiedemann: Konzeption zur Vorbereitung, Ausgestaltung und Durchführung der Wirtschaftsreform in der Land-, Forst- und Nahrungsgüterwirtschaft (Information 13/2); Seite 6 von 21

Aufwandes statt. Durch zunehmend freie Partnerwahl entwickelt sich der ökonomische Wettbewerb zwischen den Warenproduzenten.

Die Gestaltung eines funktionsfähigen Marktmechanismus über alle Stufen des Ernährungskomplexes bei Gewährleistung des Grundbedarfs der Ernährung als grundlegendes soziales Erfordernis sowie sozialer Sicherheiten für Genossenschaftsbauern und Arbeiter erfordert ein System staatlicher Regulierung. Es umfaßt:

- Bestimmung des strategischen Gesamtkonzepts der Entwicklung des Ernährungskomplexes auf dem Wege demokratischer Entscheidungen (Ernährungs-, Wissenschafts- und Technologiepolitik, Hauptentwicklungsrichtungen der Produktion und ihrer Struktur, Ober- und Untergrenzen der Produktion von Haupterzeugnissen),
- Gewährleistung möglichst optimaler Bedingungen für den Ernährungskomplex im Rahmen des strategischen Gesamtkonzepts der Volkswirtschaft, Bestimmung der Hauptproportionen als wesentliche Voraussetzungen für ausgeglichene Marktbedingungen bei landwirtschaftlichen Erzeugnissen, Futtermitteln und landwirtschaftlichen Produktionsmitteln,
- Förderung zweckmäßiger territorialer Verteilung und Spezialisierung der Produktion,
- Bestimmung gesamtvolkswirtschaftlicher Kriterien und Anwendung gesetzlicher Regelungen für eine ökologiegerechte Produktion in der Land- und Forstwirtschaft sowie in der Verarbeitung,
- Festlegung der Rahmenbedingungen für das Wirken der ökonomischen Steuerungsmechanismen (Preise, Steuern, Kredite, Finanz- und Vertragsbedingungen, Förderungsmaßnahmen u.a.) einschließlich von Regeln für kurzfristige Interventionen,
- ständige Vervollkommnung der Wirtschafts- und Sozialgesetzgebung.

Ausgehend davon sind im Zusammenhang mit der Verfassungsänderung und der Verwaltungsreform Funktionen und Aufgaben der zentralen und örtlichen staatlichen Organe der Land-, Forst- und Nahrungsgüterwirtschaft neu zu bestimmen. Unmittelbar wirtschaftsleitende Funktionen des Staates werden abgeschafft.

Entscheidende Voraussetzungen für den Übergang zu diesem Wirtschaftsmechanismus sind:

- Ausrichtung der Wirtschaftsstrategie auf die Überwindung der Mangelwirtschaft, insbesondere durch Entspannung der Nahrungsgüterbinnenmärkte im Gefolge des Subventionsabbaues,
durch schrittweise Einstellung unwirtschaftlicher Nahrungsgüterexporte, Leistungssteigerung, Produktivitätserhöhung u.a.m.,
- Orientierung auf Ausschöpfung der eigenen Potenzen zur Versorgung der Bevölkerung bei gleichzeitig möglicher Nutzung der internationalen Arbeitsteilung (z.B. Obst- und Gemüse), Überwindung von Disproportionen zwischen Pflanzen- und Tierproduktion, zwischen Primärproduktion, Verarbeitung und Handel,
- Nutzung einer standortgerechten Produktions- und Leistungsstruktur durch Entscheidungen auf volkswirtschaftlicher Ebene,
- Schaffung von Bedingungen für die Entwicklung eines freien Produktionsmittelhandels durch Handelseinrichtungen unterschiedlicher Eigentumsformen.

Eckpfeiler des Übergangs zur Marktwirtschaft ist die kurzfristige Einführung eines umfassenden Vertragssystems mit dem Ziel, die Produktion enger an Erfordernisse des Marktes zu binden, volkswirtschaftlich uneffektive Erzeugnisse auch für Produzenten und Verbraucher ökonomisch weniger interessant zu machen und spontane Marktrisiken in den Beziehungen der Produzenten und Abnehmer zu mildern.

Der direkte Eingriff des Staates in die unmittelbaren Beziehungen zwischen den Warenproduzenten und zwischen Produktion und Handel wird überwunden und durch echte ökonomische Beziehungen der Wirtschaftspartner ersetzt.
Es wird notwendig,

- gemeinsam von den Verarbeitungs- und Handelsbetrieben, den LPG, VEG und ihren Verbänden langfristige Unternehmensstrategien hinsichtlich Produktionsspezialisierung, Sortimentsstruktur, Absatzstrategie, Investitionseinsatz u.a. zu entwickeln. Dazu sind Marktforschung und Marktinformation aufzubauen.
- langfristige Verträge zwischen den Partnern abzuschließen, um für beide Seiten stabile Grundlagen für eine effektive Wirtschaftstätigkeit zu sichern (Koordinierungsverträge, Rahmenverträge),
- zur Ausgestaltung des Vertragssystems zwischen den Primärproduzenten, den Partnern der Nahrungsgüterwirtschaft und des Großhandels solche Bedingungen zu schaffen, daß die Finalproduzenten und der Handel ökonomisch eigenverantwortlich die bedarfs- und qualitätsgerechte Produktion organisieren und marktwirtschaftliches Verhalten der Produzenten wirksamer beeinflussen zu können. Dazu gehören u.a. Qualitätszuschläge, einschneidende Sanktionen bei nichtqualitätsgerechter Lieferung bzw. Nichtabnahme der Überproduktion. Für die

---

Dokument 13/2, Entwurf vorgelegt von Minister Wiedemann: Konzeption zur Vorbereitung, Ausgestaltung und Durchführung der Wirtschaftsreform in der Land-, Forst- und Nahrungsgüterwirtschaft (Information 13/2); Seite 7 von 21

stehenden ökonomischen Defizite und volkswirtschaftlicher Ungleichgewichte ist zur Sicherung der Versorgung eine Übergangsperiode von der bisherigen zentralistischen und administrativen Wirtschaftsleitung zur Marktwirtschaft notwendig. In dieser Übergangsperiode erhalten die Betriebe noch staatliche Vorgaben für ihre Betriebsplanung. Dazu wurden schon für den Plan 1990 als Sofortmaßnahme die staatlichen Kennziffern für das Aufkommen pflanzlicher und tierischer Erzeugnisse auf 1/3 reduziert, die Rationalplanung für Gemüsearten auf ein Mindestmaß eingeschränkt und die staatlichen Auflagen für Anbauflächen, Reproduktion der Tierbestände, Maßnahmen des wtF, zur Jugendpolitik und zum Neuererwesen abgeschafft.

Ab 1991 werden staatliche Kennziffern für den Ernährungskomplex in einem weiteren Schritt
- für die Landwirtschaft auf Haupterzeugnisse des staatlichen Aufkommens (Getreide und Zuckerrüben) reduziert,
- für die Kombinate und Betriebe der Nahrungsgüterwirtschaft, der Lebensmittelindustrie und der Vorleistungsbereiche nur noch in Form von ausgewählten zweigspezifischen Produktions- und Versorgungsaufgaben sowie von Kennziffern zur Abführung an den Staatshaushalt vorgegeben.

Weitere Reduzierungen bzw. die Abstufung der Kennziffern auf Orientierungen werden möglich, wenn in Einheit von ökonomischen Regelungen und Vertragsbeziehungen eine stabile Versorgung gewährleistet werden kann.

Für ausgewählte Investitionsvorhaben, Energieträger, Roh- und Werkstoffe wird zunächst weiter mit Staatsaufträgen, Kontingenten und Bilanzanteilen gearbeitet. Hierbei handelt es sich um Produktionsmittel, deren Bedarf noch nicht gedeckt werden kann.

In Übereinstimmung mit der Entwicklung des freien Produktionsmittelhandels werden diese Kontingente entfallen.

Mit der Herausbildung stabiler Marktbeziehungen und wirksamer ökonomischer Instrumentarien wird die zentrale Erzeugnisplanung völlig eingestellt.

Das Informationssystem hat im Rahmen des Wirtschaftsmechanismus zunehmend die Aufgabe zu erfüllen, die staatliche Regulierung und flexible Einflußnahme der Verarbeitungsbetriebe und Verbände wirksam zu unterstützen, starke Abweichungen der Vertragsabschlüsse und Warenumsätze vom Bedarf sowie Störungen des Marktgleichgewichts zu signalisieren. Das Informationssystem muß es den staatlichen Organen sowie den Verarbeitungsbetrieben ermöglichen, rechtzeitig, d.h. im voraus, auf

Produktion außerhalb von Verträgen besteht keine Abnahmepflicht. Bei Nichteinhaltung vertraglicher Vereinbarungen durch den Finalproduzenten (z.B. termingerechte Produktabnahme) treten zu seinen Lasten vereinbarte Sanktionen in Kraft.

Die land- und forstwirtschaftlichen Betriebe erhalten das Recht, sich selbst Abnehmer zu wählen, die Erzeugnisse direkt auf Märkten oder in eigenen Läden anzubieten bzw. die Rohstoffe selbst zu verarbeiten und abzusetzen. In der Regel werden Produzenten und Abnehmer im Rahmen von Erzeugerverbänden stabile Beziehungen eingehen, wobei in diesen Verbänden Bedingungen zu schaffen sind, die die ökonomische Gleichberechtigung der Partner garantieren. Die Sicherung der Wettbewerbsfähigkeit und die Erschließung innerer und äußerer Märkte (Marketing) erfolgt mit Hilfe von Wirtschaftsdachverbänden (z.B. Milchwirtschaftsverband) oder anderen Vermarktungsorganisationen.

Die Unternehmen des Ernährungskomplexes werden zukünftig ihre Wirtschaftsführung eigenverantwortlich organisieren. Die Eigenverantwortlichkeit der Betriebsplanung trägt strategischen und operativen Charakter. Die strategische Planung geht von langfristig erkennbaren Markttendenzen bzw. von mit Partnern abgeschlossenen Rahmenverträgen aus.

Unter den Bedingungen der Eigenständigkeit und Eigenverantwortung der Betriebe für ihre zukünftige wirtschaftliche Entwicklung ohne reglementierende Produktionszuweisungen durch den Staat gewinnt die aufeinander abgestimmte entwicklungskonzeptionelle Arbeit in den Territorien, Wirtschaftseinheiten und Verbänden an Bedeutung. Sie ist Voraussetzung dafür, daß in allen Territorien und Betrieben eine Produktionsentwicklung konzipiert und eingeleitet wird, die

- jedem Betrieb und Territorium eine angemessene wirtschaftliche Stabilität und Entwicklungschance bietet,
- die konsequente Einstellung auf die mit der Vertragsproduktion und Marktwirtschaft zu sichernde bedarfsgerechte Produktion ohne größere Nachteile für einzelne Produzenten und Territorien ermöglicht sowie
- territorial und betrieblich differenzierten ökologischen Anforderungen gerecht wird.

Entscheidender Ausgangspunkt für die operative (einschließlich Jahres-)Planung sind die mit den Abnehmern und Lieferanten geschlossenen Wirtschaftsverträge, sowie die ökonomischen Regelungsmechanismen (Preise, Steuern u.a.) mit dem Ziel einer hohen Gewinnerwirtschaftung. Unter Berücksichtigung der noch be-

Dokument 13/2, Entwurf vorgelegt von Minister Wiedemann: Konzeption zur Vorbereitung, Ausgestaltung und Durchführung der Wirtschaftsreform in der Land-, Forst- und Nahrungsgüterwirtschaft (Information 13/2); Seite 8 von 21

solche Abweichungen zu reagieren. Eine weitere Richtung besteht in der Information der Primärproduzenten über kurz-, mittel- und langfristige Tendenzen auf den Nahrungsgütermärkten, damit sie ihr Handeln rechtzeitig darauf einstellen können sowie über die beabsichtigte langfristige staatliche Wirtschaftspolitik.

Die Preise, Steuern und Förderungsmittel werden zu entscheidenden Bestandteilen des Wirtschaftsmechanismus gestaltet. Das Ziel der Preisbildung im Rahmen der Wirtschaftsreform besteht in der Motivation der Produzenten aller Eigentumsformen, Nahrungsgüter in hoher Qualität, bedarfsgerecht und mit niedrigem Aufwand zu erzeugen. Die Preise müssen hohe Anforderungen an rationelle und effektive Produktion stellen und auf eine optimale Nutzung der vorhandenen natürlichen und ökonomischen Produktionsbedingungen orientieren.
Ein Grundprinzip der Preisbildung unter marktwirtschaftlichen Bedingungen ist es, daß die Aufwendungen für landwirtschaftliche Produktion, Verarbeitung und Handel bis zum Verbraucher wirken müssen, um den Aufwand für die Ernährung sichtbar zu machen, Vergeudung sowie Mißbrauch von Nahrungsmitteln entgegenzuwirken und eine aktive Beeinflussung des Kaufs von Lebensmitteln auch aus Sicht volkswirtschaftlicher Effektivität und Sicherung notwendigen Marktgleichgewichts zu unterstützen. Produktbezogene Subventionen der Nahrungsgüter sind abzubauen. Frei sich bildende Preise nach Angebot und Nachfrage sind in der ersten Etappe der Wirtschaftsreform - die durch Disproportion verbunden mit der zwangsweisen Nutzung ökonomisch nicht vorteilhafter Standorte und Kapazitäten gekennzeichnet ist - im Verbraucherinteresse für die Hauptprzeugnisse nicht anwendbar. Bei weitgehenden Marktgleichgewichten ist ein hoher Anteil sich frei bildender Preise möglich, jedoch bleibt ein gewisses Maß staatlicher Höchst- bzw. Mindestpreise zur Gewährleistung eines funktionsfähigen Marktmechanismus unverzichtbar.

Auf dem Gebiet der Preise, Steuern und Förderungsmittel ist mit der Wirtschaftsreform die Vorbereitung der Integration in den EG-Markt zu unterstützen. Deshalb sind Schritte einzuleiten, die - auch unter dem Gesichtspunkt einer Währungsunion mit der BRD - eine Annäherung der Preis- und Steuersysteme der DDR an die der BRD zum Ziel haben. Hinsichtlich Tempo, Umfang und konkreter Ausgestaltung der Maßnahmen müssen diese Schritte den unterschiedlichen Ausgangsbedingungen Rechnung tragen und soziale Erfordernisse berücksichtigen.
Die Gestaltung des Systems von Preisen und anderen ökonomischen Regelungen in der Landwirtschaft sollte von folgenden Prämissen ausgehen:

- Die Landwirtschaft der DDR wird in Produktionsumfang und Struktur vorrangig auf die Versorgung des Binnenmarktes der DDR eingestellt, dessen Nachfrage sich in Abhängigkeit vom Wegfall der Subventionen im Jahre 1990 für Nahrungsmittel verringern wird.

- Die Landwirtschaft und Nahrungsgüterwirtschaft der DDR sind kurzfristig nicht konkurrenzfähig gegenüber Anbietern von Agrarerzeugnissen und Nahrungsgütern aus dem EG-Bereich. Deshalb sind staatliche Maßnahmen insbesondere zum Schutz der landwirtschaftlichen Produzenten in der Übergangsperiode unerläßlich.

- Alle Schritte zur Annäherung an das Wirtschaftssystem der BRD sind so durchzuführen, daß die Landwirtschaft der DDR nicht nur ihre versorgungspolitischen, sondern auch landschaftserhaltenden und kulturellen Funktionen kontinuierlich ausüben kann. Es muß gesichert werden, daß die zweifellos notwendige Reduzierung des Arbeitskräftebestandes der Landwirtschaft in der DDR in Übereinstimmung mit der Schaffung neuer Arbeitsplätze, möglichst in den betreffenden Territorien, erfolgen kann.

Unter diesen Gesichtspunkten sind im Prozeß der stufenweisen Integration 2 generelle Möglichkeiten zu prüfen:

- Schrittweise Reduzierung des Agrarpreisniveaus, verbunden mit Subvention für Standarderzeugnisse der DDR.

- Übernahme der Erzeugerpreise der BRD in einem Schritt bei gezieltem Einsatz von sehr hohen Subventionen zur Aufrechterhaltung der Wirtschaftlichkeit der Landwirtschaftsbetriebe.

Bei der schrittweisen Annäherung ist zu beachten, daß auch in der BRD die Herausbildung der gegenwärtigen Strukturen einschließlich des Binnenmarktes und der Beziehungen zum EG-Markt im Verlaufe von mehreren Jahren erfolgt ist. Diese Entwicklungsprozesse in Richtung einer effektiveren Land- und Nahrungsgüterwirtschaft müssen in der DDR zügig und kontrolliert erfolgen. Dafür ist ein Stufenprogramm der Wirtschaftsreform in der DDR vorzubereiten, das mit dem Programm der Wirtschaftsreform in der DDR insgesamt inhaltlich und zeitlich, einschließlich der Festlegung der EVP für Nahrungsgüter, abgestimmt sein muß.
Es sollten neben einer vergleichenden Analyse der Ausgangsbedingungen beider deutscher Staaten auch die Erfahrungen der Vorbereitung anderer europäischer Länder auf den EG-Beitritt

Berücksichtigung finden.

Die weitere Ausgestaltung des Preissystems könnte aus dieser Sicht wie folgt vorgenommen werden:

1. Von der übermäßig zentralisierten Preisbildung wird zu einem flexiblen System von Vertragspreisen übergegangen. Das flexible System von Vertragspreisen ist wie folgt auszugestalten:

- Staatliche Festlegung von Erzeugerpreisen für landwirtschaftliche Haupterzeugnisse bei Lieferung im Rahmen von Verträgen zwischen den Produzenten und Abnehmern, die entsprechend der Marktlage geschlossen werden. Größere Flexibilität ist dadurch zu erreichen, daß

  . bei Nichterfüllung der Verträge durch die Vertragsschuldner Sanktionen zu zahlen sind,
  . bei Überbietung der Verträge (über eine bestimmte Toleranz hinaus) in Abhängigkeit von der Nachfrage Preisabschläge wirksam werden,
  . bei Nichtdeckung der für die Versorgung erforderlichen Mengen die Zahlung von Preiszuschlägen bei Weiterberechnung an die Abnehmer aus Stimulierungsmitteln der Verarbeitungsbetriebe bzw. des Gemüsehandels erfolgen kann,
  . eine stärkere Differenzierung der Vertragspreise mit dem Ziel der Erhöhung des materiellen Anreizes für beste Qualität, besondere Verarbeitungsformen und günstige Lieferzeiträume erfolgt, die bis zum Verbraucher wirksam wird.

- Anwendung von sich nach Angebot und Nachfrage bildenden Preisen für alle übrigen landwirtschaftlichen Erzeugnisse (wie ein Teil der Gemüsearten, Beerenobst, Arznei- und Gewürzpflanzen, Tabak, Blumen, Zierpflanzen, Stauden, Zucht- und Nutzvieh). Diese Preise werden unter Einbeziehung der erforderlichen Handelsspannen bis zum Verbraucher durchgerechnet. Der Anwenderbereich solcher Preise wird mit zunehmender Deckung des Nahrungsbedarfs ausgedehnt.

- Staatliche Festlegung der Industrieabgabepreise der Nahrungsgüterwirtschaft für Hauptprodukte als Grundlage für einheitliche Verbraucherpreise. Das Sortiment dieser Hauptprodukte ist neu zu bestimmen. Für das darüber hinausgehende spezifische Sortiment bil-

den die Kombinate der Nahrungsgüterwirtschaft die Industrieabgabepreise in Anlehnung an die der Hauptprodukte eigenverantwortlich.

Die zentralisierte Preisbestätigung für das gesamte Sortiment an Nahrungsgütern und die damit verbundenen bürokratischen Preisanträge werden abgeschafft.

Zur Kontrolle der Entwicklung bei landwirtschaftlichen, Erzeugerpreisen, Verbraucherpreisen und Produktionsmittelpreisen ist eine aussagefähige Preisstatistik aufzubauen, damit Analysen, insbesondere zur Preisschere zwischen Industrie und Landwirtschaft, erarbeitet werden können.

Die Veränderung des Preissystems in der Land- und Nahrungsgüterwirtschaft muß sich in die generellen Schritte der Wirtschaftsreform, insbesondere der Preisreform, einordnen.

2. Nach Durchführung von Übergangsmaßnahmen bei den Erzeugerpreisen zur Lösung besonders dringender Stimulierungsprobleme sind noch für 1990 weitere Schritte zur Einführung von Vertragspreisen zu gehen. Insbesondere für Schlachtvieh, Milch, Eier und Gemüse sind im 2. Halbjahr die staatlichen Erzeugerpreise nur für die vertraglich gebundenen Mengen zu zahlen. Bei Überschreitung der Vertragsmengen werden Preisabschläge wirksam, wenn kein volkswirtschaftlicher Bedarf an den Produkten besteht. Das erfordert eine Präzisierung der Verträge für das 2. Halbjahr 1990.

3. 1991 erfolgt eine nach Produkten differenzierte Senkung der Erzeugerpreise als Schritt zur Vorbereitung auf den EG-Markt und eine Wirtschaftsunion mit der BRD. Da die gegenwärtige Höhe der vergleichbaren Preise in der BRD nur zwischen 30 % und 60 % der Erzeugerpreise in der DDR beträgt, ist eine Angleichung nur schrittweise über mehrere Jahre möglich.

Die Absenkung der Erzeugerpreise könnte im Rahmen folgender, noch genau zu berechnender Bedingungen erfolgen:

- Senkung des durchschnittlichen, gesellschaftlich notwendigen Aufwandes durch Verringerung des Produktionsvolumens auf das tatsächlich für die Ernährung der DDR-Bevölkerung notwendige Niveau. Dabei wird davon ausgegangen, daß durch Abbau der Subventionen die Verschwendung und Verfütterung von Nahrungsgütern weitgehend beseitigt, der Druck auf hohe Produktion zu Lasten der Effektivität gemindert und in erster Linie die teure Produktion redu-

ziert wird.
- Kostensenkungen, in Abhängigkeit von Preissenkungen · für Produktionsmittel.

4. Nach Senkung der Erzeugerpreise 1991 sollte entsprechend dem in der BRD angewandten Prinzip der Vorankündigung zu erwartender Realpreissenkungen verfahren werden, d.h. der Landwirtschaft werden jährliche Raten für Preissenkungen vorgegeben, auf die sich die Betriebe durch Strukturanpassung und Rationalisierung ihrer Produktion längerfristig einstellen können.

5. Alle Schritte zur Senkung von Erzeugerpreisen sind durch struktur- und einkommenspolitische Maßnahmen zu flankieren, um einerseits die für die Versorgung des Binnenmarktes notwendige Produktion abzusichern und zum anderen soziale Härten für die in der Landwirtschaft Tätigen sowie unkontrollierte und unerwünschte Abwanderungen oder Betriebsaufgaben zu vermelden.
Deshalb sind die standortbezogenen und produktgebundenen Zuschläge sowie andere Förderungsmittel generell in Strukturbeihilfen umzuwandeln.

Bei sofortiger Übernahme der Erzeuger- und Verbraucherpreise der BRD in einem Schritt (Variante 2) entsteht die Gefahr, daß der größte Teil der heute existierenden Landwirtschaftsbetriebe in der DDR zahlungsunfähig wird. Das beträfe auch Betriebe aller Eigentumsformen, die durch Umbildung oder Neubildung entstehen.

Zur Verhinderung dieser gesellschaftlich untragbaren Konsequenzen würde es erforderlich, betriebsbezogene Finanzhilfen in Höhe von ca. 50 % der künftigen Preissumme einzusetzen. Der schrittweise Abbau dieser Mittel müßte analog der zuerst genannten Variante erfolgen.

Ziel der Steuern ist es, daß alle Produzenten auf der Grundlage normativer Anforderungen ihren Beitrag zur Finanzierung gesamtstaatlicher Aufgaben leisten und gleichzeitig das materielle Interesse an einer effektiven Produktion gefördert wird. Es ist anzustreben, daß unabhängig von den Eigentumsformen und Produktionsrichtungen gleiche Wirkungen der Steuern eintreten. Dabei muß bei Anwendung spezifischer Steuerformen für bestimmte Eigentumsformen eine ausgewogene und relativ gleiche steuerliche Belastung für erzielte Einkommen und Gewinne unter Beachtung unterschiedlicher natürlicher und ökonomischer Bedingungen entsprechend der Spezifik landwirtschaftlicher Produktion erreicht werden.

Mit der größeren Vielfalt der Eigentumsformen bis hin zu ausländischen Kapitalbeteiligungen und ihrem gleichberechtigten Nebeneinanderbestehen wird es notwendig, Einkommens-, Grund-, Vermögens- und umsatzbezogene Steuern anzuwenden. Die Möglichkeiten der Steuern sind wirksamer zu nutzen, um volkswirtschaftlich und kommerziell sinnvolles Verhalten zu begünstigen (steuerliche Begünstigung der Ansammlung von Mitteln für künftige Investitionen, Bildung von Rücklage-, Reservefonds, Nichtanerkennung von Vertragsstrafen, Sanktionen u.a. als abzugsfähige Kosten). Steuerregelungen werden ab einer bestimmten Einkommenshöhe auch für die individuellen Nebenproduzenten im Rahmen der generellen Besteuerung des Nebenerwerbs erforderlich.

Die vorgeschlagene Reform des gesamten Steuer- und Abgabensystems ist im Zusammenhang mit der Neugestaltung der Agrarpreise ab 1991 vorzunehmen. Notwendig wird auch die Einführung einer Steuerprüfung für alle Eigentumsformen.

Kreditmechanismus und Zinspolitik sind für das System der ökonomischen Leitung und zur Förderung unternehmerischer Initiativen neu zu bestimmen. Die Banken werden eine aktivere Rolle als Geschäftspartner der Genossenschaften, volkseigener Betriebe u.a. Produzenten spielen.

Dazu ist notwendig,
. daß die Bank für Landwirtschaft und Nahrungsgüterwirtschaft zu einer universellen Geschäftsbank entwickelt wird und den Status einer Gesellschaft mit beschränkter Haftung (GmbH) erhält, die vom direkten Einfluß des Staates und von politischen Parteien und Massenorganisationen unabhängig ist.
. daß die landwirtschaftlichen Kreditgenossenschaften (BHG) das Recht erhalten, Bankgeschäfte im universellen Sinn mit allen Kunden, die es wünschen, durchzuführen.

Genossenschaften, Betriebe und Kombinate können ab sofort selbstwirtschaftete und in ihrer Verfügung befindliche freie Geldfonds zur Finanzierung des Reproduktionsprozesses und dämit Minderung des Kreditbedarfes oder zur außerplanmäßigen Rückzahlung vertraglich vereinbarten Krediten einsetzen. Die Zinsen für freie Geldfonds sind entsprechend der Anlagedauer zu differenzieren. Als Sofortmaßnahme ist die mit Wirkung ab 1.1.1989 administrativ festgelegte Verzinsung der Geldmittel für sozialistische Genossenschaften mit einheitlich nur 1 % rückgängig zu machen. Ausgehend von einem durchschnittlichen Zinsniveau der Volkswirtschaft ist die Zinsgestaltung für Kredite in Abhängigkeit von der Eigenbeteiligung und der Laufzeit vorzunehmen.

Auf der Grundlage von Geschäftsbeziehungen zwischen Bank und Betrieben erfolgt die Kreditgewährung auf der Basis unabhängiger Entscheidungen der Bank. Es gibt keinen Rechtsanspruch auf Kredit. Kreditvoraussetzung ist eine solche Ökonomie des Reproduktionsprozesses, die die Rückzahlung des Kredites (bei entsprechender Laufzeit) neben Bezahlung von Steuern und Zinsen gewährleistet. Als Kreditvoraussetzung rückt unter den neuen Bedingungen auch die Sicherung der Kredite in den Mittelpunkt.

Die Bank richtet ihre ökonomische Kontrolle auf die Einhaltung der Kreditverträge, die materielle Deckung, die Sicherung und die Rückzahlung der Kredite sowie auf die Effektivität der kreditierten Objekte. Stärker wird die ökonomische Beratung in den Mittelpunkt gestellt werden.

Die Genossenschaften, Betriebe und Kombinate sind für die Sicherung ihrer Liquidität eigenverantwortlich.
Die Bank kann zeitlich befristet zur Überbrückung von Liquiditätsschwierigkeiten Kredite gewähren. Sie kann für solche Kredite die Stellung von Bürgschaften verlangen.

Die Versicherungsbedingungen sind mit dem Ziel weiterzuentwickeln, den Versicherungsschutz der land- und forstwirtschaftlichen Betriebe vor nicht vorhersehbaren Ereignissen durch Pflicht- und freiwillige Versicherung zu gewährleisten sowie Versicherungsbeitrag und -leistung besser in Übereinstimmung zu bringen.

Die Versicherungsbedingungen für die Landwirtschaftsbetriebe sind als Ergänzung der Maßnahmen zur Eigenerwirtschaftung der Mittel so zu gestalten, daß sie neben der Bildung eigener materieller und finanzieller Reserven bei nicht vorhersehbaren Ausfällen die Durchführung des finanziellen Reproduktionsprozesses gewährleisten. Risiken, die über das normale Maß hinausgehen und im Agrarpreis nicht berücksichtigt werden können, muß mit einem wirksamen Versicherungsschutz begegnet werden.

Die Bestandteile des ökonomischen Regelmechanismus müssen auch zukünftig durch eine Reihe finanzpolitischer Maßnahmen ergänzt werden, die die zielgerichtete Lösung spezifischer Aufgaben unterstützen. Dazu gehören vor allem

- die direkte Finanzierung der Durchführung staatlicher Hoheitsaufgaben z.B. im Pflanzen- und Seuchenschutz, in der Grundlagenforschung u.a.,
- bestimmte Maßnahmen zur Erhaltung der Umwelt, Gewährleistung des Naturschutzes und Förderung ländlicher Strukturen, Strukturbeihilfen für benachteiligte Gebiete,
- Förderungsmittel für spezifische volkswirtschaftliche bedeutungsvolle Aufgaben, wie Vorflutausbau, Meliorationen, Maßnahmen gegen Tierkrankheiten im Interesse der Volksgesundheit und ähnliches, sowie
- Gewährleistung eines notwendigen Netzes sozialer Sicherungen.

Auf Grund des differenzierten Entwicklungsstandes und der sehr unterschiedlichen natürlichen Produktionsbedingungen ist es nicht möglich, daß alle Betriebe rentabel wirtschaften. Durch zeitlich begrenzte Stabilisierungsprogramme sind diese Betriebe in ihrer Entwicklung zu unterstützen und die Produktion rentabel zu gestalten. Vorrang haben hierbei jene Betriebe, die in staatlichem Interesse unökonomische Strukturen besonders entwickelt haben.
Folgende Maßnahmen sind einzuleiten:

- Die Stabilisierungsprogramme sind insbesondere zu richten auf die Herausbildung einer effektiven Produktionsstruktur, die Herstellung der Proportionalität von Pflanzen- und Tierproduktion bis hin zu Änderung der Flächennutzung (Aufforstung), Entwicklung der Nebenproduktion bzw. von Dienstleistungen einschließlich Erholungswesen, volle bzw. Teilübernahme von Flächen und Produktionskapazitäten durch andere Betriebe.
- Bereitstellung von Mitteln aus dem Staatshaushalt für Kredit- und Zinsstreichungen.
- Gezielter staatlicher Wohnungs- und Sozialbau in Dörfern mit ungünstigen natürlichen und ökonomischen Bedingungen.

Entscheidend für den ökonomischen Aufschwung sind Leitungskader, die bereit und fähig sind, verantwortungsvolle, schwere und risikoreiche Arbeit in solchen Betrieben zu übernehmen. Um das zu fördern, sollte eine direkte und kräftige materielle Stimulierung der Leitungskader in Form einer Beteiligung an der Gewinnsteigerung bzw. Senkung der ökonomischen Verluste ermöglicht werden. Wenn das Stabilisierungsverfahren unwirksam bleibt, ist die Betriebsliquidation einzuleiten. Betrieben, die unrentable Landwirtschaftsbetriebe bzw. Betriebsteile übernehmen, sollten steuerliche Vergünstigungen gewährt werden.

Der land- und forstwirtschaftliche Reproduktionsprozeß wird zunehmend durch Emissionen der Industrie, des Verkehrs und der Landwirtschaft selbst beeinflußt. Die entstehenden Erlösausfälle bzw. Mehraufwendungen für die Kompensation dieser Schäden können nur zum Teil den Verursachern direkt in Rechnung gestellt werden.

Dokument 13/2, Entwurf vorgelegt von Minister Wiedemann: Konzeption zur Vorbereitung, Ausgestaltung und Durchführung der Wirtschaftsreform in der Land-, Forst- und Nahrungsgüterwirtschaft (Information 13/2); Seite 12 von 21

Es ist zu prüfen, ob ein zentraler Umweltfonds eingerichtet werden sollte. Dieser wäre aus finanziellen Sanktionen der Betriebe zu speisen, welche die Grenzwerte für Emissionen überschreiten oder anderweitig gegen gesetzliche Bestimmungen des Umweltschutzes verstoßen. Aus diesem Fonds könnten gezielt Maßnahmen zur Gesundhaltung land- und forstwirtschaftlicher Kulturen finanziert werden, die im Rahmen der Eigenerwirtschaftung der Mittel durch die Betriebe nicht gesichert werden können.

Zur Gewährleistung der Teilnahme der Betriebe, Kombinate und Vereinigungen an außenwirtschaftlichen Beziehungen wird kurzfristig die Verantwortung für die Außenhandelstätigkeit von den zentralen Bilanzorganen im Bereich der Land-, Forst- und Nahrungsgüterwirtschaft den Betrieben, Kombinaten, Genossenschaften und ihren Vereinigungen übertragen. In der Übergangsphase bis zur vollen Liberalisierung des Außenhandels, die u.a. von der Konvertierbarkeit der Währung abhängt, ist durch eine zentrale Planung der Valutaeinnahmen die Bezahlung notwendiger Importe, die Rückzahlung von Krediten, die Bezahlung von Zinsen sowie der Finanzierung des Devisenfonds der Bürger zu sichern. Über diese planmäßig zu erbringenden Exporte hinausgehend sind Betriebe, Genossenschaften und ihre Vereinigungen berechtigt, eigenständig weitere Exportmöglichkeiten zu erschließen, soweit sie über die Deckung der für den Eigenbedarf der Volkswirtschaft der DDR vertragsgebundenen Produktion hinausgehen. Darin sind auch Dienstleistungen (einschließlich Tourismus) eingeschlossen.
Es sind Regelungen zu erarbeiten, die für Exportaufgaben im Rahmen des Planes und bei Gewährung staatlicher Exportstützungen bereits einen geringen Valutaanteil (bis 20 %) gewähren. Hingegen sollten für Exporte außerhalb des Planes, die auf eigene Initiative und Rechnung zustandekommen, hohe Valutaanteile (70–90 %) eingeräumt werden. In diesem Fall besteht kein Anspruch auf Exportstützungen.

Die Betriebe und Genossenschaften werden berechtigt, mit Betrieben und Außenhandelsorganisationen anderer Länder gemeinsame Investitionen vorzunehmen oder Vereinbarungen über den Import von Produktionsmitteln und deren Bezahlung durch Gegenlieferung zu organisieren.

Den Betrieben wird empfohlen, ihre außenwirtschaftlichen Aktivitäten zum Schutze ihrer Interessen mit Hilfe von Vereinigungen und Verbänden abzuwickeln. Ihre Geschäftstätigkeit ist über Valutakonten bei der Staatsbank bzw. Geschäftsbanken vorzunehmen. Alle außenwirtschaftlichen Operationen, die zu Lieferungen oder zum Warenoder Leistungsaustausch führen, erfordern eine staatliche Ge-

nehmigung.

3. Die Gestaltung leistungsorientierter und sozial gerechter Einkommenspolitik und die Verwirklichung des Leistungsprinzips

Die Maßnahmen zur konsequenten Verwirklichung des Leistungsprinzips durch leistungsgerechte Vergütung der Arbeit sowie zur direkten Interessiertheit der Genossenschaftsbauern und Arbeiter für das Wirtschaftsergebnis ihrer Genossenschaft bzw. ihres volkseigenen Betriebes sind darauf gerichtet, ein grundlegend neues Niveau der Verbindung von Produzenten und Eigentümer und persönlicher Verantwortung für rationelles Wirtschaften zu erreichen.

Ziel der Maßnahmen ist es, ein direktes Interesse der Genossenschaftsbauern und Arbeiter an einem hohen wirtschaftlichen Ergebnis ihrer Genossenschaft bzw. ihres Unternehmens zu gewährleisten.
Die eigenverantwortliche Entscheidung der Genossenschaften und Unternehmen über die selbst erwirtschafteten Mittel, insbesondere über das Verhältnis von Akkumulation und Konsumtion, ist zu gewährleisten. Den Genossenschaften und Unternehmen wird empfohlen, zum Ausgleich witterungsbedingter Ergebnisschwankungen zweckgebundene Rücklagefonds einzurichten und zu speisen, um eine hohe Sicherheit bei der Gewährleistung der individuellen und gesellschaftlichen Konsumtion zu erreichen.

Die staatliche Einflußnahme auf die Einkommensentwicklung erfolgt ausschließlich über ökonomische Regelmechanismen (Preise, Steuern, Subventionen/Sozialleistungen, Maßnahmen bei Wirtschaftserschwernissen, Kredit-, Zins- und Versicherungsbedingungen).

Die Genossenschaften entscheiden nach dem Prinzip der Selbstverwaltung über die Höhe und Struktur der individuellen und gesellschaftlichen Konsumtion eigenverantwortlich. Dafür werden folgende Vorschläge unterbreitet:

- Hauptbestandteil des Einkommens ist die Vergütung für die in der Genossenschaft geleistete Arbeit. Dafür sind betriebswirtschaftliche Empfehlungen auszuarbeiten, die mit den Tarifen der staatlichen Betriebe korrespondieren sollten. Dem Leistungsprinzip entsprechend ist dabei nach Qualität, Verantwortung und Leistung spürbar zu differenzieren. Diese Rahmenbedingungen sind zwischen den Regierungsorganen und dem Genossenschaftsverband zu vereinbaren. Sie stellen

Dokument 13/2, Entwurf vorgelegt von Minister Wiedemann: Konzeption zur Vorbereitung, Ausgestaltung und Durchführung der Wirtschaftsreform in der Land-, Forst- und Nahrungsgüterwirtschaft (Information 13/2); Seite 13 von 21

gleichzeitig den Maßstab für die Abrechnung der Kosten der lebendigen Arbeit dar.

Weitere Einkommensbestandteile können sich aus folgenden Beteiligungsformen am wirtschaftlichen Ergebnis ergeben:

- Gewinnbeteiligung der Genossenschaftsbauern entsprechend ihres individuellen und kollektiven Leistungsbeitrages der Arbeit als neue Form der Jahresendauszahlung (schließt die bisherige Jahresendauszahlung, Jahresendprämien u.a. am Jahresende ein).
- Gewinnbeteiligung der Genossenschaftsbauern auf der Grundlage von Bodenanteilen, Inventarbeiträgen und neu zu schaffender Genossenschaftsanteile.
- Gewinnbeteiligung der Genossenschaftsbauern nach der aktiven Dauer der Mitgliedschaft (Treueprämie bis zur Wirksamkeit für eine zusätzliche Altersversorgung).

. Soziale und kulturelle Leistungen der Genossenschaften sollen in direktem Zusammenhang mit dem Mitgliedschaftsverhältnis (gesellschaftliche Konsumtion) gewährt werden. Sie sind als indirekte Einkommensbestandteile der Genossenschaftsbauern aus dem Gewinn zu finanzieren (außer laufende Kosten für die Unterhaltung von betriebseigenen Wohnungen sowie kultureller und sozialer Einrichtungen).

Diese Einkommensbestandteile und Leistungen können nach, erfolgter Ergänzung und Änderung des LPG-Gesetzes eingeführt werden.

Gegenwärtig gilt eine Übergangsregelung, die den Einkommenszuwachs entsprechend der jetzigen Regelungen (Bezug zur Entwicklung von Eigenprodukt und Nettoprodukt), aber auch bereits die freie Verfügung von erwirtschafteten Nettogewinnmitteln für die individuelle Konsumtion bei Sicherung der Akkumulation ermöglicht.

Die Prinzipien der materiellen Interessiertheit in den staatlichen Betrieben der Land-, Forst- und Nahrungsgüterwirtschaft sollten folgendermaßen neu gestellt werden:

- Umgehende Schaffung und schrittweise Einführung eines weitgehend einheitlichen Tarifsystems (Lohn- und Gehaltssätze), welches die Entlohnung nach der Arbeitsleistung gewährleistet. Ausgangspunkt dafür sollte sein, für die Zweige eine gleiche stimulierende Wirkung in Übereinstimmung mit den Rahmenbedingungen der anderen Volkswirtschaftszweige zu sichern. Die Rahmenbedingungen sind zwischen der Tarifkommission der Land-, Forst- und Nahrungsgüter und der Gewerkschaft Land, Nahrungsgüter und Forst zu vereinba-

ren.

Der Lohnfondszuwachs ist an die Leistungsentwicklung des Unternehmens zu binden. Es sollten Stimulierungsfonds für Lohn und Prämien gebildet werden, über deren Verwendung allein der Direktor mit der zuständigen Gewerkschaftsleitung bzw. dem Betriebsrat zu entscheiden hat. Stimulierungsfonds müssen auf das folgende Jahr übertragbar sein.

- Es sind vielfältige Formen der Erhöhung der materiellen Interessiertheit am wirtschaftlichen Ergebnis (Gewinnbeteiligung) der Unternehmen anzuwenden. Ausgangspunkt ist die engere Verbindung von individuellen und kollektiven Interessen der Werktätigen mit dem wirtschaftlichen Ergebnis im Unternehmen. Herausgabe von Aktien u.ä. sind u.a. zu ermöglichen.

Hinsichtlich der Besteuerung ist eine Harmonisierung beim Tariflohn mit den Steuerregelungen der Arbeiter und Angestellten und bei den übrigen Einkommensbestandteilen mit den Steuermechanismen (Einkommenssteuer) der Genossenschaften vorzunehmen. Damit wird Steuergerechtigkeit und eine reibungslose Integration der Unternehmen (beispielsweise von VEG) in Kooperationen, Vereinigungen und Verbänden mit Genossenschaften ermöglicht.

Über die Regelung des Arbeitseinkommens hinaus muß die Wirtschaftsreform zur sozialen Absicherung der Genossenschaftsbauern folgende Maßnahmen beinhalten:

- Das System der Sozialpflichtversicherung der Genossenschaftsbauern ist aufrechtzuerhalten. Damit werden die Genossenschaftsbauern auch künftig in den Versicherungsschutz bei Krankheit, Schwangerschaft, kostenlose ärztliche Betreuung sowie Rente bei Alter und Invalidität einbezogen. An allen Formen freiwilliger Zusatzversicherung (z.B. für Renten) können sich die Genossenschaftsbauern beteiligen.

- Besondere staatliche Festlegungen zum Schutz von Frauen, Jugendlichen und Behinderten bezüglich der Arbeitszeit, des Hausarbeitstages, des Urlaubs und der Bereitstellung von Schonarbeitsplätzen sind aufrechtzuerhalten und können nicht der Entscheidung jeder einzelnen Genossenschaft obliegen.

- Es sind rechtliche Rahmenbedingungen zu schaffen und zwischen den Regierungsorganen und dem Genossenschaftsverband zu vereinbaren, die die soziale Sicherstellung bei Freisetzung von Arbeitskräften aus Genossenschaften regeln. Dazu gehören Pflichten der Genossenschaften für notwendige Qualifizierungs- und Umschulungsmaßnahmen sowie die Unterstützung

Dokument 13/2, Entwurf vorgelegt von Minister Wiedemann: Konzeption zur Vorbereitung, Ausgestaltung und Durchführung der Wirtschaftsreform in der Land-, Forst- und Nahrungsgüterwirtschaft (Information 13/2); Seite 14 von 21

bei der Vermittlung neuer Arbeitsstellen.

- Prüfung der Bedingungen der Notwendigkeit einer **Arbeitslosenpflichtversicherung**, die durch das Mitglied und die Genossenschaft finanziert wird.

- Bei **Abbau von Subventionen** für EVP, Mieten, Fahrtarife, Dienstleistungen u.a. ist zu gewährleisten, daß dafür gewährte Ausgleichszahlungen den Genossenschaften erstattet werden. Das kann durch staatliche Zuschüsse bzw. Erlaß von Steuern/Abgaben erfolgen.

Bei der Neufassung des LPG-Gesetzes sind die Konsequenzen, die sich aus den Strukturveränderungen, einem geringeren Arbeitskräftebedarf und der Aufnahme anderer Tätigkeiten ergeben, einzuarbeiten.

4. Entwicklungsschwerpunkte für eine leistungsfähige, ökologisch orientierte **Land-, Forst- und Nahrungsgüterwirtschaft**

Untrennbarer Bestandteil der Wirtschaftsreform in der Land-, Forst- und Nahrungsgüterwirtschaft ist die weitere Vervollkommnung und Herausbildung effektiverer Strukturen und die Wiederherstellung und Sicherung volkswirtschaftlicher Grundproportionen im Ernährungskomplex. Für die Land- und Nahrungsgüterwirtschaft ist ein Strukturkonzept mit folgenden inhaltlichen Schwerpunkten zu erarbeiten.

Eine der grundlegenden Zielstellungen für die Wirtschaftsstrategie im Ernährungskomplex besteht in der Orientierung auf einen effektiven und hohen Eigenversorgungsgrad insbesondere bei Erzeugnissen, die im Inland mit günstigem Verhältnis von Aufwand und Ergebnis erzeugt werden. Schwerpunkte sind die Erhöhung der Getreide- und Futtereiweißproduktion. Zugleich gilt es, überspitzte und uneffektive Eigenversorgung sowie territoriale Autarkiebestrebungen zu überwinden. Schrittweise ist eine bessere Einordnung in die internationale Arbeitsteilung durch Einschränkung devisenungünstiger und aufwendiger Importe und Agrarexporte bei gleichzeitiger Ausdehnung devisenrentabler Exporte mit stabilen Absatzmöglichkeiten zu erreichen. Die Import- und Exportstrategie sollte in folgender Richtung bestimmt werden:

- Importe an Futtermitteln sind schrittweise auf Eiweißkonzentrate zu beschränken, die für eine effektive Verwertung selbst erzeugbarer Futtermittel unerläßlich sind.

- Importe an Rohstoffen (Futtergetreide u. a.), die über die Sicherung der Bevölkerungsversorgung hinausgehen, und für deren Einsatz in der Tierproduktion über den Export von Lebendvieh, Butter und Eiern eine ungünstige Devisenrentabilität, volkswirtschaftliche Verluste und hohe Belastung verursacht werden, sind einzustellen.

- Schrittweise sind diejenigen Exportzweige auszudehnen, die auf der Basis eigener Ressourcen mit hoher Devisenrentabilität und sicheren Absatzmärkten (unter Nutzung der Vorteile grenznaher Nahrungsgütermärkte) erschlossen werden können.

- Es ist eine effektive Arbeitsteilung und der Sortimentsaustausch zur Erweiterung der Angebotsstruktur bei Nutzung der Vorteile des Standorts und der Traditionen, besonders bei Obst und Gemüse, Konserven, Markenwaren und diätetischen Erzeugnissen zu erreichen.

Effektivere Verwertung und sinnvolle Import- und Exportstrategie verlangen marktgerechtes, effektives, auf Gewinn und höhere Arbeitsproduktivität gerichtetes Wirtschaften.

- Optimale Nutzung der natürlichen Standorte und der Bodenfläche, für einen bedarfsgerechten vermarktbaren Ertragsanstieg an Pflanzenprodukten. Das schließt differenziertes Intensitätsniveau ein, die Kombination intensiver mit extensiven Formen der Bewirtschaftung auf Problemflächen bis hin zur Überführung aufwendig zu bewirtschaftender Flächen in andere Nutzungsrichtungen (Trinkwasserschutzgebiete, Gebirgs- und Hanglagen).

- Enge Verbindung von effektivem und ökologiegerechtem Wirtschaften durch Einführung ressourcensparender Feldbausysteme (computergestützte Boden- und Bestandsführung, integrierter Pflanzenschutz u.a.).

- Beschleunigte Erhöhung der Getreideproduktion und des Marktaufkommens an Getreide, die Absicherung des Konzentratfutterenergiebedarfs aus dem Eigenaufkommen und die schrittweise Herausbildung eines Futtermittelmarktes.

- Schrittweise Erweiterung der Futterkörnerleguminosenproduktion.

- Bedarfsgerechte, die Vorzüge natürlicher Standorte nutzende Erweiterung des Gemüse- und Obstanbaus durch marktorientierte Vertragsproduktion aus spezialisierten Produktionseinheiten, Förderung der Nebenproduktion und Aufbereitung in

Dokument 13/2, Entwurf vorgelegt von Minister Wiedemann: Konzeption zur Vorbereitung, Ausgestaltung und Durchführung der Wirtschaftsreform in der Land-, Forst- und Nahrungsgüterwirtschaft (Information 13/2); Seite 15 von 21

LPG und VEG sowie der Kleinproduktion einschließlich des individuellen Erwerbsgartenbaus.

- Einschränkung des kosten- und arbeitsaufwendigen Kartoffelanbaus auf die zur Speisekartoffelversorgung notwendige Fläche.

- Vorrangige Orientierung auf bedarfsgerecht strukturierte Tierproduktion mit Ausrichtung auf hohe Qualität durch Leistungssteigerung je Tier und optimale Futterverwertung.

- Berücksichtigung der entscheidenden ökologischen und ökonomischen Parameter sowie der territorialen und naturwissenschaftlichen Voraussetzungen bei der Festlegung von Größe und Standort der Tieranlagen bzw. bei ihrer Rekonstruktion (z.B. Obergrenzen für den Tierbesatz in bestimmten Territorien, Entsorgungskonzeptionen, Parameter für Belastung der Luft und Gewässer).

In die Intensivierung der landwirtschaftlichen Produktion ist die Nutzung natürlicher Produktionsbedingungen durch ökologischen Landbau in Übereinstimmung mit den Anforderungen des Marktes einzubeziehen.

Unter den Bedingungen einer veränderten Exportstrategie, kostendeckender Einzelhandelsverkaufspreise sowie unter der Voraussetzung einer vorrangigen Erweiterung der Schlacht-, Kühl- und Verarbeitungskapazitäten der Milch- und Fleischwirtschaft sowie Senkung der Verluste können in Übereinstimmung mit der Leistungsentwicklung die Tierbestände reduziert werden. Dadurch entstehen günstige Bedingungen für die Einstellung der Produktion in verschlissenen Stallanlagen mit hohem Handarbeitsanteil sowie für den Abbau von Bestandskonzentrationen mit hoher ökologischer Belastung.

Die Umsetzung der Hauptrichtung einer den ökologischen Erfordernissen gerecht werdenden Intensivierung der landwirtschaftlichen Produktion erfordert ferner die Realisierung von Flurgestaltungskonzeptionen zur Mehrfachnutzung von Landschaften. Dazu gehören umweltfreundliche Technologien in der Pflanzen- und Tierproduktion sowie Maßnahmen des Schutzes der Luft, der Gewässer und des Bodens, insbesondere des Erosionsschutzes und der Regulierung des Wasserhaushaltes bei Erhaltung oder Neueinrichtung von Feuchtbiotopen. Notwendig wird die Installierung von Kontroll- und Meßsystemen zur Bestimmung von Umweltbelastungen. Eine ökologiegerechte Wirtschaftsführung erfordert die Durchsetzung des Verursacherprinzips, Maßnahmen zur Zahlung von Umweltschutzabgaben und die Bildung eines Umweltfonds. Verstöße gegen Rechtsvorschriften des Umweltschutzes sind durch Sanktionen wirksam zu machen.

Ein zunehmender Anteil des wirtschaftlichen Ergebnisses der LPG und VEG wird aus produktiven Leistungen im Bereich der Aufbereitung und Verarbeitung und anderer Nebenproduktionszweige erzielt. Das ist besonders dort von Bedeutung, wo durch Steigerung der Arbeitsproduktivität bzw. durch Produktionseinschränkungen in der Primärproduktion Arbeitsplätze eingespart werden.

Aufgabe der Forstwirtschaft ist es, die Leistungsfähigkeit der Wälder zu erhalten und zu erhöhen. In zunehmendem Maße gewinnen neben der Holzproduktion ökologische Leistungen, wie in keinem anderen Zweig der Volkswirtschaft an Gewicht. Hauptlinien dabei sind:

- Sicherung einer nachhaltigen Erhöhung der landeskulturellen und ökologischen Leistungsfähigkeit der Wälder, Erhaltung des Anteils der Wälder an der gesamten Landnutzung,
- Verbesserung des Wachstumspotentials des Waldes mit dem Ziel höherer Holzerträge,
- Einbindung der forstwirtschaftlichen Rohstoffe in den internationalen Markt und Vermeidung einer Übernutzung der Wälder,
- Erweiterung der Waldfläche, auf der landeskulturelle Leistungen den Vorrang gegenüber der Holzproduktion haben und Nutzung der Wälder in Übereinstimmung mit landeskulturellen Anforderungen unter Einbeziehung der jagdwirtschaftlichen Bewirtschaftung.

Entscheidende Bedingungen für die Vorwirklichung der Wirtschaftsreform in der Land-, Forst- und Nahrungsgüterwirtschaft sind eine weitere qualitative und quantitative Ausbau und eine beschleunigte Modernisierung der materiell-technischen Basis und die bedarfsgerechte Bereitstellung von Produktionsmitteln. Die disproportionale Entwicklung des Wachstums der produktionsmittelherstellenden Industrie und ihre vorrangig auf den Export orientierte Strategie führte zu einem Zurückbleiben, insbesondere des technisch-technologischen Niveaus, sowohl in der Primärproduktion als auch in der verarbeitenden Industrie. Am schwerwiegendsten wirkt dabei die Tatsache, daß die einfache Reproduktion der technischen Grundfonds in diesen Bereichen seit langem nicht gesichert ist.

Dadurch erhöhte sich der Verschleißgrad technischer Grundfonds z.B. in der Landwirtschaft auf inzwischen 61,5 % (darunter Tierproduktion 60,8 %) in der Nahrungsgüterwirtschaft auf 59,0 %. Die Folge sind überproportionale Instandhaltungskosten und ein unvertretbar hoher Bedarf an Ersatzteilen, der durch

Dokument 13/2, Entwurf vorgelegt von Minister Wiedemann: Konzeption zur Vorbereitung, Ausgestaltung und Durchführung der Wirtschaftsreform in der Land-, Forst- und Nahrungsgüterwirtschaft (Information 13/2); Seite 16 von 21

die Volkswirtschaft immer weniger gedeckt werden konnte. Es ist jedoch eine volkswirtschaftlich untragbare Situation, daß z.B. allein in der Landwirtschaft für die Instandhaltung der Technik einschließlich der Aufarbeitung von Ersatzteilen und dem eigenen Rationalisierungsmittelbau 160.000 Arbeitskräfte beschäftigt werden müssen, während in der Landmaschinenindustrie für die Produktion für den Inlandbedarf und Export 56.000 Arbeitskräfte eingesetzt werden.

Die Arbeitsproduktivität der in der Instandhaltung Tätigen erreicht jedoch weniger als 50 % im Vergleich zur Neuproduktion. Es ist deshalb für eine hohe volkswirtschaftliche Effektivität unabdingbar, die Proportionen zwischen der Neuausstattung der Land- und Nahrungsgüterwirtschaft mit Ausrüstungen aus der produktionsmittelherstellenden Industrie und aus Importen sowie dem Instandhaltungsaufwand neu zu bestimmen.

Das erfordert eine Neuprofilierung des Land- und Nahrungsgütermaschinenbaus und die konsequente Veränderung der Export-Import-Strategie zur vorrangigen Sicherung der Inlandversorgung.

Der Land- und Nahrungsgütermaschinenbau als der wichtigste volkswirtschaftliche Vorleistungsbereich für die Land-, Forst- und Nahrungsgüterwirtschaft ist so zu profilieren, daß durch ihn die erforderlichen Ausrüstungen und technologischen Linien für die landwirtschaftliche Primärproduktion, Verarbeitung und Veredlung landwirtschaftlicher Erzeugnisse einschließlich Service und Ersatzteile sortiments- und bedarfsgerecht angeboten werden. Das bedeutet, aus der eigenen Produktion vorrangig den Inlandbedarf zu decken und Erzeugnisse, die nicht selbst produziert werden, unter Verwendung der Exporterlöse des Land- und Nahrungsgütermaschinenbaus durch Importe aus dem SW und NSW zu sichern.

In diese Neuorientierung des Land- und Nahrungsgütermaschinenbaus auf die vorrangige Inlandversorgung ist die Kooperation mit dem Rationalisierungsmittelbau der Land-, Forst- und Nahrungsgüterwirtschaft einzubeziehen. Es wird für richtig gehalten, daß die Rationalisierungsmittel der Land-, Forst- und Nahrungsgüterwirtschaft auch weiterhin einen Beitrag zur Ausrüstungsreproduktion leistet. Gegenwärtig wird sein Profil von Erzeugnislinien bestimmt, die im Maschinenbau nicht mehr produziert werden. Der Rationalisierungsmittelbau wird sich in dem Maße seinen spezifischen Aufgaben zur Vervollkommnung der Maschinensysteme und Technologien sowie der Anpassung von Ausrüstungen an spezielle Anforderungen der Nutzer zuwenden können, wie der Maschinenbau vollständige Maschinensysteme und technologische Linien aus Eigenproduktion und Importen bedarfsgerecht bereitstellt.

Nur bei diesem Herangehen können die Voraussetzungen dafür geschaffen werden, daß jegliche Limitierung überwunden und schrittweise zu einem freien Produktionsmittelmarkt übergegangen wird.

Von existenzieller Bedeutung ist eine unverzügliche durchgreifende Modernisierung der Verarbeitungsindustrie. Hier liegt ein Schlüsselproblem für die erfolgreiche Durchsetzung der Wirtschaftsreform. So hat im Hinblick auf die weitere stabile Versorgung mit Nahrungsmitteln auch die schnelle Erschließung zusätzlich notwendiger Effekte durch höhere Veredlung der vorhandenen Rohstoffe im Interesse des Binnenmarktes und die Erschließung von Marktlücken auf dem Außenmarkt zu erfolgen.

Höchste Priorität haben Maßnahmen zur Aufrechterhaltung der Arbeitsfähigkeit der Genossenschaften und Betriebe in der Land- und Nahrungsgüterwirtschaft. Das betrifft insbesondere die bedarfsgerechte Bereitstellung von Einzelteilen und Baugruppen zur Erhaltung der Einsatzfähigkeit der Technik wie auch den Ersatz von total verschlissenen Maschinen.

Das erfordert Sofortentscheidungen zur Sicherung der Frühjahrsbestellung 1990 und für einen Modernisierungsschub 1990-92.

Die Herausbildung eines Produktionsmittelmarktes setzt voraus, daß Maschinen, Ersatzteile, Agrochemikalien u.a. Produktionsmittel in ausreichendem Umfang und sortimentsgerecht entsprechend den Marktbedürfnissen des Binnen- und Außenmarktes aus Eigenproduktion und Importen bereitgestellt werden. Ausgehend von den volkswirtschaftlichen Möglichkeiten wird nur ein schrittweiser Übergang zum Produktionsmittelmarkt möglich sein.

Bei solchen Erzeugnissen, bei denen Angebot und Nachfrage weitgehend übereinstimmen, sollte umgehend zum marktwirtschaftlichen Handel bereits 1990/91 übergegangen werden. Damit wird ein wesentlicher Einfluß der Käufer auf die Verbesserung der Qualität der Produktionsmittel erwartet.

Bei Erzeugnissen, wo in den nächsten Jahren noch ein gesellschaftliches Interesse an der Rang- und Reihenfolge des Einsatzes besteht bzw. der Bedarf nicht gedeckt wird, ist die Bilanzierung und Kontingentierung vorerst noch beizubehalten. Das betrifft auch Importerzeugnisse. Als Bedingung für die Bildung eines Produktionsmittelmarktes müssen analog zur Festlegung von staatlichen Höchstpreisen für landwirtschaftliche Produkte auch Höchstpreise für Produktionsmittel festgelegt werden.

Für die Organisation und Durchführung des Produktionsmittelmarktes sind Handelsorganisationen mit territorialen Niederlassungen unter Nutzung langjährig entstandener Strukturen und

Erfahrungen im Inland sowie internationaler Unternehmen zu schaffen, die auf vertraglicher Basis Mittler zwischen Produzent und Käufer sind. Diese Handelsorganisationen müssen die Käufer beraten, den Handel organisieren, den Service und die Schulung der Nutzer sichern sowie Mechanisierungsprojekte anbieten.

Die Herausbildung des marktorientierten Ernährungskomplexes verlangt die Entwicklung eines Futtermittelmarktes für gesellschaftliche und individuelle Produktion in der Landwirtschaft sowie für Kleinproduzenten und Kleintierhalter.

Dabei geht es um die volle Mobilität vor allem des Getreides durch Ablösung der mehrseitigen dirigistischen Auflagen für Tierproduktion, Tierbestände, Futterbereitstellung aus dem staatlichen Futtermittelfonds und für das staatliche Aufkommen Getreide. Mit der Eigenverantwortung der Produzenten für Lieferungen von Getreide für die Bildung des Futtermittelfonds und des Abkaufs von Futter wird darauf orientiert, ausgewogene Proportionen zwischen Futterbedarf der Tierproduktion und Futterbereitstellung selbstverantwortlich durch die Betriebe herzustellen.

Grundvoraussetzung für die Bereitstellung von Getreide über das bisherige staatliche Aufkommen hinaus ist die Einführung der Vertragsproduktion mit Quotenregelungen für die Tierproduktion, verbunden mit Preisabschlägen für über den Vertragsabschluß gelieferte Mengen, so daß dadurch der Getreideeinsatz in der Tierproduktion im Vergleich zum Getreideverkauf uneffektiv wird. Diese Regelung sollte schon 1990 in Kraft gesetzt werden. Zielstellung sollte sein, bei entwickelter Marktwirtschaft durch Verbindung von Vertragsproduktion und Vertragspreis, bei stimulierender Anhebung des Getreidepreises ohne Staatsauflagen ein Getreideaufkommen zu erreichen, mit dem der Nahrungsgetreidebedarf und der Bedarf auf dem Futtermittelmarkt gedeckt werden. Für die erste Etappe der Wirtschaftsreform wird es noch für notwendig erachtet, weiter mit staatlichen Auflagen für das Getreideaufkommen zu arbeiten. Dafür werden 2 Varianten zur Prüfung vorgeschlagen:

- Beauflagung mit einem Getreideaufkommen um 3 Mio t in Höhe des Nahrungsgetreidebedarfs mit einem einheitlichen Preis für das gesamte Aufkommen.
Für die Neufestlegung der Höhe des staatlichen Aufkommens ist eine exakte Berechnung der Futterbilanzen bis zur Kooperation notwendig.

- Beibehaltung des bisherigen staatlichen Getreideaufkommens (2,3 Mio t) und Stimulierung des zusätzlichen Aufkaufs (mindestens 700 kt) mit einem dem Außenhandelsaufwand angenäherten Preis.

Dabei kann das Problem entstehen, daß bei noch nicht existierenden "selbständigen Pflanzenproduktionsbetrieben" Getreide zu hohen Preisen verkauft wird, das in den kooperierenden Tierproduktionsbetrieben benötigt wird und zu hohen Preisen auf dem Futtermittelmarkt zurückgekauft werden muß.

5. Neugestaltung der Beziehungen von Wissenschaft und Produktion - Gewährleistung eines hohen Innovationsvermögens

Ziel der Wissenschaft muß es sein, den Unternehmen effektiv verwertbare, in der Praxis erprobte wissenschaftliche Ergebnisse zu übergeben, die es ihnen ermöglichen, ihre Produktion ökologiegerecht entsprechend den Bedürfnissen und den Wettbewerbsanforderungen des Marktes zu entwickeln. Im Mittelpunkt des engen Zusammenwirkens von Wissenschaft und Produktion stehen deshalb wissenschaftliche Lösungen für die Ertrags- und Leistungsentwicklung sowie Qualitätsverbesserung der Erzeugnisse für eine gesunde Ernährung sowie die radikale Senkung der Verluste durch die Entwicklung ökologisch und ökonomisch ausgewogener Verfahren zur Produktion und Veredlung landwirtschaftlicher Rohstoffe. Die weitere Verbesserung der Produktivität und Effektivität der Agrarproduktion und Veredlungswirtschaft ist mit dem Schutz und der erweiterten Reproduktion der natürlichen Umwelt, insbesondere durch optimale ökologiegerechte Landbewirtschaftung und tiergerechte Haltung sowie mit der Schaffung günstiger Lebens- und Arbeitsbedingungen auf dem Lande zu verbinden.

Diese Zielstellung ist mit der Einbindung der Agrarproduktion und Wissenschaft in die internationale Wissenschafts- und Produktions-Kooperation, insbesondere mit Einrichtungen der BRD, zur Erzielung niveaubestimmender wissenschaftlicher Leistungen mit hohem ökonomischen Nutzen unter Marktbedingungen zu verfolgen. Damit ist zur Überwindung vorhandener Deformationen in der materiell-technischen Basis sowie zur Innovationsbeschleunigung beizutragen.

Zur Gewährleistung des wissenschaftlichen Vorlaufs sind die Forschungspotentiale der Agrarwissenschaften auf der Grundlage einer langfristigen Forschungsstrategie und in Übereinstimmung mit den Anforderungen der Wirtschaftsreform inhaltlich, materiell-technisch und personell zu entwickeln. Dazu sind vor allem in der Akademie der Landwirtschaftswissenschaften der DDR solche Forschungsinhalte herauszuarbeiten sowie Strukturen, Leitungs- und Organisationsformen zu entwickeln, die längerfristig die Finanzierung aus dem Haushalt als Hauptquelle bei

Dokument 13/2, Entwurf vorgelegt von Minister Wiedemann: Konzeption zur Vorbereitung, Ausgestaltung und Durchführung der Wirtschaftsreform in der Land-, Forst- und Nahrungsgüterwirtschaft (Information 13/2); Seite 18 von 21

zunehmenden Anteil der Eigenerwirtschaftung und -finanzierung ermöglichen.

Für volkswirtschaftlich übergreifende Forschungsvorhaben, insbesondere zur Sicherung einer gesunden Ernährung, zum Schutze der natürlichen Umwelt sowie für Forschungen, deren Ergebnisse im Rahmen des gesamten Zweiges verwertet oder zur Wahrnehmung staatlicher Hoheitsaufgaben notwendig sind, sind Mittel aus dem Staatshaushalt im Rahmen nationaler Forschungsprojekte und der Förderprojekte der Ressourtforschung bereitzustellen.

Forschungen, deren Ergebnisse direkt marktwirtschaftlich durch Betriebe, Kombinate, Unternehmen, Verbände etc. verwertet werden, sind auf der Grundlage der Eigenwirtschaftung zu finanzieren. Die Verwirklichung erfolgt durch

- die eigenverantwortliche Herausarbeitung der Forschungsaufgaben durch die Forschungszentren, Institute und andere Forschungseinrichtungen als Angebot für abzuschließende Leistungsverträge. Leistungsverträge werden vor allem zur ausgewandten Forschung mit Betrieben und Kombinaten der Industrie sowie der Land-, Forst- und Nahrungsgüterwirtschaft, mit Genossenschaftsverbänden, Wirtschaftsverbänden sowie mit anderen Nutzern, einschließlich Partnern des Auslandes abgeschlossen. Sie fixieren den vereinbarten Leistungsgegenstand, den Leistungstermin, die gegenseitige Unterstützung sowie den Preis unter Beachtung von Nutzenstellung.

- die volle Eigenverantwortung der Betriebe und Kombinate der Land-, Forst- und Nahrungsgüterwirtschaft für die Erwirtschaftung der Mittel zur Finanzierung wissenschaftlicher Leistungen, für die Koordinierung der wissenschaftlich-technischen Arbeiten und damit verbunden für die Herstellung aller vertraglichen Beziehungen. Das schließt die Einführung der wissenschaftlich-technischen Ergebnisse in die Produktion, ihre Finanzierung und materiell-technische Sicherung sowie die Durchführung erforderlicher Investitionen zu ihrer Nutzung ein.

Zur Erhöhung des erforderlichen Niveaus der Wissenschaft und ihrer innovativen und gemeinnützigen Wirkungen sind für Einrichtungen der AdL und weitere dem MLFN unterstellte Forschungseinrichtungen Steuervergünstigungen bis hin zum Abgabenerlaß und Erlaß der Nettogewinnabführung vorzusehen. Zu prüfen ist die Profilierung der VWÖZ als Forschungsinstitute der Nahrungsgüterwirtschaft und die Ausgliederung von bisher wahrgenommenen wirtschaftsleitenden Aufgaben und Bilanzfunk-

tionen. Zur Sicherung des experimentellen wissenschaftlichen Vorlaufs und der erforderlichen Repräsentanz sind bei der AdL Versuchsbasen durch Übernahme von VEG sowie Produktionsstätten für Forschungsmittel zu schaffen.

Auf der Grundlage von verträglichen Beziehungen mit LPG, VEG und GPG können weitere Experimentierkapazitäten erschlossen werden. Darüber hinaus werden im Rahmen von Genossenschaftsverbänden Referenzbetriebe der Landwirtschaft und Verarbeitung landwirtschaftlicher Rohstoffe zur Anwendung neuer technischer, technologischer und betriebswirtschaftlicher Lösungen und Produktionsverfahren entsprechend dem nationalen und internationalen wissenschaftlich-technischen Höchststand entstehen und durch Einrichtungen der AdL, der Universitäten und Hochschulen sowie Wissenschaftlich-Technische Zentren wissenschaftlich betreut. Im Rahmen der Herausbildung der Struktur der Länder sind Kapazitäten des Untersuchungs- und Versuchswesens, der Überleitung, der Beratungstätigkeit und Informationsvermittlung zu wissenschaftlich-technischen Innovationen und unter Nutzung moderner Kommunikationssysteme auf ökonomischer Basis für die Breitenanwendung in den Landwirtschaftsbetrieben zu prüfen und zu regeln.

Die Breitenanwendung wissenschaftlich-technischer Neuerungen in den Landwirtschaftsbetrieben erfolgt auf ökonomischer Grundlage vor allem durch spezielle Einrichtungen der Überleitung, "Wissensvermittlung und wissenschaftlich-technischer Dienstleistungen auf dem Wege

- einer an den ökologisch und ökonomischen Erfordernissen und Bedürfnissen der Praxis orientierten Produktions- und Betriebsberatung unter Nutzung moderner Methoden der Wirtschaftsführung (Management),
- einer zielgerichteten Weiterbildung von Spezialisten und Beratungskräften bei effektiver Zusammenarbeit mit den Genossenschaftsverbänden (Training zur Anwendung von Software, Konsultationen, Vermittlung von Know how u.a.),
- von Dienstleistungen im Auftrage von Betrieben und Einrichtungen, wie Untersuchungen von Boden- und Futterproben, Projektierungsleistungen für Betriebsgestaltung und Investitionsmaßnahmen sowie rechentechnische Service- und Informationsleistungen.

Mit der festen Einbindung verbindlich gestalteter ökonomischer Beziehungen zwischen Wissenschaft und Produktion im Rahmen der Wirtschaftsreform entstehen die Voraussetzungen, um die von Wissenschaft und Technik ausgehenden Triebkräfte in den Betrieben und Kombinaten der Land-, Forst- und Nahrungsgüterwirtschaft eigenverantwortlich zu erschließen.

Die Beratungs- und Konsultationsleistungen der Forschungseinrichtungen und Wissenschaftlich-Technischen Zentren für LPG/VEG und Vereinigungen sowie anderer Beratungsdienste für die Betriebe und Kombinate des Vorleistungsbereiches, der Nahrungsgüterwirtschaft und weiterer Auftraggeber sind bilateraler Natur und basieren auf der Grundlage von Vereinbarungen, in denen der Leistungsumfang und die Finanzierung zu regeln sind.

Unter den Bedingungen der Marktwirtschaft erwachsen an die Aus- und Weiterbildung völlig neue Anforderungen hinsichtlich der Beherrschung der Wirtschaftsführung in den Genossenschaften, Betrieben und Unternehmen. Einen besonderen Schwerpunkt bildet dabei die Qualifizierung der Leitungskräfte. Die Bildungsinhalte sind auf allen Ebenen neu zu bestimmen. Erforderlich wird, kurzfristig die LPG-Hochschule Meißen und die Hochschule für Land- und Nahrungsgüterwirtschaft Bernburg für die Durchführung solcher Weiterbildungsmaßnahmen (z.B. Management, Marketing) zu nutzen.

6. Schwerpunkte der rechtlichen Ausgestaltung der Wirtschaftsreform in der Land-, Forst- und Nahrungsgüterwirtschaft

Die erfolgreiche Durchführung der Wirtschaftsreform bedarf der juristischen Sicherung der politischen, ökonomischen und sozialen Reproduktionsbedingungen in der Land-, Forst- und Nahrungsgüterwirtschaft sowie für die Dortentwicklung. Das erfordert die Weiterentwicklung des Agrar- und Wirtschaftsrechts, insbesondere in folgenden Richtungen:

1. Mit der neuen Verfassung der DDR sind politische und ökonomische Gleichberechtigung hinsichtlich der Entwicklung von Industrie und Landwirtschaft, der Existenz genossenschaftlichen, staatlichen und privaten Eigentums an Produktionsmitteln und dessen Realisierung sowie für die Dortentwicklung als immanenter Bestandteil der Gesellschaftsentwicklung zu gewährleisten.
Den Traditionen des Genossenschaftswesens in der Land- und Nahrungsgüterwirtschaft sollte in ihrer Vielfalt und Entwicklungsmöglichkeit grundsätzlich Rechnung getragen werden. Wichtigste Voraussetzung für die gesellschaftliche Entfaltung der verschiedenen Eigentumsformen ist die verfassungsmäßige Garantie und der Schutz des Eigentums.

2. Das LPG-Gesetz und die gesamte genossenschaftliche Gesetzgebung sind mit den Anforderungen der Wirtschaftsreform in Übereinstimmung zu bringen. Durch die ausschließliche Rechtsbindung der Tätigkeit der Genossenschaften und die Gestaltung der genossenschaftlichen Verhältnisse auf der Grundlage von Gesetz und Statut ist zu sichern, daß genossenschaftliche Eigenverantwortung und Selbstverwaltung nicht mehr durch Detailregelungen in Rechtsvorschriften unterlaufen werden können. Der mannigfaltigen Gestaltung der genossenschaftlichen Verhältnisse ist entsprechend der Vielfalt der Bedingungen durch eigenverantwortliche Regelung in den Statuten der Genossenschaften breiter Raum zu geben.

Genossenschaftliches Unternehmertum ist als grundlegendes Prinzip effektiver markt- und ökologieorientierter Wirtschaften rechtlich zu sichern. Für das genossenschaftliche Wirtschaften sind solche ökonomisch-rechtlichen Bedingungen zu schaffen, daß sowohl im Verhältnis der Genossenschaft zum Mitglied als auch der Genossenschaft zum Bürger, dessen Eigentum genossenschaftlich genutzt wird, die verfassungsrechtliche Stellung des Eigentums voll zum Tragen kommt.

Durch das Ministerium für Land-, Forst- und Nahrungsgüterwirtschaft ist in Zusammenarbeit mit Praktikern und zuständigen wissenschaftlichen Einrichtungen sowie den gesellschaftlichen und genossenschaftlichen Organisationen unmittelbar mit der Neufassung des LPG-Gesetzes zu beginnen. Der Entwurf wird öffentlich zur Diskussion gestellt.
Sofortige Neuregelungen in Ergänzung des gültigen LPG-Gesetzes sind notwendig hinsichtlich

- Umwandlung von Inventarbeiträgen in Genossenschaftsanteile,
- der möglichen Regelung zur Aufgabe und zum Erwerb von Genossenschaftsanteilen,
- Gewinnbeteiligungen aus Genossenschaftsanteilen bis zu einer Höchstgrenze,
- Auszahlung von Bodenanteilen an Rentner sowie
- Auszahlung von Bodenanteilen für Erben innerhalb von 10 Jahren.

Zu präzisieren sind das Bodennutzungsrecht der Genossenschaften, ihre Fondsbeziehungen sowie die Rechtspflichten beim Ausscheiden von Mitgliedern.

Kollektive und individuelle Bewirtschaftungsformen auf vertraglicher Grundlage mit LPG und VEG sind im Grundsatz den neuen Bedingungen entsprechend zu regeln.

3. Die wirtschaftsrechtlichen Regelungen müssen Sicherheiten für die Organisation der Vielfalt der Formen der Wirtschaftsorganisation in der Land-, Forst- und Nahrungsgüter-

Dokument 13/2, Entwurf vorgelegt von Minister Wiedemann: Konzeption zur Vorbereitung, Ausgestaltung und Durchführung der Wirtschaftsreform in der Land-, Forst- und Nahrungsgüterwirtschaft (Information 13/2); Seite 20 von 21

wirtschaft, insbesondere hinsichtlich der Spezifik des Zusammenwirkens von Primärproduktion, Verarbeitung und Handel in Verbänden und Vereinigungen schaffen.

Die Möglichkeiten der Tätigkeit von Verbänden und Vereinigungen zur Vertretung und Durchsetzung der Interessen der Bauern und Arbeiter, der Genossenschaften, Betriebe und Einrichtungen, zur Förderung der Zusammenarbeit und gemeinsamer Wirtschaftstätigkeit sowie zur Organisation genossenschaftlicher Versorgungs- und Absatzorganisationen (unter Einschluß internationaler Wirtschaftsbeziehungen) sind auszubauen.

Die gewinnbezogene Beteiligung von Landwirtschaftsbetrieben sowie Einzelpersonen an der Errichtung und dem Ausbau von genossenschaftlichen und staatlichen Betrieben der Aufbereitung und Verarbeitung landwirtschaftlicher Rohstoffe, der Durchführung anderer Produktion und von Dienstleistungen sowie von Handelsorganisationen ist auszugestalten. Spezifische Bedingungen der Land-, Forst- und Nahrungsgüterwirtschaft bei der Neubildung von Genossenschaften, Betrieben, Unternehmen einschließlich mit gemeinschaftlichem Eigentum sind zu berücksichtigen.

4. Die freie vertragliche Vereinbarung für eine bedarfsgerechte Vertragsproduktion unter marktwirtschaftlichen Bedingungen ist zu gewährleisten. Bei ständiger kooperativer Zusammenarbeit (Verbände, Vereinigungen usw.) gilt uneingeschränkt das Prinzip der eigenverantwortlichen Vereinbarung der Partner über Preise und Konditionen auf der Grundlage von Kooperationsregelungen und Wirtschaftsverträgen.

Es müssen kurzfristig die gesetzlichen Bestimmungen für den Übergang zur Vertragsproduktion unter marktwirtschaftlichen Bedingungen geschaffen werden. Das betrifft insbesondere die Rechte und Pflichten der Vertragspartner, Preisbedingungen für vertragsgerechte und über Verträge hinausgehende Produktion, Abnahmebedingungen u.a.

Für die Herausbildung eines Futtermittelmarktes sind Übergangsregelungen zu schaffen (Reservefondsbildung, verantwortliche Großhandelsbetriebe, Preisbildung).

5. Im Rahmen rechtlicher Gesamtregelungen in der Volkswirtschaft zur Wirtschaftsreform ist zu gewährleisten, daß

- in der Betriebs- und Arbeitsgesetzgebung die Besonderheiten der VEG und ihrer Zusammenarbeit mit LPG im Territorium sowie die Spezifik der Tätigkeit der Landarbeiter und die speziellen Erfordernisse des Wirtschaftens der anderen volkseigenen Betriebe der Land-, Forst- und Nahrungsgüterwirtschaft insbesondere im Rahmen von Kooperationsketten,

- in der Umweltgesetzgebung die Anforderungen einer umweltgerechten Agrarproduktion,
- Überarbeitung bzw. Neufestlegung der gesetzlichen Regelungen zur Berichtspflicht, zum Datenschutz, zur Datenkommunikation und Kommerzialisierung von Informationssystemen,
- in der Steuer- und Abgabenregelung die Durchgängigkeit und Einheitlichkeit für alle Betriebe und Eigentumsformen bei spezifischer Beachtung des Bodens,
- die Bedingungen der Land-, Forst- und Nahrungsgüterwirtschaft beim Übergang von der staatlich-administrativen zur Leitung mit ökonomischen Mitteln für die Realisierung gesamtgesellschaftlicher Interessen Berücksichtigung finden.

Die Gesetzesgrundlagen der Bodennutzung und des Bodenschutzes einschließlich künftiger alternativer Nutzungsmöglichkeiten sind zu überarbeiten.

6. Zur Gewährleistung einer ökologiegerechten Nutzung des Waldes unter marktwirtschaftlichen Bedingungen ist eine Waldgesetzgebung geboten, die

- die zukunftsorientierten Anforderungen der Gesellschaft an den Wald aller Eigentumsformen regelt,
- die ökologische und wirtschaftliche Funktion der Waldbestände dauerhaft gewährleistet,
- den Schutz der Wälder und des Waldbodens gewährleistet und ihre landeskulturelle Wirksamkeit sichert,
- die Kontrolle der Waldentwicklung durch die Öffentlichkeit regelt,
- die komplexe Reproduktion der Naturressourcen einschließlich der sinnvollen Entwicklung von Flora und Fauna im Interesse ökologischer Landnutzung gewährleistet,
- die Wahrnehmung der staatlichen Hoheitsaufgaben der Forstwirtschaft sowie
- die Waldnutzung und den Waldaufenthalt der Bürger regelt.

Die Schaffung dieser agrar- und wirtschaftsrechtlichen Regelungen sollte in voller Übereinstimmung mit dem Plan der Gesetzgebung sowie den Veränderungen im gesellschaftlichen Leben insgesamt erfolgen und der stufenweisen Realisierung der Wirtschaftsreform entsprechen.

Runder Tisch   Information 13/2
13. Sitzung
19.2.1990

Ministerrat
der Deutschen Demokratischen Republik

> Beschluß des Ministerrates
> 14 / 1. 20 / 90
> vom 15. Februar 1990

Betrifft: Beschluß über Freistellungen in Vorbereitung der Volkskammerwahlen

Der beiliegende Beschluß wurde bestätigt.

gez. H. Modrow

Verteiler:
Mitglieder des Ministerrates
Leiter anderer zentraler Staatsorgane
Oberbürgermeister von Berlin
Vorsitzende der Räte der Bezirke
Vorsitzende der Räte der Kreise
Bürgermeister der Städte und Gemeinden

Für die Richtigkeit:

Sekretariat des Ministerrates

Dieser Beschluß ist nach Realisierung zu vernichten; die Archivierung erfolgt durch den Herausgeber.

Dokument 13/3, Erklärung LDP: Zum Schutz des Eigentums der DDR und ihrer Bürger (Information 13/5); fehlt

Dokument 13/4, Beschluß des Ministerrates: Freistellung in Vorbereitung der Volkskammerwahlen; Seite 1 von 3

Ministerrat 2

Beschluß

über Freistellungen in Vorbereitung der Volkskammerwahlen
vom 15. Februar 1990

1. Mitglieder der Vorstände und Sprecher- bzw. Sprecherinnenräte der Parteien und politischen Vereinigungen, die sich an den Wahlen zur Volkskammer am 18. März 1990 mit Wahlvorschlägen beteiligen, können zur Vorbereitung der Wahlen von ihrer beruflichen Tätigkeit freigestellt werden, soweit sie nicht hauptamtlich in den Parteien und politischen Vereinigungen tätig sind. Das gilt für alle Ebenen der Parteien und politischen Vereinigungen.

2. Auf Antrag der Parteien und politischen Vereinigungen sind die erforderlichen Freistellungsbescheinigungen zur Vorlage gegenüber den Betrieben, Genossenschaften und Einrichtungen auszustellen. Die Ausstellung erfolgt für

   - Mitglieder der Vorstände und Sprecher- bzw. Sprecherinnenräte der zentralen Leitungen durch das Ministerium für Arbeit und Löhne.

   - Mitglieder der Vorstände und Sprecher- bzw. Sprecherinnenräte anderer Ebenen durch den für die jeweilige Ebene zuständigen Vorsitzenden des örtlichen Rates.

3. Für die Ausgleichs- bzw. Entschädigungszahlungen gelten folgende Regelungen:

   - Mitglieder der Vorstände und Sprecher- bzw. Sprecherinnenräte der Parteien und politischen Vereinigungen, die in einem Arbeitsrechtsverhältnis stehen, erhalten von ihrem Betrieb für die Zeit der Freistellung von der Arbeit einen Ausgleich in Höhe ihres Durchschnittslohnes. Ist der tatsächliche Verdienstausfall höher, wird ihnen vom Betrieb als Ausgleich der Betrag gezahlt, den sie als Verdienst erzielt hätten. Die Freistellung darf nicht zu einer Minderung der Jahresendprämie führen.

   - Mitglieder der Vorstände und Sprecher- bzw. Sprecherinnenräte der Parteien und politischen Vereinigungen, die Mitglieder von Produktionsgenossenschaften sind, erhalten durch die Pro-

3

duktionsgenossenschaft für die Zeit der Freistellung einen
Ausgleich in Höhe ihrer bisherigen Durchschnittsvergütung.
Die Berechnung des Ausgleichs für Mitglieder der Vorstände
und Sprecher- bzw. Sprecherinnenräte der Parteien und politischen Vereinigungen, die Mitglieder von landwirtschaftlichen Produktionsgenossenschaften sowie von Produktionsgenossenschaften werktätiger Fischer sind, erfolgt auf der
Grundlage des Durchschnitts der im letzten Kalenderjahr geleisteten Arbeitseinheiten und der im Betriebsplan der Genossenschaften festgelegten Geld- und Naturalvergütung je Arbeitseinheit. Die Berechnung des Ausgleichs für Mitglieder
der Vorstände und Sprecher- bzw. Sprecherinnenräte der Parteien und politischen Vereinigungen, die Mitglieder von Produktionsgenossenschaften des Handwerks sind, erfolgt gemäß
Ziff. 3, 1. Stabstrich.

Im Ausnahmefall können auf Antrag der Produktionsgenossenschaft durch den zuständigen örtlichen Rat die für die Ausgleichszahlung aufgewandten Mittel ganz oder teilweise erstattet werden.

- Mitglieder der Vorstände und Sprecher- bzw. Sprecherinnenräte
  der Parteien und politischen Vereinigungen, die Kommissionshändler, selbständige Handwerker, Gewerbetreibende oder sonstige selbständig bzw. freiberuflich Tätige sind, erhalten
  auf Antrag für den ihnen durch die Wahrnehmung ihrer Aufgaben
  entstehenden Verdienstausfall eine Entschädigung vom zuständigen örtlichen Rat. Der Verdienstausfall ist durch Vorlage
  des Steuerbescheides zu belegen. Die Entschädigungen werden
  wie Einkünfte aus der jeweiligen Erwerbstätigkeit besteuert
  und unterliegen der Beitragspflicht zur Sozialversicherung.
  Die Entschädigung für Verdienstausfall beträgt bis zu 10 M je
  Stunde, im Höchstfall 80 M täglich. Ist es Mitgliedern der
  Vorstände und Sprecher- bzw. Sprecherinnenräte der Parteien
  und politischen Vereinigungen nicht möglich, einen Nachweis
  über ihren Verdienstausfall zu erbringen, entscheidet der zuständige örtliche Rat über die Höhe der zu zahlenden Entschädigung.

Dokument 13/4, Beschluß des Ministerrates: Freistellung in Vorbereitung der Volkskammerwahlen; Seite 3 von 3

Dokument 13/5, Protest von 16 Rechtsanwälten: Gegen Vorverurteilungen; fehlt

Runder Tisch Vorlage Nr. 13/34
13. Sitzung
19. Februar 1990

Ausgehend vom Recht des Bürgers auf Schutz der Persönlichkeit
und Selbstbestimmung stellen die Mitglieder der Arbeitsgruppe
"Recht" fest, daß die Erfassung und Bearbeitung von Daten, wie
sie durch das ehemalige MfS bzw. das Amt für Nationale Sicherheit erfolgte, eine verfassungswidrige Verletzung von Bürgerrechten darstellt.

Mit dem Ziel, den verfassungsmäßigen Zustand wiederherzustellen
und um zukünftig einen Mißbrauch der gesammelten personenbezogenen Daten des ehemaligen MfS bzw. des Amtes für Nationale
Sicherheit weitgehendst auszuschließen und eine unverzügliche
vollständige Zerstörung der Strukturen dieser Organe bis hin
zur physischen Vernichtung ihrer materiellen Datenträger zu
sichern, empfehlen die Arbeitsgruppen "Recht" und "Sicherheit"
dem Runden Tisch zu beschließen:

1. Die physische Vernichtung aller magnetischen Datenträger
   (Magnetbänder, Wechselplatten, Disketten, Kassetten) mit personenbezogenen Daten, einschließlich der dazugehörigen magnetischen Datenträger mit der Anwendersoftware, am Ort ihrer
   Aufbewahrung unter Leitung von Vertretern der Regierung, bei
   Kontrolle des Runden Tisches und im Beisein der Bürgerkomitees.
   Als zweckmäßige Technologien der Vernichtung sind die Verbrennung bzw. mechanische Zerstörung der Datenträger zu nennen.

2. In Vorbereitung der physischen Vernichtung der magnetischen
   Datenträger zu personenbezogenen Daten ist eine vollständige
   Aufstellung aller vorhandenen derartigen Datenträger (auch
   der Sicherheitskopien) durch die ehemaligen Nutzer anzufertigen
   und eidesstattlich zu beglaubigen.

   Die Projektunterlagen sind zu archivieren, um eine Analyse der
   Tätigkeit des AfNS, der Art und Weise der Datenerfassung und
   -auswertung auch in Zukunft zu ermöglichen und um gegebenenfalls
   die strafrechtliche Relevanz dieser Vorgänge zu überprüfen.

3. Die Vernichtung der magnetischen Datenträger ist bis zum 9.3.90
   abzuschließen, um eine Rechenschaftslegung über die vollständige
   Vernichtung am 12. 3. 1990 vor dem Runden Tisch zu gewährleisten.

   AG "Sicherheit"
   AG "Recht"

Dokument 13/6, Protokoll dreier Sitzungen der AG "Sicherheit"; Seite 1 von 9

152

Berlin, den 12. 02. 1990

Festlegungsprotokoll
der Beratung der AG Sicherheit
am 09. Februar 1990

Teilnehmer: lt. Anwesenheitsliste

Es wurden folgende Festlegungen getroffen:

1. Dem Vorschlag zur weiteren Verfahrensweise mit magnetischen Datenträgern und Projektunterlagen zu personenbezogenen Daten wurde mehrheitlich zugestimmt. Der aus objektiven Gründen nicht anwesenden Grünen Partei wurde die Möglichkeit eines Minderheitsvotums eingeräumt (Grüne Partei in Halle zum Parteitag).

   Der Regierungsvertreter wird gebeten, unverzüglich in dieser Angelegenheit den Vorschlag der Regierung vorzulegen. Der zentrale Runde Tisch ist davon zu informieren - siehe auch Festlegung vom 06. 02. 1990 - (Wortlaut des Vorschlages siehe Anlage 1).

2. Information durch Herrn Eichhorn zu Festlegungen des Ministerrates bezüglich der Bildung eines Komitees zur Auflösung des ehemaligen AfNS.

   Die AG Sicherheit nimmt die Information zur Kenntnis und empfiehlt, in diesem Zusammenhang den Entwurf eines Einzelbeschlusses nicht zu behandeln, da diese Themen im Komplex inhaltlich zwischenzeitlich von der Regierung Beachtung fanden.

3. Beschluß der AG Sicherheit vom 09. 02. 1990 betreffend die Verwendung der in der Dokumentenabteilung des ehem. MfS/AfNS archivierten Materialien (Anlage 2).

4. Beschluß der AG Sicherheit vom 09. 02. 1990 bezüglich des Zusammenwirkens mit der Untersuchungskommission zu Ereignissen am 6./7. Oktober 1989 (Anlage 3).

5. Die Arbeitsgruppe Sicherheit des zentralen Runden Tisches nimmt einen Bericht von Mitgliedern der AG entgegen bezüglich des Objektes Freienwalder Straße Haus 3 und dessen zukünftige Funktion. Der Berichterstattung wird zugestimmt. Es wird festgelegt, dazu folgende Pressemitteilung zu veröffentlichen:

153

02

Pressemitteilung
(nur im Wortlaut und ungekürzt zu veröffentlichen)
Berlin, 08. 02. 1990

Auflösung von Objekten des ehemaligen MfS/AfNS

Im Ergebnis konstruktiver Zusammenarbeit von Vertretern der Arbeitsgruppe Sicherheit des zentralen Runden Tisches, des Bürgerkomitees Normannenstraße, Arbeitsgruppe 2, Akten, und des Zentralen Staatsarchivs konnte auf Beschluß der Arbeitsgruppe Sicherheit dem Zentralen Staatsarchiv das Objekt Freienwalder Straße, Haus 3, übergeben werden. Hier befinden sich historisch wertvolle Akten, vorrangig von Justizbehörden aus der Zeit vor 1945, die für die Verfolgung von Nazi- und Kriegsverbrechern genutzt worden sind und in die Zuständigkeit des Zentralen Staatsarchivs gehören. Diese historisch bedeutsamen Dokumente können nach wissenschaftlicher Aufarbeitung nun erstmalig der wissenschaftlichen Forschung des In- und Auslandes zur Verfügung gestellt werden.

6. Die Arbeitsgruppe nahm einen Bericht der AG Gebäude des Bürgerkomitees Normannenstraße mit großem Interesse entgegen und gab in übereinstimmenden Standpunkten den sachlich kritischen Ausführungen des Vorsitzenden ihre Zustimmung. Es bestand Konsens, daß die AG Gebäude 14tägig zum Stand der Übergabe berichtet. Abgestimmtes Vorgehen und gemeinsame Standpunkte sind dadurch besser möglich.

7. Die Empfehlung der Regierung zur Arbeitsweise, zu Rechten und Pflichten der Bürgerkomitees ist diesen zur Kenntnis zu geben.
   V.: Koordinator, Bürgerkomitees, Herr Wiedenhöft

8. Die AG Sicherheit nahm einen Bericht zur Verlegung der Abt. XV entgegen und beauftragte Herrn Wiedenhöft, eine Konzeption zur Verlegung von Teilen der Abteilung nach Karlshorst am 13. 02. 90 der AG Sicherheit vorzulegen.

9. Die AG Sicherheit dankt der Delegation des Bürgerkomitees Magdeburg für ihre Information und ist der Auffassung, regelmäßig in den Sitzungen der AG Primärinformationen aus dem Bezirk direkt entgegenzunehmen.

Dokument 13/6, Protokoll dreier Sitzungen der AG "Sicherheit"; Seite 3 von 9

03 154

10. Die AG Sicherheit stimmt dem Antrag von Herrn Brinksmeier zu, das operative Fernsehen des Präsidiums der Volkspolizei Berlin für den Verkehrsknoten Alexanderplatz weiter zu betreiben. Die AG Sicherheit behält sich entsprechende Kontrollen vor.

11. Herr Eichhorn informierte in Realisierung der Empfehlung der AG Sicherheit zum Punkt 5 der Sitzung vom 06. 02. 1990 am 13. 02. 1990 erneut.

12. Festlegungen zur Dienststelle und zur telef. Verständigung. Nächste Beratung: Dienstag, 13. 02. 1990, 09.00 Uhr.

155

Anlage 1

Vorschlag zur weiteren Verfahrensweise mit magnetischen Datenträgern und Projektunterlagen zu personenbezogenen Daten

Mit dem Ziel, den verfassungsmäßigen Zustand wiederherzustellen wird die physische Vernichtung aller magnetischen Datenträger (Magnetbänder, Wechselplatten, Disketten, Kassetten) mit personenbezogenen Daten, einschließlich der dazugehörigen magnetischen Datenträger mit der Anwendersoftware, am Ort ihrer Aufbewahrung unter Leitung von Vertretern der Regierung, bei Kontrolle des Runden Tisches und im Beisein der Bürgerkomitees vorgeschlagen. Als zweckmäßige Technologien der Vernichtung sind die Verbrennung bzw. mechanische Zerstörung der Datenträger zu nennen.

In Vorbereitung der physischen Vernichtung der magnetischen Datenträger zu personenbezogenen Daten ist eine vollständige Aufstellung aller derartigen Datenträger (auch der Sicherheitskopien) durch die ehemaligen Nutzer anzufertigen und eidesstattlich zu beglaubigen.

Die Projektunterlagen sind zu archivieren, um eine Analyse der Tätigkeit des AfNS, der Art und Weise der Datenerfassung und -auswertung auch in Zukunft zu ermöglichen und um gegebenenfalls die strafrechtliche Relevanz dieser Vorgänge zu überprüfen.

Alle anderen magnetischen Datenträger bis zum 09. 02. 1990 stillgelegter Projekte des AfNS, die keine personenbezogenen Daten enthalten, sind zu löschen und einer volkswirtschaftlichen Verwendung zuzuführen.

Anlage 2

Beschluß der AG Sicherheit des Zentralen Runden Tisches betreffend die Verwendung der in der Dokumentenabteilung des ehemaligen MfS/AfNS archivierten Materialien

Es handelt sich bei diesem Akten um Befehle und Schreiben des Ministers für Staatssicherheit aus dem Zeitraum von 1950 - 1989.
Diese Materialien enthalten keine Angaben, die eines speziellen Personen- oder Datenschutzes bedürfen. Sie geben unter anderem Auskunft über die Struktur, die Arbeitsweise und die politische Zielstellung des Amtes.
Die Öffentlichkeit hat das Recht, über diese Zusammenhänge informiert zu werden. Insbesondere die Arbeit verschiedener Untersuchungskommissionen ist nur dann sinnvoll, wenn sie sich auf das einschlägige Aktenmaterial dieser Dokumentationsabteilung stützen kann. Nur so kann einer anhaltenden Verunsicherung der Bevölkerung entgegengewirkt werden. Hinzu kommen nicht autorisierte Veröffentlichungen in westlichen Zeitschriften (Spiegel, Stern u.a.), in denen angebliche oder tatsächliche Dokumente des ehemaligen MfS / AfNS benutzt werden.

Angesichts dieser Situation halten wir es für dringend erforderlich, sofort mit der sachgerechten Aufarbeitung der Dokumente zu beginnen.

Wir schlagen vor, die kooptierten Sachverständigen der AG Sicherheit des Zentralen Runden Tisches, Dr. Armin Mitter und Dr. Stefan Wolle, mit der Erstellung einer Dokumentation über die Vorgeschichte und die Ereignisse des 7. - 9. Oktober 1989 zu beauftragen. Sie arbeiten dabei eng mit der AG Akten des Bürgerkomitees Normannenstraße zusammen. Jede Aktenkopie wird protokolliert.
Die Dokumentenpublikation liegt der AG Sicherheit des Zentralen Runden Tisches im Manuskript bis Ende Februar vor und wird anschließend so schnell wie möglich zum Druck befördert. Vor Veröffentlichung erfolgt eine Abstimmung mit der ermittelnden Staatsanwaltschaft.

Anlage 3

Beschluß der AG Sicherheit des Zentralen Runden Tisches

Hiermit beschließt die AG Sicherheit des Zentralen Runden Tisches der Untersuchungskommission zu den Ereignissen am 6./7. Oktober 1989 folgende Dokumente zur Verfügung zu stellen, die aus der Dokumentenstelle des ehemaligen MfS/AfNS stammen:

- Fernschreiben, 05. 10. 1989, VVS-o008, MfS-Nr.: 69/89;
- Schreiben, 08. 10. 1989, VVS-o008, MfS-Nr.: 70/89;
- Schreiben, 08. 10. 1989, ohne Nummer.

Festlegungsprotokoll
der Beratung der AG - Sicherheit vom 6.2.1990

Teilnehmer: 13 stimmberechtigte Mitglieder sowie Herr Peter (Regierungsvertreter), Herr Hofmann (Generalstaatsanwaltschaft) und Herr Bäcker (AfNS).
Von den am Runden Tisch vertretenen Parteien und Bewegungen waren vertreten: CDU, NDPD, LDPD, SPD, PDS, VdgB sowie DBD, Neues Forum, Vereinigte Linke, Grüne Partei, Initiative für Frieden und Menschenrechte und Ev. Kirche.

Es wurden folgende Festlegungen getroffen:

1. Beschlußkontrolle zum Protokoll vom 30.1.90

   Zu 1.: Herr Peter Wiederhöft (Bürgerkomitee Berlin) wird als Koordinator für die Zusammenarbeit mit den Bürgerkomitees und den Regierungsbeauftragten der Bezirke bestätigt.
   Die nächste Zusammenkunft mit den Vertretern der Bezirke erfolgt am 16.2.1990 im Objekt Klosterstraße.

   Zu 2.: Die Endredaktion der Beschlußvorlage zur Entbindung von der Schweigepflicht erfolgt am 6.2.1990, die Beschlußfassung ist für den 8.2.1990 vorgesehen.
   Entsprechend der Information von Herrn Peter ist der Pkt. 2.b) des Festlegungsprotokolles gegenstandslos, da die Mitarbeiter der Post von ihren Leitern von ihrer Schweigepflicht entbunden werden können.

   Zu 3.: Die Vorlage wurde entsprechend den am Runden Tisch vom 5.2.1990 gegebenen Hinweisen überarbeitet und der Dreiergruppe (Herrn Fischer) zur Weiterleitung an die Regierung übergeben.

   Zu 4.: Wird realisiert.

   Zu 5.: Herr Peter wurde gebeten, in der Beratung am 9.2.1990 über den Stand der Realisierung zu informieren.

   Zu 6.: Der Koordinator für die Zusammenarbeit mit den Bezirken wurde beauftragt, die Übergabe der Protokolle an die Bürgerkomitees zu sichern.

2. Beschlußkontrolle zum Protokoll vom 2.2.1990:

Zu Pkt. 5. u. 10.: Beide Punkte wurden auf den 9.2.1990 vertagt. Die Teilnahme von Vertretern der erforderlichen Arbeitsgruppen des Bürgerkomitees Normannenstraße ist durch den Koordinator zu sichern.

3. Die AG nahm eine Information und den Antrag des Bürgerkomitees Berlin zum Bestand und die sofortige physische Vernichtung elektronischer Datenträger der Personenregistratur, die im Objekt Wuhlheide lagern, entgegen.
Zur Herbeiführung der erforderlichen politischen Entscheidung durch die Regierung wurde Herr Peter und die Dreiergruppe beauftragt.
Der Problemkreis ist gemeinsam mit dem Pkt.6. des Festlegungsprotokolls vom 2.2.1990 in der Beratung der AG - Sicherheit am 9.2.1990 zu behandeln.

4. Herr Eichhorn informierte über das Anliegen des Entwurfes eines Regierungsbeschlusses zur Bildung einer Dienststelle zur Auflösung des MfS/AfNS. Dazu wird die AG - Sicherheit über die Dreiergruppe in einer gemeinsamen Beratung am 6.2.90 ihre Zuarbeit leisten. Herr Eichhorn wurde gebeten, über den Beschluß in der Beratung der AG - Sicherheit am 9.2.90 zu berichten.

5. Herr Eichhorn gab der AG - Sicherheit eine schriftliche Information zur Regelung sozialer Maßnahmen (finanziell) beim Ausscheiden ehemaliger Mitarbeiter des MfS/AfNS zur Kenntnis und Standpunktbildung.
Die AG beschließt die Überarbeitung folgender Sachverhalte:

5.1. Bei der Anwendung der Regelungen des AGB zu Ausgleichszahlungen bei Einkommensminderungen als Ausgangsgehalt von vergleichbaren Gehältern der Wirtschaft auszugehen, die einem ähnlichen Bildungs,- und Verantwortungsbereich entsprechen.

5.2. Bei der Berechnung von Rentenansprüchen ist in gleicher Weise von äquivalenten Gehaltsansprüchen zu Einkünften in der Wirtschaft auszugehen. Bis zur Neuberechnung der Renten darf die Höhe der Rentenzahlung die Durchschnittsrente der DDR nicht überschreiten.

5.3. Die Gewährung von Übergangsgebührnissen ist damit hinfällig.

5.4. Herr Eichhorn wird beauftragt, die in der Diskussion gegebenen Hinweise und erhobenen Forderungen der Regierung vorzutragen und bei der Erarbeitung von Regelungen zu berücksichtigen.

5.5. Die Information wurde eingezogen und ist von den Mitgliedern der AG als vertraulich zu behandeln.

6. Die AG nahm eine mündliche Information zur Existenz und dem weiteren Betreiben von gedeckten Führungspunkten als Nachrichtenknotenpunkte entgegen.
Die Kontrollgruppen der AG konnten keine eindeutigen Antworten zu Fragen der materiell - technischen und personellen Übernahme der Objekte durch das Ministerium für Nationale Verteidigung und das MfIA erhalten.
Es wurde festgelegt, daß sich die Dreiergruppe zur Klärung des Sachverhaltes an beide Minister wendet.

7. Für die AG - Sicherheit wurde zur besseren materiellen Sicherstellung ein Beratungsraum im Wohnheim Gotlindestraße zur Verfügung gestellt. Erste Beratung in diesem Objekt: 9.2.1990. 9.00 Uhr.

F.d.R: E i c h l e r

161

Festlegungsprotokoll
der Beratung der AG Sicherheit vom 30. Januar 1990

Teilnehmer: 14 Mitglieder sowie Herr Peter (Regierungsvertreter) und die Herren Neumann und Herms (MfIA). Von den am Runden Tisch vertretenen Parteien und Bewegungen waren vertreten: CDU, LDPD, NDPD und VdgB sowie SPD, Neues Forum, Vereinigte Linke und Initiative für Frieden und Menschenrechte (IFM).

Es wurden folgende Festlegungen getroffen:

1. Es ist zu sichern, daß künftig alle Bürgerkomitees kompetente Vertreter zu den gemeinsamen Beratungen mit der AG entsenden. Diesem Ziel dient auch die Festlegung, daß künftig an den gemeinsamen Beratungen am Freitag regelmäßig Regierungsvertreter teilnehmen.

2. Entgegengenommen wurde eine Erklärung des Regierungsvertreters Peter über den Entwurf eines Regierungsbeschlusses über die Entbindung der Mitarbeiter des ehem. MfS/ANS von ihrer Schweigepflicht gegenüber Untersuchungsorganen. Die AG empfiehlt
   a) dies zum Beschluß des Ministerrates zu erheben und
   b) eine ähnliche Regelung für Mitarbeiter des Post- und Fernmeldewesens, bei Wahrung des Postgeheimnisses, zu treffen.

3. Die AG Sicherheit stimmt vorbehaltlich der Zustimmung des Runden Tisches der Übernahme von Spezialisten des ehem. MfS/ANS in die Dienste der HA Kriminalistik des MfIA unter folgenden Voraussetzungen zu:
   a) daß diese Spezialisten zur Lösung der dem MfIA neu übertragenen Aufgaben unbedingt erforderlich sind,
   b) damit keine Strukturen des ehem. MfS/ANS übernommen und diese Spezialisten nicht in leitende Funktionen eingesetzt werden,
   c) die Einstellung der Spezialisten zunächst bedingt erfolgt (eine Art Probezeit arbeitsrechtlich verankert wird),
   d) in die Einstellungsvorgänge und -gespräche gewählte Interessenvertreter der VP-Angehörigen einbezogen werden und über deren Ergebnisse der Runde Tisch informiert wird.
Entsprechende Regelungen werden auch für die Bezirke empfohlen. Diese Erklärung wird dem Zentralen Runden Tisch zur Entscheidung überwiesen. Zugleich wird empfohlen, eine ähnliche Verfahrensweise für andere neue Aufgabenbereiche des MfIA anzuwenden. Die in das MfIA übernommenen Spezialisten des ehem. MfS/ANS sind zur Verfassungstreue zu verpflichten.

4. Zum Antrag des Generalstaatsanwalts vom vergangenen Freitag (26.1.) wurde beschlossen, eine begrenzte Zahl von Originalakten nach erfolgter eingehender und detaillierter Registrierung dem Obersten Gericht zur Einleitung von Rehabilitationsverfahren zur Verfügung zu stellen.

5. Die AG befürwortet die Zusammenstellung einer Hilfssendung nach Rumänien aus Beständen des ehem. MfS/ANS im Wert von etwa 4 Mill. Mark unter der Voraussetzung
   a) der vorherigen hygienischen Begutachtung der Konserven und Lebensmittel sowie
   b) der Kontrolle der Verladung der Hilfsgüter durch Bürgerkomitee und Regierungsvertreter.

6. Festlegungsprotokolle der AG werden künftig auch den Bezirken zugeleitet.

Berlin, den 30. Januar 1990

Runder Tisch   VdgB

14. Sitzung

19. Februar 1990   Vorlage-Nr. 13/10

Die VdgB erklärt, daß sie der überarbeiteten Konzeption zur Vorbereitung, Durchführung der Wirtschaftsreform in der Land-, Forst- und Nahrungsgüterwirtschaft vom 12. 02. 1990, in die auch viele Hinweise der Vorlage Nr. 11/14 vom 05.02.1990 an den Runden Tisch eingegangen sind, in großen Teilen zustimmt. Zugleich wird der Antrag gestellt, daß der Runde Tisch die Regierung der DDR auffordert, im überarbeiteten Konzept folgende Veränderungen vorzunehmen:

1. Die VdgB wendet sich prinzipiell gegen die staatliche Zuweisung von Vertretungsansprüchen an Organisationen und Verbände. Die entsprechenden Passagen sind aus dem Konzept zu streichen. In welchem Umfang und wie politische, ökonomische und soziale Interessen der Genossenschaftsbauern und -gärtner bzw. Genossenschaften und VEG durch die VdgB, den noch zu bildenden Genossenschafts- und VEG-Verband oder durch die Landwirtschaftskammern wahrgenommen werden, entscheidet nach unserem Demokratieverständnis nicht der Staat, sondern ausschließlich die Organisationen und Verbände selbst.

2. Im Konzept fehlen zeitliche Vorstellungen zur Umstellung der Landwirtschaft auf Marktverhältnisse bzw. auf ihre Integration in den EG-Agrarmarkt. Gefordert wird die Erarbeitung eines langfristigen, auf mindestens 10 Jahre ange-

legten, Anpassungs- und Übergangskonzepts der Landwirtschaft an EG-Verhältnisse mit terminisierten Zwischenschritten. Ein solches Konzept ist im Interesse eines schnellen wirtschaftlichen Leistungsanstieges, der sozialen Abfederung und des ökologischen Umbaus in der Landwirtschaft lebensnotwendig.

3. Der beabsichtigten Einführung von Vertragspreisen für Schlachtvieh, Milch und Eier noch 1990 stimmen wir zu. Dies setzt jedoch den Abschluß von Lieferverträgen zwischen den Landwirtschafts- und den Verarbeitungsbetrieben voraus. Wir protestieren gegen die durch die Monopolstellung der Verarbeitungsbetriebe verursachte 100 %ige Verlagerung des Produktionsrisikos auf die Agrarbetriebe und fordern die Regierung auf, Maßnahmen einzuleiten, damit sofort Lieferverträge für das gesamte Jahr 1990 abgeschlossen werden.

4. Wir fordern nochmals, im Interesse der Vermeidung von Landflucht, der Erhaltung unserer Kulturlandschaft und der Dörfer die Festschreibung der Einkommensparität zwischen Industrie und Landwirtschaft als _einer_ Grundlage für die Bildung staatlicher Orientierungspreise für landwirtschaftliche Hauptprodukte.

Wir wenden uns gegen die Beibehaltung der Preisbindung für Obst und Gemüse im Jahre 1990. Durch die freie Preisbildung für importiertes Obst und Gemüse entstehen auf diese Weise Wettbewerbsverzerrungen und -nachteile für die DDR-Landwirt-

Dokument 13/7, Stellungnahme und Antrag VdgB: Zum Regierungsentwurf gemäß Information 13/2 (Vorlage 13/10); Seite 2 von 3

3

schaftsbetriebe.

5. Nicht zugestimmt wird dem Vorschlag, die Wälder auch zukünftig <u>einheitlich</u> durch staatliche Forstwirtschaftsbetriebe zu bewirtschaften. Genossenschaften und private Eigentümer müssen ein gesetzlich garantiertes Recht erhalten, ihre Waldflächen auch selbst bewirtschaften zu können.

Runder Tisch Vorlage Nr. 13/13
13. Sitzung
19. Februar 1990

Antrag an den 13. Runden Tisch

<u>Sofortige Umwandlung von Subventionen für Lebensmittelpreise in personengebundene Einkommensbeträge</u>

Begründung:

1. Warum soll keine Subventionierung von Endverbraucherpreisen (EVP) für Lebensmittel mehr stattfinden ?
1.1. Der infrage stehende Subventionsabbau ist als eine unabdingbare Voraussetzung für die künftige soziale Marktwirtschaft in der DDR anzusehen.
1.2. Subventionierung bedeutet künstliches, administratives Niedrighalten von Preisen <u>und</u> Einkommen. Werden Subventionen gestrichen und infolgedessen die EVP für Lebensmittel erhöht, so können und sollen die gestrichenen Subventionsmittel direkt für zusätzliches Einkommen ausgegeben werden.
1.3. Aus dem DDR-Staatshaushalt subventionierte Lebensmittel werden nicht nur an DDR-Bürger, sondern an jeden verkauft. Das ist seit Öffnung der Grenzen und Abschaffung des Mindestumtausches besonders nachteilig, zumal auch der Gaststättenumsatz stark gestiegen ist. Nach offiziellen Schätzungen gehen infolgedessen täglich im Durchschnitt 1o bis 15 Millionen Mark Subventionsmittel verloren.
1.4. Die künstlich niedrigen Preise führen zur Verschwendung von Lebensmitteln und zu einer falschen Ernährungsweise.
2. Wie soll der Subventionsabbau bei Lebensmittelpreisen erfolgen ?
2.1. Nachstehende Größenordnungen sind Grundlage:

```
1989 verwendete Subventionen für Lebensmittel        33 Mrd. M
davon gingen ab für den Verkauf an Nicht-DDR-Bürger   3  "   "
von DDR-Bürgern wurden demnach verbraucht            3o  "   "
Bevölkerungszahl in der DDR Ende 1989 ca. 16,3 Millionen
```

Aus dem Subventionsbetrag von 3o Mrd. M ergeben sich pro Kopf und Monat rund 15o M als künftig personengebundener Einkommenszuwachs. Dieser für jeden DDR-Bürger gleichhohe Betrag soll gezahlt werden für

    Werktätige als Zuschlag zu Lohn oder Gehalt
    Kinder als Zuschlag zum Kindergeld
    Studenten zum Stipendium
    Rentner als Rentenerhöhung

2

Und wer nicht zu diesen vier Verbrauchergruppen zählt, soll die 15o M ebenfalls als personengebundenen Betrag erhalten.

2.2. Die neuen, von Subventionen befreiten EVP für Lebensmittel liegen im Ministerium für Finanzen und Preise vor.

2.3. Die organisatorisch größte Belastung entsteht im Einzelhandel durch Inventur und Abrechnung sowie durch das Neudeklarieren der Preise.

3. Warum soll der Subventionsabbau bei Lebensmittelpreisen zum jetzigen Zeitpunkt stattfinden ?

3.1. Verschwendung und Zweckentfremdung der Subventionsmittel gehen Tag für Tag weiter und schwächen die Wirtschaft.

3.2. Die wirtschaftliche Reformfähigkeit der DDR wird bereits infrage gestellt. Mit der Reform von Lebensmittelpreisen würde aber rund die Hälfte des insgesamt notwendigen Subventionsabbaus verwirklicht, und zwar mit einem vertrauensbildenden Effekt in der Bevölkerung.

3.3. Der organisatorische Aufwand im Einzelhandel muß früher oder später in gleicher Weise bewältigt werden. Er ist zunächst ein einmaliger Schritt und stellt die notwendige Ausgangsbasis für künftige marktflexible Preise dar.

3.4. Es muß mit einer Währungsunion zwischen der BRD und DDR gerechnet werden, die auch schnell eintreten kann. Dann wird der bisherige DDR-Staatshaushalt nach anderen Prinzipien gestaltet, Verbraucherpreissubventionen, insbesondere für Lebensmittel, wird es nicht mehr geben. Die DDR ist gut beraten, wenn sie die erforderliche Preis-und Einkommensreform nach eigenen, sozialverträglichen Gesichtspunkten schon _vorher_ durchgeführt hat. Eine bessere Lösung als die hier vorgeschlagene wird es nicht geben.

3.5. Die Subventionsumwandlung in gleichhohe personengebundene Beträge von rund 15o M pro Monat bedeutet eine relative Begünstigung von sozial schwächeren Bevölkerungsgruppen, insbesondere von Familien und Alleinstehenden mit Kindern. Das erscheint jedoch angesichts einer noch unsicheren Zukunftsentwicklung als notwendige Grundlage berechtigt; denn künftiger Einkommenszuwachs wird erfahrungsgemäß zuerst bei Lohn- und Gehaltsempfängern eintreten, später bei Rentnern und ganz zuletzt für Kinder bzw. deren Erziehungsberechtigte. Daher sieht das NEUE FORUM hier eine sozialpolitisch beispielgebende Lösungsvariante

Runder Tisch Vorlage Nr. 13/25
13. Sitzung
19. Februar 1990

A n t r a g
der PDS an den Runden Tisch

Betr.: Forderungen an den Ministerrat der DDR zum Bodenreformeigentum

Der Runde Tisch möge beschließen:

1. Der Ministerrat der DDR wird aufgefordert, bei den Verhandlungen mit der Regierung der BRD zum Währungs-, Wirtschaft- und Sozialverbund beider deutscher Staaten sicherzustellen, daß die Ergebnisse der demokratischen Bodenreform unantastbar bleiben und in der Verfassung des künftigen einheitlichen deutschen Staates festgeschrieben werden.

2. Der Ministerrat der DDR ist zu veranlassen, dafür Sorge zu tragen, daß ausgehend von der marktwirtschaftlichen Orientierung unseres Landes und bei Sicherung der Gemeinnützigkeit des Bodens eine rechtliche Gleichstellung des Bodenreformeigentums mit dem Altbauerneigentum erfolgt.
Das erfordert eine Aufhebung des Verbots des Verkaufs, der Verpachtung und der Teilung von Bodenreformeigentum sowie der bestehenden erbrechtlichen Einschränkungen.

Dokument 13/9, Antrag PDS an den Ministerrat der DDR: Zum Bodenreformeigentum (Vorlage 13/25)

```
Arbeitsgruppe                           Vorlage 13/20
Ökologischer Umbau


Runder Tisch
13. Sitzung
19. 2. 1990
```

Ergänzung zur Vorlage 10/3 (gemäß Beschluß des Runden Tisches vom 29. 1. 1990)

Entsprechend den Beschlüssen der 10. Sitzung des Runden Tisches zu den Vorlagen 10/3 und 10/6 und unter Einbeziehung der Vorlagen 10/4 und 10/5 wird die Vorlage 10/3 zum ökologischen Umbau in der DDR durch die nachfolgend aufgeführten Festlegungen ergänzt:

1. Zu Abschnitt II/2: Informationspolitik

Nach Vorlage des Umweltberichtes der Regierung ist Punkt 2.1. wie folgt zu fassen:
Zukünftige Umweltberichte haben fundierte Umweltschadensanalysen (Landwirtschaft, Biotope, Artenschutz, Bodenbelastung, Lebensraumbewertung, Verbrauch von Naturrohstoffen usw.) einschließlich der finanziellen Bewertung zu enthalten.

Sie sind als Gesamtberichte verschiedener Ministerien und kompatibel zu entsprechenden BRD-Berichten zu gestalten. Es müssen in ihnen fundierte Aussagen über den Umweltzustand, die Sanierung von Umweltschäden, das umwelttechnologische Potential der Industrie sowie Umweltforschungsprojekte enthalten sein.

2. Zu Abschnitt II/3: Wissenschaftspolitik

Die am 29. 1. 1990 beschlossene Vorlage 10/6 ist Bestandteil der Ökologiekonzeption 10/3

3. Zu Abschnitt II/4: Industrie und Abproduktentsorgung

- Pkt. 4.5. wird wie folgt ergänzt:
  Bei notwendigen Stillegungen sind soziale Ausgleichmaßnahmen festzulegen und zu realisieren.

Dokument 13/10, Ergänzungsantrag AG "Ökologischer Umbau": Zur Vorlage 10/3 "Einbeziehung ökologischer Prinzipien in die Gestaltung der gesellschaftlichen und ökonomischen Entwicklung der DDR" (Vorlage 13/20); Seite 1 von 3

2

- Pkt. 4.7. ist wie folgt zu ergänzen:

    Vor dem weiteren Ausbau von Sondermüllverbrennungsanlagen sind alle Risiken und Kosten einschließlich der Folgekosten im Vergleich zu anderen möglichen Lösungen offenzulegen und abzuwägen.

- Zusätzlich wird aufgenommen:

    Der Uranbergbau ist einzustellen und in Verhandlungen mit der "SDAG Wismut" sind geeignete Maßnahmen zur Beseitigung der Folgeschäden (Altlastensanierung, Abraumeinsatz, Gesundheitsschädenausgleich über Risikofonds) festzulegen und zu realisieren.

4. Zu Abschnitt II/6: Land-, Forst- und Nahrungsgüterwirtschaft

    Punkt 6.1. erhält folgende Ergänzungen:

    - Stabstrich 1 (neue Fassung): Abbau der Nahrungsmittelsubventionen bei Ausgleich von Lohn, Renten, Stipendien, Kindergeld und anderen sozialen Leistungen.

    - Stabstrich 3 (neue Fassung): Gestaltung der Pflanzenproduktion nach den natürlichen Standortbedingungen, Schaffung und Wiederherstellung von Grünland- und Gehölzstreifen an den Oberflächengewässern und auf erosionsgefähredeten Großflächen (Minderung von Erosion und Stoffaustrag) mit dem Ziel einer ökologisch begründeten Gliederung der Ackerflur.

    - Zusätzlich wird aufgenommen:

        Vorrangige Erarbeitung einer Konzeption zur Landbewirtschaftung (einschließlich Gärten) in Gebieten mit hoher Belastung

    - Staatliche Stützungen für Agrochemikalien (für Landwirtschaft und Kleinverbraucher) sind im Zusammenhang mit der Wirtschaftsreform zu streichen. Die freiwerdenden Mittel sind der Landwirtschaft für ökologische Maßnahmen bereitzustellen. Gleichzeitig sind umweltfreundliche und praktische Anwendungsvorschriften und gesetzliche Regelungen zu erarbeiten und ihre Einhaltung unter gesellschaftliche Kontrolle zu stellen.

3

Minderheitenvotum: Die Einführung von Umweltabgaben in der Größenordnung einer Verdoppelung der Preise für Agrochemikalien ist vorzubereiten. Die hieraus resultierenden finanziellen Einnahmen sind der Landwirtschaft für umweltschonende Verfahren sowie ökologische Leistungen zuzuführen.

Dafür votierten: Grüne Liga, Grüne Partei.

Dagegen votierten: CDU, DBD, FDGB, LDP, PDS, VdgB.

5. Zu Abschnitt II/7: Orts- und Landschaftsgestaltung einschließlich der Einrichtung von Schutzgebieten

   - Pkt. 7.1., Stabstrich 5, wird wie folgt ergänzt: dabei schrittweise Schaffung eines Biotopverbundsystems

   - Zusätzlich wird aufgenommen:
     Jede künftige Siedlungspolitik hat die territoriale Integration von Arbeiten, Wohnen und Erholen unter Berücksichtigung ökologischer Gesichtspunkte anzustreben.

6. Zu Abschnitt II/8: Verkehrspolitik

   Die Attraktivität des öffentlichen Nah- und Fernverkehrs gegenüber dem individuellen Personenverkehr ist deutlich anzuheben. Die damit zusammenhängenden Entscheidungen sollten in einer AG "Verkehrspolitik" vorbereitet werden.

7. Die Vorlage 10/3 wird durch einen neuen Abschnitt II/9 zur Gesundheits- und Sozialpolitik ergänzt, der als Einzelmaßnahmen enthält:

   1. Überwachung des Krankheitsgeschehens in Belastungsgebieten; Ermittlung umweltbedingter Krankheitsursachen; schrittweises Ausschalten der morbiditäts- und mortalitätserhöhenden Einflüsse!.

   2. Bewertung des Gesundheitsrisikos in Belastungsgebieten auf der Basis von Unit-Risk-Schätzungen; Durchsetzen risikominimierender, umweltprophylaktischer und umwelttherapeutischer Maßnahmen.

   3. Aufklärung psychischer und psychosozialer Folgewirkungen von Umweltbelastungen; Orientierung auf eine humanökologische Vorsorge.

   4. Die Arbeiten zur MIK-Wertfestlegung (Maximale Immissionskonz.) für die DDR gültigen Werte an die WHO-Empfehlungen heranzuführen. Dabei sind Kombinationswirkungen stärker zu berücksichtigen.

DBD

Dokument 13/10, Ergänzungsantrag AG "Ökologischer Umbau": Zur Vorlage 10/3 "Einbeziehung ökologischer Prinzipien in die Gestaltung der gesellschaftlichen und ökonomischen Entwicklung der DDR" (Vorlage 13/20); Seite 3 von 3

Runder Tisch
13. Sitzung
19. 2. 1990

Vorlage Nr. 13/27

Der Runde Tisch möge beschließen:

Standpunkt zu einem Sozialverbund

Wir unterstützen den vom FDGB der 12. Sitzung des Runden Tisches unterbreiteten Vorschlag zur Schaffung eines gesamtdeutschen Runden Tisches zu sozialpolitischen Fragen.
Ein von den Grundsätzen einer künftigen europäischen Sozialcharta getragener Sozialverbund ist unverzichtbare Voraussetzung für die soziale Sicherheit der Menschen in der DDR wie auch in der BRD, wenn ein Wirtschafts- und Währungsverbund entsteht. Ein gesamtdeutscher Runder Tisch kann hilfreich sein, die auf beiden Seiten gewachsenen Rechte und Leistungen für Werktätige, für Kinder, die Jugend und für ältere Menschen konsensfähig in ein soziales Vertragswerk einzubringen.
Wir schlagen dazu vor:

1. Mit einem <u>Verbund der Arbeitsgesetzgebung</u> werden das Recht auf Arbeit und die freie Tätigkeit der Gewerkschaften einklagbare Verfassungsrechte.

   - Gesetzlich geregelt wird die staatliche Pflicht zu einer aktiven Beschäftigungspolitik, die Massen- und Dauerarbeitslosigkeit verhindert und Maßnahmen der Umschulung sowie der sozialen Sicherstellung der Werktätigen einschließt.

   - Frauen, ältere Werktätige und Behinderte werden durch besonderen Kündigungsschutz und Quotenregelungen in ihrer beruflichen Entwicklung gefördert.
     Die sozialpolitischen Leistungen für berufstätige Mütter werden erhalten.

   - Garantiert werden die Tarifautonomie der Gewerkschaften und ihr Recht auf Gesetzesinitiativen, die Interessenvertretung

Dokument 13/11, Antrag PDS: Standpunkt zu einem Sozialverbund (Empfehlung eines deutsch-deutschen Runden Tisches) (Vorlage 13/27); Seite 1 von 4

2

der Werktätigen in Betrieben aller Eigentumsformen, das Streikrecht und das Verbot der Aussperrung.

2. In die <u>Familiengesetzgebung</u> werden die sozialen Errungenschaften beider Seiten eingebracht.

   - Rechtlich geregelt wird die tatsächliche Gleichstellung der Geschlechter in allen Lebensbereichen.

   - Allen zugängliche, erschwingliche Betreuung der Kinder von der Krippe bis zum Schulhort, Möglichkeiten für Sport, Spiel und Gestaltung der Ferien werden erhalten und verbessert.

   - Alleinerziehende Mütter und Väter erhalten gesellschaftliche Fürsorge.

3. Ein künftiges <u>Bildungsgesetz</u> wird auf grundlegende Reformen vom Kindergarten bis zur Hochschule gerichtet.

   - Die Chancengleichheit aller Kinder und Jugendlichen, unabhängig von Weltanschauung, Religion und sozialer Herkunft wird verwirklicht.

   - Allgemeinbildung, Berufsbildung und Hochschulbildung sind kostenlos - das Recht auf Bildung darf nicht vom sozialen Status der Eltern abhängen.

   - Vielfältige Wege der Weiterbildung sowie der Umschulung werden gefördert.

4. Eine Harmonisierung des <u>Rentenrechts</u> wird angestrebt.

   - Jedem Bürger wird ermöglicht, nach einem erfüllten Arbeitsleben den durch Leistung erworbenen Lebensstandard auf angemessenem Niveau zu erhalten.

Dokument 13/11, Antrag PDS: Standpunkt zu einem Sozialverbund (Empfehlung eines deutsch-deutschen Runden Tisches) (Vorlage 13/27); Seite 2 von 4

- Mit Regelungen für einen Vorruhestand und Gewährung von Teilrenten können ältere Bürger selbst über einen gleitenden Übergang aus der Berufstätigkeit entscheiden.

In Erwägung gezogen werden sollte, einen Teil eines von der BRD gewährten Lastenausgleiches für Reparationsleistungen zweckgebunden für die anstehende Rentenreform in der DDR zu verwenden. Er würde jenen älteren Menschen zugute kommen, die in schweren Jahren die Hauptlast der Reparationen getragen haben.

5. Die partnerschaftliche Zusammenarbeit für <u>Gesundheitsfürsorge und medizinische Versorgung</u> wird weiter entwickelt.

- Garantie des Rechtes auf Schutz der Gesundheit durch den Staat.

- Unentgeltliche medizinische Betreuung, allgemeine Zugänglichkeit und Chancengleichheit bei der Nutzung medizinischer Leistungen.

- Gegen die Übernahme des Gesundheitsreformgesetzes der BRD durch die DDR - Wahrung der Rechte der Werktätigen im Krankheitsfalle durch Beibehaltung der Sozialversicherungsordnung der DDR.

- Überwindung der Rückständigkeit der materiell-technischen Basis des Gesundheitswesens und der Einrichtungen für die soziale Betreuung in der DDR. Für die Bewahrung des poliklinischen Gedankens durch die Schaffung solcher Bedingungen, die Eigenverantwortung und Selbständigkeit jedes Arztes und Zahnarztes fördern.

Garantie für jeden Arzt und Zahnarzt auf Facharztweiter- und -Fortbildung.

6. Das <u>Recht auf Wohnung</u> bleibt in der DDR Verfassungsrecht.

- Veränderungen der Mietpreise werden mit einem sozialen Ausgleich verbunden.

- Der Kündigungsschutz für Mieter bleibt erhalten.

- Die Eigentumsrechte von Bürgern der DDR an Wohnhäusern, Erholungsbauten und anderen Baulichkeiten und die verliehenen Nutzungsrechte an Grundstücken werden weiter gesetzlich geschützt.

PDS

Dokument 13/11, Antrag PDS: Standpunkt zu einem Sozialverbund (Empfehlung eines deutsch-deutschen Runden Tisches) (Vorlage 13/27); Seite 4 von 4

Runder Tisch Vorlage Nr. 13/A
13. Sitzung

Entwurf eines Gesetzes über Versammlungen
- Versammlungsgesetz -
vom 19.02.1990

In Ausgestaltung des in der Verfassung der Deutschen Demokratischen Republik verankerten Rechts der Bürgerinnen und Bürger auf Versammlung und in Übereinstimmung mit der Internationalen Konvention über zivile und politische Rechte (GBl.II Nr. 6/1974 S. 57) beschließt die Volkskammer der Deutschen Demokratischen Republik folgendes Gesetz:

Grundsätze

§ 1

(1) Dieses Gesetz regelt die Rechte, Pflichten und Voraussetzungen für die Durchführung von Versammlungen.

(2) Alle Bürger haben das Recht, sich im Rahmen der verfassungsmäßig garantierten Grundrechte friedlich, gewaltfrei und unbewaffnet ohne staatliche Genehmigung zu versammeln. Für die Teilnahme an Versammlungen gilt das Prinzip der Freiwilligkeit.

(3) Außer dem in diesem Gesetz geregelten Fällen hat niemand das Recht, die Durchführung einer Versammlung zu stören oder zu verhindern.

§ 2

(1) In Übereinstimmung mit den völkerrechtlichen Verpflichtungen und der Verfassung sind Versammlungen, die
- die Propaganda für Krieg,
- die Bekundung von nationalen, rassischen oder religiösen Feindseligkeiten, die eine Anstiftung zu Diskriminierung, Feindschaft oder Gewalt darstellt,
- die Verbreitung faschistischer oder anderer antihumanistischer Ideen und
- die Anstiftung zu Terror, Mord oder anderen Gewaltakten

zum Ziele haben oder Ihnen dienen, verboten.

(2) verboten sind auch Veranstaltungen, die gemäß §§ 6 und 7 untersagt worden sind.

§ 3

(1) Jede Versammlung muß einen Leiter haben. Versammlungsleiter ist, wer im eigenen Namen, als Vertreter oder Bevollmächtigter einer juristischen Personen von Personengruppen eine Versammlung organisiert und durchführt.

Dokument 13/12, Entwurf AG "Parteien- und Vereinigungsgesetz": Gesetz über Versammlungen – Versammlungsgesetz – (Vorlage 13/8); Seite 1 von 5

(2) Der Versammlungsleiter ist für den störungsfreien Verlauf der Versammlung verantwortlich und hat die Einhaltung der Bestimmungen des Umwelt- und Gesundheits-, Arbeits- und Brandschutzes sowie der Hygiene und der Verkehrssicherheit zu gewährleisten. Er ist befugt, hierzu geeignete Ordnungskräfte einzusetzen, die als solche gekennzeichnet sein müssen.

(3) Der Versammlungsleiter bestimmt den Ablauf der Versammlung. Er kann diese jederzeit beenden oder unterbrechen. Er hat das Recht, Personen, die die Versammlung stören, auszuschließen.

(4) Bei Versammlungen in Gebäuden oder umfriedeten Grundstücken kann der Versammlungsleiter anderen als in der Anzeige oder Einladung genannten Personen den Zutritt verwehren.

(5) Zur Gewährleistung des störungsfreien Ablaufes der Versammlung hat der Versammlungsleiter das Recht, die örtlichen Räte, Einrichtungen, Betriebe oder Deutschen Volkspolizei um Unterstützung zu ersuchen. Dieses Ersuchen ist im Rahmen der jeweiligen Verantwortung und Möglichkeiten nachzukommen. Über die Begleichung möglicher entstehender Kosten sind entsprechende Vereinbarungen zu treffen.

(6) Der Versammlungsleiter ist verpflichtet, die Deutsche Volkspolizei zu informieren, wenn er den störungsfreien Ablauf der Versammlung mit eigenen Kräften und Mitteln nicht mehr gewährleisten kann.

§ 4

(1) Versammlungsteilnehmer haben sich so zu verhalten, daß von Ihnen keine Störungen oder Gewalttätigkeiten ausgehen und Grundrechte sowie Grundfreiheiten anderer Bürger nicht unzumutbar beeinträchtigt werden. Versammlungsteilnehmer sind verpflichtet, den zur Aufrechterhaltung der Ordnung erhobenen Forderungen des Versammlungsleiters oder der in seinem Auftrage handelnden Ordnungskräfte Folge zu leisten.

(2) Sobald eine Versammlung für aufgelöst erklärt ist, haben sich alle Teilnehmer zu entfernen. Den Teilnehmern ist eine ungehinderte Entfernung zu gewährleisten.

§ 5

(1) Demonstrationen, Kundgebungen, Umzüge oder andere Formen der Willensbekundung durch Menschenansammlungen im Freien, die außerhalb umfriedeter Grundstücke durchgeführt werden sollen, sind bis spätestens 48 Stunden vor ihrer Durchführung durch den Versammlungsleiter schriftlich anzukündigen.

(2) Die Ankündigung muß folgende Angaben enthalten:

- Veranstalter und Versammlungsleiter,
- Zweck der Versammlung,
- Ort, Termin und Zeitdauer der Versammlung sowie voraussichtliche Teilnehmerzahl.

Wird um Unterstützung ersucht, sind Art und Umfang anzugeben.

(3) Die Ankündigung hat zu erfolgen für Versammlungen, die

a) innerhalb einer Gemeinde oder Stadt stattfinden, beim Bürgermeister oder Stadtbezirksbürgermeister,
b) sich innerhalb eines Kreises über mehrere Gemeinden oder Städte erstrecken, beim Vorsitzenden des Rates des Kreises oder Oberbürgermeister,
c) sich über mehrere Kreise erstrecken, bei den Vorsitzenden de Räte der Kreise, die von der Versammlung berührt werden.

(4) Die im Absatz 3 genannten Personen sind befugt, zur Aufrechterhaltung des öffentlichen Verkehrs, der kommunalen Versorgung sowie zur Durchsetzung der Bestimmungen des Umwelt-, Gesundheits-, Arbeits- und Brandschutzes, des Tierschutzes und der Hygiene an den Versammlungsleiter schriftliche Auflagen zu erteilen. Diese sind zu begründen.

§ 6

Bannmeile

Für die Zeit der Tagungen der Volkskammer, Bezirks- oder Kreistage können Versammlungen im Freien, die außerhalb unbefriedeter Grundstücke durchgeführt werden sollen, in einer Entfernung in der Regel bis zu 1 km um den Tagungsort (Bannmeile) eingeschränkt oder untersagt werden. Festlegungen dazu treffen die Volkskammer, die Bezirks- und Kreistage.

Untersagung und Auflösung

§ 7

(1) Über die gemäß § 2 Abs. 1 verbotenen Versammlungen hinauskönnen Versammlungen untersagt werden, wenn diese

- darauf abzielen, verfassungsmäßig garantierte Grundrechte der Bürger zu beseitigen oder
- durch Parteien oder Vereinigungen organisiert oder durchgeführt werden, die durch gerichtliche Entscheidung verboten worden sind.

(2) Die Entscheidung gemäß Absatz 1 trifft der Vorsitzende des für den Versammlungsort zuständige örtlichen Rates.

§ 8

(1) Wird eine gesetzlich verbotene oder untersagte Versammlung durchgeführt, ist auf Anforderung durch den Vorsitzenden des zuständigen örtlichen Rates die Deutsche Volkspolizei befugt, sie aufzulösen.

(2) Die deutsche Volkspolizei ist befugt, zur Abwehr einer unmittelbaren Gefahr für Leben und Gesundheit von Personen, bedeutsame Sachwerte sowie von Terror- oder Gewaltakten eine Versammlung aufzulösen. Die Entscheidung darüber trifft der Leiter der zuständigen Dienststelle der Deutschen Volkspolizei.

Dokument 13/12, Entwurf AG "Parteien- und Vereinigungsgesetz": Gesetz über Versammlungen – Versammlungsgesetz – (Vorlage 13/8); Seite 3 von 5

§ 9

Rechtsmittel

(1) Gegen jede nach diesem Gesetz getroffene Verwaltungsentscheidung steht dem Verwaltungsleiter das Rechtsmittel der Beschwerde zu. er ist darüber zu belehren, daß er Beschwerde einlegen kann.

(2) Die Beschwerde ist schriftlich unter Angabe der Gründe innerhalb einer Frist von zwei Wochen nach Zugang oder Bekanntgabe der Entscheidung bei den zuständigen örtlichen Rat, welcher die Entscheidung die Entscheidung getroffen hat, einzulegen. Die Beschwerde hat keine aufschiebende Wirkung.

(3) Über die Beschwerde ist innerhalb von zwei Wochen nach ihrem Eingang zu entscheiden. Wird der Beschwerde nicht oder nicht im vollen Umfang stattgegeben, ist sie innerhalb dieser Frist an den Vorsitzenden des übergeordneten örtlichen Rates zur Entscheidung weiterzuleiten. Der Einreicher ist darüber zu informieren. Die abschließende Entscheidung ist innerhalb weiterer zwei Wochen zu treffen.

(4) Das Recht der Beschwerde gegen Entscheidungen der Deutschen Volkspolizei regelt sich nach den gesetzlichen Bestimmungen über die Aufgaben und Befugnisse der Deutschen Volkspolizei. 1)

(5) Bei besonderer Eilbedürftigkeit kann der Versammlungsleiter beim Kreisgericht die Nachprüfung der betroffenen Entscheidung im Wege der einstweiligen Anordnung beantragen.

§ 10

Zulässigkeit des Gerichtsweges

(1) Gegen jede nach diesem Gesetz getroffenen Verwaltungsentscheidung kann der Verwaltungsleiter, nachdem über seine Beschwerde auf dem Verwaltungsweg abschließend entschieden worden ist, Antrag auf Nachprüfung durch das Gericht stellen. der Antrag hat keine aufschiebende Wirkung.

(2) Das Gericht kann die Sache selbst entscheiden.

(3) Für das Verfahren gelten die Bestimmungen des Gesetzes über die Zuständigkeit und das Verfahren der Gerichte zur Nachprüfung von Verwaltungsentscheidungen.

---

1) Zur Zeit gilt das Gesetz vom 11. Juni 1968 über die Aufgaben und Befugnisse der Deutschen Volkspolizei (GBl.I Nr. 11 S. 232)

§ 11

Ordnungsstrafbestimmungen

(1) Wer vorsätzlich

a) eine Versammlung durchführt, die gemäß § 2 Abs. 1 verboten oder gemäß §§ 6 und 7 untersagt ist,
b) eine ankündigungspflichtige Versammlung ohne Ankündigung durchführt, obwohl sie ihm bei pflichtgemäßem Handeln möglich gewesen wäre,
c) erteilten Aufgaben nicht nachkommt,
d) seine Pflicht als Versammlungsleiter gemäß § 3 nicht wahrnimmt,
e) der Aufforderung zur Auflösung einer Versammlung nicht nachkommt

kann mit einem Verweis oder einer Ordnungsstrafe bis 500 DM belegt werden.

(2) Ist durch eine vorsätzliche Handlung gemäß Absatz 1 die staatliche oder öffentliche Ordnung und Sicherheit erheblich beeinträchtigt worden oder wurde die Handlung wiederholt innerhalb von 2 Jahren begangen und mit Ordnungsstrafe geahndet, kann eine Ordnungsstrafe bis 1000 DM ausgesprochen werden.

(3) Die Durchführung des Ordnungsstrafverfahrens obliegt den Vorsitzenden der örtlichen Räte und bei Zuwiderhandlungen gemäß Absatz 1 Buchstabe d und e auch den Leitern der zuständigen Dienststelle der Deutschen Volkspolizei.

(4) Für die Durchführung des Ordnungsstrafverfahrens und den Ausspruch von Ordnungsstrafmaßnahmen gilt das Gesetz vom 12. Januar 1968 zur Bekämpfung von Ordnungswidrichkeiten -OWG- (GBl.I Nr. 3 S. 101).

§ 12

Schlußbestimmungen

Durchführungsverordnungen zu diesem Gesetz erläßt der Ministerrat.

§ 13

Inkrafttreten

(1) Dieses Gesetz tritt am   in Kraft.

(2) Gleichzeitig treten die Verordnung vom 30. Juni 1980 über die Durchführung von Veranstaltungen (GBl.I Nr. 24 S. 235) sowie die Ziffer 7 der Anlage zur Verordnung vom 14. Dezember 1988 zur Anpassung von Regelungen über Rechtsmittel der Bürger und zur Festlegung der gerichtlichen Zuständigkeit für die Nachprüfung von Verwaltungsentscheidungen (GBl. I Nr. 28 S. 330) außer Kraft.

Runder Tisch
13. Sitzung
19.02.1990

Dokument 13/12, Entwurf AG "Parteien- und Vereinigungsgesetz": Gesetz über Versammlungen – Versammlungsgesetz – (Vorlage 13/8); Seite 5 von 5

Runder Tisch Vorlage Nr. 13/21
13. Sitzung
19.2.1990

Grundsatzantrag des FDGB
────────────────────────

Die Gewerkschaften vertreten den Standpunkt, daß die bevorstehende Wirtschafts- und Währungsunion sowie Verkehrsverbund und Rechtsangleichung und einen Sozialverbund einschließen muß
und bitten alle am Runden Tisch vertretenden Parteien und Bewegungen folgenden Standpunkt zu unterstützen:

1. Die Grundrechte der Werktätigen auf Arbeit und soziale Sicherheit sind zu gewährleisten und sozial Schwächere insbesondere Rentner, Kinder, Behinderte dürfen nicht ausgegrenzt werden.

2. Eine Rechtsangleichung darf nicht zur Liquidierung der in der Verfassung der DDR, dem AGB und anderen gesetzlichen Regelungen festgeschriebenen Eigentums- und Sozialrechte der Bürger/-innen der DDR führen.

3. Der Vorschlag des DGB zur Bildung eines deutsch-deutschen Runden Tisches zur Sozialpolitik ist zu realisieren. Zur Sicherung der Einheit von Wirtschafts- und Sozialunion sollten die Gewerkschaften beider deutscher Staaten in die Arbeit der Expertenkommission zur Wirtschafts- und Währungsunion einbezogen werden.

Die Gewerkschaften halten es für unabdingbar:

- den Beschäftigten und ihren Gewerkschaften die Mitwirkung und -bestimmung bei volkswirtschaftlichen und betrieblichen Strukturentscheidungen, Invest- und Rationalisierungsmaßnahmen zu garantieren und soziale Programme zur Sicherung und Verbesserung der Arbeits- und Lebensbedingungen der Werktätigen zu verlangen;

2

- den Staat, die Kommunen, die Betriebe und Unternehmen zu verpflichten, Arbeitslosigkeit durch Arbeitsbeschaffungs- und Umschulungsprogramme, Verkürzung der Tages-, Wochen- und Lebensarbeitszeit einzugrenzen. Staat und Unternehmen sind an den Kosten zu beteiligen. Die finanzielle Absicherung der Werktätigen bei Arbeitslosigkeit bzw. während der Umschulungen hat sozial gerecht zu erfolgen. Besonders zu schützen sind Alleinstehende mit Kindern, kinderreiche Familien, Behinderte;

- einen funktionierenden Zyklus Freisetzung - Umschulung - Wiedereinsatz in Gang zu setzen, für den Staat und Unternehmen finanzielle und institutionelle Verantwortung tragen.

- beim Verbund der Währungen der DDR und der BRD keine, des Lebensniveaus der DDR-Bevölkerung absenkenden Folgen zuzulassen;

- die kostenlose Lehr-, Berufs- und Fachschulausbildung, unabhängig vom sozialen Status, einschließlich der Gewährung von Stipendien zu sichern;

- die kostenlose medizinische Gesundheitsfürsorge und Krankenbetreuung zu gewährleisten;

- das Grundrecht auf Wohnung und einen wirksamen Mieterschutz, unabhängig von Eigentumsformen des Gebäudes zu garantieren;

- alle Einrichtungen zur sozialen Betreuung der Kinder (Kinderkrippen/-gärten, Schulhorte, Schülerspeisung sowie Freizeiteinrichtungen) zu erhalten und das Betreuungsniveau zu erhöhen;

- die sozialen Rechte der Frauen zu sichern, auszubauen und sie auf die Familie zu erweitern;

Dokument 13/13, Grundsatzantrag FDGB: Zur Sicherung der Interessen der Werktätigen (Vorlage 13/21); Seite 2 von 3

3

- eine Reform des Rentensystems bei gegenseitiger Anerkennung erworbener Renten- und Versicherungsansprüche durchzuführen sowie eine schrittweise Erhöhung der Renten anzustreben;

- die gegenseitige Anerkennung von Bildungs- und Qualifizierungsabschlüssen zu fordern.

Dieser Standpunkt ist der Regierung als eine wesentliche Grundlage für die Verhandlungen in der Expertenkommission zur Wirtschafts- und Währungsunion zu übergeben.

FDGB

Runder Tisch Vorlage Nr. 13/12
13. Sitzung
19. Februar 1990

Vorschläge zur Ergänzung bzw. Ersetzung der Artikel 44 und Artikel 45 der Verfassung der Deutschen Demokratischen Republik
_____

§ 1

(1) Jeder hat das Recht, Gewerkschaften beizutreten und sich in ihnen zu betätigen. Abreden, die dieses Recht einschränken oder zu behindern suchen, sind nichtig, hierauf gerichtete Maßnahmen sind rechtswidrig und durch Gesetz mit Sanktionen zu belegen.

(2) Bei innerbetrieblichen Konflikten steht den Werktätigen das Recht des Arbeitskampfes zu.

§ 2

(1) Die Gewerkschaften sind überparteiliche und unabhängige Vereinigungen von Werktätigen, die bereit und fähig sind, Forderungen in einem Arbeitskampf zu vertreten und durchzusetzen.

(2) Niemand darf die Gewerkschaften in ihrer rechtmäßigen Tätigkeit einschränken oder behindern. Rechte Dritter werden durch Arbeitskämpfe, die den Grundsatz der Verhältnismäßigkeit wahren, nicht verletzt.

(3) Das Zutrittsrecht der Gewerkschaften zu den Betrieben ist gewährleistet. Die gewerkschaftliche Tätigkeit in den Betrieben muß den Grundsatz der Zumutbarkeit beachten.

- 2 -

(4) Eingriffe in die dem Staat vorausgesetzte Freiheit der Gewerkschaften sind nur auf gesetzlicher Grundlage und nur dann zulässig, wenn sie die verfassungsrechtliche Bedeutung dieser Freiheit beachten sowie den Grundsätzen der Verhältnismäßigkeit entsprechen.

(5) Die innere Ordnung der Gewerkschaften muß in tarifrechtlicher Hinsicht gegnerfrei sein und demokratischen Grundsätzen entsprechen, ihre Ziele müssen mit der Verfassung vereinbar sein.

(6) Über die Verfassungsmäßigkeit einer Gewerkschaft und die Rechtmäßigkeit gewerkschaftlicher Aktionen entscheidet ausschließlich das Oberste Gericht.

§ 3

(1) Tarifverträge können betrieblich oder überbetrieblich vereinbart werden.

(2) In Verträgen können Vereinbarungen über die Beschäftigung von Gewerkschaftsmitgliedern und ihre tarifliche Stellung vorgesehen werden.

§ 4

(1) Das Streikrecht der Gewerkschaften ist gewährleistet.

(2) Die Lohnkosten bei mittelbar arbeitskampfbedingten Produktionsausfällen werden den Betrieben von der Allgemeinheit in Höhe des Durchschnittlohnes ersetzt.
Das Nähere bestimmt ein Gesetz.

(3) Eine Aussperrung in nicht bestreikten Betrieben ist unzulässig und durch Gesetz mit Sanktionen zu belegen.

- 3 -

§ 5

Durch Gesetz ist eine betriebliche und unternehmerische paritätische Mitentscheidung zu regeln.

Diese Vorlage wurde am 15. Februar 1990
1. im Sekretariat des Präsidiums der Volkskammer abgegeben,
2. im Verfassungs- und Rechtsausschuß der Volkskammer in Umlauf gegeben und zur Diskussion gestellt.

AG "Neue Verfassung der DDR"

Runder Tisch Vorlage Nr. 13/35
13. Sitzung
19. Februar 1990

Der Runde Tisch fordert den Minister der Justiz, den amtierenden Präsidenten des Obersten Gerichts und den Generalstaatsanwalt der DDR auf, zu folgenden Fragen Auskunft zu erteilen:

1. Welche personellen Voraussetzungen wurden bei den zuständigen Staatsanwaltschaften und Gerichten zur Durchführung der anstehenden Verfahren gegen damalige Funktionäre wegen Amtsmißbrauch und Korruption geschaffen, um zu verhindern, daß solche Staatsanwälte und Richter tätig werden, die selbst wegen früherer Tätigkeit auf den Gebieten des 1., 2. und 8. Kapitels des StGB belastet sind?

2. Welche personellen Konsequenzen wurden bereits gegenüber diesem Personenkreis gezogen?

Desweiteren sieht sich der Runde Tisch - bezugnehmend auf das von 16 Anwälten öffentlich geäußerten Anliegen - veranlaßt, von den Justizorganen die Garantie dafür zu fordern, daß die anhängigen Strafverfahren wegen Amtsmißbrauch und Korruption rechtsstaatlichen Ansprüchen gerecht werden, die auch internationalen Anforderungen entsprechen, d. h. insbesondere die Sicherung sorgfältiger Ermittlungs- und Gerichtsverfahren, die frei von jeglichem Druck durchzuführen sind.

AG Strafrecht

Dokument 13/15, Auskunftsverlangen AG "Strafrecht": Zu personellen Voraussetzungen bei der Durchführung der Verfahren wegen Amtsmißbrauch (Vorlage 13/35)

Fernsehen der DDR

Fernsehen der DDR　　　Berlin 1157

Leiter des Arbeitssekretariats
des Zentralen Runden Tisches
Herrn Matthias Reichelt
Residenzschloß Niederschönhausen
Konferenzgebäude
Ossietzkystr.
Berlin
1110

Ihre Zeichen　　Ihre Nachricht vom　　Unsere Zeichen　　Datum

20.2.90

Sehr geehrter Herr Reichelt!

Im Zusammenhang mit der extrem langen Übertragungszeit von der Beratung des Runden Tisches am Montag, den 19.2.90 im 2. Programm des DDR-Fernsehens und den damit einhergehenden Programmänderungen erreichten uns zahlreiche kritische Zuschauerreaktionen.
Live-Sendungen wie "Wahl '90 - Mit dem Gesicht zum Volke", "Klönsnack", "AK Zwo", aber auch "Wahl '90 - In eigener Sache" mußten im Vergleich zum ausgedruckten Programm wesentlich später ausgestrahlt werden.
Wir beabsichtigen nunmehr, ab Montag, den 26.2., die Beratung des Runden Tisches bis maximal 19.00 Uhr im 2. Programm zu übertragen. Sollte die Beratung des Runden Tisches über diese Zeit hinaus andauern, werden wir über alle weiteren wichtigen Entwicklungen und Ergebnisse in den Nachrichtensendungen des 1. und 2. Programms berichten.
Wir bitten um Ihr Verständnis.

Wolfgang Vietze
Programmdirektor

Dokument 13/16, Schreiben des Fernsehen der DDR an den Zentralen Runden Tisch: Zur Live-Übertragung der Beratungen des Runden Tisches

Runder Tisch
14. Sitzung
26. Februar 1990   **Vorlage 14/0**

Vorschlag für die Tagesordnung der 14. Sitzung des Runden
Tisches am 26. Februar 1990, Ossietzkystraße, Berlin 1110

1. Eröffnung, Begrüßung und Festlegung der Tagesordnung
2. Kulturpolitik
3. Militärreform
4. Ökologie
5. Einzelanträge

Dokument 14/1, Tagesordnung (Vorlage 14/0)

RUNDER TISCH
14. Sitzung
20.2.1990

Anlage 1
zur Vorlage 14/1

Entwurf
vom 14.2.1990

Beschluß der Volkskammer
über staatliche Pflichten zum Schutz
und zur Förderung von Kultur und Kunst

(Verfasser: Schutzbund der Künstlerverbände)

Zur Wahrung der Errungenschaften und Leistungen, die die Kultur und Kunst der Deutschen Demokratischen Republik in die deutsche Nationalkultur einbringen, und in Würdigung der Verdienste von Künstlern und Kulturschaffenden um die demokratische Erneuerung der Gesellschaft beschließt die Volkskammer in Übereinstimmung mit der Internationalen Konvention über wirtschaftliche, soziale und kulturelle Rechte vom 16. Dezember 1966, der UNESCO-Empfehlung über die Teilnahme und den Beitrag der Volksmassen am kulturellen Leben vom 26. November 1976 und der UNESCO-Empfehlung zum Status des Künstlers vom 27. November zum Schutz und zur Förderung von Kultur und Kunst:

1.

Der Ministerrat wird beauftragt, Entwürfe für Verfassungs- bzw. Gesetzesregelungen auszuarbeiten, die die staatlichen Pflichten und Verantwortlichkeiten zum Schutz und zur Förderung von Kultur und Kunst unter allen Bedingungen der weiteren Gesellschaftsentwicklung verbindlich fixieren. Bis zum Inkrafttreten solcher Regelungen sind die Grundsätze und Festlegungen dieses Beschlusses für alle Bereiche der staatlichen Legislative und Exekutive verbindlich.

2.

Alle Staatsmacht in der Deutschen Demokratischen Republik ist dem Wesen und den Merkmalen eines Kulturstaates verpflichtet. Kunst und Kultur sind zu Grundwerten staatlicher Identität zu erheben, ihre Gewährleistung ist Staatspflicht, die freie Teilhabe an ihren Schaffensprozessen und an deren Ergebnissen Grundrecht aller Bürgerinnen und Bürger.

- 2 -

Pflege und Schutz des nationalen Kulturerbes und des Gegenwartsschaffens sind gleichrangige Verpflichtungen des Staates.

3.
Kunst und Kultur der Deutschen Demokratischen Republik sind Bestandteil der deutschen Nationalkultur, der europäischen und der Weltkultur. Die Pflege des internationalen Kulturaustausches wird staatlich gefördert.

4.
Im Zuge der gesellschaftlichen Entwicklung zu einer Marktwirtschaft sind bei deren Ausgestaltung neben sozialen und ökologischen gleichrangig auch Orientierungen auf Wesensmerkmale eines Kulturstaates zu beachten; Kultur und Kunst sind unverzichtbare Bestandteile der Lebensqualität und der Werteschöpfung in allen Gesellschaftsbereichen. Der Anspruch der Bürgerinnen und Bürger auf eine kulturvolle Lebens- und Arbeitsumwelt ist als Grundrecht auszugestalten, das der Staat durch die Schaffung entsprechender Bedingungen und Einrichtungen sowie deren Unterhaltung, Pflege und Entwicklung gewährleistet.

5.
Die gewählten Volksvertretungen aller Ebenen fassen zur Förderung von Kunst und Kultur, des Laienschaffens und der Volkskunst sowie zur Förderung von Talenten Beschlüsse über die Schaffung materieller und geistiger Bedingungen; die Anteile der Aufwendungen für Kultur und Kunst am Haushalt sollen den durchschnittlichen Wert der letzten zehn Jahre nicht unterschreiten.

6.
Der Staat fördert die materielle und ideelle Unterstützung des Kulturlebens durch Wirtschaftseinheiten aller Eigentumsformen, Vereinigungen und andere juristische sowie natürliche Personen, die diese als Sponsoren oder in anderer Form erbringen. Materielle und finanzielle Leistungen zur Förderung von Kunst und Kultur sind durch steuerrechtliche Vergünstigungen / oder andere Vorteilsgewährung zu stimulieren.

- 3 -

Dokument 14/2, Anlage 1 der Vorlage 14/1 Schutzbund der Künstlerverbände: Beschluß der Volkskammer über staatliche Pflichten zum Schutz und zur Förderung von Kultur und Kunst: Seite 2 von 3

- 3 -

Der Besitz und die Nutzung kultureller Güter durch die Bürgerinnen und Bürger werden staatlich gefördert und geschützt. Kulturgüter, deren Erhaltung wegen ihrer Bedeutung für die Wissenschaft, die Geschichte und die Kultur im gesellschaftlichen Interesse liegt, sind von der Vermögens- und Erbschaftssteuer freizustellen.

8.
Der Staat erkennt Verbände, die als Interessenvertreter von Künstlern und Kulturschaffenden einen gesellschaftlich wirksamen Beitrag zur Entfaltung und Pflege sowie zur freien Ausübung und Wahrnehmung von Kultur und Kunst leisten, als gemeinnützige Vereinigungen an und sichert die weitere Finanzierung im bisherigen Umfang aus dem Staatshaushalt. Staatliche Entscheidungen über Einkommens- und andere soziale Fragen, die die Tätigkeit von Berufskünstlern berühren, bedürfen der Abstimmung mit den betreffenden Verbänden. Den Künstlerverbänden ist das Recht auf angemessene Vertretung bzw. auf Gehör in allen staatlichen Organen, sofern sie Entscheidungen über kulturpolitische Fragen treffen, einzuräumen.

9.
Der Staat sichert durch verfassungs- und verwaltungsrechtliche sowie medien-, urheber- und andere persönlichkeitsrechtliche Bestimmungen den gleichberechtigten Zugang aller sozialen Gruppen und Individuen zu Kunst und Kultur; für die Teilhabe von Kindern und Jugendlichen sowie für die besondere Förderung und Unterstützung von Behinderten, anderen Benachteiligten und Minderheiten sind geeignete Maßnahmen zu treffen.

10.
Dieser Beschluß tritt mit seiner Veröffentlichung in Kraft.

Dokument 14/2, Anlage 1 der Vorlage 14/1 Schutzbund der Künstlerverbände: Beschluß der Volkskammer über staatliche Pflichten zum Schutz und zur Förderung von Kultur und Kunst: Seite 3 von 3

Runder Tisch Anlage 2
14. Sitzung
26.2.1990 zur Vorlage 14/1

Arbeitspapier des Verbandes Bildender Künstler Berlin
für die Kulturkommission des Runden Tisches

Überlegungen zum gesellschaftlichen Selbstverständnis der
Künstler und zu ihrer Position innerhalb der Kulturpolitik
des Staates.

Künstler aller Genre, in welcher Form sie sich auch künftig
organisieren werden, wenden sich nachdrücklich gegen die ausschließliche Behandlung der Kunst als Ware und die einseitige
Einordnung von Kultureinrichtungen in Marktprozesse.
Wir betrachten künstlerische Leistungen als Gradmesser des
gesellschaftlichen Entwicklungsstandes. In freier Entfaltung
repräsentieren sie eine gesellschaftliche Situation in ihrer
Gesamtheit. Dabei leistet Kunst eine seelische Grundlagenforschung, die über die Befindlichkeit der Gesellschaft Auskunft gibt. In der Begegnung mit Kunstwerken realisiert sich
die Sensibilisierung der Menschen, die Förderung von Emotionalität als Basis für einen humanistischen Umgang miteinander.
Kunst befördert die ganzheitliche Erziehung des Menschen, sie
wirkt der Entfremdung von seiner eigenen Natur entgegen, die
durch die Ausrichtung auf Rationalität in technisch-ökonomischen Prozessen gegeben ist. Wir verstehen die Entwicklung von
Kunst und Kultur also nicht als die Anhäufung von Produkten
für einen Markt, sondern als Voraussetzung für die emotionale
Ausbildung des Menschen, als Zukunftsinvestition für einen
sozialen Kulturstaat, als unverzichtbaren Teil des gesellschaftlichen Reichtums. Und dies in umfassendsten Sinn der
kulturellen Gestaltung aller Lebensbereiche. Um die Entfaltung
von Kunst und Kultur mit diesem Anspruch realisieren zu können,
muß ihre Existenz unabhängig von politischen und ökonomischen
Entscheidungen gesichert werden. Große Bedeutung hat dabei das
Bildungswesen als Voraussetzung zum Erlernen von Kultur und
die Schaffung kultureller Identität in territorialen Bereichen.
Wir unterstützen die Forderung des Künstler-Schutz-Verbundes
der DDR, die Entwicklung von Kunst und Kultur als Staatspflicht
festzuschreiben und möchten dies hier mit eigenen Überlegungen
ergänzen.

-2-

I

Bei der Bestimmung der zukünftigen Rolle bildender Künstler in unserer Gesellschaft sind vor allem Aufgaben im öffentlichen Raum in Betracht zu ziehen. Dabei stellt sich die Frage, wodurch die kulturelle Ausstrahlung eines Territoriums bestimmt wird. Zuerst doch durch die Orte, an denen sich Menschen treffen, also Straßen, Plätze, Parks, Cafés, Restaurants, Geschäfte, Galerien, Museen, Bildungseinrichtungen. Sie alle sind durch Gestaltung geprägt, die ihre Anziehungskraft fördert oder behindert. Die Breite des Gestaltungsbereichs soll hier mit ein paar Beispielen angedeutet werden.

1. Gestaltung, die indirekt zu öffentlichen Einnahmen beiträgt. Beispiele: Gestaltung, die die Attraktivität für den Tourismus erhöht; Gestaltung, im Bereich des ökologischen Umbaus der Wirtschaft; Gestaltung von nichtkommerziellen Freizeitanlagen; Stadt- und Infrastrukturgestaltung wie City, Verkehrsmittel und öffentliche Einrichtungen.

2. Selbstdarstellung gesellschaftlich relevanter Gruppen. Es gibt nicht nur die kommerzielle Werbung, sondern auch die Publizierung gesellschaftlicher Probleme und Aufgaben; Gestaltung für politisch oder kulturell orientierte Gruppierungen und Institutionen, wie Kulturzentren, öffentliche Gebäude, Parteien etc.

3. Gestaltung im sozialen Bereich, also Altersheime, Kindereinrichtungen, Schulen, Krankenhäuser.

4. Mitarbeit in Instituten, die Fragen und Probleme der gesellschaftlichen Entwicklung bearbeiten; denkbar sind Zukunftswerkstätten, die in sozialen Projekten stets auch gestalterische Aufgaben zu lösen haben.

5. Die Humanisierung der Arbeitswelt ist heute schon als Voraussetzung für Kreativität und Innovationen zu erkennen. Daraus ergibt sich ein weites Feld für die Arbeitsumweltgestaltung.
Ebenso gewinnt in einer Gesellschaft, in der Information ein Produktionsmittel ist, auch die visuelle Informationsdarstellung und -verarbeitung grundlegende Bedeutung. Es geht dabei also um gestalterische Beiträge zur gesellschaftlichen Kommunikation.

6. Bildnerische Gestaltung als Bestandteil von kultureller Selbstbetätigung und als Freizeitangebot: hierbei steht ausgebildeten Künstlern die Rolle der Initiatoren und Vermittler offen. Ansatzpunkte für Kunst und Kultur sind auch überall sinnvoll und notwendig, wo durch technische Entwicklungen entstehende Freiräume positiv zu besetzen sind.

Grundsätzlich geht es um komplexe Gestaltung des Lebensraumes im weitesten Sinn.
Wichtigste Forderung ist, daß bei der Planung und Ausführung jeglicher Gestaltung die Kompetenz der Fachleute primär anzuerkennen ist.
In Bezug auf Produkt- und Umweltgestaltung orientieren wir auf die Achtung eines auf inneren Werten beruhenden Lebensstils, gegen falsche Repräsentanz und für eine Zweckbestimmung, die sich an wahrhaftigen Bedürfnissen mißt.

II
Der Übergang zur Marktwirtschaft bringt für zahlreiche Künstler erhebliche ökonomische Probleme mit sich, die nicht auf gleiche Weise wie in anderen Bereichen gelöst werden können. Vor allem wird es für freiberuflich arbeitende Künstler keinerlei Gehaltserhöhung oder -ausgleich geben. Zur Sicherstellung der sozialen Bedingungen für die Existenz von Künstlern sind daher durch eine zukünftige Regierung folgende Grundlagen zu gewährleisten:
- Steuerrecht, umfassende Sozialversicherung, Rentengesetz
- Mietschutz für Atelier und Wohnung; Festlegung der Mieten nicht nach gewerblichen Grundsätzen
- Preisbindung der Energiekosten für Atelier und Wohnung
- Autorenrecht, Rechtsschutz und Rechtsbeistand
- Schaffung einer Schutzklausel für die Sicherung des Arbeitsrechts von Künstlern in dem Territorium, wo sie ansässig sind
- Subventionierung von Artikeln des Künstlerbedarfs

Dieser Katalog von Grundforderungen wäre zu ergänzen durch Aufgaben, die zur Lösung von Problemen nötig sind, welche sich aus der speziellen Situation vor allem der angewandten Bereiche und ihrer Stellung in der Industrie ergeben. Dazu nötige Konkretisierungen werden im VBK erarbeitet.

III

Kunst ist nicht das, was sich die Gesellschaft an Überflüssigem leistet, sondern Zukunftsinvestition im Sinne eines Potentials an gesellschaftlicher und wirtschaftlicher Innovation. Darum sind folgende Maßnahmen unerläßlich:

1. Staatliche Förderung vor allem für komplexe Gestaltungsarbeiten.
2. Begünstigung von Stiftungen, Stipendien, Instituten zur Anleitung von kulturellen Prozessen.
3. Verstärkte Finanzierung von ncihtkommerziellen Galerien, Kulturzentren, Volkshochschulen, wodurch auch neue Beschäftigungschancen und Präsentationsmöglichkeiten geschaffen werden.
4. Staatliche Unterstützung für Großprojekte zur Darstellung von Kunst, wie Überblicksausstellungen, Kulturfestivals u.ä.
5. Die Finanzierung von Kultur muß auf allen Ebenen der staatlichen Tätigkeit stets mit Einflußnahme von Produzenten-Beiräten erfolgen, und zwar gesetzlich gesichert.

Ein Maximum an sozialen Grundforderungen bedarf baldmöglichst der gesetzlichen Festschreibung.

Die vorstehende Sammlung folgt der Intention, Kultur als gesellschafts-konstituierendes Element zu begreifen, als identitäts-schaffend zu nutzen und als Quelle für Zukunftsgestaltung zu erkennen. Künstler sind in diesem Sinn nicht einfach Kulturschaffende, sondern vielmehr "Zulieferer" und wesentliche Mitgestalter einer Gesamt-Kultur.

Wir fordern die Mitglieder der Runden Tisches auf, das Thema Kunst und Kultur in ihre Beratungen aufzunehmen und einen Fachausschuß zu beauftragen, zu allen angesprochenen Fragen verbindliche Festlegungen zu formulieren.

Grundlage dieses Papiers sind Entwürfe mehrerer Verbandsmitglieder und Sektionen, überarbeitet durch Teilnehmer am Jour fixe des Verbandes Bildender Künstler. Zusammenfassung: Ralf Bartholomäus (Kunstwissenschaftler).

Dokument 14/3, Anlage 2 der Vorlage 14/1: Arbeitspapier des Verbandes Bildender Künstler Berlin für die Kulturkommission des Runden Tisches: Überlegungen zum gesellschaftlichen Selbstverständnis der Künstler und zu ihrer Position innerhalb der Kulturpolitik des Staates; Seite 4 von 4

Runder Tisch Vorlagen-Nr.: 14/3
14. Sitzung
26. 2. 1990

Antrag an den Runden Tisch

Forderungen zur Arbeitskultur in der DDR

Die Kultur eines Volkes hat ihren Ausgangs- und Endpunkt in der Arbeit. Entgegen den statistischen Erfolgsmeldungen von angeblich Hunderttausenden um- und neugestalteten Arbeitsplätzen in den vergangenen Jahren zeigen aktuelle Analysen, daß der größte Teil der Werktätigen unter unwürdigen Arbeitsbedingungen arbeiten muß. Die Situation ist dadurch gekennzeichnet, daß

- 37 % der Werktätigen in materiellen Produktionsbereichen unter gesundheitsgefährdenden Bedingungen arbeiten,

- 90 % aller Arbeitsplätze Mängel in der maßlichen Gestaltung aufweisen,

- mehr als 40 % der Werktätigen bei ihrer Arbeit ermüdende Zwangshaltungen einnehmen müssen,

- 30 % aller Industrie- und Büromöbel nicht funktionstüchtig sind und sofort ersetzt werden müßten, 60 % der Ausstattungselemente von Arbeitsplätzen und Arbeitsräumen älter als 10 - 15 Jahre sind,

- Körperschutzmittel, Schallschutzelemente, Lüftungstechnik, Büro- und Industriemobiliar weder in ausreichender Menge, noch in der erforderlichen Qualität produziert werden.

Die jahrzehntelange Vernachlässigung der Arbeitskultur (Rückstand zum internationalen Niveau ca. 30 Jahre) erfordert staatliche Fördermaßnahmen. Demokratie, Ökologie und Kultur müssen in einer Kulturnation durch den Gesetzgeber am Arbeitsplatz beginnend geregelt und gefördert werden. Diese Gesetzgebung und Fördermaßnahmen sind darauf zu richten,

- den Werktätigen gesetzlich verbindliches Mitsprache- und
  Mitentscheidungsrecht bei allen Maßnahmen, die zu einer
  Veränderung ihrer Arbeitsbedingungen führen, einzuräumen.
  Für die Betriebs- und Firmenleitung ist eine entspre-
  chende Informationspflicht zu verankern.

- die Erkenntnisse internationaler arbeitswissenschaftlicher
  Forschungen für jeden verständlich aufzubereiten und in
  vielfältiger Form breit zu publizieren;

- durch Fördermittel und Steuererleichterungen, insbesondere
  Klein- und Mittelbetrieben einzuräumen, innovative Produkte für die Arbeitsplatz- und Arbeitsumweltgestaltung herzustellen;

- durch Fördermittel und Steuererleichterungen Ingenieur-,
  Architektur- und Designbüros, die auf dem Gebiet der Arbeitsumweltgestaltung arbeiten, bei Existenzgründung und
  -aufbau besonders zu fördern;

- Forschungsvorhaben zu allen Fragen der Humanisierung der
  Arbeit projektbezogen zu fördern.

Der Runde Tisch fordert die Regierung auf:

1. In Auswertung der international sehr erfolgreichen
   schwedischen Gesetzgebung (Mitbestimmungs- und
   Arbeitsumweltgesetz) sowie der entsprechenden BRD-
   Gesetzgebung (Arbeitsstättenverordnung u.a.) ist die
   Erarbeitung eines Arbeitsumweltgesetzes in Auftrag
   zu geben.
   Die entsprechenden Grundrechte der Werktätigen sind
   in der neuen Verfassung, dem Arbeitsgesetzbuch, einem
   Betriebsgesetz und anderem zu verankern.

2. Ein Paket von Förderungsmaßnahmen auszuarbeiten.
   Kern dieser Förderungsmaßnahmen sollte in Anlehnung
   an den schwedischen "Arbeitsumweltfonds" und das
   bundesdeutsche Forschungs- und Entwicklungsprogramm
   "Menschen und Technik" die Bildung eines Förde-
   rungsfonds sein.

                           Partei des Demokratischen
                           Sozialismus

Runder Tisch
14. Sitzung
26. Februar 1990

Antrag- Nr. 14/32

Der Runde Tisch möge beschließen:

Die Regierung der Deutschen Demokratischen Republik wird beauftragt, sofortige Maßnahmen zum Schutz des nationalen Filmkulturgutes zu treffen. Insbesondere ist zu sichern, daß alle Rechte an Filmen, Filmausschnitten, Arbeitsfassungen und Rohschnitten von Filmen sowie an filmischen Dokumenten und Dokumentarmaterial nach Ablauf der Distributions-, Vorführ- und Sendeverträge an die Produzenten (Studios) zurückfallen bzw. beim Fehlen solcher Verträge beim Produzenten verbleiben, unabhängig von der technischen Form der Konservierung. Der urheberrechtliche Schutz der Filmautoren und Filmschöpfer sowie der Leistungsschutz der Filmproduzenten muß dabei umfassend, weltweit und ohne zeitliche Begrenzung, mindestens aber auf Lebenszeit der Filmschöpfer, gewährleistet sein.

Zum Schutz unseres nationalen Filmkulturgutes wird empfohlen, bei den volkseigenen DEFA-Studios als Töchter Verwertungsgesellschaften zu gründen, die verpflichtet sind, das Filmkulturgut der Deutschen Demokratischen Republik zu schützen, die Rechte der Urheber und Produzenten umfassend zu sichern und die nationale und internationale Verwertung der Filme, Filmausschnitte, Arbeitsfassungen, des filmischen Dokumentarmaterials zu gewährleisten. Zu diesem Zweck ist den Filmproduzenten (DEFA-Studios und andere) sofort und in vollem Umfang das Binnen- und Außenhandelsmonopol zu übergeben. Einkünfte aus dem Verkauf von Urheber- und Leistungsrechten aus Filmkulturgut sind durch die Verwertungsgesellschaften an die Filmschöpfer bzw. Filmproduzenten (DEFA-Studios und andere) abzuführen. Dadurch könnte die technische Reproduktion der DEFA-Studios teilweise gesichert, ihre Arbeitsfähigkeit erhalten und neue Produktionen ermöglicht werden.

DEMOKRATIE JETZT

Dokument 14/5, Antrag DJ: Schutz des nationalen Filmkulturgutes (Vorlage 14/32)

Runder Tisch
14. Sitzung
26. Februar 1990

Vorlage-Nr. 14/29

Antrag der LDP zur sozialen Sicherstellung von Kunst- und Kulturschaffenden - Empfehlung des Runden Tisches an die Regierung

1. Im kulturellen Leben der Republik kommen vorrangig folgende Eigentumsformen zum Tragen:

    - Staatliche kulturelle Einrichtungen
      (z. B. Staatstheater, Staatliche Museen, Staatliche Orechester, Bibliotheken, Ensembles etc.),
    - kulturelle Einrichtungen der Bezirke/Länder
      (z. B. Landestheater, Landesmuseen, Landesbibliotheken etc.)
    - städtische kulturelle Einrichtungen
      (z. B. Stadttheater, Stadt(Kreis)-Museen, städtische Bibliotheken, Kulturhäuser etc.)
    - private Kultureinrichtungen
      (z. B. Theater, Galerien, Verlage, Kinos, Orchester, Agenturen etc.)
    - genossenschaftliche und organisationseigene Kultureinrichtungen
      (z. B. Künstlergenossenschaften, Verlage, Bibliotheken, Kulturhäuser etc.)

2. Für die in diesen Einrichtungen arbeitenden Kulturschaffenden werden vom Staat leistungsorientierte Gehalts- bzw. Gagen- bzw. Honorar-Ordnungen geschaffen, die von einer unteren Grenze ausgehen und nach oben im Sinne von Angebot und Nachfrage offen sind.

3. Für denselben Personenkreis werden Arbeitsverträge (nicht unter 3 Jahren) gesetzlich vorgeschrieben, die entsprechend der Leistung für jeweils weitere 3 Jahre verlängert werden können.

4. Für Kunst- und Kulturschaffende sowie für kulturelle Einrichtungen ist ein den veränderten Bedingungen angepaßtes neues Steuerrecht auszuarbeiten, das der Förderung von Kunst und Kultur dienlich ist. Das sollte auch auf den Erwerb von Kunstwerken durch Bürger bis zu

Dokument 14/6, Antrag LDP: Zur sozialen Sicherstellung von Kunst und Kulturschaffenden - Empfehlung des Runden Tisches an die Regierung (Vorlage 14/29); Seite 1 von 2

2

einer bestimmten Summe (1000.- bis 2000.- Mark) ausgedehnt werden.

5. Freischaffenden Künstlern und Schriftstellern wird auf Antrag in begründeten Fällen das Recht auf Inanspruchnahme von Krediten, Steuervergünstigungen usw. eingeräumt. Der Staat erläßt dazu entsprechende Gesetze.

6. Den Bezirken/Ländern, Kommunen, Stuftungen, Kuratorien etc. wird empfohlen, in verstärktem Maße Preis- bzw. Stipendienverleihungen für besonders förderungswürdige Kunst und Künstler vorzunehmen.

7. Bei Kranken- und Sozialversicherungen unterliegen Kulturschaffende in staatlichen, kommunalen, genossenschaftlichen und privaten kulturellen Einrichtungen denselben Bedingungen wie andere Bürger. Freischaffende Künstler und Schriftsteller schließen entsprechende Privatversicherungen ab.
Interessenvertreter aller Künstler sind die Gewerkschaften und/bzw. Künstlerverbände.

L D P

Runder Tisch
14. Sitzung
26. Februar 1990

Vorlage-Nr. 14/30

Antrag der LDP zum Schutz und zur Förderung von Kultur und Kunst - Empfehlung des Runden Tisches an die Regierung

1. Der Entwurf zum "Beschluß der Volkskammer über staatliche Pflichten zum Schutz und zur Förderung von Kultur und Kunst", wie er im Kollegium des Ministeriums für Kultur am 19. 2. 1990 beraten wurde, wird vom Runden Tisch gebilligt.

2. Sollte infolge Zeitmangels eine Beschlußfassung durch die Volkskammer nicht mehr möglich sein, wird das gegenwärtige Präsidium der Volkskammer ersucht, das nach dem 18. März 1990 tätige Präsidium zu bitten, den vorliegenden Entwurf der Volkskammer zur Beschlußfassung zuzuleiten.

3. Der Runde Tisch ist der Auffassung, daß zur Bewahrung der kulturellen Werte und der kulturellen Identität, zur verfassungsrechtlich gesicherten staatlichen Kulturförderung und damit zur Schaffung von Rahmenbedingungen für den freien Zugang aller Bürger zu den Schätzen von Kunst und Kultur die Existenz eines Kultus-Ministeriums der Republik weiterhin - mindestens bis zur vollen Funktionstüchtigkeit der Länder - notwendig ist.
Die kulturelle Verantwortung der Bezirke/Länder ist damit nicht aufgehoben. Sie konzentriert sich vorrangig auf die kommunale Selbstbestimmung und Selbstverwaltung des kulturellen Lebens, das die gleichberechtigte Einsteuerung aller Bürgerinteressen durch demokratische Strukturen garantieren muß.

Dokument 14/7, Antrag LDP: Zum Schutz und zur Förderung von Kultur und Kunst - Empfehlung des Runden Tisches an die Regierung (Vorlage 14/30)

Runder Tisch
14. Sitzung
26. Februar 1990   Vorlage 14/42

Beschlußantrag

Die Übergabe der Kulturverantwortung an die Kommunen ist als
organischer Prozeß nicht ohne die Analyse der kulturellen
Zustände gestaltbar.

Der Runde Tisch möge daher beschließen:
Vom Ministerium für Kultur wird eine Analyse des Zustandes
der kommunalen Infrastruktur erarbeitet.
Sie weist aus:
Analyse des sachlichen Zustandes
Analyse des personellen Zustandes
Bedarfsanalyse innerhalb der kommunalen Strukturen Finanz-,
Material-, Personalbedarf zur Sicherung kultureller Grund-
bedürfnisse.

                              Grüne Partei

Runder Tisch   Vorlage Nr. 14/38
14. Sitzung
26. Februar

Beschlußantrag

Das Verfassungsgebot Kultur sollte mit einer Bestimmung kultureller
Grundbedürfnisse der Bürgerinnen und Bürger verbunden sein, um es
inhaltlich fassen zu können.

Der Runde Tisch möge deshalb beschließen:

Der Staat sichert die kulturelle Entwicklung der Gesellschaft.

Jeder Bürger hat ein Recht auf selbstbestimmte Bildung, Arbeit,
Erholung, Freizeitgestaltung, Sport, Kunstproduktion und Kunstge-
nuß als ein individuell und kollektiv zu verwirklichendes Recht
in selbstgewählten Formen der Organisation.

                              Grüne Partei

Dokument 14/8, Antrag GP: Erarbeitung einer Analyse des Zustandes der kommunalen Infrastruktur durch das Ministerium für Kultur (Vorlage 14/42)

Dokument 14/9, Antrag GP: Sicherung der kulturellen Entwicklung durch den Staat (Vorlage 14/38)

Runder Tisch
14. Sitzung
26. Februar 1990   Vorlage 14/39

Beschlußantrag zum Kulturfinanzierungsgesetz

Der Runde Tisch möge beschließen:

Die Einrichtung eines solidarischen Kulturfonds ist eine weitere
Quelle zur Sicherung der kulturellen Aufgaben der Gesellschaft.

Dieser solidarische Kulturfonds resultiert aus der progressiven
Besteuerung der Kunstproduktion sowie aus einer Schutzfristver-
kürzung in Anlehnung an das Welturheberrechtsabkommen auf
25 Jahre nach dem Tod des Urhebers.

                              Grüne Partei

Runder Tisch   Vorlage Nr. 14/40
14. Sitzung
26. Februar 1990

Beschlußantrag

zur verwaltungsrechtlichen Ausgestaltung des Verfassungsgrundsatzes auf allen Ebenen.

Der Runde Tisch möge beschließen:

Eine zentrale staatliche Aufgabe ist die Förderung und Entwicklung
der Kultur nationaler Minderheiten (einschließlich von Ausländern).

Zu regeln ist die rechtliche und ökonomische Sicherung der Teilhabe aller an der kulturellen Entwicklung.

Auf allen Ebenen ist dieser Grundsatz vor allem für die Kultur
der Kinder, der Frauen, der Alten und der Jugend einzubringen.

Dabei sind individuelle und kollektive Projekte, die Minderheiten
interessieren und alternative Konzepte realisieren, besonders zu
stützen.

                              Grüne Partei

Dokument 14/10, Antrag GP: Einrichtung eines solidarischen Kulturfonds (Vorlage 14/39)

Dokument 14/11, Antrag GP: Zur verwaltungsrechtlichen Ausgestaltung des Verfassungsgrundsatzes auf allen Ebenen (Vorlage 14/40)

Runder Tisch Vorlage Nr. 14/24
14. Sitzung
26. Februar 1990

Der Runde Tisch möge beschließen:

Die Regierung der DDR wird gebeten, das allen Vertretern am Runden Tisch von Herrn Klaus Erforth (Berlin) übergebene Konzept für ein "Haus der Begegnung - Kulturelles Zentrum für geistig behinderte Menschen und Andere" in Berlin und in anderen Städten der DDR zu realisieren und dafür die notwendigen personellen, materiellen und finanziellen Voraussetzungen zu schaffen.

Geistig und anders behinderte Menschen haben ein Recht auf freie Entfaltung ihrer Individualität, auf vielfältige und sinnvolle Betätigung in der Freizeit, auf uneingeschränkte Integration in die Gesellschaft.

PDS

Dokument 14/12, Antrag PDS: Schaffung der Voraussetzungen für die Umsetzung des Konzepts "Haus der Begegnung - Kulturelles Zentrum für geistig behinderte Menschen und Andere" durch die Regierung (Vorlage 14/24)

Runder Tisch   Vorlage: 14/28
14. Sitzung
26. Februar 1990

Standpunkt der VdgB zur weiteren Entwicklung von Kultur und Kunst
----

Die VdgB vertritt die Auffassung, daß der Prozeß der Erneuerung in unserem Land auch eine Kultur für das gesamte Volk bedingt, die die Förderung der Künste, die Pflege des humanistischen Kulturerbes, das kulturelle und künstlerische Volksschaffen, das geistig-kulturelle Leben und den Sport beinhaltet.

Auch für die auf dem Lande lebenden Menschen sind Kultur und Kunst unverzichtbarer Bestandteil der Lebensqualität und Element der Persönlichkeitsentwicklung.

Deshalb schlagen wir dem Runden Tisch vor, der Regierung zu unterbreiten, i Interesse einer heimatverbundenen kulturellen Identität folgende Maßnahmen zu realisieren:

- Kultur und Kunst auch weiterhin durch den Einsatz staatlicher Mittel zu fördern;

- den Schutz und die Erhaltung historisch wertvoller Kulturgüter und Denkmalen des ländlichen Bauens sowie die Pflege und Erhaltung von Garten- und Landschaftsparks;

- die kulturelle Infrastruktur und das kulturelle Angebot der Städte zu erweitern, um den Dorfbewohnern im Zusammenhang mit dem dringend notwendigen Ausbau der Verkehrswege und Verkehrsverbindungen die mobile Inanspruchnahme solcher kultureller Leistungen der Städte wie Theateranrechtsfahrten, Konzertbesuche, Landfilmbespielungen u.a. Schritt für Schritt wieder zu ermöglichen;

2

- mehr Kompetenz und verbesserte materielle Möglichkeiten der Kommunen um die kulturelle Infrastruktur zu erhalten und ausbauen zu können, um das geistig-kulturelle und sportliche Leben in Zusammenarbeit mit landwirtschaftlichen und anderen Betrieben, insbesondere unter Bezugnahme auf das ländliche Brauchtum, den Bedürfnissen der Landbevölkerung entsprechend zu gestalten.

Da es bereits ernste Anzeichen dafür gibt, daß aus ökonomischen Gründen die Ausgaben für die Kultur- und Sportarbeit gekürzt bzw. ganz gestrichen und Partnerschafts- und Trägerschaftsvereinbarungen zu Volkskunstkollektiven aufgekündigt werden, halten wir es für erforderlich, ein Gesetz zu verabschieden, das der erreichten Standard in Kultur, Kunst und Sport materiell und rechtlich sichert, das den Kommunen einen Mindestsatz zur Verwendung für diesen Bereich vorschreibt und die Betriebe und Wirtschaftseinheiten zur Finanzierung und Förderung von Kultur und Sport verpflichtet.

VdgB

Runder Tisch
14. Sitzung
26. Februar 1990   Vorlage 14/31

Kulturpolitik

Im Herbst 1989 erzwang das Volk der DDR spontan den politischen Umbruch - auf der Straße, in Kirchen, durch den nicht enden wollenden Exodus Hunderttausender von jungen Menschen.

Wer immer in diesem Land für Kultur und Kunst politisch Sorge tragen wird, sollte stets vor Entscheidungen bedenken, welchen Anteil Künstler und ihre Werke an jenen, unser gesellschaftliches und persönliches Leben tief "umpflügenden" Ereignissen hatten, die als Perestroika, Glasnost oder "Oktoberrevolution 1989" in die Geschichte eingehen werden.

In Bildern von aufstörendem Sinn formten sie die unbequemen, bohrenden Fragen der Zeit, der Geschichte und des Lebens, die keine Öffentlichkeit haben sollten. Unerbittlich zogen sie uns hinein in das Drama innerer Zerrissenheit der Menschen dieser Gesellschaft, pflanzten listig oft den Zweifel in die Selbstgefälligen und den Geist des Widerspruchs in mündiges Publikum. Uns und sich selbst erstritten sie Freiräume des Denkens und bereiteten so den Umbruch im Kopf und in den Gefühlen vor.

Kultur und Kunst sind und bleiben uns deshalb lebenswichtig; wir brauchen die Erfrischung von Lebensmut wie das tägliche Brot, wir brauchen die Vision der Hoffnung von geschwisterlichen Beziehungen zwischen den Menschen, die unabgegolten noch, erneut verraten wurde.

Dokument 14/14, Antrag CDU: Beauftragung der Regierung Modrow zur Förderung von Kultur und Kunst (Vorlage 14/31); Seite 1 von 3

- 2 -

Wir bestehen auf einer der vornehmsten Pflichten der Gesellschaft, auf den Schutz und der Förderung von Kultur und Kunst. Das ist besonders geboten, da die absehbare Einführung der Länderstruktur auf dem Gebiet der DDR und marktwirtschaftlicher Verhältnisse die alte zentralistisch organisierte und auf den Staat und eine Partei orientierte Kulturpolitik grundlegend in Frage stellen werden.

Die Einbindung Kultur- und Kunstschaffender in ein Netz sozialer Sicherheit stellt sich in unserem Verständnis als ein vordringliches Problem.

Der Runde Tisch der DDR möge deshalb im Interesse einer vorausschauenden Kulturpolitik beschließen, d i e R e g i e r u n g M o d r o w zu beauftragen:

1. Anfertigen von Konzepten:

   o Über Voraussetzungen und Wege zur behutsamen aber konsequenten Entflechtung zentralistisch gebündelter Verantwortung und Leitung von Kultur und Kunst für den Aufbau der Kulturhoheit der Länder.

   o Über kulturelle Aufgabenfelder, die die künftige Kulturhoheit der Länder überschreiten und für Inhalte und Formen ihrer Institutionalisierung.

   o Zum Problem der Finanzierungsrahmen für vielfältige kulturell-künstlerische Aktivitäten auf kommunaler, städtischer und zentraler Ebene. Vorschläge und Varianten für die zukünftige Finanzierung und Förderung von Kultur und

Kunst durch Subventionen, durch die Bildung von zentral und kommunal verfügbare Fonds, durch steuerrechtliche Anreize für das private Engagement von Bürgern, Künstlern, Sammlern, Stiftern und Mäzenen.

2. Unverzüglich Regelungen der künstlerischen Auslandsarbeit von freiberuflichen Akteuren und Gruppen zu schaffen. Das betrifft insbesondere

o Beseitigung von restriktiven steuer-, finanz- und devisenrechtlichen Vorschriften,

o Beseitigung der Pflichtvermittlung von Auslandseinsätzen und des Pflichttransfer; Regelung für Kirchenmusiker, die auf nichtkommerzieller Basis konzertieren.

o Für freie Entscheidung über die Inanspruchnahme der Dienstleistung einer Agentur; für die Regelung bzw. Beseitigung der Doppelbesteuerung; für die nichtkommerzielle Betreuung sich selbstvermittelnder Künstler (staatliche Abgaben-Verwaltung u. a.)

Runder Tisch
14. Sitzung
26. Februar 1990 Vorlage 14/41

Beschlußantrag

Der Niedergang des historischen Erbes nationaler Kultur ist
in den Dörfern und Städten leicht nachzuvollziehen.
Die Verantwortung für die Vernachlässigung und den Verfall
ist wohl nicht den Denkmalpflegern anzulasten.

Der Runde Tisch wird aufgefordert, die Einrichtung einer
Untersuchungskommission zu beschließen, die die konkreten
Verantwortlichkeiten eruiert. Vor allem ist die Bestandsaufnahme des realen Zustandes Ziel einer solchen Untersuchungskommission.

Grüne Partei

Runder Tisch Vorlage Nr. 14/26
14. Sitzung
26. Februar 1990

Die sorbische Kultur als Volkskultur wie auch als Berufs-
kunst in den Bereichen Literatur, Musik, Theater, Malerei,
Film und Folklore vermittelt dem sorbischen Volk Sprach-,
Selbst- und Gemeinschaftsbewußtsein.

Mit diesem nationalem Auftrag hat sie sich zu einer eigenständigen Größe und Einheit entwickelt.

Das System "Sorbische Kultur" wurde wie das System "Deutsche
Kultur in der DDR" durch den Staat gefördert. Das Verhältnis
beträgt ca. 100 : 0,5.

Andererseits wurden in den letzten Jahrzehnten einmalige
Zeugnisse der materiellen Kultur (vor allem einer unverwechsel-
baren, einmaligen Bauernkultur) durch die Devastierung der
Dörfer für den Braunkohleabbau vernichtet, geplündert, zer-
sägt, verbrannt!

Der Erhalt und die weitere Entwicklung der sorbischen Kultur
ist ohne staatliche Förderung nicht gewährleistet!

Der Runde Tisch möge beschließen:

Die sorbische Kultur und Kunst ist weiterhin mindestens in der bisherigen Höhe über einen zentralen
Fond durch die Regierung zu subventionieren.

Sorbischer Runder Tisch

Dokument 14/15, Antrag GP: Einrichtung einer Untersuchungskommission, die sich vor allem um die Bestandsaufnahme des realen Zustandes der nationalen Kultur kümmert (Vorlage 14/41)

Dokument 14/16, Antrag Sorbischer Runder Tisch: Subventionierung der sorbischen Kultur und Kunst in der bisherigen Höhe über zentralen Fonds der Regierung (Vorlage 14/26)

Runder Tisch Vorlage Nr. 14/35
14. Sitzung
26. Februar 1990

Antrag

als Vorschlag für die Regierung: ein "Haus der Begegnung - kulturelles Zentrum für geistig behinderte Menschen und andere" zu schaffen.

Die Nutzer eines solchen Hauses sind geistig behinderte Menschen vom Kindesalter bis in die höheren Lebensjahre, anders Behinderte und <u>Unbehinderte</u>.

Das humanistische Anliegen ist den geistig behinderten Menschen, die in der Vergangenheit aus fast allen Bereichen des gesellschaftlichen Lebens ausgegrenzt waren und ein diskriminiertes Lebensdasein führen mußten, endlich dieser großen Gruppe von Menschen Gerechtigkeit widerfahren zu lassen, von Gleichberechtigung nicht nur zu reden, sondern sie praktisch zu verwirklichen. Mit dem "Haus der Begegnung" eine Stätte zu schaffen, in der die geistig behinderten Menschen schöpferisch - kreativ arbeiten und ihre Freizeit sinnvoll gestalten können.

Das humanistische Anliegen liegt auch und vor allem, durch die gemeinsame Arbeit von geistig behinderten, anders behinderten und unbehinderten Menschen, einen Prozeß von wirklicher Integration auf dem Gebiet der Kunst und Kultur in Gang zu bringen, der dann auch die Bemühungen auf anderen Gebieten der Gesellschaft positiv beeinflussen kann.

Das ist die Hoffnung und Absicht.

Initiative für Frieden
und Menschenrechte

Dokument 14/17, Antrag IFM: Schaffung eines "Hauses der Begegnung - kulturelles Zentrum für geistig behinderte Menschen und andere" (Vorlage 14/35)

Runder Tisch
14. Sitzung
26. Februar 1990 Vorlage 14/36
A n t r a g
an den Runden Tisch
Vorschlag der Initiativgruppe der Berliner Theaterschaffenden

Der Runde Tisch fordert die Regierung der DDR auf, jede Nutzung, Vergabe oder Veräußerung des Palastes der Republik in Berlin und vergleichbare Einrichtungen in anderen Städten für kommerzielle oder repräsentative Zwecke zu unterlassen.

Der Palast der Republik soll ein vom Staat subventioniertes Zentrum alternativer und experimentieller Kunstproduktion werden. Unter Nutzung aller Räume soll eine Vielzahl von Ateliers, Studios, Probenräume und Werkstätten entstehen, in denen die unterschiedlichsten Kunstformen entdeckt, entwickelt und öffentlich ausprobiert werden können. Die vielen repräsentativen Foyers und Etagenräume müssen für diesen Zweck um- und neugestaltet werden. Diese neue Zweckbestimmung muß schon bei einer eventuell notwendigen Asbestsanierung berücksichtigt werden.

Unverzichtbare Voraussetzungen:
- der gesamte Sicherheitsapparat, der nach wie vor im Hause ist, muß sofort aufgelöst werden,
- die Leiter aller Kompetenzbereiche sind zu entlassen, um zu verhindern, daß Übergangskonzepte nur zur Arbeitsplatzbeschaffung von ehemaligen Funktionären dienen,
- die geplanten Subventionierungen sind zu erhalten,
- es muß ein Beirat gebildet werden, der eine Konzeption für den Umbau erarbeitet und eine Satzung, die maximale Vielfalt ohne jede Reglementierung ermöglicht.

Begründung:
Der Palast der Republik ist in seiner äußeren Form und in seiner bisherigen inneren Bestimmung Ausdruck einer fehlorientierten Politik. Um zu verhindern, daß bei der notwendigen Umgestaltung der Gesellschaft die Förderung von Kunst und Kultur vergessen wird, müssen die politischen Parteien ein Zeichen setzen.
Der umgestaltete Palast der Republik wird ein Teil der europäischen Kulturmetropole Berlin.

Dokument 14/18, Antrag DJ, IFM, GL, GP, PDS, DA: Vorschlag der Initiativgruppe der Berliner Theaterschaffenden (Vorlage 14/36)

Runder Tisch
14. Sitzung
26. Februar 1990

Vorlage Nr. 14/44

Der Runde Tisch möge beschließen:

Der Runde Tisch bittet die Regierung, die Akademie- und Hochschulreform nicht allein denen zu überlassen, die für die verfehlte Wissenschaftspolitik vergangener Jahre verantwortlich sind. Die "Initiativgruppe Wissenschaft" in der Akademie der Wissenschaften ist allein nicht in der Lage die notwendige Demokratisierung wesentlich zu fördern und eine sinnvolle Wissenschaftsreform in Gang zu bringen. Deshalb sollte der Runde Tisch beschließen, eine Arbeitsgruppe "Wissenschaft" des Runden Tisches zu bilden.

Demokratie Jetzt

Runder Tisch
14. Sitzung
26. Februar 1990   Information 14/8

Standpunkt der PDS zur Einberufung eines Runden Tisches "Wissenschaft"

Für die Wissenschaft der DDR entstehen in den gegenwärtigen Umwälzungen nicht nur Chancen für einen Neubeginn, sondern auch reale Gefahren, wie

- Provinzialisierung durch Abwanderungen und Streichung von Mitteln,
- Entwertung des auch international anerkannten großen geistigen Potentials unseres Landes durch die Verdrängung des Forschungs- und Entwicklungspotentials der Industrie in der Kooperation mit der BRD,
- neue Ausgrenzungen und Diskriminierungen von Wissenschaftlern,
- wachsende soziale Unsicherheit der Studenten sowie der Wissenschaftler im akademischen Bereich und in Forschung und Entwicklung in der Wirtschaft, die den sozialen Frieden und die Kollektivität gefährdet,
- die Verdrängung von Frauen aus der Wissenschaft,
- Deformationen durch schrankenlose Kommerzialisierung der Wissenschaft.

Solche Entwicklungen sind um so gefährlicher, als die Wissenschaft sowohl als Ausgangspunkt jeder modernen Produktion als auch als Moment der kulturellen Identität in der Entwicklung aller Industrieländer eine Schlüsselstellung einnimmt.

Die PDS sieht die dringende Notwendigkeit staatlicher Maßnahmen in Form eines Sofortprogramms zur Erhaltung unserer Wissenschaft, um ein Abgleiten in eine "Entwicklungs"-Provinz mit all seinen Konsequenzen zu verhindern.

Wir fordern die Einberufung eines Runden Tisches (Arbeitsgruppe) Wissenschaft. Gegenstand der Beratung sollten das Sofortprogramm und Grundzüge eines Wissenschaftsförderungsgesetzes sein. Entscheidungen über die Wissenschaft haben langfristige Konsequenzen für alle Bereiche unserer Gesellschaft. Dieser komplexe und strategische Charakter der Wissenschaft drückt sich nicht zuletzt darin aus, daß in der DDR drei Ministerien (Bildung, Wissenschaft und Technik, Finanzen) direkt und weitere (z. B. die Wirtschaftsministerien) indirekt von Entscheidungen über die Wissenschaft berührt sind.

Aus diesem Grunde halten wir auch einen Runden Tisch beim Minister für Wissenschaft und Technik nicht ausreichend, da er die genannten übergreifenden Aufgaben nicht erfüllen kann.

Ziel unserer Initiative ist die Einrichtung einer Arbeitsgruppe des zentralen Runden Tisches, die die angesprochenen gesamtstaatlichen Aufgaben behandelt.

                                   PDS

Runder Tisch Vorlage Nr. 14/9
14. Sitzung
26. 2. 1990

Erklärung und Antrag zum Entwurf des Wehrdienstgesetzes

Mit der Auflösung der Parteiorganisationen und der leitenden
Parteiorgane und der damit erfolgten Trennung von Armee und
Partei betätigen sich die Mitglieder der PDS nicht mehr partei-
politisch in den Dienststellen.
Dem Staatsbürger in Uniform gebühren jedoch alle Rechte wie
jedem Bürger der DDR.
Niemand hat das Recht, Armeeangehörigen parteipolitische Zugehörigkeit und Betätigung außerhalb der Dienststelle zu verwehren.
Wir wenden uns entschieden gegen die Praktiken von Vorgesetzten,
die den Entwurf des Wehrdienstgesetzes (§ 17) zum Anlaß nehmen,
Mitglieder der PDS mündlich und schriftlich zu nötigen, aus
ihrer Partei auszutreten.

Das Wehrdienstgesetz kann nicht verbieten, was die Verfassung
und das Parteiengesetz erlauben.

PDS

Runder Tisch Vorlage Nr. 14/6
am 26. 2. 1990
15. Sitzung

Antrag des FDGB

Der Runde Tisch möge folgenden Antrag unterstützen:

Bei allen Konsequenzen, die sich aus der Militärreform für die Zivilbeschäftigten der NVA ergeben, sind die erforderlichen Maßnahmen für ihre
soziale Sicherheit zu treffen. Deshalb ist für alle Zivilbeschäftigten,
die von Planstellenkürzungen in den Streitkräften betroffen werden,
ein Programm der Arbeitsplatzbeschaffung, Umschulung, Finanzierung und
sozialen Sicherstellung zu schaffen.

Freier Deutscher Gewerkschaftsbund
(FDGB)

Dokument 14/21, Antrag PDS: Zum Entwurf des Wehrdienstgesetzes (Vorlage 14/9)

Dokument 14/22, Antrag FDGB: Programm zur Arbeitsplatzbeschaffung und sozialen Sicherstellung für Zivilbeschäftigte der NVA (Vorlage 14/6)

Runder Tisch   Information Nr. 14/4
14. Sitzung
26.2.1990

Konzeptionelle Standpunkte

zur Rolle und dem Auftrag deutscher Streitkräfte
im Prozeß des Zusammenwachsens der beiden
deutschen Staaten

———————————————

I. (Rahmenbedingungen)

1. Angesichts der gesellschaftspolitischen Veränderungen in den Staaten des Warschauer Vertrages, des außerordentlich rasanten und nicht sicher berechenbaren Verlaufs der politischen Entwicklung in der DDR, die mit der Herbeiführung einer deutschen Einheit verbunden wird, sowie der Fortschritte in der Vertrauens- und Sicherheitsbildung in Europa ist die Vereinigung der beiden deutschen Staaten eine praktische Aufgabe der Politik geworden. Dabei zeichnet sich ab, daß der deutsche Prozeß schneller als der europäische verläuft. Er hätte jedoch ohne Einbindung in europäische Sicherheitsstrukturen, ohne die Schaffung von Garantien, daß von dem sich herausbildenden neuen deutschen Einheitsstaat keine Gefährdung des Friedens und keine Bedrohung der Nachbarvölker und damit des europäischen Prozesses ausgeht, nur geringe historische Perspektiven. Der deutsche Prozeß darf sich nicht verselbständigen.

Die Lösung dieser Frage verlangt höchstes Verantwortungsbewußtsein aller an diesem Prozeß beteiligten Seiten im internationalen und nationalen Maßstab, die Beachtung aller, historischer u. a., Faktoren.

2. Die Völker Europas haben mit einem deutschen Einheitsstaat bittere Erfahrungen gesammelt. Seine Schaffung wurde von 3 Kriegen eingeleitet. In den nur 74 Jahren seiner Existenz rief er 2 Weltkriege hervor und endete 1945 mit der totalen Niederlage im II. Weltkrieg, dem verheerendsten aller Kriege in der Geschichte der Menschheit. Die schrecklichen Erfahrungen aller europäischer Staaten mit dem einigen Deutschland führten dazu, daß noch über 40 Jahre nach seinem Untergang kein europäischer Staat in Ost und West seine erneute Vereinigung von sich aus wünschte.

- 2 -

- die internationalen Verträge und Verpflichtungen beider deutscher Staaten, ihren Platz im Nachkriegseuropa;

- die kardinale Aufgabe der Menschheit und der Völker Europas, zu der sie, sich blockübergreifend bekennen, den Krieg zu verhindern,

berücksichtigen muß.

2. Das "Vorprellen" des deutschen Prozesses, ohne daß der europäische schon ein blockfreies neues Sicherheitssystem hervorgebracht hätte, erfordert, daß beide deutsche Staaten im Verlaufe ihres wirtschaftlichen und politischen Zusammenwachsens Mitglieder ihrer Bündnisse bleiben, und daß die militärische Entflechtung von Warschauer Vertrag und NATO in Mitteleuropa schrittweise im Rahmen gesamteuropäischer Abrüstungsvereinbarungen erfolgt. Es bietet sich an, die Bündnisse bis zur Errichtung gesamteuropäischer Sicherheitsstrukturen stärker politisch zu nutzen bei der

- Überwindung der Spaltung Europas,

- Förderung des Zusammenwachsens der beiden deutschen Staaten und

- Herausbildung blockübergreifender kooperativer Sicherheitsstrukturen.

3. Die Bundeswehr und die Nationale Volksarmee können als Glieder des Mechanismus unterschiedlicher Koalitionen eine Entwicklung nehmen wie die Koalitionen und ihre Streitkräfte insgesamt.

Wenn die beiden deutschen Staaten und ihre Streitkräfte den politischen Verpflichtungen in den Bündnissen nachkommen, werden sie auch im Zusammenhang mit der Herausbildung föderativer Institutionen zwischen ihnen für Europa und die Nachbarstaaten politisch berechenbar bleiben. Für diese

- 3 -

3. In Europa ist heute in und außerhalb der KSZE ein Prozeß der sich vertiefenden militärischen Vertrauensbildung und Abrüstung in Gang gekommen. Die gegenwärtig noch vorhandenen enormen militärischen Potentiale beider Seiten werden in absehbarer Zeit durch Reduzierung auf Obergrenzen und Verifikation eine erheblich verringerte Angriffsfähigkeit aufweisen. Ein erstes Wiener Reduzierungsabkommen sowie die sowjetisch-amerikanische Übereinkunft über die Verringerung der Truppenkontingente in Mitteleuropa sind geeignet, entscheidende Stabilitäts- und Sicherheitsfragen zwischen den beiden Bündnissen einer positiven Lösung zuzuführen.

In den Vordergrund tritt dann als gewichtiger Faktor der weiteren Vertrauens- und Sicherheitsbildung die intensive Interessenverflechtung zwischen den europäischen Staaten, die auf sicherheitspolitischem Gebiet in einer neuen Qualität des KSZE-Prozesses (Runde der 35) und seiner Institutionalisierung (bis hin zu militärischen Strukturen) auf dem Wege zu einem gesamteuropäischen Sicherheitssystem zum Ausdruck kommen muß.

Damit könnte die Fortsetzung der Wiener Verhandlungen unter dem Zeichen der raschen Überwindung der Blockkonfrontation stehen und den gesamteuropäischen Rahmen erfassen.

II. (Denkbare Entwicklungen)

1. Die sich anbahnende Vereinigung beider deutscher Staaten ist bei verantwortungsvollem Herangehen eine Aufgabe, die die nächste historische Perspektive erfaßt und dabei

die 40jährige geschichtliche Entwicklung beider deutscher Staaten;

die von den Siegermächten übernommene und wahrzunehmende Verantwortung für diese Entwicklung, die sich aus den Ergebnissen des II. Weltkrieges ergibt;

Periode würde auch die weitere Präsenz sowjetischer und amerikanischer Truppenkontingente auf den Territorien beider deutscher Staaten, selbst wenn sie zu einem bestimmten Zeitpunkt nur noch symbolischen Charakter haben, zu günstigen Rahmenbedingungen für die Stabilität und Sicherheit im Zentrum Europas führen.

4. Forderungen, wie

- die Ausdehnung des NATO-Bereiches bis zur ODER/NEISSE oder gar bis zum BUG sowie
- der Übergang militärischen Potentials des Warschauer Vertrages in die militärische Organisation der NATO

sind keine Lösung für die in Verbindung mit dem deutsch-deutschen Zusammenwachsen anstehenden europäischen Stabilitäts- und Sicherheitsfragen. Sie könnten zu schweren Belastungen des europäischen Prozesses und einer schwer berechenbaren Situation auf dem Kontinent führen, da sie vor allem die Sicherheit der Sowjetunion und der osteuropäischen Nachbarn eines einheitlichen deutschen Staates einseitig beeinträchtigen würden.

5. Daher sollte davon ausgegangen werden, daß die militärische Frage auch bei einer schnellen Vereinigung Deutschlands zu Lösungen geführt wird, die zu jedem beliebigen Zeitpunkt in die allmähliche Herausbildung der europäischen Sicherheitsstrukturen eingepaßt werden können, die Realismus, Berechenbarkeit und Glaubwürdigkeit fördern sowie Mißtrauen und Zweifel ausräumen, aber auch Gefahren und Bedrohungen ausschließen. Die militärische Frage eines einheitlichen deutschen Staates darf nicht zum Hemmschuh für ein europäisches Sicherheitssystem werden, muß Brücke dahin sein. Deshalb sollte die Frage der Entwicklung und Tätigkeit der deutschen Streitkräfte auf der Konferenz der beiden deutschen Staaten mit den vier Siegermächten und im KSZE-Prozeß eine Rolle spielen.

6. Die Notwendigkeit der Existenz deutscher Streitkräfte zur Gewährleistung des äußeren Schutzes sollte jedoch nicht in Zweifel gestellt werden, da

- "Temperaturschwankungen" unterschiedlichen Grades in den außenpolitischen Beziehungen der Staaten, Krisen in und außerhalb Europas potentiell möglich, ja wahrscheinlich bleiben sowie
- sich neue Möglichkeiten des militärischen Eingriffs herausbilden, die nicht mehr an die Bildung bedrohlicher Landfronten gebunden sind.

Unter den Bedingungen des "Vorpreilens" des deutsch-deutschen Prozesses erscheint es auch deshalb sinnvoll, die politische Bindung beider deutscher Teilstaaten an ihre Bündnisse sehr langsam und schrittweise zu lösen und beide Armeen nur schrittweise, im Einklang mit dem europäischen Prozeß aus den militärischen Organisationen herauszulösen. Außerdem ist der Beitritt beider deutscher Staaten zu ihren jeweiligen Bündnissen mit der Verpflichtung verbunden, im Falle der Vereinigung, neue Regelungen herbeizuführen. Das kann nur im gegenseitigen Einvernehmen aller Beteiligten geschehen. Dabei ist klar, daß durch entsprechende Garantien jeder Anschlag auf die Grenzen anderer Staaten auszuschließen ist. Außerdem kann nur die Verantwortung der 4 Mächte in bezug auf Deutschland nur durch sie selbst abgeschafft werden. Es bedarf also europäischer Lösungen, d. h. der Schaffung solcher europäischer Strukturen, die bei Zusammenwachsen und Vereinigung beider deutscher Staaten nicht zu einer Störung des europäischen Gleichgewichts führen.

7. Daraus ergibt sich, daß langfristig der günstigste sicherheitspolitische Rahmen für eine deutsche Föderation, einen deutschen Bundesstaat, die Weiterentwicklung des KSZE-Prozesses bis zu seiner Institutionalisierung - auch im militärischen Bereich - ist.

Dokument 14/23, Standpunkte des Runden Tisches "Militärreform" [???]: Zur Rolle und dem Auftrag deutscher Streitkräfte im Prozeß des Zusammenwirkens der beiden deutschen Staaten (Information 14/4); Seite 3 von 4

– 6 –

Die europäischen Staaten, darunter das föderative Deutschland, die keinen Bündnissen mehr angehören, könnten sich in sicherheits- und verteidigungspolitischen Fragen konzentrieren auf

- die Gewährleistung des äußeren Schutzes ihrer Staatsterritorien;
- die Aufrechterhaltung nationaler Streitkräfte zu diesem Zwecke in einem Umfang und einer Struktur, die nach dem Prinzip des für die Verteidigung Hinlänglichen militärische Eingriffe von außen unterbinden können;
- die Teilnahme an der Lösung möglicher gesamteuropäischer militärischer Aufgaben.

8. Der deutsche Bundesstaat könnte über ein Bundesheer verfügen, das sich aus Bürgern aller Landesteile zusammensetzt, und über eine Gesamtstärke von nicht mehr als etwa 300.000 Mann Friedensstärke verfügt:

- weniger als 200.000 würden die Erfüllung der Ausbildungsaufgaben nicht mehr ermöglichen;
- mehr als 300.000 könnten bei den unmittelbaren Nachbarn (Frankreich, Polen) die Sorgen trotz politischer Beteuerungen des Gegenteils nicht zerstören.

Das Bundesheer (zusätzlich Flottenkräfte mit Sicherungscharakter) könnte aus 2 Komponenten bestehen:

- Truppenkörpern, die in den Grenzgebieten durch Mobilmachung entfaltet werden können und Landwehr- oder Milizcharakter haben, sowie
- Truppen, die über angemessene Manövrierfähigkeit, Feuer- und Schlagkraft verfügen und in Friedenszeiten über die Erfordernisse der Zurückweisung des Angriffs vom Territorium eines Nachbarstaates nicht hinausgehen.

– 7 –

9. Da Auftrag, Potential, Friedens- und Kriegsstärke der nationalen Streitkräfte der europäischen Staaten mit großer Wahrscheinlichkeit im Rahmen des institutionalisierten KSZE-Prozesses begründet und gebilligt werden, könnte die Vorbereitung des deutschen Bundesheeres Inhalt der Arbeit entsprechender Organe beider deutscher Staaten im Zuge der Herausbildung der Föderation sein.

Die vorbedachte Aufrechterhaltung von Teilpotentialen der Bundeswehr und der Nationalen Volksarmee für die Ausstattung der reorganisierten Streitkräfte des deutschen Bundesstaates wäre eine logische Folge und sollte durch die Militärs beider deutscher Staaten langfristig vorbereitet werden.

Ag 117 II – d/ 254-90

Dokument 14/23, Standpunkte des Runden Tisches "Militärreform" [???]: Zur Rolle und dem Auftrag deutscher Streitkräfte im Prozeß des Zusammenwirkens der beiden deutschen Staaten (Information 14/4); Seite 4 von 4

Runder Tisch
14. Sitzung
16.2.1990

Information Nr. 14/3

Maßnahmen

der beruflichen Vorbereitung und sozialen Sicherstellung von Berufssoldaten, die im Ergebnis von Truppenreduzierungen und Abrüstungsmaßnahmen aus dem aktiven Wehrdienst zu entlassen sind

In Anerkennung des langjährigen Dienstes der Berufssoldaten für die Erfüllung des Verfassungsauftrages wird für den Fall ihrer Entlassung als Folge von Truppenreduzierungen und Abrüstungsmaßnahmen festgelegt:

1. (1) Die zur Entlassung vorgesehenen Berufssoldaten sind unter Ausschöpfung aller Möglichkeiten grundsätzlich in ein ziviles berufliches Arbeitsverhältnis zu vermitteln.

(2) Es ist ein "Bevollmächtigter des Ministers für Nationale Verteidigung für die Überführung von Berufssoldaten der NVA in eine zivilberufliche Tätigkeit" einzusetzen, dem die zentrale Führung aller Maßnahmen der Berufsförderung, Koordinierung der Umschulung, Berufsvorbereitung und Arbeitsaufnahme obliegt.

(3) Im Interesse einer zielgerichteten Vorbereitung der Berufssoldaten auf eine zivile Tätigkeit hat der Bevollmächtigte in enger Zusammenarbeit mit dem Ministerium für Arbeit und Löhne, insbesondere

- die volkswirtschaftlichen Möglichkeiten der Arbeitsvermittlung festzustellen,

- die zur Entlassung vorgesehenen Berufssoldaten für einen Zivilberuf zu beraten oder sie auf einen Beruf zu orientieren,

- durch geeignete Formen an Lehr- und Ausbildungseinrichtungen der NVA Möglichkeiten der Berufsvorbereitung und -ausbildung zu schaffen,

- verkürzte Ausbildungsmöglichkeiten an zivilen Bildungseinrichtungen und Umschulungsmöglichkeiten in Kombinaten und Betrieben zu ermitteln,

- 2 -

- die Berufsvermittlung und Arbeitsaufnahme vorzubereiten und zu realisieren.

(4) Die Berufsvorbereitung oder Umschulung zur Erlangung zivilberuflicher Qualifikationen sind auf Kosten der NVA durchzuführen.

(5) Die NVA gewährt Unterstützung bei der Schaffung von Arbeitsplätzen durch Errichtung oder Umstellung von Betrieben/Einrichtungen im Territorium sowie bei der Gründung eigener oder gemeinsamer Unternehmen durch ausscheidende Berufssoldaten. Die Unterstützung erfolgt durch Bereitstellung materieller Fonds auf vertraglicher Grundlage.

2. Berufssoldaten, die wegen struktureller Veränderungen ohne Anspruch auf Leistungen nach der Versorgungsordnung aus dem Dienst entlassen werden müssen, erhalten einmalige finanzielle Leistungen in Höhe von 1.000 M je Jahr des geleisteten Dienstes.

3. (1) Berufssoldaten, die zum Zeitpunkt der Entlassung wegen struktureller Veränderungen das 50. bis 59. Lebensjahr vollendet, Anspruch auf Leistungen nach der Versorgungsordnung haben und nicht in ein ziviles Arbeitsverhältnis vermittelt werden können, erhalten eine befristete erweiterte Versorgung in Höhe von 60 bis 69 % der beitragspflichtigen Vergütung, differenziert nach Lebensjahren bei der Entlassung, bis zur Zahlung von Invaliden- bzw. Altersrente nach der Versorgungsordnung der NVA.

(2) Übersteigt bei Aufnahme einer zivilberuflichen Tätigkeit die befristete erweiterte Versorgung zusammen mit dem Nettoeinkommen die Höhe der letzten Nettodienstbezüge und -zulagen, ist die befristete erweiterte Versorgung in Höhe des übersteigenden Betrages zu kürzen.

Dokument 14/24, Maßnahmen des Runden Tisches "Militärreform" [???]: Zur beruflichen Vorbereitung und sozialen Sicherstellung von Berufssoldaten, die im Ergebnis von Truppenreduzierungen und Abrüstungsmaßnahmen aus dem aktiven Wehrdienst zu entlassen sind (Information 14/3); Seite 1 von 2

- 3 -

4. Für Zivilbeschäftigte der NVA, deren Arbeitsrechtsverhältnisse aufgrund von Abrüstungsmaßnahmen und Strukturveränderungen beendet werden müssen, vereinbart der Minister für Nationale Verteidigung im Einvernehmen mit dem Minister für Arbeit und Löhne arbeitsrechtliche Regelungen mit dem Vorsitzenden des Zentralvorstandes der Gewerkschaft der Zivilbeschäftigten der NVA.

Begründung:

Im Prozeß einer umfassenden Reduzierung der NVA sowie weiterer Schritte zur Abrüstung müssen in diesem und in den folgenden Jahren jährlich bis zu 7.000 Berufssoldaten entlassen werden. Die davon Betroffenen

- betrachteten die militärische Laufbahn als Lebensberuf und werden infolge staatlicher Entscheidungen entgegen ihrem Willen entlassen;
- sind entweder Hochschulkader (Offiziere) Fachschulkader (Fähnriche) oder Meister bzw. Facharbeiter (Berufsunteroffiziere);
- haben in der Regel ihr gesamtes Leben in den Dienst der Streitkräfte gestellt, verfügen über hohe militärische, aber nicht über ausreichende zivilberufliche Erfahrungen;
- müssen nach ihrer Entlassung im fortgeschrittenen Lebensalter, bei nachlassendem Leistungsvermögen und wachsenden zivilberuflichen Anforderungen sowie sinkendem Arbeitskräftebedarf auf die Übernahme anderer, für sie berufsfremder Tätigkeiten vorbereitet werden;
- können trotz aller Anstrengungen objektiv nicht alle in den Arbeitsprozeß vermittelt werden.

- 4 -

Für die Mehrzahl dieser Berufssoldaten ist die Aufnahme einer zivilberuflichen Tätigkeit auf der Grundlage der vorgeschlagenen Maßnahmen zur Arbeitsplatzbeschaffung, Umschulung und Neuqualifizierung vorgesehen.

Durch die vorzeitige Entlassung werden viele dieser Berufssoldaten nicht die für Versorgungsleistungen erforderliche Dienstzeit von 25 Jahren erreichen. Trotz voller Beitragszahlung verlieren sie dadurch den Anspruch auf Rentenleistungen nach der Versorgungsordnung. Diese vom subjektiven Willen des Berufssoldaten nicht verursachten Versorgungsnachteile sollen zumindest teilweise ausgeglichen werden.

- 5 -

Deshalb ist vorgesehen, den Berufssoldaten, die ohne Anspruch auf Rentenleistungen nach der Versorgungsordnung ausscheiden, die Übergangsgebührnisse, die bisher in Abhängigkeit von den Dienstjahren zwischen 500 bis 7000 M betrugen, die in der Vorlage genannten einmaligen finanziellen Leistungen zu gewähren.

Problematisch ist nach den bisherigen Erfahrungen die Arbeitsvermittlung für Berufssoldaten zwischen dem 50. und 60. Lebensjahr. Unter gegenwärtigen und künftigen Bedingungen wird ihre Arbeitsvermittlung noch schwieriger, so daß diesen Berufssoldaten die Aufnahme einer zivilberuflichen Tätigkeit unter vertretbaren Bedingungen nicht immer ermöglicht werden kann. Die dadurch notwendige soziale Absicherung ist mit den bestehenden Regelungen der Versorgungsordnung nicht zu gewährleisten.
Deshalb soll für diesen Personenkreis die in der Vorlage genannte befristete erweiterte Versorgung eingeführt werden.

Die zur sozialen Sicherstellung vorgeschlagenen Maßnahmen sind durch den Rentenfond der NVA gedeckt und erfordern keine zusätzlichen Mittel des Staatshaushaltes. Der Finanzbedarf wird aus den Mitteln gedeckt, die durch Reduzierung des Personalkosten im Zusammenhang mit den Entlassungen freigesetzt werden.

Dokument 14/24, Maßnahmen des Runden Tisches "Militärreform" [???]: Zur beruflichen Vorbereitung und sozialen Sicherstellung von Berufssoldaten, die im Ergebnis von Truppenreduzierungen und Abrüstungsmaßnahmen aus dem aktiven Wehrdienst zu entlassen sind (Information 14/3); Seite 2 von 2

Runder Tisch
14. Sitzung
26. Februar 1990   Information 14/9

Stellungnahme der PDS zur Militärreform

Die PDS vetritt den Standpunkt, die DDR und die BRD sollten sich von überholten militärischen Sicherheitsstrukturen lossagen und auf kooperative nichtmilitärische Sicherheit bauen. Die Lösung der komplizierten ökonomischen, sozialen und ökologischen Probleme der DDR und das Zusammenwachsen beider deutscher Staaten werden erleichtert, wenn es ohne die Last von Militärausgaben, Streitkräften oder von Modernisierung und Neuentwicklung von Waffen erfolgt. Je weniger Mittel für Rüstungen und Streitkräfte verbraucht werden, um so stärker können die sozialen Elemente der Marktwirtschaft ausgeprägt und ökologischen Erfordernissen Rechnung getragen werden.

Wir sind für den Übergang zu einer Sicherheitspartnerschaft als Beitrag zur kollektiven Sicherheit in Europa durch Reduzierung der NVA und Bundeswehr, durch Abschaffung der Wehrpflicht, durch Streichung von Militärausgaben. Ein entmilitarisiertes Deutschland wäre für Europa ein wichtiges Abrüstungssignal. Seine Sicherheit könnte durch Garantien der Alliierten und der KSZE-Staaten gewährleistet werden, solange das notwendig ist. Der Weg zur Vereinigung beider deutscher Staaten muß von Abrüstung begleitet sein. Strukturelemente der NVA in ein Bundesheer einzubringen, das zur NATO gehören würde, ist nach unserer Auffassung nicht gangbar.
Als weiteren konkreten Schritt der Entmilitarisierung schlagen wir vor, in beiden deutschen Staaten die Wehrpflicht und damit auch jede Form von Ersatzdienst abzuschaffen. Dann gäbe es nur noch Berufsarmeen mit Freiwilligen, die einen Beamtenstatus erhalten sollten.

Dokument 14/25, Stellungnahme PDS: Zur Militärreform (Information 14/9); Seite 1 von 2

Sollte sich die BRD diesen Vorschlägen verschließen, sollten wir dennoch den Mut haben, einseitig zu beginnen. Gehen wir den Weg des freiwilligen, schrittweisen Verzichtes auf militärische Mittel der Sicherheit, so wird die DDR eine Sicherheit neuer Art besitzen.

Die Reduzierung von Technik und Offizierskorps erfordert ein Sozial- und Eingliederungsprogramm, das schnell auszuarbeiten ist. Ziel ist die Reduzierung der Streitkräfte um 50 Prozent innerhalb der dafür erforderlichen Fristen.

Die Entmilitarisierung in beiden deutschen Staaten bleibt unser Ziel. Es sollte auch weiterhin im vertretbaren Umfang durch einseitige Schritte gefördert werden.

Bei der Regierung der DDR sollte ein Amt für Abrüstung und Konversion gebildet werden, das den Prozeß der Entmilitarisierung in allen gesellschaftlichen Bereichen leitet.

Ausgangspunkt für die Militärreform in der DDR sollte sein, Auftrag, Funktion und Struktur der NVA so zu bestimmen, daß sie der tendenziellen Entwicklung zu ihrer Verringerung, die mit den Wiener Verhandlungen eingeleitet ist, Rechnung tragen kann. Dazu gehört selbstverständlich, sie in den Demokratisierungsprozeß der Gesellschaft einzuordnen und ihre innere Verfassung radikal zu erneuern.

Dokument 14/25, Stellungnahme PDS: Zur Militärreform (Information 14/9); Seite 2 von 2

Runder Tisch   Vorlage Nr. 14/10
14. Sitzung
26.2.1990

Erklärung der Grünen Partei am Runden Tisch vom 19.2.1990

Entmilitarisierung Jetzt!

Gegenwärtig sind wir Zeugen des Versuches bestimmter Kräfte in der DDR und der BRD, den Prozeß der Vereinigung beider deutscher Staaten in z.T. unverantwortlicher Weise zu beschleunigen. Wahltaktisches Kalkül, tradierte machtpolitische Interessen oder auch nur reine Demagogie haben Konjuktur, drohen den Blick für die Realitäten und nicht zu letzt _für perspektivisch wichtige sicherheitspolitische Fragestellungen_ zu verstellen.

Dabei müßte jedem der Vernunft zugänglichen Deutschen klar sein, daß die Einheit Deutschlands nicht zum _schnellen sicherheitspolitischen Nulltarif_ zu haben ist. Soll einem einheitlichen deutschen Staat historisch und geographisch, politisch und strategisch die Aufgabe zufallen, mit der Wahrnehmung eigener nationaler Interessen _zugleich_ die Überwindung der Teilung Europas in Blöcke und Bündnisse zu befördern, dann wird _eine Entmilitarisierung beider deutscher Staaten zum kategorischen Imperativ verantwortlichen friedenspolitischen Handelns._

Die Vorstellung eines vereinigten Deutschlands, das fast 600 000 aktive Soldaten per Wehrpflichterhebung unter Waffen hält und durch diese Wehrpflicht über eine Kaderung und aufwuchsfähige Struktur einer Mobilisierungsreserve von mehrerern Millionen Mann aufbieten kann ist demgegenüber eine Vision, die jegliche Hoffnung auf eine neue europäische Friedensordnung zu ersticken droht.

Die derzeit gehandelten Modelle einer zukünftigen sicherheitspolitischen Einbindung eines einheitlichen Deutschlands entpuppen sich selbst bei einfachsten Rückfragen als bloße Spekulation.

Weder die Integration in die NATO noch die freie Oszillation eines neutralen Deutschlands zwischen den gegenwärtigen Militärbündnissen kann für sich in Anspruch nehmen,eine sicherheitspolitische Lösung zu sein,die berechtigte Ängste unserer Nachbarn abbaut und der Notwendigkeit zukünftiger demokratischer und entmilitarisierter Sicherheitsstrukturen in Europa gerecht wird. Analoges gilt für eine Politik,die jetzt mit Macht die Einbindungsfunktion der europäischen Einigung forciert und insgeheim darauf setzt,durch die freiwillige Abgabe an Souveränität im militärischen Bereich,die gigantischen gesamtdeutschen Streitkräftebestände nahezu vollständig in eine gesamteuropäische Streitmacht zu retten.Europäische Integration verkommt hier zur bloßen militärischen Besitzstandswahrung.

Die einzig realistische Alternative,die sich im Sog der dynamischen politischen Entwicklungen abzeichnet,ist die jenseits von weiterbestehender Bündnisintegration und militärischer Neutralität,ein deutlicher Bezug auf ein vereinigtes Europa,in das sich Deutschland als ein <u>demokratischer und weitgehend entmilitarisierter Staat</u> einbringt.Was bisher im Zentrum Europas nur als chancenlose Utopie galt- OHNE RÜSTUNG LEBEN-rückt zum ersten Mal seit der Wiederbewaffnung der Bundesrepublik und der DDR in die Nähe des Greifbaren und politisch Machbaren.Die sich aus den gegenwärtigen Rahmenbedingungen eröffnenden enormen friedenspolitischen Möglichkeiten und Handlungsspielräume für radikale Abrüstungsschritte jetzt zu ergreifen ist das Gebot der Stunde. Die GRÜNE PARTEI appelliert deshalb an alle am Runden Tisch vertretenen Kräfte dafür einzutreten,daß die DDR mit <u>einem klaren Entmilitarisierungskonzept</u> in die 2+4-Verhandlungen geht,die Zielsetzung stellung des APPELLS DER 89 aufgreift und für seine Verwirklichung in beiden Teilen Deutschlands eintritt.

Dokument 14/26, Erklärung GP vom 19.2.1990: Entmilitarisierung Jetzt! (Vorlage 14/10); Seite 2 von 3

– 3 –

Ein sofort zu erbringender eigenständiger Beitrag der DDR könnte nach Auffassung der GRÜNEN PARTEI sein:

- <u>Senkung der Präsenzstärke der NVA unter 100 000 Mann</u> durch zügige Realisierung der bereits in Angriff genommenen Reduzierungs- und Umstrukturierungsmaßnahmen und durch einen <u>Verzicht auf die Neueinberufung von Wehrdienstpflichtigen.</u>
- <u>Ersatzlose Auflösung aller potentiell angriffsfähigen militärischen Struktureinheiten</u> wie amphibische Landeeinheiten, Fallschirmjäger, Lufttransporteinheiten, Pioniereinheiten mit Brückenlegegerät und Stoßkräften der Panzer- und Mot-Schützeneinheiten.
- <u>Herauslösung schwerer Mot-Schützen-Bewaffnungen aus den Einheiten der Grenztruppen.</u>
- Einschneidende <u>Reduzierung der Präsenzstärke der NVA im Großraum Berlin.</u>
- <u>Reduzierung der Militärausgaben der DDR um 50%.</u>
- <u>Vollständige Offenlegung</u> von Bestand, Bewaffnung, Struktur und Dislozierung der NVA.
- Schaffung einer <u>staatlichen Institution</u>, die Konzepte weiterer umfassender Rüstungsbegrenzung und Abrüstung sowie Konzepte der Konversion erarbeitet.

Grüne Partei

Runder Tisch Vorlage Nr. 14/53
14. Sitzung
26. Februar 1990

Der Runde Tisch möge beschließen:

1. Im Interesse der Bürger der DDR hat sich die NVA in das sich entwickelnde demokratische Staatswesen der DDR organisch zu integrieren.

2. Für die am Runden Tisch zur Militärreform am 6.2.1990 beschlossenen militärpolitischen Leitsätze empfiehlt der zentrale Runde Tisch die verfassungsrechtlich verankerte Option zur Entmilitarisierung. Ein solcher Verfassungsauftrag der Armee entspricht den zeitgemäßen globalen Bemühungen für Frieden und Völkerverständigung.

3. Die Umgestaltung der NVA erfordert auch die Gewährleistung der aktiven Teilnahme aller Militärangehörigen an der demokratischen Mitgestaltung des Lebens in den Streitkräften.

4. Der zentrale Runde Tisch spricht sich entschieden für eine Politik zur Auflösung der vorhandenen Militärblöcke aus. Diesbezüglich sind jegliche Optionen für eine Integration der DDR in die Nato strickt zurückzuweisen.

5. Der Runde Tisch möge den Entwurf über die militärpolitischen Leitsätze der DDR, welcher am Runden Tisch für die Militärreform am 6.2. 1990 beschlossen wurde, bekräftigen.
Und, fordert die Regierung der DDR auf, diesen der Volkskammer noch vor dem 18. März 1990 zur Beschlußfassung vorzulegen.

Vereinigte Linke

Dokument 14/27, Antrag VL: Zur Entmilitarisiserung (Vorlage 14/53)

Runder Tisch
14. Sitzung
26. Februar 1990

Vorlage 14/8

Nach unserer Übersicht ist das Ministerium für Nationale Verteidigung Rechtsträger von über 238.000 ha an volkseigenen Grundstücken.

Die DBD stellt den Antrag, zu prüfen, einen Teil dieser Flächen aus der Rechtsträgerschaft der NVA in Zusammenarbeit mit den betreffenden Kommunen in volkswirtschaftliche Nutzung zu überführen, militärische Sperrgebiete auf das militärisch unbedingt notwendige Maß zu reduzieren sowie Objekte und Teilobjekte in verschiedenen Standorten zur Verbesserung der territorialen Infrastruktur bereitzustellen.

Begründung:

Die DDR setzt sich für die Entmilitarisierung der Sicherheit, für die allgemeine und vollständige Abrüstung und eine von Massenvernichtungswaffen freie Welt ein und erbringt dafür entsprechende Vorleistungen. Durch die Reduzierung und Umstrukturierung der Nationalen Volksarmee werden landwirtschaftliche Nutzflächen, Wald- und andere Flächen sowie Objekte, die bisher zu militärischen Zwecken genutzt wurden, frei. Das betrifft Truppenübungsplätze, Objekte und Teilobjekte sowie Wohnungen in verschiedenen Standorten. Sie sollten aus der Rechtsträgerschaft des MfNV gelöst und an die zuständigen örtlichen Organe u.a. zur Nutzung durch LPG, VEG und andere Betriebe der Land- und Forstwirtschaft übergeben werden.

Einbringer: D B D

Dokument 14/28, Antrag DBD: Volkseigene Grundstücke der NVA aus der Rechtsträgerschaft der NVA in volkswirtschaftliche Nutzung zu überführen (Vorlage 14/8)

Runder Tisch
14. Sitzung
26.2.1990

Vorlage Nr: 14/13

Antrag
auf Einrichtung von sogenannten "Grünen Häusern" in allen Bezirksstädten und ökologischen Schwerpunktbereichen

Im Bereich der Informations- und gesamten Öffentlichkeitsarbeit gibt es große Defizite hinsichtlich Umwelt- und Naturschutzarbeit bei der Bevölkerung.

Diese Versäumnisse wirken sich unter anderem in einem unterentwickelten Umweltbewußtsein aus. Ausreichende Informations- und Kommunikationsmöglichkeiten sehen wir daher als ein vordringliches Problem im Umwelt- und Naturschutz an.

Aus diesen genannten Gründen halten wir Informations- und Kommunikationszentren ("Grüne Häuser") in allen Bezirksstädten und ökologischen Schwerpunktbereichen für notwendig.

Diese Zentren sollen neben Informations-, Versammlungs- auch Versorgungsmöglichkeiten beinhalten. Die Fananzierung sollte aus kommunalen Mitteln erfolgen.

Grüne Liga
Grüne Partei
UFV
Vereinigte Linke
Neues Forum

Dokument 14/29, Antrag GL, GP, UFV, VL, NF: Einrichtung von "Grünen Häusern" in allen Bezirksstädten und ökologischen Schwerpunktbereichen (Vorlage 14/13)

Runder Tisch Vorlage Nr.: 14/16
14. Sitzung
26.2.1990

Der Runde Tisch empfiehlt der Regierung der DDR und dem Minister für Naturschutz, Umweltschutz und Wasserwirtschaft, Dr. Diederich:

Schaffung eines gemeinsamen Umwelt-Bildung-Zentrums
Deutsche Demokratische Republik - Bundesrepublik Deutschland
in Berlin

Für die ökologisch orientierte Produktions- und Lebensweise in beiden deutschen Staaten, für die ökologische Sicherheit im europäischen Haus und für die Lösung von Umweltproblemen in der 3. Welt müssen die Bürger genau wissen, was es zu tun gilt. Umweltbewußtsein, Umweltbildung und -erziehung sind auch Grundwerte im zukünftigen Deutschland. Deshalb schlagen wir vor, schon jetzt mit der Erarbeitung einer Konzeption für ein Bildungszentrum mit Sitz in Berlin zu beginnen. Das sollte bereits Gegenstand der Beratung des Herrn Minister Diederich mit Herrn Minister Töpfer in dieser Woche in Bonn sein.

Dieses Zentrum ist für jeden Bürger kostenlos zugänglich. Es hat internationalen Bildungs- und Beratungscharakter. Das Umweltbundesamt, die Akademie der Wissenschaften der DDR und andere Institutionen bringen ihre Sachkompetenz ein. Bürger und Institutionen werden informiert (einschließlich Telefonberatung) über:

- ökologisch orientierten Landbau

- Anlage und Betreiben von Deponien

- Abwasser, Gülleverwertung

- Umweltverträglichkeitsprüfungen für Standorte, Erzeugnisse, Verfahren

- Untersuchung von Erzeugnissen der Pflanzen- und Tierproduktion auf Unbedenklichkeit (z. B. radioaktive Strahlung)

- praktischen Naturschutz

- Modelle der Umwelterziehung im europäischen Raum (Vergleich)

- Soziologische Untersuchungen zur Ausprägung von umweltbewußtem Handeln sozialer Gruppen

- Umweltbewußtes Handeln in der Arbeitswelt.

Von diesem Zentrum sollten wichtige Orientierungen für das Bildungswesen in den einzelnen Bundesländern des zukünftigen Deutschland ausgehen.

Dokument 14/30, Empfehlung PDS: Schaffung eines gemeinsamen Umwelt-Bildung-Zentrums Deutsche Demokratische Republik - Bundesrepublik Deutschland in Berlin (Vorlage 14/16)

Runder Tisch Vorlage Nr.: 14/17
14. Sitzung
26.2.1990

Betr. Veränderung der Smogordnung vom 2. 11. 1989

Der Runde Tisch empfiehlt dem Minister für Naturschutz, Umweltschutz und Wasserwirtschaft, Dr. Diederich, und dem Minister für Gesundheitswesen, Prof. Dr. Thielmann, die Smogordnung vom 2. November 1989 zu verändern.

Nach dieser Ordnung hat allein der Minister für Naturschutz, Umweltschutz und Wasserwirtschaft das Recht auf Auflösung und Aufhebung der Smogstufen.

Umweltschutz ist für uns auch Gesundheitsschutz und damit eine soziale Frage! Weg von der alten stalinistischen Zentralisierung der Entscheidungen! Weg von der Entmündigung der örtlichen Staatsorgane!

Es wird vorgeschlagen, Entscheidungskompetenz zur Auslösung und Aufhebung der Smogstufen den Vorsitzenden der Räte der Bezirke (bzw. den Präsidenten der zukünftigen Länder) zu übertragen.

PDS

Runder Tisch Vorlage Nr.: 14/18
14. Sitzung
26.2.1990

Antrag an den Runden Tisch zur Übergabe des Hygieneinstituts des ehemaligen MfS/AfNS an das neuzubildende Ökologieinstitut der Akademie der Wissenschaften

Den Vertretern des Bürgerkomitees und den Regierungsbeauftragten wird empfohlen, das Hygieneinstitut des ehemaligen MfS/AfNS im Haus 18 des Komplexes möglichst geschlossen als materiell-technische Basis für ein künftiges Ökologieinstitut der Akademie der Wissenschaften zu erhalten und dann entsprechend einzugliedern.

Begründung:
Dieses Institut ist technisch hervorragend eingerichtet und sofort in der Lage, die außerordentlichen Defizite in der Analysen- und Kontrollkapazität für den Umweltschutz in den industriellen Ballungsgebieten zu verringern.

PDS

Dokument 14/31, Antrag PDS: Veränderung der Smogordnung vom 2.11.1989 (Vorlage 14/17)

Dokument 14/32, Antrag PDS: Zur Übergabe des Hygieneinstituts des ehemaligen MfS/AfNS an das neuzubildende Ökologieinstitut der Akademie der Wissenschaften (Vorlage 14/18)

Runder Tisch Vorlage Nr.: 14/19
14. Sitzung
26.2.1990

Betr.: Erhaltung wertvoller Kulturlandschaft der Lausitz durch neue Energiepolitik (mitteleuropäische Energiekooperation)

Antrag des Runden Tisches an Vertreter des Grünen Tisches und den Minister für Naturschutz, Umweltschutz und Wasserwirtschaft, Dr. Diederich.

Bei den Verhandlungen in Bonn am 22./23. Februar 1990 mit Bundesumweltminister Töpfer sollte darauf gezielt werden, eine deutsch-deutsche Energiekommission zu bilden, welche

1. ein langfristiges Konzept des Energiebundes beider deutscher Staaten erarbeitet;

2. ein Sofort-Hilfe-Programm für Energielieferungen an die DDR für 1990 ausarbeitet und realisiert, um bereits 1990 den Umweltschutz wirksam voranzubringen.

Damit kann auch die Braunkohleförderung in der DDR <u>stärker reduziert</u> und die Lausitz erhalten werden. Das Heimatland der Sorben darf nicht verfeuert werden!
Es ist ein wertvoller Baustein für die Kulturlandschaft des zukünftigen Deutschlands. Der Runde Tisch setzt sich für die Erhaltung dieser Kulturlandschaft ein.

P D S

Dokument 14/33, Antrag PDS: Erhaltung Kulturlandschaft der Lausitz durch neue Energiepolitik (mitteleuropäische Energiekooperation) (Vorlage 14/19)

Runder Tisch Vorlage Nr. 14/43
14. Sitzung
26. Februar 1990

Beschlußantrag

Vom Todesstreifen zum Lebensraum

Gegenwärtig wird begonnen die Berliner Mauer abzureißen als wäre 28 Jahre lang nichts gewesen.

Wir befürworten natürlich die Öffnung der Mauer an allen wichtigen Verkehrsadern im Ballungsraum Berlin.

Darüber hinaus schlagen wir aber vor, den ehemaligen Todesstreifen zwischen den beiden Teilen Berlins im innerstädtischen Bereich weitgehend in einen Landschaftspark zu verwandeln. Zugleich kann mit diesem Projekt ein Teil der Grenzanlage authentisch als Denkmal des Kultur-Kriegs und DDR-Stalinismus erhalten bleiben.

Grüne Partei
Grüne Liga

Anlage zu Vorlage 14/43

Initiative Mauerparklandschaft
"lebendiger Erinnerungspark"

Initiatoren:

Anna Franziska Lobeck
Bildhauerin (VBK-DDR)
Heinersdorferstr. 33b
DDR-1120 Berlin-Weissensee
Tel.: 365 1569

Peter Schwarzbach
Malerrestaurator (VBK)
Charlottenburgerstr. 96
DDR-1120 Berlin

Westkooperant

Jörg Burkhardt
Dipl.Ing.Arch.
Solmsstr.5
D 1000 Berlin
Kreuzberg 61
Tel.:693 2502

Vorbemerkung:

Es werden immer mehr Pläne für eine gewerbliche- oder Wohnbaunutzung des funktionslos werdenden Mauergrenzstreifens bekannt. Offensichtlich besteht die Gefahr, daß die Stadt Berlin zusammenwächst *"als wäre nichts gewesen"*.
Eine solche unkontrollierte Entwicklung würde alle Chancen dieser in vielfacher Hinsicht einmaligen und so nicht wiederkehrenden Gelegenheit vergeuden.

Daher richten wir die Anregung, die Bitte, die Aufforderung an alle Interessierten um Unterstützung und den

Antrag

an den Magistrat von Groß-Berlin

1. zur sofortigen Einleitung eines bau- u. bodenrechtlichen Sicherungsverfahrens des Grenzstreifens einschließlich der Mauern. Von besonderer Bedeutung ist die Erhaltung der Durchgängigkeit eines grünen Bandes in Nord/Süd-Richtung zwischen Ost und West

2. zur sofortigen Einleitung eines Änderungsverfahren des Flächennutzungsplans für die Umwidmung des Grenzstreifengebietes zur öffentlichen Grünfläche ohne jegliche gewerbliche Einrichtungen.
Betriebe des Dienstleistungssektors sind in den angrenzenden Bebauungsgebieten zuzulassen.

3. zu entsprechenden Festlegungen in der örtlichen Bauordnung und den einzelnen Fachplanungen für diesen räumlichen Bereich:
z.B., soweit bauliche Anlagen in dem Bereich des früheren Grenzstreifens zugelassen werden ist die obligatorische Begrünung der Höfe, Terassen, Balkone, Fassaden, Dächer und sonstiger Oberflächen in Abstimmung mit Gartenbauamt und zu schaffendem Parkbeirat festzuschreiben.
Ferner sind bindende Richtlinien aufzustellen wonach städtebauliche und architektonische Entwurfslösungen zu bevorzugen sind, welchen offensichtlich die Integration mit dem Grünband, hinsichtlich Funktion, Form und Material gelingt.

- 2 -

4. zu einer europa- und weltweiten Ausschreibung von Ideenwettbewerben für die städtebauliche, architektonische und garten- und landschaftsplanerische Gestaltung des früheren Grenzstreifens vorgesehenen Bebauung.
   Das Preisgericht sollte sich aus örtlich betroffenen Anwohnern sowie örtlichen und regionalen Initiativen, Gruppen, Vereinen und Interessenvertretern von Kindern, Jugendlichen und Alten sowie Fachleuten diverser Disziplinen zusammensetzen.

5. zu einer europa- und weltweiten Öffentlichkeitskampagne für die Errichtung des lebendigen Berliner 'Geschichtserinnerungsparkes', um Sponsoren für dessen Finanzierung zu finden.
   Als Hintergrundinformation und erste Ideensammlung siehe Informationblatt vom 5. 12. 89 der vorgenannten Initiatoren sowie beiliegendes Schreiben v. 21. 2. 90.

Allen Völkern u. Gesellschaftgruppen soll Gelegenheit gegeben werden ihre EigenArten und MerkWürdigkeiten kommerzfrei in besonders eingerichteten Teilen des Mauerparks öffentlich zu machen.

Aus all den vorgenannten Gründen wird die aus Überlebenschutznotwendigkeiten der DDR entstandene Grenzmauer u. a.:

zur Schutzmauer
für das im Innern wachsende Grün mit unzähligen Durchgängen und Toren für Fußgänger und Radfahrer und damit zum Symbol für die Umsetzung ökologischer Bedürfnisse in der zukünftigen Stadtentwicklung und gleichzeitig Rahmenbedingung für ein friedliches Miteinander mitten im Herzen Europas.

zur modernen Klagemauer
und Ort der sichtbaren Überwindung des unbeschreiblichen Leids, das diese Grenzanlage über die Jahre weltweit bekannt gemacht hat.

zur Bildermauer
für Kunstschaffende aus aller Welt
zum vielgesuchten u. besuchten Ort der nationalen und internationalen freundschaftlichen Begegnung.

Berlin, 22. 2. 90

```
Runder Tisch                                    Vorlage Nr. 14/14
14. Sitzung
26.2.1990
```

Arbeitsgruppe Ökologischer Umbau

Ergänzung zur Vorlage 10/3 (gemäß Beschluß des Runden Tisches vom 29. 1. 1990)

Entsprechend den Beschlüssen der 10. Sitzung des Runden Tisches zu den Vorlagen 10/3 und 10/6 und unter Einbeziehung der Vorlagen 10/4 und 10/5 wird die Vorlage 10/3 zum ökologischen Umbau in der DDR durch die nachfolgend aufgeführten Festlegungen ergänzt:

1. Zu Abschnitt II/2: Informationspolitik

   Nach Vorlage des Umweltberichtes der Regierung ist Punkt 2.1. wie folgt zu fassen:
   Zukünftige Umweltberichte haben fundierte Umweltschadensanalysen (Landwirtschaft, Biotope, Artenschutz, Bodenbelastung, Lebensraumbewertung, Verbrauch von Naturrohstoffen usw.) einschließlich der finanziellen Bewertung zu enthalten.

   Sie sind als Gesamtberichte verschiedener Ministerien und kompatibel zu entsprechenden BRD-Berichten zu gestalten. Es müssen in ihnen fundierte Aussagen über den Umweltzustand, die Sanierung von Umweltschäden, das umwelttechnologische Potential der Industrie sowie Umweltforschungsprojekte enthalten sein.

2. Zu Abschnitt II/3: Wissenschaftspolitik

   Die am 29. 1. 1990 beschlossene Vorlage 10/6 ist Bestandteil der Ökologiekonzeption 10/3

3. Zu Abschnitt II/4: Industrie und Abproduktentsorgung

   - Pkt. 4.5. wird wie folgt ergänzt:
     Bei notwendigen Stillegungen sind soziale Ausgleichmaßnahmen festzulegen und zu realisieren.

2

- Pkt. 4.7. ist wie folgt zu ergänzen:

  Vor dem weiteren Ausbau von Sondermüllverbrennungsanlagen sind alle Risiken und Kosten einschließlich der Folgekosten im Vergleich zu anderen möglichen Lösungen offenzulegen und abzuwägen.

- Zusätzlich wird aufgenommen:

  Der Uranbergbau ist einzustellen und in Verhandlungen mit der "SDAG Wismut" sind geeignete Maßnahmen zur Beseitigung der Folgeschäden (Altlastensanierung, Abraumeinsatz, Gesundheitsschädenausgleich über Risikofonds) festzulegen und zu realisieren.

4. Zu Abschnitt II/6: Land-, Forst- und Nahrungsgüterwirtschaft

   Punkt 6.1. erhält folgende Ergänzungen:

   - Stabstrich 1 (neue Fassung): Abbau der Nahrungsmittelsubventionen bei Ausgleich von Lohn, Renten, Stipendien, Kindergeld und anderen sozialen Leistungen.

   - Stabstrich 3 (neue Fassung): Gestaltung der Pflanzenproduktion nach den natürlichen Standortbedingungen, Schaffung und Wiederherstellung von Grünland- und Gehölzstreifen an den Oberflächengewässern und auf erosionsgefähredeten Großflächen (Minderung von Erosion und Stoffaustrag) mit dem Ziel einer ökologisch begründeten Gliederung der Ackerflur.

   - Zusätzlich wird aufgenommen:

     Vorrangige Erarbeitung einer Konzeption zur Landbewirtschaftung (einschließlich Gärten) in Gebieten mit hoher Belastung

   - Staatliche Stützungen für Agrochemikalien (für Landwirtschaft und Kleinverbraucher) sind im Zusammenhang mit der Wirtschaftsreform zu streichen. Die freiwerdenden Mittel sind der Landwirtschaft für ökologische Maßnahmen bereitzustellen. Gleichzeitig sind umweltfreundliche und praktische Anwendungsvorschriften und gesetzliche Regelungen zu erarbeiten und ihre Einhaltung unter gesellschaftliche Kontrolle zu stellen.

3

Minderheitenvotum: Die Einführung von Umweltabgaben in der Größenordnung einer Verdoppelung der Preise für Agrochemikalien ist vorzubereiten. Die hieraus resultierenden finanziellen Einnahmen sind der Landwirtschaft für umweltschonende Verfahren sowie ökologische Leistungen zuzuführen.

Dafür votierten: Grüne Liga, Grüne Partei.

Dagegen votierten: CDU, DBD, FDGB, LDP, PDS, VdgB.

5. Zu Abschnitt II/7: Orts- und Landschaftsgestaltung einschließlich der Einrichtung von Schutzgebieten

- Pkt. 7.1., Stabstrich 5, wird wie folgt ergänzt: dabei schrittweise Schaffung eines Biotopverbundsystems

- Zusätzlich wird aufgenommen:
Jede künftige Siedlungspolitik hat die territoriale Integration von Arbeiten, Wohnen und Erholen unter Berücksichtigung ökologischer Gesichtspunkte anzustreben.

6. Zu Abschnitt II/8: Verkehrspolitik

Die Attraktivität des öffentlichen Nah- und Fernverkehrs gegenüber dem individuellen Personenverkehr ist deutlich anzuheben. Die damit zusammenhängenden Entscheidungen sollten in einer AG "Verkehrspolitik" vorbereitet werden.

7. Die Vorlage 10/3 wird durch einen neuen Abschnitt II/9 zur Gesundheits- und Sozialpolitik ergänzt, der als Einzelmaßnahmen enthält:

1. Überwachung des Krankheitsgeschehens in Belastungsgebieten; Ermittlung umweltbedingter Krankheitsursachen; schrittweises Ausschalten der morbiditäts- und mortalitätserhöhenden Einflüsse!.

2. Bewertung des Gesundheitsrisikos in Belastungsgebieten auf der Basis von Unit-Risk-Schätzungen; Durchsetzen risikominimierender, umweltprophylaktischer und umwelttherapeutischer Maßnahmen.

3. Aufklärung psychischer und psychosozialer Folgewirkungen von Umweltbelastungen; Orientierung auf eine humanökologische Vorsorge.

4. Die Arbeiten zur MIK-Wertfestlegung (Maximale Immissionskonz.) für die DDR gültigen Werte an die WHO-Empfehlungen heranzuführen. Dabei sind Kombinationswirkungen stärker zu berücksichtigen.

Einbringer: DBD

Runder Tisch Vorlage-Nr.:14/11
14. Sitzung
26.2.1990

Antrag an die Regierung
Betr.: Altlastsanierung der Folgen des Uran- und Erzbergbaues
in der Sächsischen Schweiz, im Erzgebirge und Ost-
Thüringen (Raum Gera)

Für eine lebenswerte Umwelt, für die Gesunderhaltung der Menschen fordern wir schnelle und wirksame Maßnahmen der Regierung zur Beseitigung bzw. Sanierung der Spuren des Altbergbaus.

1. Chemische, physikalische und biologische Bestandsaufnahme

2. Gefährdungsanalyse für Mensch und Umwelt

3. Erarbeitung einer Sanierungsstrategie zur
    a) Schließung alter Grubenbaue
    b) Beseitigung bzw. Abdeckung von Uran-Bergbauhalden (Wegnahme der Spitzkegel)
    c) sicheren Abdeckung der Schlammteiche der Uranaufbereitung

4. Veröffentlichung aller Maßnahmen und Einbeziehung der Kommunen in die Erarbeitung der Sanierungsobjekte.

    Die komplexe, regionale Altlastsanierung ist als ein Modell der Umweltsanierung zu betrachten. (Z. B. auch für Bitterfeld anwendbar)

5. Wir fordern, daß die Sanierungsobjekte durch
    a) die Wismut (DDR - UdSSR)
    b) den Staatshaushalt
    c) und durch einen Teil des an die Regierung übergebenen Vermögens der ehemaligen SED in Höhe von 3 Mrd. Mark
    d) sowie die Inanspruchnahme des Umweltfonds der Bundesregierung
    zu finanzieren sind.

6. Mit der Sanierung sind neue Arbeitsplätze für die Entwicklung und den Bau von Umwelttechnologien zu schaffen.

                                                    PDS

Dokument 14/36, Antrag PDS: Altlastsanierung der Folgen des Uran- und Erzbergbaues in der Sächsischen Schweiz, im Erzgebirge und Ost-Thüringen (Raum Gera) (Vorlage 14/11)

Runder Tisch   Vorlage Nr. 14/45
14. Sitzung
26. Februar 1990

Antrag an den Runden Tisch

Der Runde Tisch möge beschließen, ab sofort zweimal wöchentlich zu tagen (montags und donnerstags).

Es entspricht dem politischen Selbstverständnis des Runden Tisches, sich zu den grundlegenden Fragen der weiteren Entwicklung des Landes zu äußern und entsprechende Beschlußempfehlungen vorzulegen.

Angesichts der von verschiedenen Seiten des Rundes Tisches angekündigten Initiativen kann der Runde Tisch diesem selbstgesetzten Anspruch nur genügen, wenn er bis zur Wahl am 18. März 1990 seine Tagungen ab sofort zweimal wöchentlich durchführt.
(Neben den bislang immer wieder aufgeschobenen Themen, wie Sozial- und Bildungspolitik, sind dies insbesondere: Berichterstattung zum Stand der Verhandlungen der Regierungskommission zum Währungs-, Wirtschafts- bzw. Sozialverbund, Berichterstattung der Arbeitsgruppe Verfassung des Runden Tisches)

                                        Unabhängiger Frauenverband

Dokument 14/37, Antrag UFV: Zweimal wöchentliche Tagung des Zentralen Runden Tisches (Vorlage 14/45)

Runder Tisch Vorlage Nr. 14/48
14. Sitzung
26. Februar 1990

Der Runde Tisch möge beschließen:

Der Runde Tisch will die Probleme, die ihm die Übergangszeit aufgetragen hat, auch beantworten. Um den entstandenen und weiter entstehenden Problemstau zu bewältigen, muß der Runde Tisch zweimal wöchentlich zusammentreten.

Zu den Themen, die anders bis zum 18.3.90 nicht zu bewältigen sind, gehören:

1. Sozialpolitik

   Darunter:
   Zulassung von Wohnungseigentum
   Regelung des Bodenrechts. Enteignung der Westgrundstücke auf dem Territorium der DDR
   Rentenpolitik. Umverteilung von Rentenprivilegien
   Arbeitszeitregelungen, z.B. Herstellung der 40-Stunden-Woche

2. Betriebsverfassung

   Das Unternehmensmodell der Wirtschaftsdemokratie ist nicht abschließend behandelt worden. Wirtschaftsdemokratie ist unerläßlich, wenn nicht eine bloße Privataneignung des Volkseigentums eintreten soll.

3. Die Neue Verfassung der DDR.

   Der Entwurf soll dem Runden Tisch in der letzten Sitzung vorgelegt werden, kann also dort nicht mehr diskutiert werden.

4. Ökologie

   Hier liegt die größte Zahl vertagter Anträge vor.

5. Zwischenbericht über die Auflösung der Stasi

   Aussprache über den Umgang mit den Akten

6. Grundlinien der neuen Kommunalordnung

7. Das Wahlgesetz für die Kommunalwahl, die ja noch ein Teil der Übergangszeit ist, muß vom Runden Tisch diskutiert werden.

NEUES FORUM

Runder Tisch
14. Sitzung
26. Februar 1990   Vorlage 14/54

S P D

Antrag auf einen Beschluß des Runden Tisches

Forderungen an die Regierung im Zusammenhang mit dem Gesetzesentwurf zur Privatisierung staatlichen Eigentums

Die nachfolgend geforderte Erhebung von Daten dient der Umwandlung der Wirtschaft in eine Kapitalwirtschaft und der Neubewertung der Betriebe. Sie ist Vorraussetzung für eine effektive Umstrukturierung und die Aufnahme von Fremdkapital. Die Daten werden in einheitlicher Form erhoben und in einer Registratur zusammengefaßt.
Die Bewertung umfaßt alle Bereiche staatlichen Eigentums mit Ausnahme von:

- Verteidigung
- Volksbildung/Sport
- Gesundheits- und Sozialwesen
- Forstwirtschaft
- Verkehrssystem
- Staatliche Pflichtversicherungen

Maßnamen zur Bewertung des Volkseigentums

1. Die Regierung veranlaßt eine Schätzung aller Grundmittel und Immobilien entsprechend ihrem Zeitwert (Wiederverkaufswert) in D-Mark und in Mark der DDR.
Die genauer schätzbaren Immobilien sind getrennt von den schlechter schätzbaren Grundmitteln und Anlagen aufzuführen.
Die Schätzung soll erfolgen anhand von in den Betrieben verfügbaren Preisen der BRD. Die Schätzung soll vorsichtig, keinesfalls optimistisch erfolgen.

2. Die Regierung veranlaßt eine Schätzung des vorhandenen ideellen Eigentums der Betriebe. Dies betrifft Schutzrechte aller Art (Patente, industrielle Muster, Warenkennzeichen) einschließlich der Kosten zu ihrer Aufrechterhaltung und ihres Wertes zur Sicherung des Absatzmarktes.

3. Die Regierung veranlaßt die Feststellung aller Verbindlichkeiten der Betriebe im In- und Ausland.

4. Die Regierung veranlaßt eine Schätzung des dringendsten Sanierungsbedarfes an Gebäuden und Produktionsmitteln zur Aufrechterhaltung der Produktion in den einzelnen Betrieben.

5. Die Regierung veranlaßt eine Schätzung aller laufenden Kosten der Betriebe und der dringendsten Aufwendungen an Valuta zur Sicherung und Fertigstellung der laufenden Produktion.

6. Die Regierung veranlaßt eine Schätzung des dringendsten Finanzbedarfes zur Abstellung laufender grober Umweltverschmutzungen.
Zu jeder Position ist die davon betroffene Brutto- und Nettoproduktion auszuweisen.

Dokument 14/39, Antrag SPD: Forderungen an die Regierung im Zusammenhang mit dem Gesetzesentwurf zur Privatisierung staatlichen Eigentums (Vorlage 14/54); Seite 1 von 2

7. Die Regierung veranlaßt eine Schätzung des Sanierungsbedarfes der Umwelt für Betriebe und Kommunen. Die Kommunen sichern die Berichtspflicht aller auf ihrem Territorium liegenden Deponien.

8. Die Regierung veranlaßt eine Schätzung der dringendsten Maßnahmen zur energetischen Sanierung der Produktion.

9. Die Betriebe geben ihre wichtigsten Kooperations- und Lieferbeziehungen nach Wert (subventionsfrei) und Menge an.

10. Die Betriebe schätzen ihre gegenwärtige und künftige Arbeitskräftebilanz ein nach vorhandenen Arbeitskräften, vorraussichtlich freigesetzten Arbeitskräften und dem möglichen Arbeitskräfte-Neubedarf nach Rekonstruktion und Betriebserweiterungen.
Die Angaben sind zu gliedern nach Produktion, Verwaltung, Leitung und Forschung/ Entwicklung. Die Verwaltung der Forschung/Entwicklung ist unter Verwaltung zu erfassen.

11. Die örtlichen Räte und die Wohnungswirtschaft schätzen den Wert vorhandener staatlicher Wohnimmobilien, den dringendsten und zukünftigen Sanierungsbedarf.

12. Alle Angaben sollen sowohl in Mark der DDR als auch in D-Mark (Marktwert) gemacht werden.
Für Problemfälle und Rückfragen bei der Bewertung in D-Mark ist eine Beratungsstelle mit Grundmittelsachverständigen der BRD einzurichten.

13. Die Schätzungen sind von den Personalvertretungen der Betriebe (Betriebsräte, Gewerkschaft), bei den Kommunen durch den örtlichen Runden Tisch mit zu erarbeiten und mit zu tragen. Ingenieurtechnische Abteilungen der Betriebe sind in jedem Fall zur Beratung heranzuziehen.

14. Die Aussagen sollen in äußerlich einheitlicher Form erstellt werden. Sie beziehen sich auf die Ebene des Betriebes, nicht des Kombinates.

15. Die Angaben sind in ohne Auslassungen nach vorhandenem Kenntnisstand bis zum 18. März zu erstellen.
Eine Präzisierung und genauere Schätzung kann später erfolgen.

<u>Weitere Maßnahmen:</u>

16. Die Regierung leitet unverzüglich Maßnahmen zum Aufbau der zur Privatisierung erforderlichen Treuhandbank ein.

17. Sie stellt Räumlichkeiten und Büroausrüstung für den Vorbereitungsstab zur Privatisierung des Volkseigentums bereit.

18. Die Regierung schafft die Vorraussetzungen für den Druck und die Ausgabe von Anteilscheinen der Treuhandbank an die Bürger sowie von Aktien.

Dokument 14/39, Antrag SPD: Forderungen an die Regierung im Zusammenhang mit dem Gesetzesentwurf zur Privatisierung staatlichen Eigentums (Vorlage 14/54); Seite 2 von 2

Runder Tisch
14. Sitzung
26. Februar 1990 Information zu 14/54

SPD

Aufruf zur Mitarbeit aller Parteien und der Regierung an der Vorbereitung der Privatisierung des staatlichen Eigentums

Der Vorbereitungsstab der SPD zur Privatisierung des staatlichen Eigentums ruft die Regierung und alle verantwortlichen gesellschaftliichen Kräfte zur Mitarbeit an der Vorbereitung der Privatisierung des staatlichen Eigentums auf. Der Vorbereitungsstab arbeitet auf der Grundlage der Sachaussagen folgender Papiere:

- Grundlagen und Fakten zur Privatisierung des Volkseigentums
- Begründung zur Privatisierung des Volkseigentums durch eine Treuhandbank
- Gesetzentwurf zur Privatisierung des Volkseigentums

Die Aufgaben des Vorbereitungsstabes beinhalten:

- Vorbereitung von Gesetzentwürfen.
- Organisation eines kapitalwirtschaftlichen Systems (Bank und Holding- Töchter).
- Bildung von Wohnungsgenossenschaften und Einrichtung von Wohnungsgrundbüchern, Mietrecht, Mietpreise, Wertermittlung.
- Klärung fremder Rechte am Volkseigentum.
- Klärung der Eigentumsverhältnisse an Grund und Boden, besonders in der Landwirtschaft.
- Klärung der Behandlung genossenschaftlichen Eigentums.
- Vorbereitung des Druckes von Anteilscheinen und Aktien.
- Weitere konzeptionelle Arbeit zur Privatisierung und Kapitalwirtschaft.

Der Vorbereitungsstab besteht derzeit aus 10 Personen.
Der Vorbereitungsstab wird von Horst Schneider geleitet.
Stellvertreter ist Dr. Martin Wolf.

Horst Schneider   Dr. Martin Wolf

<u>Anlagen</u>

Horst Schneider 1058 Berlin, Swinemünder Str. 8 Tel: 2295186
Dr. Martin Wolf 1115 Berlin, alt-Buch 44a   Tel: 3491578

Dokument 14/40, Aufruf SPD: Zur Mitarbeit aller Parteien und der Regierung an der Vorbereitung der Privatisierung des staatlichen Eigentums (Information zu Vorlage 14/54); Seite 1 von 11

Runder Tisch
14. Sitzung
26. Februar 1990   Information zu 14/54

   SPD

Grundlagen und Fakten zur Privatisierung staatlichen Eigentums

Der Übergang zur Marktwirtschaft und die damit zusammenhängenden Fragen beschäftigten heute breite Kreise unseres Volkes. Vier Probleme sind zu lösen: 1. Privatisierung des Volkseigentums, 2. Öffnung zu internationalen Märkten und Kapital, 3. Sicherung der Spareinlagen 4. Miet- und Preisreform.
Die vier Probleme hängen sachlich eng zusammen: Die Miet- und Preisreform ist wesentliche Vorraussetzung für eine Währungsunion und damit für die Öffnung zu den internationalen Märkten. Diese wiederum ist Bedingung für den Zustrom von Kapital, der allein unsere Spareinlagen sichern kann.
Devisen durch Neugründung und Erweiterung und auch den Verkauf von Betrieben sind die Grundlage aller Sanierungsmaßnahmen. Dazu muß einmal klar sein, welche Sachwerte wir für ihre Beschaffung einsetzen können. Eine Beteiligung fremden Kapitals erfordert die Organisation der Wirtschaft in Kapitalgesellschaften, deren Anteile zum Verkauf angeboten werden müssen. Wer soll Besitzer der verbleibenden Anteile und des erlösten Geldes sein, wenn nicht die Bürger? Vor allem Wohnungsanteile dämpfen die Angst vor einer Mietreform. Hier sollte kein Fremdkapital einfließen.

Was wir noch haben

Betrachten wir die Verteilung aller materiellen Werte im Lande, so müssen wir feststellen, daß mit dem Währungsverbund oder einer Währungsunion nur die Besitzer von Immobilien, Grund und Boden und Antiquitäten der Zukunft beruhigt entgegensehen können. Grund und Boden steigt auf das Hundertfache, Immobilien auf das 2 bis 3-fache und Antiquitäten behalten ihren Wert in D-Mark. Der übergroße Teil unserer Bürger hat nichts von all dem. Die Dinge in unseren Wohnungen und Garagen, - Autos, Fernsehgeräte, Waschmaschinen und Möbel - , werden nach der Währungsunion bestenfalls noch ein Drittel wert sein.
In unserem Land fiel erarbeitetes Sachkapital stets an den Staat, und so kommt es, daß bei uns die Bürger höchstens 20% aller

Dokument 14/40, Aufruf SPD: Zur Mitarbeit aller Parteien und der Regierung an der Vorbereitung der Privatisierung des staatlichen Eigentums (Information zu Vorlage 14/54); Seite 2 von 11

- 2 -

Werte, der Staat dagegen 80% besitzt. In der BRD ist dies Verhältnis genau umgekehrt. Abgesehen davon reichen unser aller Ersparnisse vielleicht für den Erwerb von 10% allen Eigentums im Lande.

Zwingend folgt, daß wir große Teile dieses Eigentums unentgeltlich übertragen müssen, soll es nicht für uns verloren sein. Es wäre außerdem pervers, noch einmal zu bezahlen, was uns de facto bereits gehört.

Der jetzt erforderliche Subventionsausgleich "Pro Kopf" kann in einem kapitalrechtlichen System ohnehin nur Bestand haben, wenn er ein Kapitalertrag ist.

Daher sollte der Staatsbesitz gleichmäßig verteilt werden. Privatisiert werden sollte staatlicher Besitz an Wohnungen und Industrieanlagen, die Medien und die Energieversorgung. Grund und Boden sowie Einrichtungen für soziale und kommunale Aufgaben bleiben staatliches oder kommunales Eigentum.

Wieviel dieser Besitz in D-Mark wert ist, wissen wir nicht. Zu seiner Sicherung sollte er schnellstens in D-Mark bewertet werden. Zu beachten sind die Eigentumsrechte Dritter, sofern sie auf einer ethisch oder rechtlich gültigen Grundlage stehen. Enteignungen als Kriegsfolge oder als Folge der Handlungen der Alliierten sowie die Bodenreform sind aufrecht zu erhalten.

Wie privatisieren?

Eine Holding allein genügt nicht. Holding-Gesellschaften teilen Betriebe untereinander auf, um wie in einer Versicherung das Risiko von Kapitalverlust zu verteilen und konstantere Kapitalerträge zu erhalten. Nach einem Vorschlag des SPD-Bundestagsabgeordneten Wolfgang Roth vom Dezember brauchten wir mindestens 20 solcher Holdings. Damit gleiche Anteilscheine ausgegeben werden können, ist nach unserer Ansicht eine übergeordnete Treuhandbank erforderlich, die das gesamte Kapital verwaltet und einen festen Zins garantiert. Die Bank ist das Bindeglied zwischen den Bürgern und dem Kapitalmarkt und gibt alle Anteilscheine erst nach mehreren Jahren zum Handel frei, wenn ihr Wert feststellbar ist. Sie muß unter parlamentarischer Kontrolle stehen, weil sie, - anders als normales Kapital -, anfangs auf soziale Erfordernisse reagieren muß. Der größere Teil

Dokument 14/40, Aufruf SPD: Zur Mitarbeit aller Parteien und der Regierung an der Vorbereitung der Privatisierung des staatlichen Eigentums (Information zu Vorlage 14/54); Seite 3 von 11

- 3 -

ihrer Anteilscheine muß an die Bürger unentgeltlich verteilt werden. Das zu privatisierende Sachvermögen wird durch einen Rechtsakt vom Staat an die Bank und damit an die Bürger übertragen. Die Kontrolle über das Eigentum übernehmen wie üblich Aufsichtsräte aus Anteilseignern und Belegschaftsvertretern. Jeder Bürger hat mit seinen Anteilen dann drei Möglichkeiten: 1. Er erwirbt über die Bank Aktien bestehender und sich gründender Unternehmen oder Holding-Aktien. Diese Anteile verbleiben während der Sperrzeit in der Bank, dem Bürger stehen die Kapitalerträge zu. 2. Der weniger risikofreudige Bürger erwirbt über die Treuhandbank fest verzinsliche Obligationen des Staates oder Anteile der Bank selbst. Auch diese Obligationen sind während der Sperrzeit nur innerhalb der Treuhandbank handelbar. 3. der Bürger erwirbt mit seinen Anteilen feste Wohnwerte als Privateigentum. Die Erträge aller Einlagen sollten am Anfang gleich sein. Sie erhöhen sich automatisch in dem Maße, in dem Subventionen abgebaut werden, denn unsere erhöhten Zahlungen fließen ja in unsere eigene Bank zurück. Würde man festlegen, daß seine kostenlosen Anteile bei der Bank verliert, wer seine Staatsbürgerschaft aufgibt oder seinen Lebensunterhalt überwiegend im westlichen Ausland verdient, ist ein Anreiz gegeben, in der DDR zu bleiben.

Die Holdings müßten zumindest landesweit operieren. Eine feste Landes- oder gar bezirkliche Zuordnung widerspricht dem Wesen einer Kapitalgesellschaft. Dennoch wären gerade die Rivalitäten der Regionen unseres Landes, die das alte System hervorbrachte, ein hervorragendes Motiv für den Wettbewerb. Eine gewisse regionale Zuordnung sollte daher durchaus bestehen, und in Holding-Namen wie "Mecklenburgischer Landesfond" oder "Sächsische Investgesellschaft" ihren Ausdruck finden.

Die dritte Möglichkeit zum Kauf einer Wohnung kann nur dann attraktiv sein, wenn es neuartige Wohnungsgenossenschaften gibt, die Gemeinschaften freier Eigentümer sind. Vorbilder gibt es in der Bundesrepublik. Ihr Statut sollte so gestaltet werden, daß man auch andere als die eigene Wohnung erwerben kann. Nur sanierte Wohnungen sind verkäuflich.

Die Finanzierung erfolgt durch das ausländische Einstiegskapital in die Industrie sowie die Summen aus Verkäufen. Sie stehen über ihre Beteiligung auch der Treuhandbank zur Verfügung. Wesentlich

Dokument 14/40, Aufruf SPD: Zur Mitarbeit aller Parteien und der Regierung an der Vorbereitung der Privatisierung des staatlichen Eigentums (Information zu Vorlage 14/54); Seite 4 von 11

- 4 -

für den Kapitalzufluß und damit für jede Wirtschaftsreform ist aber ein völlig erneuertes Wirtschafts- und Eigentumsrecht. In "rechtsfreie Räume" begibt sich nur Risikokapital, d.h. geringe Kapitalmengen, für die hohe Erträge erwartet werden.
Aufgrund der Kapitalzuflüsse sollte die Treuhandbank zugleich verpflichtet werden, kontinuierlich Devisen für einen Umtausch der DDR-Altguthaben bereitzustellen. Sie muß aber auch Eigentumsanteile für Altguthaben abgeben. Wie immer auch der Umtausch bei einer Währungsunion geregelt wird, - es stünden Verwendungsmöglichkeiten für Altguthaben offen, von denen vor allem der Vorzugskauf von Wohnwert interessant sein könnte.

Resümee

Werden wir nun alle reich? Sicher nicht. Die zu verteilenden Werte haben bisher einen Teil unserer Subventionen gesichert und das tut nun ihr Zins. Den anderen Teil der Subvention erhält man über höhere Einkommen und Renten. Hauptaufgabe der Bank ist vorerst die Sanierung der Wirtschaft, nicht die Erwirtschaftung von Profit.
Auf jeden Fall kommt jetzt die Marktwirtschaft auf uns zu, und wir müssen unseren Besitz künftig selbst verwalten. Der Staat kann und will dem Bürger dabei helfen, aber die von manchen geliebte "organisierte Verantwortungslosigkeit" wird vorbei sein. Die Anteile der Treuhandbank wären somit eher ein Überbrückungsgeld, eine Entschädigung für die Jahre hinter Mauern als die Aussicht auf Reichtum für alle.

Horst Schneider
Dr. Martin Wolf

Fachgruppe Wirtschaftsstrukturen
der SPD Berlin

Dokument 14/40, Aufruf SPD: Zur Mitarbeit aller Parteien und der Regierung an der Vorbereitung der Privatisierung des staatlichen Eigentums (Information zu Vorlage 14/54); Seite 5 von 11

Runder Tisch
14. Sitzung
26. Februar 1990   Information zu 14/54

SPD
Begründung für die Privatisierung des Staatseigentums über eine Bank:

1. Eine Vielzahl von Kapitalgesellschaften (Holdings) ermöglicht einen sofortigen Wettbewerb im Lande und die Investition von Kapital an der gewinnbringendsten Stelle. Es entsteht sofort ein vollständiges kapitalwirtschaftliches System mit einer Bank an der Spitze.

2. In der Bank bleibt das Eigentum der Bürger in einer Kapitalwirtschaftlichen Einheit konzentriert, kann sich aber nicht nur auf einer, sondern kompatibel mit dem westlichen Kapitalmarkt zugleich auch auf der Ebene der Holdings (Rentenmarkt) völlig frei mit Fremdkapital mischen.

3. In Übereinstimmung mit den Gepflogenheiten des Kapitalmarktes ist eine Bank berechtigt, für die bei ihr hinterlegten Aktien das Depotstimmrecht auszuüben. Sie sichert somit eine angemessene Vertretung der Interessen der Kleinaktionäre gegenüber anderen Kapitaleignern.

4. Die Wahl der Anlage seines Eigentums innerhalb der Beteiligungen der Bank ermöglicht dem Bürger, anders als bei einer einheitlichen Holding-Gesellschaft, eine bessere Verfügung über sein Eigentum. Die Mobilität des Kapitals innerhalb der Bank unterliegt der Kontrolle der Eigner. Die Geschäftstätigkeit der Bank wird damit nicht nur pro Forma über das Parlament, sondern auch unmittelbar durch den Bürger ausgeübt.

5. Die flexible Anpassung des monatlichen Kapitalertrages der Bank ermöglicht in der Übergangsphase einen gleitenden Subventionsabbau, vor allem bei den Mieten.

6. Die Bank reagiert, - anders als normales Kapital -, anfangs auf soziale Erfordernisse. Sie stellt so einen nahtlosen Übergang vom unkontrollierten Einsatz staatlichen Eigentums für soziale Zwecke zu einer Kapitalwirtschaft sicher. Sie wird schließlich zu einer normalen Geschäftsbank.

Dokument 14/40, Aufruf SPD: Zur Mitarbeit aller Parteien und der Regierung an der Vorbereitung der Privatisierung des staatlichen Eigentums (Information zu Vorlage 14/54); Seite 6 von 11

- 2 -

7. Die Aufgabe der Bank und ihrer Gliederungen ist zunächst die Sanierung bzw. Konkursverwaltung von Betrieben und Immobilien.

7. Nur die Bank hat anfangs einen Sonderstatus. Alle ihre Kapitalgesellschaften arbeiten hingegen sofort frei und ohne Einschränkungen.

8. Mit dem Bankrat steht dem Parlament ein Gremium gegenüber, das zwar unter seiner Kontrolle steht, aber die Interessen des von ihr verwalteten Bürgerkapitals vertritt.

Begründung für den Ausschluß von Fremdkapital vom Immobilienmarkt und die Gründung von Wohnungsgenossenschaften

Die Kapitalrendite bei Immobilien ist erfahrungsgemäß höher als in der Industrie. Als Ursache kann die soziale Abhängigkeit der Mieter, d.h. die Befriedigung eines Grundbedürfnisses durch eine Mietsache angenommen werden. Dieser Sektor sollte daher aus sozialen ebenso wie aus Geschäftsrücksichten nur von der Treuhandbank bewirtschaftet werden.
Wohnungsgenossenschaften als Gemeinschaften freier Eigentümer vermeiden durch die Eigenverantwortung des Bürgers für den genutzten Wohnraum eine effektive Bewirtschaftung und die bekannten Rechtsprobleme des Mietverhältnisses.

Runder Tisch
14. Sitzung
26. Februar 1990   Information zu 14/54

S P D

Dr. Martin Wolf, Tel 3491578
Horst Schneider, Tel 2295186

Fachgruppe Wirtschaftsstrukturen der AG Wirtschaft Berlin der SPD

Gesetz über die Privatisierung staatlichen Vermögens zugunsten der Bürger der DDR

((Entwurf vom 25.2.90, noch ohne rechtskundige Durchsicht,
              enthält noch kommentierende Sätze))

         Art. 1
Zur Sicherung des von den Bürgern der DDR erarbeiteten Vermögens unter Bedingungen bürgerlichen Rechts überträgt die Deutsche Demokratische Republik mit diesem Gesetz an ihre Bürger alles staatliche Geld- und Sachvermögen, das nicht unmittelbar staatlichen Aufgaben dient.

         Art. 2
(1) Mit der ersten freien Wahl eines Parlaments erfolgt ein Wechsel der Staatsform. Der despotische Staat hinterläßt mit seiner Auflösung sein Vermögen teils dem neuen Staat, teils den Staatsbürgern.
(2) Das Eigentum geht mit Auflösung des alten Staates an den neuen Staat über, sofern es gesellschaftlichen oder kommunalen Zwecken dient. Alles übrige Sachvermögen, darunter auch die Energiewirtschaft sowie Post und Fernmeldewesen, fällt an die Bürger.
(3) Die Details der Aufteilung des Vermögens regelt eine vom Parlament zu bildende Kommission.
(4) Die Eigentumsübertragung wird mit dem Inkrafttreten dieses Gesetzes (18.3.1990) rechtswirksam.

         Art. 3
Nach Erlaß ergänzender Gesetze durch das Parlament oder nach entsprechender Erklärung ihrer Vorstände oder Mitgliedervertretungen kann das Vermögen oder auch Vermögensteile von Parteien und Massenorganisationen in die Privatisierung einbezogen werden.

         Art. 4
(1) Fremde Rechte am genannten Vermögen sind vom neuen Eigentümer zu beachten, sofern sie auf einer ethisch oder rechtlich gültigen Grundlage stehen. Dies gilt für alle auf jetzt geltendem Recht beruhenden oder sich aus noch zu erlassenden Gesetzen herleitenden Eigentums- und Entschädigungsansprüchen für Handlungen des Staates auf dem Gebiet der heutigen DDR in der Zeit von 1933 bis 1989.
(2) Die Bodenreform sowie alle in Zusammenhang mit den Kriegsfolgen stehenden Enteignungen sowie die Rechtsfolgen von Handlungen und Erlassen der Siegermächte werden aufrecht erhalten und können nicht Gegenstand von Eigentums- oder Entschädigungsansprüchen sein.

Dokument 14/40, Aufruf SPD: Zur Mitarbeit aller Parteien und der Regierung an der Vorbereitung der Privatisierung des staatlichen Eigentums (Information zu Vorlage 14/54); Seite 8 von 11

- 2 -

Art. 5
(1) Die Privatisierung des genannten staatlichen Sachvermögens zugunsten der Bürger erfolgt in Form gleichwertiger Anteile für alle Bürger.
(2) Anspruchsberechtigt ist jeder, der am Tage der Eigentumsübertragung Bürger der DDR ist und einen Wohnsitz in der DDR hat.
(3) Wer seinen Lebensunterhalt nachweislich außerhalb der DDR in frei konvertierbaren Währungen verdient, wird von der Verteilung ausgeschlossen.
(4) Anspruchsberechtigt sind weiterhin alle vor dem 1. November 1989 geborenen Kinder, deren Mütter die Bedingungen von Abs.2 erfüllen.

Art. 6
(1) Zur Privatisierung wird das Vermögen einer treuhänderischen Bank, nachfolgend kurz Treuhandbank oder Bank genannt, übertragen.
(2) Die Bürger erhalten drei Viertel der Vermögensanteilscheine der Bank kostenlos. Ein Viertel der Vermögensanteile bleibt in Reserve zur Abgabe gegen Guthaben an DDR-Mark beziehungsweise verbleibt der Bank als Geschäftsgrundlage.

Art.7
(1) Die Geschäftstätigkeit der Bank steht unter Aufsicht des Parlaments.
(2) Der Aufsichtsrat der Bank, nachfolgend kurz Bankrat genannt, gibt der obersten Volksvertretung auf Verlangen, mindestens aber einmal jährlich Rechenschaft über die Geschäftstätigkeit der Bank.

Art.8
(1) Auftrag der Bank ist neben der Privatisierung die Sanierung und Konkursverwaltung von Betrieben, Unternehmen und Immobiliengesellschaften.
(2) Für eine Übergangszeit übernimmt die Bank bisher von den Erträgen ihres Eigentums geleistete Sozialzahlungen und Subventionen. Sie werden den Anteilseignern (Bürgern) von der Bank als Kapitalrendite in monatlichen Raten ausgegeben.
(3) Zur Sanierung vorgesehene Geschäftsbereiche oder Teile davon werden in Auffanggesellschaften organisiert.
(4) Vordringlicher Auftrag der Bank ist es, Fremdkapital zur Sanierung aller Geschäftsbereiche über Industriebeteiligungen und Verkäufe heranzuziehen.

Art.9
(1) Die Vermögensanteile der Bank sind bis auf weiteres nicht handelbar.
(2) Eine Aufhebung dieser Beschränkung kann nur gemeinsam durch das Parlament und den Aufsichtsrat der Bank (Bankrat) erfolgen.
(3) Gehen Anteile der Bank in persönliches Eigentum über, so sichert die Bank die Unverkäuflichkeit der Vermögensanteile durch Ansprüche und dingliche Rechte auf das übergebene Eigentum, z.B. durch Eintragung einer Schuld (Hypothek) oder eines Wiederkaufsrechtes.

Art.10
(1) Die Bank gründet Auffanggesellschaften zur Umschulung von Arbeitskräften und zur Arbeitsbeschaffung.

(2) Die Auffanggesellschaften demontieren Industrieanlagen und setzen unrentable Produktionen in begrenztem Maße fort.
(3) Die Auffanggesellschaften werden von der Bank mit dem durch Aktivitäten nach Art.7 Abs.4 gewonnenen Kapital gestützt.

Art. 11
(1) Die Bank organisiert das von ihr verwaltete Eigentum in Form von Aktiengesellschaften sowie Investment- und Immobilienfonds. Sie übt die Kontrolle über dieses Eigentum in den Aufsichtsräten entsprechend ihrem Kapitalanteil aus, und entsendet dazu geeignete Persönlichkeiten.
(2) Das Statut der Bank ist so zu gestalten, daß alle Kapitalgesellschaften nach geltendem Recht über das von ihnen verwaltete Eigentum treuhänderisch verfügen können, insbesondere über Käufe, Verkäufe und Fusionen.

Art. 12
(1) Das Parlament verabschiedet unverzüglich ergänzende Gesetze zur Regelung der Kapitalwirtschaft (Aktiengesetz, GmbH-Gesetz u.a.). Die Bank, ihr Eigentum und ihre Anteile sollen darin keinerlei Sonderrechte erhalten.
(2) Die Bank kontrolliert ihr Eigentum über die Gremien der Kapitalwirtschaft, bei Kapitalgesellschaften durch Aufsichtsräte. Sie entsendet für ihren Kapitalanteil entsprechende Vertreter in die Aufsichtsräte oder bestätigt geeignete Vertreter der Betriebe.
(3) Für die Dauer von 5 Jahren (bis 1995) bedürfen die Vertreter im Aufsichtsrat der Zustimmung des Betriebsrates oder der betrieblichen Gewerkschaftsorganisation. Näheres bestimmt ein Betriebsverfassungsgesetz.

Art. 13
(1) Die Modalitäten der Überführung und Strukturierung des Vermögens der Bank in die Immobilien- und Investmentgesellschaften regelt das Statut der Bank.
(2) Die Bank gliedert sich in Länderfilialen und Geschäftsstellen. Näheres regelt das Statut der Bank.

Art. 14
(1) Aktien, Obligationen und Wohnwerte können innerhalb der Bank über Anteilscheine frei ausgetauscht werden.
(2) Die Bank nimmt für ihre Anteilseigner Geschäfte innerhalb des Bereiches ihrer Kapitaloperationen vor. Sie berät ihre Anteilseigner bei der Anlage ihrer Anteile.
(3) Anteilscheine können bei der Bank hinterlegt werden, um Eigentum der Bank in individuelles Eigentum des Anteilseigners zu überführen.

Art. 15
(1) Die Wohnungsgesellschaften sind von der Bank anzuhalten, die Gründung von Wohnungsgenossenschaften und die Privatisierung von Wohneigentum aktiv voranzutreiben.
(2) Näheres regelt das Statut der Bank.

Art. 16
Eine Beteiligung von Fremdkapital am Eigentum der Bank an Wohnimmobilien ist bis auf Widerruf durch den Bankrat und das

Dokument 14/40, Aufruf SPD: Zur Mitarbeit aller Parteien und der Regierung an der Vorbereitung der Privatisierung des staatlichen Eigentums (Information zu Vorlage 14/54); Seite 10 von 11

- 4 -

Parlament weder auf der Ebene der Immobilienfonds noch von Immobiliengesellschaften zugelassen. Das Statut der Bank ist entsprechend zu gestalten.

Art. 17
(1) Als Gegenleistung für die Übertragung von Staatseigentum übernimmt die Bank für eine Übergangszeit von 5 Jahren bisher vom Staat geleistete Zahlungen für folgende Zwecke:
- staatlichen Subventionen, die sich auf ihrem Eigentum zugeordnete Industriezweige oder deren Produkte beziehen
- Anteilige Finanzierung der Arbeitslosenunterstützung für die in solchen Bereichen der Wirtschaft freigesetzten Arbeitskräfte, auf die sich die Aktivitäten der Bank beziehen (Industrie, Wohnungswirtschaft).
- Teilweise Finanzierung der Renten.
- Rückzahlung von Guthaben der Bevölkerung in Mark der DDR.
(2) Der Abbau der genannten Subventionen erfolgt schrittweise in alleiniger Verantwortung der Bank.
(3) Die Zahlungen der Bank zum Rückkauf von Mark der DDR, den Renten sowie zur Arbeitslosenunterstützung erfolgen an den Staat und die Staatsbank.

Art. 18
(1) Die Bank zahlt eine monatliche Gewinnausschüttung.
(2) Die Gewinnausschüttung orientiert sich anfangs nicht am tatsächlichen Geschäftsergebnis, sondern entspricht mindestens den von der Bank durch Subventionsabbau erlösten Summen.

Art. 19
Die Verpflichtungen der Bank zum Arbeitslosengeld und Subventionsabbau reduzieren sich innerhalb von 5 Jahren jährlich in Stufen auf 100, 80, 60, 40 und 20% der jeweiligen Gesamtsummen. Der Rest ist durch die normalen Zahlungspflichtigen, - Staat und Arbeitslosenversicherung, aufzubringen.

Art. 20
Die Bank ermöglicht vorzugsweisen Erwerb von Anteilscheinen aus einer Reserve für Guthaben der Bevölkerung in Mark der DDR.

Art. 21
In Ergänzung des vorliegenden Gesetzes sind unverzüglich folgende Gesetze und Bestimmungen neu zu erlassen oder zu überarbeiten:
Gesetz über die Tätigkeit von Wohnungsgenossenschaften, Aktien-Gesetz, GmbH-Gesetz, Betriebsverfassungsgesetz, Joint-Venture-Gesetz, Arbeitsgesetzbuch, Mietrecht, Schutzrechtsgesetze.
Steuerrecht, Wirtschafts- und Handelsrecht sind als Ganzes zu überarbeiten.

Art. 22
Das Gesetz tritt mit dem 18. März 1990 in Kraft

Dokument 14/40, Aufruf SPD: Zur Mitarbeit aller Parteien und der Regierung an der Vorbereitung der Privatisierung des staatlichen Eigentums (Information zu Vorlage 14/54); Seite 11 von 11

Runder Tisch
14. Sitzung
26. Februar 1990   Vorlage 14/33

Der Runde Tisch möge beschließen:

1. Um weitere Verzögerungen der anstehenden Wirtschaftsreform in der DDR auszuschließen, ist es erforderlich, die "Treuhandgesellschaft (Holding) zur Wahrung der Anteilsrechte der Bürger mit DDR-Staatsbürgerschaft am Volkseigentum der DDR" noch vor dem 18. 3. 1990 zu errichten.

2. Die Regierung wird aufgefordert, eine aus Vertretern des Amtes für Rechtsschutz des Vermögens der DDR und vom Runden Tisch zu benennenden Experten bestehenden Kommission zu berufen, die die rechtlichen und institutionellen Modalitäten für die Errichtung dieser Treuhandstelle erarbeiten und entsprechende Beschlußfassungen durch den Ministerrat und die Volkskammer vorbereiten und beantragen kann.

Demokratie jetzt

Runder Tisch   Vorlage Nr. 14/52
14. Sitzung
26. Februar 1990

Der Runde Tisch möge beschließen:

Entsprechend der Praxis anderer europäischer Länder sind die Kandidatinnen und Kandidaten für das am 18. März 1990 zu wählende Parlament, soweit sie es wünschen, bis zum Wahltag von ihrer bisherigen Tätigkeit freizustellen, um ihnen die Möglichkeit zu geben, den Wahlkampf zu führen und sich intensiv auf ihre verantwortungsvolle politische Arbeit vorzubereiten. Sie erhalten in dieser Zeit ihre Löhne und Gehälter weiter oder bekommen eine Vergütung in Höhe des durchschnittlichen Nettoverdienstausfalls aus öffentlichen Geldern.

SPD
Vereinigte Linke

Dokument 14/41, Antrag DJ: Errichtung einer "Treuhandgesellschaft" (Holding) sowie Ernennung einer Kommission für die Errichtung dieser Treuhandstelle (Vorlage 14/33)

Dokument 14/42, Antrag SPD, VL: Freistellung der Kandidaten und Kandidatinnen für das zu wählende Parlament bis zum Wahltag von ihrer Tätigkeit (Vorlage 14/52)

Runder Tisch Vorlage Nr. 15/0
15. Sitzung
5. März 1990

Vorschlag für die Tagesordnung der 15. Sitzung des Runden
Tisches am 5. März 1990, Ossietzkystraße, Berlin 1110

1. Eröffnung, Begrüßung und Festlegung der Tagesordnung
2. Bildung, Erziehung und Jugend
3. Gleichstellung von Frauen und Männern
4. Richtergesetz, Zulassung von Rechtsanwälten, Arbeitsfähigkeit der Gerichte (Vorlage Nr. 14/21)
5. Einzelanträge
5.1. Wirtschafts- und Verwaltungskader (Vorlage Nr. 14/51)
5.2. Weiterarbeit des Runden Tisches (Vorlage IFM)

Dokument 15/1, Tagesordnung (Vorlage 15/0)

Dokument 15/2, Antrag AG „Bildung, Erziehung und Jugend" (Vorlage 15/6); fehlt

Runder Tisch
15. Sitzung
5. März 1990

Vorlage Nr. 15/6a

Einzelantrag innerhalb des Pakets der Sozialcharta.

Der Runde Tisch möge beschließen:

Die Regierung der DDR wird gebeten, als S o f o r t m a s s n a h m e n

1. Das Haus 18 (Sozialtrakt) auf dem Gelände des ehemaligen M.f.S. Normannen- / Ruschestr. als Gebäude für das "Haus der Begegnung - Kulturelles Zentrum für geistig behinderte Menschen und ANDERE zur Verfügung zu stellen.

2. Oder: ihre Autorität dafür einzusetzen, daß ein anderes verkehrsgünstig gelegenes Kulturhaus (im Zentrum bzw. dem Zentrum nahe gelegenen Stadtbezirk) dafür gefunden wird.

3. mit dem Initiator des Projektes zu beraten, wer und auf welche Weise die notwendigen personellen, materiellen und finanziellen Voraussetzungen zu schaffen sind.

Begründung:
Geistig und anders behinderte Menschen haben ein Recht auf freie Entfaltung ihrer Individualität, auf vielfältige und sinnvolle Betätigung in der Freizeit, besonders auch auf schöpferisch-kreative Arbeit in den Künsten, damit auf uneingeschränkte Integration in die Gesellschaft. Hiermit wäre einer der notwendigen Schritte eingeleitet, um dieser großen Gruppe von Menschen, die ein diskriminiertes Leben führten und führen, in diesem Bereich Kultur-Gerechtigkeit widerfahren zu lassen.

Unabhängiger Frauenverband

Dokument 15/3, Einzelantrag UFV innerhalb des Pakets der Sozialcharta (Vorlage 15/6a)

An den Runden Tisch

Sitzung am 05. März 1990

Antrag des Zentralausschusses der Volkssolidarität

Der Runde Tisch möge zum vorliegenden Entwurf
"Grundlinie und Standpunkte für eine Sozialcharta"
folgende Ergänzungen aufnehmen und beschließen:

nach dem 1. Anstrich auf Seite 9 einen
2. einfügen

- Sicherung der kostenlosen Bereitstellung der
  vorhandenen Klubs und Treffpunkte sowie Ausbau
  dieses Netzes zur kulturellen und sozialen
  Betreuung;

den bisherigen 5. Anstrich

- Sicherung und Erweiterung des Systems einer
  unentgeltlichen Hauswirtschaftspflege weiterführen
  mit der Formulierung:

  ... und einer Mittagessenversorgung mit vertretbarer
  Kostenbeteiligung des Essenteilnehmers.

Berlin, am 05. 03. 1990

Georg Ostermann
stellv. Vorsitzender

Dokument 15/4, Antrag des Zentralausschusses der Volkssolidarität auf Ergänzung der Vorlage 15/5 (Vorlage o. N.)

Dokument 15/5, Antrag NDPD: Ergänzung zur Rechtssicherheit bei Wohnungen und Grundstücken; fehlt

—16—

3. Ergänzende Stellungnahme der PDS zur Sozialcharta

Der Regierung wird vorgeschlagen, die zuständigen Minister zu beauftragen, kurzfristig einen Gesetzentwurf zur Sicherung des Rechtes auf Wohnraum entsprechend Artikel 37 der Verfassung der DDR auszuarbeiten, der der voraussichtlichen Entwicklung zur deutschen Einheit Rechnung trägt.

Dieser sollte insbesondere folgende Grundsätze berücksichtigen:

1. Die Gewährleistung des Fortbestandes der zivilrechtlichen Regelungen der DDR zum Kündigungsschutz für die Mieter und zur Sicherung der Eigentumsrechte der Bürger an Eigenheimen und anderen Baulichkeiten unabhängig von den Eigentumsverhältnissen an den Grundstücken sowie aller auf dieser Grundlage abgeschlossenen Verträge.

2. Die Schaffung verfassungsrechtlicher Möglichkeiten und gesetzlicher Regelungen zum Kauf volkseigener Wohnungen durch die gegenwärtigen Nutzer auf freiwilliger Grundlage sowie zur Übergabe volkseigener Wohngebäude an Mietergemeinschaften.

3. Der Verkaufspreis sollte in Abhängigkeit vom Alter und Erhaltungszustand so gestaltet sein, daß möglichst viele Bürger angeregt werden, Wohneigentum zu erwerben und dafür ihre Ersparnisse wertbeständig anlegen. Es sollte etwa bei 50 Prozent des Zeitwertes liegen. Das hieße bei einer Neubauwohnung rund 500 Mark je Quadratmeter und bei einer vor 1945 errichteten Altbauwohnung rund 200 Mark je Quadratmeter.

-17-

Die Überlassung von Wohngebäuden in schlechtem baulichen Zustand an Mietergenossenschaften, die sich vertraglich verpflichten, die betreffenden Gebäude wieder bewohnbar zu machen, sollte kostenlos erfolgen.

4. Der Erwerb von Wohneigentum durch Bürger mit niedrigen Einkommen könnte durch Ausreichung von Krediten gefördert werden.

5. Zur Finanzierung der Rekonstruktion von Gebäuden in schlechtem Bauzustand sowie zur Gewährleistung der ordnungsgemäßen Bewirtschaftung und Erhaltung von im Privatbesitz befindlichen Wohnhäusern könnte aus dem Erlös des Verkaufs volkseigener Wohnungen ein Sonderfonds gebildet werden, aus dem zinslose und nicht rückzahlbare Darlehn gewärt werden können.

6. Der Wohnungsbau und die Wohnungsmodernisierung sind weiterhin durch staatliche Mittel und Kredite zu fördern. Mindestens 70 Prozent des Wohnungsneubaus sind als sozialer Wohnungsbau durchzuführen, über dessen Vergabe nach sozialer Dringlichkeit entschieden wird.

7. Vom Abbau von Mietsubventionen sollte zunächst abgesehen werden. Alle damit zusammenhängenden Maßnahmen bedürfen einer gründlichen Vorbereitung und sind untrennbar mit der Gewährung von Ausgleichzahlungen verbunden, um soziale Härten gegenüber Rentnern, Alleinstehenden, Behinderten und Familien mit niedrigen Einkommen zu verhindern. Sie dürfen erst nach breiter demokratischer Diskussion mit der Bevölkerung wirksam gemacht werden.

Begründung: Diese Resultate der fleißigen Arbeit der Werktätigen unseres Landes dürfen nicht im Zuge der Herbeiführung der deutschen Einheit Boden- und Immobilienspekulanten zum Opfer fallen.

-18-

Angesichts der wachsenden Unsicherheit des Arbeitsplatzes gilt es, das Recht auf Wohnraum abzusichern. Der Verlust des Arbeitsplatzes und der Wohnung könnte das soziale Aus für eine große Zahl von DDR-Bürgern bedeuten. Bestrebungen des Mieterbundes der DDR, eine solche Entwicklung zu verhindern und den sozialen Besitzstand der Menschen unseres Landes zu bewahren, sollten von allen Parteien und gesellschaftlichen Organisationen unterstützt werden.

Da Wohnungsbau und Wohnungswirtschaft der DDR gegenwärtig nicht ausreichend darauf vorbereitet sind, unter marktwirtschaftlichen Bedingungen zu arbeiten, muß auf längere Sicht die Gesellschaft weiterhin für die Sicherung des Rechtes auf Wohnraum einstehen.
Auch nach den Wahlen am 18. März muß dieses verfassungsmäßig verbriefte Recht durch die Regierung die notwendige Beachtung finden. Durch Förderung des Wohneigentums soll zugleich das Interesse der Bürger an der Erhaltung des Wohnungsbestandes gefördert und eine wertbeständige Anlage von Sparanlagen ermöglicht werden. Durch Mobilisierung von Finanzierungsquellen könnte der Staatshaushalt in bestimmten Maße entlastet werden.

DEMOKRATIE JETZT

Friedrichstraße 165   (Haus der Demokratie)   Berlin 1080   Tel. 207 16 12

Berlin - 4. März 1990

Offener Brief
An den Kanzler
der Bundesrepublik Deutschland
Herrn Helmut Kohl

Bonn

Sperrfrist: 6. März 1990
15.00 Uhr

Sehr geehrter Herr Bundeskanzler,

die Bundesrepublik Deutschland hat in den vergangenen Jahrzehnten Bürgerinnen und Bürgern der Deutschen Demokratischen Republik, die als politisch Verfolgte ihre Heimat verlassen mußten oder die aus familiären Gründen in die Bundesrepublik übergesiedelt sind, eine umfangreiche Hilfe zur Eingliederung und für den Aufbau einer neuen Existenz gewährt. Hierfür ist den Deutschen in der Bundesrepublik und allen politisch und wirtschaftlich Verantwortlichen zu danken. Diese großherzige Solidarität hat dazu beigetragen, daß die Bindungen zwischen den Deutschen hier und dort vertieft und ihr Zusammengehörigkeitsgefühl bewahrt wurden.

Mit den grundlegenden demokratischen Veränderungen in der Deutschen Demokratischen Republik, die nach den Wahlen vom 18. März unumkehrbar sein werden, ist jedoch eine neue Situation entstanden. Niemand mehr muß heute seine Heimat DDR verlassen, weil er politisch verfolgt wird, weil seine Menschenwürde und seine Menschenrechte mißachtet oder ihm die Voraussetzungen für die volle Entfaltung seiner Persönlichkeit vorenthalten werden.

Die Bürgerbewegung DEMOKRATIE JETZT hält es daher für geboten, daß mit dem 18. März 1990 das Aufnahmeverfahren für Übersiedler aus der DDR eingestellt wird und alle damit verbundenen Vergünstigungen aufgehoben werden. Bei der Beschaffung von Arbeitsplätzen und

- 1 -

Dokument 15/7, Antrag DJ: Siedlerschutz; Seite 1 von 2

Wohnraum, bei der Zahlung von Arbeitslosengeld und Sozialunterstützung, bei der Gewährung von Krediten oder bei Steuervergünstigungen sollten Übersiedler aus der DDR fortan Bundesbürgern gleichgestellt werden. Wer in der DDR einen sicheren Arbeitsplatz verlassen hat, sollte keinen Anspruch auf Arbeitslosenunterstützung haben. Ausnahmen sollte es nur geben, wo zwingende familiäre oder humanitäre Gründe vorliegen.

Übersiedler aus der DDR, die nach dem 10. November 1989 in die Bundesrepublik gekommen sind und bisher weder Arbeit noch Wohnung gefunden haben, sollten ermutigt werden, an ihren alten Arbeitsplatz zurückzukehren und in der sich erneuernden DDR einen persönlichen Neubeginn zu wagen. Finanzielle Vergünstigungen irgendwelcher Art sollten ihnen dafür jedoch nicht angeboten werden. Wir halten es für geraten, bald nach dem 18. März alle Notaufnahmelager für Übersiedler aus der DDR zu schließen.

Die Mittel, die durch die von uns vorgeschlagenen Maßnahmen freiwerden, sollten dazu verwandt werden, politisch verfolgten Asylbewerbern aus Ländern der Zweidrittelwelt in der Bundesrepublik großherzig Asyl und wirtschaftliche Hilfe zu gewähren.

Mit freundlichen Grüßen

Konrad Weiß

Sprecher der Bürgerbewegung
DEMOKRATIE JETZT

Dokument 15/7, Antrag DJ: Siedlerschutz; Seite 2 von 2

Dokument 15/8, Antrag PDS, UFV: Berücksichtigung der Behinderten; fehlt

Dokument 15/9, Antrag SPD: Medizinische Grundbetreuung; fehlt

Runder Tisch
15. Sitzung
05. März 1990

Vorlage 15/1

Am 3.1.1990 konstituierte sich auf Einladung des UFV die Arbeitsgruppe des Runden Tisches zu Fragen der Gleichstellung von Frauen und Männern (im folgenden: AG Gleichstellungsfragen).

Die ursprüngliche Intention der Arbeitsgruppe, wesentliche Aspekte des Problems der Gleichstellung von Frau und Mann in der Gesellschaft zu benennen und Lösungsansätze aufzuzeigen, erhielt durch den in den letzten Wochen erlebbaren Sozialabbau ein besonderes Gewicht. Die Arbeitsgruppe nutzt die Öffentlichkeit, um zu klären, daß den Tendenzen, die Hauptlast der Krise der Gesellschaft insbesondere auf die Frauen abzuwälzen, mit Entschiedenheit entgegengetreten werden muß.

Gegenstand der Beratungen der Arbeitsgruppe waren diejenigen Bereiche des gesellschaftlichen Lebens, die im Hinblick auf die Gleichstellung von Frau und Mann nach Auffassung der Vertreterinnen der Parteien und anderen politischen Vereinigungen, die in der Arbeitsgruppe vertreten waren, von entscheidender Bedeutung sind.

Die Mitglieder der Arbeitsgruppe Gleichstellungsfragen erwarten, daß die im vorliegenden Papier enthaltenen Grundsätze Eingang finden in die Politik der gegenwärtigen und der künftigen Regierung der DDR.

Der folgende Text stellt den Konsens dar zwischen den Vertreterinnen von DJ, Grüne Liga, Grüne Partei, IFM, NF, PDS, UFV, VL und DFD, der mit beratender Stimme an den Sitzungen teilnahm. Der DA hat sich an der Arbeitsgruppe nicht beteiligt.

Grundzüge einer Politik mit dem Ziel der Gleichstellung von
Frau und Mann

Ausgehend davon, daß nach den von der DDR unterzeichneten
UNO-Dokumenten

- Konvention über die Beseitigung aller Formen der Diskriminierung
  von Frauen /1/ und

- Vorausschauende Strategien von Nairobi zur Förderung der Frau /2/

Frauen und Männern gleiche Möglichkeiten der Wahrnehmung aller
wirtschaftlichen, sozialen, kulturellen, zivilen und politischen
Rechte zu garantieren sind und ausgehend von der Erkenntnis,
daß eine humanistische, ökologisch verträgliche, sozial progressive und ökonomisch effektive Gesellschaftsentwicklung ohne
die Lösung der Geschlechterfrage nicht möglich ist, steht die
Emanzipation von Frau und Mann auf der Tagesordnung.

Zum gegenwärtigen Zeitpunkt ist zu konstatieren, daß das Problem der historisch übernommenen Benachteiligung der Frau in
unserer Gesellschaft im wesentlichen noch immer fortbesteht:

- Frauen sind im Zusammenhang mit der zu über 90 % gegebenen
  Berufstätigkeit zwar weitgehend ökonomisch unabhängig, jedoch
  zugleich durch das Fortbestehen patriarchalischer Arbeitsteilung im Bereich der individuellen Reproduktion (Hausarbeit,
  Kinderbetreuung, Familienklima) einer Mehrfachbelastung ausgesetzt, die die Möglichkeiten beruflichen Engagements, der
  Teilhabe am gesellschaftlichen Leben und der Wahrnehmung und
  Ausprägung persönlicher Interessen in relevantem Maße einschränkt;

- Frauen sind in den Entscheidungsgremien bzw. Führungspositionen der Gesellschaft nicht entsprechend ihrem Anteil an der
  Bevölkerung und ihrer Kompetenz vertreten - geschuldet der
  Mehrfachbelastung, einer Erziehung, die nicht frei ist von
  tradierten Geschlechtsrollenzuweisungen sowie der ablehnenden
  Haltung vieler Männer, vor allem in Leitungspositionen;

3

- Berufe und Tätigkeiten, in denen vorwiegend Frauen tätig sind, werden sozial und finanziell unterbewertet. Vollberufstätige Frauen erhalten im Durchschnitt 75 % des Einkommens Vollberufstätiger Männer /3/, ohne daß dies mit Unterschieden hinsichtlich der physischen und psychischen Belastung der Arbeitenden oder mit Unterschieden in der gesellschaftlichen Bedeutung der jeweiligen Arbeit begründet werden könnte;

- Frauen haben geringere Chancen als Männer, an anspruchsvolle interessante, kreative und gut bezahlte Arbeitsplätze zu gelangen. Ihnen obliegen sehr häufig die monotonen und routinehaften Arbeiten mit geringeren Anforderungen an Kreativität und Entscheidungskompetenz;

- Frauen sind im Alltagsleben (Öffentlichkeit, Beruf, Familie etc.) vielfältigen Formen sexistischer Denk- und Verhaltensweisen ausgesetzt /4/.

Gleichstellung bedeutet nach Auffassung der Mitglieder der AG Gleichstellungsfragen nicht formale Gleichheit, etwa reduziert auf Gleichberechtigung im juristischen Sinne, sondern vielmehr CHANCENGLEICHHEIT bezüglich selbstbestimmter persönlicher Entwicklung und bezüglich der Partizipationsmöglichkeiten in allen Bereichen des gesellschaftlichen Lebens.

Bemühungen um Gleichstellung setzen die Abkehr von männlich orientierten Maßstäben voraus und erfordern die Berücksichtigung der in mehrfacher Hinsicht (ökonomisch, strukturell, informell, sozialpsychologisch, kulturell, politisch, sozial) grundsätzlich verschiedenen Ausgangssituationen von Frau und Mann in der Gesellschaft.

Nachfolgend werden drei Komplexe benannt, die nach Auffassung der AG Gleichstellungsfragen hinsichtlich der Gleichstellung von Frau und Mann von besonderer Bedeutung sind.

Dokument 15/10, Positionspapier AG "Gleichstellungsfragen": Zu Grundzügen der Gleichstellung von Frau und Mann (Vorlage 15/1); Seite 3 von 9

4

I. Die ökonomische Selbständigkeit und die Vereinbarkeit von Berufstätigkeit, Partnerschaft und Elternschaft für Frau und Mann als Grundwerte

1. Die ökonomisch selbständige Existenz der Frau ist elementare und unabdingbare Voraussetzung für ihre Emanzipation und Selbstbestimmung. Das Menschenrecht auf Berufstätigkeit ist für Frauen und Männer - insbesondere in Anbetracht der derzeitigen und künftigen Veränderungen in der Wirtschaft - in gleicher Weise und mit gleicher Konsequenz zu sichern. Berufsarbeit ist nicht nur als Mittel zum Erwerb des Lebensunterhalts faßbar, sondern hat eine sinngebende und sozial verbindende Funktion und stellt daher einen Eigenwert dar, der durch eine soziale "Abfederung" nicht ersetzbar ist. Eine Herangehensweise, die Frauen je nach wirtschaftlicher Situation aus dem gesellschaftlichen Arbeitsprozeß ausgrenzt bzw. in diesen integriert, läuft dem Ziel der Gleichstellung strikt zuwider.

2. Die AG Gleichstellungsfragen weist darauf hin, daß die bedarfsdeckende Bereitstellung von Kinderbetreuungseinrichtungen (Krippe, Kindergarten, Hort, Kinderferienlager, Schulspeisung) Voraussetzung ist für die Wahrnehmung des Rechts auf Berufstätigkeit und damit für ein selbstbestimmtes Leben von Frauen und Männern. Werden die genannten Einrichtungen in Frage gestellt, bedeutet dies in Anbetracht des Fortbestehens der traditionellen Arbeitsteilung im häuslichen Bereich insbesondere für Frauen die weitgehende Ausgrenzung aus der Berufstätigkeit und damit ein wesentlichen Schritt hinter das bisher in der DDR Erreichte zurück. Die Gleichstellung von Frau und Mann ist unter solchen Bedingungen grundsätzlich nicht realisierbar. Die Festschreibung eines Rechtsanspruchs auf die in Anspruchnahme von Kinderbetreuungseinrichtungen ist daher unabdingbar. Gleichzeitig ist eine qualitative Verbesserung der betrieblichen und kommunalen Kinderbetreuungseinrichtungen dringend geboten.

3. Veränderungen in den Arbeitsbedingungen (Arbeitszeitregelungen, infrastrukturelle Einbindung der Betriebe und Einrichtungen in das Umfeld) müssen so erfolgen, daß die Vereinbarkeit von Berufstätigkeit, Kinderbetreuung und Partnerschaft für Frauen und Männer in wachsendem Maße gesichert wird.

Hierzu gehört auch die Einführung flexibler Arbeitszeitregelungen sowohl für Frauen als auch für Männer für Tätigkeiten aller Qualifikationsstufen. Die Möglichkeit zur Teilzeitarbeit in Form eines gesicherten und geschützten Arbeitsrechtsverhältnisses wäre ebenfalls der Vereinbarkeit von Berufstätigkeit und individueller Bedürfnisbefriedigung dienlich. Dies darf nicht verbunden sein mit zusätzlichen Nachteilen hinsichtlich Arbeitsplatzsicherheit, Versicherungsschutz und Rentenanspruch. In Anerkennung der gesellschaftlichen Bedeutung der Kinderbetreuung ist eine Verkürzung der Arbeitszeit für Erziehende angebracht - unabhängig von der Form des Zusammenlebens und des Geschlechts. An Kinder gebundene Arbeitszeitregelungen müssen wahlweise den Erziehenden zur Verfügung stehen und dürfen sich für denjenigen bzw. diejenige, der/die sie in Anspruch nimmt, nicht nachteilig auswirken. Ähnliche Regelungen sollten für Frauen und Männer gelten, die Pflegebedürftige zu Hause betreuen.

II. Gleichstellung von Frauen und Männern in Politik und Wirtschaft

A. Politik

Auf allen Ebenen der Interessenvertretung und Entscheidungsfindung waren und sind Frauen deutlich unterrepräsentiert. Trotz der Existenz einiger wesentlicher Voraussetzungen zur Verbesserung der Stellung der Frau in der Gesellschaft (Berufstätigkeit, hohes Qualifikationsniveau) haben sich in dieser Hinsicht in den vergangenen Jahrzehnten kaum Veränderungen vollzogen. Hier sind Mechanismen wirksam, die eine - durchaus auch ungewollte - Reproduktion gegebener Verhältnisse bewirken. Um diese Mechanismen zu durchbrechen, sind nach Auffassung der AG Gleichstellungsfragen politische Instrumentarien erforderlich.

6

In der Legislative und auf allen Ebenen der Exekutive sind daher Einrichtungen zu installieren, die dafür Sorge tragen, daß das Ziel der Gleichstellung von Frau und Mann beachtet und realisiert wird.

Auf der Ebene der Legislative wäre dies die Bildung eines Volkskammerausschusses für Fragen der Gleichstellung von Frau und Mann sowie die Existenz eines Gleichstellungsgesetzes; in der Exekutive erfordert dies die Einrichtung eines Ministeriums für Gleichstellungsfragen sowie die Einsetzung von Gleichstellungsbeauftragten auf allen Ebenen der kommunalen Vertretungskörperschaften. Hierzu liegen der Antrag 15/2 und die Information 15/1 vor.

Zu den Aufgaben des Ministeriums für Gleichstellungsfragen gehört u.a. die Durchsetzung von Quotenregelungen. Eine Quotierung wirkt der strukturellen Benachteiligung von Frauen dadurch entgegen, daß bei gleicher Kompetenz und Eignung Frauen bei der Besetzung bestimmter Positionen bevorzugt werden, bis ein bestimmter Frauenanteil sich eingestellt hat. Grundsätzlich sollte die Quotierung auch dort zur Anwendung kommen, wo der Zugang für Männer erschwert ist - beispielsweise im Bereich des Sozialwesens, des Bildungswesens oder im Dienstleistungsbereich. Es sind jeweils differenzierte Quotierungsmodelle zu erarbeiten, die im zeitlichen Verlauf schrittweise verändert werden und so bewirken, daß perspektivisch Chancengleichheit für Frauen und Männer bzgl. des Zugangs zu Berufsfeldern, interessanten Tätigkeitsbereichen und Leitungsfunktionen in Wirtschaft, Wissenschaft und Kultur und zu Positionen mit politischer Verantwortung hergestellt wird. Quotierung erfordert die gleichzeitige Schaffung von Rahmenbedingungen, die es Frauen und Männern ermöglichen, die durch die Quotierung gegebenen Möglichkeiten wahrzunehmen - wozu auch die Förderung der gesellschaftlichen Akzeptanz und Sensibilität hinsichtlich der "Geschlechterfrage" zählt.

Dokument 15/10, Positionspapier AG "Gleichstellungsfragen": Zu Grundzügen der Gleichstellung von Frau und Mann (Vorlage 15/1); Seite 6 von 9

7

Die AG Gleichstellungsfragen weist darauf hin, daß Quotierung unumgänglich ist, wenn ein angemessener Anteil von Frauen und damit eine entsprechende Politik, eine entsprechende Art und Weise des Umgangs mit Problemen, Konflikten und Aufgabenstellungen erreicht werden soll.

B. Wirtschaft

1. Die geschlechtstypische Teilung der Berufsarbeit ist verbunden mit ungerechtfertigten Benachteiligungen für Frauen - zum einen hinsichtlich des Einkommens und zum anderen hinsichtlich des Zugangs zu interessanten und kreativitätsfördernden Arbeitsplätzen. Sie trägt außerdem entscheidend dazu bei, daß die geschlechtstypische Rollenverteilung im Bereich der individuellen Reproduktion ständig reproduziert wird und ist somit ein Hindernis für eine Teilung der Arbeit nach Interessenlage und Befähigung.
Folgende Schritte sind zur Gleichstellung von Frau und Mann im Bereich der Berufstätigkeit erforderlich:

- Bei der Vereinbarung eines Tarifrahmens zwischen Staat und Gewerkschaftsdachverband muß die Aufhebung der Tarifunterschiede zwischen sog. Frauen- und Männerberufen erfolgen - auf der Grundlage einer Neubestimmung des Leistungsbegriffs. Das Leistungsprinzip herkömmlicher Art ist gleichbedeutend mit der fortgesetzten Abwertung weiblicher Arbeit. Es sind sozial gerechte Leistungskriterien zu ermitteln und zur Grundlage der in Form von Lohn und Gehalt ausgedrückten gesellschaftlichen Anerkennung zu machen, die das tatsächliche Verhältnis von aufgewendeter Zeit, eingebrachtem qualifizierten Arbeitsvermögen und erzieltem Ergebnis bewertet.

- Der nach Geschlecht quotierte Zugang zu den Ausbildungsberufen, der sich an herkömmlichen Geschlechtsrollenvorstellungen orientiert und zudem das Berufswahlfeld für Mädchen stark einschränkt, ist aufzuheben und durch das Prinzip des freien Zugangs von Mädchen/Frauen und Jungen/Männern zu allen Berufszweigen zu ersetzen. Einziges Kriterium ist die Eignung, die individuell festzustellen ist.

- Zugang und Motivation von Männern, Berufe des sozialen und Dienstleistungsbereichs zu ergreifen, sind gezielt und unter Beachtung der Folgen männlicher Sozialisation zu fördern. Gleichzeitig ist durch Erziehung und Öffentlichkeitsarbeit die gesellschaftliche Akzeptanz hierfür herzustellen.

- Zugang und Motivation von Frauen, Berufe im wissenschaftlichen und technischen Bereich - auch vor allem im high-tech-Bereich - zu ergreifen, ist durch gezielte Förderung, die die Folgen weiblicher Sozialisation berücksichtigt und auch durch entsprechende strukturelle Veränderungen, sind zu erhöhen.

2. In gewerkschaftlichen Interessenvertretungen und in den Betriebsräten sind Garantien für wirksame Wahrnehmung der Interessen und Rechte der Frauen zu installieren. In neuen gesetzlichen Regelungen zur innerbetrieblichen Mitbestimmung und in den Satzungen der Industriegewerkschaften und Gewerkschaften sollte die Verpflichtung zur Schaffung der Funktion einer Gleichstellungsbeauftragten und deren Kompetenzen festgeschrieben werden.

3. In Anbetracht der erforderlichen Umstrukturierung in der Wirtschaft und im Verwaltungsbereich sind Arbeitsbeschaffungs- und Umschulungsprogramme zu erarbeiten, die für Frauen und Männer eine chancengleiche Wiedereingliederung in die Berufstätigkeit ermöglichen. Im Zuge der Erweiterung der Selbständigkeit von

9

Wirtschaftseinheiten und der Zulassung verschiedener Eigentumsformen ist zu sichern, daß bei Umstrukturierungen und bei der Freisetzung bzw. Neueinstellung von Arbeitskräften die soziale Lage von Frauen sich nicht verschlechtert.

4. Es ist zu sichern, daß Wirtschaftsvereinbarungen mit anderen Staaten bzw. ausländischen Firmen keine frauendiskriminierenden Regelungen enthalten.

AG Gleichstellung von Frauen und Männern

Dokument 15/10, Positionspapier AG "Gleichstellungsfragen": Zu Grundzügen der Gleichstellung von Frau und Mann (Vorlage 15/1); Seite 9 von 9

Runder Tisch

15. Sitzung
5. März 1990

Information 15/1
zur Vorlage 15/2

Der Unabhängige Frauenverband ein Papier verfaßt, welches den Begründungszusammenhang für die Schaffung staatlicher Instrumentarien zur Förderung der realen Gleichstellung von Frau und Mann in allen Bereichen des gesellschaftlichen Lebens umreißt. Diese Ausarbeitung ist der Arbeitsgruppe des Runden Tisches "Gleichstellung von Frauen und Männern" vorgelegt und zur Diskussion gestellt worden. Der folgende Text stellt den Konsens zwischen den Vertreterinnen von DJ, FDGB, Grüne Liga, Grüne Partei, IFM, LDPD, NF, PDS, SPD, UFV, VdgB und V.L. dar (CDU, DA und NDPD waren nicht vertreten).

Die Geschlechterfrage und die Voraussetzungen zu ihrer Lösung in der DDR

Die Geschlechterfrage ist ein zentrales gesellschaftliches Problem und muß im Interesse der Emanzipation aller Menschen gelöst werden.

Das Problem der noch immer ungleichen Stellung von Frau und Mann in unserer Gesellschaft steht als politische Frage auf der Tagesordnung. Eine humanistische, ökologisch verträgliche, sozial progressive und ökonomisch effektive Gesellschaftsentwicklung ist ohne die Lösung der Geschlechterfrage, die in erster Linie eine Frage der Situation von Frauen ist, ausgeschlossen.

Es ist eine unbestreitbare Tatsache, daß Frauen in der DDR gegenwärtig gegenüber dem männlichen Geschlecht generell im Nachteil sind. Dies trifft für den ökonomischen und politischen Bereich ebenso zu wie für die soziale Lage von Frauen, ihre kulturelle und psychosoziale Identität.

- 2 -

Indikatoren hierfür sind:

* In unserer Gesellschaft gibt es nach wie vor eine geschlechtstypische Teilung der Berufsarbeit. Man spricht von "Frauenberufen" und von "Männerberufen".
Die Bereiche und Zweige der Wirtschaft, in denen überwiegend Männer beschäftigt sind, werden gegenüber solchen, in denen vorwiegend Frauen arbeiten (Leichtindustrie, Gesundheits- und Sozialwesen, Dienstleistungssektor) tariflich ungerechtfertigt begünstigt. Männertypische Bereiche werden höher bezahlt als frauentypische. Die unterschiedlichen Tarife stehen in keinem Zusammenhang mit der physischen und psychischen Belastung der Arbeitenden einerseits und ihrer Wertigkeit für die Gesellschaft andererseits. Es gilt der Grundsatz: Gleicher Lohn für gleiche Arbeit, nicht aber: Gleicher Lohn für gleichwertige Arbeit.
Auch innerhalb eines Berufszweiges gibt es eine geschlechtstypische Arbeitsteilung. Frauen obliegen sehr häufig monotone und routinehafte Arbeiten mit geringen Anforderungen an Kreativität und Entscheidungskompetenz. Frauen haben geringere Chancen als Männer, in anspruchsvolle, interessante und gut bezahlte Positionen zu kommen.

* Die Verantwortung für die Hausarbeit, die Erziehung der Kinder und für das Familienklima wird noch immer in erster Linie den Frauen zugeschrieben und von ihnen auch übernommen. Im Zusammenhang mit der in der Regel gegebenen Berufstätigkeit der Frau ergibt sich daraus eine physische und psychische Mehrfachbelastung, die Einschränkungen hinsichtlich des beruflichen Engagements und der Partizipation am gesellschaftlichen Leben zur Folge hat.

* In allen Bereichen der Gesellschaft nimmt mit der Höhe der Hierarchieebene der Frauenanteil drastisch ab - geschuldet der Mehrfachbelastung, einer Erziehung, die nicht frei ist von tradierten Geschlechtsrollenzuweisungen und der ablehnenden Haltung vieler Männer, vor allem in Leitungspositionen.

* Frauen haben sich im Alltagsleben - in der Öffentlichkeit, im Beruf, in der Familie etc. - mit vielfältigen Erscheinungsformen sexistischer Denk- und Verhaltensweisen auseinanderzusetzen. Hierzu zählt die Anmache am Arbeitsplatz, auf der Straße oder im Lokal ebenso wie die in jüngerer Zeit häufiger

gewordene kommerzialisierte Zurschaustellung des weiblichen Körpers (z.B. in Form von Miss-Wahlen) und die Gewaltanwendung gegen Frauen und Mädchen.

Die eben benannten Umstände sind nicht auf die spezifischen Eigenschaften von Frauen zurückzuführen, sondern auf die noch immer in unserer Gesellschaft bestehenden patriarchalischen Strukturen und Mechanismen.

Die seit Anfang der 70er Jahre in der DDR betriebene Frauenpolitik hat mit ihrer einseitigen Zuschreibung sozialpolitischer Maßnahmen an die Frau als Mutter zur Verfestigung der Ungleichheit in der sozialen, politischen, kulturellen, strukturellen, ökonomischen und psychosozialen Situation von Frau und Mann beigetragen.

Da die Ungleichheit in der gesellschaftlichen Stellung von Frau und Mann vermittels sich selbst reproduzierender Mechanismen immer wieder neu hergestellt wird, sind grundlegende Änderungen im Selbstlauf nicht möglich. Es ist daher notwendig, ein politisches Instrumentarium zu schaffen, mit Hilfe dessen eine aktive Gleichstellungspolitik betrieben werden kann. In der aktuellen sozialen Situation bedeutet dies, vorrangig die Arbeits- und Lebensbedingungen von Frauen und Mädchen im Blickfeld zu haben.

Der Unabhängige Frauenverband hält die Einsetzung von Beauftragten für Fragen der Gleichstellung der Geschlechter (im folgenden: Gleichstellungsbeauftragten) und von entsprechenden Kommissionen mit angemessenen Kompetenzen und Befugnissen auf allen Ebenen der Legislative, der Exekutive und der Jurisdiktion für unabdingbar.

1. Legislative

Es ist ein Volkskammerausschuß für Fragen der Gleichstellung der Geschlechter zu bilden. Dieser hat folgende Aufgabengebiete:

- Analyse aller Gesetze, Beschlüsse, Verordnungen, Anordnungen und Durchführungsbestimmungen der Volkskammer bzw. des Ministerrats hinsichtlich ihrer Auswirkungen auf die Situation von Frauen

- 4 -

- Wahrnehmung des Einspruchrechts, wenn Gesetze, Beschlüsse, Verordnungen, Anordnungen, Durchführungsbestimmungen und Maßnahmen dem Ziel der Gleichstellung der Geschlechter zuwiderlaufen,

- Erarbeitung von Gesetzesentwürfen, die Fragen der Gleichstellung der Geschlechter betreffen und Maßnahmen beinhalten, die zum Abbau bestehender Ungleichheit in der sozialen, politischen, ökonomischen, strukturellen, kulturellen und psychosozialen Situation von Frauen/Mädchen und Männern/Jungen führen. Dies hat in enger Zusammenarbeit mit dem UFV, dem DFD, mit BürgerInneninitiativen, mit den Zentren für Frauenforschung an Universitäten und Hochschulen bzw. der Akademie der Wissenschaften sowie in Auswertung von Eingaben und Hinweisen von Bürgerinnen und Bürgern zu geschehen.

- Kontrolle der Realisierung der zu Gleichstellungsfragen von der Volkskammer und vom Ministerrat gefaßten Beschlüsse.

Dem Präsidium der Volkskammer ist eine Gleichstellungsbeauftragte zuzuordnen, die für die umfassende Berücksichtigung der Probleme, die mit der Frage der Gleichstellung der Geschlechter im Zusammenhang stehen, verantwortlich ist und auch über die erforderlichen Befugnisse verfügt.

Der Volkskammerausschuß für Fragen der Gleichstellung der Geschlechter und die Gleichstellungsbeauftragte haben in ihrer Tätigkeit die Belange aller Frauen - auch die von Alleinerziehenden, Asylantinnen, Ausländerinnen, Behinderten, Frauen mit ausländischen Partnern oder Partnerinnen, Jugendlichen, Lesben, Müttern in kinderreichen Familien, Pflegebedürftigen, Rentnerinnen, Strafgefangenen etc. - zu vertreten.

2. Exekutive

Es ist ein Ministerium für Fragen der Gleichstellung der Geschlechter einzurichten. Dieses Ministerium beteiligt sich an der Ausarbeitung der Grundsätze der staatlichen Innen- und Außenpolitik und hat dabei vor allem die Frage der Gleichstellung der Geschlechter zu berücksichtigen. Darüberhinaus hat das

- 5 -

Ministerium für Gleichstellungsfragen eine koordinierende Funktion hinsichtlich einer aktiven Gleichstellungspolitik wahrzunehmen. Dies bezieht sich insbesondere auf die Zusammenarbeit mit den in jedem Ministerium einzusetzenden Gleichstellungsbeauftragten, die ihrerseits die Tätigkeit des jeweiligen Ministeriums hinsichtlich der Frage der Gleichstellung der Geschlechter zu kontrollieren und dem Ministerium für Gleichstellungsfragen zuzuarbeiten haben. Sollten Gesetze, Verordnungen, Anordnungen, Durchführungsbestimmungen und Maßnahmen dem Ziel der Gleichstellung der Geschlechter zuwiderlaufen, hat das Ministerium für Gleichstellungsfragen das Einspruchsrecht mit sofortiger Wirkung geltendzumachen.

Die Aufgaben- und Tätigkeitsbereiche, die dem Ministerium für Gleichstellungsfragen obliegen, machen es erforderlich, dem Ministerium einen entsprechenden Etat zuzuordnen.

Weiterhin hat das Ministerium für Gleichstellungsfragen angesichts der weitverbreiteten Unkenntnis und Ignoranz gegenüber der Problematik der Geschlechterfrage eine Aufklärungsfunktion in Form wirksamer Öffentlichkeitsarbeit wahrzunehmen.

3. Jurisdiktion

Die Frage der Gleichstellung der Geschlechter und die Schaffung von Instrumentarien, die eine aktive Gleichstellungspolitik ermöglichen, ist sowohl in der Verfassung der DDR als auch in anderen Gesetzen, insbesondere in denen, die Vertretungskörperschaften auf kommunaler und betrieblicher Ebene betreffen, zu verankern.

Eine besondere Bedeutung im Zusammenhang mit einer bewußten und aktiven Gleichstellungspolitik hat die Erarbeitung eines Gleichstellungsgesetzes. Ein solches Gesetz umfaßt im Grundsatz folgende Punkte:

- Sicherung des gleichwahrscheinlichen Zugangs von Frauen/Mädchen und Männern/Jungen zu Ausbildungs- und Arbeitsplätzen

- Abbau geschlechtstypischer Erziehungsmuster, die zu persönlichkeitseinengenden geschlechtsstereotypen Denk- und Verhaltensweisen führen

- 6 -

- Sicherung gleicher Rechte und Pflichten von Männern und Frauen bei der Erziehung und Betreuung ihrer Kinder
- Schutz von Frauen gegen gewalttätige Übergriffe von Männern, einschließlich der Ehemänner
- Verbot sexistischer Darstellungen in den Medien
- Regelungen, die eine paritätische Verteilung von Ämtern, Mandaten und Leitungsfunktionen unter Frauen und Männern zwingend vorschreiben, wofür geeignete Quotierungsmodelle zu erarbeiten sind.

In der Arbeitsgruppe des Runden Tisches "Fragen der Gleichstellung der Geschlechter" bestand Konsens darin, daß das Problem der Verwirklichung der Gleichstellung der Geschlechter einem gesonderten und speziell hierfür geschaffenen Gremium in Gestalt eines Volkskammerausschusses für Gleichstellungsfragen und eines Ministeriums für Gleichstellungsfragen zuzuordnen ist. Dies bedeutet zugleich, die "Frauenfrage" aus dem Kompetenzbereich des Ministeriums für Gesundheit und Soziales herauszulösen.

Der Unabhängige Frauenverband fordert, bei der Einrichtung des Ministeriums für Gleichstellungsfragen als gleichberechtigter und kompetenter Partner der Regierung in angemessener Weise beteiligt zu werden.

UFV

Runder Tisch Antrag 15 / 3
15. Sitzung
05. März 1990

Der Runde Tisch möge beschließen:

1. Es ist unverzüglich eine Kommission zu bilden, die kurzfristig eine Konzeption zur Sicherung der Kinderbetreuungseinrichtungen (Krippe, Kindergarten, Hort, Kinderferienlager sowie Schulspeisung) in bedarfsdeckender Weise und ihrer Finanzierung erarbeitet.
Die Kommission sollte sich aus Expertinnen bzw. Experten für Finanzfragen, Arbeitsrecht, Bildungswesen und Soziologie sowie aus Elternvertreter/innen und aus Sachverständigen interessierter gesellschaftlicher Gruppierungen zusammensetzen.

2. Die Regierung erarbeitet eine Vorlage, die die Gleichstellung von Frau und Mann bzgl. der Betreuung und Erziehung der Kinder dadurch ermöglicht, daß über die Art und Weise der Inanspruchnahme der entsprechenden sozialpolitischen Maßnahmen in der jeweiligen Partnerschaft entschieden wird.

3. Die geschlechtsspezifische Bilanzierung der beruflichen Ausbildungsplätze, die sich an herkömmlichen Rollenvorstellungen orientiert und zudem das Berufswahlfeld für Mädchen stark einschränkt, ist aufzuheben.

4. Das Ministerium für Arbeit und Löhne wird beauftragt, ein neues Tarifsystem zu erarbeiten, welches die geschlechtstypischen Einkommensunterschiede, die von der erbrachten Leistung her nicht begründbar sind, beseitigt. Hierzu ist eine Neubestimmung des Leistungsbegriffs so vorzunehmen, daß alle wesentlichen Komponenten der Verausgabung menschlichen Arbeitsvermögens in nachvollziehbarer Weise berücksichtigt werden.

Dokument 15/12, Antrag AG "Gleichstellungsfragen": Einrichtung einer Kommission zur Sicherung der Kinderbetreuungseinrichtungen (Vorlage 15/3); Seite 1 von 2

- 2 -

5. Bezüglich des Rentenalters und der Gewährung des Hausarbeitstages sind gleiche Bedingungen für Männer und Frauen herzustellen.

6. Das Ministerium für Bildung wird beauftragt, eine umfassende Analyse der in Kindergarten und Schule vermittelten Bildungsinhalte hinsichtlich des Geschlechtsrollenverständnisses und der Leitbilder von Frau und Mann zu veranlassen. Es ist zu prüfen, inwieweit das Prinzip der Gleichstellung von Mädchen bzw. Frauen und Jungen bzw. Männern Berücksichtigung findet. Gegebenenfalls sind Veränderungen an Lehrinhalten und Lehrmaterialien vorzunehmen.

AG Gleichstellung von Frauen und Männern

Beratung des Runden Tisches am 05. März 1990

Ausgewählte Zahlen und Fakten zur Lage der Kinder und Jugendlichen in der DDR

Verantwortlich für die Dokumentation zeichnet das Amt für Jugend und Sport beim Vorsitzenden des Ministerrates der DDR unter Verwendung der zur Verfügung gestellten Materialien des Ministeriums für Bildung, des Ministeriums für Gesundheits- und Sozialwesen, des Ministeriums für Innere Angelegenheiten, des Generalstaatsanwaltes der DDR, der Akademie der Pädagogischen Wissenschaften der DDR, des Zentralinstitutes für Jugendforschung.

Dr. Wilfried Poßner
Staatssekretär und Leiter des
Amtes für Jugend und Sport

```
Die Situation der Kinder und Jugendlichen in der DDR
Zahlen und Fakten
```

1. Die demographische Situation in der DDR in bezug auf Kinder und Jugend
1.1. Gesamtbevölkerung
1.2. Jugendanteil
1.3. Lehrlinge und Jugendliche mit Teilfacharbeiterausbildung
1.4. Geburten
1.5. Schülerzahlen

2. Die soziale Lage der Jugend
2.1. Ausgewählte Daten zu materiellen Aufwendungen für Kinder, Jugendliche und junge Familien (Daten aus dem Statitischen Jahrbuch)
2.2. Mittel, die zur Durchsetzung der staatlichen Jugendpolitik 1989 eingesetzt wurden
2.3. Zu materiellen Lebensbedingungen der Jugend
2.4. Wohnbedingungen der Jugend
2.5. Lehrlingswohnheime
2.6. Wohn- und Lebensbedingungen der Studenten und Absolventen

3. Die politische Situation unter der DDR-Jugend
3.1. Ausgewählte Ergebnisse einer Meinungsumfrage, die das ZIJ mit Unterstützung des Institutes für Marktforschung durchgeführt hat
3.2. Zur Zeit registrierte Jugendorganisationen
3.3. Information der Hauptabteilung Kriminalpolizei beim Ministerium für Innere Angelegenheiten zur neofaschistisch orientierten Szene

4. Freizeitgestaltung der Kinder und Jugendlichen
4.1. Freizeitinteressen und Freizeitverhalten der Kinder und Jugendlichen
4.2. Freizeitumfang, Erholung, kulturelle Aktivitäten
4.3. Jugendklubeinrichtungen
4.4. Zentrale Pionierlager

Dokument 15/13, Bericht Poßner, StS und Leiter des Amtes für Jugend und Sport: Beratung des Runden Tisches am 5. März 1990: Ausgewählte Zahlen und Fakten zur Lage der Kinder und Jugendlichen in der DDR (Vorlage o. N.); Seite 2 von 81

5. Familie
5.1. Familienentwicklung in der DDR
5.2. Familiale Entwicklungsbedingungen bei Vorschulkindern
5.3. Lebensbedingungen in der Familie
5.4. Kinder in Heimen
5.5. Sonderpädagogik
5.6. Gewalt gegen Kinder und Jugendliche
5.7. Gegenwärtige Situation im Strafvollzug
5.8. Literaturhinweise

6. Frauen- und Sozialpolitik
6.1. Versorgung mit Kinderkrippen- und Kindergartenplätzen
6.2. Auffassungen zu Frauen- und Sozialpolitik

7. Jugend und Gesundheit
7.1. Gesundheitszustand
7.2. Zur Lage behinderter Kinder und Jugendlicher (Auskunftsbericht des Ministeriums für Gesundheitswesen)
7.3. Gesundheitliche Lage und Betreuung der Kinder und Jugendlichen (Auskunftsbericht des Ministeriums für Gesundheitswesen)

8. Anhang

Dokument 15/13, Bericht Poßner, StS und Leiter des Amtes für Jugend und Sport: Beratung des Runden Tisches am 5. März 1990: Ausgewählte Zahlen und Fakten zur Lage der Kinder und Jugendlichen in der DDR (Vorlage o. N.); Seite 3 von 81

1. Die demographische Situation in der DDR in bezug auf Jugend

Demografische Prozesse unter der Jugend vollziehen sich im Rahmen allgemeiner demografischer Vorgänge, jedoch betreffen sie die Bevölkerungsgruppe Jugend in besonderem Maße. Gerechnet werden muß mit

- einer insgesamt drastischen Verringerung berufstätiger Jugendlicher bis 30 Jahre;

- mit einer deutlichen Verringerung bei Lehrlingen und Ungelernten Jugendlichen zwischen 15 - 18 Jahren;

- einer starken Reduzierung bei Heiraten und Geburten.

1.1. Gesamtbevölkerung

Mit Stand vom 31. 12. 1989 betrug die Bevölkerung der DDR 16 435 734 , darin eingeschlossen zur Wohnbevölkerung zählende Ausländer 191 438.
Die Verringerung der Bevölkerung geht vorrangig zu Lasten der Abwanderungen über die Staatsgrenze.

Im Verlauf des Jahres 1989 gaben 278 341 Personen ihre DDR-Staatsbürgerschaft auf.
Davon wanderten nach der BRD und Berlin-West: 243 616 Personen
nach anderen Staaten: 34 725 Personen.

Seit Jahresbeginn 1990 haben weitere zig Tausende ehemalige DDR-Bürger das Land verlassen, so daß gegenwärtig mit einem Bevölkerungsverlust von rund 363 000 ab Januar 1989 gerechnet werden muß.

gendlicher Berufstätiger (ohne Lehrling und Studenten) zwischen
1986 und 1988 um 283 000 zurück, so muß unter Anlehnung an den

1. 2. Jugendanteil

Der Anteil junger Leute unter 30 Jahren kann nur geschätzt werden.
Vermutlich beträgt er 3/4 aller Abgänge. Ging allein die Zahl ju-
arbeitsfähigen Bevölkerung der Teil jüngerer Personen deutlich reduziert.
vermuteten Anteil in der Zeit zwischen 1. 1. 1989 und 15. 2. 1990
ein weiterer Verlust mit wahrscheinlich 280 000 angenommen werden.

Das verschiebt die Altersstruktur in der Weise, daß sich unter der
Die tiefe demografische Einschnürung, die durch den "Baby-Knick"

1. 3. Lehrlinge und Jugendliche mit Teilfacharbeiterausbildung

als 50 000 jährlich vermutlich weiter fort.
zwischen 1973 und 1976 entstand, betrifft heute die Gruppe Jugendlicher zwischen 15 - 18 Jahren. 1981 machte diese Altersgruppe
noch 6,4 % der Wohnbevölkerung aus, zu Beginn des Jahres 1989 noch
4,6 %. Jetzt beträgt sie wahrscheinlich schon weniger als 4 %.
Im Rahmen des Gesamtverlustes ist auch eine rückläufige Zahl der
Geburten zu sehen.

1. 4. Geburten

Im Rahmen des Gesamtverlustes ist auch eine nachhaltige Zahl der
(zwischen 20 und 29 Jahren), durch Ausreise oder Übersiedlung fehlen werden.
Mit 199 512 Geburten im Jahr 1989 sank zum ersten Mal seit 12
Jahren die Geburtenzahl unterhalb 200 000. Ein weiteres Absinken
der Geburten ist allein schon dadurch gegeben, weil nunmehr sehr
viele Frauen in dem Alter, das das Geburtengeschehen bestimmt

Dokument 15/13, Bericht Poßner, StS und Leiter des Amtes für Jugend und Sport: Beratung des Runden Tisches am 5. März 1990: Ausgewählte Zahlen und Fakten zur Lage der Kinder und Jugendlichen in der DDR (Vorlage o. N.); Seite 5 von 81

1. 5. Schülerzahlen

Im Bereich des Volksbildungswesens wird es bezüglich der Schülerzahlen auch weiterhin zu erheblichen Schwankungen und Wellenbewegungen kommen, die durch die jeweilige rückliegenden demografischen Prozesse verursacht sind. Zunächst ist eine allgemeine Rückläufigkeit der Schüler zwischen 1980 und 1988 zu konstatieren, die etwa einen Umfang von 265 000 ausmacht.
An den POS befanden sich 1980 2,204 Mill., 1988 aber nur noch 1,953 Mill. Jungen und Mädchen. Entsprechend sank die Klassenstärke von 21,8 auf 20,3 Schüler.

Die EOS hatten 1980 ca 47 Tsd besucht, 1988 dagegen knapp 41 Tsd Schüler, hier reduzierte sich die Klassenstärke von 20,4 auf 16,8.

In den Klassen mit polytechnischer Ausbildung (7 - 10) waren gegenüber 1980 30,9 Tsd weniger Mädchen und Jungen.

Dokument 15/13, Bericht Poßner, StS und Leiter des Amtes für Jugend und Sport: Beratung des Runden Tisches am 5. März 1990: Ausgewählte Zahlen und Fakten zur Lage der Kinder und Jugendlichen in der DDR (Vorlage o. N.); Seite 6 von 81

2. Die soziale Lage der Jugend

2.1. Ausgewählte Daten zu materiellen Aufwendungen für Kinder, Jugendliche und junge Familien (Daten aus dem statistischen Jahrbuch 1989)

Tabelle 1

Entwicklung des Durchschnittnettoeinkommens von Haushalten mit

	1 Person	2 Personen	3 Personen	4 Personen
1980	778,- M	1 340 = 670,- M	1 589 = 530,- M	1 720 = 430,- M
1985	924,- M	1 583 = 791,- M	1 867 = 622,- M	2 018 = 504,- M
1988	1 024,- M	1 765 = 884,- M	2 109 = 703,- M	2 321 = 580,- M

Tabelle 2

Entwicklung des Durchschnitteinkommens von Haushalten mit 2 Erwachsenen und einem Kind

1980	25,8 %	1 400 - 1 600 M	20,6 %	1 200 - 1 400 M
1985	22,4 %	1 600 - 1 800 M	19,1 %	1 400 - 1 600 M
1988	20,4 %	1 800 - 2 200 M	18,0 %	2 000 - 2 200 M

Tabelle 3

Entwicklung des Durchschnitteinkommens von Haushalten mit 2 Erwachsenen und 2 Kindern

1980	25,9 %	1 400 - 1 600 M	21,3 %	1 600 - 1 800 M
1985	23,2 %	1 600 - 1 800 M	20,2 %	1 800 - 2 000 M
1988	20,7 %	2 000 - 2 200 M	19,6 %	1 800 - 2 000 M

Dokument 15/13, Bericht Poßner, StS und Leiter des Amtes für Jugend und Sport: Beratung des Runden Tisches am 5. März 1990: Ausgewählte Zahlen und Fakten zur Lage der Kinder und Jugendlichen in der DDR (Vorlage o. N.); Seite 7 von 81

Tabelle 4

Entwicklung Anzahl und Plätze in Kinderkrippen

	Einrichtungen insgesamt	davon staatl.	betriebl.	Plätze insgesamt	Versorgungsgrad
1980	6 415	5 501	906	289 550	612
1985	7 315	6 408	897	343 787	727
1988	7 639	6 761	868	355 089	799

Tabelle 5

Entwicklung Kindergärten

	betreute Kinder	Versorgungsgrad je 1 000 Kinder (1)	betreute Kinder je Erzieher
1980	664 478	922	11,8
1985	788 232	899/940	11,3
1988	764 423	940	10,5

(1) Der Beziehungszahl 1 000 ist zugrunde gelegt
. bis 1985 Kinder von 3 - 6 Jahren 9/12 der 6 - 7jährigen,
1985 wurde vergleichbar ausgewiesen
. ab 1986 Kinder von 3 - 6 Jahren 7/12 der 6 - 7jährigen.

Dokument 15/13, Bericht Poßner, StS und Leiter des Amtes für Jugend und Sport: Beratung des Runden Tisches am 5. März 1990: Ausgewählte Zahlen und Fakten zur Lage der Kinder und Jugendlichen in der DDR (Vorlage o. N.); Seite 8 von 81

Tabelle 6

Entwicklung finanzielle Mittel aus dem Staatshaushalt zur Kinderbetreuung in Millionen Mark

	1980	1985	1988
Kinderkrippen u. Kinderkombinat.	796,4	1 189,9	1 352,7
Kindergärten u. Kinderkombinat.	944,7	1 499,4	1 764,0
Kinderspeisung	175,1	233,2	266,7
Kinderheime	167,2	222,8	251,1
gesamt	2 083,4	3 145,3	3 634,0
prozent. Anteil am NE	1,08 %	1,30 %	1,35 %

Tabelle 6a

zusätzlich bereitgestellte Mittel aus den Fonds der Betriebe und Kombinate zur Kinderbetreuung, insbesondere für Kindergärten und Kinderferienlager in Millionen Mark

1985   590,5
1988   658,2

Tabelle 7

Entwicklung der Schulhortbetreuung

	Schüler im Hort	Versorgungsgr. je 1000 Schüler der Kl. 1 - 4	Betreuung je Hortgruppe	Betreuung je Erzieher
1980	627 401	748	19,9	18,3
1985	707 126	840	20,7	19,0
1988	766 621	818	21,5	20,3

Dokument 15/13, Bericht Poßner, StS und Leiter des Amtes für Jugend und Sport: Beratung des Runden Tisches am 5. März 1990: Ausgewählte Zahlen und Fakten zur Lage der Kinder und Jugendlichen in der DDR (Vorlage o. N.); Seite 9 von 81

Tabelle 8

Ausgaben aus dem Staatshaushalt für Bildung in Millionen-Mark

	1980	1985	1988
Volksbildung	7 261,0	9 254,1	10 417,5
Berufsbildung	809,9	1 023,8	1 159,6
Hoch- und Fachschulbildung	2 542,5	3 313,8	3 736,0
zusätzliche Mittel aus d. Fonds d. Betriebe u. Kombinate f. d. prakt. Berufsausbildung der Lehrlinge	518,0	774,5	1 050,0
gesamt	11 131,4	14 366,2	16 363,1
Anteil am Nationaleinkommen	5,75 %	5,94 %	6,1 %

Dokument 15/13, Bericht Poßner, StS und Leiter des Amtes für Jugend und Sport: Beratung des Runden Tisches am 5. März 1990: Ausgewählte Zahlen und Fakten zur Lage der Kinder und Jugendlichen in der DDR (Vorlage o. N.); Seite 10 von 81

Tabelle 9

Entwicklung der abgeschlossenen Kreditverträge und gewährten Krediterlasse

	abgeschlossene KV Anzahl/Wert in TM	davon Kredite zur Finanzierung v. Genossenschaftsant.	f. d. Bau v. Eigenheimen	f.d.Finanzierung v. Wohnraumausstatt.	f. Ausbau u. Modernisierung
v. 1.7.72 b.30.6.89	1 406 062/ 9 514 922	19 826/ 50 326	42 206/ 1 748 452	1 343 298/ 7 817 009	734/ 5 120
davon 1986	111 631/ 1 154 685	1 755/ 4 510	3 345/ 153 965	106 503/ 996 072	26/ 147
1987	91 981/ 858 268	1 462/ 3 806	3 237/ 119 879	87 202/ 733 850	80/ 733
1988	88 761/ 787 318	1 559/ 4 210	3 135/ 128 327	84 001/ 654 211	66/ 570
1.HJ 1989	34 413/ 328 362	622/ 1 722	1 762/ 60 997	31 989/ 265 342	40/ 301

Dokument 15/13, Bericht Poßner, StS und Leiter des Amtes für Jugend und Sport: Beratung des Runden Tisches am 5. März 1990: Ausgewählte Zahlen und Fakten zur Lage der Kinder und Jugendlichen in der DDR (Vorlage o. N.); Seite 11 von 81

Tabelle 10

	gewährte Krediterlasse Anzahl/Wert in TM	beim 1. Kind	beim 2. Kind	beim 3. Kind
v. 1.7.72 b.30.6.89	1 886 373/ 2 302 050	1 126 180/ 1 121 680	653 464/ 913 492	106 729/ 266 878
davon 1986	150 896/ 191 414	84 203/ 83 985	54 870/ 77 865	11 823/ 9 564
1987	142 368/ 180 578	75 554/ 75 392	54 742/ 74 689	12 072/ 30 497
1988	137 887/ 175 870	73 364/ 73 187	52 752/ 73 092	73 092/ 29 691
1.HJ 1989	66 841/ 66 842	35 106/ 35 052	26 040/ 36 464	5 695/ 15 326

Dokument 15/13, Bericht Poßner, StS und Leiter des Amtes für Jugend und Sport: Beratung des Runden Tisches am 5. März 1990: Ausgewählte Zahlen und Fakten zur Lage der Kinder und Jugendlichen in der DDR (Vorlage o. N.); Seite 12 von 81

2.2. Mittel, die zur Verwirklichung der staatlichen Jugendpolitik 1989 eingesetzt wurden (* Amt f. Jugend u. Sport (Febr.90))

Grundlage bildet eine Zuarbeit des Ministeriums der Finanzen und Preise vom 25. 1. 1990. Sie beinhaltet die Planzahlen für 1989. Die Abrechnung erfolgt mit der Jahreshaushaltsrechnung 1989.

2. 2. 1. Mittel, die direkt über das Amt für Jugendfragen bereitgestellt wurden

1.1. Tätigkeit des Amtes für Jugendfragen	8,5 Mio M
davon:	
. Internationale Arbeit	0,8 Mio M
. Organisation Feriengestaltung	1,3 Mio M
. Schülerbrigaden	0,7 Mio M
. Bewegung MMM	1,9 Mio M
.. Auszeichnungen ("Hervorragendes Jugendkollektiv")	2,0 Mio M

2. 2. 2. Mittel zur Unterstützung des Jugendtourismus

Reisebüro "Jugendtourist"	119,0 Mio M
davon:	
. Ferienaustausch mit Polen	14,0 Mio M
. Lohnfonds für ca 1 000 Arbeitskräfte	12,0 Mio M
Einrichtungen der Jugendtouristik (außer Jugenderholungszentrum am Scharmützelsee)	100,0 Mio M
davon:	
. Lohnfonds für ca. 4 000 Arbeitskräfte	52,0 Mio M
Jugenderholungszentrum am Scharmützelsee	5,3 Mio M
davon	
. Lohnfonds für ca. 340 Arbeitskräfte	3,9 Mio M

Dokument 15/13, Bericht Poßner, StS und Leiter des Amtes für Jugend und Sport: Beratung des Runden Tisches am 5. März 1990: Ausgewählte Zahlen und Fakten zur Lage der Kinder und Jugendlichen in der DDR (Vorlage o. N.); Seite 13 von 81

2. 2. 3. Zentraler Aufbaustab beim Amt für Jugendfragen   4,2 Mio M
davon:
. Lohnfonds für 160 Arbeitskräfte   2,6 Mio M

Durch diesen ZAS wurde gesichert:
. Realisierung von Investitionen in Einrichtungen der
  Jugendtouristik und des Zentralrates der FDJ in Höhe
  von 12,6 Mio M Bauleistungen
. Erhaltung der Jugendhochschule Bogensee

2. 2. 4. Zentralinstitut für Jugendforschung   2,4 Mio M
davon:
. Lohnfonds für 100 Arbeitskräfte   1,8 Mio M

2. 2. 5. Mittel zur Betreibung und Erhaltung der zentralen
         Pionierlager   62,0 Mio M
Zusätzlich wurden zentrale Investitionen in Höhe
von 70,7 Mio M Bauleistungen eingesetzt und durch
die Trägerbetriebe ca 43,8 Mio M aus dem K- und S-
Fonds bereitgestellt.

2. 2. 6. Mittel zur Betreibung und Erhaltung der Jugendklubs,
         die über das Ministerium für Kultur bzw. die örtli-
         chen Räte bereitgestellt wurden   123,0 Mio M

2. 2. 7. Mittel zur Stützung des Jugendtanzes, die über das
         Ministerium für Handel und Versorgung bereitgestellt
         wurden   38,0 Mio M

2. 2. 8. Mittel zur Unterstützung der Arbeit der FDJ
         . zentral bereitgestellt   210,0 Mio M
           örtlich bereitgestellt (560/02; Betreibung der
           Einrichtungen der FDJ bzw. der Kreiskommissionen
           und Bezirksstellen von "Jugendtourist"   18,0 Mio M

Dokument 15/13, Bericht Poßner, StS und Leiter des Amtes für Jugend und Sport: Beratung des Runden Tisches am 5. März 1990: Ausgewählte Zahlen und Fakten zur Lage der Kinder und Jugendlichen in der DDR (Vorlage o. N.); Seite 14 von 81

2. 2. 9. Kredit- und Zinßerlaß für junge Eheleute   255,0 Mio M

2. 2. 10. Bildung eines "jugendpolitischen Fonds" in allen
Bezirken   4,5 Mio M

Damit wurden durch den Staat für die Arbeit mit der Jugend bzw. zu ihrer Förderung planmäßig Mittel in Höhe von ca. 950,0 Mio M bereitgestellt.

Zusätzlich wurden auf der Grundlage des Gesetzes zum Konto junger Sozialisten Mittel in Höhe von 140,9 Mio M aus dem zentralen Konto junger Sozialisten bereitgestellt,
davon:

- Ausstattung von Einrichtungen der Jugendtouristik und Jugendklubs mit moderner Heimelektronik   5,0 Mio M

- für die Bezirke zur Erhaltung der Einrichtungen der Jugendtouristik und der Jugendklubs   14,0 Mio M

- zur Vorbereitung von Investitionen durch den ZAS   2,3 Mio M

- zur Stützung der Reisen von "Jugendtourist"   27,5 Mio M

- zur Durchführung des Pfingsttreffens und weiterer jugendpolitischer Höhepunkte durch den ZR der FDJ   84,1 Mio M

- Realisierung des Freundschaftszugprogrammes   8,0 Mio M

Dokument 15/13, Bericht Poßner, StS und Leiter des Amtes für Jugend und Sport: Beratung des Runden Tisches am 5. März 1990: Ausgewählte Zahlen und Fakten zur Lage der Kinder und Jugendlichen in der DDR (Vorlage o. N.); Seite 15 von 81

2.3. Ausgewählte Daten und Fakten zu materiellen Lebensbedingungen der Jugend

Zu Fragen der materiellen Lebensbedingungen der Jugend
* ZIJ, Leipzig, Februar 1990

Eine wesentliche Voraussetzung der Gestaltung materieller Lebensbedingungen sind die Einkommensverhältnisse der Jugendlichen. Besonders gravierend erscheinen die Unterschiede zwischen den Geschlechtern. In den unteren Einkommensgruppen dominieren vor allem die jungen Frauen.

Tabelle 1

Nettoeinkommen junger Werktätiger im Alter von 15 bis 25 Jahren (ohne Lehrlinge, in %, Stand: Frühjahr 1989)

	bis 500 M	bis 600 M	bis 700 M	bis 800 M	bis 900 M	bis 1000 M	bis 1200 M	bis 1500 M
m	3	6	18	30	21	14	6	2
w	15	28	22	19	11	4	1	0

So verdienen 27 % der männlichen Beschäftigten nur bis zu 700 M, bei den jungen Frauen sind es dagegen 65 %. Ursachen für diese geringeren Einkommen jüngerer Frauen sind vor allem in der Teilzeitarbeit, die von 6 % der weiblichen Beschäftigten ausgeübt wird, und in den tariflichen Regelungen für die in der Hauptsache von jungen Frauen ausgeübten Berufen bzw. Tätigkeiten zu sehen.

Aufmerksam zu machen ist an dieser Stelle auf die Probleme der Einkommen der jungen Intelligenz. Lange Ausbildungszeiten (bei männlichen Absolventen ist dabei noch der Armeedienst hinzuzurechnen) bedingen den relativ späten Eintritt ins berufliche Leben. Verluste bei dem Gesamteinkommen dieser Gruppe von Beschäftigten können erst im späteren Berufsleben kompensiert werden.

Ein direkter Zusammenhang ist zwischen Einkommen und der Ausstattung der Haushalte junger Werktätiger festzustellen.

In einem bestimmten Umfang sind dabei Unterstützungen durch die elterlichen Familien und die Inanspruchnahme von Krediten zu berücksichtigen. Allein schon das Preisniveau hochwertiger und langlebiger Haushaltgeräte macht allerdings deutlich, daß bei der großen Masse der Jugendlichen die Ausstattung der Haushalte vor allem durch das eigene Einkommen bestritten werden muß.

Tabelle 2

Übersicht zur Ausstattung der Haushalte junger Werktätiger (in %, Stand: Frühjahr 1989)

	ja, vorhanden	nein, wird aber in den nächsten 3 Jahren angeschafft	nein, wird später angeschafft	nein, wird auch nicht angeschafft
sw. Fernsehgerät	63	2	3	32
Farbfernsehgerät	45	10	37	8
Videoanlage	2	4	32	62
Stereoanlage	50	10	25	15
Radiorekorder	75	5	6	14
Kühlschrank	91	3	5	1
Tiefkühlschrank/-truhe	39	12	35	14
Waschmaschine	89	3	7	1

Dokument 15/13, Bericht Poßner, StS und Leiter des Amtes für Jugend und Sport: Beratung des Runden Tisches am 5. März 1990: Ausgewählte Zahlen und Fakten zur Lage der Kinder und Jugendlichen in der DDR (Vorlage o. N.); Seite 17 von 81

	ja, vorhanden	nein, wird aber in den nächsten 3 Jahren angeschafft	nein, wird später angeschafft	nein, wird auch nicht angeschafft
Moped/Kleinkraftrad/Motorrad	44	1	4	51
Pkw	50	6	28	16
Kleingarten	37	4	23	36
Wochenendgrundstück mit Bungalow	8	2	12	78
Eigenheim	16	3	10	71
Campingausrüstung	16	4	8	72
Fotoausrüstung (über 500 Mark)	20	2	15	63
Sammlung spezieller Literatur über Computertechnik	8	3	10	79
Heimcomputer	2	2	17	79

Der Besitz von Radiorecordern, Heimcomputern und auch Kraftfahrzeugen wird sich u. a. nach Öffnung der Grenzen deutlich erweitert haben. Ziehen wir zu dieser Übersicht vergleichbare Bereiche des "Statistischen Jahrbuches der DDR 1989" heran, zeigt sich, daß die Haushalte der jungen Werktätigen in der Regel unter dem allgemeinen DDR-Standard liegen.

Dokument 15/13, Bericht Poßner, StS und Leiter des Amtes für Jugend und Sport: Beratung des Runden Tisches am 5. März 1990: Ausgewählte Zahlen und Fakten zur Lage der Kinder und Jugendlichen in der DDR (Vorlage o. N.); Seite 18 von 81

Mit diesen Angaben relativieren sich zumindest einige allgemeine Vermutungen zu den Startbedingungen der jungen Generation in diesem Lande.

Auch die Realisierung von Urlaubsreisen weist auf solche Differenzierungen im Bereich der materiellen Lebensbedingungen hin. Nahezu ein Viertel (23 %) der befragten Jugendlichen konnte im Jahre 1988 keine Urlaubsreise unternehmen. Die Gründe hierfür sind natürlich sehr vielschichtig, aber mangelnde materielle Möglichkeiten und fehlende Angebote sind hier als wichtige Ursachen zu nennen.

2. 4. Wohnbedingungen der Jugend

Ein weiterer sehr wichtiger Faktor der materiellen Lebensbedingungen sind die Wohnverhältnisse. Die folgende Übersicht zeigt die Differenziertheit der Bedingungen in diesem Bereich.

Tabelle 3

Zufriedenheit junger verheirateter Werktätiger mit den Wohnbedingungen (in %)

	sehr zufrieden				überhaupt nicht zufr.
	1	2	3	4	5
mit baulichem Zustand des Hauses, in dem ich wohne	26	35	19	8	12
mit der Wohnlage (Umgegung, Wohngebiet)	26	34	23	9	8
mit den sanitären Einrichtungen meiner Wohnung (Bad, WC)	48	28	8	5	10
mit der Größe meiner Wohnung	37	25	15	9	14

Dokument 15/13, Bericht Poßner, StS und Leiter des Amtes für Jugend und Sport: Beratung des Runden Tisches am 5. März 1990: Ausgewählte Zahlen und Fakten zur Lage der Kinder und Jugendlichen in der DDR (Vorlage o. N.); Seite 19 von 81

Besonders treten bei den Einschätzungen der eigenen Wohnbedingungen auch territoriale Unterschiede in Erscheinung. Jugendliche in ländlichen Gebieten und aus den Großstädten sind in der Regel mit den genannten Faktoren zufriedener. Dies resultiert in der Hauptsache aus dem Wohnungsbauprogramm, das sich in der Regel auf Großstädte konzentrierte und den Möglichkeiten in den Dörfern, eigenen Wohnraum zu bauen oder zumindest baulich den eigenen Ansprüchen anzupassen. Dagegen überwiegen in den Klein- und Mittelstädten eher schlechtere Wohnbedingungen.

2. 5. Lehrlingswohnheime (*Ministerium f. Bildung, Bereich Berufsbildung, Februar 1990)

In der DDR gibt es 1 315 Lehrlingswohnheime mit 125 857 Plätzen, von denen 103 296 unter Beachtung der rückläufigen Anzahl von Lehrlingen belegt sind. Bei der Mehrzahl der Lehrlingswohnheime handelt es sich um betriebliche. Das sind 1 207 mit 114 837 Plätzen, davon 93 931 belegt. Im kommunalen Bereich gibt es 108 Lehrlingswohnheime mit 11 020 Plätzen, von denen 9 365 belegt sind.

In diesen Lehrlingswohnheimen sind 14 650 pädagogische und technische Kräfte für das Wohl der jungen Heimbewohner tätig, darunter 5 917 Heimerzieher.

In den Lehrlingswohnheimen sind auch gefährdete Jugendliche untergebracht, die in Abstimmung mit den Referaten Jugendhilfe der Abteilungen Volksbildungen der Räte der Kreise ein Lehrvehältnis eingegangen sind. Das betrifft ca. 1 270 Jugendliche, von denen rund 60 % über das Bildungsniveau der 8. Klasse und darunter verfügen. Die Mehrzahl der gefährdeten Jugendlichen verhält sich diszipliniert. Mit ihnen wird individuell gut gearbeitet. Dabei hat sich auch der Einsatz von Sozialpädagogen bewährt. Bei einzelnen gefährdeten Jugendlichen gibt es Verstöße gegen Ordnung, Disziplin und Sicherheit, denen mit Konsequenz begegnet wird.

Dokument 15/13, Bericht Poßner, StS und Leiter des Amtes für Jugend und Sport: Beratung des Runden Tisches am 5. März 1990: Ausgewählte Zahlen und Fakten zur Lage der Kinder und Jugendlichen in der DDR (Vorlage o. N.); Seite 20 von 81

2. 6. Wohn- und Lebensbedingungen der Studenten u. Absolventen

Zum Versorgungsgrad der Fachschulstudenten der DDR (Basis: Berichtsjahr 1988) * Institut für Fachschulwesen, Hauptabteilung 60, Februar 1990

Der Versorgungsgrad der Fachschulstudenten im Direktstudium mit Wohnplätzen liegt bei 64,7 %. Die verfügbare normative Wohnplatzkapazität in fachschuleigenen und gemieteten Räumen beläuft sich auf 57 848 Plätzen. Von diesen werden über 5 000 Plätze für Studenten im Fern- und Abendstudium sowie für Teilnehmer an Weiterbildungsveranstaltungen genutzt.

Die Anzahl der ständig unterzubringenden Studenten im Direktstudium beträgt 88 940. 50 239 Studenten sind in der verfügbaren normativen Wohnplatzkapazität untergebracht, 33 613 bei Familienangehörigen, 1 576 in gemieteten Räumen und 3 422 zeitweilig durch Einsatzbetriebe.

In den unterschiedlichen Bereichen der Fachschulbildung ist der Versorgungsgrad mit Wohnplätzen wie folgt:

Bereich d. Land-, Forst- und Nahrungsgüterwirtschaft	100 %
Bereich d. pädagogischen Fachschulbildung	62 %
Bereich d. medizinischen Fachschulbildung	29 %
Übrige Bereiche der Fachschulbildung	92 %

Betrachtet man die Situation in den Bezirken der DDR, so zeigt sich in Leipzig eine ungünstige Lage hinsichtlich der Versorgung mit Wohnheimplätzen (Versorgungsgrad 53,5 %), insbesondere auch unter dem Gesichtspunkt, daß fast 50 % der Studierenden aus anderen Bezirken der DDR sind.

Anmerkungen:

Der Versorgungsgrad errechnet sich als Quotient aus verfügbarer normativer Wohnplatzkapazität und ständig unterzubringenden Studierenden im Direktstudium.

Dokument 15/13, Bericht Poßner, StS und Leiter des Amtes für Jugend und Sport: Beratung des Runden Tisches am 5. März 1990: Ausgewählte Zahlen und Fakten zur Lage der Kinder und Jugendlichen in der DDR (Vorlage o. N.); Seite 21 von 81

Bei Betrachtung des Versorgungsgrades mit Wohnplätzen in den unterschiedlichen Bereichen der Fachschulbildung ist zu beachten, daß

- im Bereich der medizinischen Fachschulbildung durch einen 2 - 4wöchigen turnusmäßigen Wechsel zwischen theoretischer und praktischer Ausbildung jeder Wohnplatz doppelt belegt werden kann

- sowohl im Bereich der pädagogischen Fachschulbildung als auch im Bereich der medizinischen Fachschulbildung die Studenten zum größtenteil im Territorium ansässig sind.

Lebensbedingungen von Hochschuldirektstudenten (*ZIJ, Leipzig, Februar 1990)

Wohnsituation

Zwei wesentliche Aspekte der Lebenslage von Studierenden an Universitäten und Hochschulen sind die Wohnbedingungen und die finanzielle Situation der Studenten.
Rund drei Viertel aller Studenten wohnt die überwiegende Zeit ihres Studiums im Wohnheim. 13 % wohnen zu Hause bei den Eltern. Nur etwa jeder 10. Studierende verfügt schon während des Studiums über eine eigene Wohnung.
Die Studierenden sind häufig mit den Lebens- und Studienbedingungen in den Studentenheimen unzufrieden. Einer der Hauptgründe dafür ist die hohe Belegungsdichte. 34 % sind zu viert in einem Zimmer untergebracht, 26 % wohnen in Dreibettzimmern, 32 % in Zweibettzimmern (was die am ehesten von den Studenten akzeptierte Belegungszahl ist).
Diese Wohnverhältnisse entsprechen nicht den Voraussetzungen für ein modernes Hochschulstudium und stehen deshalb auch im Widerstreit zu den Lebensansprüchen und Wohnwünschen der Studenten. Am liebsten würden die Studierenden bereits während des Studiums in einer eigenen Wohnung leben wollen (80 %).

Dokument 15/13, Bericht Poßner, StS und Leiter des Amtes für Jugend und Sport: Beratung des Runden Tisches am 5. März 1990: Ausgewählte Zahlen und Fakten zur Lage der Kinder und Jugendlichen in der DDR (Vorlage o. N.); Seite 22 von 81

Die Mehrheit würde aber auch das Studentenwohnheim als geeignete Wohnform akzeptieren, wenn dort nur Zweibettzimmer eingerichtet wären (54 %).

Der gezielten Verbesserung der Wohn- und Studienbedingungen der Studierenden in den Unterkünften muß künftig größere Beachtung geschenkt werden. Den heutigen Anforderungen eines intensiven Hochschuldirektstudiums werden die Studierenden ansonsten immer weniger gerecht werden können.

Ein besonders bedrückendes soziales Problem ist und bleibt die Versorgung der Hochschulabsolventen mit Wohnraum. Nur reichlich die Hälfte (58 %) dieser im offiziellen Jugendalter meist entwachsenen Mitbürger haben am Ende ihres Studiums eine eigene Wohnung oder bekommen sie mit Aufnahme der Berufstätigkeit zugewiesen. 17 % müssen weiterhin oder erneut bei ihren Eltern wohnen, 10 % sind wieder im Wohnheim untergebracht. Im Durchschnitt dauert die Zuweisung von Wohnraum für Absolventen 4 - 6 Jahre. Damit liegen sie in der Wartezeit auf Wohnraum über dem DDR-Durchschnitt und erhalten sehr viel später als Altersgleiche eine eigene Wohnung.

Finanzielle Situation

Den Studenten stehen im Durchschnitt zwischen 350,- M und 400,- M monatlich zur Verfügung. Jeder Studierende erhält ein Grundstipendium von wenigstens 200,- M. Das Stipendium macht den Hauptanteil am monatlichen finanziellen Budget der Studenten aus (61 %). 17 % steuern die Eltern bei, 12 % werden aus Leistungsstipendien, 6 % aus studentischer Nebenarbeit ("Jobben") und 4 % aus sozialen Unterstützungsleistungen erbracht.

Insgesamt hat gegenwärtig weniger als die Hälfte (43 %) mit ihren monatlichen finanziellen Mitteln ein zufriedenstellendes Auskommen. Die Studenten reflektieren ihre finanzielle Situation zunehmend kritischer und vergleichen sowohl gegenüber der allgemeinen Einkommensentwicklung als auch bezogen auf die finanzielle Lage Gleichaltriger, die einen kürzeren Bildungsweg gegangen sind. Es wächst der Anteil derer, die sich hier benachteiligt fühlen.

Dokument 15/13, Bericht Poßner, StS und Leiter des Amtes für Jugend und Sport: Beratung des Runden Tisches am 5. März 1990: Ausgewählte Zahlen und Fakten zur Lage der Kinder und Jugendlichen in der DDR (Vorlage o. N.); Seite 23 von 81

Der objektive Hintergrund dafür ist, daß die studentischen Einkünfte in Relation zur Entwicklung der Pro-kopf-nettogeldeinnahmen der DDR-Bevölkerung in den vergangenen zwei Jahrzehnten deutlich zurückgeblieben sind. Während zwischen 1971 und 1989 sich die Nettogeldeinnahmen der Bevölkerung allgemein mehr als verdoppelten, stiegen im gleichen Zeitraum die studentischen Einnahmen nur um rund ein Fünftel. Das führt zum einen dazu, daß Studenten sparsamer wirtschaften - auch Abstriche beim Bücherkauf machen -, und daß sie insgesamt stärker als früher auf die elterliche finanzielle und materielle Unterstützung angewiesen sind.

Verschärft wird im Bewußtsein der Hochschulstudenten diese Situation dadurch, daß sie als Hochschulabgänger ein relativ geringes Anfangsgehalt (durchschnittlich 850,- M Brutto) erwartet. Für die meisten Hochschulabsolventen gilt als genereller Grundzug ihres materiellen und kulturellen Lebensniveaus, daß sie erst jenseits des 35. oder gar 40. Lebensjahres das Lebensstandardsgefälle gegenüber den altersgleichen Facharbeitern überwinden. Diese für die DDR-Gesellschaft kennzeichnende Tatsache hat über Jahrzehnte hinweg die mit Qualifikationsbestrebungen verbundenen finanziellen Erwartungen herabgesetzt. In den geringen Einkommensperspektiven qualifikationsbereiter Jugendlicher, die einen Hochschulberuf anstreben, ist mit ein Grund dafür, daß auch in der öffentlichen Meinung ein Ansehensverlust vieler Hochschulberufe zu verzeichnen ist.

Dokument 15/13, Bericht Poßner, StS und Leiter des Amtes für Jugend und Sport: Beratung des Runden Tisches am 5. März 1990: Ausgewählte Zahlen und Fakten zur Lage der Kinder und Jugendlichen in der DDR (Vorlage o. N.); Seite 24 von 81

Gegenwärtige Sorgen der Hochschulabsolventen im ersten Berufsjahr
(* Tabellen aus: Aktuelle Probleme von jungen Hochschulabsolventen
ZIJ , Leipzig, März 1989) (in Prozent)

Was bereitet Ihnen gegenwärtig besondere Sorgen?

Rang-platz	Problemkategorien	Absolv. gesamt	Rangplatz m	w
1.	Wohnverhältnisse	48	1.	1.
2.	Einkommen und finanzielle Situation, Einkommensvergleich u. Leistungsprinzip	28	2.	4.
3.	Freizeitangebote und Freizeitumfang	28	3.	2.
4.	eigene berufliche Perspektive	22	4.	3.
5.	Zeitmangel, Arbeits- und Wegezeitdauer	15	5.	5.
6.	Ehe und Partnerschaft, Liebe und Sexualität	12	6.	7.
7.	eigene Gesundheit und Gesundheit von Familienangehörigen	11	10.	6.
8.	Inhalt, Niveau und Umfang der gesellschaftlichen Arbeit	8	8.	8.
9.	Wirtschaftslage, Versorgungssituation und Preisentwicklung	7	7.	9.
10.	Entwicklung der sozialistischen Demokratie	4	9.	10.
	Absolventen ohne aktuelle Sorgen	7		
	keine Antwort	2		

Dokument 15/13, Bericht Poßner, StS und Leiter des Amtes für Jugend und Sport: Beratung des Runden Tisches am 5. März 1990: Ausgewählte Zahlen und Fakten zur Lage der Kinder und Jugendlichen in der DDR (Vorlage o. N.); Seite 25 von 81

Von den insgesamt 1 926 geäußerten gegenwärtigen Sorgen (= 100 %) entfallen:

1. auf Wohnungsprobleme — 24 %
2. auf Einkommensprobleme — 15 %
3. auf Freizeitprobleme — 13 %
4. auf Probleme der beruflichen Perspektive — 11 %
5. auf Probleme der Arbeitszeitdauer und der Wegezeiten — 6 %
6. auf Ehe- und Partnerschaftsprobleme — 6 %
7. auf Gesundheitsprobleme — 5 %
8. auf Probleme des Inhalts u. d. Umfangs d. gesells. Arbeit — 5 %
9. auf Wirtschafts- und Versorgungsprobleme — 4 %
10. auf Probleme der Demokratieentwicklung — 2 %

In diesen 10 Problemgruppen sind 91 % der wichtigsten gegenwärtigen Sorgen von Hochschulabsolventen erfaßt.

Eine nach Politikbereichen gegliederte Gruppierung dieser Ergebnisse läßt die Reflexionsschwerpunkte der Absolventen markanter hervortreten. Danach sind grob quantifiziert:

43 % aller Probleme/Sorgen der Sozialpolitik,

19 % der Wirtschafts- und Einkommenspolitik,

18 % der Probleme der konkreten beruflichen Arbeit,

8 % der ideologischen Situation und

6 % der privaten Sphäre

zuzurechnen.

Dokument 15/13, Bericht Poßner, StS und Leiter des Amtes für Jugend und Sport: Beratung des Runden Tisches am 5. März 1990: Ausgewählte Zahlen und Fakten zur Lage der Kinder und Jugendlichen in der DDR (Vorlage o. N.); Seite 26 von 81

3. Die politische Situation unter der DDR-Jugend

3. 1. Ausgewählte Ergebnisse einer Meinungsumfrage, die das ZIJ mit Unterstützung des Institutes für Marktforschung durchgeführt hat

Die Untersuchung fand zwischen dem 29. Januar und dem 8. Februar 1990 statt.
Einbezogen waren:

- in eine repräsentative DDR-Population rund 1 800 Bürger über 15 Jahre, darunter ca. 350 Jugendliche von 15 bis unter 25 Jahre

- in eine zusätzliche Jugendpopulation 1'450 Schüler von 10. Klassen, Lehrlinge und Studenten. Die Befragung erfolgte schriftlich, die Fragebögen gelangten anonym auf dem Postweg an das ZIJ zurück.

a) Meinungen zur Vereinigung von DDR und BRD - wie stehen Sie zu einer Vereinigung von DDR und BRD?

	sehr dafür	eher dafür als dagegen	eher dagegen als dafür	sehr dagegen
DDR gesamt Nov. 1989	16	32	29	23
DDR gesamt Feb. 1990	40	39	15	6
Jugendliche Feb. 1990	40	38	16	6
Schüler	38	36	16	10
Studenten	25	29	23	14
Lehrlinge	33	41	18	8

Dokument 15/13, Bericht Poßner, StS und Leiter des Amtes für Jugend und Sport: Beratung des Runden Tisches am 5. März 1990: Ausgewählte Zahlen und Fakten zur Lage der Kinder und Jugendlichen in der DDR (Vorlage o. N.); Seite 27 von 81

Wenn Sie für eine Vereinigung von DDR und BRD sind - sind Sie für eine sofortige Vereinigung?

	ja	nein	da bin ich unentschieden
DDR gesamt Feb. 1990	39	41	20
Jugendliche	36	44	20
Schüler	37	46	22
Studenten	20	65	15
Lehrlinge	31	51	18

Anmerkung: 39 % der Befürworter der Einheit wollen diese sofort. Das sind 31 % aller Befragten. Aus einer weiteren Frage geht hervor, daß 34 % derer, die für die Vereinigung sind, dabei an Konförderation denken. Die meisten sehen das als eine Übergangslösung auf dem Weg zum einheitlichen Deutschland an.

b) Verbleib in der DDR, Zukunftsoptimismus - Werden Sie auch weiterhin in der DDR leben?

1. ich bleibe auf jeden Fall hier
2. ich werde wahrscheinlich hier bleiben
3. ich werde wahrscheinlich ausreisen
4. ich werde auf jeden Fall ausreisen

	1	2	3	4
DDR gesamt November 1989	82	17	1	0
DDR gesamt Februar 1990	62	33	4	1
Jugendliche Februar 1990	38	50	9	3
Schüler	37	48	12	3
Studenten	45	53	2	1
Lehrlinge	31	51	14	4

Anmerkung: Von den 15 - 24jährigen Bürgern gaben 12 % an, wahrscheinlich oder auf jeden Fall ausreisen zu wollen. Das wären rund 300 000 Jugendliche.

Dokument 15/13, Bericht Poßner, StS und Leiter des Amtes für Jugend und Sport: Beratung des Runden Tisches am 5. März 1990: Ausgewählte Zahlen und Fakten zur Lage der Kinder und Jugendlichen in der DDR (Vorlage o. N.); Seite 28 von 81

Wie sehen Sie Ihre persönliche Zukunft?

1. optimistisch
2. eher optimistisch als pessimistisch
3. eher pessimistisch als optimistisch
4. pessimistisch

	1	2	3	4
DDR gesamt Februar 1990	23	38	30	9
Jugendliche Februar 1990	29	42	26	3
zum Vergl. 55 Jahre und darüber	23	32	36	9

c) Wahlbeteiligung, Parteipräferenzen

Wenn morgen freie, demokratische, geheime Wahlen zur Volkskammer wären, würden Sie sich daran beteiligen?

	ja	nein	das weiß ich noch nicht
DDR gesamt November 1989	86	2	12
DDR gesamt Februar 1990	79	5	16
Jugendliche Februar 1990 (18 - 25 Jahre)	70	8	22

Dokument 15/13, Bericht Poßner, StS und Leiter des Amtes für Jugend und Sport: Beratung des Runden Tisches am 5. März 1990: Ausgewählte Zahlen und Fakten zur Lage der Kinder und Jugendlichen in der DDR (Vorlage o. N.); Seite 29 von 81

Welcher der folgenden Parteien/neuen Bewegungen würden Sie bei einer solchen Wahl Ihre Stimme geben? (Tabelle ist vertikal zu lesen, bezug sind die potentiellen Wahlteilnehmer)

	DDR gesamt Februar 1990	Jugendliche (18-25 Jahre)
CDU	13	13
LDP	3	1
PDS	12	11
NDPD	1	2
DBD	4	1
Neues Forum	3	4
SPD	53	53
Demokratischer Aufbruch	2	3
Grüne Partei	2	2
Vereinigte Linke	0	2
Demokratie jetzt	1	3
DSU	2	2
Die Nelken	1	1
einer anderen	1	1
keiner	2	1

d) Haltung zu Gewalt, Aggression und Rechtsradikalismus

Ich habe Angst, daß Gewalt und Aggression zunehmen.

	Anteil der Bejahungen
DDR gesamt November 1989	43
DDR gesamt Februar 1990	63
Jugendliche Februar 1990	60

Dokument 15/13, Bericht Poßner, StS und Leiter des Amtes für Jugend und Sport: Beratung des Runden Tisches am 5. März 1990: Ausgewählte Zahlen und Fakten zur Lage der Kinder und Jugendlichen in der DDR (Vorlage o. N.); Seite 30 von 81

Ich habe Angst vor zunehmenden neofaschistischen Tendenzen in der DDR.

	Anteil der Bejahungen
DDR gesamt Februar 1990	63
Jugendliche Februar 1990	65

In der DDR wird vor zunehmendem Neofaschismus in unserem Lande gewarnt.
Was halten Sie von solchen Warnungen?

	Diese Warnungen sind			
	übertrieben	angemessen	noch viel zu schwach	kann ich nicht beurteilen
DDR gesamt Feb. 90	21	36	33	10
Jugendliche F. 90	25	35	33	7
Schüler	24	36	32	8
Studenten	22	46	28	4
Lehrlinge	20	38	30	12

Wie stehen Sie zu folgenden Sachverhalten?

Auftreten gegen Ausländer in der DDR	ich bin dagegen	ich bin dafür	kann ich nicht beurteilen
DDR gesamt Feb. 1990	70	13	17
Schüler	47	24	29
Studenten	88	5	7
Lehrlinge	49	26	25

Dokument 15/13, Bericht Poßner, StS und Leiter des Amtes für Jugend und Sport: Beratung des Runden Tisches am 5. März 1990: Ausgewählte Zahlen und Fakten zur Lage der Kinder und Jugendlichen in der DDR (Vorlage o. N.); Seite 31 von 81

Forderungen nach der Einheit Deutschlands in den Grenzen von 1937	ich bin dagegen	ich bin dafür	kann ich nicht beurteilen
DDR gesamt Februar 1990	81	7	12
Schüler	68	17	15
Studenten	95	2	3
Lehrlinge	61	20	19

Absichten der Republikaner mit eigenen Kandidaten an den Wahlen in der DDR teilzunehmen	ich bin dagegen	ich bin dafür	kann ich nicht beurteilen
DDR gesamt Februar 1990	91	4	5
Schüler	78	12	10
Studenten	91	6	3
Lehrlinge	80	7	13

e) Zugehörigkeit zu Parteien und Bewegungen - gehören Sie einer der folgenden Parteien an?

	CDU	LDP	PDS	NDPD	DBD	keiner dieser P.
DDR gesamt Feb. 90	2	1	6	1	2	88
Jugendliche (18-25 Jahre)	2	1	3	0	2	92

Gehören Sie einer neuen Partei/Bewegung an?

	SPD	Neues Forum	DA	einer anderen	keiner
DDR gesamt Feb. 1990	1	1	0	1	97
Jugendliche	2	2	0	0	96

(Die Ausgabe 0 % besagt nicht, daß hier keine Mitglieder vertreten sind, sondern, daß die Mindestgröße von 0,5 % bezogen auf die jeweilige Population, nicht überschritten wurde)

Dokument 15/13, Bericht Poßner, StS und Leiter des Amtes für Jugend und Sport: Beratung des Runden Tisches am 5. März 1990: Ausgewählte Zahlen und Fakten zur Lage der Kinder und Jugendlichen in der DDR (Vorlage o. N.); Seite 32 von 81

f) Mitgliedschaft in Jugendorganisationen

DDR gesamt Nov. 1990 (15 - 30 Jahre)	ca. 75
DDR gesamt Feb. 1990	26
Schüler	56
Studenten	33
Lehrlinge	48
Arbeiter	20
Angestellte	17

3. 2. Zur Zeit registrierte Jugendorganisationen (*AfJ/S, Feb.90)

01.	Ag CJ	Arbeitsgemeinschaft "Christl. Jugend" der DDR
02.	Ag J'Seele	Arbeitsgemeinschaft Jugendseelsorge
03.	BSDS	Bund Sozialdemokratischer Studenten
04.	CDJ	Christlich Demokratische Jugend
05.	DJP	Deutsche Jugend Partei
06.	DJV	Demokratisches Jugendforum
07.	DRK-Jugend	DRK-Jugend
08.	Dt.Rgbogen	Jugendbund "Deutscher Regenborgen"
09.	ESPERANTO	ESPERANTO-Jugend
10.	ev. Jmw	evangelisches Jungmännerwerk
11.	ev.Student	evangelische Studentengemeinde
12.	FDJ	Freie Deutsche Jugend
13.	Gr. Jugend	Grüne Jugend
14.	JD DA	Junge Demokraten des Demokratischen Aufbruchs
15.	J FDGB	Gewerkschaftsjugend im FDGB
16.	J NF	Jugendgruppen des Neuen Forums
17.	JU	Junge Union der DDR
18.	JuliA	Jungliberale Aktion
19.	Jw. ev.meth	Jugendwerk der evang.-methodistischen Kirche (DDR)
20.	kath. stud.	Katholische Studentengemeinde
21.	Kinder	Kinderbewegung in der DDR
22.	Kinderver	Kindervereinigung
23.	KKJA	Bund der ev. Kirchen, Komm.f.kirchl. Jugendarbeit
24.	Kvu/antifa	Kirche von unten/Antifagruppen Berlin
25.	LAMBDA	LAMBDA
26.	LJR (I)	Initiativgruppe "linker Jugendring"

Dokument 15/13, Bericht Poßner, StS und Leiter des Amtes für Jugend und Sport: Beratung des Runden Tisches am 5. März 1990: Ausgewählte Zahlen und Fakten zur Lage der Kinder und Jugendlichen in der DDR (Vorlage o. N.); Seite 33 von 81

```
27. LHG          Liberale Hochschulgruppen
28. LJV          Landjugendverband
29. LSB          Linker Schülerbund
30. MJV          Marxistische Jugendvereinigung "junge Linke"
31. MLJ          Marx-Lenin-Jugend
32. Naturf.      Naturfreundejugend der DDR
33. Pfadfinder   Pfadfinderschaft St. Georg
34. RAJV         Revolutionärer autonomer Jugendverband
35. RCDSt        Ring Christlich Demokratischer Studenten
36. SDJ          Verband Junge Sozialdemokraten
37. SJV "RL"     SJV "Rosa Luxemburg"
38. Sorb. Jg.    Sorbische Jugend (Serbska Mlodzina)
39. SSB          Sozialistischer Studentenbund
40. Sportju.     Initiativg. zur Gründung der Sportjugend d. DDR
41. VDS          Verband der Demokratischen Schuljugend
42. VjF          Vereinigung junger Freiwilliger
```

3. 3. soziale und demografische Struktur der neofaschistisch orientierten Szene (* Hauptabteilung Kriminalpolizei beim Ministerium f. Innere Angelegenheiten, Feb. 1990)

Altersstrukturell liegen die Werte durchschnittlich bei

```
      bis unter 18 Jahren    15 %
18    bis unter 19 Jahren    18 %
19    bis unter 20 Jahren    17 %
20    bis unter 22 Jahren    22 %
22    bis unter 26 Jahren    23 %
26    und älter               4 %
```

Dokument 15/13, Bericht Poßner, StS und Leiter des Amtes für Jugend und Sport: Beratung des Runden Tisches am 5. März 1990: Ausgewählte Zahlen und Fakten zur Lage der Kinder und Jugendlichen in der DDR (Vorlage o. N.); Seite 34 von 81

Tabelle 2 (*ZIJ 1989)

Nutzungshäufigkeit von öffentlichen Freizeitangeboten in vier
Wochen (in %)
Ich habe diese Einrichtung besucht

0 überhaupt nicht
1 einmal
2 zwei- bis viermal
3 fünf- bis siebenmal
4 acht- bis zehnmal
5 mehr als zehnmal

	0	1	2	3	4	5
Gaststätten/Cafes/Eisdielen	8	15	38	20	8	11
Diskotheken	29	17	28	12	5	9
Naherholungsgebiete/Grünanlagen	29	21	28	10	5	7
Kino	30	32	32	4	1	1
Jugendklubs	42	13	21	10	4	10
Sportstätten	43	13	21	9	5	9
Bibliotheken	58	20	15	4	1	2
Kulturhäuser	67	19	9	2	1	2
Museen	76	16	7	1	0	0
Galerien	80	14	5	1	0	0
Theater	80	15	4	1	0	0

Dokument 15/13, Bericht Poßner, StS und Leiter des Amtes für Jugend und Sport: Beratung des Runden Tisches am 5. März 1990: Ausgewählte Zahlen und Fakten zur Lage der Kinder und Jugendlichen in der DDR (Vorlage o. N.); Seite 35 von 81

Tabelle 3 (*ZIJ 1989)

Beliebtheit des Jugendklubbesuches, differenziert nach Geschlecht, Alter, sozialer Zugehörigkeit, Familiengröße (in %)

	Das tue ich sehr gern				überhaupt nicht gern
	1	2	3	4	5
gesamt	22	34	24	11	9
m	19	33	26	12	10
w	25	35	21	11	8
bis 13 Jahre	20	25	22	16	17
14 - 15 Jahre	15	30	28	15	14
16 - 18 Jahre	32 (!)	33	18	9	8
19 - 21 Jahre	22	37	23	11	7
22 - 25 Jahre	17	37	28	11	7
26 Jahre u. älter	15	30	31	11	13
Schüler	17	28	26	14	15
Lehrlinge	36 (!)	35	14	9	6
Studenten	18	41 (!)	29	9	3
Arbeiter	22	33	24	12	9
Angestellte	17	30	26	13	14
Partner, ja	23	35	24	10	8
Partner, nein	22	33	23	12	10
kein Kind	23	35	23	11	8
ein Kind	18	30	28	10	13
zwei Kinder	8	27	22	27	16

Dokument 15/13, Bericht Poßner, StS und Leiter des Amtes für Jugend und Sport: Beratung des Runden Tisches am 5. März 1990: Ausgewählte Zahlen und Fakten zur Lage der Kinder und Jugendlichen in der DDR (Vorlage o. N.); Seite 36 von 81

4. Materielle und soziale Bedingungen für die Freizeitgestaltung der Kinder und Jugendlichen; Freizeitbedürfnisse und Freizeitverhalten der Kinder und Jugendlichen

4.1. Freizeitinteressen/Freizeitverhalten Jugendlicher

Tabelle 1: Freizeitinteressen Jugendlicher - in der Rangfolge ihrer Bedeutung Ende der 80er Jahre in Abhängigkeit von der Tätigkeit

* ZIJ, Kunst und Kultur im Alltag der DDR-Jugend, 1989

Antwortposition: Das tue ich sehr gern

	Schüler (7.-10. Klasse)	Lehrlinge (mit und ohne Abitur)	Facharbeiter	Studenten	Angestellte
1.	Musik hören (87 %)	Musik hören (89 %)	Musik hören (86 %)	Musik hören (71 %)	Musik hören (79 %)
2.	Sport treiben (51 %)	tanzen gehen (55 %)	tanzen gehen (57 %)	Rom./Erz. lesen (47 %)	tanzen gehen (63 %)
3.	Kino gehen (50 %)	mit Freunden unterhalten (48 %)	Sport treiben (36 %)	mit Freunden unterhalten (45 %)	mit Freunden unterhalten (55 %)
4.	mit Freunden unterhalten (42 %)	Sport treiben (37 %)	mit Freunden unterhalten (48 %)	Sport treiben (41 %)	Romane/Erz. lesen (38 %)
5.	fernsehen (42 %)	Jugendkl. besuchen (36 %)	handwerkl. tätig (32 %)	Kino gehen (38 %)	Kino gehen (37 %)
6.	Romane/Erzählungen lesen (34 %)	Gaststätten besuchen (35 %)	Kino gehen (29 %)	handwerkl. tätig sein (36 %)	handwerkl. tätig sein (37 %)
7.	tanzen gehen (35 %)	Kino gehen (33 %)	fernsehen (28 %)	tanzen gehen (35 %)	spazieren gehen (35 %)
8.	Sportveranstalt. als Zuschauer besuchen (26 %)	fernsehen (33 %)	spazieren gehen (27 %)	spazieren gehen (26 %)	Sport treiben (32 %)
9.	Gaststätten besuchen (21 %)	Romane/Erz. lesen (30 %)	Gaststätten besuchen (35 %)	Theater besuchen (26 %)	künstl. tätig sein (19 %)
10.	spazieren gehen (19 %)	handwerkl. tätig sein (27 %)	Romane/Erz. lesen (24 %)	Kunstausstell. besuchen (19 %)	Jugendklubs besuchen (17 %)
11.	prakt.-handwerkl. tätig sein (19 %)	spazieren gehen (26 %)	Jugendklubs besuchen (22 %)	künstl. tätig sein (19 %)	fernsehen (16 %)
12.	Jugendklubs besuchen (17 %)	Sportveranstaltungen besuchen (23 %)	Sportveranstalt. besuchen (22 %)	Jugendklubs besuchen (18 %)	Gaststätten besuchen (16 %)

- Fortsetzung s. S.

Dokument 15/13, Bericht Poßner, StS und Leiter des Amtes für Jugend und Sport: Beratung des Runden Tisches am 5. März 1990: Ausgewählte Zahlen und Fakten zur Lage der Kinder und Jugendlichen in der DDR (Vorlage o. N.); Seite 37 von 81

Fortsetzung Tab. 1:

	Schüler (7.-10. Klasse)	Lehrlinge (mit und ohne Abitur)	Facharbeiter	Studenten	Angestellte
13.	auf naturw.-techn. Gebiet basteln/experimentieren (16 %)	künstl./kunsthandwerklich tätig sein (15 %)	künstl./kunsthandwerkl. tätig sein (14 %)	politisch informieren (17 %)	Theater besuchen (13 %)
14.	künstl./kunsthandwerkl. betätigen (13 %)	Kunstausstellungen/Galerien besuchen (10 %)	politisch informieren (13 %)	basteln/experimentieren (15 %)	Sportveranstaltungen besuchen (13 %)
15.	Sach- und Fachlit. lesen (11 %)	Theater besuchen (8 %)	Theater besuchen (10 %)	Sportveranstaltungen besuchen (14 %)	politisch informieren (12 %)
16.	politisch informieren (9 %)	basteln/experimentieren (8 %)	Kunstausstellungen/Galerien besuchen (10 %)	Sach-/Fachlit. lesen (11 %)	Kunstausstell./Galerien besuchen (10 %)
17.	Theater besuchen (6 %)	Sach-/Fachliteratur lesen (6 %)	Sach-/Fachliteratur lesen (9 %)	Sach-/Fachliteratur fernsehen (10 %)	Sach-/Fachlit. lesen (7 %)
18.	Kunstausstell./Galerien besuchen (5 %)	politisch informieren (5 %)	basteln/experimentieren (4 %)	Gaststätten besuchen (7 %)	basteln/experimentieren (3 %)

Dokument 15/13, Bericht Poßner, StS und Leiter des Amtes für Jugend und Sport: Beratung des Runden Tisches am 5. März 1990: Ausgewählte Zahlen und Fakten zur Lage der Kinder und Jugendlichen in der DDR (Vorlage o. N.); Seite 38 von 81

36

4. 2. Freizeitumfang, Erholung, kulturelle Aktivitäten
(* ZIJ, 1989)

Tabelle 1

Beeinträchtigung kultureller Aktivitäten junger Werktätiger durch familiäre, häusliche Verpflichtungen

	betrifft mich nicht	Das beeinträchtigt mich sehr				überhaupt nicht
		1	2	3	4	5
gesamt	6	10	22	24	20	18
16 - 18 Jahre						
m	15	6	18	21	28	12
w	11	6	15	32	23	13
19.- 21 Jahre						
m	6	4	12	27	32	19
w	7	12 (!)	24 (!)	27	3	16
22 - 25 Jahre						
m	6	6	20	21	26	21
w	3	17 (!)	27 (!)	23	12	18

Dokument 15/13, Bericht Poßner, StS und Leiter des Amtes für Jugend und Sport: Beratung des Runden Tisches am 5. März 1990: Ausgewählte Zahlen und Fakten zur Lage der Kinder und Jugendlichen in der DDR (Vorlage o. N.); Seite 39 von 81

37

a) im allgemeinen habe ich wochentags genügend Zeit, um meinen kulturellen Interessen in dem Maße nachzugehen, wie ich gern möchte

	Das trifft zu					
	vollkommen			überhaupt nicht		
	1	2	3	4	5	MW
16 - 18 Jahre	3	26	42	29	0	2,97
19 - 21 Jahre	16	26	26	19	13	2,86
22 - 25 Jahre	6	14	32	28 (!)	20 (!)	3,41
19 - 21 Jahre						
m	17	33	33	12	5	2,55
w	16	23	22	22 (!)	17 (!)	3,01
22 - 25 Jahre						
m	12	15	30	24	19	3,23
w	2	13	34	30 (!)	21	3,55

Dokument 15/13, Bericht Poßner, StS und Leiter des Amtes für Jugend und Sport: Beratung des Runden Tisches am 5. März 1990: Ausgewählte Zahlen und Fakten zur Lage der Kinder und Jugendlichen in der DDR (Vorlage o. N.); Seite 40 von 81

38

b) Nach Erledigung meiner Pflichten bin ich wochentags gewöhnlich noch frisch und aufnahmefähig genug, um das zu tun, was ich auf kulturellem Gebiet gern tun möchte

	Das trifft zu vollkommen				überhaupt nicht	
	1	2	3	4	5	MW
16 - 18 Jahre	6	32	50	6	6	2,74
19 - 21 Jahre	15	22	41	15	7	2,78
22 - 25 Jahre	6	18	36	24 (!)	16 (!)	3,27
19 - 21 Jahre						
m	22	27	37	7	5	2,18
w	11	19	44	18 (!)	8	2,94
22 - 25 Jahre						
m	11	19	36	20	14	3,08
w	2	17	36	27 (!)	18 (!)	3,42

Dokument 15/13, Bericht Poßner, StS und Leiter des Amtes für Jugend und Sport: Beratung des Runden Tisches am 5. März 1990: Ausgewählte Zahlen und Fakten zur Lage der Kinder und Jugendlichen in der DDR (Vorlage o. N.); Seite 41 von 81

39

Meinen Wunsch, mich in der Freizeit für den nächsten Arbeitstag
fitmachen zu können (erholen, abschalten, ausschlafen u. ä. m.)
kann ich verwirklichen

	immer	meistens	selten	nie
16 - 18 Jahre	9	43	43	5
19 - 21 Jahre	10	40	43	7
22 - 25 Jahre	10	36	48	6
16 - 18 Jahre				
m	6	50	41	3
w	11	38	45	6
19 - 21 Jahre				
m	9	42	41	8
w	10	39	45	7
22 - 25 Jahre				
m	11	38	44	7
w	10	34	51	5

Dokument 15/13, Bericht Poßner, StS und Leiter des Amtes für Jugend und Sport: Beratung des Runden Tisches am 5. März 1990: Ausgewählte Zahlen und Fakten zur Lage der Kinder und Jugendlichen in der DDR (Vorlage o. N.); Seite 42 von 81

Tabelle 2

Die Zufriedenheit junger Werktätiger mit dem Umfang ihrer Freizeit

	Mit dem Umfang meiner Freizeit bin ich					
	sehr zufrieden				überhaupt nicht zufrieden	
	1	2	3	4	5	MW
16 - 18 Jahre	18	27	40	3	12	2,64
19 - 21 Jahre	12	28	28	20	12	2,92
22 - 25 Jahre	8	26	35	16	15	3,04
19 - 21 Jahre						
m	15	48 (!)	22	5	10	2,48
w	11	18	31 (!)	27 (!)	13	3,13
22 - 25 Jahre						
m	9	31	28	14	18	3,00
w	8	22	40 (!)	17	13	3,07

4.3. Jugendklubeinrichtungen

In den letzten Monaten muß die Wahrnehmung der Verantwortung für die Jugendklubarbeit durch örtliche Räte und Betriebe als sehr kritisch bewertet werden.

Unter dem Vorwand der Eigenverantwortung wird von einigen die Rechtsunsicherheit ausgenutzt, um Jugendklubeinrichtungen der Jugend zu entziehen oder deren Tätigkeit nicht mehr in dem erforderlichen Maße zu unterstützen.
Landesweit wurden 168 Jugendklubeinrichtungen geschlossen oder umfunktioniert, darunter 87 kommunale und 81 betriebliche.

Diese Tendenz hält an, weitere Jugendklubeinrichtungen stehen zur Disposition, selbst in Großbetrieben.

Dokument 15/13, Bericht Poßner, StS und Leiter des Amtes für Jugend und Sport: Beratung des Runden Tisches am 5. März 1990: Ausgewählte Zahlen und Fakten zur Lage der Kinder und Jugendlichen in der DDR (Vorlage o. N.); Seite 43 von 81

41

Vorherrschend sind ökonomische Gründe, die Streichung finanzieller Mittel, die Verpachtung an Privatpersonen und die Umfunktionierung vordergründig zu Gaststätten.

Tabelle 1

Bezirk	Anzahl JKE absolutes Ist per 31. 12. 1985	1988	Versorgungsgrad Plätze je 1 000 Jugendl. in JKE 1985	1988	Schließung von JKE
Berlin	158	168	81	98	2
Cottbus	588	642	141	193	2
Dresden	652	580	106	120	8
Erfurt	871	868	179	224	46
Frankfurt/O	441	472	144	189	0
Gera	622	619	228	260	0
Halle	871	926	151	183	0
Karl-Marx-Stadt	736	754	135	161	96
Leipzig	503	559	129	161	0
Magdeburg	1 019	1 149	221	296	5
Neubrandenburg	592	599	179	223	4
Potsdam	730	773	176	220	2
Rostock	405	443	143	189	1
Schwerin	528	542	214	268	2
Suhl	390	434	186	242	0
DDR gesamt	9 106	9 528	154	191	168

Dokument 15/13, Bericht Poßner, StS und Leiter des Amtes für Jugend und Sport: Beratung des Runden Tisches am 5. März 1990: Ausgewählte Zahlen und Fakten zur Lage der Kinder und Jugendlichen in der DDR (Vorlage o. N.); Seite 44 von 81

42

Tabelle 2

Gründe für den Besuch von Jugendklubs, differenziert nach sozialen Gruppen (in %)
Antwortposition 1 und 2 im fünfstufigen Antwortmodell (inwieweit treffen die folgenden Gründe für einen Klubbesuch allgemein für Sie zu? Das trifft vollkommen zu (1) ... überhaupt nicht zu (5))

Ich besuche einen Jugendklub	Schüler	Lehrlinge	Studenten	Arbeiter	Angestellte
um mit Freunden bzw. Gleichaltrigen zusammen zu sein	77	90 (!)	85	88	86
um zu tanzen	81 (!)	74	56	79	89 (!)
um neue Leute kennenzulernen	81	82	58	72	69
weil ich mich im Jugendklub einfach wohl fühle	69	64	59	59	44
um Meinungen auszutauschen, zu diskutieren	39	49	64	51	53
um nicht allein zu Hause zu sitzen	64	62	33	59	44
um mit meinem Partner zusammenzusein	53	61	26	62	56
weil ich hier angeregt werde, selbst aktiv zu sein	28	27	16	22	25
weil es mir schon zur Gewohnheit geworden ist	25	35	15	28	16

Dokument 15/13, Bericht Poßner, StS und Leiter des Amtes für Jugend und Sport: Beratung des Runden Tisches am 5. März 1990: Ausgewählte Zahlen und Fakten zur Lage der Kinder und Jugendlichen in der DDR (Vorlage o. N.); Seite 45 von 81

Besonders jüngere Jugendliche finden sich in den erwähnten "informellen Gruppen" zusammen, die einen gemeinsamen Kommunikationsgegenstand haben, der die Jugendlichen verbindet. Sehr häufig ist es das gemeinsame Musik- oder / und Sportinteresse. Zugleich dienen diese Gruppen Gleichaltriger der selbständigen Einübung bzw. Festigung sozialer Regeln und Normen; sie dienen der Artikulation des Lebensgefühls Jugendlicher als "nicht mehr Kind" und "noch nicht Erwachsener".

4.4. Zentrale Pionierlager

49 Zentrale Pionierlager (zukünftig: Kindererholungszentren) mit 40 670 Plätzen, davon 14 000 Plätze ganzjährig nutzbar, stehen für die Feriengestaltung zur Verfügung.

Die 9 zentralen Pionierlager wurden wie folgt genutzt:

- Kinder und Jugendliche   34,0 %

- Schule im Grünen (geschlossene Schulklassen)   14,0 %

- Wandertage   7,0 %

- Wehrausbildung der 9. Klassen, GST-Lehrgänge der
  Trägerbetriebe und ZV-Ausbildung der Studenten   22,0 %

- ausländische Teilnehmer   6,6 %

- gesundheitsgeschädigte Kinder   0,4 %

- Touristik-Sport Lehrgänge   7,0 %

- Trägerbetriebe   4,4 %

- Sonstige Nutzer   4,6 %

5. Familie

5.1. Familienentwicklung in der DDR
* ZIJ, Leipzig, Februar 1990

Jährlich beendeten in den letzten Jahren mehr als 100.000 Männer und Frauen ihre Partnerschaften durch Scheidung; etwa 70.000 Heranwachsende (bis 18 Jahre) sind davon jährlich betroffen. Die in den 70er Jahren geschlossenen Ehen (relevant für die Jugend der 80er Jahre) haben nach Hochrechnungen nur zu ca. 75 % Bestand, und für die in den 80er Jahren geschlossenen Ehen gilt dies für 60 %. Etwa 30 % aller Kinder werden heute unehelich geboren; bei den Erstgeborenen sind es 50 %. Gegenwärtig leben ca. 15 % aller Jugendlichen bei der alleinstehenden Mutter, weitere 15 % haben ein Stiefelternteil (13 % Stiefväter).

Nur ca. 50 % der älteren Schüler und Lehrlinge beurteilen die Partnerbeziehungen ihrer Eltern (ggf. auf Stiefelternteil bezogen) eindeutig positiv. Für viele Kinder und Jugendlichen verringerte sich die familiäre "Nestwärme", weil der Anteil jener Familien drastisch zugenommen hat, in denen die Alltagsatmosphäre durch Streß, Hektik und Streit geprägt ist (ca. 40 %). Zu konstatieren ist auch eine zunehmende Diskrepanz zwischen den hohen Bedürfnissen der Heranwachsenden nach Geborgenheit in der Familie und den gestiegenen Lebensansprüchen der Eltern nach Selbstverwirklichung. Auch viele Mütter sind heute weniger bereit, eigene Interessen und Bedürfnisse der Familie unterzuordnen.

5.2. Familiale Entwicklungsbedingungen bei Vorschulkindern
* aus Projekt: "Früherfassung und Frühförderung entwicklungsbeeinträchtigter Kinder" (Analyse bei 206 5-6jährigen Vorschulkindern in Magdeburg-Süd, Institut für Erziehung, APW)

- Die leiblichen Eltern leben bei 71,4 % in einer Ehe
  5,3 % in Lebensgemeinschaften
  23,3 % getrennt

45

- Gegenwärtig leben der/die Erziehungsberechtigte(n) bei
    75,2 % in einer Ehe
    11,7 % in Lebensgemeinschaften
    13,1 % allein

- In ca. 3 % leben Großeltern in der Familie.

- Bei 38,3 % der Familien nehmen Großeltern Einfluß auf die Erziehung. Bei 1 % der Familien nimmt der geschiedene Partner Einfluß auf die Erziehung.

- Belastungsfaktoren im letzten Jahr:
    Scheidung   7,3 %
    Trennung LG   +3,4 % = 10,7 %
    Wohnungs-und Kindergartenwechsel   8,7 %
    Mutterabwesenheit (mehr als 4 Wochen)   1,5 %
    Vaterabwesenheit (mehr als 4 Wochen)   6,3 %
    häufige Krankheit des Kindes   12,6 %

- Mehrfachbelastungen (Trennung und Kindergartenwechsel):
                                              7,3 %

- Belastung durch Wohnungssituation:
    zu kleine Wohnung   18,9 %
    kein Kinderzimmer   7,8 %
    zufrieden   72,8 %

Dokument 15/13, Bericht Poßner, StS und Leiter des Amtes für Jugend und Sport: Beratung des Runden Tisches am 5. März 1990: Ausgewählte Zahlen und Fakten zur Lage der Kinder und Jugendlichen in der DDR (Vorlage o. N.); Seite 48 von 81

5.3. Lebensbedingungen in der Familie

* APW, Abteilung Bildungssoziologie, Februar 1990
(Totalerfassung aller Schüler 9. Klassen in einer Mittelstadt – insgesamt 402 Schüler – im November 1989 im Vergleich zu einer Untersuchung im gleichen Untersuchungsfeld bei der gleichen Altersgruppe 1977)

5.3.1. Familienstruktur

87 % aller Schüler leben in vollständigen Familien, hier sind auch Zweit- und Drittehen erfaßt. 12 % werden allein von ihren Müttern, 0,5 % allein von ihren Vätern und 0,5 % von anderen Erziehungsberechtigten erzogen. In dieser Hinsicht unterscheidet sich die Familienstruktur nicht von der des Jahres 1977. Bei 14 % aller Jungen, hingegen nur bei 10 % der Mädchen, ist die Mutter Alleinerziehende.

Anzahl der Kinder in den Familien der Schüler (Angaben in %)

	1989	1977
1 Kind	21	13
2 Kinder	57	34
3 Kinder	14	21
4 Kinder	5	17
5 Kinder	2	8
6 Kinder	1	3
7 Kinder und mehr	–	4

Die Tabelle spiegelt eindeutig die demographische Entwicklung in der DDR wider.

5.3.2. Schichtarbeit der Eltern

Von 8 % der Schüler arbeiten beide Elternteile im Schichtsystem und von weiteren 18 % Prozent die Väter sowie von 10 % die Mutter, d.h. über ein Drittel der Schüler werden von den Bedingungen der Schichtarbeit mitbetroffen.

5.3.3. Wohnbedingungen (Angaben in %)

	1989	1977
1. Zentralheizung, Wasser, WC und Bad in der Wohnung	61	27
2. Zentralheizung, Wasser, WC, aber kein Bad in der Wohnung	1	2
3. Ofenheizung, Wasser, WC und Bad in der Wohnung	34	46
4. Ofenheizung, Wasser, WC, aber kein Bad in der Wohnung	1	8
5. Ofenheizung und Wasseranschluß, aber kein WC in der Wohnung	3	13
6. Ofenheizung, kein Wasseranschluß und kein WC in der Wohnung	0,2	4

75 % der Schüler besitzen in der elterlichen Wohnung ein eigenes Zimmer.

5.3.4. Monatliches Taschengeld der Schüler (Angaben in %)

	1989	1977
keins	19	17
bis 2,- M	0,4	1
bis 5,- M	5	14
bis 10,- M	15	30
bis 20,- M	30	31
bis 50,- M	27	6
über 50,- M	4	1

Dokument 15/13, Bericht Poßner, StS und Leiter des Amtes für Jugend und Sport: Beratung des Runden Tisches am 5. März 1990: Ausgewählte Zahlen und Fakten zur Lage der Kinder und Jugendlichen in der DDR (Vorlage o. N.); Seite 50 von 81

5.3.5. Besitz von langlebigen Konsumgütern in den Familien
(Angaben in %)

	1989	1977
PKW	61	39
Moped/Motorrad	52	50
Musikinstrument	45	51
Bibliothek	67	68
Bungalow	31	20
Computer	8	-

5.4. Kinder in Heimen

5.4.1. Dauerheime für Säuglinge und Kleinkinder

Hier finden elternlose, familiengelöste Säuglinge und Kleinkinder von der 11. Lebenswoche an bis zum 3. Lebensjahr Aufnahme.
1988 128 Dauerheime mit 5.281 Plätzen = davon 4.778 Plätze belegt. Aufgrund schlechten baulichen Zustandes entsprechen die materiellen, räumlichen und sanitären Bedingungen in der Mehrzahl der Dauerheime nicht den jetzt geltenden Anforderungen. Die personelle Besetzung liegt teilweise unter dem Normativ (1 zu 1,5) und der Besetzungsrichtwert müßte generell verändert werden (Vorschlag 1 zu 1).

5.4.2. Zur Lage der von den Organen und Einrichtungen der Jugendhilfe betreuten Kinder und Jugendlichen
*Ministerium für Bildung, Jugendhilfe

1. Maßnahmen und Entscheidungen der Organe der Jugendhilfe wegen Gefährdung der Entwicklung und Gesundheit von Kindern (gemäß § 50 Familiengesetzbuch) infolge von Verletzung und Vernachlässigung von Erziehungs- und Betreuungspflichten durch Eltern waren erforderlich
1988 für 44.934 Minderjährige insgesamt
1989 für 42.134 Minderjährige insgesamt.

Dokument 15/13, Bericht Poßner, StS und Leiter des Amtes für Jugend und Sport: Beratung des Runden Tisches am 5. März 1990: Ausgewählte Zahlen und Fakten zur Lage der Kinder und Jugendlichen in der DDR (Vorlage o. N.); Seite 51 von 81

5.5. Sonderpädagogik

*Ministerium für Bildung, Bereich Sonderpädagogik

Mit dem gegenwärtigen Bestand von 492 allgemeinbildenden Sonderschulen, davon

- 354 Hilfsschulen
- 2 Blindenschulen
- 6 Sehschwachenschulen
- 8 Gehörlosenschulen
- 8 Schwerhörigenschulen
- 29 Sprachheilschulen
- 18 Körperbehindertenschulen im Bereich der Volksbildung
- 18 Körperbehindertenschulen in Einrichtungen des Gesundheitswesens
- 34 Sonderschulen mit Ausgleichsklassen bzw. Ausgleichsklassen für verhaltensgestörte Schüler an Oberschulen
- spezielle Klassen für Kinder mit Lese- und Rechtschreibschwäche in allen Bezirken
- spezielle Klassen für Kinder mit komplizierten Mehrfachschädigungen (z. B. taubblinder Kinder, blinder und zugleich schwerst körperbehinderter Kinder)

und

- 34 Berufshilfsschulen
- 110 Berufsschulteile an Hilfsschulen
- 2 Berufsschulen für Hörgeschädigte und
- 7 Berufsschulteile

und

- 279 sonderpädagogische Beratungsstellen

Dokument 15/13, Bericht Poßner, StS und Leiter des Amtes für Jugend und Sport: Beratung des Runden Tisches am 5. März 1990: Ausgewählte Zahlen und Fakten zur Lage der Kinder und Jugendlichen in der DDR (Vorlage o. N.); Seite 52 von 81

Besonderes Augenmerk gilt der Zahl gefährdeter Kinder im Alter von 0-6 Jahren, deren Entwicklung und Gesundheit gesichert bzw. geschützt werden muß:

- Maßnahmen der Jugendhilfekommissionen zur Überwindung der Gefährdung, wobei die Kinder noch in der Familie verbleiben können, betragen

	1980	1985	1988	1989
0-3jährige Kinder	1634	3127	4197	3993
3-6jährige Kinder	2067	3867	5427	4981

- Entscheidungen der Jugendhilfeausschüsse über die Herausnahme aus der Familie betrafen

	1980	1985	1988	1989
0-3jährige Kinder	1932	3143	3375	3062
davon Heimeinweis.	1706	2767	3096	2611
3-6jährige Kinder	1452	2182	2514	2249
davon Heimeinweis.	1165	1769	2280	1773

Es gab einzelne Fälle schwerster Schädigung der Gesundheit und der Gefährdung des Lebens von Säuglingen und Kleinkindern und auch Todesfälle. Bei den Eltern dieser Kinder handelt es sich überwiegend um junge Ehepaare mit labiler Lebensweise sowie um labile alleinstehende Mütter, deren Familien- und Lebensverhältnisse gekennzeichnet sind durch Erscheinungen unterschiedlichen Auspä-

Dokument 15/13, Bericht Poßner, StS und Leiter des Amtes für Jugend und Sport: Beratung des Runden Tisches am 5. März 1990: Ausgewählte Zahlen und Fakten zur Lage der Kinder und Jugendlichen in der DDR (Vorlage o. N.); Seite 53 von 81

51

gangsgrades wie z.B.
- mangelhaftes Interesse an der Entwicklung der Kinder,
  Kinder als Hindernis für die Pflege von Partnerbeziehungen,
- Arbeitsbummelei, häufiger Wohn- und Aufenthaltswechsel,
  Vernachlässigung des Haushaltes, Schulden, Alkoholmißbrauch
- ungeordnete Familienverhältnisse, gestörte Beziehungen zwischen
  Eltern, zwischen Partnern, häufiger Partnerwechsel
- zunehmende Vernachlässigung der Kinder (Aufsichts- und
  Obhutlosigkeit im Zusammenhang mit Gaststätten- und Disko-
  besuchen, gravierende Mängel in der notwendigen Pflege,
  Ernährung und Kleidung der Kinder, Kindermißhandlungen)
- Unzuverlässigkeit bei der Erfüllung von Forderungen zur
  Schaffung angemessener Bedingungen für die Kinder, Ablehnung
  von Unterstützungsangeboten, Negieren von Pflichten,
  unregelmäßiger bzw. kein Besuch der Mütterberatung, des Arztes,
  der Impfstellen).

Im Zusammenhang mit der Gefährdung der Entwicklung und Gesundheit Minderjähriger ist auch folgende Tendenz beachtlich:
Infolge des Anstiegs der Ehescheidungen der Eltern - viele Kinder erleben das mehrmals -, der Zunahme des Zusammenlebens von Partnern in oft instabilen Lebensgemeinschaften - und der Verdopplung des Anteils außerehelicher Geburten (z.Z. territorial differenziert zwischen 30 - 40%) wachsen z.Z. 1 Million Minderjährige in unvollständigen Familien heran.
Diese Population stellt einen erheblichen Anteil der Minderjährigen bzw. solcher Eltern, für die die Organe der Jugendhilfe tätig werden. So lebten 70 % der in Heime eingewiesenen Kinder vorher bei alleinerziehenden Erziehungsberechtigten. Viele Kinder leiden nach der Scheidung ihrer Eltern oft noch lange unter deren unerträglichen Konflikten, unter Terror und psychischem Druck, weil eine ordnungsmäßige Trennung geschiedener Eltern oft jahrelang ansteht.
Beachtlich ist im Zusammenhang mit der Lage von Kindern auch, daß allein 1989 11.577 Kinder staatliche Vorauszahlungen (insgesamt 9,8 Millionen Mark) erhielten, weil ihre in 119 Staaten lebenden Väter keinen Unterhalt zahlen. Diese Anzahl der Kinder

Dokument 15/13, Bericht Poßner, StS und Leiter des Amtes für Jugend und Sport: Beratung des Runden Tisches am 5. März 1990: Ausgewählte Zahlen und Fakten zur Lage der Kinder und Jugendlichen in der DDR (Vorlage o. N.); Seite 54 von 81

ist im Zusammenhang mit der Entwicklung seit Mitte 1989 auf eine gegenwärtig nicht erfaßte Höhe enorm angestiegen.

3. Der Anspruch der gefährdeten sowie elternlosen und familiengelöste Kinder auf familiäre Geborgenheit, auf Erziehung, Obhut sowie auf Schutz ihrer Identität wird durch die Organe der Jugendhilfe, indem sie
   - die Erziehungshilfe in erster Linie darauf richten, den Verbleib des Kindes in seiner Familie zu gewährleisten oder während des Heimaufenthaltes in der Familie die Voraussetzungen für die Wiederaufnahme des Kindes unter veränderten familiären Bedingungen zu schaffen
   - bei schwerer schuldhafter Erziehungspflichtverletzung Klage auf Entzug des Erziehungsrechtes erheben (1985 – 1989 waren es 2.214 Klagen, die 3719 Kinder betrafen bei Ansteigen der Klagen von 331 im Jahre 1985 auf 488 im Jahre 1989);
   - Klage auf Ersetzung der Einwilligung zur Adoption erheben, wenn die Verweigerung dem Wohle des Kindes entgegensteht oder wenn das Kind und seine Entwicklung den Eltern gleichgültig sind (1985 – 1989 waren es 754 Klagen)
   - elternlosen und familiengelösten Kindern Geborgenheit und eine Lebensperspektive in einer anderen Familie erschließen.

4. In der DDR leben von insgesamt 11.732 elternlosen und familiengelösten Kindern und Jugendlichen 8.309 in Familien ihrer Verwandten oder in nichtverwandten Pflegefamilien. 3.435 Kinder und Jugendliche leben in Heimen. Davon ist für 660 Kinder als klare Perspektive die Vermittlung in eine fremde Familie vorgesehen.
2.492 Kinder und Jugendliche werden bis zur Volljährigkeit in Heimen leben. Diese Kinder sind bereits im Alter zwischen 11 und 18 Jahren und lehnen selbst eine fremde Familie ab oder sind psychisch oder physisch stark geschädigt.
An den Entscheidungen über die Lebensperspektiven dieser Kinder sowie an der Führung ihres Lebensweges sind neben hauptamtlichen Jugendhilfemitarbeitern und Pädagogen der Heime die Jugendhilfekommissionen und weitere ehrenamtliche Mitarbeiter (1.233 Mitarbeiter in 216 Vormundschaftsräten, 4.292 Vormündern,

1/ gewahrt

53

5.553 Pfleger) beteiligt.
Bei den von den Vormundschaftsräten zutreffenden Entscheidungen
über die Lebensperspektive elternloser und familiengelöster
Kinder wird grundsätzlich die Integration in eine Familie
(der Rangfolge nach zuerst Verwandte, dann fremde Familien)
angestrebt.
Die Zahl der in Heimen lebenden elternlosen und familiengelösten
Kinder verringerte sich unter konsequenter Anwendung dieses
Grundsatzes trotz ständig steigender Anzahl familiengelöster
Kinder (Erziehungsrechtsehtzüge, Klagen auf Ersetzung der
Einwilligung zur Annahme an Kindes Statt) seit 1978 kontinuierlich von 5.971 auf 3.435.
Vormündern und Pflegern wird regelmäßige Beratung und Anleitung,
differenziert nach den Erfordernissen des Einzelfalles,
wenigstens jedoch in den jährlichen Beratungen der Jugendhilfe-
kommission als auch großzügige materielle Unterstützung in
Form von Pflegegeldern zuteil. Besonderer Beratung und Unterstützung bedürfen fremde Familien, die ein Kind in ihrer Familie
aufgenommen haben. Die pädagogisch-psychologischen und
sozialen Probleme der Integration von Kindern in fremde Familien
sind äußerst sensibel und kompliziert. Sie bedürfen bei aller
Achtung und Anerkennung des Engagements der haupt- und ehrenamtlichen Jugendhilfemitarbeiter und Heimerzieher des qualifativen
Ausbaus eines pädagogischen psychologischen, medizinischen
und juristischen Beratungsnetzes. Das Bedürfnis nach fachkundiger
Beratung besteht nicht selten auch nach erfolgter Annahme
an Kindes Statt. (Adoptionen 1978 = 2.456, 1989=3.412)
Die in den Heimen lebenden elternlosen und familiengelösten
Kinder und Jugendlichen werden umfassend entsprechend
ihren individuellen Möglichkeiten erzogen und betreut und entsprechend den Potenzen der Heime auf das selbständige
Leben in der Gesellschaft vorbereitet. Kindern in Familien
gleich, günstigste schulische und berufliche Entwicklungsmöglichkeiten sind ihnen gesichert. In Vorbereitung ihrer Entlassung
aus dem Heim werden sie mit materiell ausgestattetem Wohnraum
versorgt, den sie zumeist im Bereich des bekannten sozialen Umfeldes. Materielle Versorgung kommt

Dokument 15/13, Bericht Poßner, StS und Leiter des Amtes für Jugend und Sport: Beratung des Runden Tisches am 5. März 1990: Ausgewählte Zahlen und Fakten zur Lage der Kinder und Jugendlichen in der DDR (Vorlage o. N.); Seite 56 von 81

54

feldes erhalten. Es gelingt jedoch nicht in jedem Fall, unter den bisherigen Bedingungen der Heimerziehung den besonderen individuellen Erziehungsansprüchen und Erwartungen elternloser und familiengelöster als auch gefährdeter Kinder mit besonderen Problemlagen in Vorbereitung auf ihr Leben gerecht zu werden, so daß Überlegungen zur Entwicklung vielfältiger Alternativen zur herkömmlichen Heimerziehung anzustellen sind.

5. Die Lage der gefährdeten sowie elternlosen und familiengelösten Kinder betreffend muß auf folgende Entwicklung aufmerksam gemacht werden:

- Für diese Kinder und die Familien wird die Jugendhilfearbeit in der DDR in erster Linie von ca. 48.000 ehrenamtlich tätigen Mitarbeitern (einschließlich gesellschaftlicher Beiräte der Heime) getragen.
Gegenwärtig sind in den Gemeinden und städtischen Wohngebieten 4.173 von den Räten berufene Jugendhilfekommissionen mit 26.532 ehrenamtlichen Mitarbeitern sowie 2.909 ehrenamtlich tätige Jugendhelfer in Gemeinden unter 1.000 Einwohnern. 10.700 weitere Bürger sind Vormünder, Pfleger oder Erziehungshelfer. Auf Kreis- und Bezirksebene sind z.Z. 505 von den Räten berufene Jugendhilfeausschüsse sowie 216 Vormundschaftsräte mit insgesamt 3.600 ehrenamtlichen Mitgliedern tätig.
Ein Teil dieser Arbeit ist objektiv nicht außerhalb der Arbeitszeit zu leisten. Bei fortschreitender Tendenz der Einschränkung der laut Arbeitsgesetzbuch möglichen Freistellung von der Arbeit - vor allem der Vorsitzenden der Jugendhilfekommissionen und der Mitglieder der Jugendhilfeausschüsse ist die Erfüllung des Auftrages der Jugendhilfe nicht mehr gewährleistet.

- Der Beschluß des Ministerrates zur Sicherung der Entwicklung elternloser, familiengelöster sowie gefährdeter Kinder und Jugendlicher und die 7. Durchführungsbestimmung zur Jugendhilfeverordnung vom 29.6.1989 ist auf die Gewährleistung der sozialen, wohnungs- und arbeitsmäßigen Eingliederung volljähriger Jugendlicher nach der

Dokument 15/13, Bericht Poßner, StS und Leiter des Amtes für Jugend und Sport: Beratung des Runden Tisches am 5. März 1990: Ausgewählte Zahlen und Fakten zur Lage der Kinder und Jugendlichen in der DDR (Vorlage o. N.); Seite 57 von 81

55

Heimentlassung gerichtet. Die Realisierung dieses humanistischen Anliegens wird angesichts der gesellschaftlichen Entwicklung zunehmend infrage gestellt.

Gegenwärtig werden Tendenzen deutlich, daß für in Heimen und Jugendwerkhöfen lebenden Jugendlichen, insbesondere für intelligenzgeschädigte, die berufliche Ausbildung und arbeitsmäßige Integration in den Territorien nicht ausreichend gesichert wird. Es werden staatliche und gesellschaftliche Schritte notwendig sein, die verhindern, daß diese Jugendlichen zunehmend zu einer Randgruppe werden, deren individuelle Perspektive nicht ausreichend gesichert wird.

In den Heimen der Jugendhilfe leben gegenwärtig ca. 23.000 Kinder und Jugendlicher, darunter ca. 19.000, deren Heimunterbringung erfolgen mußte, weil ihre Eltern die Versorgung, Betreuung, und Erziehung nicht gewährleisteten, z.T. gröblichst vernachlässigten, und damit die Entwicklung ihrer Kinder gefährdeten.

Eine spezifische Fürsorge gilt den in Heimen lebenden elternlosen bzw. familiengelösten Kindern und Jugendlichen, die bis zum Erreichen der Volljährigkeit im Heim verbleiben. Es wurden bisher vielfältige Formen und Möglichkeiten in den Territorien der Heime zur Ausprägung sozialer Beziehungen (Patenschaften, Freundschaften) für diese Kinder und Jugendlichen erschlossen, die auch über die Volljährigkeit hinaus wirksam sind. Kritisch betrachtet zeigt sich, daß damit jedoch keine ausreichenden Grundlagen für die Vorbereitung auf die selbständige Lebensbewältigung dieser jungen Menschen in den Heimen gegeben sind.

Schon begonnene Aktivitäten, familienähnliche Strukturen innerhalb der Heimerziehung bzw. zur Schaffung alternativer Formen zur Heimerziehung, müssen weiter gefördert werden, um diesen Kindern und Jugendlichen die Möglichkeit zu geben, das Leben in einer Familie zu erlernen.

Auch künftig geht es darum, die Bereitschaft zur Wahrnehmung der vollen Verantwortung der kommunalen Verwaltungen und parlamentarischen Vertretungen sowie der gesellschaftlichen Öffentlichkeit für die materielle und soziale Absicherung der Entwicklung der in Heimen lebenden elternlosen und familiengelösten Kinder und Jugendlichen in vollem Maße zu gewährleisten.

56

Jährlich wird für ca. 12.000 Kinder und Jugendliche von den
Organen der Jugendhilfe Heimunterbringung als zeitweilige
Maßnahme mit Ziel der Rückführung in die Familie beschlossen.
Dabei hat man sich in den letzten Jahren stärker darauf konzentriert,
daß Eltern sowie Kinder und Jugendliche Heimerziehung als Angebot
für die Unterstützung bei der Überwindung von Problemen in den sozial
Beziehungen zwischen Eltern und Kindern sowie in Sozial- und Leistung
verhalten annehmen (Ausdruck dafür freiwillige Erziehungsvereinbarun-
gen nach § 49 FGB).
Unter den bisherigen Bedingungen der Heime (Heimarten und Strukturen)
ist es nicht ausreichend gelungen, entsprechend der individuellen
Ausgangslage des Einzelnen (Elternnähe, therapeutische und psychologische Betreuungsmöglichkeiten, Weltanschauung, Lage des Heimes)
anzubieten. Ein wesentlicher Bestandteil der Erneuerung der
Heimerziehung besteht deshalb darin, ein breiteres Angebot
in staatlicher und freier Trägerschaft zu schaffen und unter Anwendung internationaler Erfahrungen inhaltlich auszuprofilieren.
Das schließt ein, starre Formen der Heimeinweisung und Heimstrukturen,
die die Entwicklung und das soziale Wohlbefinden der Minderjährigen
beeinträchtigen, Kontakte zu den Eltern erschweren und z. B.
auch noch zu Verlegungen (aus Vorschulheimen in Schulheime)
und zur Geschwistertrennung führen, strikt zu überwinden.

In den letzten Jahren wurde viel getan zur Verbesserung der
Bedingungen in den Heimen (Senkung der Gruppenmeßzahlen, Senkung
der Kapazitäten überbelegter Heime und deren räumliche Auflockerung)
sowie zur Schaffung erforderlicher Ersatz- und Erweiterungskapazitäten.
Die vorrangige ökonomische Sicht bei Entscheidungen zu Heimneu-
bauten (insbesondere in Berlin) und dem daraus resultierenden Bau
von Heimen mit großen Kapazitäten (Berlin geplant 285 Plätze)
sowie die Verwendung ungeeigneter Projekte (Altersheimprojekt).
erweist sich für die Lösung der sozialpädagogischen Aufgabenstellung
der Heimerziehung als nicht tragfähig. Durch die für solche Heime
zuständigen kommunalen Verwaltungen sind zukünftig vor allem mit
Sicht auf die Lage der Kinder Schritte zur Ablösung solcher Objekte
einzuleiten.

Dokument 15/13, Bericht Poßner, StS und Leiter des Amtes für Jugend und Sport: Beratung des Runden Tisches am 5. März 1990: Ausgewählte Zahlen und Fakten zur Lage der Kinder und Jugendlichen in der DDR (Vorlage o. N.); Seite 59 von 81

In diesem Zusammenhang ist zu erwähnen, daß in der Neustrukturierung der Heime Möglichkeiten für Kindernotdienst, Elternberatung sowie die Aufnahme minderjähriger Mütter mit ihren Kindern geschaffen werden müssen.

Ein Grundwert der Arbeit in den Heimen besteht in dem Bestreben, den Kindern und Jugendlichen einen guten schulischen und beruflichen Abschluß zu gewährleisten als Grundlage für ihre Bewährung und Weiterentwicklung in einer leistungsorientierten Gesellschaft (z.B. erhalten alle ca. 3.200 Jugendlichen in Jugendwerkhöfen eine Berufsausbildung). In den letzten Jahren wurde eine starke schulpolitische Überformung der Heime zugelassen und damit die Erfüllung der sozialpädagogischen Aufgaben der Heime in den Hintergrund gerückt. Trotz engagierter Arbeit der Heimerzieher führte das zu Tendenzen - unterschiedlich in einzelnen Heimen - weltanschaulicher Einengung, stark schulisch-lernorientierter Arbeit und z. T. zum Anpassungs- und Disziplinerziehung. Unter dieser Sicht muß insbesondere eine generelle Umbewertung der Anlage und methodischen Bewältigung der Arbeit in Spezialkinderheimen und Jugendwerkhöfen vorgenommen werden. Es ergibt sich die Notwendigkeit aus der Sicht der Lage der Kinder und Jugendlichen in den Heimen, daß die Führung des Prozesses der Selbstverwirklichung und Selbsterziehung der Kinder und Jugendlichen in das Zentrum der Arbeit in den Heimen gerückt wird. Dafür sind die Bedingungen des Heimes und des gesellschaftlichen Umfeldes, ausgehend von den individuellen Voraussetzungen und Ansprüchen der einzelnen, für die Entwicklung der Persönlichkeit, für soziales Wohlbefinden, Selbständigkeit und Eigenverantwortung zielgerichteter zu erschließen.

Das wachsende Selbstbewußtsein und der Anspruch an die Selbstbewältigung des Lebens im Heim durch die Jugendlichen zeigte sich in den letzten Monaten insbesondere in den Jugendwerkhöfen. Berechtigte Ansprüche erheben die Jugendlichen hinsichtlich der Veränderung des Erziehungsstils, der Beachtung ihrer Mündigkeit sowie der Demokratisierung des Lebens im Heim und an die Berufsausbildung. Restriktive Erziehungsmaßnahmen, die die Würde der

Dokument 15/13, Bericht Poßner, StS und Leiter des Amtes für Jugend und Sport: Beratung des Runden Tisches am 5. März 1990: Ausgewählte Zahlen und Fakten zur Lage der Kinder und Jugendlichen in der DDR (Vorlage o. N.); Seite 60 von 81

jungen Menschen verletzen (Einweisung in den geschlossenen
Jugendwerkhof, Disciplinierung in Isolierräumen) wurden aufgehoben.

Unter Mitwirkung der Jugendlichen und ihrer demokratisch
gewählten Vertretungen werden gegenwärtig Schritte zur grundlegende
Umgestaltung der inhaltlichen Arbeit in den Jugendwerkhöfen und
zum Zusammenwirken mit den Ausbildungsbetrieben bei der Berufsausbildung gegangen.
Ein Schwerpunkt ist dabei unter anderem die Individualisierung der
Berufsausbildung und der beruflichen und sozialen Eingliederung
nach dem Jugendwerkhofaufenthalt.

Das Durchdenken der Arbeit in den Jugendwerkhöfen, in denen
Jugendliche Aufnahme finden, die auffällig waren durch Arbeitsbummelei, mangelhafte Arbeitsdisziplin, rowdyhaftes Verhalten,
kriminelle Handlungen, sittlicher und moralische Bindungslosigkeit,
ist mit Sicht auf Schaffung erforderlicher Grundlagen für ihre
weitere Entwicklung konsequent fortzusetzen.
Mit diesem Denk- und Veränderungsprozeß sind gegenwärtig
Vertreter verschiedener Parteien und Weltanschauungen, Heimprak-
tiker, Wissenschaftler und Eltern befaßt.

Mit Sorge verfolgen Pädagogen der Heime, Kinder- und Jugendliche
sowie Eltern die ökonomische Entwicklung im Lande. Sie bewirken,
daß viele soziale Leistungen für die in Heimen lebenden
Kinder und Jugendlichen, wie z. B. die gesundheitliche Betreuung,
die Bereitstellung ausreichender materieller und finanzieller
Fonds, die Gewährleistung von Erholungs- und Freizeitmöglichkeiten,
eingeschränkt werden. In dieser Richtung werden erste Anzeichen
deutlich, in dem vorbereitete Baumaßnahmen nicht realisiert
werden oder den Heimen Ferienlager nicht mehr zur Verfügung
gestellt werden.

Die begonnene Aufhebung der Subventionen bringt für die Heimerziehung viele Probleme mit sich. Die Erhöhung der Normative
für Heime wird in Zukunft nicht ausreichen. Um die Lage der Kinder
in Heimen nicht zu verschlechtern, ist es erforderlich, den Heimen

kontinuierlich einen finanziellen Subventionsausgleich
zur Verfügung zu stellen. Aus dieser Sicht gewinnt die Wahrnehmung der Verantwortung der kommunalen Organe für ihre Heime
und die Volkskontrolle der Heime zunehmend an Bedeutung.

Dokument 15/13, Bericht Poßner, StS und Leiter des Amtes für Jugend und Sport: Beratung des Runden Tisches am 5. März 1990: Ausgewählte Zahlen und Fakten zur Lage der Kinder und Jugendlichen in der DDR (Vorlage o. N.); Seite 61 von 81

5.6. Gewalt gegen Kinder und Jugendliche
*Zuarbeit der Generalstaatsanwaltschaft der DDR

Es ist eine Tatsache, daß immer wieder Fälle der Anwendung von Gewalt gegenüber Kindern und Jugendlichen bekannt werden. Diese Straftaten konzentrieren sich hauptsächlich auf die Verletzung von Erziehungspflichten. Sie zeigen sich insbesondere in der fortwährenden Vernachlässigung und einer dadurch verursachten Gefährdung sowie in der Mißhandlung der zu Erziehenden.

In den Jahren 1985 bis 1989 lag die jährliche Zahl der Straftaten bei rund 500, wobei feststeht, daß die Dunkelziffer bei diesen Straftaten, bei denen zwischen Täter und Opfer familiäre Beziehungen bestehen, erheblich größer ist. Anzeigen, die in der Regel von medizinischen Einrichtungen, Schulen, Kindereinrichtungen oder den Organen der Jugendhilfe erstattet werden und den Verdacht der Mißhandlung von Kindern und Jugendlichen begründen, wird konsequent nachgegangen. Obwohl die Aufklärung dieser Straftaten kompliziert und aufwendig ist, wird alles getan, um die Täter ihrer strafrechtlichen Verantwortung zuzuführen und die Opfer vor weiteren gefährlichen Angriffen zu schützen.

Straftaten mit Freiheitsentzug kamen aufgrund der Schwere der Straftaten gegen ca. 10 % der Täter zur Anwendung. In allen anderen Fällen wurden die Täter auf Bewährung oder Geldstrafe verurteilt oder die Sache wurde zur Beratung und Entscheidung an ein gesellschaftliches Gericht übergeben. Etwa 55 % der Täter waren Frauen.

	1985	1986	1987	1988	1989
- Verletzung von Erziehungspflichten gem. § 142 StGB	55	491	560	481	488
- Kindestötung (Totschlag) gem. § 113 StGB (Hier handelt es sich um die Tötung von Neugeborenen.)	18	16	23	20	13
- Sexueller Mißbrauch gem. §§ 148, 149 StGB (Täter handeln nur teilweise unter Gewaltanwendung.)	965	914	1084	1091	1095

Dokument 15/13, Bericht Poßner, StS und Leiter des Amtes für Jugend und Sport: Beratung des Runden Tisches am 5. März 1990: Ausgewählte Zahlen und Fakten zur Lage der Kinder und Jugendlichen in der DDR (Vorlage o. N.); Seite 62 von 81

5.7. Gegenwärtige Situation im Jugendstrafvollzug
*Zuarbeit des Ministeriums für Innere Angelegenheiten, Verwaltung Strafvollzug

- Aus dem allgemeinen Rückgang der Kriminalität in der DDR ergibt sich auch eine anhaltend rückläufige Tendenz in der Jugendkriminalität und damit bei der Belegung in den Jugendhäusern.

- Während sich 1980 noch etwa 1600 Jugendliche im Strafvollzug befanden, waren es 1989 nur noch 580 (davon ca. 25 Mädchen). Mit Stand vom 23. 2. 1990 befinden sich 160 männliche und keine weibliche Jugendliche in den Jugendhäusern.
  Im Jugendhaus Halle befinden sich davon 115 und im Jugendhaus Ichtershausen 45 männliche Jugendliche.

- Hauptsächliche Straftaten Jugendlicher sind Diebstahl, Körperverletzung und Rowdytum. Im Jugendhaus Ichtershausen sind Jugendliche eingewiesen, die aufgrund schwerer Straftaten (beispielsweise Tötungsdelikte) zu Freiheitsstrafen über 2 Jahre verurteilt wurden.

- Die Mehrzahl der zu einer Freiheitsstrafe verurteilten Jugendlichen befanden sich vorher bereits in Kinderheimen oder/und in Jugendwerkhöfen.

- Im Lehr- und Ausbildungsjahr 1988/89 wurden folgende Abschlüsse als Ergebnis der allgemeinen Bildung und beruflichen Qualifizierung erreicht:

  . Erwerb eines Facharbeiterzeugnisses   20 Jugendliche
  . Abschluß auf Teilgebieten von Ausbildungsberufen 138 Jugendliche
  . nächst höheres Klassenziel   43 Jugendliche

  gesamt   203 Jugendliche

- Die restlichen Jugendlichen konnten wegen der Kürze der Strafdauer nur zu gesellschaftlich nützlicher Arbeit eingesetzt werden.

Dokument 15/13, Bericht Poßner, StS und Leiter des Amtes für Jugend und Sport: Beratung des Runden Tisches am 5. März 1990: Ausgewählte Zahlen und Fakten zur Lage der Kinder und Jugendlichen in der DDR (Vorlage o. N.); Seite 63 von 81

62

- Prinzipiell ist festzuhalten, daß die Erziehungssituation in den Gruppen und Ausbildungsklassen der Jugendlichen durch die Pädagogikkollektive (Erzieher, Lehrer und Lehrmeister) ständig beherrscht wird. Davon zeugen die 2871 Anerkennungen, die im Lehr- und Ausbildungsjahr 1988/89 gegenüber Jugendlichen ausgesprochen werden konnten.

- Im Einzelfall ermittelte gesetzwidrige Übergriffe gegenüber Jugendlichen durch SV-Angehörige, Zivilbeschäftigte oder Betriebsangehörige führten in jedem Fall zu deren disziplinarischen Bestrafung.

Dokument 15/13, Bericht Poßner, StS und Leiter des Amtes für Jugend und Sport: Beratung des Runden Tisches am 5. März 1990: Ausgewählte Zahlen und Fakten zur Lage der Kinder und Jugendlichen in der DDR (Vorlage o. N.); Seite 64 von 81

Ministerium für Bildung
Abt. Kultur-, Sprach- u.
Erziehungswissenschaften
Dr. Ilse Buggel   20.2.1990

   Betr.: Auskunftsbericht zur Verantwortung der Gesellschaft
          gegenüber der Jugend und dem Sport
          7. Zur Lage der Kinder und Jugendlichen

5.8. An den Universitäten der DDR liegen Untersuchungsergebnisse sowie
     Erfahrungen zu folgenden Problemen vor, die auf Wunsch bei den
     verantwortlichen Wissenschaftlern einzusehen bzw. zu erhalten sin
     Humboldt-Universität zu Berlin, Sektion Rehabilitationspädagogik
          und Kommunikationswissenschaft, Prof. Dr. K.P. Becker
          - Forschungsbericht zur Entwicklungsdynamik physisch-
            psychisch auffälliger Kinder(darunter das Problem der
            sozialen Reproduktion von Schädigungen)
          - Familiäre Bewährung von geschädigten Kindern und Ju-
            gendlichen; zur realen Lage in Familien; Urlaub
                                           Prof. Dr. Karl-Heinz Sie.
          - Begleitung/Anleitung von Eltern mit geschädigten
            Kindern   Asp. Frau Scheele
          - Geschütztes Wohnen und Arbeiten Schwerstgeschädigter
                                           Doz. Dr. S. Eßbach
          - Ambulatorium für sprach-, stimm- und hörgeschädigte
            Kinder und Jugendliche   Prof. Dr.U. Mielke
          - Begutachtungen zu Problemen sozialer Randgruppen;
            Homosexualität(coming out)   Prof. Dr. R. Werner
          - Sonderstudium Diplomlehrer für Rehabilitationssport
                                           Dr. G. Ludwig
          - Schriftenreihe Beiträge zum Sonderschulwesen und zur
            Rehabilitationspädagogik, Verlag Volk und Gesundheit,
            bes. Band 51 Urlaub von intellektuell geschädigten
            Kindern und Jugendlichen
            bes. Band 45 Educational Rehabilitation of the Handi-
                         capped in the GDR and in the USA
     Humboldt- Universität zu Berlin, Sektion Pädagogik
          - Zur Lage von Kindern und Jugendlichen in Heimen u.
            Jugendwerkhöfen   Doz. Dr. Seidenstücker
          - Zur Erziehungssituation bei alleinstehenden Müttern
                                           Dr. Sybille Marsch
     Wilhelm- Pieck- Universität Rostock, Sektion Pädagogik/Psychologie
          - Zur lebenspraktischen Bewährung intelligenzgeschädigter
            Kinder und Jugendlicher im Territorium
                                           Prof. Dr. U. Angerhöfer
     Martin- Luther- Universität Halle, Sektion Erziehungswiss.
          - Zum Anspruch intellektuell geschädigter Kinder auf eine
            10-klasssige Schulbildung; Bewährung im beruflichen
            und sozialen Bereich   Prof. Dr. G. Großmann
     FH Magdeburg Sektion Sonderpädagogik, Prof. Dr. Schrader

Dokument 15/13, Bericht Poßner, StS und Leiter des Amtes für Jugend und Sport: Beratung des Runden Tisches am 5. März 1990: Ausgewählte Zahlen und Fakten zur Lage der Kinder und Jugendlichen in der DDR (Vorlage o. N.); Seite 65 von 81

6. Frauen- und Sozialpolitik

6.1. Versorgung mit Kinderkrippen- und Kindergartenplätzen

Im Jahre 1988 standen 355 089 Plätze in 7 639 Kinderkrippen zur Verfügung. Das entspricht einem Versorgungsgrad von 799 Plätzen auf 1 000 Kinder im Krippenalter. Von den 7 639 Einrichtungen waren 6 761 staatliche und 868 betriebliche Einrichtungen. Dabei sank trotz gestiegener Gesamtzahl der Einrichtungen seit 1980 die Anzahl der betrieblichen um 38 Einrichtungen (4,2 %) (Tab. 4).

In Kindergärten und Kinderwochenheimen wurden 1988 764 423 Kinder betreut. Das entspricht einem Versorgungsgrad von 940 Kindergartenplätzen auf 1 000 Kinder im Vorschulalter. (Tab.5)

Aus dem Staatshaushalt wurden 1988 für Kinderkrippen, Kindergärten (einschließlich Kinderkombinationen) sowie für Kinderspeisung und Kinderheime 3 634,5 Mill. M ausgegeben. Für Kinderbetreuung, insbesondere für Kindergärten und Kinderferienlager wurden 1988 aus den Fonds der Kombinate und Betriebe zusätzlich 658,2 Mill. Mark bereitgestellt.

Im Jahre 1988 wurden 766 621 Kinder der Klassen 1 - 4 in Schulhorten betreut. Das entspricht einem Versorgungsgrad von 818 auf 1 000 Schüler der Klassen 1 - 4. Die durchschnittliche Gruppenstärke pro Hortgruppe betrug 21,5 . Im Vergleich zu 1980 sind trendhafte Vergrößerungen der Anzahl der Kinder je Gruppe sowie je Betreuer erkennbar.

6.2. Auffassungen zu Frauen- und Sozialpolitik
(*ZIJ Leipzig, Februar 1990)

Tabelle 1

Frauen- und Sozialpolitik (in %)

1. das entspricht meiner Meinung
2. das entspricht nicht meiner Meinung
3. dazu habe ich keine Meinung

Dokument 15/13, Bericht Poßner, StS und Leiter des Amtes für Jugend und Sport: Beratung des Runden Tisches am 5. März 1990: Ausgewählte Zahlen und Fakten zur Lage der Kinder und Jugendlichen in der DDR (Vorlage o. N.); Seite 66 von 81

65

		1	2	3
Frauen und Männer sollten bei uns auf allen beruflichen Ebenen die gleichen Chancen haben.	m	97	2	1
	w	93	5	2
Frauen sollten sich heute bei uns mehr um Familie und Haushalt kümmern, weniger um den Beruf.	m	33	59	8
	w	34	57	9
Die bisherigen sozialpolitischen Maßnahmen für junge Mütter und Familien sollten beibehalten werden.	m	70	24	6
	w	65	28	7
Für ältere Bürger sollte es bei uns umfangreichere Sozialmaßnahmen geben als bisher.	m	96	2	2
	w	94	2	4

Tabelle 2

Die bisherigen sozialpolitischen Maßnahmen für junge Mütter und Familien sollten beibehalten werden.

1. das entspricht meiner Meinung
2. das entspricht nicht meiner Meinung
3. dazu habe ich keine Meinung

	1	2	3
gesamt	47	26	7
15 - 24 Jahre	77	15	8
25 - 34 Jahre	75	22	3
35 - 44 Jahre	66	29	5
45 - 54 Jahre	55	38	7
55 - 64 Jahre	65	30	5
65 und darüber	62	26	12

Dokument 15/13, Bericht Poßner, StS und Leiter des Amtes für Jugend und Sport: Beratung des Runden Tisches am 5. März 1990: Ausgewählte Zahlen und Fakten zur Lage der Kinder und Jugendlichen in der DDR (Vorlage o. N.); Seite 67 von 81

7. Jugend und Gesundheit

7.1. Gesundheitszustand

* ZIJ, 1988

Tabelle 1: Einschätzung des eigenen Gesundheitszustandes

Wie schätzen sie im allgemeinen ihren Gesundheitszustand ein?

1. sehr
2. gut
3. mittelmäßig
4. schlecht
5. sehr schlecht

(Angaben in %)	1.	2.	3.	4.	5.
Lehrlinge/Berufstätige gesamt	15	68	16	1	0
Angestellte					
männlich	24	65	11	0	0
weiblich	9	70	19	2	0
Sporttreiben					
regelmäßig	24	68	7	1	0
unregelmäßig	12	70	17	1	0
nicht	12	59	26	3	0
Studenten gesamt	20	67	12	1	0

Dokument 15/13, Bericht Poßner, StS und Leiter des Amtes für Jugend und Sport: Beratung des Runden Tisches am 5. März 1990: Ausgewählte Zahlen und Fakten zur Lage der Kinder und Jugendlichen in der DDR (Vorlage o. N.); Seite 68 von 81

Tabelle 2: Rangreihe von Beschwerden, die oft oder sehr oft
auftreten

Rang-platz	Beschwerden	Lehr-/Berufs-linge/tätige			Studenten			Rang-platz
		g	m	w	g	m	w	
1.	Infekte der oberen Luftwege	22	21	31	19	17	21	1.
2.	Kopfschmerzen	17	9	23	14	8	22	3.
3.	Nervosität/Unkonzentriertheit	16	12	22	16	15	18	2.
4.	Verdauungsbeschwerden	13	9	17	8	8	8	4.
5.	Herz-Kreislaufbeschwerden	9	7	14	6	4	8	5.
6.	Schlaflosigkeit	6	5	7	5	5	7	6.

Tabelle 3: Beurteilung ihres Gesundheitszustandes durch junge berufstätige Frauen, abhängig von Ein- oder Zweischichtarbeit (Tabellenauszug, Angaben in %)

	Gesundheitszustand		
	sehr gut	gut	mittelmäßig
Einschichtarbeit	9	72	18
Zweischichtarbeit	25	67	4

Dokument 15/13, Bericht Poßner, StS und Leiter des Amtes für Jugend und Sport: Beratung des Runden Tisches am 5. März 1990: Ausgewählte Zahlen und Fakten zur Lage der Kinder und Jugendlichen in der DDR (Vorlage o. N.); Seite 69 von 81

Tab. 4 Angaben über persönlich bekannte Jugendliche, die schon einmal andere Rauschmittel als Alkohol versuchten und eigene Versuche dieser Art

(Angaben in %)

	Versuche anderer Jugendlicher bekannt	selbst schon versucht
Lehrlinge/Berufstätige		
gesamt	19	4
Tätigkeit/Geschlecht		
Lehrlinge		
männlich	28 !	7
weiblich	23	3
Arbeiter		
männlich	16	4
weiblich	13	4
Angestellte		
männlich	13	4
weiblich	9	1
Intelligenz		
männlich	19	5
weiblich	7	0
Alter / Jahre		
16 - 18	25	5
19 - 21	20	3
22 - 25	11	3
26 - 35	12	3
Studenten		
gesamt	19	3
männlich	22	6
weiblich	17	1
Studieneinrichtung		
KMU Leipzig	25	5
MLU Halle	24	2
TU Dresden	22	4
TU Karl-Marx-Stadt	16	3
IH Zwickau	15	2

7.2. Zur Lage behinderter Kinder und Jugendlicher

* Auskunftsbericht des Ministeriums für Gesundheits- u. Sozialw. Behinderte Menschen wurden insgesamt, und da sind auch die Kinder und Jugendlichen einzuschließen, im allgemeinen mehr geduldet als akzeptiert.

Administrative Strukturen der Betreuung führten mehr zu verschiedenen Systemen der Ausgrenzung als zur eigentlich beabsichtigten Integration. Zum Teil einseitige Betonung der spezifischen Kompetenz von Fachleuten, Organen des Gesundheits- und Sozialwesens, der Volksbildung und anderer Bereiche führten häufig zur Bevormundung der Betroffenen und auch der Eltern und damit zum Gefühl der Inkompetenz und zur Verunsicherung. Die Behinderten- und Elternarbeit war zu stark reglementiert und verlief in institutionalisierten Bahnen.

Auch die Medienpolilitik, die sich vorwiegend am gesunden Kind orientierte, verstand es nicht, gesellschaftliche Widersprüche in dieser Beziehung darzustellen und verhinderte damit den adäquaten Austausch von Informationen zwischen der Bevölkerung und den Behinderten bzw. davon betroffenen Familien.

Obwohl von staatlichen Institutionen soziale Sicherheit, Betreuungs-, Förderungs-, Bildungs- und Arbeitsmöglichkeiten teilweise realisiert werden konnten, begünstigten diese Maßnahmen zwar die Anpassung der Behinderten an die gesellschaftlichen Normen, nicht aber Selbstbestimmung und Gleichstellung, auch behinderter Kinder, in der Gesellschaft.

Allein schon im Prozeß der medizinischen Betreuung wurden die psychosozialen Auswirkungen der physischen oder psychischen Schädigung zu wenig berücksichtigt, so daß andere für die Integration mitverantwortliche Bereiche wie Bildung, Bauwesen, Verkehr, Kinder- und Jugendorganisationen nicht genügend gefordert wurden bzw. ihrer Verantwortung nicht gerecht wurden.

Aussagen in der Verfassung wie im Artikel 25 (5) (Sonderschul- u. Ausbildungseinrichtungen) müssen deshalb künftig ersetzt werden durch Aussagen zur Verpflichtung der Gesellschaft, die Integration in allen gesellschaftlichen Bereichen zu gewährleisten.

Gesetzliche Grundlagen sind so zu fassen, daß Begriffe wie z. B. bildungs- bzw. förderungsunfähig oder Pflegefall wegfallen und davon ausgegangen wird, daß jeder Mensch bildungsfähig ist, aber seiner Behinderung entsprechend Hilfe und Unterstützung benötigt.

Die soziale Sicherheit für Behinderte war allgemein durch die Sicherheit des Arbeitsplatzes, durch Invalidenrente, Pflegegeld, Sonderpflegegeld, Blindengeld und begrenzte individuelle Unterstützungsmöglichkeiten gegeben.

Die Einkünfte und der Lebensstandard der Mehrzahl der Behinderten und der Familien mit behinderten Angehörigen sind dennoch im allgemeinen niedriger als in der Bevölkerung insgesamt. Ursachen dafür sind, daß die Betreuung schwer- und schwerstgeschädigter Kinder hohe materielle und finanzielle Anforderungen stellt und daß Angehörige zeitweilig ihre Tätigkeit wegen der Betreuung aufgeben bzw. unter ihrer Qualifikation tätig sein müssen.

Zu einigen ausgewählten speziellen Bereichen der Betreuung schwer- und schwerstgeschädigter Kinder im Bereich des Gesundheits- und Sozialwesens.

Psychisch schwergeschädigte Kinder und Jugendliche
(schulbildungsunfähig förderungsfähig)

Bei der Betreuung der psychisch schwergeschädigten Kinder und Jugendlichen, die keine Schule besuchen können, aber eine rehabilitationspädagogische Förderung mit dem Ziel der Erreichung einer relativen Selbständigkeit erhalten, wurde ein Versorgungsgrad in speziellen Einrichtungen des Gesundheits- und Sozialwesens von über 90% erreicht.

In über 370 Tages-, Wochen- oder Dauereinrichtungen mit 14 800 Plätzen bemühen sich die Mitarbeiter um eine wirksame umfassende rehabilitative, persönlichkeitsfördernde Betreuung.

Die inhaltlich gute Arbeit wird jedoch durch unzureichende äußere Arbeitsbedingungen oft eingeschränkt und behindert.

Das betrifft insbesondere
- den baulichen Zustand der Einrichtungen (meist Altbausubstanz bzw. Räume, die vorher ganz anderen Zwecken dienten),
- den unzureichenden Platzbedarf pro Kind, einschließlich hygienischer Bedingungen
- die mangelhafte Ausstattung der Einrichtungen, hinsichtlich technischer Geräte, Spiel- und Lernmaterial.

Hinzu kommen die begrenzten Möglichkeiten der notwendigen physiotherapeutischen, logopädischen und fachärztlichen Betreuung.

Obwohl gute Ergebnisse in der systematischen rehabilitationspä-

dagogischen Arbeit und damit in der Persönlichkeitsentwicklung dieser Kinder und Jugendlichen erreicht wurden, ist ihre weitere Qualifizierung im Interesse einer noch umfassenderen Integration erforderlich.
Dazu gehören vorrangig auch Fragen der Aus- und Weiterbildung.

Mehrfachgeschädigte Kinder

Die dafür im GSW zur Verfügung stehenden Betreuungskapazitäten entsprechen nicht dem Bedarf.
Besonders schwierig ist die Situation bei der Betreuung psychisch schwergeschädigter, seh- und hörgeschädigter und der kontinuierlichen Fortführung der Betreuung taubblinder Jugendlicher und Erwachsener.
Das bedingt, daß ein Teil dieser Kinder und Jugendlichen in der Familie betreut werden muß und damit ein Elternteil keiner beruflichen Tätigkeit nachgehen kann. Hinzu kommt, daß außer Pflegegel und einer monatlichen Unterstützung von maximal 200,- M keine weitere finanzielle Anerkennung dieser Betreuungsleistung erfolgen kann.
Ein weiteres Problem besteht darin, daß pflegebedürftige Kinder, insbesondere Jugendliche wegen fehlenden speziellen Einrichtungen oft in Feierabend- und Pflegeheimen aufgenommen werden müssen, ohne daß dort eine schadensspezifische Betreuung möglich ist.
Es führt zu Belastungen der Heime, zu Problemen des Zusammenlebens älterer pflegebedürftiger und jüngerer Bürger und schränkt das unbedingt notwendige gemeinschaftliche Leben gleichaltriger mit ihren Interessen stark ein, ganz zu schweigen von den fehlenden speziell für eine solche Aufgabe qualifizierten Arbeitskräfte.

Ferienbetreuung

Im Verantwortungsbereich des GSW wird in jedem Jahr eine organisierte rehabilitative Ferienbetreuung (Ferienlager/Ferienspiele) für Kinder und Jugendliche durchgeführt, die auf Grund der Art und Schwere ihrer gesundheitlichen Schädigungen nicht an den sonst üblichen Ferienaktionen der Schulen und Betriebe nicht teilnehmen

können.
Im Jahr 1989 erholten sich ca. 18 000 Kinder und Jugendliche in speziellen Ferienlagerdurchgängen (559) und örtlichen Ferienspielen (443). Das waren insbesondere schwer intelligenzgeschädigte, schwer körpergeschädigte, anfallskranke, nierenkranke oder stoffwechselkranke Kinder.
Angewiesen war die Organisation von Ferienlagern immer auf die Bereitschaft der Betriebe und Einrichtungen, dafür geeignete Kapazitäten bereitzustellen bzw. auf die Initiative der Mitarbeiter des Gesundheits- und Sozialwesens deren Überzeugungskraft.
Einzelne gute Beispiele der Einbeziehung geschädigter Kinder in die Ferienbetreuung gesunder können nicht darüber hinwegtäuschen, daß im Interesse einer weiter auszubauenden Integration noch größerer Aktivitäten bedarf.
Unzureichend sind die Möglichkeiten spezieller Ferien- und Urlaubsreisen Schwerstgeschädigter, z. B. Rollstuhlfahrer, Dialysebedürftiger, Stoffwechselkranke u. a..
Das Angebot der Reisebüros und von Jugendtourist war für Geschädigte sehr begrenzt und muß unbedingt erweitert werden. 1989 standen z. B. 4 Kurzreisen für 88 Teilnehmer im Inland und 8 Reisen für 320 Teilnehmer im Ausland zur Verfügung. Das ist ein Tropfen auf den heißen Stein.

Berufliche Eingliederung

Bisher konnten nahezu alle Abgänger aus den Sonderschulen eine Berufsausbildung in den Betrieben oder in den speziellen Rehabilitationszentren für Berufsbildung des Gesundheits- und Sozialwesens erhalten.
Damit war in der Regel auch ihr späterer Tätigkeit in einem Betrieb gesichert. Das betrifft im übrigen auch die Schwerstgeschädigten, die keine Berufsausbildung erhalten, aber im Rahmen der geschützten Arbeit eine Tätigkeit aufnehmen konnten.
Gegenwärtig zeigt sich jedoch zunehmend, daß man Schwer- und Schwerstgeschädigten die Arbeitsaufnahme verwehrt oder bestehende Arbeitsrechtsverhältnisse versucht zu kündigen.

Dokument 15/13, Bericht Poßner, StS und Leiter des Amtes für Jugend und Sport: Beratung des Runden Tisches am 5. März 1990: Ausgewählte Zahlen und Fakten zur Lage der Kinder und Jugendlichen in der DDR (Vorlage o. N.); Seite 74 von 81

Es gilt diese Tendenzen mit aller Entschiedenheit entgegenzuwirken.
Die Sicherung des Rechtes auf Arbeit für Geschädigte wird insgesamt unserer besonderen Aufmerksamkeit bedürfen.

Wohnen

Trotz der Einrichtung von behindertengerechten Wohnungen im komplexen Wohnungsbau der vergangenen Jahre und der Beachtung der Forderungen bei Rekonstruktionen, entspricht das keinesfalls dem wachsenden Bedarf.
Wohnmöglichkeiten fehlen vor allem auch für diejenigen (geistig Behinderte, psychisch Kranke, Verhaltensauffällige) die nicht selbständig leben können.
Das führt bei behinderten Jugendlichen zu einer wesentlich späteren Ablösung vom Elternhaus und bedeutet für die Angehörigen eine lange Zeit der physischen, psychischen und finanziellen Belastung.

Freizeit, Sport

Unzureichend gelöst sind die Fragen der Freizeit, des Sportes und der kulturellen Möglichkeiten für schwer- und schwerstgeschädigte Jugendliche.
Dabei geht es sowohl um die volle Einbeziehung in alle Aktivitäten auf diesem Gebiet als auch um die Beachtung spezieller Interessen Geschädigter.
Einzelne gute Beispiele der Einbeziehung in die Jugendarbeit, in die Arbeit der Klubhäuser, Sportstätten und kulturelle Veranstaltungen zeigen, daß es möglich ist.
Oft spielen hierbei subjektive Gründe eine Rolle, die meist auf Unwissenheit, falsche Rücksichtnahme oder unbegründete Vorsicht zurückzuführen sind.
Hinsichtlich der sportlichen Betätigung leistet der DVfVS eine sehr konstruktive Arbeit, deren Wirksamkeit aber sicher noch weiter ausgebaut werden kann und die vor allem auch mehr Unterstützung durch die Öffentlichkeit erfahren muß.

74

Sondergruppen für geschädigte Säuglinge und Kleinkinder in Kinderkrippen und Dauerheimen

1988   373 Gruppen mit 2.898 Plätzen

Ziel: Bei geschädigten Säuglingen und Kleinkindern mit Körper-, Sinnesschädigung oder Intelligenzminderungen bzw. Kinder mit psychomotorischer Retardierung auf Grund rehabilitationspädagogischer Früherziehung Fähigkeiten, Fertigkeiten, Gewohnheiten und soziale Verhaltensweisen auszubilden, die es ihm ermöglichen später einen Kindergarten, eine Vorschuleinrichtung der Sonderschule oder eine Einrichtung für schulbildungsfähige förderungsfähige und intelligenzgeschädigte Kinder und Jugendlichen zu besuchen.

Die systematische Erziehung der Kinder erfolgt auf der Grundlage eines "Anleitungsmaterials zur Früherziehung geschädigter Säuglinge und Kleinkinder", erarbeitet von einem Autorenkollektiv und ist seit 1987 eine bestätigte Arbeitsgrundlage.

Die materiellen und personellen Bedingungen in den Sondergruppen entsprechen den gegenwärtigen Anforderungen.

Zukünftig würden wir empfehlen, die Sondergruppen im Bereich des Vorschulbereiches zu belassen und Gruppen zu konzipieren bis zum Erreichen des Schulalters.

75

<u>Dauerheime für Säuglinge und Kleinkinder</u>

Hier finden elternlose, familiengelöste Säuglinge und Kleinkinder von der 11. Lebenswoche an bis zum 3. Lebensjahr Aufnahme.

1988   128 Dauerheime mit 5.281 Plätzen = davon 4.778 Plätze belegt

Die inhaltliche Gestaltung der Arbeit der Erzieherinnen basiert auf dem "Programm für die Erziehungsarbeit in Kinderkrippen".

Die Ausstattung der Dauerheime (Möbel, Technische Grundausstattung, Spielzeug und Beschäftigungsmaterial) ist festgeschrieben in der "Anweisung über den Grundausstattungsplan" vom 1. Oktober 1987.

Aufgrund schlechten baulichen Zustandes entsprechen die materiellen, räumlichen und sanitären Bedingungen in der Mehrzahl der Dauerheime nicht den jetzt geltenden Anforderungen.

Die personelle Besetzung liegt teilweise unter dem Normativ (1 zu 1.5) und der Besetzungsrichtwert müßte generell verändert werden (Vorschlag 1 zu 1).

Zukünftig würden wir empfehlen für die Kinder bis zum Eintritt ins Schulalter ein Dauerheim zu konzipieren und dies leitungsmäßig dem Bereich der Jugendhilfe/Heimerziehung zu unterstellen.

Geschädigte Säuglinge und Kleinkinder die familien- bzw. elterngelöst sind, sollten in Sondergruppen in den Dauerheimen erzogen und systematisch gefördert werden.

Dokument 15/13, Bericht Poßner, StS und Leiter des Amtes für Jugend und Sport: Beratung des Runden Tisches am 5. März 1990: Ausgewählte Zahlen und Fakten zur Lage der Kinder und Jugendlichen in der DDR (Vorlage o. N.); Seite 77 von 81

76

7.3. Zuarbeit zum Auskunftsbericht zur Verantwortung der Gesellschaft gegenüber der Jugend und dem Sport
* Auskunftsbericht des Ministeriums für Gesundheits- u. Sozialwesen

1. Gesundheitliche Lage und Betreuung

- Sterblichkeit jährlich etwa 1 000 Kinder und Jugendliche (1 bis unter 15 Jahre) und knapp 2 000 Jugendliche (15 bis unter 25 Jahre) Häufigste Ursachen bei Kleinkindern:
angeborene Mißbildungen, bei älteren Kindern und Jugendlichen: Unfälle im Freizeitbereich, Verkehrsunfälle (mehr männliche als weibliche Personen)
  Probleme: Verhütung der Unfälle in gesellschaftlicher Verantwortung noch ungenügend koordiniert.

- Erkrankungshäufigkeit: akute Erkrankungen sind in allen Altersgruppen zwischen 60 - 80 % durch Infekte der oberen Luftwege bedingt; etwa 5 % aller Kinder werden als infektanfällig bezeichnet (häufige und länger dauernde Erkrankungen).
  Chronische Befunde: Veränderungen am Bewegungsapparat stehen mit knapp 10 % an erster Stelle der Häufigkeit; bei allergischen Erkrankungen ist eine geringe, ständige Zunahme zu verzeichnen.

  Probleme: Lebensbedingungen und Lebensweise/gesellschaftliche und individuelle Verantwortung für die Gesundheitsförderung und Gesunderhaltung.

- Gesundheitliche Betreuung der Kinder und Jugendlichen insbesondere in den großstädtischen Neubau-und industriellen Ballungsgebieten nicht genügend gesichert.

  Probleme: insgesamt Unterschätzung und ungenügende gesellschaftliche Anerkennung des Gesundheitsschutzes, einschließlich der prophylaktischen medizinisch-sozialen Betreuung (fehlende

77

Gesundheitseinrichtungen, materielle und personelle Kapazitäten nicht ausreichend, ungenügende Beachtung der psychosozialen Probleme Jugendlicher)

2. Gesundheitszustand bei Kindern und Jugendlichen sozialer Randgrupp.

- Etwa 10 - 15% der Jugendlichen brauchen aus gesundheitlichen Gründe. eine besondere gesellschaftliche Unterstützung hinsichtlich ihrer Berufsorientierung und Beratung. Die ärztliche Mitwirkung und die Ausbildungs- und Arbeitsplatzsicherung ist erforderlich.

  Probleme: adäquate Integration

- Der Gesundheitszustand bei Kindern und Jugendlichen von Alleinerziehenden, aus kinderreichen Familien, sowie von Eltern mit niedrigem Ausbildungsniveau ist gemessen an der Gesamtpopulation schlechter. Häufigere Erkrankungen, Entwicklungsrückstände, psychosoziale Auffälligkeiten, geringere körperliche und geistige Leistungsfähigkeit sind in wissenschaftlichen Untersuchungen beschrieben.

  Probleme: konkrete soziale Fürsorge durch die Gesellschaft im Vorfeld; Koordinierung aller notwendigen medizinisch-sozialen-pädagogisch und rehabilitativer Maßnahmen. bisher fehlende Erziehungsberatung.

3. Besondere Probleme
- Psychosoziale Auffälligkeiten
  Bei insgesamt etwa 5% der Kinder und Jugendlichen von 5. bis zum 15. Lebensjahr wird eine Neurose diagnostiziert, zusätzlich sind etwa 11 - 15% als fraglich neurotisch anzusehen (wissenschaftliche Untersuchungen)
  Diese Auffälligkeiten sind mit Wahrscheinlichkeit in der Tendenz steigend; vergleichende Untersuchungen zu früheren Jahren sind nur in Grenzen möglich.

  Probleme: Notwendigkeit der pädagogisch-psychologischen Betreuung, bisher ungenügend gewährleistet

78

- **Mißhandlungen**
  treten insbesondere bei Säuglingen und Kleinkindern in den letzten
  Jahren in den Vordergrund.
  <u>Ursachen:</u> Diskrepanz zwischen Anspruchsverhalten und Verantwortung
  gegenüber dem Kind, inadäquate Reaktionen, Alkoholismus,
  asoziale Lebensweise und ungeordnete Familienverhältnisse

  Häufigkeit etwa 0,5 - 1 bezogen auf 10 000 (genauer Überblick und statistische Erfassung nur im Bezirk Magdeburg)

  <u>Probleme:</u> hohe Dunkelziffer,
  keine exakte Erfassung im Gesundheits- und Sozialwesen

- **sexueller Mißbrauch von Kindern**
  in den meisten Fällen durch Familienangehörige, Bekannte

  <u>Probleme:</u> außerordentlich hohe Dunkelziffer und bisher in der
  Gesellschaft nicht genügend beachtet.

4. Kinderfreundliche Lebensräume

- Für Kinderkrippen-, gärten und Schulen sind TGL bzw. Richtlinien
  vorhanden.
  Lage der Einrichtungen, Größe der Gruppenräume (Fläche/Kind),
  Möglichkeiten der Lärmdämmung, Einflußnahme auf Besonnung, Belicht.
  und Temperaturregelung weichen in der Praxis z. T. erheblich von
  den Vorgaben ab. Die Richtlinie für Kindergärten sieht keine
  Trennung von Gruppen- und Schlafräumen vor. Nur in wenigen Schulen
  ist eine Trennung von Unterrichts- und Horträumen (mit Ruhemöglichkeiten) vorhanden.

  <u>Probleme:</u> Schaffung kleinerer Gruppen in Krippen/Kindergarten;
  Schaffung von Modellbeispielen, die erprobt und in der
  Praxis realisiert werden.

- Für Kinderheime gibt es keine eigenständigen Projekte; bei Neubau
  wurden häufig andere Typenbauten genutzt (Kinderkombinationen,
  Schulen, Feierabendheime). Generell werden Einrichtungen nach
  Altersgruppen getrennt geführt. Daraus ergibt sich für einen großen

Dokument 15/13, Bericht Poßner, StS und Leiter des Amtes für Jugend und Sport: Beratung des Runden Tisches am 5. März 1990: Ausgewählte Zahlen und Fakten zur Lage der Kinder und Jugendlichen in der DDR (Vorlage o. N.); Seite 80 von 81

79

Teil der Heimkinder zwangsläufig ein häufiger Wechsel der Einrichtung und die Trennung der Geschwister

<u>Probleme:</u> Betreuung von Kindern in Heimen in kleineren Einrichtungen und "Familienverbänden".
Notwendige psychologische-pädagogische Kapazitäten,
Betreuung der Kinder von jugendlichen Müttern in Heimen.

- Spielplätze und Freiflächen
Für Größe und Gestaltung der Freiflächen in Vorschuleinrichtungen und Schulen sind TGL vorhanden.
Für Spielplätze in Wohngebieten ist ebenfalls eine TGL vorhanden.

<u>Probleme:</u> Altbausubstanz und z. T. ungenügende Bereitstellung der Freifläche bei Neubau in innerstädtischen Gebieten.
Stereotype Ausstattung (Risikoarm, Sicherheit der Kinder
Wartung und Pflege der Anlagen; ungenügende bzw. nicht attraktive Angebote für Jugendliche.

Dokument 15/13, Bericht Poßner, StS und Leiter des Amtes für Jugend und Sport: Beratung des Runden Tisches am 5. März 1990: Ausgewählte Zahlen und Fakten zur Lage der Kinder und Jugendlichen in der DDR (Vorlage o. N.); Seite 81 von 81

Runder Tisch Vorlage 15/8
15. Sitzung
5.3.1990

13 Einzelanträge der AG Bildung, Erziehung und Jugend
Der Runde Tisch möge beschließen:

AG-Antrag Nr. 1

Da die Konvention über die Rechte des Kindes vom 20.11.1989, welche vom Ministerrat zur Ratifizierung vorbereitet wird, das Ergebnis 10jähriger internationaler Diskussionen und somit Kompromißergebnis aller Länder der Erde ist, bittet der Runde Tisch die gegenwärtige und die zukünftige Regierung, darüberhinaus die Stellung des Kindes als Rechts s u b j e k t zu bestimmen.

Kinder und Jugendliche müssen den Status von Objekten, die beliebig erzogen, abgegeben, verwahrt und behandelt werden können, verlieren.
Zur Einarbeitung der juristischen Stellung der Kinder als Subjekte in Verfassung, Familien-, Sozial- und weitere Gesetzeswerke bringen wir bis 15.3.1990 ein Rechtsgutachten bei. (Dieses Rechtsgutachten wird durch Frau Dr. Niedermeier von der Humboldt-Universität erstellt.)

Die AG "Neue Verfassung der DDR" des Runden Tisches wird gebeten, diese Gesichtspunkte zu berücksichtigen.

AG-Antrag Nr. 2

Psychologische und sozialpädagogische Hilfen für Kinder, Eltern, Lehrer und Erzieher

Angesichts der gesamtgesellschaftlich großen <u>Vernachlässigung psychologischer und sozialpädagogischer Hilfen</u> zur Lebensbewältigung und für die Betreuung und Erziehung von Kindern und Jugendlichen möge der Runde Tisch beschließen:

1. Die Beratungs- und Therapieangebote (einschließlich telefonische Beratung) für Kinder, Jugendliche, Familien, für <u>alle</u> Bevölkerungsgruppen ist stark zu erweitern. Der Aufbau von Selbsthilfegruppen ist zu untersützen. An Lehrerbildende Hochschulen und Universitäten sind ab September 1990 Beratungsstellen zu schaffen und an ausgewählten Einrichtungen mit der Ausbildung von Beratungslehrern zu beginnen. Der Bedarf an Beratungslehrern und Sozialpädagogen bzw. Sozialarbeitern für Schulen und Territorien ist umgehend zu ermitteln.

2. In die Allgemeinbildung und in die Lehrer- und Erzieheraus- und -weiterbildung ist die emotional getragene und praxisorientierte Vermittlung von Hilfen zur Lebensbewältigung verstärkt aufzunehmen.
Die Angebote zur Elternbefähigung in Schule, Jugendarbeit und während der gesamten Elternschaft sind zu entwickeln.

3. Für die unter 1. und 2. genannten Aufgaben sind unverzüglich gesetzliche und finanzielle Regelungen zu treffen. Es sind notwendige Planstellen für die Ausbildung und Tätigkeit von Psychologen, Beratungslehrern, Sozialpädagogen bzw. Sozialarbeitern zu schaffen.
Weiterhin sind gemeinnützige freie Träger bei der Schaffung von Beratungsstellen und anderer Einrichtungen zur psychologischen, sozialpädagogischen bzw. sozialen Hilfe durch den Staat finanziell und materiell zu unterstützen.

AG-Antrag Nr. 3

Zur Demokratisierung des Bildungswesens

Die stalinistischen Strukturen, Inhalte und Methoden des Bildungswesens und der pädagogischen Wissenschaften sind umfassend aufzudecken und zu beseitigen.

Der künftigen Regierung ist zu empfehlen, eine Kommission zu bilden, in der basisdemokratische Bildungsinitiativen mitarbeiten.

Die Kommission sollte untersuchen:

- die innere Struktur des Ministeriums für Volksbildung
- die Verpflechtung des ehemaligen Volksbildungsministeriums mit dem Ministerium für Staatssicherheit.
- die Rolle der Inspektoren
- den Anteil der Schulräte bei der Diskriminierung von Lehrern und Schülern
- die Rolle der Akademie der Pädagogischen Wissenschaften als Erfüllungsgehilfe verfehlter Bildungspolitik und ideologischer Indoktrination

AG-Antrag Nr. 4

Die Rehabilitierung und Wiedereinstellung von LehrerInnen, ErzieherInnen und anderen ehemaligen MitarbeiterInnen aus dem Bereich Volksbildung, die in der Vergangenheit aus politischen Gründen ihren Beruf nicht mehr ausüben durften bzw. aus politischen oder Gewissensgründen selbst aufgegeben haben.

4

AG-Antrag Nr. 5

Der Zentrale Runde Tisch möge den Runden Tischen in den Kreisen und Stadtbezirken empfehlen zu überprüfen, ob ehemalige Mitarbeiter von MfS und ehemalige Angehörige der NVA, die keine zivile pädagogische Ausbildung haben, von den Kreisabteilungen der Volksbildung als Pädagogen eingestellt wurden.
Liegt eine pädagogische Ausbildung vor, ist der Arbeitsvertrag auf ein Jahr zu begrenzen, um anschließend eine dauerhafte Entscheidung zu fällen. Liegt keine pädagogische Ausbildung vor, sind bereits abgeschlossene Arbeitsverträge für ungültig zu erklären ~~bzw. so lange auszusetzen~~, bis eine pädagogische Ausbildung erfolgt ist.

AG-Antrag Nr. 6

Die Regierung der DDR, insbesondere der Minister für Bildung, werden aufgefordert anzuweisen, daß bis zum Inkrafttreten eines neuen Bildungs- bzw. Hochschulgesetzes der DDR keine Verringerungen des Planstellenbestandes im Hoch- und Fachschulbereich vorgenommen werden. Darüberhinaus ist es notwendig, unter grundsätzlicher Einbeziehung der Gewerkschaften Wissenschaften sowie Unterricht und Erziehung eine ausgewogene Konzeption zur Umstrukturierung des gesamten Hoch- und Fachschulwesens auszuarbeiten, öffentlich zu diskutieren und im Rahmen eines Stufenplanes zu verwirklichen. Das schließt Regelungen zum weiteren Einsatz, zur Umschulung oder auch zum Arbeitsplatzwechsel für Hoch- und Fachschulkader ein.

Begründung:

In einer Vielzahl von Fachschulen, Hochschulen und Universitäten der DDR ist gegenwärtig die Tendenz zu beobachten, daß Sektionen/Institute aufgelöst bzw. vorhandene Planstellen gekürzt oder gestrichen werden. Dabei geht es nicht nur um Sektionen wie Marxismus/Leninismus, Geschichte und Rechtswissenschaften sondern z.B. auch um Rehabilitationspädagogik und Psychologie. Dies steht den zukünftig vor der Wissenschaft stehenden Aufgaben, zu denen auch die Sicherung eines wissenschaftlichen Nachwuchses gehört, konträr gegenüber. Mit der zu erwartenden Erhöhung der Studentenzahlen durch die Neuregelung des Immatrikulationsverfahrens werden zudem eher mehr Hoch- und Fachschullehrer als bisher gebraucht. Dabei geht es nicht um die Weiterbeschäftigung von Personen, sondern ausdrücklich um den Erhalt vorhandener Planstellen. Inkompetente Personen müssen durch solche ersetzt werden, die in der Lage sind, sich aktiv in die tiefgreifende Erneuerung unserer Gesellschaft einzubringen bzw. die Stellen bleiben vorläufig unbesetzt.

6

AG-Antrag Nr. 7

LehrerInnen und ErzieherInnen ist die direkte Bewerbung zwecks Einstellung an den entsprechenden Bildungseinrichtungen zu ermöglichen.
Dafür sind die entsprechenden Rechtsgrundlagen zu schaffen.

AG-Antrag Nr. 8

1. Die Regierung der DDR wird beauftragt, einen Kinderkulturfonds einzurichten, mit dessen Hilfe kommunale Kinder- und Jugendfreizeitarbeit auf allen Ebenen gefördert und unterstützt werden kann.
Bisher durch und für Kinder und Jugendliche genutzte Einrichtungen sollten für sie erhalten werden unabhängig von ihrer Rechtsträgerschaft.

2. Der Runde Tisch empfiehlt der Regierung, außerschulische Bildungseinrichtungen, die auf vertraglicher Grundlage zwischen den Erziehungsberechtigten und den Einrichtungen arbeiten, weiterhin zu subventionieren. (u.a. Musikschulen und Musikunterrichtskabinette)

3. Die Regierung der DDR wird beauftragt, den Lohnfonds der 5000 Planstellen der ehemaligen Pionierleiter in den Verantwortungsbereich des Amtes für Jugend und Sport und in kommunale Verantwortung für die Einstellung der Freizeitpädagogen zu überführen. Eine entsprechende Aus- und Weiterbildung ist zu entwickeln.

4. Die Betriebe werden dringend aufgefordert, aus/staatlichen Fonds ~~die bis dato vorhandenen Subventionen ausgeglichen werden~~ ihre Betriebsferienlager und die in ihrer Rechtsträgerschaft übergegangenen ZPL (KEZ) auch künftig vorrangig für Kinder zu nutzen.

5. Die Betriebe werden dringend aufgefordert, ihre Betriebssportgemeinschaften für die sportliche Freizeitgestaltung der Kinder und Jugendlichen auch weiter zur Verfügung zu stellen. Die Kosten für die Nutzung tragen die Kommunen.

7

AG-Antrag Nr. 9

Der Ministerrat wird beauftragt, die UNESCO-Carta der Rechte der Lehrer anzuerkennen und in zukünftige Rechtspositionen einzubeziehen.

Durch die Anerkennung der Gültigkeit des benannten internationalen Vertrageswerks auch für das Hoheitsgebiet der DDR wird auch über den 18.3.1990 hinaus eine grundsätzliche Sicherung der Verantwortung des Staates gegenüber Pädagogen gewährleistet. Damit würde eine übergreifende Position gesichert werden, die der allgemeinen Unsicherheit auf diesem Gebiet begegnen könnte.

AG-Antrag Nr. 10

Der Runde Tisch möge die Regierung dazu veranlassen, für den Fortbestand der "Häuser der Lehrer" zu sorgen.

Im Zusammenhang mit der notwendigen inhaltlichen Umprofilierung dieser Einrichtungen sind die rechtlichen und organisatorisch-technischen Voraussetzungen für die ungehinderte Arbeit auch der unabhängigen bildungspraktischen Initiativgruppen zu gewährleisten.

AG-Antrag Nr. 11

<u>Zur Erhaltung subventionierter Schulspeisung</u>

Der Runde Tisch fordert die Regierung auf, die gesetzlichen Grundlagen zu schaffen, um die Gewährleistung der subventionierten Schul- und Kinderspeisung durch die Kommunen zu sichern. Die Kommunen haben die personellen und materiellen Voraussetzungen zu schaffen, daß an sämtlichen Bildungseinrichtungen (Kindertagesstätten, Schulen, Heimen, Berufsschulen, Fach- und Hochschulen) täglich eine regelmäßige warme Mahlzeit gewährleistet ist.

AG-Antrag Nr. 12

__Positionen zur Sicherung des polytechnischen Unterrichts__

Der polytechnische Unterricht ist auch in einem künftigen Bildungskonzept Bestandteil der Allgemeinbildung und sollte auch weiterhin gemeinsam von Schule und Betrieb getragen werden. Die weitere Existenz aller materiellen und personellen Bedingungen in den Kombinaten, Betrieben und Genossenschaften ist zu sichern.

Es sind neue rechtliche Grundlagen für die Finanzierung des polytechnischen Unterrichts zu erarbeiten, die von einer Stützung der Betriebe aus dem Staatshaushalt ausgehen.

Die berufspraktische Arbeit der Schüler sollte in allen Bereichen, also auch im Sozialbereich erfolgen.

AG-Antrag Nr. 13

Der Runde Tisch empfiehlt der Regierung, die sofortige Offenlegung des Finanzhaushaltes im Bereich der Bildung zu veranlassen.

Im Zusammenhang mit dieser Offenlegung muß eine klare Aussage über die zur Verfügung stehenden Mittel und ihre Verwendung in den letzten 2 Jahren sowie die für dieses Kalenderjahr zur Verfügung stehenden bzw. bereits verplanten Mittel erfolgen.

Runder Tisch Vorlage 15/ 9
15. Sitzung
05. März 1990

Im Ergebnis der Tätigkeit des "Runden Tisches der Jugend", der notwendig gewordenen symbolischen Besetzung des Hauses der Jugend (ehemals Zentralrat der FDJ) und der auf der Grundlage eines Briefes des "Runden Tisches der Jugend" an den Ministerpräsidenten Hans Modrow getroffenen Festlegung der Einberufung einer Kommission unter Leitung des Amtes für Jugend und Sport zur Sicherung und Kontrolle der Objekte zur Nutzung durch Kinder und Jugendliche
möge der "Runde Tisch" beschließen:

1. Die Regierung, das Parlament und alle sich zur Wahl stellenden Parteien und Bewegungen bekennen sich zur Wahrung aller grundlegenden Rechte der Kinder und Jugendlichen.

2. Die mit der Wahl am 18. 03. 1990 legitimierte Regierung unseres Landes sichert die Bereitstellung von finanziellen Mitteln aus dem Staatshaushalt für die Tätigkeit der Kinder- und Jugendverbände und -bewegungen.

3. Die mit der Wahl am 18. 03. 1990 legitimierte Regierung unseres Landes akzeptiert und unterstützt die eingesetzte Kommission im Amt für Jugend und Sport zur Sicherung der Mittel, Objekte und Werte (die vormals der FDJ zur Verwaltung übergeben wurden) für die Jugendverbände und -bewegungen.

4. Die mit der Wahl am 18. 03. 1990 legitimierte Regierung unseres Landes schafft Voraussetzungen zur Sicherung aller Objekte, die den Kindern der Nutzung übergeben wurden (z. B. Freizeit und Erholung).

AG Bildung - Erziehung - Jugend

Dokument 15/15, Antrag Runder Tisch der Jugend: Die Regierung soll sich zur Wahrung aller Rechte der Kinder und Jugendlichen bekennen sowie zur Bereitstellung von finanziellen Mitteln aus dem Staatshaushalt für die Tätigkeit der Kinder- und Jugendverbände (Vorlage 15/9)

Runder Tisch Vorlage Nr. 15/4
15. Sitzung geänderte Fassung
5.3.1990

Um die UNO-Konvention vom 20.11.89 über die Rechte des Kindes, insbesondere des Rechtes auf regelmäßigen Umgang mit Vater und Mutter und um Artikel 7 und 38 der Verfassung der DDR durchzusetzen, fordern wir :

1. die Regierung auf, im Interesse der Kinder gesetzliche Maßnahmen zur Sicherung ihrer Beziehungen zu Vater und Mutter in und außerhalb von Ehe und Lebensgemeinschaft zu treffen, auch um so eine weitestgehende Gleichstellung von Vater und Mutter zu erreichen.

2. bei der Entscheidung über das elterliche Erziehungsrecht von einer wirklichen Gleichberechtigung beider Elternteile auszugehen und der überwiegend einseitigen Anwendung des Familiengesetzbuches und der Zivilprozeßordnung durch die Gerichte ein sofortiges Ende zu setzen. Der Generalstaatsanwalt und das Oberste Gericht werden aufgefordert die Interessen der betroffenen Kinder und des Nichterziehungsberechtigten in der Rechtsprechung durchzusetzen.

3. das Ministerium für Bildung auf, die Unzulänglichkeiten in der Arbeit der Organe der Jugendhilfe hinsichtlich der Vorbereitung der Entscheidung über das elterliche Erziehungsrecht zu beseitigen. Stellungnahmen des Organs der Jugendhilfe sind unter Einbeziehung gesellschaftlicher Kräfte, pädagogisch und psychologisch qualifiziert und entsprechend den wirklichen Verhältnissen anzufertigen. Dabei sind die psychischen Auswirkungen im Trennungsfall für das Kind besonders zu berücksichtigen.

4. die Regierung auf, in Verwirklichung der obengenannten UNO-Konvention die Umgangsbefugnis in einem durchsetzbaren Umgangsrecht zu regeln.

5. bis zum Inkrafttreten einer solchen gesetzlichen Regelung, daß sich die Gerichte und Organe der Jugendhilfe umfassend im Interesse des Kindes für die Gewährung des Umgangsrechtes des Nichterziehungsberechtigten einsetzen. Dazu sind endlich die bereits im Familiengesetzbuch vorhandenen gesetzlichen Regelungen anzuwenden.

6. die Regierung ferner auf, den Bürgerinitiativen, die sich zur Durchsetzung der Rechte des Kindes gebildet haben, materielle und finanzielle Hilfe zu geben.

VEREINIGTE LINKE für
INITIATIVE STREITFALL KIND
Kommission Recht - Hagen Hildebrand

Runder Tisch/15. Sitzung/5.3.90.   Information zu Vorlage 15/4

Offener Brief der

INITIATIVE STREITFALL KIND

An den
Minister für Bildung
Prof. Dr. Emmons
Unter den Linden
Berlin
1 0 2 0

Unsere "Initiative Streitfall Kind" wurde zur Wahrung der Rechte der Kinder im Trennungsfall der Eltern, insbesondere bei Ehescheidung, gegründet. Diese landesweite Gemeinschaft ist untersetzt in gegenwärtig 44 Territorialgruppen.
Unser wichtigstes Anliegen ist es, den Kindern die Eltern zu erhalten, auch wenn es zwischen diesen keine Konfliktbewältigung in ihrer Partnerbeziehung gibt.

Die Rechtsanwendung durch die Gerichte und die Organe der Jugendhilfe, sowie die Gesetzgebung haben bis jetzt viel zu wenig in dieser Richtung dazu beigetragen – im Gegenteil – sie haben vielfach zur Verhärtung der Fronten zwischen den Eltern, damit nicht familienfreundlich, sondern eher zerstörend gewirkt.
    Das Maß des angerichteten Leidens ist groß.

Ohne auf Einzelfälle einzugehen, wird der wirkliche Zustand unter anderem durch die Tatsache belegt, daß jährlich über 50.000 Kinder erstmals durch die Ehescheidung ihrer Eltern betroffen werden und daß in 95 % der Fälle die Väter das Erziehungsrecht n i c h t erhalten. Diese Praxis steht in eindeutigem Widerspruch zu soziologischen Erkenntnissen, nach denen Väter in beträchtlich höherem Ausmaß an der Erziehung ihrer Kinder gleichberechtigt beteiligt sind.
Dieser Widerspruch zwischen der Praxis der Gerichte und der Organe der Jugendhilfe einerseits, der Lebenserfahrung und soziologischen Erkenntnissen andererseits – dieser Widerspruch – der auf krassen Rechtsverletzungen – bishin zu Verfassungsverstößen beim Gleichheitsprinzip von Mann und Frau – beruht, ist den leitenden Organen der Rechtsprechung, dem Ministerium der Justiz und den Organen der Jugendhilfe g u t bekannt.
    Er wurde bisher verdrängt und vertuscht.

Zu einem Überdenken der Rechtspraxis kam es bis zum heutigen Zeitpunkt nicht. Das ist auch Ausdruck einer nicht vorhandenen demokratischen Kontrolle der Rechtsprechung der DDR. Diese Lücke versucht unter anderem unsere Interessengemeinschaft auszufüllen.
Der verheerende Einfluß dieser diktierten Rechtspraxis auf die Volksmeinung über Recht und Gesetz ist in Anbetracht der Vielzahl der Familienrechtsverfahren außerordentlich groß.
Wir fordern eine konsequente Auseinandersetzung in den Organen mit der fehlerhaften Rechtsanwendung und bei laufenden Verfahren, sowie bei Anträgen die auf die Korrektur früherer Entscheidungen gerichtet sind, die korrekte Anwendung des Gesetzes.

Dokument 15/16, Antrag VL für Initiative "Streitfall Kind", Kommission Recht und UFV (geänderte Fassung): Zur Durchsetzung von Rechten des Kindes (Vorlage 15/4); Seite 2 von 3

Wir haben konkrete Vorstellungen

- über eine der Gesetzlichkeit entsprechende Anwendung des Familienrechts durch die dafür zuständigen Organe.

- über die Betrauung qualifizierter Richter mit der Anwendung des Familienrechts; insbesondere denken wir an die Einrichtung von Familiengerichten. Eine parallele Qualifizierung ist bei den Organen der Jugendhilfe geboten. Für im Recht zu definierende Begutachtungsanlässe sind unabhängige, qualifizierte Sachverständige einzubeziehen.

- über die grundlegenden Veränderungen des geltenden Rechts im Sinne des größtmöglichen Schutzes der Interessen von Kindern und Eltern bei gleichzeitiger Verwirklichung der U N O - Konvention über die Rechte der Kinder.

Wir fordern die für diese Fragen zuständigen Organe auf, mit uns sowie mit anderen Interessenten in eine öffentliche Diskussion einzutreten. Das ist auch ein notwendiger Beitrag, um die öffentliche Meinung, die Gesellschaft insgesamt auf die Bedeutung der Eltern-Kind-Beziehungen aufmerksam zu machen, um so zu notwendigen Veränderungen im Interesse unserer Kinder und ihrer Eltern zu kommen.
Wir denken dabei nicht nur an notwendige materielle Unterstützung der Eltern, sondern auch an Beratung und Hilfe bei der Gestaltung der Lebensbeziehungen in der Familie.

Unseres Erachtens duldet die Inangriffnahme dieser Fragen, vor allem aber die Demokratisierung der Justiz, keinen Aufschub, deshalb erwarten wir eine unverzügliche schriftliche Stellungnahme zu der aufgeworfenen Problematik.

    gez. Britta Grünke

Britta Grünke, Pastorin, Kommission Selbsthilfe

    gez. Hans-Jürgen Herget

Hans-Jürgen Herget, Pressesprecher, Kommission Medien

    gez. Hagen Hildebrand

Hagen Hildebrand, Physiker, Kommission Recht

Diesem Inhalt schließt sich die Interessengruppe " Mütter und Väter für ihre Kinder " an.

    gez. Arnim Krüger

Dr. Arnim Krüger, Psychologe

Ihre Stellungnahme richten Sie bitte an diese Adresse :

Hagen Hildebrand   Dorfstraße 34   Ahrensdorf   1 2 3 1

Dokument 15/16, Antrag VL für Initiative "Streitfall Kind", Kommission Recht und UFV (geänderte Fassung): Zur Durchsetzung von Rechten des Kindes (Vorlage 15/4); Seite 3 von 3

Runder Tisch Vorlage Nr. 15/10
15. Sitzung
5. März 1990

E n t w u r f

Richtergesetz

Teil I

Grundsätze

§ 1

(1) Den Berufsrichtern und ehrenamtlichen Richtern (Schöffen und Mitgliedern der gesellschaftlichen Gerichte) obliegt nach der Verfassung die alleinige Befugnis zur Ausübung der Rechtsprechung. Die in einem Verfahren mitwirkenden Richter sind gleichberechtigt.

(2) Die Richter sind unabhängig und nur an die Verfassung und die Gesetze der DDR gebunden. Sie entscheiden auf deren Grundlage eigenverantwortlich nach ihrer richterlichen Überzeugung.

(3) Die Richter verpflichten sich durch einen Eid, ihre Tätigkeit nach bestem Wissen und Gewissen ohne Ansehen der Person auszuüben, sich gerecht und unparteiisch gegenüber jedermann zu verhalten und die Grundrechte der Bürger zu wahren.

§ 2

Pflicht zur Verschwiegenheit

(1) Die Richter sind verpflichtet, über die in Ausübung ihrer Tätigkeit erhaltenen Informationen Verschwiegenheit zu wahren. Bei der Auswertung der Verfahren sind die gesetzlich geschützten Rechte und Interessen der Prozeßbeteiligten zu gewährleisten.

(2) Das Beratungs- und Abstimmungsgeheimnis ist auch nach Beendigung [...]

§ 3

Mitwirkung an der Rechtsentwicklung

(1) Die Richter haben das Recht, aktiv an der Erarbeitung von Gesetzen im Bereich der Justiz mitzuwirken und Vorschläge zu Gesetzgebungsentwürfen zu unterbreiten.

(2) Die Richter haben das Recht, in Durchführung gerichtlicher Verfahren die Überprüfung der Verfassungsmäßigkeit von Gesetzen und anderen Rechtsvorschriften durch das Verfassungsgericht zu verlangen.

§ 4

Nebenberufliche Tätigkeit

Nebenberufliche Tätigkeit, die in keinem Zusammenhang mit der Rechtspflege steht, darf der Berufsrichter nicht ausüben. Ausgenommen davon sind Tätigkeiten in der Wissenschaft und Lehre sowie in der Wissenschaft und Publizistik.

§ 5

Wahrung der Unabhängigkeit

(1) Die Unabhängigkeit der Richter und ihre ausschließliche Bindung an die Verfassung und die Gesetze der DDR ist durch jedermann zu wahren.

(2) Es ist verboten, auf ein Gerichtsverfahren oder eine Gerichtsentscheidung außerhalb prozessualer Rechte und Pflichten Einfluß auszuüben. Eine Mißachtung dieses Verbots zieht strafrechtliche Verantwortlichkeit nach sich.

(3) Den Medien ist untersagt, in ihren Berichterstattungen über gerichtliche Verfahren Bewertungen vorwegzunehmen, die ausschließlich der gerichtlichen Entscheidung vorbehalten sind, oder in anderer Weise auf den Ausgang eines gerichtlichen Verfahrens Einfluß zu nehmen.

§ 6

(1) Die Berufsrichter genießen Immunität. Sie dürfen Beschränkungen der persönlichen Freiheit, Hausdurchsuchungen, Beschlagnahmen u.a. Formen der Strafverfolgung nur unterzogen werden, wenn der Minister der Justiz nach Anhören des Richterrates zustimmt. Für Richter des Obersten Gerichts entscheidet der Präsident des Obersten Gerichts nach Anhören des Richterrates.

(2) Schöffen genießen während ihres Einsatzes Immunität nach Abs. 1. Über die Aufhebung der Immunität entscheidet der Präsident bzw. der Direktor des jeweils zuständigen Gerichts.

(3) Die Richter haften nicht für Schäden, die durch unvorschriftsmäßiges Handeln oder Unterlassen bei der Ausübung ihrer richterlichen Tätigkeit verursacht werden.

§ 7

Ein Berufsrichter kann nicht gleichzeitig Abgeordneter einer Volksvertretung und Mitglied einer ihrer Kommissionen sein oder in anderen Formen an der Arbeit der Volksvertretungen oder ihrer Organe teilnehmen.

§ 8

Die Richter haben das Recht, sich in Parteien und gesellschaftlichen Organisationen zu organisieren und politisch zu betätigen. Sie haben sich dabei so zu verhalten, daß das Vertrauen in ihre Unabhängigkeit nicht beeinträchtigt wird.

§ 9

(1) Die Berufsrichter unterstehen der Dienstaufsicht nur, soweit ihre richterliche Unabhängigkeit nicht beeinträchtigt wird.

(2) Gegen Maßnahmen der Dienstaufsicht steht dem Berufsrichter die Beschwerde zu, wenn er sich in seiner richterlichen Unabhängigkeit beeinträchtigt fühlt.

§ 10

Die Abberufung und Versetzung eines Berufsrichters sind nur in den in diesem Gesetz geregelten Fällen zulässig.

Teil II

Dienstverhältnis des Berufsrichters

§ 11

(1) Ein Berufsrichter muß die Staatsbürgerschaft der DDR besitzen und von seiner Persönlichkeit die Gewähr dafür bieten, daß er sein Amt entsprechend den Grundsätzen der Verfassung der DDR ausübt. Er muß zum Zeitpunkt der Berufung mindestens 23 Jahre alt sein.

(2) Die Befähigung zum Berufsrichter erwirbt, wer ein rechtswissenschaftliches Studium an einer Universität oder Hochschule mit dem Staatsexamen und eine anschließende 2jährige Vorbereitungszeit als Richteramtswärter mit einer Prüfung absolviert hat. Der Vorbereitungsdienst ist in einer besonderen Rechtsvorschrift zu regeln.

(3) Hochschullehrer der Rechtswissenschaft an einer Universität oder Hochschule der DDR sind zum Berufsrichter befähigt.

(4) Berufsrichter des Obersten Gerichts kann sein, wer neben den allgemeinen Voraussetzungen der Absätze 1 und 2 über mindestens 10jährige juristische Berufserfahrung in der Rechtspflege oder der Rechtswissenschaft verfügt.

§ 12

(1) Während des Vorbereitungsdienstes kann dem Richteranwärter zeitweise die Ausübung richterlicher Befugnisse durch den Präsidenten des Bezirksgerichtes übertragen werden (Richter kraft Auftrages).

(2) Ein Richter kraft Auftrages darf nicht den Vorsitz einer Verhandlung übernehmen.

§ 13

Ein Berufsrichter hat seine fachliche Befähigung durch Weiterbildung ständig zu vervollkommnen. Dafür stehen ihm alle Formen akademischer und juristischer Weiterbildung offen.

Entwicklung und Beendigung des Dienstverhältnisses

§ 14

(1) Das Dienstverhältnis des Richters wird durch Berufung begründet.

(2) Richter werden auf Lebenszeit, auf Zeit oder auf Probe berufen.

(3) Die Berufung erfolgt durch den Minister der Justiz nach Anhören des Richterrates. Über die Berufung wird eine Urkunde ausgehändigt.

(4) Der Präsident und die Vizepräsidenten des Obersten Gerichts werden durch die Volkskammer für die Dauer von 10 Jahren gewählt.

§ 15
Berufung auf Lebenszeit

(1) Voraussetzung für die Berufung zum Richter auf Lebenszeit ist die erfolgreiche Tätigkeit als Richter auf Probe von mindestens 3 Jahren.

(2) Eine Tätigkeit als
- Staatsanwalt, Notar, Rechtsanwalt
- Hochschullehrer der Rechtswissenschaft sowie
- eine andere Tätigkeit, wenn sie geeignet war, Kenntnisse und Erfahrungen für die Ausübung der Tätigkeit als Richter zu vermitteln,

kann auf die Zeit nach Abs. 1 angerechnet werden.

§ 16
Berufung auf Zeit

Die Berufung zum Richter auf Zeit ist möglich, wenn keine Berufung auf Lebenszeit angestrebt wird. Sie sollte 5 Jahre nicht überschreiten.

§ 17
Berufung auf Probe

Voraussetzung für die Berufung zum Richter auf Probe ist der Nachweis für die Befähigung nach § 11 Absätze 1 und 2. Die Berufung erfolgt für höchstens 5 Jahre.

§ 18
Ernennung

(1) Die Ernennung eines Richters auf Lebenszeit in die Dienststellung als
- Präsident des Bezirksgerichts
- Vizepräsident des Bezirksgerichts
- Senatsvorsitzender am Bezirksgericht

nimmt der Minister der Justiz, in die Dienststellung eines Direktors eines Kreisgerichts der Präsident des Bezirksgerichts vor.

(2) Die Ernennung der Richter des Obersten Gerichts in die Dienststellung nimmt der Präsident des Obersten Gerichts vor.

7

§ 19

Abordnung

(1) Ein Richter des Bezirks- oder Kreisgerichts kann ohne seine Zustimmung bis zu 3 Monaten jährlich an ein anderes Gericht abgeordnet werden.

(2) Abordnungen innerhalb des Bezirkes erfolgen durch den Präsidenten des Bezirksgerichts, überbezirkliche Abordnungen nimmt der Minister der Justiz vor.

Versetzung

§ 20

(1) Der Richter auf Lebenszeit kann mit seiner Zustimmung an ein übergeordnetes Gericht oder an das Ministerium der Justiz versetzt werden.

(2) Der Richter auf Lebenszeit und der Richter auf Probe kann ohne seine Zustimmung nur bei Veränderung der Gerichtsorganisation versetzt werden.

(3) Das Antrag eines Richters auf Versetzung ist zu entsprechen, sofern dem dienstliche Gründe nicht entgegenstehen.

(4) Versetzungen innerhalb des Bezirkes nimmt der Präsident des Bezirksgerichtes vor. Über alle anderen Versetzungen entscheidet der Minister der Justiz.

§ 21

Während der Ausübung einer Tätigkeit gemäß § 7, in der Justizverwaltung oder einer hauptamtlichen Funktion in einer Partei und gesellschaftlichen Organisation ruht das Dienstverhältnis.

§ 22

(1) Ein Richter auf Lebenszeit kann ohne seine Zustimmung in den einstweiligen Ruhestand versetzt werden, wenn Tatsachen außerhalb seiner richterlichen Tätigkeit diese Maßnahme zwingend gebieten, um eine schwere Beeinträchtigung der gerichtlichen Tätigkeit abzuwenden.

(2) Die Versetzung in den einstweiligen Ruhestand endet, wenn die Voraussetzungen nach § 20 Abs. 2 vorliegen.

Beendigung des Dienstverhältnisses

§ 23

Das Dienstverhältnis endet

- mit Erreichen des Rentenalters
- mit der Abberufung
- mit dem Eintritt in den Vorruhestand.

Abberufung
§ 24

(1) Die Abberufung eines Richters auf Lebenszeit und einer Richters auf Zeit ist zulässig
- aus gesundheitlichen Gründen,
- auf eigenen schriftlichen Antrag.

(2) Die Abberufung erfolgt
- bei rechtskräftiger Verurteilung wegen einer vorsätzlichen Straftat zu einer Freiheitsstrafe,
- bei Wegfall der Voraussetzungen nach § 11 Abs. 1.

§ 25

Die Abberufung eines Richters auf Probe erfolgt aus den Gründen des § 23 und wenn die Voraussetzungen zur Berufung eines Richters auf Lebenszeit nicht vorliegen.

§ 26

(1) Über die Abberufung eines Richters entscheidet der Minister der Justiz nach Anhören des Richterrates.

9

(2) Bei Abberufung wegen Wegfalls der Befähigung nach § 11 Abs.1 und wegen gesundheitlicher Gründe ist dem Richter eine andere zumutbare Arbeit anzubieten.

§ 27
Fristen der Abberufung

(1) Die Abberufung erfolgt mit sofortiger Wirkung bei einer rechtskräftigen Verurteilung wegen einer vorsätzlichen Straftat zu einer Freiheitsstrafe.

(2) In allen anderen Fällen ist dem Richter die Abberufung mindestens 3 Monate vorher schriftlich mitzuteilen.

§ 28
Vorruhestand

Auf Antrag des Richters kann er 5 Jahre vor Erreichen des Rentenalters in den Ruhestand versetzt werden.

§ 29
Beurteilungen

Beurteilungen der Berufsrichter sind anzufertigen bei Berufungen, Ernennungen, Versetzungen und Abberufungen.

Disziplinarische Verantwortlichkeit

§ 30

(1) Ein Berufsrichter, der seine Pflichten schuldhaft verletzt oder sich innerhalb oder außerhalb seines Dienstes eines Richters unwürdig verhalten hat, kann disziplinarisch zur Verantwortung gezogen werden. Es können folgende Disziplinarmaßnahmen ausgesprochen werden:

- Verweis
- strenger Verweis.

10

Führt die Verhandlung zu dem Ergebnis, daß keine Pflichtverletzung vorliegt, so ist das als Entscheidung des Disziplinarausschusses festzustellen.

(2) Eine Disziplinarmaßnahme darf nur von einem richterlichen Disziplinarausschuß ausgesprochen werden. Disziplinarausschüsse werden bei den Bezirksgerichten und beim Obersten Gericht vom Präsidium gebildet. Die Disziplinarausschüsse bestehen aus dem Vorsitzenden und 2 Beisitzern, die aus dem Kreis der Richter des Bezirkes bzw. des Obersten Gerichts bestimmt werden. Der Präsident des Obersten Gerichts und der Präsident des Bezirksgerichts können nicht den Vorsitz eines Disziplinarausschusses übernehmen.

(3) Der Disziplinarausschuß bei den Bezirksgerichten ist für Disziplinarverfahren gegen Direktoren und Richter der Kreisgerichte sowie gegen Richter der Bezirksgerichte, der Disziplinarausschuß beim Obersten Gericht ist für Disziplinarverfahren gegen Richter des Obersten Gerichts sowie gegen Präsidenten und Vizepräsidenten der Bezirksgerichts zuständig. Gegen den Präsidenten und die Vizepräsidenten des Obersten Gerichts wird ein Disziplinarverfahren nicht durchgeführt.

(4) Ist ein Richter im Wege der Abordnung vorübergehend an einem anderen Gericht tätig, und wird eine Pflichtverletzung während der Zeit der Abordnung festgestellt, ist der Antrag auf Durchführung eines Disziplinarverfahrens bei dem für dieses Gericht zuständigen Disziplinarausschuß zu stellen.

§ 31
Verhältnis des Abberufungsverfahrens zum Disziplinarverfahren

Ein Disziplinarverfahren ist nicht durchzuführen, wenn aus den gleichen Gründen gegen den Richter ein Abberufungsverfahren eingeleitet wurde.

§ 32

Vorrang des Strafverfahrens

(1) Ein Disziplinarverfahren ist nicht durchzuführen, wenn gegen den Richter wegen der gleichen Tatsachen ein Strafverfahren eingeleitet wurde.

(2) Erfolgt die Einleitung eines Strafverfahrens erst während des Disziplinarverfahrens, ist das Disziplinarverfahren auszusetzen.

(3) Hat das Strafverfahren zu keiner Verurteilung des Richters geführt und wird auch kein Antrag auf Abberufung gestellt, so kann ein Disziplinarverfahren innerhalb von 2 Wochen nach Kenntnis der abschließenden Entscheidung der zuständigen Organe eingeleitet bzw. ein ausgesetztes Disziplinarverfahren fortgesetzt werden, wenn dieses aus erzieherischen Gründen notwendig ist.

§ 33

Disziplinarverfahren

(1) Die Durchführung eines Disziplinarverfahrens kann durch den Direktor des Kreisgerichts und den Präsidenten des Bezirksgerichts bzw. Obersten Gerichts beantragt werden.

(2) Der Antrag auf Einleitung eines Disziplinarverfahrens ist innerhalb 1 Monats seit dem Tage zu stellen, an dem die Pflichtverletzung dem Antragsberechtigten bekannt wird. Er kann nicht mehr gestellt werden, wenn seit der Pflichtverletzung 6 Monate vergangen sind.

(3) Das Disziplinarverfahren ist in der Regel innerhalb 1 Monats abzuschließen.

(4) Die Disziplinarentscheidung erfolgt durch einen schriftlich begründeten Beschluß.

(5) Gegen die Disziplinarentscheidung ist die Beschwerde zulässig.

(6) Einzelheiten des Disziplinarverfahrens werden in einer Durchführungsverordnung bestimmt.

§ 34

Erlöschen der Disziplinarmaßnahme

Die Disziplinarmaßnahme erlischt mit Ablauf eines Jahres nach ihrem Ausspruch. Von diesem Zeitpunkt ab gilt sie als nicht ausgesprochen.

§ 35

Beschwerden

(1) Die Beschwerde ist zulässig gegen
- die Ablehnung der Berufung auf Lebenszeit nach § 15,
- die Versetzung nach § 20 Absätze 2 und 3,
- die Versetzung in den einstweiligen Ruhestand nach § 22 Abs. 1,
- die Abberufung nach §§ 24 und 25, außer bei rechtskräftiger Verurteilung wegen einer vorsätzlichen Straftat zu einer Freiheitsstrafe,
- die Ablehnung des Antrages auf Versetzung in den Ruhestand nach § 28,
- die Beurteilungen nach § 29,
- Disziplinarentscheidungen.

(2) Die Beschwerde ist innerhalb von 2 Wochen nach Zustellung der Entscheidung beim zuständigen Gericht schriftlich einzulegen. Über die Beschwerde entscheidet der Senat für Dienstangelegenheiten, der beim Bezirksgericht bzw. beim Obersten Gericht zu bilden ist. Er setzt sich aus Richtern auf Lebenszeit zusammen. Dieser Senat gilt als Zivilsenat.

Teil III

Richterrat

§ 36

(1) Der Richterrat wird für die Richter der Kreise, der Bezirke und für die Richter des Obersten Gerichts gebildet. Der Richterrat setzt sich aus 5 – 11 Richtern zusammen. Er wird vom Richter-

tag auf die Dauer von 4 Jahren in geheimer Wahl gewählt. Direktoren der Kreisgerichte, Präsidenten und Vizepräsidenten der Bezirksgerichte und des Obersten Gerichts können dem Richterrat nicht angehören.

(2) Der Richtertag wird von der Berufsvereinigung der Richter einberufen.

§ 37

Der Richterrat vertritt die Interessen der Richter gegenüber der Justizverwaltung. Er hat folgende Befugnisse:

- Mitwirkung an den Abschlußprüfungen des Vorbereitungsdienstes;
- Recht auf Vorschlag zurückberufung eines Richters auf Lebenszeit, auf Zeit und auf Probe sowie zur Ernennung in eine Dienststellung;
- Stellungnahme zur Beschwerde eines Richters gegen die Abberufung, Versetzung und Versetzung in den einstweiligen Ruhestand;
- Stellungnahme zur Beschwerde eines Richters gegen Maßnahmen der Dienstaufsicht;
- Zustimmung zur Beförderung in Dienststränge und zur Verleihung staatlicher Auszeichnungen;
- Mitwirkung an Disziplinarverfahren gegen Richter;
- Stellungnahme zur Beschwerde eines Richters gegen die Ablehnung des Antrages auf Versetzung in den Vorruhestand.

Der Richterrat kann zu einer Beurteilung eines Richters gemäß § 29 Stellung nehmen.

Teil IV

Ehrenamtliche Richter

§ 38

Schöffen

(1) Die Schöffen üben gleichberechtigt die Funktion eines Richters an den staatlichen Gerichten mit gleichem Stimmrecht aus.

(2) Die Schöffen unterliegen dem Beratungs- und Abstimmungsgeheimnis gemäß § 2.

§ 39

Als Schöffe kann jeder Bürger der DDR gewählt werden, der von seiner Persönlichkeit die Gewähr dafür bietet, daß er sein Amt entsprechend den Grundsätzen der Verfassung der DDR ausübt. Er muß das Wahlrecht besitzen.

§ 40

Wahl der Schöffen

(1) Die Schöffen werden für die Dauer von 5 Jahren unmittelbar durch die Bürger in den Betrieben, Einrichtungen, Genossenschaften und in den Wohngebieten auf Vorschlag der Parteien, Gewerkschaften und gesellschaftlichen Organisationen gewählt.

(2) Die Vorbereitung und Durchführung der Wahl bestimmt der Minister der Justiz in einer Wahlordnung.

§ 41

Die Schöffen verpflichten sich durch einen Eid zur verfassungsmäßigen Ausübung ihres Ehrenamtes.

§ 42

(1) Die Schöffen der Bezirks- und Kreisgerichte sollen 2 Wochen im Jahr in der Rechtsprechung tätig sein.

(2) Die Schöffen werden nach einem mindestens halbjährlichen Einsatzplan in der Rechtsprechung tätig.

§ 43

(1) Schöffen sind für die Wahrnehmung ihrer ehrenamtlichen Tätigkeit freizustellen. Kosten, die durch die Nichtgewährung der Freistellung entstehen, können den Arbeitsstellen der Schöffen auferlegt werden.

(2) Schöffen haben für diese Zeit Anspruch auf ihre Einkünfte aus der beruflichen Tätigkeit und auf die Vergütung von Auslagen.

(3) Den Schöffen dürfen durch die Wahrnehmung ihrer ehrenamtlichen Tätigkeit keinerlei beruflichen, materielle oder sonstige persönliche Nachteile entstehen.

§ 44

Die Schöffen haben das Recht, an der Erfüllung anderer gerichtlicher Aufgaben mitzuwirken, insbesondere an der Rechtsauskunft und an der Kontrolle der Verwirklichung gerichtlicher Entscheidungen.

§ 45

Schöffenkollektive

Die Schöffen haben das Recht, sich zur Erhöhung der Wirksamkeit ihrer Arbeit in Schöffenkollektiven in Kombinaten, Betrieben, Einrichtungen und Wohngebieten zusammenzuschließen.

§ 46

Schöffenrat

(1) An den Bezirks- und Kreisgerichten besteht ein Schöffenrat, dessen Mitglieder von den Schöffen des jeweiligen Gerichts gewählt werden.

(2) Der Schöffenrat vertritt die Interessen der Schöffen und berät den Präsidenten des Bezirksgerichts und Direktor des Kreisgerichts zu Fragen der Schöffentätigkeit.

§ 47

(1) Schöffen können auf eigenen Antrag von der Schöffenliste gestrichen werden.

(2) Bei Vorliegen der Abberufungsgründe wie für Berufsrichter gemäß § 24 kann der Schöffe nach Anhören des Schöffenrates durch den Präsidenten oder den Direktor des Gerichts abberufen werden.

Mitglieder gesellschaftlicher Gerichte

§ 48

Mitglieder gesellschaftlicher Gerichte üben ehrenamtlich die Rechtsprechung in den Konflikt- und Schiedskommissionen aus.

§ 49

Als Mitglied eines gesellschaftlichen Gerichts kann jeder Bürger gewählt werden, der von seiner Persönlichkeit die Gewähr dafür bietet, daß er sein Amt entsprechend den Grundsätzen der Verfassung der DDR ausübt und der das kommunale Wahlrecht besitzt.

§ 50

(1) Die Mitglieder der Konfliktkommissionen werden in ihren Zuständigkeitsbereichen unmittelbar von den Belegschaftsangehörigen in geheimer Wahl für die Dauer von 5 Jahren gewählt.

(2) Vorschlagsberechtigt sind die Gewerkschaften und die Arbeitskollektive.

(3) Die Vorbereitung und Durchführung der Wahlen obliegt den Gewerkschaften.

§ 51

(1) Die Mitglieder der örtlichen Schiedskommissionen werden für die Dauer von 5 Jahren auf Vorschlag der Parteien und gesellschaftlichen Organisationen und Vereinigungen von den Volksvertretungen der Städte, Stadtbezirke und Gemeinden gewählt.

19

(2) Berufsrichter leisten den Eid gegenüber dem Minister der Justiz, die ehrenamtlichen Richter gegenüber dem Direktor bzw. Präsidenten des Gerichts.

§ 60

Die Bestimmungen des Richtergesetzes gelten entsprechend auch für die Richter der Militärgerichte und Militärobergerichte.

§ 61

Die Voraussetzungen für die Verleihung von Dienstgraden, für das Tragen der Dienstkleidung, für die Würdigung der Leistungen mit Auszeichnungen und für die Vergütung werden in Rechtsvorschriften geregelt.

§ 62

Rechtsvorschriften zur Durchführung dieses Gesetzes erläßt der Ministerrat sowie der Minister der Justiz.

§ 63

Inkrafttreten

(1) Das Gesetz tritt am .... in Kraft.

(2) Gleichzeitig treten außer Kraft:
- der § 5.Abs.1, der § 17 Absätze 2 und 3 sowie das 3. Kapitel des Gesetzes vom 27. September 1974 über die Verfassung der Gerichte der DDR - Gerichtsverfassungsgesetz - (GBl.I Nr.48 S.457),
- die §§ 6 bis 12 und § 27 Abs.2 des Gesetzes vom 25. März 1982 über die gesellschaftlichen Gerichte der Deutschen Demokratischen Republik - GGG - (GBl.I Nr.13 S.269),
- die §§ 299 und 301 Abs.3 des Arbeitsgesetzbuches der Deutschen Demokratischen Republik vom 16.Juni 1977 (GBl.I Nr.18 S.185),

20

der § 7 Abs.1 Buchstabe g), soweit es um die Wahl und Abberufung der Direktoren, Richter und Schöffen der Bezirksgerichte und der Direktoren und Richter der Kreisgerichte, die Abberufung der Schöffen der Kreisgerichte, die Wahl und Abberufung der Mitglieder der Schiedskommissionen in den Wohngebieten der Städte und Gemeinden geht; der § 38 Abs.2 Satz 1, der § 56 Abs.3 Satz 1 des Gesetzes vom 4. Juli 1985 über die örtlichen Volksvertretungen in der Deutschen Demokratischen Republik (GBl. I Nr. 18 S. 213),

die Anordnung vom 21.04.1978 über die Voraussetzungen und die Durchführung des Disziplinarverfahrens gegen Richter der Deutschen Demokratischen Republik - Disziplinarordnung - (GBl.I Nr.15 S.179).

Dokument 15/17, Regierungsentwurf des Richtergesetzes (Vorlage 15/10); Seite 9 von 10

- 19 -

(2) Berufsrichter leisten den Eid gegenüber dem Minister der Justiz, die ehrenamtlichen Richter gegenüber dem Direktor bzw. Präsidenten des Gerichts.

§ 60

Die Bestimmungen des Richtergesetzes gelten entsprechend auch für die Richter der Militärgerichte und Militärobergerichte.

§ 61

Die Voraussetzungen für die Verleihung von Dienstgraden, für das Tragen der Dienstkleidung, für die Würdigung der Leistungen mit Auszeichnungen und für die Vergütung werden in Rechtsvorschriften geregelt.

§ 62

Rechtsvorschriften zur Durchführung dieses Gesetzes erläßt der Ministerrat sowie der Minister der Justiz.

§ 63

Inkrafttreten

(1) Das Gesetz tritt am .... in Kraft.

(2) Gleichzeitig treten außer Kraft:
- der § 5.Abs.1, der § 17 Absätze 2 und 3 sowie das 3. Kapitel des Gesetzes vom 27. September 1974 über die Verfassung der Gerichte der DDR - Gerichtsverfassungsgesetz - (GBl.I Nr.48 S.457),

- die §§ 6 bis 12 und der § 27 Abs.2 des Gesetzes vom 25. März 1982 über die gesellschaftlichen Gerichte der Deutschen Demokratischen Republik - GGG - (GBl.I Nr.13 S.269),

- die §§ 299 und 301 Abs.3 des Arbeitsgesetzbuches der Deutschen Demokratischen Republik vom 16.Juni 1977 (GBl.I Nr. 18 S.185),

- 20 -

der § 7 Abs.1 Buchstabe g), soweit es um die Wahl und Abberufung der Direktoren, Richter und Schöffen der Bezirksgerichte und der Direktoren und Richter der Kreisgerichte, die Abberufung der Schöffen der Kreisgerichte, die Wahl und Abberufung der Mitglieder der Schiedskommissionen in den Wohngebieten der Städte und Gemeinden geht; der § 38 Abs.2 Satz 1, der § 56 Abs. 3 Satz 1 des Gesetzes vom 4. Juli 1985 über die örtlichen Volksvertretungen in der Deutschen Demokratischen Republik (GBl. I Nr. 18 S. 213),

die Anordnung vom 21.04.1978 über die Voraussetzungen und die Durchführung des Disziplinarverfahrens gegen Richter der Deutschen Demokratischen Republik - Disziplinarordnung - (GBl.I Nr.15 S.179).

Runder Tisch Vorlage Nr. 15/12a
15. Sitzung
5.3.1990

Änderungsvorlage zum Entwurf des 6. StÄG
(Mr-Vorlage vom 18. 1. 1990, VK 1. Lesung 05.02.1990

I. Änderungen zum Gesetzentwurf

1. In den Gesetzestiteln wird nach dem Wort "Strafregistergesetzes" eingefügt: "und des Paßgesetzes" ist das Wort "und" zu streichen und ein Komma zu setzen.

2. Als neuer Paragraph 6 wird eingefügt:

"§ 6

Das Paßgesetz der Deutschen Demokratischen Republik vom 28 Juni 1979 (GBL. I Nr. 17 S. 148) i.d.F. des Gesetzes vom 11. Januar 1990 zur Anpassung rechtlicher Regelungen an das Reisegesetz GBl. I Nr. 3 S. 10) wird gemäß der Anlage 4 geändert."

Die bisherigen §§ 6 bis 9 werden §§ 7 bis 10.

II. Änderungen zur Anlage I

1. § 1 Abs. 3 (Ziff. 2 der Vorlage vom 19.01.1990) erhält folgende Fassung:

"(3) Verbrechen sind gesellschaftsgefährliche Angriffe gegen die Souveränität der Deutschen Demokratischen Republik, den Frieden, die Menschlichkeit und die Menschenrechte, Kriegsverbrechen sowie Mord. Verbrechen sind auch andere vorsätzlich begangene gesellschaftsgefährliche Straftaten, für die eine Freiheitsstrafe von mindestens zwei Jahren angedroht ist oder für die innerhalb des vorgesehenen Strafrahmens im Einzelfall eine Freiheitsstrafe von über zwei Jahren ausgesprochen wird."

2. § 27 Abs. 2 (Ziff. 4 der Vorlage vom 19.01.1990) wird gestrichen; der bisherige Abs. 1 wird § 27.

3. Die §§ 26 und 46 werden aufgehoben.

4. § 30 Abs. 7 erhält folgende Fassung:

"(2) Ist das Vergehen Ausdruck eines hartnäckigen disziplinlosen Verhaltens, kann eine Verurteilung auf Bewährung nur ausgesprochen werden, wenn sie zur wirksamen erzieherischen Einflußnahme auf den Täter mit einer Bürgschaft verbunden wird."

Dokument 15/18, Änderungsvorlage des Ministerrates: Zum Entwurf des 6 STÄG (MR-Vorlage vom 18.1.1990, VK 1. Lesung 5.2.1990) (Vorlage 15/12a); Abschrift; Seite 1 von 5

5. § 32 (Ziff. 5 der Vorlage vom 19.01.1990) erhält folgende Fassung:

"§ 32
Pflichten und Rechte der Betriebe,
staatlichen Organe, Genossenschaften und gesellschaftlichen
Organisationen bei der Verurteilung auf Bewährung

Wird eine Verurteilung auf Bewährung ausgesprochen, so sind die Leiter der Betriebe, der staatlichen Organe und Einrichtungen, die Vorstände der Genossenschaften und die Leitungen der gesellschaftlichen Organisationen, in deren Bereich der Verurteilte arbeitet und lebt, verpflichtet, die erzieherische Einwirkung auf den Verurteilten zu gewährleisten."

6. § 90 wird aufgehoben.

7. In § 96 Abs. 1 Ziff. 3 (Ziff. 17 der Vorlage vom 19.01.1990) ist an der 1. Stelle der Aufzählung einzufügen: "den Präsidenten". Die Worte "den Staatsrat" und die Fußnote 1 sind zu streichen.

8. Bis §§ 97 und 98 (Ziff. 17 der Vorlage vom 19.01.1990) erhalten folgende Fassung:

"§ 97
Landesverrat

(1) Wer Staatsgeheimnisse an den Geheimdienst oder eine andere Einrichtung einer fremden Macht verrät, für sie beschafft oder wer sie der Öffentlichkeit zugänglich macht und dadurch die Gefahr eines schweren Nachteils für die Deutsche Demokratische Republik herbeiführt, wird mit Freiheitsstrafe nicht unter zwei Jahren bestraft.

(2) Vorbereitung und Versuch sind strafbar.

(3) In schweren Fällen kann auf lebenslängliche Freiheitsstrafe erkannt werden.

§ 98
Landesverräterische Agententätigkeit

(1) Wer zum Nachteil der Deutschen Demokratischen Republik für einen Geheimdienst einer fremden Macht eine geheimdienstliche Tätigkeit ausübt, sich für eine solche Tätigkeit anwerben läßt oder zur Mitarbeit anbietet, wird mit Freiheitsstrafe von einem Jahr bis zu acht Jahren bestraft.

(2) Der Versuch ist strafbar."

Demzufolge werden die §§ 90 bis 105 §§ 99 bis 106.

9. Im § 99 (Ziff. 17, § 98 der Vorlage vom 19.01.1990) werden im Abs. 1 Ziff. 3 die Worte gestrichen: "oder durch andere Handlungen schwerwiegend schädigt".

10. Im § 100 (Ziff. 17, § 99 der Vorlage vom 19.01.1990) ist anstelle der "§§ 96 bis 98" zu setzen "§ 96, 97 und 99".

11. Im § 101 (Ziff. 17, § 100 der Vorlage) anstelle der "§§ 98, 103 und 104" zu setzen "§§ 99, 104 und 105".

Dokument 15/18, Änderungsvorlage des Ministerrates: Zum Entwurf des 6 STÄG (MR-Vorlage vom 18.1.1990, VK 1. Lesung 5.2.1990) (Vorlage 15/12a); Abschrift; Seite 2 von 5

12. Der § 102 (Ziff. 17, § 101 der Vorlage vom 19.01.1990) erhält folgende Fassung:

"§ 102
Verfassungsfeindlicher Zusammenschluß

(1) Wer einer Partei oder einer anderen politischen Vereinigung, die aufgrund ihrer verfassungsfeindlichen Zielstellung durch rechtskräftige gerichtliche Entscheidung verboten worden ist, weiter angehört, wird mit einer Freiheitsstrafe bis zu drei Jahren, Verurteilung auf Bewährung oder mit Geldstrafe bestraft.

(2) Wer totz gerichtlichen Verbotes einen solchen verfassungsfeindlichen Zusammenschluß organisiert, fördert oder aufrechterhält, wird mit Freiheitsstrafe von einem Jahr bis zu fünf Jahren bestraft.

(3) Der Versuch ist strafbar."

13. In § 104 (Ziff. 17, § 103 der Vorlage vom 19.01.1990) sind die Worte "Vorsitzenden des Staatsrates" und die Fußnote zu streichen. Es ist dafür das Wort "Präsidenten" einzufügen.

14. In § 135 a Abs. 1 (Ziff. 19, der Vorlage vom 19.01.1990) ist das Wort "Rechtsvorschriften" zu ersetzen durch das Wort "Gesetzen" und anstelle der Wörter "zwei Jahre" ist zu setzen "einem Jahr".

15. § 137 Abs. 2 (Ziff. 20 der vorlage vom 19.01.1990) erhält folgende Fassung:

"(2) Eine Beleidigung begeht auch, wer die Würde eines Menschen grob verletzt, indem er in der Öffentlichkeit Volksvertretungen, Staatsorgane, Parteien oder andere politische Vereinigungen, gesellschaftliche Organisationen, Religionsgemeinschaften oder Personengruppen beschimpft, denen dieser angehört."

16. Das 8. Kapitel des besonderen Teils 1. Abschnitt (Ziff. 22 der Vorlage vom 19.01.1990) erhält folgende Fassung:

"Wahlbehinderung
§ 210

(1) Wer mit Gewalt oder durch Drohung mit Gewalt eine Wahl oder eine Volksabstimmung oder die Feststellung ihrer Ergebnisse behindert, wird mit Freiheitsstrafe bis zu zwei Jahren, Verurteilung auf Bewährung oder Geldstrafe bestraft.

(2) Wer durch die Tat eine Wahl oder eine Volksabstimmung oder die Feststellung ihrer Ergebnisse verhindert, wird mit Freiheitsstrafe bis zu drei Jahren bestraft.

(3) Der Versuch ist strafbar.

Dokument 15/18, Änderungsvorlage des Ministerrates: Zum Entwurf des 6 STÄG (MR-Vorlage vom 18.1.1990, VK 1. Lesung 5.2.1990) (Vorlage 15/12a); Abschrift; Seite von 3 von 5

§ 219 a

(1) Wer einen wahlberechtigten Bürger durch Gewalt, Drohung mit Gewalt oder einen anderen erheblichen Nachteil oder durch Täuschung an der Ausübung seines verfassugsmäßigen Wahlrechts oder seines Rechts auf Teilnahme an einer Volksabstimmung behindert, wird mit Freiheitsstrafe bis zu zwei Jahren, Verurteilung auf Bewährung oder mit Geldstrafe bestraft.

(2) Ebenso wird bestraft, wer einen anderen

1. unter Mißbrauch seiner staatlichen Funktion oder gesellschaftlichen Stellung;

2. durch Ausnutzen eines beruflichen oder wirtschaftlichen Abhängigkeitsverhältnisses

an der Teilnahme an einer Wahl oder einer Volksabstimmung behindert.

(3) Der Versuch ist Strafbar.

§ 211
Wahlfälschung

(1) Wer als Mitglied einer Wahlkommission oder eines Wahlvorstandes unrichtige Wahlniederschriften oder Wahlprotokolle anfertigt oder wer das Ergebnis einer Wahl oder einer Volksabstimmung verfälscht, wird mit Freiheitsstrafe bis zu drei Jahren bestraft.

(2) Ebenso wird bestraft, wer die Tat veranlaßt oder die Tat als Mitglied einer Wahlkommission oder eines Wahlvorstandes duldet.

(3) Der Versuch nach Absatz 1 ist strafbar.

§ 211 a
Vernichtung von Wahlunterlagen

(1) Wer entgegen wahlrechtlichen Vorschriften, Wahlunterlagen vernichtet oder beiseite schafft, und eine Nachprüfung von Wahlergebnissen zu verhindern oder zu erschweren, wird mit Freiheitsstrafe bis zu drei Jahren, Verurteilung auf Bewährung oder mit Geldstrafe bestraft.

(2) Der Versuch ist strafbar.

§ 211 b
Verletzung des Wahlgeheimnisses

Wer Rechtsvorschriften zum Schutz der Wahrung des Wahlgeheimnisses verletzt und sich oder einen anderen Kenntnis davon verschafft, wie eine andere Person gewählt hat, wird mit Freiheitsstrafe bis zu einem Jahr, Verurteilung auf Bewährung oder mit Geldstrafe bestraft."

Die Fußnote in der Vorlage ist zu streichen.

17. In § 212 Abs. 1 (Ziff. 22 der Vorlage vom 19.01.1990) ist das Wort „und" zwischen den Worten „Versammlung und Demonstrationen" zu ersetzen durch das Wort „oder".

Dokument 15/18, Änderungsvorlage des Ministerrates: Zum Entwurf des 6 STÄG (MR-Vorlage vom 18.1.1990, VK 1. Lesung 5.2.1990) (Vorlage 15/12a); Abschrift; Seite 4 von 5

18. § 244 b Abs. 1 (Ziff. 25 der Vorlage vom 19.01.1990) erhält folgende Fassung:

„(1) Wer in der Ausübung staatlicher Tätigkeit eine Körperverletzung (§ 115), eine Nötigung (§ 129), eine Bedrohung (§ 130), eine Freiheitsberaubung (§ 131), einen Hausfriedensbruch (§ 134), eine Verletzung des Briefgeheimnisses (§ 135), ein unberechtigtes Abhören (§ 135 a), eine Verletzung der Rechte an persönlichen Daten (§136 a), eine Beleidigung (§137), eine Verleumdung (§ 138) oder eine Vernichtung von Urkunden oder beweiserheblichen Daten (§§ 241, 24[?] a) begeht, wird mit Freiheitsstrafe bis zu fünf Jahren, mit Verurteilung auf Bewährung oder mit Geldstrafe bestraft."

19. Anlage 4 zu vorstehendem Gesetz:
In das Paßgesetz wird als § 6 a eingefügt:

„§ 6 a
Widerrechtliches Passieren der Staatsgrenze

(1) Wer als Bürger der DDR aus dem Gebiet der DDR ausreist, obwohl ihm auf gesetzlicher Grundlage ein Reisepaß versagt wurde oder zeitweilig entzogen ist, wird mit Verurteilung auf Bewährung, Geldstrafe oder mit Freiheitsstrafe bis zu einem Jahr bestraft.

(2) Wer in das Staatsgebiet der DDR einreist und keine für die Ein- oder Durchreise gültige Dokumente besitzt, wird mit Geldstrafe oder mit Freiheitsstrafe bis zu einem Jahr bestraft.

(3) Der Versuch nach Absatz 1 ist strafbar.

Anmerkung:
Geringfügige Handlungen nach Absatz 2 können als Ordnungswidrigkeit verfolgt werden."

Demzufolge wird § 219 a (Ziff. 22 der Vorlage vom 19.01.1990) gestrichen.

Dokument 15/18, Änderungsvorlage des Ministerrates: Zum Entwurf des 6 STÄG (MR-Vorlage vom 18.1.1990, VK 1. Lesung 5.2.1990) (Vorlage 15/12a); Abschrift; Seite 5 von 5

Entwurf

G e s e t z

zur Änderung und Ergänzung des Strafgesetzbuches,
der Strafprozeßordnung,
des Einführungsgesetzes zum Strafgesetzbuch und zur
Strafprozeßordnung und
des Strafregistergesetzes
(6. Strafrechtsänderungsgesetz)
vom............

§ 1

Das Strafgesetzbuch der Deutschen Demokratischen Republik - StGB - vom 12. Januar 1968 in der Neufassung vom 14. Dezember 1988 (GBl. I 1989 Nr. 3 S. 33) wird gemäß der Anlage 1 geändert.

§ 2

Die Strafprozeßordnung der Deutschen Demokratischen Republik - StPO - vom 12. Januar 1968 in der Neufassung vom 19. Dezember 1974 (GBl. I 1975 Nr. 4 S. 62) sowie in der Fassung des 2. Strafrechtsänderungsgesetzes vom 7. April 1977 (GBl. I Nr. 10 S. 100), des 3. Strafrechtsänderungsgesetzes vom 28. Juni 1979 (GBl. I Nr. 17 S. 139), des 4. Strafrechtsänderungsgesetzes vom 18. Dezember 1987 (GBl. I Nr. 31 S. 301) und des Gesetzes vom 18. Dezember 1987 zur Änderung und Ergänzung des Gerichtsverfassungsgesetzes und der Strafprozeßordnung der Deutschen Demokratischen Republik (GBl. I Nr. 31 S. 302) wird gemäß der Anlage 2 geändert.

§ 3

Die Verordnung vom 24. August 1961 über die Aufenthaltsbeschränkung (GBl. II Nr. 55 S. 343) in der Fassung des Einführungsgesetzes vom 12. Januar 1968 zum Strafgesetzbuch und zur Strafprozeßordnung

Dokument 15/19, Entwurf eines Gesetzes zur Änderung und Ergänzung des Strafgesetzbuches der Strafprozeßordnung, des Einführungsgesetzes zum Strafgesetzbuch und zur Strafprozeßordnung sowie des Strafregistergesetzes (6. Strafrechtsänderungsgesetz vom ...); Seite 1 von 24

2

der Deutschen Demokratischen Republik (GBl. I Nr. 3 S. 97) wird aufgehoben.

§ 4

§ 4 des Einführungsgesetzes vom 12. Januar 1968 zum Strafgesetzbuch und zur Strafprozeßordnung der Deutschen Demokratischen Republik (GBl. I Nr. 3 S. 97) in der Fassung des Gerichtsverfassungsgesetzes vom 27. September 1974 (GBl. I Nr. 48 S. 457), des Gesetzes vom 19. Dezember 1974 zur Änderung der Strafprozeßordnung der Deutschen Demokratischen Republik - StPO - (GBl. I Nr. 64 S. 597), des 2. Strafrechtsänderungsgesetzes vom 7. April 1977 (GBl. I Nr. 10 S. 100), des Einführungsgesetzes vom 16.. Juni 1977 zum Arbeitsgesetzbuch der Deutschen Demokratischen Republik (GBl. I Nr. 18 S. 228) und des Luftfahrtgesetzes vom 27. Oktober 1983 (GBl. I Nr. 29 S. 277) wird aufgehoben.

§ 5

Das Gesetz vom 11. Juni 1968 über die Eintragung und Tilgung im Strafregister der Deutschen Demokratischen Republik (Strafregistergesetz) in der Neufassung vom 19. Dezember 1974 (GBl. I 1975 Nr. 5 S. 119) sowie in der Fassung des 2. Strafrechtsänderungsgesetzes vom 7. April 1977 (GBl. I Nr. 10 S. 100) und des 5. Strafrechtsänderungsgesetzes vom 14. Dezember 1988 (GBl. I Nr. 29 S. 335) wird gemäß der Anlage 3 geändert.

§ 6
Verwirklichung früherer Strafentscheidungen und Beendigung
von Strafverfahren bei Wegfall
der strafrechtlichen Verantwortlichkeit

(1) Eine vor Inkrafttreten dieses Gesetzes rechtskräftig ausgesprochene Strafe wegen einer Handlung, für die nach Inkrafttreten dieses Gesetzes keine strafrechtliche Verantwortlichkeit mehr vorgesehen ist, wird nicht verwirklicht. Eine bereits begonnene Verwirklichung endet spätestens am Tage des Inkrafttretens dieses

3

Gesetzes. Im Strafregister deswegen erfolgte Eintragungen sind zu tilgen.

(2) Anhängige noch nicht rechtskräftig abgeschlossene Verfahren wegen derartiger Handlungen sind spätestens mit Inkrafttreten dieses Gesetzes einzustellen.

§ 7

Eine vor Inkrafttreten dieses Gesetzes ausgesprochene Aufenthaltsbeschränkung, Maßnahme zur Wiedereingliederung, Maßnahme der staatlichen Kontroll- und Erziehungsaufsicht und die Auferlegung von Pflichten zur Bewährung am Arbeitsplatz, der Verwendung des Arbeitseinkommens oder anderer Einkünfte für Aufwendungen der Familie, Unterhaltsverpflichtungen sowie für weitere materielle Verpflichtungen, des Umgangs- und Besitzverbotes sowie der Verpflichtung, bestimmte Orte oder Räumlichkeiten nicht zu besuchen oder in bestimmten Abständen dem Leiter, dem Kollektiv oder einem bestimmten staatlichen Organ über die Erfüllung der auferlegten Pflichten zu berichten, enden mit Inkrafttreten dieses Gesetzes.

§ 8

Der Minister der Justiz wird beauftragt, den Text des Strafgesetzbuches der Deutschen Demokratischen Republik - StGB - in der nach dem Inkrafttreten dieses Gesetzes geltenden Fassung im Gesetzblatt bekanntzumachen.

§ 9

Dieses Gesetz tritt am .... in Kraft.

Dokument 15/19, Entwurf eines Gesetzes zur Änderung und Ergänzung des Strafgesetzbuches der Strafprozeßordnung, des Einführungsgesetzes zum Strafgesetzbuch und zur Strafprozeßordnung sowie des Strafregistergesetzes (6. Strafrechtsänderungsgesetz vom ...); Seite 3 von 24

4

Anlage 1
zu vorstehendem Gesetz

Das Strafgesetzbuch wird wie folgt geändert und ergänzt:

1. Die Präambel und das 1. Kapitel des Allgemeinen Teils werden aufgehoben.

2. § 1 Abs. 3 erhält folgende Fassung:

"(3) Verbrechen sind gesellschaftsgefährliche Angriffe gegen die Souveränität der Deutschen Demokratischen Republik, den Frieden, die Menschlichkeit und die Menschenrechte, Kriegsverbrechen sowie vorsätzlich begangene Straftaten gegen das Leben. Verbrechen sind auch andere vorsätzlich begangene gesellschaftsgefährliche Straftaten für die eine Freiheitsstrafe von mindestens zwei Jahren angedroht ist oder für die innerhalb des vorgesehenen Strafrahmens im Einzelfall eine Freiheitsstrafe von über zwei Jahren ausgesprochen wird."

3. § 25 Abs. 2 wird aufgehoben. Der bisherige Abs. 3 wird Abs. 2.

4. § 27 Abs. 2 letzter Satz wird gestrichen.

5. § 32 erhält folgende Fassung:

"§ 32
Pflichten und Rechte der Betriebe, staatlichen Organe, Genossenschaften, gesellschaftlichen Organisationen und der Kollektive der Werktätigen

Wird eine Verurteilung auf Bewährung ausgesprochen, so sind die Leiter der Betriebe, der staatlichen Organe und Einrichtungen, die Vorstände der Genossenschaften und die Leitungen der gesellschaftlichen Organisationen, in deren Bereich der Verurteilte arbeitet und lebt, verpflichtet, die erzieherische Einwirkung auf den Verurteilten zu gewährleisten. Sie haben zu sichern, daß der Verurteilte in einem geeigneten Kollektiv arbeitet und dieses bei der Erziehung zu unterstützen."

Dokument 15/19, Entwurf eines Gesetzes zur Änderung und Ergänzung des Strafgesetzbuches der Strafprozeßordnung, des Einführungsgesetzes zum Strafgesetzbuch und zur Strafprozeßordnung sowie des Strafregistergesetzes (6. Strafrechtsänderungsgesetz vom ...); Seite 4 von 24

5

6. § 33 Abs. 4 erhält folgende Fassung:

"(4) Um die Wirksamkeit der Strafe zu gewährleisten, kann der Verurteilte für die Dauer der Bewährungszeit verpflichtet werden,

1. unbezahlte gemeinnützige Arbeit in der Freizeit bis zur Dauer von zehn Arbeitstagen zu verrichten;
2. sich einer fachärztlichen Behandlung zu unterziehen, wenn dies zur Verhütung weiterer Rechtsverletzungen notwendig ist;
3. in bestimmten Abständen dem Gericht über die Erfüllung der ihm auferlegten Pflichten zu berichten."

Im Abs. 5 wird das Wort "Aufenthaltsbeschränkung" sowie das davorstehende Komma gestrichen.

7. § 34 wird aufgehoben.

8. § 35 Absätze 2 und 4 erhalten folgende Fassung:

"(2) Macht der Verurteilte während der Bewährungszeit besonders anerkennenswerte Fortschritte in seiner persönlichen Entwicklung und erfüllt er die ihm für die Bewährungszeit auferlegten Pflichten vorbildlich, kann das Gericht auf Antrag eines Kollektivs, dem der Verurteilte angehört, des zuständigen Leiters oder eines Bürgen nach Ablauf von mindestens einem Jahr den Rest der Bewährungszeit durch Beschluß erlassen. Absatz 1 gilt entsprechend.

(4) Die angedrohte Freiheitsstrafe kann vollzogen werden, wenn der Verurteilte während der Bewährungszeit

1. wegen einer fahrlässigen Straftat oder zu einer Geldstrafe verurteilt wird;
2. sich einer im Urteil gemäß § 33 Absätze 3 und 4 Ziffer 1 auferlegten Verpflichtung zur Bewährung und Wiedergutmachung entzieht;
3. einem Tätigkeitsverbot zuwiderhandelt oder sich seiner Verpflichtung zur Zahlung einer Geldstrafe entzieht."

- 6 -

Abs. 6 wird aufgehoben.

9. § 44 Abs. 2 wird aufgehoben. Der bisherige Abs. 3 wird Abs. 2.

10. § 45 Absätze 1, 3 und 6 erhalten folgende Fassung:

"(1) Das Gericht setzt den Vollzug einer zeitigen Freiheitsstrafe unter Auferlegung einer Bewährungszeit von einem Jahr bis zu drei Jahren mit dem Ziel des Straferlasses aus, wenn unter Berücksichtigung der Umstände der Straftat, der Persönlichkeit des Verurteilten sowie seiner positiven Entwicklung, insbesondere seiner Disziplin und seiner Arbeitsleistungen, der Zweck der Freiheitsstrafe erreicht ist.

(3) Zur Erhöhung der erzieherischen Wirkung der Strafaussetzung auf Bewährung kann das Gericht für eine bestimmte, die Bewährungszeit nicht übersteigende Dauer den Verurteilten verpflichten,

1. den durch die Straftat angerichteten materiellen Schaden wiedergutzumachen;

2. sich einer fachärztlichen Behandlung zu unterziehen, soweit es zur Verhütung weiterer Rechtsverletzungen notwendig ist;

3. in bestimmten Abständen dem Gericht über die Erfüllung der ihm mit der Strafaussetzung auf Bewährung auferlegten Pflichten zu berichten.

(6) Die Strafaussetzung auf Bewährung kann widerrufen werden, wenn der Verurteilte während der Bewährungszeit

1. wegen einer fahrlässigen Straftat oder zu einer Geldstrafe verurteilt wird;

2. den Verpflichtungen des Absatzes 3 Ziffer 1 vorsätzlich zuwiderhandelt."

7

11. § 46 Abs. 2 wird aufgehoben; der bisherige Abs. 1 wird § 46.

12. §§ 47, 48, 51 und 52 werden aufgehoben.

13. § 53 Abs. 4 Satz 1 wird gestrichen.

14. § 69 Abs. 3 wird aufgehoben. Der bisherige Abs. 4 wird Abs. 3.

15. Im § 70 Abs. 2 wird der 3. Kommandostrich aufgehoben.

16. § 72 erhält folgende Fassung:

"§ 72
Verurteilung auf Bewährung

Die Verurteilung auf Bewährung kann bei Jugendlichen im Interesse ihrer persönlichen Entwicklung mit der Auflage verbunden werden, die Lehre oder Berufsausbilung fortzusetzen, an Weiterbildungslehrgängen teilzunehmen oder die Schulbildung abzuschließen."

17. Das 2. Kapitel des Besonderen Teils erhält folgende Fassung:

"2. Kapitel
Straftaten gegen die verfassungsmäßige Ordnung

§ 96
Hochverrat

(1) Wer es unternimmt

1. die verfassungsmäßige Ordnung der Deutschen Demokratischen Republik durch gewaltsamen Umsturz oder planmäßige Untergrabung zu beseitigen oder in verräterischer Weise die Macht zu ergreifen;

2. mit Gewalt oder durch Drohung mit Gewalt das Staatsgebiet der Deutschen Demokratischen Republik einem anderen Staat anzugliedern oder einen Teil des Staatsgebietes abzutrennen;

8

3. die Volkskammer, den Staatsrat/1/ oder den Ministerrat der Deutschen Demokratischen Republik mit Gewalt oder durch Drohung mit Gewalt zu nötigen, nicht oder entgegen der Verfassung tätig zu werden,

wird mit Freiheitsstrafe nicht unter fünf Jahren bestraft.

(2) In schweren Fällen kann auf lebenslängliche Freiheitsstrafe erkannt werden.

§ 97
Landesverrat

(1) Wer Staatsgeheimnisse an einen Geheimdienst oder eine andere Einrichtung einer fremden Macht verrät, für sie beschafft oder wer sie der Öffentlichkeit zugänglich macht und dadurch die Gefahr eines schweren Nachteils für die Deutsche Demokratische Republik herbeiführt, wird mit Freiheitsstrafe nicht unter zwei Jahren bestraft.

(2) Wer zum Nachteil der Deutschen Demokratischen Republik für einen Geheimdienst einer fremden Macht tätig wird, sich anwerben läßt oder zur Mitarbeit anbietet, wird mit Freiheitsstrafe von einem Jahr bis zu acht Jahren bestraft.

(3) Der Versuch ist strafbar, im Falle des Absatzes 1 auch die Vorbereitung.

(4) In schweren Fällen kann auf lebenslängliche Freiheitsstrafe erkannt werden.

/1/ In Abhängigkeit von einer Verfassungsänderung ist gegebenenfalls der "Staatsrat" durch den "Präsidenten der DDR" zu ersetzen.

9

§ 98
Terror und Sabotage

(1) Wer

1. bewaffnete Anschläge oder Geiselnahmen oder Sprengungen durchführt, Brände legt oder schwere Zerstörungen oder Havarien herbeiführt oder andere Gewaltakte begeht;

2. Einrichtungen oder Anlagen der Landesverteidigung zerstört, vernichtet, schwerwiegend beschädigt, unbrauchbar macht oder dem bestimmungsgemäßen Gebrauch entzieht;

3. unter Mißbrauch seiner Funktion oder beruflichen Stellung die Volkswirtschaft oder einzelne Wirtschaftsbereiche, die Tätigkeit staatlicher Organe oder die Landesverteidigung desorganisiert oder durch andere Handlungen schwerwiegend schädigt,

um die verfassungsmäßige Ordnung der Deutschen Demokratischen Republik anzugreifen, wird mit Freiheitsstrafe nicht unter zwei Jahren bestraft.

(2) Vorbereitung und Versuch sind strafbar.

(3) In schweren Fällen kann auf lebenslängliche Freiheitsstrafe erkannt werden.

§ 99
Schwere Fälle

Ein schwerer Fall der in den §§ 96 bis 98 genannten Straftaten liegt vor, wenn die Tat

1. den Frieden, die verfassungsmäßige Ordnung, die Volkswirtschaft oder die Verteidigungskraft der Deutschen Demokratischen Republik in hohem Maße gefährdet;

2. im Verteidigungszustand begangen wird;

3. den Tod eines Menschen verursacht oder das Leben einer Vielzahl von Menschen gefährdet.

Dokument 15/19, Entwurf eines Gesetzes zur Änderung und Ergänzung des Strafgesetzbuches der Strafprozeßordnung, des Einführungsgesetzes zum Strafgesetzbuch und zur Strafprozeßordnung sowie des Strafregistergesetzes (6. Strafrechtsänderungsgesetz vom ...); Seite 9 von 24

10

§ 100
Aufforderung zur Begehung von Straftaten gegen die verfassungsmäßige Ordnung

Wer zur Begehung von Straftaten gegen die verfassungsmäßige Ordnung der Deutschen Demokratischen Republik gemäß §§ 98, 103 und 104 öffentlich auffordert, wird mit Freiheitsstrafe bis zu fünf Jahren bestraft.

§ 101
Verfassungsfeindlicher Zusammenschluß

(1) Wer einer Vereinigung oder einem sonstigen Zusammenschluß von Personen, deren verfassungfeindliche Zielstellung durch rechtskräftige gerichtliche Entscheidung/2/ festgestellt worden ist, angehört oder einen solchen Zusammenschluß fördert, wird mit Freiheitsstrafe bis zu drei Jahren, Haftstrafe, Verurteilung auf Bewährung oder mit Geldstrafe bestraft.

(2) Wer einen solchen verfassungsfeindlichen Zusammenschluß organisiert, wird mit Freiheitsstrafe von einem Jahr bis zu fünf Jahren bestraft.

(3) Der Versuch ist strafbar.

§ 102
Verherrlichung des Faschismus und verfassungswidrige Diskriminierung

(I) Wer

1. den Faschismus oder den Militarismus verherrlicht;

2. gegen nationale, ethnische, rassische oder religiöse Gruppen hetzt;

/2/ Bei der Fassung dieser Bestimmung wurde davon ausgegangen, daß die Feststellung über die verfassungsfeindliche Zielstellung einer Vereinigung nur durch gerichtliche Entscheidung getroffen werden darf und dieses in einem künftigen Vereinigungsgesetz geregelt wird.

Dokument 15/19, Entwurf eines Gesetzes zur Änderung und Ergänzung des Strafgesetzbuches der Strafprozeßordnung, des Einführungsgesetzes zum Strafgesetzbuch und zur Strafprozeßordnung sowie des Strafregistergesetzes (6. Strafrechtsänderungsgesetz vom ...); Seite 10 von 24

3. auf der Grundlage der Verfassung tätige Parteien, Vereinigungen oder andere Zusammenschlüsse von Bürgern schwerwiegend diskriminiert,

um die verfassungsmäßige Ordnung der Deutschen Demokratischen Republik anzugreifen, wird mit Freiheitsstrafe von einem Jahr bis zu fünf Jahren bestraft.

(2) Der Versuch ist strafbar.

Nötigung führender Repräsentanten
§ 103

(1) Wer gegen den Vorsitzenden des Staatsrates/3/, den Präsidenten der Volkskammer oder gegen den Vorsitzenden des Ministerrates der Deutschen Demokratischen Republik Gewalt anwendet oder sie mit Gewalt bedroht, um sie an der Ausübung ihrer verfassungsmäßigen Tätigkeit zu hindern, wird mit Freiheitsstrafe von einem Jahr bis zu fünf Jahren bestraft.

(2) Der Versuch ist strafbar.

§ 104

(1) Wer gegen einen führenden Repräsentanten eines anderen Staates, einer ausländischen oder einer internationalen Organisation während seines Aufenthaltes in der DDR Gewalt anwendet oder ihn mit Gewalt bedroht, um ihn an der Ausübung seiner Aufgaben und Befugnisse zu hindern, wird mit Freiheitsstrafe von einem Jahr bis zu fünf Jahren bestraft.

(2) Der Versuch ist strafbar.

/3/ vgl. Hinweis zu § 96 Abs. 3.

12

"§ 105
Außergewöhnliche Strafmilderung
und Absehen von Strafe

Bei den in diesem Kapitel genannten Straftaten kann auf eine geringere als die angedrohte Mindeststrafe erkannt, oder es kann von Strafe abgesehen werden, wenn sich der Täter den Strafverfolgungsorganen stellt und die Straftat offenbart."

18. § 123 letzter Satz wird gestrichen.

19. Als § 135 a wird eingefügt:

"§ 135 a
Unberechtigtes Abhören

(1) Wer entgegen den Festlegungen in Rechtsvorschriften oder ohne Einwilligung des betroffenen Bürgers das nicht zu seiner Kenntnis bestimmte, nicht öffentlich gesprochene Wort mittels technischer Mittel abhört oder aufzeichnet, wird mit Freiheitsstrafe bis zu zwei Jahren, Verurteilung auf Bewährung oder Geldstrafe bestraft.

(2) Ebenso wird bestraft, wer eine solche Aufzeichnung entgegen den Festlegungen in Rechtsvorschriften oder ohne Einwilligung des betroffenen Bürgers gebraucht oder einem Dritten zugänglich macht.

(3) Der Versuch ist strafbar."

20. Die §§ 137 und 138 erhalten folgende Fassung:

"§ 137
Beleidigung

(1) Eine Beleidigung begeht, wer die persönliche Würde eines Menschen durch Beschimpfungen, Tätlichkeiten, unsittliche Belästigungen oder andere Handlungen grob mißachtet oder das Andenken eines Verstorbenen grob verletzt.

13

(2) Eine Beleidigung begeht auch, wer in der Öffentlichkeit Volksvertretungen, Staatsorgane, Parteien, gesellschaftliche Organisationen, Religionsgemeinschaften, Vereinigungen oder Personengruppen beschimpft und dadurch die Würde des Einzelnen wegen seiner Zugehörigkeit zu denselben grob verletzt.

§ 138
Verleumdung

Eine Verleumdung begeht, wer wider besseres Wissen Unwahrheiten oder leichtfertig nicht beweisbare Behauptungen vorbringt oder verbreitet, die geeignet sind, das gesellschaftliche Ansehen eines Menschen herabzusetzen."

21. § 139 Absatz 2 erhält folgende Fassung:

"(2) Wenn die Tat nach Art und Auswirkung sowie der Schuld und der Persönlichkeit des Täters eine schwerwiegende Verletzung der Rechte des Geschädigten oder der Beziehungen zwischen den Menschen darstellt, wird der Täter mit öffentlichem Tadel, Geldstrafe, mit Verurteilung auf Bewährung, Haftstrafe oder mit Freiheitsstrafe bis zu einem Jahr bestraft."

Abs. 3 wird aufgehoben. Der bisherige Abs. 4 wird Abs. 3.

22. Das 8. Kapitel des Besonderen Teils 1. und 2. Abschnitt erhalten folgende Fassung:

"1. Abschnitt
Straftaten gegen die Durchführung von Wahlen"/4/

"2. Abschnitt
Straftaten gegen die staatliche und öffentliche Ordnung

/4/ Zu den gegenwärtigen Bestimmungen der §§ 210 und 211 StGB werden im Zusammenhang mit dem Entwurf eines neuen Wahlgesetzes Vorschläge für notwendige Änderungen und Ergänzungen vorgelegt.

§ 212
Störung friedlicher Versammlungen und Demonstrationen

(1) Wer die Wahrnahme verfassungsmäßiger Grundrechte der Bürger durch Störung friedlicher Versammlungen und Demonstrationen beeinträchtigt, indem er sich an Gewalttätigkeiten gegen Menschen oder erheblichen Beschädigungen von Sachen oder Einrichtungen oder Bedrohungen von Menschen mit Gewalttätigkeiten beteiligt, wird mit Freiheitsstrafe bis zu zwei Jahren, Haftstrafe, Verurteilung auf Bewährung oder mit Geldstrafe bestraft.

(2) Der Versuch ist strafbar.

§ 213
Behinderung staatlicher oder gesellschaftlicher Tätigkeit

(1) Wer einen Angehörigen eines staatlichen Organs durch Gewaltanwendung oder Bedrohung mit Gewalt oder einem anderen erheblichen Nachteil an der rechtmäßigen Durchführung der ihm übertragenen staatlichen Aufgaben zur Aufrechterhaltung von Ordnung und Sicherheit hindert, wird mit Freiheitsstrafe bis zu zwei Jahren oder mit Verurteilung auf Bewährung, mit Haftstrafe oder mit Geldstrafe bestraft.

(2) Ebenso wird bestraft, wer gegen einen Bürger bei der Ausübung einer rechtmäßigen staatlichen oder gesellschaftlichen Tätigkeit, wegen einer solchen Tätigkeit oder wegen seines Eintretens für die öffentliche Ordnung und Sicherheit oder wegen seines Vorgehens gegen Rechtsverletzungen Gewalt anwendet oder Gewalt oder andere erhebliche Nachteile androht.

(3) Der Versuch ist strafbar.

Dokument 15/19, Entwurf eines Gesetzes zur Änderung und Ergänzung des Strafgesetzbuches der Strafprozeßordnung, des Einführungsgesetzes zum Strafgesetzbuch und zur Strafprozeßordnung sowie des Strafregistergesetzes (6. Strafrechtsänderungsgesetz vom ...); Seite 14 von 24

15

§ 214
Beeinträchtigung verfassungsmäßiger Tätigkeit

(1) Wer die verfassungsmäßige Tätigkeit von Volksvertretungen, deren Organe oder Mitglieder oder von staatlichen Organen durch Nötigung (§ 129) beeinträchtigt, wird mit Freiheitsstrafe bis zu drei Jahren oder mit Verurteilung auf Bewährung, Haftstrafe, Geldstrafe oder mit öffentlichem Tadel bestraft.

(2) Der Versuch ist strafbar.

§ 215
Rowdytum

(1) Wer sich an einer Gruppe von Personen beteiligt, die aus Mißachtung der öffentlichen Ordnung Gewalttätigkeiten, Drohungen oder grobe Belästigungen gegenüber Personen oder böswillige Beschädigungen von Sachen oder Einrichtungen begeht, wird mit Freiheitsstrafe bis zu drei Jahren oder mit Verurteilung auf Bewährung oder mit Haftstrafe bestraft.

(2) Ist die Tatbeteiligung von untergeordneter Bedeutung oder ist die Tat ohne Beteiligung an einer Gruppe begangen, kann der Täter mit Freiheitsstrafe bis zu zwei Jahren oder mit Verurteilung auf Bewährung oder mit Haftstrafe oder mit Geldstrafe bestraft werden.

(3) Der Versuch ist strafbar.

Anmerkung:
Andere, die öffentliche Ordnung störende Handlungen können als Ordnungswidrigkeiten verfolgt werden.

§ 216
Schwere Fälle

(1) In schweren Fällen der Störung friedlicher Versammlungen und Demonstrationen, Behinderung staatlicher oder gesellschaftlicher Tätigkeit, der Beeinträchtigung verfassungsmäßiger Tätigkeit oder des Rowdytums wird der Täter mit Freiheitsstrafe von einem Jahr bis zu acht Jahren bestraft. Ein schwerer Fall liegt vor, wenn

1. durch die Tat die öffentliche Ordnung oder das Zusammenleben der Bürger durch Verbreitung von Unruhe unter der Bevölkerung in besonderem Maße gefährdet wird;

2. die Tat von mehreren begangen wird, die sich zur wiederholten Begehung von Straftaten nach §§ 212 bis 215 zusammengeschlossen haben;

3. die Tat unter Anwendung von Waffen begangen wird;

4. der Täter Rädelsführer ist.

(2) Der Versuch ist strafbar.

(3) Ist die Tatbeteiligung von untergeordneter Bedeutung, kann der Täter mit Freiheitsstrafe bis zu zwei Jahren oder Verurteilung auf Bewährung, mit Haftstrafe oder mit Geldstrafe bestraft werden.

§ 217
Gesetzwidrige Ansammlung

(1) Wer sich an einer Ansammlung von Personen beteiligt, von der Gewalttätigkeiten gegenüber Personen oder Sachen oder Einrichtungen oder Drohungen mit Gewalt ausgehen und sie nicht unverzüglich nach Aufforderung durch die zuständigen staatlichen Organe verläßt, wird mit Freiheitsstrafe bis zu zwei Jahren oder mit Verurteilung auf Bewährung, mit Haftstrafe oder mit Geldstrafe bestraft.

(2) Wer eine solche Ansammlung organisiert oder anführt oder wer die Tat unter Anwendung von Waffen oder anderen Gegenständen, die als Waffen benutzt werden, begeht, wird mit Freiheitsstrafe von einem Jahr bis zu fünf Jahren bestraft.

(3) Der Versuch nach Absatz 2 ist strafbar.

17

§ 218
Androhung von Gewaltakten
und Vortäuschung einer Gemeingefahr

Wer die öffentliche Ordnung durch Androhung von Sprengungen, Brandlegungen oder anderen Gewaltakten oder dadurch gefährdet, daß er das Vorliegen einer Gemeingefahr vortäuscht, wird mit Freiheitsstrafe bis zu fünf Jahren oder mit Verurteilung auf Bewährung, Haftstrafe oder mit Geldstrafe bestraft.

§ 219
Beeinträchtigung der Sicherheit an der Staatsgrenze /5/

(1) Wer widerrechtlich die Staatsgrenze der Deutschen Demokratischen Republik unter Anwendung oder Androhung von Gewalt passiert, wird mit Geldstrafe, Verurteilung auf Bewährung, Haftstrafe oder mit Freiheitsstrafe bis zu zwei Jahren bestraft.

(2) In schweren Fällen wird der Täter mit Freiheitsstrafe bis zu fünf Jahren bestraft.

Ein schwerer Fall liegt vor, wenn

1. die Tat Leben oder Gesundheit von Menschen gefährdet;

2. die Tat unter Mitführung von Schußwaffen oder Sprengmitteln erfolgt.

(3) Der Versuch ist strafbar, im Falle des Absatzes 2 Ziffer 2 auch die Vorbereitung.

/5/ Dieser Straftatbestand sollte im Grenzgesetz geregelt werden.

§ 219 a
Widerrechtliches Passieren der Staatsgrenze /6/

(1) Wer als Bürger der DDR aus dem Gebiet der DDR ausreist, obwohl ihm auf gesetzlicher Grundlage ein Reisepaß versagt oder zeitweilig entzogen ist, wird mit Verurteilung auf Bewährung, Geldstrafe oder mit Freiheitsstrafe bis zu einem Jahr bestraft.

(2) Wer in das Staatsgebiet der DDR einreist und keine für die Ein- oder Durchreise gültigen Dokumente besitzt, wird mit Geldstrafe oder mit Freiheitsstrafe bis zu einem Jahr bestraft.

Anmerkung:

Geringfügige Handlungen nach Abs. 2 können als Ordnungswidrigkeit verfolgt werden.

§ 220
Äußerungen faschistischen, rassistischen, militaristischen und revanchistischen Charakters

Wer in der Öffentlichkeit Äußerungen faschistischen, rassistischen, militaristischen oder revanchistischen Charakters kundtut oder Symbole, Gegenstände, Schriftstücke oder Aufzeichnungen dieses Charakters verwendet, verbreitet oder anbringt oder zu diesem Zwecke herstellt oder einführt, wird mit Freiheitsstrafe bis zu zwei Jahren oder mit Verurteilung auf Bewährung, Haftstrafe oder mit Geldstrafe bestraft.

§ 221
Angriff auf völkerrechtlich geschützte Personen

(1) Wer eine völkerrechtlich geschützte Person entführt, körperlich mißhandelt oder rechtswidrig ihrer persönlichen Freiheit beraubt oder sie mit solchen Handlungen bedroht, wird mit Freiheitsstrafe bis zu fünf Jahren, Verurteilung auf Bewährung oder mit Geldstrafe bestraft.

(2) Ebenso wird bestraft, wer auf die Diensträume, die Privatwohnung oder die Beförderungsmittel einer völkerrechtlich geschützten Person einen gewaltsamen Angriff begeht oder mit einem solchen Angriff droht, der geeignet ist, das Leben, die Gesundheit oder die persönliche Freiheit dieser Person zu gefährden.

/6/ Dieser Strafbestand sollte als eindeutige Verletzung von Paßbestimmungen im Paßgesetz geregelt werden.

Dokument 15/19, Entwurf eines Gesetzes zur Änderung und Ergänzung des Strafgesetzbuches der Strafprozeßordnung, des Einführungsgesetzes zum Strafgesetzbuch und zur Strafprozeßordnung sowie des Strafregistergesetzes (6. Strafrechtsänderungsgesetz vom ...); Seite 18 von 24

(3) Der Versuch ist strafbar. In den Fällen der Entführung einer völkerrechtlich geschützten Person ist die Vorbereitung strafbar.

§ 222
Mißachtung staatlicher Symbole

Wer in der Öffentlichkeit die Staatsflagge, das Staatswappen oder andere Staatssymbole der Deutschen Demokratischen Republik oder Staatssymbole anderer Staaten böswillig zerstört, beschädigt oder in anderer Weise verächtlich macht, wird mit Verurteilung auf Bewährung, Haftstrafe, Geldstrafe oder mit öffentlichem Tadel bestraft."

§ 223 wird aufgehoben.

"§ 224
Anmaßung staatlicher Befugnisse

(1) Wer sich eine staatliche Befugnis anmaßt und dadurch die ordnungsgemäße Tätigkeit staatlicher Organe oder die Rechte der Bürger beeinträchtigt, wird mit Freiheitsstrafe bis zu zwei Jahren oder mit Verurteilung auf Bewährung oder mit Geldstrafe bestraft.

(2) Ebenso wird bestraft, wer unbefugt eine Uniform eines Staatsorgans oder einer staatlichen Einrichtung trägt und dadurch die ordnungsgemäße Tätigkeit staatlicher Organe oder Einrichtungen oder die Rechte der Bürger beeinträchtigt."

23. § 225 Abs. 1 Ziffern 2 und 5 erhalten folgende Fassung:

"2. einer Straftat gegen die verfassungsmäßige Ordnung der Deutschen Demokratischen Republik (§§ 96 bis 104);

5. eines Verbrechens gegen die allgemeine Sicherheit oder gegen die staatliche Ordnung (§§ 185, 186, 190, 198, 219 Absatz 2 Ziffer 2);"

20

In der Ziffer 6 sind die Worte "Vergehens oder" und in Ziffer 8 sind die Worte "oder Vergehens" zu streichen.

Abs. 3 wird aufgehoben.

24. § 238 wird wie folgt gefaßt:

"§ 238
Beeinträchtigung richterlicher Unabhängigkeit

(1) Wer auf einen Richter, einen Schöffen oder ein Mitglied eines gesellschaftlichen Gerichtes Einfluß nimmt, um sie zu einer ihre Rechtspflichten verletzenden gerichtlichen Entscheidung zu veranlassen, wird mit Freiheitsstrafe bis zu zwei Jahren, mit Verurteilung auf Bewährung oder mit Geldstrafe bestraft.

(2) Ebenso wird bestraft, wer einen Richter, einen Schöffen oder ein Mitglied eines gesellschaftlichen Gerichtes wegen einer von ihm getroffenen gerichtlichen Entscheidung beleidigt, verleumdet oder bedroht.

(3) Wer die Tat nach Absatz 1 unter Mißbrauch seiner staatlichen Befugnisse, unter Anwendung von Gewalt oder Androhung von Gewalt oder einem anderen erheblichen Nachteil begeht, wird mit Freiheitsstrafe bis zu fünf Jahren bestraft.

(4) Der Versuch nach Absatz 1 und 3 ist strafbar."

25. Als § 244 a wird eingefügt:

"§ 244 a
Amtsmißbrauch

(1) Wer seine staatlichen oder gesellschaftlichen Befugnisse oder seine Stellung oder Tätigkeit mißbraucht und zum Nachteil des Gemeinwohls sich oder andere erheblich bereichert oder sich oder anderen sonstige erhebliche Vorteile verschafft, wird mit Frei-

21

heitsstrafe bis zu fünf Jahren oder mit Verurteilung auf Bewährung oder mit Geldstrafe bestraft.

(2) Schwere Fälle des Amtsmißbrauchs werden mit Freiheitsstrafe von zwei bis zu zehn Jahren bestraft. Einen schweren Fall begeht, wer das Gemeinwohl in besonders hohem Maße schädigt oder sich oder anderen Vorteile in besonders hohem Umfang verschafft.

(3) Der Versuch ist strafbar."

26. Als § 244 b wird eingefügt:

"§ 244 b
Straftaten in Ausübung staatlicher Tätigkeit

(1) Wer in Ausübung staatlicher Tätigkeit eine Körperverletzung (§ 115), eine Nötigung (§ 129), eine Bedrohung (§ 130), eine Freiheitsberaubung (§ 131), einen Hausfriedensbruch (§ 134), eine Beleidigung (§ 137), eine Verleumdung (§ 138) oder eine Vernichtung von Urkunden oder beweiserheblichen Daten (§§ 241, 241 a) begeht, wird mit Freiheitsstrafe bis zu fünf Jahren, mit Verurteilung auf Bewährung oder mit Geldstrafe bestraft.

(2) Der Versuch ist strafbar."

27. § 249 wird aufgehoben.

28. § 254 Absätze 1 bis 3 erhalten folgende Fassung:

"(1) Wer seine Truppe oder einen anderen für ihn bestimmten Aufenthaltsort verläßt oder ihnen fernbleibt, um sich dem Wehrdienst zu entziehen, wird mit Freiheitsstrafe bis zu sechs Jahren, mit Strafarrest oder mit Verurteilung auf Bewährung bestraft.

22

(2) In schweren Fällen wird der Täter mit Freihheitsstrafe von einem Jahr bis zu acht Jahren bestraft. Ein schwerer Fall liegt vor, wenn die Tat unter Anwendung oder Androhung der Anwendung von Waffen begangen wird oder der Täter Gewalt gegen andere Personen anwendet.

(3) Der Versuch ist strafbar, im Falle des Absatzes 2 auch die Vorbereitung."

29. § 268 Abs. 1 erhält folgende Fassung:

"(1) Wer seine Dienstbefugnisse oder als Vorgesetzter seine Dienststellung mißbraucht und dadurch vorsätzlich oder fahrlässig schwere Folgen verursacht, wird mit Freiheitsstrafe bis zu fünf Jahren, mit Verurteilung auf Bewährung, Geldstrafe oder mit Strafarrest bestraft."

23

Anlage 2
zu vorstehendem Gesetz

Die Strafprozeßordnung wird wie folgt geändert und ergänzt:

1. § 88 Abs. 2 Ziff. 2 wird aufgehoben. Die bisherige Ziff. 3 wird Ziff. 2.

2. Im § 258 Abs.1 wird das Wort: "Aufenthaltsbeschränkung" gestrichen.

3. Im § 339 Abs.1 Ziff. 2 wird vor den Worten: "Einziehung von Gegenständen" das Wort: "und" eingefügt; die Worte: "Aufenthalts-, Umgangs-, Besitz- und Verwendungsverboten" werden gestrichen.

4. § 347 erhält folgende Überschrift:
"Tätigkeitsverbot"

§ 347 Satz 1 erhält folgende Fassung:
"Das Gericht entscheidet bei Verkürzung der Dauer des Tätigkeitsverbotes sowie bei Verkürzung oder Aufhebung des Fahrerlaubnisentzuges gemäß § 53 Absatz 6 und § 54 Absatz 3 des Strafgesetzbuches durch Beschluß."

5. § 360 Abs. 4 wird aufgehoben.

Dokument 15/19, Entwurf eines Gesetzes zur Änderung und Ergänzung des Strafgesetzbuches der Strafprozeßordnung, des Einführungsgesetzes zum Strafgesetzbuch und zur Strafprozeßordnung sowie des Strafregistergesetzes (6. Strafrechtsänderungsgesetz vom ...); Seite 23 von 24

24

Anlage 3
zu vorstehendem Gesetz

Das Strafregistergesetz wird wie folgt geändert und ergänzt:

1. § 11 wird aufgehoben.

2. Im § 12 werden anstelle der Worte:"gemäß §§ 49 bis 59 StGB" die Worte:"gemäß §§ 49, 50 und 53 bis 59 StGB" eingefügt.

3. § 13 erhält folgende Fassung:

"§ 13
Ausweisung

Die Ausweisung gemäß § 59 StGB ist einzutragen

4. Im § 25 Abs. 2 wird der letzte Satz gestrichen und dafür folgender Satz eingefügt:
"Über getilgte Eintragungen darf keine Auskunft erteilt werden."

15. Sitzung
5. März 1990

Vorlage Nr. 15/11

V e r o r d n u n g

Entwurf

über die Tätigkeit und die Zulassung von Rechtsanwälten mit eigener Praxis

vom 22. Februar 1990

§ 1

Geltungsbereich

Diese Verordnung regelt Stellung, Aufgaben und Tätigkeit sowie die Zulassung von Rechtsanwälten, die nicht in einer Zweigstelle eines Kollegiums der Rechtsanwälte tätig sind (Rechtsanwälte mit eigener Praxis).

Stellung und Aufgaben des Rechtsanwalts

§ 2

(1) Der Rechtsanwalt ist als unabhängiges Organ der Rechtspflege verpflichtet, die Interessen seiner Auftraggeber wahrzunehmen.

(2) Der Rechtsanwalt ist ausschließlich an den Auftrag, die Verfassung, die Gesetze und die anderen Rechtsvorschriften und an die für Rechtsanwälte der Deutschen Demokratischen Republik geltenden Berufspflichten gebunden.

§ 3

(1) Der Rechtsanwalt übt einen freien Beruf aus.

(2) Rechtsanwaltliche Tätigkeit ist kein Gewerbe.

(3) Der Rechtsanwalt darf keine nebenberufliche Tätigkeit ausüben. Das gilt nicht für wissenschaftliche, künstlerische oder publizistische Tätigkeit, soweit sie mit der Stellung eines unabhängigen Organs der Rechtspflege vereinbar ist. Ausgenommen ist auch die Tätigkeit als nebenamtlicher Hochschullehrer an einer Hochschule oder Universität der Deutschen Demokratischen Republik.

§ 4

(1) Der Rechtsanwalt ist Berater und Vertreter von Bürgern und anderen Auftraggebern in allen Rechtsangelegenheiten sowie Verteidiger von Beschuldigten und Angeklagten in Strafverfahren.

(2) Der Rechtsanwalt ist befugt, vor allen staatlichen Gerichten und Staatsorganen der Deutschen Demokratischen Republik aufzutreten.

Zulassung als Rechtsanwalt

§ 5

(1) Die Zulassung als Rechtsanwalt mit eigener Praxis erteilt der Minister der Justiz der Deutschen Demokratischen Republik auf Antrag.

(2) Die Zulassung wird auf den Sitz der Praxis bezogen erteilt.

(3) Der Antrag auf Zulassung ist schriftlich zu stellen und zu begründen. Ihm sind die Unterlagen beizufügen, aus denen hervorgeht, daß der Antragsteller die Voraussetzungen für die Zulassung als Rechtsanwalt mit eigener Praxis (§ 6) erfüllt.

(4) Über den Antrag ist innerhalb von 4 Wochen zu entscheiden. Die Bearbeitungsfrist beginnt mit der Vorlage der geforderten Antragsunterlagen.

(5) Die Zulassung erfolgt in Schriftform.

§ 6

Als Rechtsanwalt mit eigener Praxis kann zugelassen werden, wer

a) auf dem Territorium der Deutschen Demokratischen Republik seinen ständigen Hauptwohnsitz hat,

b) einen in der Deutschen Demokratischen Republik anerkannten juristischen Hochschulabschluß erworben hat,

c) über ein hohes Maß an Wissen, Lebenserfahrung, menschlicher Reife und Charakterfestigkeit verfügt,

d) eine anwaltsspezifische Ausbildung bei einem in der Deutschen Demokratischen Republik zugelassenen Rechtsanwalt absolviert oder die entsprechenden Kenntnisse auf andere Weise erlangt hat,

---

Dokument 15/20, Entwurf einer Verordnung (der Regierung vom 22. Februar 1990): Über die Tätigkeit und die Zulassung von Rechtsanwälten mit eigener Praxis (Vorlage 15/11); Seite 1 von 5

e) über die räumlichen und sonstigen materiellen Bedingungen verfügt, die der Eigenart rechtsanwaltlicher Tätigkeit entsprechen.

§ 7

Bei Hochschullehrern mit Lehrbefähigung für Recht an einer Hochschule oder Universität der Deutschen Demokratischen Republik sind die persönlichen Zulassungsvoraussetzungen als gegeben anzusehen.

§ 8

Mitglieder von Kollegien der Rechtsanwälte, die in eigener Praxis tätig werden wollen, behalten beim Ausscheiden aus dem Kollegium die Zulassung als Rechtsanwalt, wenn ihre Mitgliedschaft nicht durch Ausschluß oder Entzug der Zulassung endet und sie binnen 3 Monaten nach dem Ausscheiden dem Minister der Justiz die Aufnahme ihrer Tätigkeit als Anwalt mit eigener Praxis anzeigen.

§ 9

(1) Der Minister der Justiz kann die Zulassung versagen, wenn
a) beim Bewerber nicht die im § 6 genannten Voraussetzungen gegeben sind,
b) der Bewerber vorbestraft ist,
c) der Bewerber in einem Arbeitsrechtsverhältnis oder in einem Wahl- oder Berufungsverhältnis steht, dessen Beendigung noch nicht bestimmt ist,
d) der Bewerber auf Grund seiner bisherigen Lebensführung nicht geeignet ist, den Rechtsanwaltsberuf auszuüben.

(2) Die ablehnende Entscheidung ist schriftlich zu begründen und dem Antragsteller auszuhändigen oder zuzusenden.

§ 10

Wird ein Rechtsanwalt in eine hauptamtliche staatliche oder gesellschaftliche Funktion berufen oder gewählt, so ruht während dieser Zeit seine rechtsanwaltliche Tätigkeit. Er ist berechtigt, die Berufsbezeichnung Rechtsanwalt weiterhin zu führen.

§ 11

Beendigung rechtsanwaltlicher Tätigkeit

(1) Die rechtsanwaltliche Tätigkeit endet durch
a) Rückgabe der Zulassung,
b) Tod,
c) Rücknahme der Zulassung,
d) Entzug der Zulassung.

(2) Die Rückgabe der Zulassung steht jedem Rechtsanwalt jederzeit ohne Angabe von Gründen zu. Sie ist dem Minister der Justiz mindestens 4 Wochen vor beabsichtigter Beendigung der rechtsanwaltlichen Tätigkeit anzukündigen.

(3) Die Zulassung kann durch den Minister der Justiz zurückgenommen werden, wenn
a) nachträglich Umstände bekannt werden, die eine Zulassung als Rechtsanwalt ausgeschlossen hätten,
b) der Rechtsanwalt nachweisbar aus Alters- oder aus gesundheitlichen Gründen nicht mehr in der Lage ist, den Beruf ordnungsgemäß auszuüben und seine weitere Tätigkeit als Rechtsanwalt dem Ansehen der Rechtspflege schaden könnte,
c) der Rechtsanwalt in ein zeitlich unbegrenztes staatliches Wahl- oder Berufungsverhältnis eintritt,
d) der Rechtsanwalt sich in gewerbliche Abhängigkeit begibt, die seine Unabhängigkeit gefährdet.

(4) Bei Beendigung rechtsanwaltlicher Tätigkeit trifft der Minister der Justiz Festlegungen zur Fortführung von Aufträgen, die dem Rechtsanwalt übertragen waren.

Dokument 15/20, Entwurf einer Verordnung (der Regierung vom 22. Februar 1990): Über die Tätigkeit und die Zulassung von Rechtsanwälten mit eigener Praxis (Vorlage 15/11); Seite 2 von 5

Rechte und Pflichten des Rechtsanwalts

§ 12

(1) Der Rechtsanwalt ist verpflichtet, Verschwiegenheit über alles zu wahren, was ihm in Ausübung seiner Tätigkeit bekannt geworden ist.

(2) Die Pflicht zur Verschwiegenheit besteht nicht, soweit gesetzliche Regelungen das vorsehen oder der Auftraggeber den Rechtsanwalt befreit hat.

(3) Die Pflicht zur Verschwiegenheit besteht auch nach Beendigung der rechtsanwaltlichen Tätigkeit.

(4) Zur Verschwiegenheit sind auch die Mitarbeiter des Rechtsanwalts verpflichtet. Der Rechtsanwalt hat sie zur Einhaltung der Schweigepflicht anzuhalten.

§ 13

(1) Der Rechtsanwalt darf die Übernahme eines Auftrags nur ablehnen, wenn

a) Gründe vorliegen, die ein Vertrauensverhältnis zum Auftraggeber hindern,

b) er wegen anderer termingebundener Aufträge den Auftrag nicht persönlich wahrnehmen kann.

(2) Ein Auftrag kann niedergelegt werden, wenn das Vertrauensverhältnis durch den Auftraggeber erheblich gestört wird.

§ 14

Ein Auftrag ist abzulehnen und ein übernommener Auftrag ist niederzulegen, wenn

a) vom Rechtsanwalt pflichtwidrige oder ungesetzliche Handlungen gefordert werden,

b) der Rechtsanwalt zu gleicher Zeit für und gegen einen Auftraggeber tätig werden soll,

c) der Rechtsanwalt in derselben Rechtssache bereits einen Auftraggeber mit gegensätzlichen Interessen beraten oder vertreten hat,

d) der Rechtsanwalt oder ein mit ihm zu gemeinschaftlicher Berufsausübung verbundener Rechtsanwalt in derselben Rechtssache früher als Mitarbeiter eines Untersuchungsorgans, als Staatsanwalt, Richter, Notar, Schöffe oder als Mitglied eines gesellschaftlichen Gerichts tätig war.

§ 15

(1) Der Rechtsanwalt hat den Auftraggeber unverzüglich von der Ablehnung oder Niederlegung eines Auftrags zu informieren.

(2) Die Niederlegung des Auftrags darf nicht so geschehen, daß der Auftraggeber dadurch einen Rechtsverlust erleidet.

§ 16

(1) Über die Beratung, Vertretung oder Verteidigung schließt der Rechtsanwalt mit dem Auftraggeber einen Vertrag, mit dem der Umfang des Tätigwerdens des Rechtsanwalts bestimmt wird. Für den Auftrag ist eine schriftliche Vollmacht zu erteilen.

(2) Der Rechtsanwalt ist an den ihm erteilten Auftrag gebunden, die Art und Weise der Wahrnehmung bestimmt er eigenverantwortlich.

(3) Der Rechtsanwalt hat den Auftraggeber über Erfolgsaussichten und die voraussichtlichen Kosten zu informieren.

§ 17

(1) Der Rechtsanwalt ist verpflichtet, den Auftrag selbst wahrzunehmen. Ist ihm das nicht möglich, kann er mit Zustimmung des Auftraggebers die Vertretung oder Verteidigung einem anderen Rechtsanwalt übertragen.

(2) Der Auftraggeber kann in einer Rechtssache mehrere Rechtsanwälte beauftragen und bevollmächtigen. Sind sie zur gemeinsamen Auftragsübernahme und Abrechnung in einer Praxis zusammengeschlossen, ist jeder von ihnen zur Wahrnehmung des Auftrags berechtigt.

Dokument 15/20, Entwurf einer Verordnung (der Regierung vom 22. Februar 1990): Über die Tätigkeit und die Zulassung von Rechtsanwälten mit eigener Praxis (Vorlage 15/11); Seite 3 von 5

§ 18

Gebühren und Auslagen

(1) Grundlage für die Berechnung der Gebühren und Auslagen für die Berufstätigkeit des Rechtsanwalts ist die Rechtsanwaltsgebührenordnung (RAGO) vom 1. Februar 1982 (GBl. I Nr. 9 S. 103).

(2) Nach Erledigung des Auftrags ist dem Kostenschuldner eine Kostenrechnung zu erteilen. Sie muß die Gebührenbestimmungen enthalten und ist vom Rechtsanwalt zu unterschreiben.

§ 19

Besteuerung

Die Besteuerung der Rechtsanwälte mit eigener Praxis richtet sich nach den geltenden Rechtsvorschriften.[1]

Disziplinarische und materielle Verantwortlichkeit

§ 20

(1) Ein Rechtsanwalt, der schuldhaft Berufspflichten verletzt, ist vom Minister der Justiz zur Verantwortung zu ziehen, wenn die Schwere der Pflichtverletzung dies erfordert.

(2) Disziplinarmaßnahmen sind

a) Verweis,
b) strenger Verweis,
c) Entzug der Zulassung.

(3) Der Minister der Justiz entscheidet im Ergebnis eines Disziplinarverfahrens. Die Entscheidung hat schriftlich zu ergehen und ist zu begründen.

(4) Einem Rechtsanwalt, der im dringenden Verdacht einer schweren schuldhaften Verletzung von Berufspflichten steht, kann der Minister der Justiz bis zur Entscheidung über die disziplinarische Verantwortlichkeit anwaltliche Tätigkeit untersagen.

---
[1] Gegenwärtig gilt das Einkommensteuergesetz (ESTG) in der Fassung vom 18. September 1970 (Sonderdruck Nr. 670 des Gesetzblattes) und das Umsatzsteuergesetz (USTG) in der Fassung vom 18. September 1970 (Sonderdruck Nr. 673 des Gesetzblattes)

§ 21

(1) Die Einleitung des Disziplinarverfahrens erfolgt durch Verfügung des Ministers der Justiz.

(2) Ein Disziplinarverfahren kann nicht eingeleitet werden, wenn seit der vorgeworfenen Pflichtverletzung mehr als 2 Jahre vergangen ist.

(3) Vor Einleitung des Disziplinarverfahrens ist dem betroffenen Rechtsanwalt Gelegenheit zur Stellungnahme zu geben.

§ 22

(1) Für die Disziplinaruntersuchung bildet der Minister der Justiz einen aus 3 Rechtsanwälten bestehenden Disziplinarausschuß.

(2) Die Mitglieder des Disziplinarausschusses unterliegen der anwaltlichen Schweigepflicht.

(3) Der Disziplinarausschuß unternimmt alle notwendigen Schritte zur Aufklärung des Sachverhalts. Die Einsichtnahme in Handakten des betroffenen Rechtsanwalts ist nur zulässig, wenn auf andere Weise der Sachverhalt nicht aufgeklärt werden kann. Sie bedarf der Zustimmung des Ministers der Justiz.

(4) Der Disziplinarausschuß hat den betroffenen Rechtsanwalt über die Ergebnisse der Disziplinaruntersuchung zu informieren und ihm Gelegenheit zur Stellungnahme zu geben.

(5) Der Disziplinarausschuß soll die Disziplinaruntersuchung innerhalb von 4 Wochen abschließen. Im Abschlußbericht unterbreitet er dem Minister der Justiz einen Entscheidungsvorschlag.

§ 23

Der Rechtsanwalt haftet für Schäden, die durch seine Berufsausübung entstanden sind, nach den Bestimmungen des Zivilrechts. Er ist verpflichtet, eine Haftpflichtversicherung abzuschließen. Der Abschluß ist dem Minister der Justiz nachzuweisen.

Dokument 15/20, Entwurf einer Verordnung (der Regierung vom 22. Februar 1990): Über die Tätigkeit und die Zulassung von Rechtsanwälten mit eigener Praxis (Vorlage 15/11); Seite 4 von 5

Dienstaufsicht des Ministers der Justiz

§ 24

Die Rechtsanwälte mit eigener Praxis unterliegen der Dienstaufsicht des Ministers der Justiz.

§ 25

Zur Wahrnehmung der Dienstaufsicht kann der Minister der Justiz einen Beirat von Rechtsanwälten mit eigener Praxis bilden, dessen Mitglieder von ihm berufen werden. Diesem Beirat können folgende Aufgaben übertragen werden:

a) Beratung des Ministers zu Fragen rechtsanwaltlicher Tätigkeit,

b) Überprüfung von Eingaben und Beschwerden gegen Rechtsanwälte mit eigener Praxis,

c) Durchführung von Revisionen, wenn dazu Anlaß besteht.

§ 26
Rechtsmittel

(1) Gegen Entscheidungen des Ministers der Justiz über die Versagung oder die Rücknahme der Zulassung als Rechtsanwalt und gegen Entscheidungen im Zusammenhang mit der Durchführung von Disziplinarverfahren ist die Beschwerde zulässig.

(2) Die Beschwerde ist innerhalb von 2 Wochen nach Zugang der Entscheidung schriftlich unter Angabe von Gründen beim Minister der Justiz einzulegen.

(3) Die Beschwerde führt zur erneuten Überprüfung der Sache innerhalb von 4 Wochen. Der Beschwerdeführer hat das Recht, im Beschwerdeverfahren gehört zu werden.

§ 27
Zulässigkeit des Gerichtsweges

(1) Gegen Entscheidungen über die Versagung oder die Rücknahme der Zulassung als Rechtsanwalt kann der Betroffene, wenn seiner Beschwerde nicht abgeholfen wurde, innerhalb von 2 Wochen nach Zugang der Beschwerdeentscheidung Antrag auf Nachprüfung durch das Gericht stellen. Das Gericht kann in der Sache selbst entscheiden.

(2) Für das Verfahren gelten die Bestimmungen des Gesetzes über die Zuständigkeit und das Verfahren der Gerichte zur Nachprüfung von Verwaltungsentscheidungen.

Schlußbestimmungen

§ 28

(1) Diese Verordnung tritt mit ihrer Veröffentlichung in Kraft.

(2) Gleichzeitig tritt die Anordnung vom 18. Dezember 1980 über die Aufgaben und Tätigkeit der Einzelanwälte (GBl. I 1981 Nr. 1 S. 10) außer Kraft.

(3) Zulassungen, die vor dem Inkrafttreten dieser Verordnung erteilt wurden, bleiben weiterhin wirksam.

(4) Die Entscheidung über Anträge auf Zulassung, über die bei Inkrafttreten dieser Verordnung noch nicht befunden wurde, erfolgt auf deren Grundlage.

Berlin, den 22. Februar 1990

Der Ministerrat der
Deutschen Demokratischen Republik

Vorsitzender

Minister der Justiz

Dokument 15/20, Entwurf einer Verordnung (der Regierung vom 22. Februar 1990): Über die Tätigkeit und die Zulassung von Rechtsanwälten mit eigener Praxis (Vorlage 15/11); Seite 5 von 5

Runder Tisch
15. Sitzung
5. März 1990   Information 15/8

Erklärung

Wir sehen mit Sorge eine zunehmende Brutalisierung bei politischen Auseinandersetzungen in unserem Lande.
In verschiedenen Städten der DDR erlitten friedliche Demonstranten verbale und tätliche Gewalt, ohne daß die Einsatzkräfte der VP ihre passiv beobachtende Haltung aufgegeben hätten. Diese polizeiliche Duldung strafrechtlich relevanter Handlungen ist möglicherweise die Folge einer aktuellen Unsicherheit der Volkspolizei in der gegenwärtigen Umbruchsituation.
Daher möchten wir die Polizei ausdrücklich in ihrem Recht und ihrer Pflicht bestärken, friedliche Demonstranten, auch wenn diese Minderheitsmeinungen vertreten, vor Gewalt zu schützen. Demokratie äußert sich nicht im sog. "freien Spiel der Kräfte", bei dem das Faustrecht auf der Straße herrscht, sondern hat klare Spielregeln. Zu diesen gehört der Sicherheitsauftrag der Volkspolizei zum Schutz der Menschen gegen Gewalt.
Wir fordern den Minister für Innere Angelegenheiten und den Generalstaatsanwalt auf, sofort die erforderlichen Maßnahmen zu ergreifen, um den rechtsstaatlichen Schutz der Bürgerinnen und Bürger der DDR gegen Gewalt durchzusetzen.

                    Demokratie jetzt

Dokument 15/21, Erklärung DJ: Zum rechtsstaatlichen Schutz der Bürgerinnen und Bürger der DDR vor Gewalt (Information 15/8)

Runder Tisch Vorlage Nr. 14/21
14. Sitzung
26. Februar 1990

Antrag zur Sicherung der Arbeitsfähigkeit der Gerichte und der Gewährleistung einer unabhängigen Rechtsprechung

Briefe der Richter an die Regierung der DDR und an den Runden Tisch zeugen von der großen Sorge über die Lage in der Rechtsprechung unseres Landes.
Die Rede ist von einer ernsthaften Gefährdung der Aufrechterhaltung der Rechtsprechung auf den wichtigsten Gebieten.

In dieser Lage, die sich seither eher verschlechtert als stabilisiert hat, möge der Runde Tisch seine demokratische Autorität und Wirksamkeit einsetzen, um die sehr kritische Grundsituation in der Rechtsprechung zum Nötigen zu wenden.

Der Runde Tisch sollte alle Mitarbeiter der Justiz, alle demokratischen Kräfte, aller Bürger aufrufen, mit Vernunft und Rechtsbewußtsein zur Aufrechterhaltung der Rechtsprechung, zum weiteren Herausbilden der Rechtsstaatlichkeit beizutragen.

Der Runde Tisch unterstützt die vom Minister der Justiz, Prof. Dr. Kurt Wünsche, getroffene Einschätzung in seiner Erklärung vom 29. 1. 1990, daß die große Mehrzahl der Verfahren, die Zivil-, Familien- und Arbeitssachen sowie Straftaten der allgemeinen Kriminalität betrafen, unter Wahrung rechtsstaatlicher Prinzipien durchgeführt worden sind.

Der Runde Tisch unterstützt die Grundeinschätzung des Ministers, daß es nicht um eine Infragestellung der gesamten Rechtsprechung und der gesamten Richterschaft gehen kann.

Die Arbeitsgruppe "Recht" möchte die Aufmerksamkeit des Runden Tisches auf die Notwendigkeit lenken, baldmöglichst den Entwurf

des Richtergesetzes

zu erörtern und nach seiner Billigung in Absprache mit dem Ministerium der Justiz der Volkskammer der DDR zur Lesung und Beschlußfassung zu unterbreiten.
Die Gründe dafür liegen vor allem in folgendem:

- In der demokratischen Revolution unseres Volkes sind entschieden Forderungen nach Herstellung von Rechtsstaatlichkeit mit der Forderung nach der absoluten Unabhängigkeit der Richter in ihrer Tätigkeit erhoben worden, wie dies im Entwurf des Richtergesetzes fixiert worden ist.
Das schließt ein, künftig keine Wahl mehr der Richter der Bezirks- und Kreisgerichte durch die jeweiligen örtlichen Volksvertretungen. Die Begründung des Dienstverhältnisses erfolgt durch Berufung.

- Wenn die Volkskammer am 18. März gewählt wird, muß die Neuwahl des Präsidenten und des Vizepräsidenten, der Richter des Obersten Gerichts (vgl. Artikel 50 der Verfassung) und des Generalstaatsanwalts innerhalb von 3 Monaten erfolgen, also bis zum 18. Juni 1990.

Dokument 15/22, Antrag AG "Recht" und AG "Strafrecht": Zur Sicherung der Arbeitsfähigkeit der Gerichte und Gewährleistung einer unabhängigen Rechtsprechung (Vorlage 14/21); Seite 1 von 2

2

Analoge Überlegungen sind im Hinblick auf die am 6. Mai 1990 stattfindenden Kommunalwahlen und das Amtieren der Direktoren, Richter und Schöffen der Bezirks- und Kreisgerichte anzustellen.

Die Arbeitsgruppen "Recht" und "Strafrecht" bitten deshalb den Runden Tisch zu beschließen:

1. Der Runde Tisch fordert die Regierung auf, umgehend Maßnahmen einzuleiten, um aus der Rechtsprechung alle Richter zu entfernen, die maßgeblich die damalige politische Strafrechtsprechung angeleitet und ausgeübt haben.
Das betrifft: Mitglieder des Präsidiums des Obersten Gerichts, Direktoren und Stellvertreter für Strafrecht der Bezirksgerichte sowie die für das politische Strafrecht verantwortlichen Richter (1a Senate) und die Richter, die am Sitz der Untersuchungshaftanstalten der Untersuchungsorgane des ehemaligen MfS, die von ihnen ermittelten Verfahren juristisch verantwortlich verhandelt und entschieden haben.

Im Interesse der differenzierten Feststellung einer Verantwortung ist ein unabhängiges Gremium auf zentraler Ebene einzusetzen, welches auf Antrag der Betroffenen die Begründetheit der getroffenen Maßnahmen prüft.

2. Die Volkskammer möge einen Beschluß herbeiführen, daß die Wahlperiode der Kreis- und Bezirksgerichte bis zur Annahme des Richtergesetzes verlängert wird.
Das Oberste Gericht ist umgehend von der neuen Volkskammer neu zu wählen.
Kandidaten für das Oberste Gericht sollten vom Richterbund, dem Minister der Justiz und vom Obersten Gericht selbst vorgeschlagen werden.

Arbeitsgruppen "Recht" und
"Strafrecht"

Ergänzungsantrag zur Vorlage

Der Runde Tisch fordert den Generalstaatsanwalt der DDR auf, in seinem Verantwortungsbereich analog dem vorliegenden Antrag zur Sicherung der Arbeitsfähigkeit der Gerichte und der Gewährleistung einer unabhängigen Rechtsprechung zu verfahren.

Arbeitsgruppen "Recht und
"Strafrecht"

Runder Tisch Vorlage Nr. 14/51
14. Sitzung
26. Februar 1990

Einsatz von sachkompetenten und demokratisch bestätigten Leitern in Wirtschaft und Verwaltung

<u>Antrag an den Runden Tisch :</u>

Die Regierung ist aufzufordern, die Festlegungen in den Ministerratsbeschlüssen vom 21.12.1989/1.2.1990 (siehe Anlage), die den Generaldirektoren bzw. den zuständigen Ministern die Eigenverantwortung bei wirtschaftsorganisatorischen Maßnahmen einräumt, sofort aufzuheben und bereits getroffene Entscheidungen zu revidieren. Stattdessen sollte die unten gefaßte Empfehlung des Runden Tisches praxiswirksam umgesetzt werden.

<u>Begründung :</u>

Bedingt durch

- fehlende und nicht den gegenwärtigen Erfordernissen entsprechende Mitbestimmungsrechte der Werktätigen bei der Auswahl der Leitungskader in Betrieben, Einrichtungen und Institutionen,
- die desolaten Zustände in den Fachministerien, in denen die Leitungskader sich vorrangig auf die Schaffung neuer Strukturen zur Sicherung ihrer persönlichen Positionen und nicht auf die Lösung von Schwerpunktaufgaben oder auf die Erarbeitung von Konzepten konzentrieren,
- die Wirkungslosigkeit des Wirtschaftskomitees in konzeptionellen und strukturellen Fragen, verursacht durch die alten Leitungs-strukturen und Kader,

wird gegenwärtig bei wirtschaftsorganisatorischen Maßnahmen bei fehlenden Mitbestimmungsrechten der Belegschaften nicht gesichert, daß diese Entscheidungen im Interesse der Produktivitätssteigerung und der Stabilisierung der Wirtschaft getroffen werden.

Es besteht dringender Handlungsbedarf !

<u>Deshalb möge der Runde Tisch beschließen :</u>

Zur Wahrung von Chancengleichheit und zur Durchsetzung eines gerechten Leistungsprinzips, erhalten alle ehemaligen Berufungs-kader den Status "amtierend".

Der Wiedereinsatz bisheriger Berufungskader kann nur nach Sachkompetenz, einer Bestätigung durch die Belegschaften und durch eine nach der Wahl legitimierte Regierung erfolgen.

NEUES FORUM

Runder Tisch
16. Sitzung
12. März 1990   Vorlage 16/2

Der Runde Tisch möge beschließen:

1. Das Schriftgut des Runden Tisches und seiner Arbeitsgruppen sowie die elektronischen Datenträger werden als eigenständiger Bestand in das Archiv für Staatsdokumente beim Ministerrat übernommen.

2. Die Übernahme, Sicherung, Bearbeitung und Benutzung des Schriftgutes erfolgt entsprechend den geltenden Rechtsvorschriften.
   Der freie Zugang zu diesen Materialen für in- und ausländische Institutionen, wissenschaftliche Einrichtungen und Bürger wird jeder Zeit gewährleistet.

3. Die archivische Aufbereitung aller Materialen des Runden Tisches erfolgt in direkter Zusammenarbeit zwischen dem Arbeitssekretariat des Runden Tisches und dem Sekretariat des Ministerrates und im Zusammenwirken mit dem Zentralen Staatsarchiv in Potsdam.

4. Eventuelle Einnahmen aus der Vergabe von Rechten werden für caritative Zwecke (UNICEF) zur Verfügung gestellt.

5. Die Regierung wird gebeten, die finanziellen, technischen und räumlichen Voraussetzungen für die Nacharbeit des Runden Tisches einschließlich der Arbeitsgruppe bis zum 31. März 1990 zu gewährleisten.

Dokument 16/2, Antrag Sitzungsleitung: Zum Schriftgut des Runden Tisches (Vorlage 16/2)

RUNDER TISCH

15. Sitzung

5. März 1990

Vorlage 15/17

Der Runde Tisch dankt der Regierung für den zügigen Beginn der Privatisierung des Volkseigentums auf der Grundlage des am 26. 2. durch den Runden Tisch übergebenen SPD-Modells.
Zur Fortführung dieser Vorbereitungsarbeiten zur Privatisierung der Volkswirtschaft möge der Runde Tisch beschließen:

1. Die Fusion von staatlichen Wohnwerten mit Auslandskapital ist sofort zu unterbinden.

2. Bereits berufene Mitarbeiter der Anstalt zur treuhänderischen Verwaltung des Volkseigentums sind zwecks Eingliederung in die Projektgruppe zur Privatisierung des Volkseigentums zu benennen.

3. Die Regierung fordert das Bürgerkommitee zur Auflösung des MfS auf, Rechentechnik zur Nutzung durch die Projektgruppe, später durch die Treuhandbank, zur Verfügung zu stellen.

4. Die Regierung stellt der Projektgruppe bis zum 12. 3. die notwendigen Büroräume einschließlich Erstausstattung zur Verfügung.

SPD

Dokument 16/3, Antrag SPD: Zur Privatisierung der Volkswirtschaft (Vorlage 15/17)

RUNDER TISCH

16. Sitzung

12. März 1990　　　　　　　　Vorlage 16/ 7

Der Runde Tisch möge beschließen:

- Die Regierung wird nochmals aufgefordert, die Bewertung des Volkseigentums als Vorbedingung einer Privatisierung voranzutreiben.

- Die Regierung wird nochmals aufgefordert, auf der Grundlage der am 12.2. und 26.2. übergebenen Materialien die Privatisierung des dafür vorgesehenen Anteils des Volkseigentums zugunsten der Bürger (unentgeltliche Ausgabe von Anteilscheinen) vorzubereiten.

- Die Regierung wird aufgefordert, die "Verordnung zur Umwandlung von Volkseigenen Kombinaten, Betrieben und Einrichtungen sowie wirtschaftsleitenden Organen in Kapitalgesellschaften" bis zur unentgeltlichen Umwandlung des Volkseigentums in individuelles Eigentum der Bürger außer Kraft zu setzen.

- Bereits erteilte Zustimmungen der "Treuhandanstalt" oder des "Amtes zur Verwaltung des Gemeineigentums" zur Überführung von Volkseigentum in Privathand und zur Gründung von Kapitalgesellschaften sind für gegenstandslos zu erklären.

- Jegliche Abgabe von "Volkseigentum" im Sinne der Verfassung in Privathand, darunter auch die Abgabe von Grund und Boden an Genossenschaften, ist sofort zu stoppen.

Begründung:

- Mit der "Verordnung zur Umwandlung von Volkseigenen Kombinaten, Betrieben und Einrichtungen sowie wirtschaftsleitenden Organen in Kapitalgesellschaften" und dem zugehörigen "Beschluß über die Bildung eines Amtes zur Verwaltung des Gemeineigentums" liegt ein Akt der Rechtsbeugung vor. Die Verordnung soll eine rechtliche

Dokument 16/4, Antrag DJ, SPD: Aufforderung an die Regierung die Privatisierung des Volkseigentums zugunsten der Bürger voranzutreiben (Vorlage 16/7); Seite 1 von 2

Grundlage zur Übertragung von Eigentumsrechten an Volkseigentum auf natürliche Personen schaffen. Dies ist - mit der gegebenen Verfassung - verfassungswidrig.

Die Verfassung - auch nach ihrer Abänderung vom 12.Januar 1990 -, läßt die Umwandlung von Volkseigentum in Eigentum natürlicher Personen nicht zu (vgl. § 12 der Verfassung).

- Der Beschluß über die Bildung eines "Amtes zur Verwaltung des Gemeineigentums" berechtigt in Pkt. 2 dies ausschließlich nur zur <u>Verwaltung</u> des produktiven Eigentums; er ist somit konform mit § 12,2 der Verfassung. Die "Verordnung zur Umwandlung ..." sieht aber in § 10 darüber hinaus den Verkauf von Geschäftsanteilen bzw. Aktien durch das Amt zur Verwaltung des Gemeineigentums vor. Dies widerspricht auch § 20 Abs.3 des ZGB, der einen solchen Verkauf ausdrücklich für unzulässig erklärt.

- Die Umwandlung von Volkseigentum in Eigentum natürlicher Personen setzt eine verfassungsmäßige Regelung des Eigentumsbegriffs voraus, der in der Verfassung der DDR nicht gegeben ist.

- Artikel 14 der Verfassung stellt fest: Privatwirtschaftliche Vereinigungen zur Begründung wirtschaftlicher Macht sind nicht gestattet.

Nicht die Überführung des Volkseigentums in ein Treuhandinstitut und seine Umwandlung in Kapitalgesellschaften soll behindert werden, sondern es soll zuvor durch das Parlament eine Eigentumsübertragung auf das Volk entsprechend den am Runden Tisch beschlossenen Vorlagen erfolgen.

W.Ullmann für DEMOKRATIE JETZT

SPD

Dokument 16/4, Antrag DJ, SPD: Aufforderung an die Regierung die Privatisierung des Volkseigentums zugunsten der Bürger voranzutreiben (Vorlage 16/7); Seite 2 von 2

RUNDER TISCH

16. Sitzung

12. März 1990   Vorlage 16/ 3

Die SPD will eine soziale Marktwirtschaft auf der Grundlage einer Privatisierung des Volkseigentums zugunsten der Bürger zu gleichen unentgeltlichen Anteilen durchsetzen. Sie wird deshalb alles tun, um vor diesem Schritt Schaden abzuwenden und dieses privatisierte Eigentum in einer neuen Kapitalwirtschaft möglichst vorteilhaft zu plazieren.
Die nach dem Prinzip der Einzelleitung eingesetzten alten SED-Wirtschaftskader verfügen noch immer über das Volkseigentum. Sie vertreten es in Verhandlungen und benutzen es, um sich einen besonderen Platz in einer neuen Markt- und Kapitalwirtschaft zu sichern. Die ungenügende rechtliche Vorbereitung der Privatisierung und die überhastete Konzipierung des Statutes durch die verantwortlichen Regierungsstellen geben ihnen die Möglichkeit dazu.
Die Regierung wurde vom Runden Tisch mehrfach aufgefordert, Maßnahmen zur unentgeltlichen Privatisierung des produktiven Volkseigentums und des Wohneigentums zugunsten der Bürger und zur Einführung der sozialen Marktwirtschaft einzuleiten (siehe Vorlagen 12/29, 14/33, 14/23, 14/33, 14/53). Diese Beschlüsse wurden von der Regierung Modrow ignoriert.
Mit der "Verordnung zur Umwandlung von Volkseigenen Kombinaten, Betrieben und Einrichtungen sowie wirtschaftsleitenden Organen in Kapitalgesellschaften" wurde von der Regierung ein Instrument geschaffen, *das gegen bestehendes Recht verstößt*. Es ist ebenso untauglich, die vom Runden Tisch geforderte Privatisierung "zu gleichen Teilen" durchzusetzen. Statt dessen öffnet es den alten SED-Wirtschaftskadern Tür und Tor zur Aneignung von Sonderrechten und ermöglicht Geschäftsabschlüsse, die gegen die Wirtschafts- und Wettbewerbsgesetzgebung der EG verstoßen.

Der Runde Tisch möge beschließen:

- Die Regierung wird nochmals aufgefordert, die Bewertung des Volkseigentums als Vorbedingung einer Privatisierung voranzutreiben.

- 2 -

- Die Regierung wird nochmals aufgefordert, auf der Grundlage der am 12.2. und 26.2. übergebenen Materialien die Privatisierung des dafür vorgesehenen Anteils des Volkseigentums zugunsten der Bürger vorzubereiten (siehe Anlage).

- Die Regierung wird aufgefordert, die "Verordnung zur Umwandlung von Volkseigenen Kombinaten, Betrieben und Einrichtungen sowie wirtschaftsleitenden Organen in Kapitalgesellschaften" bis zur unentgeltlichen Umwandlung des Volkseigentums in individuelles Eigentum der Bürger außer Kraft zu setzen.

- Bereits erteilte Zustimmungen der "Treuhandanstalt" oder des "Amtes zur Verwaltung des Gemeineigentums" zur Überführung von Volkseigentum in Privathand und zur Gründung von Kapitalgesellschaften sind für gegenstandslos zu erklären.

- Die Regierung wird aufgefordert, ein Rechtsgutachten erstellen zu lassen, inwiefern die rechtliche Aufwertung von genossenschaftlichem Eigentum auf die zugeteilten Eigentumsanteile anrechenbar ist.

- Die Regierung wird aufgefordert, ein Kartellamt zu installieren, das den Umstrukturierungsprozeß der Wirtschaft überwacht.

Begründung:

- Mit der "Verordnung zur Umwandlung von Volkseigenen Kombinaten, Betrieben und Einrichtungen sowie wirtschaftsleitenden Organen in Kapitalgesellschaften" und dem zugehörigen "Beschluß über die Bildung eines Amtes zur Verwaltung des Gemeineigentums" liegt ein Akt der Rechtsbeugung vor. Die Verordnung soll eine rechtliche Grundlage zur Übertragung von Eigentumsrechten an Volkseigentum auf natürliche Personen als Vorbedingung zur Bildung von Kapitalgesellschaften mit Auslandsbeteiligung schaffen. Dies ist - mit der gegebenen Verfassung - verfassungswidrig.
Die Verfassung - auch nach ihrer Abänderung vom 12.Januar 1990 - läßt die Umwandlung von Volkseigentum in Eigentum natürlicher Personen nicht zu (vgl. § 12 der Verfassung).

- Der Beschluß über die Bildung eines "Amtes zur Verwaltung des Gemeineigentums" berechtigt in Pkt. 2 dies ausschließlich nur zur Verwaltung des produktiven Eigentums; er ist somit konform mit § 12,2 der Verfassung. Die "Verordnung zur Umwandlung ..." sieht aber in § 10 darüber hinaus den Verkauf von

- 3 -

Geschäftsanteilen bzw. Aktien durch das Amt zur Verwaltung des Gemeineigentums vor. Dies widerspricht auch § 20 Abs.3 des ZGB, der einen solchen Verkauf ausdrücklich für unzulässig erklärt.

- Die Umwandlung von Volkseigentum in Eigentum natürlicher Personen setzt eine verfassungsmäßige Regelung des Eigentumsbegriffs voraus, der in der Verfassung der DDR nicht gegeben ist.

- Artikel 14 der Verfassung stellt fest: Privatwirtschaftliche Vereinigungen zur Begründung wirtschaftlicher Macht sind nicht gestattet.

Nicht die Überführung des Volkseigentums in ein Treuhandinstitut ist der Streitpunkt, sondern es muß vor der Bildung von Kapitalgesellschaften eine unentgeltliche Eigentumsübertragung auf das Volk durch das Parlament entsprechend den am Runden Tisch beschlossenen Vorlagen erfolgen.

SPD

Die Vorlage wird von DEMOKRATIE JETZT mit eingebracht

ANLAGE

zur Vorlage 16/   für den Runden Tisch

SPD
Projektgruppe Privatisierung des Volkseigentums

Vorraussetzungen zur "Privatisierung des Volkseigentums zugunsten der Bürger"

-- Mindestvorraussetzung der Privatisierung ist die Vorbereitung folgender Gesetzestexte:

1. Gesetz über die Privatisierung des Volkseigentums.

2. Anpassung des Aktien- und GmbH-Gesetzes sowie des Handelsgesetzbuches an die EG-Bestimmungen.

3. Aktualisierung des "Gesetzes gegen den unlauteren Wettbewerb".

4. Kartellgesetz

5. Betriebsverfassungsgesetz

6. Gesetz über die Bildung von Kapitalanlagegesellschaften

7. Gesetz über Kapitalanlagegesellschaften (Arbeitsweise) in Anpassung an die BRD-Fassung (Bundesrats-Drucksache 374/89 unter Berücksichtigung der Vorschläge des Finanzausschusses vom 13.12.89).

8. Vertragsbedingungen zur Regelung des Rechtsverhältnisses zwischen den Anteilinhabern und den Kapitalanlagegesellschaften.

9. Patentgesetz, Warenkennzeichengesetz und Gebrauchsmustergesetz.

10. Anpassung des Gesetzes über den internationalen Warenverkehr.

11. Überarbeitung des Rechtsanwendungsgesetzes

Weitere Forderungen:

-- Die Kontrolle durch ein Kartellamt ist Vorraussetzung der Umstrukturierung der Wirtschaft.

-- Gewährleistung der Tätigkeit von Wirtschaftsprüfern in ausreichendem Umfange.

-- Vorbereitung einer Börse, vorzugsweise in Leipzig.

-- Vorbereitung eines Wohnungs- und Mietgesetzes zur Sicherung des Wohnraums für die Bürger.

Die genannten Punkte sind Grundvorraussetzungen für einen gesetzeskonformen Kapitaltransfer in die Betriebe der DDR. Die Überwindung von Unordnung und Stagnation in der Wirtschaft ist von der schnellen Verwirklichung dieser Vorhaben abhängig.

Kap... DIE GRUNDRECHTE (Redaktionsgruppe 7.3.1990)

Artikel 1

(1) Die Würde des Menschen ist unantastbar. Niemand darf wegen seiner Rasse, Abstammung, Sprache, seines Geschlechts, seiner sexuellen Orientierung, seines Alters, einer Behinderung, seiner sozialen Stellung, seiner religiösen, weltanschaulichen oder politischen Überzeugung benachteiligt werden.

(2) Jeder Mensch hat Anspruch auf Anerkennung als Gleicher sowie auf Achtung seiner Persönlichkeit und seiner Überzeugungen, soweit sie mit den Grundsätzen dieser Verfassung übereinstimmen.

Artikel 2

Vor der öffentlichen Gewalt sind alle Menschen gleich. Jede willkürliche oder sachwidrige Ungleichbehandlung ist untersagt.

Artikel 3

(1) Jeder hat das Recht auf Leben, körperliche Unversehrtheit und Achtung seiner Würde im Sterben. Das ungeborene Leben genießt staatlichen Schutz durch die Gewährung sozialer Hilfen.

(2) Jeder hat im Rahmen der verfassungsmäßigen Ordnung das Recht auf die freie Entfaltung seiner Persönlichkeit.

Artikel 4

(1) Das Recht auf Freizügigkeit steht jedem zu, der sich rechtmäßig auf dem Gebiet der DDR aufhält.

(2) Das Recht auf freie Ausreise ist gewährleistet. Bürger und Ausländer mit dem Recht auf ständigen Wohnsitz haben Anspruch auf Einreise in das Staatsgebiet.

(3) Diese Rechte dürfen nur zum Schutze überragender Interessen der Allgemeinheit sowie zur Sicherung und Durchsetzung rechtlicher Verpflichtungen durch Gesetz beschränkt werden.

Artikel 5

(1) Keinem Bürger darf die Staatsbürgerschaft entzogen noch darf er ausgewiesen oder ausgeliefert werden.

(2) Ausländer dürfen in kein Land ausgeliefert oder ausgewiesen werden, in dem ihnen entgegen den in dieser Verfassung niedergelegten Grundsätzen Verfolgung oder die Todesstrafe droht.

Dokument 16/6, Ausarbeitung einer Untergruppe der AG "Neue Verfassung": Die Grundrechte (Vorlage 16/1a); Seite 1 von 5

Grundrechte 7.3.1990

(3) Politisch Verfolgte genießen Asylrecht. Das Verfahren wird durch Gesetz geregelt.

Artikel 6

(1) Jeder hat Anspruch auf Achtung und Schutz seiner Privatsphäre.

(2) Jeder hat das Recht an seinen persönlichen Daten. Ohne freiwillige und ausdrückliche Zustimmung dürfen sie nicht erhoben, gespeichert, verwendet, verarbeitet oder weitergegeben werden. Eingriffe in dieses Recht sind nur in überwiegendem Interesse der Allgemeinheit zulässig und bedürfen des Gesetzes.

Artikel 7

(1) Die Wohnung ist unverletzlich.

(2) Durchsuchungen können nur durch das Gesetz zugelassen werden. Sie dürfen nur durch den Richter angeordnet werden. Das Gesetz kann vorsehen, daß sie beim Vorliegen einer gegenwärtigen erheblichen Gefahr und im Falle einer Verfolgung auf frischer Tat auch von anderen Amtsträgern angeordnet und durchgeführt werden können.

(3) Das Betreten der Wohnung ohne die Einwilligung des Inhabers ist nur zum Zwecke der Abwehr einer gemeinen Gefahr oder einer Lebensgefahr für einzelne Personen zulässig. Das Gesetz kann zur Vermeidung oder Abwehr einer konkreten Gefahr für ein wichtiges Rechtsgut Betretungs- und Besichtigungsbefugnisse vorsehen.

(4) Die Befugnis zum Betreten und zur Besichtigung von ausschließlich betrieblich und geschäftlich genutzten Räumlichkeiten bedarf einer Ermächtigung durch Gesetz oder aufgrund eines Gesetzes.

Artikel 8

Das Brief-, Post- und Fernmeldegeheimnis ist unverletzlich.

Artikel 9

Die Freiheit des Gewissens ist gewährleistet. Widerstreitet das Gewissen staatsbürgerlichen oder bürgerlichen Pflichten, so kann das Gesetz andere, gleichbelastende Pflichten vorsehen.

Artikel 10

Niemand darf zum Wehrdienst gezwungen werden.

Grundrechte 7.3.1990

Artikel 11

(1) Jeder hat das Recht auf die Freiheit und Sicherheit seiner Person. Niemand darf willkürlich festgehalten werden. Freiheitsbeschränkungen dürfen nur insoweit erfolgen, als sie gesetzlich vorgesehen und unumgänglich sind.

(2) Jede Person, deren Freiheit eingeschränkt wird, muß unverzüglich über die Gründe der Freiheitsbeschränkung unterrichtet werden. Personen, deren Freiheit entzogen wird, müssen unverzüglich, spätestens aber bis zum Ablauf des der Einschließung folgenden Tages, einem Richter vorgeführt, der entweder die durch Gesetz zugelassene Einschließung in einer mit schriftlichen Gründen versehenen Entscheidung oder die Freilassung anordnet. Jeder Eingeschlossene kann eine richterliche Überprüfung der Fortdauer seiner Einschließung in angemessenen Abständen verlangen. Über eine Freiheitsentziehung und vor jeder richterlichen Entscheidung über deren Anordnung oder Fortdauer ist eine Person des Vertrauens des Eingeschlossenen zu benachrichtigen; dem Eingeschlossenen ist Gelegenheit zu geben, mit einem Rechtsbeistand seiner Wahl Verbindung aufzunehmen.

(3) Das Ziel von Freiheitsstrafe und Strafvollzug besteht allein in der Besserung und gesellschaftlichen Wiedereingliederung.

(4) Die Todesstrafe bleibt abgeschafft. Das Höchstmaß der Freiheitsstrafe ist zehn Jahre. Im Strafvollzug ist die Auferlegung von Arbeitspflichten zulässig.

(5) Alle festgehaltenen Personen sind menschlich und unter Achtung ihrer Würde zu behandeln.

(6) Jede Person, deren Freiheit unrechtmäßig eingeschränkt worden ist, hat Anspruch auf Schadensersatz.

Artikel 12

Niemand darf der Folter, grausamer, unmenschlicher oder erniedrigender Behandlung oder Strafe und ohne seine freiwillige und ausdrückliche Zustimmung medizinischen oder wissenschaftlichen Experimenten unterworfen werden.

Artikel 13

(1) Niemand darf seinem gesetzlichen Richter entzogen werden. Jeder ist vor Gericht gleich und hat Anspruch auf ein gerechtes und öffentliches Verfahren. Die Öffentlichkeit darf nur nach Maßgabe des Gesetzes durch Gerichtsbeschluß ausgeschlossen werden.

(2) Die strafrechtliche Verantwortlichkeit wird durch Gesetz bestimmt. Strafgesetze haben keine rückwirkende Kraft. Jeder gilt bis zu seiner rechtskräftigen Verurteilung als unschuldig.

Dokument 16/6, Ausarbeitung einer Untergruppe der AG "Neue Verfassung": Die Grundrechte (Vorlage 16/1a); Seite 3 von 5

Grundrechte 7.3.1990

(3) Niemand darf für dieselbe Straftat mehrfach strafrechtlich verurteilt werden. Jeder Verurteilte hat einen Rechtsanspruch darauf, daß sein Urteil durch ein höheres Gericht überprüft wird.

(4) Jeder Angeklagte hat einen Rechtsanspruch auf folgende prozessuale Garantien, über die er vom Gericht in geeigneter Weise zu belehren ist:

   a) Er muß unverzüglich und in einer Sprache, die er versteht, über die gegen ihn erhobenen Beschuldigungen unterrichtet werden;

   b) er hat das Recht, bei der Verhandlung anwesend zu sein und sich selbst zu verteidigen oder durch einen Verteidiger seiner Wahl verteidigt zu werden, und es muß in angemessner Frist eine Entscheidung ergehen. Eine angemessene Vorbereitung der Verteidigung ist zu gewährleisten;

   c) es muß ihm, wenn die Sache es verlangt und er sich trotz Belehrung keinen Rechtsbeistand gewählt hat, ein Rechtsbeistand unentgeltlich zugewiesen werden;

   d) er kann unter denselben Bedingungen wie die Anklage das Erscheinen von Sachverständigen und Zeugen sowie die Vorlage von anderen Beweismitteln verlangen und Zeugen und Sachverständige selbst befragen.

Artikel 14

(1) Niemand darf verpflichtet werden, andere Personen wegen begangener oder drohender Straftaten anzuzeigen. Für drohende schwere Straftaten kann das Gesetz Ausnahmen vorsehen.

(2) Niemand darf gezwungen werden, gegen sich selbst oder nahestehende Personen auszusagen oder sich für schuldig zu bekennen. Das Nähere regelt das Gesetz.

(3) Durch Gesetz ist für die Angehörigen von Heilberufen, rechtsberatender Berufe, sozialer Dienste sowie für Seelsorger ein Zeugnisverweigerungsrecht vorzusehen. Soweit ein Zeugnisverweigerungsrecht besteht, darf in die hierdurch geschützte Vertraulichkeit von Informationen auch nicht in anderer Weise eingegriffen werden.

Art. 15

(1) Jeder hat das Recht, Informationen und Meinungen in jeder Form frei zu bekunden und zu verbreiten und sich aus allgemein zugänglichen oder anderen, rechtmäßig erschließbaren Quellen zu unterrichten. Diese Rechte finden ihre Grenze an der Würde des Menschen und an den Rechten Dritter, soweit diesen trotz der grundlegenden Bedeutung der Meinungs- und Informationsfreiheit generell oder im Einzelfall Vorrang einzuräumen ist. Ihre Geltung in Dienst- und Arbeitsverhältnissen darf nur durch Gesetz oder durch kollektive Arbeitsverträge

Grundrechte 7 3.1990

eingeschränkt werden.

(2) Die Freiheit der Presse, des Rundfunks und anderer Massenmedien ist gewährleistet; private Monopolbildung ist unzulässig. Das Gesetz hat durch geeignete Verfahren darauf hinzuwirken, daß die Vielfalt der in der Gesellschaft vorhandenen Meinungen in Hörfunk und Fernsehen zum Ausdruck kommen kann.

(3) Die vorhandenen Hörfunk- und Fernsehsender sind als selbständige öffentlich-rechtliche Anstalten zu errichten. Sie haben die Aufgabe, im Rahmen der Grundsätze dieser Verfassung durch das Angebot einer Vielfalt von Programmen zur öffentlichen Meinungsbildung beizutragen.
Die Regelung der inneren Ordnung der Anstalten erfolgt durch Gesetz. Die Zulassung privater Hörfunk- und Fernsehsender darf nur erfolgen, wenn dadurch die Erfüllung der Aufgabe der öffentlich-rechtlichen Anstalten nicht beeinträchtigt wird.

(4) Jegliche Art von Zensur ist verboten.

(5) Kriegspropaganda sowie die öffentliche Bekundung von Glaubens-, Rassen- und Völkerhaß sind verboten.

Dokument 16/6, Ausarbeitung einer Untergruppe der AG "Neue Verfassung": Die Grundrechte (Vorlage 16/1a);

Runder Tisch
16. Sitzung
12. März 1990

Anlage 2 zu Vorlage 16/1

Grundrechte 9.3.90

Artikel 16

(1) Jeder hat das Recht, sich ohne Anmeldung oder Erlaubnis friedlich und ohne Waffen zu versammeln.

(2) Für Versammlungen oder Umzüge unter freiem Himmel kann dieses Recht aufgrund dringender Erfordernisse der öffentlichen Sicherheit durch Gesetz beschränkt werden.

Artikel 17

(1) Jeder hat das Recht, Vereinigungen zu bilden, ihnen beizutreten und sich in ihnen den Vereinszwecken gemäß zu betätigen. Vereinigungen genießen den Schutz der Verfassung.

(2) Das Gesetz kann vorsehen, daß Vereinigungen, die nach ihrem Zweck oder ihrer Tätigkeit oder nach dem Verhalten ihrer Mitglieder gegen die Grundsätze dieser Verfassung verstoßen, Einschränkungen unterworfen oder verboten werden.

Artikel 18

(1) Jeder hat das Recht, sich zu einer Religion oder Weltanschauung zu bekennen und sie allein oder mit anderen öffentlich oder privat zu bekunden. Es darf keinerlei Zwang auf die Freiheit der Wahl einer Religion oder Weltanschauung ausgeübt werden.

(2) Die Freiheit der Erziehungsberechtigten, die religiöse und weltanschauliche Bildung ihrer Kinder entsprechend ihren Überzeugungen zu gewährleisten, wird geachtet.

Artikel 19

(1) Wissenschaft und Lehre sind frei. Jede hoheitliche Definition von Wissenschaft und Wahrheit ist unzulässig. Das Gemeinwesen sichert die Ausübung dieser Freiheit finanziell und materiell.

(2) Keine Forschung darf Mittel oder Methoden anwenden, die mit der Würde des Menschen sowie den ökologischen und biologischen Erfordernissen des Lebens oder den Rechten Dritter unvereinbar sind.

(3) Die Universitäten wahren und fördern die Wissenschaften in Forschung, Lehre und Ausbildung. Sie sind Körperschaften des öffentlichen Rechts und verfügen in allen akademischen Angelegenheiten über das Recht der Selbstverwaltung. Sie wirken an der Ergänzung des Lehrkörpers mit.

(4) Die Gesamtheit der Universitäten errichtet eine Akademie der Wissenschaften als Körperschaft des öffentlichen Rechts. Die Mitglieder und wissenschaftlichen Mitarbeiter der Akademie sind zu Forschung und Lehre verpflichtet.

Grundrechte 9.3.90

(5) Die geistige Arbeit, das Recht der Urheber und der Erfinder genießen den Schutz und die Förderung des Staates.

Artikel 20

Die Kunst ist frei. Die Kultur- und Kunstausübung sowie die Bewahrung und Vermittlung des kulturellen Erbes werden materiell und finanziell durch das Gemeinwesen gefördert. Der Akademie der Künste steht das Recht der Selbstverwaltung zu.

Artikel 21

(1) Jeder Bürger hat das gleiche Recht auf politische Mitgestaltung, insbesondere darauf, unmittelbar oder durch frei gewählte Vertreter an der Leitung der öffentlichen Angelegenheiten teilzunehmen.

(2) Jeder Bürger hat mit vollendetem 18. Lebensjahr das Recht, an allgemeinen, gleichen, freien und geheimen Wahlen zum Parlament, zu den Landtagen und den Kommunalvertretungen teilzunehmen und in sie gewählt zu werden. In der DDR wohnhafte ausländische Bürger und Staatenlose haben nach Maßgabe einer vom Gesetz zu bestimmenden Residenzpflicht Wahlrecht zu den Kommunalvertretungen.

(3) Jeder Bürger hat das gleiche Recht, in Volksbegehren und Volksentscheiden seinen Willen zu bekunden.

(4) Jeder Bürger hat den gleichen Zugang zu öffentlichen Ämtern. Das gleiche Recht steht für die kommunale Ebene den in Absatz 2 S. 2 genannten Personen zu.

Artikel 22

Jeder Bürger und jede Gemeinschaft haben das Recht, an Handlungen von staatlichen Organen und Einrichtungen sowie deren Mitarbeitern Kritik zu üben und gegen deren Entscheidung Beschwerde einzulegen. Sie haben Anspruch auf Gehör und begründeten Bescheid in angemessener Frist.

Artikel 23

(1) Jeder Bürger hat nach Maßgabe des Gesetzes das gleiche Recht, an der Erfüllung öffentlicher Aufgaben der örtlichen Gemeinschaft mitzuwirken.

(2) Jeder, dessen Rechte und Belange durch die öffentliche Planung von Vorhaben, insbesondere von Verkehrswegen und -anlagen, Energieanlagen, Produktionsstätten und Großbauvorhaben berührt werden, hat nach Maßgabe des Gesetzes das Recht auf Verfahrensbeteiligung. Dasselbe Recht haben Zusammenschlüsse von betroffenen Bürgern.

Grundrechte 9.3.90

Artikel 24

[Allgemeine Verbandsklage]

Artikel 25

(1) Frauen und Männer sind gleichberechtigt. Durch Gesetz ist auf die Gleichstellung der Frauen in allen Lebensbereichen hinzuwirken.

(2) Wer Kinder erzieht, hat Anspruch auf angemessene staatliche und gesellschaftliche Hilfen.

(3) Die Erwerbstätigkeit und die berufliche Bildung Erziehender ist zu fördern.

Artikel 26

(1) Die Familie ist durch das Gemeinwesen zu schützen und zu fördern. Das Gleiche gilt für familienähnliche Lebensgemeinschaften.

(2) Die Eltern haben das Recht und die Pflicht zur Erziehung ihrer Kinder.

(3) Jedes Kind hat ein Recht auf Schutz entsprechend seiner Rechtsstellung als Minderjähriger, insbesondere vor körperlicher und seelischer Mißhandlung. Kinderarbeit ist verboten.

Artikel 27

(1) Jeder hat auch im Alter das Recht auf ein menschenwürdiges Dasein. Das schließt den Anspruch auf eine gesetzliche Mindestrente ein.

(2) Der Staat ist zur Förderung altersgerechten Wohnraums verpflichtet. Durch Rechtsvsorschriften ist sicherzustellen, daß Heime so ausgestattet und verwaltet werden, daß eine eigenverantwortliche aktive Lebensgestaltung der Bewohner möglich ist.

(3) Das Pflegefallrisiko unterliegt einer allgemeinen Versicherungspflicht.

Artikel 28

Menschen mit körperlicher oder geistiger Behinderung haben Anspruch auf Fürsorge, Behandlung und Rehabilation, um ihnen ein Leben als gleichberechtigte Bürger zu ermöglichen. Das Gesetz legt die Mindestbedingungen fest, die zur Verwirklichung dieses Zieles erforderlich sind.

Artikel 29

(1) Personen, die ethnischen, religiösen oder sprachlichen Minderheiten angehören, haben das Recht, ihre eigene Kultur zu pflegen und ihre

Grundrechte 9.3.90

eigene Sprache zu benutzen.

(2) Den besonderen Bedürfnissen sorbischen Minderheit ist in der Gesetzgebung auch durch die Übertragung autonomer Rechte angemessen Rechnung zu tragen.

Art. 30

(1) Jeder hat das Recht auf gleichen Zugang zu den öffentlichen Bildungseinrichtungen. Es besteht eine allgemeine Schulpflicht. Der Staat hat die Einrichtung und Unterhaltung von Kinderkrippen und Kindergärten zu fördern.

(2) Bildungsziel ist die Befähigung des Menschen zu selbständigem Denken und verantwortungsbewußtem Handeln mit der Fähigkeit, das Anderssein seiner Mitmenschen zu achten.

(3) Eltern haben das Recht, für ihre Kinder andere als staatliche Schulen zu wählen, die den vom Gesetz festgelegten Mindestnormen entsprechen. Die Einrichtung von Privatschulen darf nicht zur Sonderung der Schüler nach den Einkommensverhältnissen der Eltern führen.

(4) Schüler und Studenten haben im Bedarfsfall Anspruch auf finanzielle Förderung durch den Staat.

Artikel 31

(1) Jeder hat das Recht, seinen Beruf frei zu wählen. Die Berufszulassung kann durch Gesetz von in der Person liegenden fachlichen Voraussetzungen abhängig gemacht werden, die zum Schutze der Allgemeinheit erfoderlich sind. Andere, nicht in der Person des Bewerbers liegende Zulassungsvoraussetzungen können durch Gesetz bestimmt werden, falls dies zum Schutze überragender Interessen der Allgemeinheit erforderlich ist.

(2) Der gleiche Zugang zu den Ausbildungsstätten ist gewährleistet.

(3) Die Freiheit der Berufsausübung wird durch Gesetze oder aufgrund von Gesetzen geregelt, die dem Schutze von Interessen der Allgemeinheit dienen.

Artikel 32

(1) Jeder hat nach Maßgabe der nachfolgenden Bestimmungen ein Recht auf Arbeit.

(2) Jeder hat das Recht, über seine Arbeitskraft frei zu verfügen. Der Staat schützt die Arbeitskraft durch gesetzliche Regelungen über die Arbeitssicherheit, die Arbeitshygiene und die Begrenzung der Arbeitszeit. Er fördert das Recht des einzelnen, seine Arbeitskraft zur Führung eines menschenwürdigen Lebens zu verwenden. Der Staat hat in seiner Wirtschaftspolitik dem Ziel der Vollbeschäftigung Vorrang einzuräumen. Jeder Werktätige hat im Falle von Arbeitslosigkeit oder

Grundrechte 9.3.90

drohender Arbeitslosigkeit ein Recht auf öffentlich finanzierte Maßnahmen der Arbeitsförderung, insbesondere der beruflichen Weiterbildung oder Umschulung.

(3) Jeder hat das Recht, seinen Arbeitsplatz frei zu wählen. Ein Zwang zur Arbeit darf nicht ausgeübt werden. Öffentliche Arbeits- und Dienstpflichten sind nur für besondere, durch Gesetz festgelegte Zwecke zulässig. Sie müssen für alle gleich sein. Frauen dürfen nur zur Abwendung aktueller Notlagen zu einer öffentlichen Dienstleistung verpflichtet werden.

(4) Jeder hat das Recht auf gleichen Lohn für gleiche Arbeit.

Artikel 33

Jeder hat das Recht auf soziale Sicherung gegen die Folgen von Krankheit, Invalidität, Unfällen, Arbeitslosigkeit und von anderen sozialen Notlagen. Es wird insbesondere durch ein soziales Versicherungssystem sowie ein öffentliches Gesundheits- und Sozialwesen gewährleistet.

Artikel 34

(1) Das Eigentum und das Erbrecht sind gewährleistet. Formen, Inhalt und Schranken werden durch Gesetz bestimmt. Die Beschränkungen des Eigentumsrechts erfolgen nach Maßgabe seines gesellschaftlichen Bezuges.

(2) Eigentum verpflichtet. Es darf nicht zum Schaden der Allgemeinheit und der Umwelt gebraucht werden.

(3) Enteignungen dürfen nur zum Wohle der Allgemeinheit und nur durch Gesetz oder auf gesetzlicher Grundlage erfolgen. Wird persönliches Eigentum enteignet, so ist der volle Wert zu ersetzen. In allen anderen Fällen ist unter Abwägung der Interessen der Allgemeinheit und der Eigentümer und unter Beachtung des Umfanges der Sozialbindung eine Entschädigung zu zahlen.

Artikel 35

(1) Jeder hat das Recht auf eine Wohnung. Niemand darf gegen seinen Willen ohne gerichtliche Entscheidung zur Räumung seiner Wohnung gezwungen werden. Eine Räumung darf nur vollzogen werden, wenn eine angemessene Ersatzwohnung zur Verfügung steht.

(2) Bei der Abwägung der Interessen des Nutzers und des Eigentümers der Wohnung hat das Gericht der überragenden Bedeutung der Wohnung für die Führung eines menschenwürdigen Lebens besonderes Gewicht beizumessen.

(3) Der Wohnungsbau und die Wohnungserhaltung sind staatlich zu fördern.

Grundrechte 9.3.90

Artikel 36

(1) Die natürliche Umwelt ist als Lebensgrundlage gegenwärtiger und künftiger Generationen zu schützen und zu bewahren. Ihr Schutz ist Pflicht des Gemeinwesens und aller Bürger.

(2) Die Gesetzgebung hat Regelungen zu schaffen, durch die die Pflicht näher bestimmt wird, Schädigungen der natürlichen Umwelt zu vermeiden und eingetretene Schäden zu beheben oder auszugleichen. Zum Schutze des Rechts auf Leben und körperliche Unversehrtheit sind durch Rechtsvorschriften Grenzwerte für die höchstzulässige Belastung der Luft, des Wassers und des Bodens festzulegen.

(3) Jedermann kann mit der Behauptung, durch Umweltbelastungen in seinem Recht auf Leben und körperliche Unversehrtheit gefährdet oder verletzt zu sein, die Offenlegung der Daten über den Stand der Umweltbeschaffenheit seines Lebenskreises verlangen. Das gleiche Recht haben Bürgervereinigungen nach Maßgabe näherer gesetzlicher Regelung. Durch Gesetz ist die Möglichkeit von Verbandsklagen gegen rechtswidrige Umweltbelastungen vorzusehen.

(4) Der Staat ergreift Maßnahmen zur Erhaltung der Landschaft sowie zur umweltverträglichen Nutzung aller Ressourcen. Durch Gesetz sind Haftung und Wiedergutmachungspflicht der Verursacher von Umweltschäden zu regeln.

(5) Staat und Gemeinden sind verpflichtet, der Allgemeinheit die Zugänge zu Bergen, Seen, Flüssen und sonstigen landschaftlichen Schönheiten freizuhalten und gegebenenfalls durch Einschränkungen des Eigentumsrechts freizumachen sowie Wanderwege und Erholungsparks anzulegen.

Artikel 37

(1) Die Grundrechte dieser Verfassung sind unmittelbar geltendes Recht.

(2) Soweit Grundrechte durch Gesetz oder aufgrund eines Gesetzes eingeschränkt werden können, muß der Grundsatz der Verhältnismäßigkeit gewahrt werden. Solche Beschränkungen dürfen nn keinem Falle den Wesensgehalt eines Grundrechts antasten.

(3) Die Grundrechte gelten auch für inländische juristische Personen des privaten und öffentlichen Rechts, soweit sie ihrem Wesen nach auf diese anwendbar sind.

(4) Wird jemand in seinen Grundrechten verletzt, so steht ihm der Rechtsweg zu den Gerichten offen.

Kapitel ... <u>Staatsaufbau: Das Parlament</u>[1]) (Redaktionsgruppe 1.3.90)

Artikel 1

Das Parlament kann alle Kompetenzen und Befugnisse ausüben, soweit sie von dieser Verfassung nicht anderen Staatsorganen ausdrücklich vorbehalten sind.

Artikel 2

(1) Das Parlament besteht aus 400 Abgeordneten, die unmittelbar vom Volk in allgemeiner, freier, gleicher und geheimer Wahl für die Dauer von vier Jahren gewählt werden.

(2) Wahlfreiheit, Wahlgeheimnis und öffentliche Kontrolle der Auszählung der Wählerstimmen sind gewährleistet.

(3) Dem Parlament können nicht angehören:
- der Präsident der Republik,
- die Mitglieder des Verfassungsgerichtshofes,
- die Mitglieder des Rechnungshofes,
- die Mitglieder der Staatsbank,
- der Datenschutzbeauftragte sowie der Beauftragte für die allgemeinen Dienstpflichten.

Artikel 3

(1) Die Abgeordneten sind Vertreter des ganzen Volkes und an Aufträge und Weisungen nicht gebunden.

(2) Keine Partei, politische Vereinigung oder Fraktion des Parlaments kann einen Abgeordneten zwingen, gegen seine Überzeugung zu entscheiden.

---

[1] Über eine Neubenennung der Volkskammer als Parlament wäre zu entscheiden

Staatsaufbau: Das Parlament 1.3.90
Blatt 2

Artikel 4

(1) Ein Abgeordneter darf zu keiner Zeit wegen seiner Abstimmung oder wegen einer Äußerung, die er im Parlament oder in einem seiner Ausschüsse getan hat, gerichtlich oder dienstlich verfolgt oder außerhalb des Parlaments zur Verantwortung gezogen werden.

(2) Einem Abgeordneten darf für Äußerungen, die in Ausübung des Rederechts gemacht werden, weder das Wort entzogen noch die Teilnahme an Sitzungen verwehrt werden. In anderen Fällen kann ein Ausschluß von der Sitzung nur mit einer Mehrheit von 3/4 der Stimmen erfolgen. Gegen die Entscheidung steht dem Betroffenen die Beschwerde beim Verfassungsgerichtshof zu.

(3) Wegen einer mit Strafe bedrohten Handlung darf ein Abgeordneter nur mit Genehmigung des Parlaments zur Verantwortung gezogen werden. Eine Festnahme ist nur zulässig, um unverzüglich eine Entscheidung des Parlaments über die Zulässigkeit der Haft herbeizuführen. Bis zur Entscheidung des Parlaments nimmt dessen Präsident die gemäß Artikel ... dem Richter zustehenden Rechte war.

(4) Die Genehmigung des Parlaments ist auch bei jeder anderen Beschränkung der persönlichen Freiheit eines Abgeordneten sowie bei Hausdurchsuchungen, Beschlagnahmen oder Strafverfolgung erforderlich.

(5) Jedes Strafverfahren, jede Haft und jede sonstige Beschränkung der persönlichen Freiheit sind auf Verlangen des Parlaments auszusetzen. Der Aussetzungsbeschluß gilt auch für die Zeit zwischen den Wahlperioden bis zu seiner Aufhebung.

(6) Die Abgeordneten sind berechtigt, das Zeugnis zu verweigern. Die Beschlagnahme von Gegenständen ist unzulässig, soweit durch die Beschlagnahme das Zeugnisverweigerungsrecht berührt wird. Das Zeugnisverweigerungsrecht erlischt nicht durch die Beendigung des Mandates.

Staatsaufbau: Das Parlament 1.3.90
Blatt 3

Artikel 5

(1) Wer sich um ein Parlamentsmandat bewirbt, hat Anspruch auf den zur Vorbereitung seiner Wahl erforderlichen Urlaub.

(2) Niemand darf gehindert werden, das Amt eines Abgeordneten zu übernehmen und auszuüben. Eine Kündigung oder Entlassung aus diesem Grunde ist unzulässig.

Artikel 6

(1) Dem Abgeordneten stehen eine seine Unabhängigkeit sichernde Vergütung sowie Aufwandsentschädigung und die unentgeltliche Benutzung öffentlicher Verkehrsmittel zu.

(2) Diese Rechte der Abgeordneten sind nicht übertragbar und nicht pfändbar.

Artikel 7

(1) Die Wahlperiode des Parlaments endet vier Jahre nach dem ersten Zusammentritt oder mit der Auflösung. Die Neuwahl findet im letzten Vierteljahr der Wahlperiode statt, im Falle der Auflösung an dem Sonntag, der dem 49. Tag der Auflösung folgt.

(2) Das Parlament tritt spätestens am 30. Tag nach der Wahl, jedoch nicht vor dem Ende der Wahlperiode des letzten Parlaments zusammen.

Artikel 8

(1) Organe des Parlaments sind der Präsident, das Präsidium, der Ältestenrat, die Ausschüsse und die Fraktionen.

(2) Zusammenschlüsse von Abgeordneten haben die Stellung einer Fraktion, wenn sie fünf Prozent der Zahl der Abgeordneten auf sich vereinen. Die Geschäftsordnung kann einen geringeren Prozentsatz festlegen.

Dokument 16/8, Ausarbeitung einer Untergruppe der AG "Neue Verfassung" zum Themenkreis "Staatsgrundsätze" (Vorlage 16/1c); Seite 3 von 34

Staatsaufbau: Das Parlament 1.3.90
Blatt 4

(3) Fraktionen haben Sitz und Stimme im Präsidium, im Ältestenrat und den Ausschüssen sowie gleiche Redezeit.

(4) Die Geschäftsordnung gewährleistet das Rederecht nicht reaktionsgebundener Abgeordneter und deren Zutritt zu den Ausschüssen.

(5) Die Arbeitsfähigkeit der Abgeordneten und der Fraktionen ist zu gewährleisten. Hierzu gehört die Einrichtung und technische Ausrüstung von Büros und die Finanzierung von Mitarbeitern und des sachlichen Bedarfs.

Artikel 9

(1) Das Parlament wählt beim ersten Zusammentritt das Präsidium.

(2) Das Präsidium ist Dienstherr der Angestellten des Parlaments.

Artikel 10

(1) Das Parlament entscheidet über die Gültigkeit der Wahlen und prüft die Rechtmäßigkeit der Mandate der Abgeordneten.

(2) Gegen die Entscheidung des Parlaments ist die Beschwerde beim Verfassungsgerichtshof zulässig.

(3) Das Mandat endet bei Verlust der Wählbarkeit oder des freiwilligen Verzichtes. Ein Entzug des Mandates ist unzulässig.

(4) Soweit besondere Rechte der Abgeordneten mit der Beendigung des Mandates erlöschen, gilt dies nicht für die Zeit zwischen zwei Wahlperioden.

Artikel 11

(1) Das Parlament ist beschlußfähig, wenn mehr als die Hälfte seiner Mitglieder anwesend ist.

Staatsaufbau: Das Parlament 1.3.90
<u>Blatt 5</u>

(2) Das Parlament faßt seine Beschlüsse mit der Mehrheit der abgegebenen Stimmen, soweit nicht in dieser Verfassung etwas anderes bestimmt ist.

Artikel 12

(1) Das Parlament und seine Ausschüsse verhandeln öffentlich. Die Öffentlichkeit kann mit Zweidrittelmehrheit ausgeschlossen werden. Über den Antrag ist in nichtöffentlicher Sitzung zu entscheiden.

(2) Die Geschäftsordnung kann für einzelne Ausschüsse eine abweichende Regelung vorsehen.

(3) Die Berichterstattung über die öffentlichen Sitzungen des Parlaments und seiner Ausschüsse und eine öffentlich zugängliche Dokumentation über Verlauf und Ergebnis der Sitzungen werden gewährleistet. Wahrheitsgetreue Berichte über diese öffentlichen Sitzungen bleiben von jeder Verantwortlichkeit frei.

Artikel 13

(1) Das Parlament und seine Ausschüsse können die Anwesenheit jedes Mitgliedes der Regierung verlangen.

(2) Die Mitglieder der Regierung und die Mitglieder der Länderkammer haben Zutritt zu den Sitzungen des Parlaments und seiner Ausschüsse. Den Mitgliedern der Regierung steht ein Rederecht zu. Der Ministerpräsident muß jederzeit gehört werden.

Artikel 14

(1) Alle Fraktionen haben das Recht, daß bei den Beratungen der Ausschüsse mindestens ein von ihnen benannter Sachverständiger gehört wird.

Dokument 16/8, Ausarbeitung einer Untergruppe der AG "Neue Verfassung" zum Themenkreis "Staatsgrundsätze" (Vorlage 16/1c); Seite 5 von 34

Staatsaufbau: Das Parlament 1.3.90
Blatt 6

(2) Wer Gesetzesvorschläge unterbreitet, ist von den zuständigen Ausschüssen zu hören. Für eine Anhörung können Unterausschüsse gebildet werden.

Artikel 15

(1) Das Parlament hat auf Antrag mindestens einer Fraktion, Untersuchungsausschüsse einzusetzen.

(2) Auf Beweiserhebung finden die Vorschriften der Strafprozeßordnung sinngemäß Anwendung. Das Brief-, Post- und Fernmeldegeheimnis bleibt unangetastet.

(3) Gerichte und Verwaltungsbehörden sind zur Rechts- und Amtshilfe verpflichtet.

(4) Beschlüsse von Untersuchungsausschüssen unterliegen nicht der richterlichen Nachprüfung. Die Gerichte sind in anderen Verfahren weder an die festgestellten Sachverhalte noch an die rechtliche Würdigung gebunden.

(5) Der Vorsitzende eines Untersuchungsausschusses darf keiner der die Regierung bildenden Parteien oder politischen Vereinigungen angehören.

Artikel 16

(1) Das Parlament bestellt einen Ständigen Ausschuß, der die Rechte des Parlaments gegenüber der Regierung zwischen zwei Wahlperioden zu wahren hat.

(2) Der Ständige Ausschuß hat auch die Rechte eines Untersuchungsausschusses, nicht aber das Recht der Gesetzgebung, der Wahl des Ministerpräsidenten oder der Anklage des Präsidenten der Republik.

Dokument 16/8, Ausarbeitung einer Untergruppe der AG "Neue Verfassung" zum Themenkreis "Staatsgrundsätze" (Vorlage 16/1c); Seite 6 von 34

Staatsaufbau: Das Parlament 1.3.90
<u>Blatt 7</u>

Artikel 17

(1) Zum Schutz der Grundrechte und als Hilfsorgan des Parlaments werden ein Beauftragter für Fragen der Gleichstellung von Mann und Frau, für allgemeine Dienstpflicht und für den Strafvollzug bestellt.

(2) Die Beauftragten erstatten dem Parlament jährlich öffentlich Bericht.

Runder Tisch
16. Sitzung
12. März 1990　　　　　　　　　　　Anlage 1 zu Vorlage 16/1

Kapitel ... Staatsgrundsätze (Redaktionsgruppe 2.3.90)

Artikel 1

(1) Die Deutsche Demokratische Republik ist ein rechtsstaatlich verfaßter, demokratischer und sozialer Bundesstaat deutscher Nation. Sie bekennt sich zu dem Ziel der Schaffung einer gesamteuropäischen Friedensordnung, welche die durch den zweiten Weltkrieg in Deutschland geschaffene Lage auf der Grundlage der Aussöhnung mit allen Völkern, die im deutschen Namen unterdrückt und verfolgt wurden durch eine friedensvertragliche Regelung überwindet. In diesem Rahmen wird das deutsche Volk über die staatliche Gestalt Deutschlands selbst bestimmen.

(2) Träger der Staatsgewalt ist das Volk.

(3) Die Gesetzgebung ist an die Normen der Verfassung, die vollziehende Gewalt und die Rechtsprechung sind an die Verfassung sowie an Gesetz und Recht gebunden.

(4) Die allgemeinen Regeln des Völkerrechts sind unmittelbar geltendes Recht.

(5) Die Grenzen der Deutschen Demokratischen Republik sind unverletzlich, das Staatsgebiet ist unteilbar. Die Verbindlichkeit der über die Staatsgrenzen geschlossenen Verträge wird auch für die Zukunft bekräftigt. Vereinbarungen über Veränderungen des Verlaufes der Staatsgrenzen bedürfen der Zustimmung des Parlaments.

Artikel 2

Die Farben der Nation sind schwarz-rot-gold.
Das Wappen des Staates ist die Darstellung des Mottos "Schwerter zu Pflugscharen".

Dokument 16/8, Ausarbeitung einer Untergruppe der AG "Neue Verfassung" zum Themenkreis "Staatsgrundsätze" (Vorlage 16/1c); Seite 8 von 34

Staatsgrundsätze 2.3.90
Blatt 2

Artikel 3

(1) Deutsche haben Anspruch auf die Staatsbürgerschaft der Deutschen Demokratischen Republik. Dies gilt auch in den Fällen einer gegen den Willen der Betroffenen erfolgten Entziehung.

(2) Deutscher ist, wer der deutschen Kulturnation angehört.

(3) Die von der Deutschen Demokratischen Republik anerkannte deutsche Staatsbürgerschaft berechtigt zur Ausübung der staatsbürgerlichen Rechte.

Artikel 4

(1) Durch Gesetz, das der Bestätigung in einem Volksentscheid bedarf, können Hoheitsrechte auf zwischenstaatliche Einrichtungen, insbesondere auf gemeinsame Einrichtungen der deutschen Staaten übertragen werden.

(2) Die Beschränkung von Hoheitsrechten zu gunsten eines Systems kollektiver Sicherheit im Rahmen einer gesamteuropäischen Friedensordnung ist zulässig.

Artikel 5

(1) Die Deutsche Demokratische Republik fördert alle auf eine ausgewogene Abrüstung gerichteten Bestrebungen und Maßnahmen.

(2) Die Vorbereitung oder Führung eines Angriffskrieges ist verboten. Kein Bürger darf an kriegerischen Handlungen teilnehmen, die der Unterdrückung eines Volkes dienen.

(3) Waffen dürfen nur mit Genehmigung der Regierung hergestellt, befördert und in Verkehr gebracht werden. Der Export von Waffen ist nur zulässig an Staaten, die dem gleichen System kollektiver Sicherheit angehören.

Dokument 16/8, Ausarbeitung einer Untergruppe der AG "Neue Verfassung" zum Themenkreis "Staatsgrundsätze" (Vorlage 16/1c); Seite 9 von 34

Kapitel ... Die Regierung (Redaktionsgruppe 2.3.90)

Artikel 1

(1) Die Regierung der Deutschen Demokratischen Republik besteht aus dem Ministerpräsidenten und den Ministern.

Artikel 2

(1) Der Ministerpräsident wird auf Vorschlag des Parlamentspräsidenten vom Parlament ohne Aussprache gewählt.

(2) Gewählt ist, wer die Stimmen der Mehrheit der Mitglieder des Parlaments auf sich vereinigt. Der Gewählte wird vom Präsidenten des Parlaments ernannt und vereidigt.

(3) Wird der Vorgeschlagene nicht gewählt, so kann das Parlament binnen drei Wochen nach dem Wahlgange mit der Mehrheit der abgegebenen Stimmen einen Ministerpräsidenten wählen. Stimmenthaltungen bleiben außer Betracht.

(4) Kommt innerhalb der Frist des Abs. 3 eine Wahl nicht zustande, hat der Parlamentspräsident nach weiteren 3 Wochen das Parlament aufzulösen, es sei denn, daß erneut die Wahl eines Ministerpräsidenten beantragt wird.

Artikel 3

(1) Die Minister werden auf Vorschlag des Ministerpräsidenten vom Parlamentspräsidenten ernannt und entlassen. Sie bedürfen zur Geschäftsführung das Vertrauen des Parlaments. Jeder von ihnen muß zurücktreten, wenn ihm das Parlament das Vertrauen entzieht.

(2) Entlassene oder zurückgetretene Minister führen auf Verlangen des Ministerpräsidenten die Amtsgeschäfte bis zur Amtsübergabe weiter.

Dokument 16/8, Ausarbeitung einer Untergruppe der AG "Neue Verfassung" zum Themenkreis "Staatsgrundsätze" (Vorlage 16/1c); Seite 10 von 34

Die Regierung 2.3.90
Blatt 2

Artikel 4

Der Ministerpräsident und die Minister leisten bei der Amtsübernahme vor dem Parlament den (in Artikel 14 zum Präsidenten) vorgesehenen Eid.

Artikel 5

(1) Der Ministerpräsident leitet die Geschäfte der Regierung und bestimmt die Richtlinien der Politik. Im übrigen leitet jeder Minister seinen Geschäftsbereich selbständig und in eigener Verantwortung.

(2) Über Meinungsverschiedenheiten der Minister entscheidet die Regierung.

Artikel 6

Der Ministerpräsident und die Minister dürfen kein anderes besoldetes Amt, kein Gewerbe und keinen Beruf ausüben. Über die Mitwirkung in Wirtschaftsunternehmen entscheidet das Parlament, wenn es sich um ein auf Erwerb gerichtetes Unternehmen handelt.

Artikel 7

(1) Das Parlament kann dem Ministerpräsidenten das Mißtrauen nur dadurch aussprechen, daß es mit den Stimmen der Mehrheit der Mitglieder einen Nachfolger wählt.

(2) Zwischen dem Antrag und der Wahl müssen 48 Stunden liegen.

Dokument 16/8, Ausarbeitung einer Untergruppe der AG "Neue Verfassung" zum Themenkreis "Staatsgrundsätze" (Vorlage 16/1c); Seite 11 von 34

Die Regierung 2.3.90
Blatt 3

Artikel 8

(1) Findet ein Antrag des Ministerpräsidenten, ihm das Vertrauen auszusprechen, nicht die Zustimmung der Mehrheit der Mitglieder des Parlaments, so hat der Parlamentspräsident nach Ablauf einer Woche innerhalb zweier weiterer Wochen das Recht, das Parlament aufzulösen. Das Recht zur Auflösung erlischt, sobald das Parlament einen anderen Ministerpräsidenten gewählt hat.

(2) Zwischen dem Antrag und der Abstimmung müssen 48 Stunden liegen.

Artikel 9

(1) Der Ministerpräsident ernennt Stellvertreter aus dem Kreis der Minister.

(2) Das Amt des Ministerpräsidenten oder eines Ministers endet in jedem Falle mit dem Zusammentritt eines neuen Parlaments, das Amt eines Ministers auch mit jeder anderen Art der Beendigung des Amtes des Ministerpräsidenten.

(3) Der Ministerpräsident und die Minister sind verpflichtet, auf Ersuchen des Parlamentspräsidenten ihre Ämter bis zur Ernennung der Nachfolger fortzuführen.

Dokument 16/8, Ausarbeitung einer Untergruppe der AG "Neue Verfassung" zum Themenkreis "Staatsgrundsätze" (Vorlage 16/1c); Seite 12 von 34

Kapitel ... Der Bund, die Länder und die Kommunalautonomie
(Redaktionsgruppe 2.3.90)

Artikel 1

Durch Gesetz sind Länder zu errichten. Das Einrichtungsgesetz unterliegt dem Volksentscheid und ist der Verfassung beigefügt.

Artikel 2

(1) Die Länder sind die Träger der staatlichen Planung und Verwaltung, soweit diese Aufgaben nicht den Trägern der Kommunalautonomie zur Selbstverwaltung oder dem Bund übertragen sind.

(2) Das Recht der Gesetzgebung steht den Ländern nach Maßgabe des Kapitels ... zu.

(3) Den Ländern steht die Einrichtung der landeseigenen Verwaltung und die Errichtung der Träger der Kommunalautonomie zu.

(4) Die Länder üben in den kommunalen Angelegenheiten die Rechtsaufsicht, im übrigen die Fachaufsicht gegenüber den Trägern der Kommunalautonomie aus.

Artikel 3

(1) Die verfassungsmäßige Ordnung in den Ländern muß den Grundsätzen des demokratischen und sozialen Rechtsstaates entsprechen.

(2) Bundesrecht bricht Landesrecht.

(3) Verletzt ein Land die ihm nach der Verfassung oder einem anderen Gesetz des Bundes obliegenden Bundespflichten, kann die Regierung mit Zustimmung der Länderkammer die notwendigen Maßnahmen treffen, um das Land zur Erfüllung seiner Pflichten anzuhalten. Die Regierung oder ihre Beauftragten haben dazu das Weisungsrecht gegenüber allen Ländern und ihren Behörden.

Dokument 16/8, Ausarbeitung einer Untergruppe der AG "Neue Verfassung" zum Themenkreis "Staatsgrundsätze" (Vorlage 16/1c); Seite 13 von 34

Der Bund, die Länder und die Kommunalautonomie 2.3.90
Blatt 2

Artikel 4

(1) Die Pflege der Beziehungen zu anderen Staaten ist Sache des Bundes.

(2) Vor dem Abschluß eines Vertrages, der die besonderen Verhältnisse eines Landes berührt, ist das Land rechtzeitig zu hören.

Artikel 5

(1) Die Ausübung der staatlichen Befugnisse und die Erfüllung der staatlichen Aufgaben ist Sache der Träger der Kommunalautonomie soweit diese Verfassung keine andere Regelung trifft oder zuläßt.

(2) Die Kommunalautonomie ist leistungsfähigen Trägern zuzuweisen. Ihre Aufgabe ist insbesondere die örtliche Planung und Daseinsvorsorge.
Hierzu gehören:
1. Die örtliche Verkehrs- und Bauleitplanung,
2. der örtliche öffentliche Nahverkehr,
3. die örtliche Wohnraumbeschaffung und Wohnraumverwaltung,
4. die Sozialhilfe,
5. die medizinische Grundversorgung einschließlich der öffentlichen Krankenversicherung,
6. die überbetrieblichen Einrichtungen der Kinderbetreuung,
7. die Altenbetreuung,
8. die Einrichtungen des Bildungswesens mit Ausnahme der Hoch- und Fachschulen,
9. die Jugend-, Kultur-, Freizeit- und Breitensportförderung,
10. die Wahrung der öffentlichen Sicherheit und Ordnung durch örtliche Polizeibehörden,
11. die Erteilung von Gewerbeerlaubnissen,
12. die Verwertung und Beseitigung von Hausmüll und Abwässern.

(3) Soweit Gemeinden nicht Träger der Kommunalautonomie sind, können örtliche Beiräte gebildet werden. Diesen können durch Satzung Entscheidungsbefugnisse übertragen werden.

Dokument 16/8, Ausarbeitung einer Untergruppe der AG "Neue Verfassung" zum Themenkreis "Staatsgrundsätze" (Vorlage 16/1c); Seite 14 von 34

Kapitel ... Die Länderkammer (Redaktionsgruppe 2.3.90)

Artikel 1

Durch die Länderkammer wirken die Länder an der Gesetzgebung des Bundes und am Erlaß allgemeiner Verwaltungsvorschriften mit.

Artikel 2

(1) Die Länderkammer besteht aus Mitgliedern der Landesregierungen, die von diesen bestellt und abberufen werden. Eine Vertretung ist zulässif.

(2) Jedes Land hat mindestens drei Stimmen. Länder mit mehr als zwei Millionen Einwohnern erhalten eine weitere Stimme für je eine weitere Million Einwohner. Restzahlen werden gerundet.

(3) Die Stimmen des Landes können nur einheitlich und nur durch anwesende Mitglieder der Länderkammer oder deren Vertreter abgegeben werden. Die Länder können höchstens so viele Mitglieder entsenden, wie ihnen Stimmen zustehen.

Artikel 3

(1) Die Länderkammer wählt jährlich einen Präsidenten.

(2) Der Präsident beruft die Länderkammer ein. Auf Verlangen eines Landes oder des Ministerpräsidenten hat er die Länderkammer einzuberufen.

(3) Soweit in dieser Verfassung nichts anderes bestimmt ist, faßt die Länderkammer ihre Beschlüsse mit der Mehrheit der Stimmen der Mitglieder.

(4) Die Verhandlungen der Länderkammer sind öffentlich. Die Öffentlichkeit kann mit Zustimmung von zwei Dritteln der Länder ausgeschlossen werden.

Dokument 16/8, Ausarbeitung einer Untergruppe der AG "Neue Verfassung" zum Themenkreis "Staatsgrundsätze" (Vorlage 16/1c); Seite 15 von 34

Die Länderkammer 2.3.90
Blatt 2

(5) Den Ausschüssen der Länderkammer können andere Mitglieder oder Beauftragte der Länderregierungen angehören.

Artikel 4

Die Mitglieder der Regierung haben das Recht und auf Verlangen die Pflicht, an den Verhandlungen der Länderkammer und ihrer Ausschüsse teilzunehmen. Der Ministerpräsident muß jederzeit gehört werden.

Dokument 16/8, Ausarbeitung einer Untergruppe der AG "Neue Verfassung" zum Themenkreis "Staatsgrundsätze" (Vorlage 16/1c); Seite 16 von 34

Kapitel ... Der Präsident der DDR (Redaktionsgruppe 2.3.90)

Artikel 1

Der Präsident ist das Staatsoberhaupt der Deutschen Demokratischen Republik.

Artikel 2

Der Präsident vertritt die DDR völkerrechtlich. Er beglaubigt die Berufungsurkunden der bevollmächtigten Vertreter und empfängt die akkreditierten Vertreter anderer Staaten.

Artikel 3

(1) Der Präsident ernennt auf Vorschlag der beim Präsidialamt eingerichteten Wahlausschüsse die Bundesrichter und den Generalstaatsanwalt sowie die Mitglieder der Staatsbank und des Bundesrechnungshofes.

(2) Der Datenschutzbeauftragte des Bundes ist dem Präsidialamt eingegliedert. Er wird vom Präsidenten berufen und ernannt.

Artikel 4

Der Präsident übt das Gnadenrecht aus.

Artikel 5

Nur der Präsident stiftet und verleiht Orden.

Der Präsident der DDR 2.3.90
Blatt 2

Artikel 6

Der Präsident kann Untersuchungsausschüsse berufen. Für das Verfahren gilt die Strafprozeßordnung sinngemäß.

Artikel 7

Der Präsident wird von einem gewählten Vertreter in seinen Amtsgeschäften unterstützt.

Artikel 8

Der Präsident wird ohne Aussprache von allen Abgeordneten des Parlaments, der Volksvertretungen der Länder und der Kommunalparlamente auf vier Jahre gewählt.

Artikel 9

Die Wahlberechtigten treten zur gleichen Stunde, jeweils nach Ländern getrennt, zum Wahlakt zusammen. Die Abgeordneten des Parlamentes treten gesondert zusammen.

Artikel 10

(1) Gewählt ist, wer die Mehrheit der Stimmen der Mitglieder der Vertretungsorgane auf sich vereinigt.

(2) Ist im ersten Wahlgang der Präsident nicht gewählt, so sind für den zweiten Wahlgang nur die drei Kandidaten zuzulassen, die im ersten Wahlgang die meisten der Stimmen auf sich vereinigt haben.

(3) In einem dritten Wahlgang ist gewählt, wer die meisten Stimmen auf sich vereinigt.

Dokument 16/8, Ausarbeitung einer Untergruppe der AG "Neue Verfassung" zum Themenkreis "Staatsgrundsätze" (Vorlage 16/1c); Seite 18 von 34

Der Präsident der DDR 2.3.90
Blatt 3

Artikel 11

Nach der Annahme der Wahl schlägt der Präsident einen Vertreter zur Wahl vor. Der Vertreter ist gewählt, wenn er die Mehrheit der abgegebenen Stimmen erhält. Stimmenthaltungen bleiben außer Betracht.

Artikel 12

(1) Der Präsident genießt Immunität und Indemnität.

(2) Wegen Verletzung seiner Amtspflichten kann der Präsident nur vom Verfassungsgerichtshof zur Verantwortung gezogen werden. Antragsberechtigt ist das Parlament. Der Antrag bedarf der Zustimmung von Zweidritteln der Mitglieder.

Artikel 13

Der Präsident darf weder einer Regierung noch einer gesetzgebenden Körperschaft angehören. Er darf kein anderes besoldetes Amt, kein Gewerbe und keinen Beruf ausüben und weder dem Vorstand noch dem Aufsichtsrat eines Unternehmens angehören.

Artikel 14

Der Präsident leistet bei seinem Amtsantritt vor dem Parlament und der Länderkammer folgenden Eid:
"Ich schwöre, daß ich meine Kraft dem Wohle des Volkes widmen, die Verfassung und die Gesetze wahren, meine Pflichten gewissenhaft erfüllen und Gerechtigkeit gegenüber jedermann üben werde."

Artikel 15

Das Präsidialamt ist mit den erforderlichen sachlichen und personellen Mitteln auszustatten.

Dokument 16/8, Ausarbeitung einer Untergruppe der AG "Neue Verfassung" zum Themenkreis "Staatsgrundsätze" (Vorlage 16/1c); Seite 19 von 34

Kapitel ... Die Staatsbank (Redaktionsgruppe 2.3.90)

Artikel 1

(1) Durch Gesetz wird eine unabhängige Staatsbank errichtet.

(2) Der Finanzminister und der Vorsitzende des Finanzausschusses des Parlaments haben das Recht, an den Sitzungen des Vorstandes der Staatsbank teilzunehmen.

Artikel 2

Die Mitglieder des Vorstands der Staatsbank werden von dem beim Präsidenten einzurichtenden Wahlausschuß gewählt. Diesem gehören neben den Mitgliedern des Wahlausschusses nach Kapitel ... (Rechnungshof) sowie die fünf Vertreter von Banken nach Maßgabe des Einrichtungsgesetzes an

Artikel 3

(1) Die Staatsbank entscheidet insbesondere über die Geldmenge, den Diskont- und den Lombardsatz.

(2) Die Staatsbank hat bei ihren Entscheidungen die Grundsätze der Vollbeschäftigung, der Geldwertstabilität und des außenwirtschaftlichen Gleichgewichts zu beachten.

Dokument 16/8, Ausarbeitung einer Untergruppe der AG "Neue Verfassung" zum Themenkreis "Staatsgrundsätze" (Vorlage 16/1c); Seite 20 von 34

Kapitel ... **Der Rechnungshof** (Redaktionsgruppe 2.3.90)

Artikel 1

Durch Gesetz wird ein unabhängiger Rechnungshof eingerichtet.

Artikel 2

(1) Der Rechnungshof überprüft das Finanzgebaren aller Organe und selbständigen Einrichtungen des Bundes unter dem Gesichtspunkt der Rechtmäßigkeit und der Zweckmäßigkeit und berichtet schriftlich dem Parlament und den geprüften Organen und Einrichtungen. Gegenüber dem Rechnungshof besteht eine umfassende Auskunftspflicht. Diese kann durch Gesetz als Auskunftspflicht gegenüber dem Präsidenten des Rechnungshofes beschränkt werden.

(2) Dem Rechnungshof können durch Gesetz weitere Befugnisse übertragen werden.

Artikel 3

Die Mitglieder des Rechnungshofes werden durch den beim Präsidenten der Republik eingerichteten Wahlausschuß gewählt. Diesem Ausschuß gehören an

1. der Präsident als Vorsitzender;
2. der Präsident des Parlaments;
3. die Mitglieder des Finanzausschusses des Parlaments;
4. der Finanzminister;
5. die Finanzminister der Länder;
6. die Präsidenten der Finanzgerichte des Bundes und der Länder.

Kapitel ... Rechtsprechung (Redaktionsgruppe 6. 3. 90)

Artikel 1

(1) Die rechtsprechende Gewalt ist den Richtern anvertraut. Die Richter sind unabhängig und nur der Verfassung und dem Gesetz unterworfen.

(2) Wird jemand durch die öffentliche Gewalt in seinen Rechten verletzt, so steht ihm der Rechtsweg offen.

Artikel 2

Die rechtsprechende Gewalt wird durch das Verfassungsgericht und durch andere Gerichte des Bundes und der Länder für zivil-, straf-, familien-, verwaltungs-, finanz-, arbeits- und sozialrechtliche Streitigkeiten sowie durch gesellschaftliche Gerichte ausgeübt.

Artikel 3

(1) Das Verfassungsgericht ist ein allen übrigen Verfassungsorganen gegenüber selbständiger und unabhängiger Gerichtshof der Republik. Das Verfassungsgericht gibt sich eine Geschäftsordnung.

(2) Die Entscheidungen des Verfassungsgerichts sind unanfechtbar. Die Entscheidungsformel bindet die Verfassungsorgane der Republik und der Länder sowie alle Gerichte und Behörden.

(3) Die Entscheidung des Verfassungsgerichts über die Verfassungsmäßigkeit oder Verfassungswidrigkeit eines Rechtssatzes hat Gesetzeskraft. Die Entscheidungsformel ist im Gesetzblatt zu veröffentlichen.

Dokument 16/8, Ausarbeitung einer Untergruppe der AG "Neue Verfassung" zum Themenkreis "Staatsgrundsätze" (Vorlage 16/1c); Seite 22 von 34

Rechtsprechung (6. 3. 90)

<u>Blatt 2</u>

Artikel 4

(1) Das Verfassungsgericht entscheidet:

1. über Zweifel an der Verfassungsmäßigkeit von Gesetzen einschließlich von Zustimmungsgesetzen zu internationalen Verträgen;

2. über Zweifel an der förmlichen und sachlichen Vereinbarkeit von Landesrecht mit dieser Verfassung und Gesetzen des Bundes;

3. auf Antrag eines Gerichtes über die Vereinbarkeit eines Gesetzes des Bundes oder von Landesrecht mit dieser Verfassung, wenn das Gericht von der Verfassungswidrigkeit der betreffenden Rechtsnorm überzeugt ist und dies für die gerichtliche Entscheidung von Bedeutung ist;

4. auf Antrag eines Gerichtes über Zweifel, ob eine Regel des Völkerrechts Bestandteil des innerstaatlichen Rechtes ist und ob sie unmittelbar Rechte und Pflichten für den einzelnen erzeugt;

5. über Verfassungsbeschwerden der Bürgerinnen und Bürger, wenn diese in ihren Grundrechten nach dieser Verfassung durch die staatliche Gewalt beeinträchtigt worden sind;

6. aus Anlaß von Streitigkeiten über den Umfang der Rechte und Pflichten von Bundesorganen oder anderer Beteiligter, die in dieser Verfassung oder Geschäftsordnungen oberster Bundesorgane mit eigenen Rechten ausgestattet sind;

7. in anderen öffentlich-rechtlichen Streitigkeiten zwischen dem Bund und den Ländern, zwischen verschiedenen Ländern oder innerhalb eines Landes, soweit nicht ein anderer Rechtsweg gegeben ist;

8. über die Verfassungswidrigkeit von Parteien und Vereinigungen;

9. über Anklagen gegen den Präsidenten der Republik;

Rechtsprechung (6. 3. 90)

<u>Blatt 3</u>

10. über die Gültigkeit von Wahlen und Abstimmungen sowie über den Erwerb eines Parlamentsmandats;

11. über Beschwerden von öffentlich-rechtlichen Körperschaften wegen Verletzung ihrer Rechte.

Es entscheidet ferner in den ihm von der Verfassung und vom Gesetz zugewiesenen Fällen.

(2) Antragsberechtigt sind in den Fällen der Ziffern 1 und 2 ein Fünftel der Mitglieder des Parlaments, die Landtage, die Regierung des Bundes oder eines Landes.

Artikel 5

(1) Das Verfassungsgericht besteht aus dem Präsidenten, zwei Vizepräsidenten und sechs Verfassungsrichtern.
Sie dürfen während ihrer Amtszeit keinem anderen staatlichen Organ angehören.

(2) Das Verfassungsgericht bildet einen Senat und drei Kammern, die die Entscheidungen des Senats vorbereiten. Die Kammern können über Verfassungsbeschwerden und Richtervorlagen einstimmig befinden, wenn der Senat in der gleichen Rechtsfrage schon geurteilt hat oder die Sache von geringer Bedeutung oder die Rechtslage offensichtlich ist.

(3) Das Verfahren vor dem Verfassungsgericht ist gebührenfrei.

Artikel 6

(1) Die Richter des Verfassungsgerichtes werden von einem beim Präsidenten der Republik einzurichtenden Richterwahlausschuß auf die Dauer von 12 Jahren gewählt.
Eine Wiederwahl ist ausgeschlossen.

Dokument 16/8, Ausarbeitung einer Untergruppe der AG "Neue Verfassung" zum Themenkreis "Staatsgrundsätze" (Vorlage 16/1c); Seite 24 von 34

Rechtsprechung (6. 3. 90)

<u>Blatt 4</u>

(2) Der Richterwahlausschuß besteht aus

- dem Präsidenten der Republik als Vorsitzendem;
- je zwei weisungsunabhängigen von den Länderregierungen bestellten Bevollmächtigten sowie einer doppelten Anzahl von Abgeordneten des Parlaments, die nach den Grundsätzen der Verhältniswahl bestimmt werden.

(3) Der Ausschuß entscheidet mit einer Mehrheit von zwei Dritteln der Stimmen seiner Mitglieder.

(4) Zum Verfassungsrichter ist wählbar, wer die Voraussetzungen der Wählbarkeit zum Parlament erfüllt und das 40. Lebensjahr vollendet hat.

Artikel 7

(1) Die Rechtstellung der Richter ist durch besonderes Gesetz zu regeln.

(2) Die Bundesrichter werden von einem Ausschuß gewählt, der entsprechend der Vorschrift des Artikel 6, Absatz 2, ergänzt um den jeweiligen Fachminister, gebildet wird.
Der Ausschuß entscheidet mit der Mehrheit der Stimmen seiner Mitglieder.

(3) Die Berufsrichter werden auf Lebenszeit ernannt. Sie können gegen ihren Willen nur kraft richterlicher Entscheidung und nur aus den Gründen und unter den Formen, die die Gesetze bestimmen, dauernd oder zeitweise ihres Amtes enthoben oder an eine andere Stelle oder in den Ruhestand versetzt werden. Das Gesetz kann eine Altersgrenze festsetzen, bei deren Erreichung Richter in den Ruhestand treten.
Bei Veränderungen der Gerichtsbezirke können Richter an ein anderes Gericht versetzt oder unter Belassung des vollen Gehaltes in den Ruhestand versetzt werden.

Rechtsprechung (6. 3. 90)

<u>Blatt 5</u>

Artikel 8

(1) Ausnahmegerichte sind unzulässig. Niemand darf seinem gesetzlichen Richter entzogen werden.

(2) Gerichte für besondere Sachgebiete können nur durch Gesetz errichtet werden.

Artikel 9

Gesellschaftliche Gerichte üben ihre Tätigkeit im Rahmen der ihnen durch Gesetz übertragenen Aufgaben aus.

Artikel 10

Die Verhandlungen vor den Gerichten sind öffentlich, soweit durch Gesetz nichts anderes bestimmt ist.

Kapitel...DIE GESETZGEBUNG (Redaktionsgruppe)   07. 03. 1990

Art. 1

Die Gesetze werden durch das Parlament oder im Volksgesetzgebungsverfahren durch Volksbegehren und Volksentscheid beschlossen.

Die Volksgesetzgebung

Art. 2

(1) Gesetzesvorlagen im Volksgesetzgebungsverfahren werden durch Volksbegehren beim Präsidenten eingebracht. Dem Volksbegehren muß ein ausgearbeiteter und mit Gründen versehener Gesetzentwurf zugrundeliegen. Im Entwurf sind neun Vertrauensleute zu benennen. Der Volksentscheid ist herbeizuführen, wenn das Begehren von einer Million stimmberechtigter Bürger gestellt wird.

(2) Ein Volksentscheid über den Staatshaushalt findet nicht statt.

(3) Der Präsident legt den Entwurf unverzüglich der Regierung vor. Hat er Zweifel an der Zulässigkeit des Volksbegehrens, so beantragt er innerhalb von vier Wochen eine Entscheidung des Verfassungsgerichts; die Vertrauensleute sind am Verfahren zu beteiligen.

(4) Der Ministerpräsident unterbreitet das Volksbegehren zugleich mit einer Stellungnahme der Regierung binnen eines Monats dem Parlament. Die Vertrauensleute sind zu den Beratungen der zuständigen Ausschüsse des Parlaments hinzuzuziehen und haben in ihnen Rederecht. Der Volksentscheid unterbleibt, wenn das Parlament die Gesetzesvorlage innerhalb einer Frist von drei Monaten nach Unterbreitung unverändert oder in einer Fassung, der zwei Drittel der Vertrauensleute zugestimmt haben, annimmt. Bei der Berichterstattung des Ausschusses steht der Vertretung des Volksbegehrens das Rederecht zu. Im übrigen ist der Volksentscheid binnen acht Wochen nach Ablauf der in S. 2 genannten Frist herbeizuführen.

(5) Beim Volksentscheid kann nur mit "ja" oder "nein" abgestimmt werden. Es entscheidet die Mehrheit der abgegebenen Stimmen.

(6) Das Verfahren der Volksgesetzgebung wird durch Gesetz geregelt.

Gesetzgebung 7.3.90
Blatt 2

Artikel 3

Die Länder haben das Recht der Gesetzgebung, soweit dieses Recht nicht ausschließlich dem Bund vorbehalten ist. Auf den anderen Gebieten haben die Länder die Gesetzgebungsbefugnis, solange der Bund von seinem Recht keinen Gebrauch gemacht oder soweit er Rahmenvorschriften verabschiedet hat.

Artikel 4

Die Länder haben die ausschließliche Gesetzgebung über:

1. das Länderstaatsrecht;
2. die Landesraumordnung und die Landesplanung;
3. die Einrichtung von Landesämtern;
4. die Errichtung der Gerichtsbezirke;
5. die Errichtung der Träger der Kommunalautonomie;
6. den Natur- und Landschaftsschutz;
7. das Beuordnungsrecht;
8. die Errichtung von Universitäten und Fachhochschulen.

Artikel 5

Der Bund hat die ausschließliche Gesetzgebung über:

1. die auswärtigen Angelegenheiten;
2. die Staatsbürgerschaft;
3. die Gerichtsverfassung und das Verfassungsgericht;
4. die Freizügigkeit, das Paßwesen, die Ein- und Auswanderung und die Auslieferung;
5. das Währungs-, Geld- und Münzwesen, Maße und Gewichte sowie die Zeitbestimmung;
6. die Einheit des Zoll- und Handelsgebietes, die Handels- und Schiffahrtsverträge, die Freizügigkeit des Warenverkehrs und den Waren- und Zahlungsverkehr mit dem Auslande einschließlich des Zolls und des Grenzschutzes;
7. die Angelegenheiten der Verteidigung;
8. die Reichsbahn und den Luftverkehr, die Bundeswasser- und -straßen und die Autobahnen;

Gesetzgebung (7.3.90)

Blatt 3

9. das Post- und Fernmeldewesen;

10. die Rechtsverhältnisse der im Dienste des Bundes und der bundesunmittelbaren Körperschaften des öffentlichen Rechts stehenden Personen;

11. den gewerblichen Rechtsschutz und das Urheberrecht;

12. die Kriminalpolizei, die internationale Verbrechensbekämpfung sowie die Spionageabwehr;

13. die Statistik für Bundeszwecke;

14. in den anderen in dieser Verfassung vorgesehenen Fällen.

Artikel 6

(1) Gesetzesvorlagen werden beim Parlament durch dessen Mitglieder, die Regierung oder auf Beschluß der Länderkammer eingebracht.

(2) Vorlagen der Regierung sind dem Parlament zusammen mit einer Stellungnahme der Länderkammer, Vorlagen der Länderkammer sind mit einer Stellungnahme der Regierung zuzuleiten.
Die Frist zur Stellungnahme beträgt sechs Wochen.

Artikel 7

(1) Durch Gesetz kann die Regierung zum Erlaß von Verordnungen ermächtigt werden. In der Verordnung ist die Rechtsgrundlage anzugeben. Gesetzesändernde Verordnungen sind ausgeschlossen.

(2) Das Gesetz kann bestimmen, daß vor Erlaß der Verordnung der zuständige Ausschuß der Volkskammer gehört wird und der Verordnung nicht widerspricht. Ist ein Gesetz zustimmungspflichtig, so gilt dies auch für Verordnungen.

(3) Werden Gesetze als Rahmengesetze erlassen, so können die Länderparlamente ermächtigt werden, Verordnungsermächtigungen unter entsprechender Anwendung der Absätze eins und zwei zu erteilen.

Dokument 16/8, Ausarbeitung einer Untergruppe der AG "Neue Verfassung" zum Themenkreis "Staatsgrundsätze" (Vorlage 16/1c); Seite 29 von 34

Gesetzgebung 7.3.90

Blatt 4

Artikel 8

(1) Die nach den Vorschriften dieser Verfassung zustandegekommenen Gesetze werden nach Gegenzeichnung durch den Ministerpräsidenten vom Präsidenten des Parlaments ausgefertigt und im Gesetzblatt verkündet.

(2) Verordnungen sind im Gesetzblatt zu veröffentlichen.

(3) Jedes Gesetz und jede Verordnung tritt, soweit nichts anderes bestimmt ist, mit dem 14. Tag nach Ablauf des Tages in Kraft, an dem das Gesetzblatt erscheint.

Artikel 9

Die Gesetze des Bundes werden vom Parlament beschlossen und bedürfen zu ihrer Wirksamkeit der Zustimmung der Länderkammer in den in dieser Verfassung vorgesehenen Fällen.
In allen anderen Fällen steht der Länderkammer das Recht des Einspruchs zu.

Artikel 10

(1) Gesetze bedürfen für ihre Wirksamkeit der Zustimmung der Länderkammer:

1. bei Änderungen der Ländergrenzen;

2. bei der Einrichtung einer bundeseigenen Verwaltung;

3. bei Regelungen der Gerichtsverfassung;

4. hinsichtlich der Verteilung der vom Bund erhobenen Steuern;

6. bei der Regelung der Raumordnung und Fachplanung des Bundes;

7. bei Regelungen des Verwaltungsverfahrens;

8. in den anderen in dieser Verfassung genannten Fällen.

(2) Die Errichtung von Behörden und der Erlaß von Verwaltungsvorschriften können auch unabhängig von dem Erlaß materieller Rechtsvorschriften erfolgen.

Dokument 16/8, Ausarbeitung einer Untergruppe der AG "Neue Verfassung" zum Themenkreis "Staatsgrundsätze" (Vorlage 16/1c); Seite 30 von 34

Gesetzgebung 7.3.90

<u>Blatt 5</u>

(3) War der Erlaß eines Gesetzes zustimmungsbedürftig, so gilt dies auch für nachfolgende Gesetzesänderungen.

Artikel 11

(1) Gesetze werden nach ihrer Annahme durch den Präsidenten des Parlaments unverzüglich der Länderkammer zugeleitet.

(2) Die Länderkammer kann binnen zwei Wochen nach Eingang des Gesetzesbeschlusses verlangen, daß ein in gleicher Zahl aus Mitgliedern des Parlamentes und der Länderkammer für die gemeinsame Beratung von Vorlagen gebildeter Ausschuß einberufen wird. Die Zusammensetzung und das Verfahren dieses Ausschusses regelt eine Geschäftsordnung, die der Zustimmung des Parlaments und der Länderkammer bedarf. Die in diesen Ausschuß entsandten Mitglieder der Länderkammer sind nicht an Weisungen gebunden. Ist zu einem Gesetz die Zustimmung der Länderkammer erforderlich, so können auch das Parlament und die Regierung die Einberufung verlangen. Schlägt der Ausschuß eine Änderung des Gesetzesbeschlusses vor, so hat das Parlament erneut Beschluß zu fassen.

(3) Soweit zu einem Gesetz die Zustimmung der Länderkammer nicht erforderlich ist, kann die Länderkammer, wenn das Verfahren nach Absatz 2 beendigt ist, gegen ein vom Parlament beschlossenes Gesetz binnen einer Woche Einspruch einlegen. Die Einspruchsfrist beginnt im Falle des Absatzes 2 letzter Satz mit dem Eingang des vom Parlament erneut gefaßten Beschlusses, in allen anderen Fällen mit dem Abschluß des Verfahrens vor dem in Absatz 2 vorgesehenen Ausschuß.

(4) Wird der Einspruch mit der Mehrheit der Stimmen der Länderkammer beschlossen, so kann er durch Beschluß der Mehrheit der Mitglieder des Parlaments zurückgewiesen werden. Hat die Länderkammer den Einspruch mit einer Mehrheit von mindestens zwei Dritteln ihrer Stimmen beschlossen, so bedarf die Zurückweisung durch das Parlament einer Mehrheit von zwei Dritteln der Anwesenden, mindestens der Mehrheit der Mitglieder des Parlaments.

Dokument 16/8, Ausarbeitung einer Untergruppe der AG "Neue Verfassung" zum Themenkreis "Staatsgrundsätze" (Vorlage 16/1c); Seite 31 von 34

Gesetzgebung (7.3.90)
Blatt 6

Artikel 12

Ein vom Parlament beschlossenes Gesetz kommt zustande, wenn die Länderkammer zustimmt, den Antrag gemäß Artikel 7 Absatz 2 nicht stellt, innerhalb der Frist des Artikel 7 Absatz 3 keinen Einspruch einlegt oder ihn zurücknimmt oder der Einspruch vom Parlament nach Maßgabe von Artikel 7 Absatz 4 überstimmt wird.

Artikel 13

Diese Verfassung kann nur durch ein Gesetz geändert werden, das den Wortlaut der Verfassung ausdrücklich ändert oder ergänzt und das in einem Volksentscheid bestätigt wird.

Kapitel... Die Verwaltung (Redaktionsgruppe 8.3.90)

Artikel 1

Die Länder führen die Bundesgesetze als eigene Angelegenheit aus, soweit diese Verfassung nichts anderes bestimmt oder zuläßt.

Artikel 2

(1) Führen die Länder die Bundesgesetze als eigene Angelegenheit aus, so regeln sie die Einrichtung der Behörden und des Verwaltungsverfahrens
(2) Die Regierung des Bundes übt die Rechtsaufsicht aus. Sie kann zu diesem Zweck Beauftragte zu den obersten Landesbehörden entsenden.
(3) Wird Beanstandungen nicht abgeholfen, so entscheidet die Länderkammer, ob das Land das Recht verletzt hat. Gegen den Beschluß der Länderkammer kann das Verfassungsgericht angerufen werden.

Artikel 3

Führt der Bund die Gesetze durch bundeseigene Verwaltung oder durch bundesunmittelbare Körperschaften oder Anstalten des öffentlichen Rechtsaaus, so werden die allgemeinen Verwaltungsvorschriften von der Regierung mit Zustimmung der Länderkammer erlassen. Das gleiche gilt für die Einrichtung der Behörden.

Artikel 4

(1) In bundeseigener Verwaltung werden geführt:
1. der auswärtige Dienst;
2. die Finanzverwaltung nach Maßgabe des Artikels ... und der Zoll;
3. die Genehmigung und die Überwachung kerntechnischer Anlagen;
4. die Reichsbahn;
5 die Deutsche Post;
6 Bundesstraßen einschließlich der Bundeswasserstraßen;

Die Verwaltung 8.3.1990
Blatt 2

Artikel 4

7. der Luftverkehr;
8. die Streitkräfte einschließlich der Grenztruppen;
9. die Spionageabwehr;
10. die dem Bund durch Gesetz zugeordnete Kriminalpolizei

(2) Durch Gesetz können Aufgaben der Sozialversicherung einschließlich der Arbeitsförderung auf Bundesämter oder bundesunmittelbare Körperschaften oder Anstalten des öffentlichen Rechts übertragen werden. Die Bundesbank und der Bundesrechnungshof sind als selbständige Anstalten des öffentlichen Rechts zu errichten.

Artikel 5

(1) Die Mitwirkung des Bundes bei der Erfüllung von Aufgaben der Länder kann in Staatsverträgen vereinbart werden. In den Verträgen sind Bestimmungen über das Verfahren und eine gemeinsame Rahmenplanung sowie über die Finanzierung vorzusehen. Die Bereitstellung der Mittel bleibt der Feststellung in den Haushaltsgesetzen des Bundes und der Länder vorbehalten

(2) Die Regierung des Bundes und die Länderkammer sind über die Durchführung der Gemeinschaftsaufgaben zu unterrichten.

Dokument 16/8, Ausarbeitung einer Untergruppe der AG "Neue Verfassung" zum Themenkreis "Staatsgrundsätze" (Vorlage 16/1c); Seite 34 von 34

Runder Tisch
16. Sitzung
12. März 1990

Information Nr. 16/9

Standpunkt des sorbischen Volkes zur Vereinigung Deutschlands

Wenn sich die beiden deutschen Staaten in nächster Zeit vereinigen werden, dann erwarten wir Sorben eine Vereinigung, die sich in den Prozeß der Herausbildung eines friedlichen und einheitlichen Europa einordnet und zur Annäherung der europäischen Staaten und Völker beiträgt.

Das sorbische Volk und seine Kultur haben als natürliche Brücke zwischen den slawischen Kulturen und der deutschen Kultur sowie anderen europäischen Kulturen Anteil an der Annäherung der europäischen Völker. Gleichzeitig schöpft unser Volk aus der slawisch-deutschen Wechselseitigkeit starke Impulse für seine nationale Identität. Als kleines Volk wollen wir Sorben auch in einem vereinten Deutschland sowie im geeinten Europa gleichberechtigt unseren Lebensraum, die Lausitz, die Heimstatt unserer Sprache und Kultur bewahren. Es ist deshalb notwendig, daß die beiden deuschen Staaten im Prozeß der Vereinigung und danach die Entwicklung und Förderung der nationalen Interessen der Sorben auf der Basis international anerkannter Menschenrechte garantieren und unterstützen. Unmittelbare Grundlage dafür sollte das von beiden deutschen Staaten unterzeichnete Abschlußdokument des KSZE-Folgetreffens in Wien, verabschiedet am 15. Januar 1989, sein, in dem es heißt: "Die Teilnehmerstaaten werden sich unablässig bemühen, die Bestimmungen der Schlußakte und des abschließenden Dokuments von Madrid in Hinblick auf nationale Minderheiten durchzuführen....Sie werden die ethnische, kulturelle, sprachliche und religiöse Identität nationaler Minderheiten auf ihrem Territorium schützen und Bedingungen für die Förderung dieser Identität schaffen."

Die Erkenntnissen aus der Geschichte unseres Volkes, auch ungute Erfahrungen mit einem Großdeutschland in der Vergangenheit, gebieten uns, unsere Forderungen nach Schutz und Förderung nationaler Identität bereits in Vorbereitung der Vereinigung beider deutscher Staaten zu formulieren. Jeder deutsche Staat hat die Pflicht, die Interessen des sorbischen Volkes, das kein Mutterland besitzt, zu wahren und zu schützen und dabei zu respektieren, daß die Sorben als kleinstem slawischem Volk wie anderen europäischen Völkern das Recht auf Existenz und Fortbestand zusteht.

-2-

Wir fordern deshalb

1. Die Rechte des sorbischen Volkes müssen in der Verfassung verankert sein. Es ist notwendig, ein Nationalitätengesetz auszuarbeiten und zu beschließen, das auch im Prozeß der Rechtsangleichung zwischen beiden Staaten und danach Gültigkeit haben muß. Das Gesetz sollte die Grundlage für alle Regelungen auf dem Gebiet der Nationalitätenpolitik in den Ländern und gleichzeitig Garantie für deren einheitliche Verwirklichung sein.
2. Die sorbische Kultur ist eine hochentwickelte, eigenständige, mitteleuropäische Kultur. Ihre weitere Entwicklung und ihr Fortbestehen sollten analog der deutschen Kultur durch den Staat abgesichert werden.
Dabei ist auch die Tätigkeit der sorbischen Kultur-und Bildungseinrichtungen sowie wissenschaftlichen Institutionen finanziell zu sichern.
3. In der Lausitz sind zwei Sprachen beheimatet. Durch wirksame sprachpolitische Maßnahmen ist dieser Besonderheit Rechnung zu tragen.
4. Über Jahrhunderte leben in der Lausitz Deutsche und Sorben. In allen regionalen und kommunalen Parlamenten und anderen gesellschaftlichen Gremien sollte daher die gleichberechtigte Mitsprache der Sorben garantiert sein.
5. Wir unterstützen die Forderung demokratischer Kräfte in der DDR, alle sozialen Errungenschaften zu erhalten und zu sichern. Auch sie sind eine wesentliche Voraussetzung für die Existenz und den Fortbestand des sorbischen Volkes.
6. Die Sorben leben seit dem 6. Jahrhundert in der Lausitz und haben nur hier ihren Lebensraum. Es ist deshalb notwendig, diesen Lebensraum zu erhalten. Bei einer neuen territorialen Regelung, der Schaffung von Länderstrukturen, darf es nicht zu einer erneuten administrativen Teilung des sorbischen Volkes kommen.
7. Es muß alles dafür getan werden, daß sich das Verhältnis zwischen Deutschen und Sorben auf der Grundlage gegenseitiger Achtung, des Vertrauens und der Toleranz entwickelt. Die langen Traditionen freundschaftlicher Beziehungen und der Zusammenarbeit der Sorben mit anderen slawischen Völkern gilt zu respektieren.

Sorbischer Runder Tisch

Anlage 1

Übersicht der von der Arbeitsgruppe Sicherheit des
Zentralen Runden Tisches gefaßten wichtigsten Beschlüsse
und unterbreiteten Vorschläge

1. Grundsätze der Arbeit der Arbeitsgruppe Sicherheit

2. Umgang mit Schriftgut, dessen Archivierung im ehemaligen
   MfS/AfNS vorgenommen wurde

3. Weiterführende Verwendung der in der Dokumentenabteilung
   des ehemaligen MfS/AfNS archivierten Materialien
   (gemeinsam mit AG Recht)

4. Zur Verfügungstellung von Materialien zur Dokumentation
   für die Untersuchungskommission der Volkskammer zu den
   Ereignissen vom 6. und 7. Oktober 1989
   (Aktenanforderung bzw. Schriftgut)

5. Beschluß über Herausgabe von Akten und Schriftgut für die
   in Erwägung gezogenen Kassations- bzw. Rehabilitierungs-
   verfahren

6. Vorschlag zur weiteren Verfahrensweise mit magnetischen
   Datenträgern und Projektunterlagen von personengebundenen
   Daten (gemeinsam mit AG Recht)

7. Vorschlag zur Entbindung der Schweigepflicht für
   - ehemalige hauptamtliche Mitarbeiter
   - inoffizielle Mitarbeiter
   (beide Vorschläge finden sich in Ministerratsbeschlüssen
   wieder).

8. Vorschlag zur Regelung sozialer Maßnahmen, insbesondere
   - Regelungen in Anwendung des AGB und daraus ableitend
     zu erlass. Verordnungen des Ministeriums für Arbeit
     und Löhne

2

I. Zum Auftrag und zur Arbeitsweise der Arbeitsgruppe Sicherheit und zum Selbstverständnis

Auf Empfehlung des Zentralen Runden Tisches wurde am 3. Januar 1990 die Arbeitsgruppe Sicherheit gebildet. Die Mitglieder beschlossen auf ihrer 3. Beratung am 17. Januar 1990 in Kenntnis des Berichtes der Regierung vom 15. Januar 1990 vor dem Zentralen Runden Tisch und im übereinstimmenden Selbstverständnis Grundsätze der Arbeitsweise für das Herangehen an die aufgetragene Arbeit. Ein großer Teil der Mitglieder hat diese Arbeit sehr ernst genommen.

Ihre ständige Mitarbeit gewährleisteten:

- Demokratische Bauernpartei Deutschlands
- Demokratie Jetzt
- Grüne Partei
- Initiative Frieden und Menschenrechte
- Liberal-Demokratische Partei
- Neues Forum
- National-Demokratische Partei Deutschlands
- SED/PDS bzw. jetzt Partei des Demokratischen Sozialismus
- Sozialdemokratische Partei Deutschlands
- Vereinigte Linke
- Vereinigung der gegenseitigen Bauernhilfe

Einstimmig billigte der Zentrale Runde Tisch am 18. Januar 1990 die Vorlage der Arbeitsgruppe zu Fragen der Sicherheit.

Dazu gehörten:

- <u>Grundsätze</u> zur Auflösung des MfS/AfNS
- <u>Kompetenzen</u> der Arbeitsgruppe Sicherheit
- Sicherstellung der <u>materiellen und personellen Unterstützung</u> durch die Regierungskommission

Anlage 1 a)

MfS Dokumentenverwaltung
1 0 3 5 4 3

MINISTERRAT
DER DEUTSCHEN DEMOKRATISCHEN REPUBLIK
Ministerium für Staatssicherheit
Stellvertreter des Ministers   Berlin, 30. 12 1988

Vertrauliche Verschlußsache
VVS-o008
MfS-Nr.: 82/88
559. Ausf./Bl. 1 -

Diensteinheiten
Leiter

Bildung des Verbandes der Freidenker in der DDR (VdF)

Auf der Grundlage eines entsprechenden Beschlusses des Politbüros des ZK der SED ist vorgesehen, einen Verband der Freidenker in der DDR zu bilden.

Die Bildung des Verbandes ergibt sich aus der Notwendigkeit, in einer Zeit verstärkter ideologischer Auseinandersetzung zwischen Sozialismus und Imperialismus noch breiter mit vielfältigen Methoden unsere Weltanschauung in alle Schichten der Bevölkerung hineinzutragen, ihnen Ideologie und Politik der Partei zu erläutern und Versuchen reaktionärer kirchlicher Kräfte, ihren religiösen Einfluß zu erweitern, und dem politischen Mißbrauch verfassungsmäßig garantierter Rechte der Kirchen offensiv zu begegnen.

Ziel des Verbandes ist es, eine auf dem wissenschaftlichen Atheismus begründete freigeistige Weltanschauung zu verbreiten. Es soll eine vielseitig praktische und propagandistische Arbeit auf der Grundlage der sozialistischen Ideologie und der Politik der Partei geleistet werden, die im Einklang mit den Wertauffassungen der sozialistischen Gesellschaftsordnung zur Ausprägung des kommunistischen Menschenbildes beiträgt und sich zu Erscheinungen äußert, die der materialistischen Weltanschauung nicht entsprechen.

Dokument 16/11, Anlage 1a zum Bericht von Werner Fischer: Bildung des Verbundes der Freidenker in der DDR (VdF); Seite 1 von 3

2

In diesem Sinne ist der Verband den Idealen des Sozialismus, des Humanismus und des Friedens verpflichtet.

Ein wesentliches Anliegen des Verbandes besteht darin, das Verhältnis von Wissenschaft und Religion sowie von Wissen und Glaube bewußt zu machen, religiöse Positionen vom wissenschaftlichen Standpunkt aus sachlich zu kritisieren und die politischen Auseinandersetzungen mit jeder Form des klerikalen Antikommunismus zu führen.

Der Verband wird auch die Aufgabe haben, allen Bürgern in wichtigen individuellen Lebens- und Entscheidungssituationen (Geburt, Namensgebung, Jugendweihe, Hochzeiten, Sterbefälle, Bestattungen) zu helfen.

Er wird mit den anderen gesellschaftlichen Organisationen eng zusammenarbeiten. Mitglied des Verbandes können - unabhängig von ihrer Mitgliedschaft in Parteien und Massenorganisationen - alle Bürger ab dem vollendeten 13. Lebensjahr werden, soweit sie die Satzungen des Verbandes anerkennen und bereit sind, sich in diesem Sinne zu engagieren.

Der Verband ist eine selbständige Organisation. Er gliedert sich in Zentralvorstand, Bezirks- und Kreisvorstände mit eigenen Geschäftsstellen sowie Gruppen in den Wohngebieten. In seinem Rahmen werden 80 hauptamtliche Mitarbeiter tätig sein, die auf den Zentralvorstand mit Sitz in der Hauptstadt der DDR - Berlin - sowie die Bezirksvorstände - je drei Mitarbeiter - entfallen. Die Tätigkeit im Verband soll vorwiegend durch eine breite ehrenamtliche Mitarbeit charakterisiert sein.

Der Entwurf der Satzungen soll auf dem 1. Verbandstag beschlossen werden.

Die 1. Sekretäre der Bezirksleitungen der SED wurden über den Beschluß des Politbüros, einen Verband der Freidenker in der DDR zu bilden, informiert mit der Maßgabe, die 1. Sekretäre der Kreisleitungen der Partei davon mündlich in Kenntnis zu setzen.

Den Bezirks- und Kreisleitungen der SED wurde die Aufgabe gestellt, die Bildung und Profilierung der Bezirks- und Kreisvorstände des Verbandes zu unterstützen.

Dokument 16/11, Anlage 1a zum Bericht von Werner Fischer: Bildung des Verbundes der Freidenker in der DDR (VdF); Seite 2 von 3

3

Sie haben darauf Einfluß zu nehmen, daß die Arbeit des Verbandes im Sinne der Politik der Partei erfolgt. Für die Vorstände sind geeignete Kader auszuwählen, die in der Lage sind, das politische Grundanliegen des Verbandes durchzusetzen.

Die Leiter aller Diensteinheiten des MfS haben durch den zielgerichteten Einsatz der operativen Kräfte diesen Prozeß der Bildung und Profilierung der Vorstände zu unterstützen. Unter der Federführung der Hauptabteilung XX sowie der Abteilungen XX der Bezirksverwaltungen sind

- die politische Zuverlässigkeit der vorgesehenen Kader zu prüfen;

- die Vorstände und Gruppen rechtzeitig mit geeigneten operativen Kräften zu durchdringen;

- erforderliche Vorbeugungsmaßnahmen zur Verhinderung des politischen Mißbrauchs einzuleiten;

- Versuche der Unterwanderung der Vorstände und Gruppen durch feindlich-negative Kräfte zu verhindern.

Von allen Diensteinheiten ist ständig zu prüfen, welche Möglichkeiten des Verbandes zur Unterstützung des MfS bei der Lösung spezifischer Aufgabenstellungen genutzt werden können.

gez. Mittig
Generaloberst

Dokument 16/11, Anlage 1a zum Bericht von Werner Fischer: Bildung des Verbundes der Freidenker in der DDR (VdF); Seite 3 von 3

Anlage 2

Übersicht der benötigten Planstellen und erforderlicher Einstellungen von Mitarbeitern des ehemaligen Amtes für Nationale Sicherheit zur Lösung übertragener neuer Aufgaben durch das **Ministerium für Innere Angelegenheiten**

Durch die Übernahme neuer Aufgaben in die Verantwortung des Ministeriums für Innere Angelegenheiten wurde die Schaffung von insgesamt 9.923 Planstellen erforderlich. Davon sollen 3.140 von ehemaligen Angehörigen des AfNS/MfS besetzt werden.

	Planstellen MfIA für neu übertragene Aufgaben		erforderliche Einstellungen aus ehemaligem Amt	
	Dienstverhältnis	Arbeitsrechtsverhältnis (Zivilbeschäftigte)	Dienstverhältnis	Arbeitsrechtsverhältnis (Zivilbeschäftigte)
Untersuchung von Straftaten	1.921	–	700	–
Untersuchungshaftvollzug	1.192	–	200	–
1 Personenschutz	796	162	750	–
2 Antiterrorkräfte	305	–	130	–
3 Munitionsbergungsdienst	181	–	30	–
4 Geheime Regierungsnachrichtenverbindungen	722	18	720	20
5 Zentrales Chiffrierorgan	328	47	330	50
Archivwesen	104	282	–	210
Bewachung von Objekten von zentraler staatlicher Bedeutung, einschließlich Sicherstellung und Betreibung	3.274	591		
	8.823	1.100	2.860	280

Die Positionen 1 - 5 sind Stabsfunktionen.

Position 4 und 5 sind von <u>zentraler Bedeutung für die Regierung</u>!

Dokument 16/12, Anlage 2 zum Bericht von Werner Fischer: Übersicht der benötigten Planstellen und erforderlicher Einstellungen von Mitarbeitern des ehemaligen Amtes für Nationale Sicherheit zur Lösung übertragener neuer Aufgaben durch das Ministerium für Innere Angelegenheiten

Anlage 3

Vom VEB Ingenieurbetrieb für wissenschaftlichen Gerätebau
zur Übernahme vorgesehene Objekte:

I. 3 selbständig arbeitende Produktionsstätten mit überdurchschnittlicher Ausrüstung
- Berlin Köpenick
- Berlin Hohenschönhausen
- Leipzig Beucha

II. 3 Objekte zur Fertigung von Booten

III. mindestens 8 weitere Produktions- bzw. Lagerstätten

IV. mindestens 5 Ferienobjekte mit einer Kapazität von insgesamt 2.176

V. mindestens 10 Naherholungsobjekte mit einer Kapazität von insgesamt 1.840

VI. 1 Kinderferienlager mit einer Kapazität von 544

VII. und einer bisher unbekannten Zahl von Wohngrundstücken

Genauere Angaben lagen bis zum 8. 3. 1990 noch nicht vor.
Im VEB IWG sind ca. 1.500 Mitarbeiter des ehemaligen MfS/AfNS
bzw. des nachgeordneten ITU beschäftigt.

Dokument 16/13, Anlage 3 zum Bericht von Werner Fischer: Vom VEB Ingenieurbetrieb für wissenschaftlichen Gerätebau zur Übernahme vorgesehene Objekte

Prof.Dr.sc. Gerstenberger   Berlin, den 12.03.1990

Meine Damen und Herren!

Entsprechend der Tagesordnung möchte ich Sie über
den Stand der Eingliederung des Bereiches Kommerzielle Koordinierung und seiner Betriebe in die Volkswirtschaft informieren.

Entscheidende Kriterien für meine Arbeit waren:

- Schutz der volkswirtschaftlichen Interessen,
  einschließlich der der vollen Erfüllung der
  Verpflichtungen gegenüber der Zahlungsbilanz
  und dem Staatshaushalt.

- Sicherung der vollen Transparenz der Geschäftstätigkeit des gesamten Bereiches, das heißt,
  Schluß zu machen, mit der weitgehend nach Regeln
  einer geheimdienstlichen Tätigkeit organisierten
  Arbeit.

- Liquidierung der Bereiche und aller Unternehmen,
  die in die Tätigkeit des früheren Ministeriums
  für Staatssicherheit einbezogen bzw. für Bereiche
  und Personen tätig wurden bzw. Aufgaben zu erfüllen hatten, die zutiefst moralischen und ethischen
  Gesetzen entgegenstanden, und

- das betone ich besonders, für Ordnung und Gesetzlichkeit zu sorgen.

Zugleich bestand meine Aufgabe darin, alles, was
ökonomisch in Form von Ex- und Importen von Waren
und Leistungen nützlich war und auch künftig nützlich
ist, zu erhalten.

Dokument 16/14, Bericht vom Kommissarischen Leiter des Bereiches Kommerzielle Koordinierung, Prof. Gerstenberger, zum Stand der Eingliederung des Bereiches KoKo und seiner Betriebe in die Volkswirtschaft; Seite 1 von 21

Es war ein Konzept gemeinsam mit meinen Kollgen zu erarbeiten, welches die Chance für die Zukunft bietet, daß die Unternehmen den kommenden marktwirtschaftlichen Bedingungen gewachsen sind, sie im scharfen Wettbewerb erfolgreich bestehen und damit den vielen fleißigen Mitarbeitern ihre Arbeitsplätze in den Unternehmen erhalten bleiben.

Betriebswirtschaftlich war eine hohe Ertragssicherheit zu gewährleisten, denn ohne sichere und steigende Erträge gibt es keine Eigenerwirtschaftung, keine Dynamik in der Geschäftstätigkeit, kein Wachsen des sozialen Besitzstandes.

Daß diese Arbeit nicht leicht und mit vielen Konflikten verbunden war, brauche ich nicht besonders zu betonen. Dort wo keine Unterlagen sind, wo Belege fehlen, dort, wo man mit eigenen Augen sieht, was ökonomische Macht und fehlende staatliche und demokratische Kontrolle an Pervertierung guter Absichten und ökonomisch nützlicher Arbeit bewirkt, ist es auch persönlich nicht leicht, sich den Blick für die Sicherung einer erfolgreichen Zukunft zu erhalten.

Ich muß auch gleich am Anfang sagen, daß im Widerstreit der Interessen - ich betone auf jeder Seite berechtigte Interessen - Entscheidungen getroffen werden mußten, bei denen nicht alle Interessen voll berücksichtigt werden konnten, einige sich damit zu Unrecht behandelt fühlten, und nicht immer Freude ausgelöst wurde.

Dokument 16/14, Bericht vom Kommissarischen Leiter des Bereiches Kommerzielle Koordinierung, Prof. Gerstenberger, zum Stand der Eingliederung des Bereiches KoKo und seiner Betriebe in die Volkswirtschaft; Seite 2 von 21

3

Meine Damen und Herren!

Unmittelbar nachdem der Leiter des Bereiches Kommerzielle Koordinierung, Schalck, in der Nacht vom 2. zum 3. Dezember 1989 die DDR verlassen hatte, wurden am 3.12.1989 entsprechend dem Auftrag des Ministerpräsidenten an den Minister für Außenwirtschaft und an den Minister der Finanzen und Preise folgende Maßnahmen eingeleitet:

- Sperrung aller Konten des Bereiches Kommerzielle Koordinierung bei der Deutschen Handelsbank sowie der Mark-Konten bei der Staatsbank.
Zurückziehung der Unterschriftvollmacht von A. Schalck bei ausländischen Banken.

- Einsatz der Volkspolizei und der Zollfahndung in Übereinstimmung mit dem Generalstaatsanwalt zur Sicherung aller Unterlagen, bekannter Objekte des Bereiches mit dem Ziel, Verluste von Werten und die Vernichtung von Dokumenten zu verhindern.

- Sofortiger Einsatz der Staatlichen Finanzrevision in den Betrieben des Bereiches Kommerzielle Koordinierung, um Voraussetzungen zu schaffen, daß die Betriebe, die internationale Operationen zum Nutzen der Volkswirtschaft durchzuführen haben, schnell überprüft wurden, um ab Montag früh ohne internationalen Schaden ihre normale Geschäftstätigkeit weiterführen zu können.

Der Einsatz der Finanzrevision erfolgte auch in den Betrieben, die nach Verfügung des Vorsitzenden des Ministerrates Nr. 129/72 nicht der Kontrolle der Finanzrevision unterlagen. Bei den letztgenannten wurde der Finanzstatus ermittelt und in der Folge die Beauflagung erteilt, daß per 31.12.1989 erstmalig Bilanzen zu erstellen sind.
Gleichzeitig wurde auf Anforderung des Generalstaatsanwaltes auch der Bereich Kommerzielle Koordinierung selbst erstmalig einer Finanzrevision unterzogen.

Dokument 16/14, Bericht vom Kommissarischen Leiter des Bereiches Kommerzielle Koordinierung, Prof. Gerstenberger, zum Stand der Eingliederung des Bereiches KoKo und seiner Betriebe in die Volkswirtschaft; Seite 3 von 21

4

- Der Präsident der Außenhandelsbank wurde beauftragt, allen Banken mitzuteilen, daß der Zahlungsverkehr mit den AHB stabil weitergeführt wird.

Diese Maßnahmen dienten der Schadensbekämpfung, der Verhinderung des Abfließens von Vermögenswerten und der Sicherung der Aufrechterhaltung international notwendiger Geschäfte.

Ich selbst wurde am 4.12.1989 im Auftrag des Ministerpräsidenten als Bevollmächtigter der Minister für Finanzen und Preise und Außenwirtschaft für die Sicherung der Geschäftsfähigkeit der Außenhandelsunternehmen des Bereiches und nach Inhaftierung des stellvertretenden Leiters als kommissarischer Leiter des Bereiches Kommerzielle Koordinierung eingesetzt. Mir wurden folgende Aufgaben übertragen:

- Durchführung der Abwicklung aller bestehenden kommerziellen Verpflichtungen so, daß kein ökonomischer Schaden für die DDR entsteht bzw. dieser minimiert wird;

- strikte Einhaltung der auf dem Gebiet der Außenwirtschaft, Finanz- und Valutawirtschaft bestehenden Rechtsvorschriften;

- Sicherung der Werte der DDR im Ausland und Kontrolle aller laufenden Geschäftsvorgänge auf ihre Ordnungsmäßigkeit sowie Sicherung aller Unterlagen gegen unbefugten Zugriff.

In diesem Sinne bin ich weder als Nachfolger von Schalck eingesetzt, noch in diesem Sinne tätig geworden.

Im Ergebnis der Arbeit wurden seit dem 3. Dezember 1989

- die Valutamittel und Bestände in Mark auf den Konten des Bereiches Kommerzielle Koordinierung in der DDR gesichert und der Zahlungsbilanz bzw. dem Staatshaushalt zugeführt.

5

- die Guthaben auf Konten ausländischer Banken ermittelt und in den möglichen Fällen (außer Festgeldanlagen) ihre Überweisung erwirkt.

- Gold, Schmuck und andere Bestände an edelmetallhaltigen Erzeugnissen von der Staatsanwaltschaft sichergestellt und von der Tresorverwaltung übernommen und somit vor Zugriffen gesichert.

- Waffen, Munition und Ausrüstungen, die im Lager Kavelstorf der Firma IMES und in dem Bürohaus des Bereiches aufgefunden wurden, unter Kontrolle der Militärstaatsanwaltschaft der NVA und dem MdI übergeben.

- Kunstgegenstände, Erzeugnisse des nationalen Kulturgutes im Zusammenwirken mit dem Ministerium für Kultur und der Kulturschutzkommission sichergestellt.

- den Außenhandelsgesellschaften
    . IMES GmbH (für Waffen, Munition und militärisches Gerät)
    . Kunst und Antiquitäten GmbH (für Kunstgegenstände, Kulturgut und Gebrauchtwaren)
    . S impex (als Vertreterfirma)
        ihre Geschäftstätigkeit untersagt.
  Die Gesellschaften befinden sich in Liquidation.

- Außenhandelsbetriebe anderen Verantwortungsbereichen zugeordnet:
    . der Außenhandelsbetrieb Philatelie Wermsdorf - zum Ministerium für Post- und Fernmeldewesen
    . der Außenhandelsbetrieb Delta GmbH - zum Ministerium für Bauwesen und Wohnungswirtschaft
    . die Investbauleitung Hönow - zum VEB Bau- und Montagekombinat Ost.

Dokument 16/14, Bericht vom Kommissarischen Leiter des Bereiches Kommerzielle Koordinierung, Prof. Gerstenberger, zum Stand der Eingliederung des Bereiches KoKo und seiner Betriebe in die Volkswirtschaft; Seite 5 von 21

6

Als grundlegende Voraussetzung für weitere Entscheidungen zum Bereich Kommerzielle Koordinierung und seinen Firmen sowie für die Eingliederung in die Volks- und Finanzwirtschaft wurde per 31.12.1989 der vorläufige Finanzstatus für diesen Bereich erstellt und dem Minister der Finanzen und Preise übergeben.

Nach den heutigen Feststellungen kann eingeschätzt werden, daß ab dem 3.12.1989 die vorhandenen Bestände gesichert und der Abfluß von finanziellen Mitteln verhindert wurde.

In dem Bereich Kommerzielle Koordinierung sind seit diesem Zeitpunkt keine Handlungen zu ungunsten der Volkswirtschaft der DDR durchgeführt worden.
Es wurde die Erfüllung und Abwicklung aller bestehenden kommerziellen Verpflichtungen so gewährleistet, daß ein ökonomischer Schaden für die DDR weitestgehend abgewendet werden konnte.
In den Fällen, wo es aus politischen und moralischen Erwägungen und der Umweltsicherung geboten erschien, wurde nach Abstimmung mit dem Vorsitzenden des Ministerrates auch in bestehende vertragliche Verpflichtungen eingegriffen und die Geschäfte wurden abgebrochen. Dabei waren teilweise ökonomische Verluste nicht zu vermeiden bzw. sind solche noch zu erwarten.

Für 1990 wurden die für die Betriebe des Bereiches Kommerzielle Koordinierung vorgesehenen Exporte in die einheitliche Exportaufgabenstellung der Volkswirtschaft für 1990 eingearbeitet. Die Tätigkeit der Betriebe Intrac, Forum, BIEG und Makler- und Handelsvertretergesellschaft (anstelle der früheren Transinter GmbH) zur Eigenerwirtschaftung von Devisen wird fortgesetzt.
Diese Betriebe haben für 1990 eine Auflage in Höhe von 1,076 Mrd. VM zur Gewinnabführung an
erhalten.
In den Monaten Januar und Februar 1990 wurden Gewinne in Höhe von insgesamt 198,1 Mio VM erwirtschaftet.

Dokument 16/14, Bericht vom Kommissarischen Leiter des Bereiches Kommerzielle Koordinierung, Prof. Gerstenberger, zum Stand der Eingliederung des Bereiches KoKo und seiner Betriebe in die Volkswirtschaft; Seite 6 von 21

7

Im Laufe des Jahres 1990 wird eine weitere Entflechtung der Betriebe vorgenommen, um eine überschaubare kontrollfähige Struktur zu schaffen.
Die Umwandlung dieser Firmen erfolgt nach dem neuen Gesellschaftsrecht. Es ist eine vollständig auf Marktwirtschaft orientierte Eigenerwirtschaftung der Mittel und eines Gewinns durchgesetzt.

Meine Damen und Herren!

Ich gestatte mir jetzt auf die Darstellung der Entwicklung des Bereiches, zu den Aufgaben und über die Leitung des Bereiches und seiner Strukturen hier nicht einzugehen.
Ich verweise dazu noch einmal auf die folgenden Darlegungen von Herrn Dr. Lindemann.

Eingehen möchte ich nunmehr auf den Finanzstatus und auf die Vermögensprobleme.

Finanzielle Ergebnisse des Bereiches Kommerzielle Koordinierung und seiner Firmen

Der Bereich hat jährlich Valuta bereitgestellt für

. Abführung an die Zahlungsbilanz
. Bildung von Reserven für die Sicherung der Zahlungsfähigkeit der DDR
. die Ablösung von Verbindlichkeiten und
. für die Durchführung von Zusatzimporten.

1. In den letzten 3 Jahren wurden Valutagewinnabführungen von rd. 1,5 Mrd. VM jährlich an den Staat vorgenommen.

2. Die per 31.12.1989 durchgeführte Inventur einschließlich der noch zu erwartenden Eingänge ergab einen hohen Guthabenbestand. Er spiegelt die langjährig angesammelte Liquidität aus erwirtschafteten Handels-, Provisions- und Zinserträgen der Außenhandelsunternehmen des Bereiches sowie die Zins- und Kapitalerträge aus Bankguthaben, Festgeld- und Kapitaleinlagen sowie aus Kreditgewährungen durch den Bereich wider.

Dokument 16/14, Bericht vom Kommissarischen Leiter des Bereiches Kommerzielle Koordinierung, Prof. Gerstenberger, zum Stand der Eingliederung des Bereiches KoKo und seiner Betriebe in die Volkswirtschaft; Seite 7 von 21

8

Dieser Bestand wurde zur Tilgung von Verbindlichkeiten aus Importen, für Kredittilgungen, Rückstellung für Risiken, Auflösung von Fremdguthaben sowie als Liquiditätsbasis für die kommenden Jahre benötigt.

Für den Reisedevisenfonds wurden 750 Mio VM bereitgestellt. Darüber hinaus sind in die Berechnungen der Zahlungsbilanz 5,9 Mrd. VM eingegangen.

Der Bereich Kommerzielle Koordinierung hat durch Kreditaufnahmen und die Vorfinanzierung von Importen <u>Verbindlichkeiten</u> von insgesamt rd. 8,3 Mrd. VM.
Bei diesen Verbindlichkeiten handelt es sich überwiegend um Belastungen der Zahlungsbilanz, die nach 1990 auftreten werden und teilweise bis 1996 und auch danach fällig werden. <u>Hauptträger erwirtschafteter Gewinne waren bisher die AHB Intrac, Forum, BIEG und Transinter.</u>
Sie haben in den vergangenen Jahren hohe finanzielle Ergebnisse erzielt. Sie und die AHB Kunst und Antiquitäten und IMES haben in den vergangenen Jahren ihre Gewinne <u>vollständig</u> an den Bereich Kommerzielle Koordinierung abgeführt. Ich betone das deshalb, weil in der Öffentlichkeit hierzu teilweise Zweifel angemeldet wurden.
Es erfolgte jährlich eine Finanzrevision, die die Ordnungsmäßigkeit der Arbeit prüfte und Entlastungen erteilte.

<u>Die Summe der sich aus den Revisionsprotokollen ergebenden Gewinnabführungen der Außenhandelsbetriebe war aber jeweils größer, als die Summe der Gewinnabführungen des Bereiches an den Staat.</u>

Da der Bereich Kommerzielle Koordinierung nicht durch die Staatliche Finanzrevision kontrolliert werden durfte, kann keine absolute Aussage über die Verwendung der nicht abgeführten Mittel getroffen werden. Das Hauptproblem ist, daß kein lückenloser Belegnachweis vorhanden ist.

Dokument 16/14, Bericht vom Kommissarischen Leiter des Bereiches Kommerzielle Koordinierung, Prof. Gerstenberger, zum Stand der Eingliederung des Bereiches KoKo und seiner Betriebe in die Volkswirtschaft; Seite 8 von 21

9

Die Möglichkeit, sie für das Ministerium der Finanzen abzufordern, bestand aufgrund der geltenden Festlegungen nicht. Diesem unhaltbaren Zustand mußte konsequent ein Ende gesetzt werden. Dazu erfolgte eine Vereinbarung zwischen dem Minister für Außenwirtschaft, dem Minister der Finanzen und Preise und dem kommissarischen Leiter des Bereiches Kommerzielle Koordinierung mit folgendem Inhalt:

- Die an die Betriebe 1990 beauflagten und von ihnen erwirtschafteten Valutagewinne werden <u>vollständig</u> über den Bereich Kommerzielle Koordinierung an das Ministerium der Finanzen und Preise abgeführt und planmäßig für die Zahlungsbilanz bereitgestellt.
Die Beauflagung erfolgte nach Bestätigung durch den Minister für Außenwirtschaft durch den Bereich. Die Abführung vollzieht sich quartalsweise in der Währungsstruktur USD, DEM und VE.

- Die Betriebe erhalten vom Ministerium der Finanzen und Preise über den Bereich für die abgeführten Valutagewinne die Markgegenwerte entsprechend den geltenden Regelungen für die Volkswirtschaft. Diese Mittel sind Bestandteil des Staatshaushaltes.

- Die Betriebe finanzieren aus den Markgegenwerten für die abgeführten Valutagewinne den Mark-Aufwand für Außenhandelsgeschäfte in Mark, den Lohnfonds, die Fonds der materiellen Interessiertheit, den Investitionsfonds und die Kosten.

- Die beauflagten und erwirtschafteten Gewinne in Mark der Betriebe sind planmäßig über den Bereich an das Ministerium der Finanzen und Preise abzuführen.
die Abführung erfolgt quartalsweise.

- Die Ordnungsmäßigkeit der Gewinnerwirtschaftung und Abführung sowohl durch die Betriebe des Bereiches Kommerzielle Koordinierung als auch im Bereich Kommerzielle Koordinierung wird jährlich durch die Staatliche Finanzrevision bzw. die Steuerprüfung kontrolliert.

Dokument 16/14, Bericht vom Kommissarischen Leiter des Bereiches Kommerzielle Koordinierung, Prof. Gerstenberger, zum Stand der Eingliederung des Bereiches KoKo und seiner Betriebe in die Volkswirtschaft; Seite 9 von 21

10

Die bis dato geltenden gesonderten Regelungen für den Bereich Kommerzielle Koordinierung wurden damit außer Kraft gesetzt und die Möglichkeit einer eigenständigen, nichtkontrollierten Verwendung der Gewinne radikal beseitigt.

Mit diesen Festlegungen und durch eine entsprechende Kontrolle ist die volle Transparenz der Tätigkeit der Betriebe und des Bereiches und der finanziellen Abwicklung der Geschäfte gewährleistet.

Wenige Bemerkungen zum Jahresabschluß und den Ergebnissen der Finanzrevision bei der Prüfung der Bilanzen.

Die Kontrollberichte der dem Bereich Kommerzielle Koordinierung unterstellten Betriebe wurden in ihrer Mehrheit ordnungsgemäß und termingerecht eingereicht.
Schwierigkeiten und Probleme traten bei den Betrieben besonders auf, die erstmalig per 31.12.1989 Kontrollberichte vorlegen mußten.
Für Betriebe, die dem früheren Ministerium für Staatssicherheit zugeordnet waren, entfiel bisher die Vorlage von Bilanzen.

Durch die Revision des Ministeriums der Finanzen und Preise wurden die Bilanzen und Ergebnisrechnung geprüft und in ihrer Mehrzahl bestätigt. An der Beseitigung der festgestellten Mängel bei den Unternehmen (Asimex, VEB Philatelie Wermsdorf, Fa. Forgber), deren Bilanzen nicht bestätigt wurden, wird gearbeitet.

Dokument 16/14, Bericht vom Kommissarischen Leiter des Bereiches Kommerzielle Koordinierung, Prof. Gerstenberger, zum Stand der Eingliederung des Bereiches KoKo und seiner Betriebe in die Volkswirtschaft; Seite 10 von 21

11

Was den unmittelbaren staatlichen Bereich "Kommerzielle
Koordinierung" betrifft hat die Prüfung der Ordnungsmäßigkeit, der Bestandsnachweise, der Kassenführung und
des Belegwesens des Bereiches Kommerzielle Koordinierung
im Zeitraum bis zum 4.12.1989 grobe Verstöße gegen die
Gesetzlichkeit und Ordnungsmäßigkeit durch die ehemaligen
Leiter des Bereiches Schalck und Seidel ergeben. Diese Verstöße
sind im Einzelnen Bestandteil des Berichtes der Finanzrevision und der erteilten Auflagen. Durch die Einstellung
des unmittelbaren Geschäftsverkehrs des staatlichen
Bereiches Kommerzielle Koordinierung sowie jeglicher
Baraus- und -einzahlungen ohne schriftliche Anweisung
wurden die Grundlagen für die bisherige Arbeitsweise
des Bereiches entzogen.
In der Öffentlichkeit haben Fragen des Besitzes und der
Verwendung von Häusern, Liegenschaften, Kraftfahrzeugen,
Edelmetallen und Konsumgütern   eine große Rolle
gespielt.

1. Häuser, Objekte, Grundstücke

In der Rechtsträgerschaft Kommerzielle Koordinierung
befinden sich:

32 Einfamilienhäuser (davon z.Zt. 27 bewohnt).
Die 5 Häuser die nicht mehr bewohnt sind, darunter das
Haus von Schalck und die der Töchter von Mittag, werden
nach Freigabe durch die Staatsanwaltschaft zur Vermie-
tung gegen Valuta an das Internationale Handelszentrum
übergeben.
Das Wohnhaus in Kavelstorf wurde der Gemeinde zur An-
siedlung eines Arztes übertragen.
Die Häuser, die bewohnt sind, bleiben Volkseigentum.
Ein Verkauf an die derzeitigen Mieter ist nicht beab-
sichtigt. Die Mietverhältnisse werden aufrechterhalten.
Es ist davon auszugehen, daß die Mieten für diese Häuser
in der neuen künftigen Mietrechtsordnung auf eine reale
Kostengrundlage gestellt werden müssen.

Dokument 16/14, Bericht vom Kommissarischen Leiter des Bereiches Kommerzielle Koordinierung, Prof. Gerstenberger, zum Stand der Eingliederung des Bereiches KoKo und seiner Betriebe in die Volkswirtschaft; Seite 11 von 21

12

4 Einfamilienhäuser befinden sich noch im Bau. Sie werden nach deren Fertigstellung durch das Internationale Handelszentrum gegen Valuta an Ausländer vermietet.

Zu den Wochenendbungalows im Raum Berlin.
Der Verkauf der Wochenendgrundstücke, die auf der Grundlage von Mietverträgen durch Mitarbeiter genutzt wurden, erfolgt nur nach ausdrücklicher Zustimmung der Gemeinden hinsichtlich der Änderung des Nutzungsvertrages und nach Vorliegen einer staatlichen Schätzurkunde.

4 Grundstücke einschließlich der darauf befindlichen Immobilien wurden an die betreffenden Gemeinden übertragen.

7 weitere Grundstücke werden Betrieben zur Nutzung als Ferienobjekte für die Belegschaften übergeben.

8 Grundstücke, auf denen sich betriebliche Einrichtungen befinden, werden den betreffenden Betrieben übertragen.

Damit sind für sämtliche Liegenschaften und Immobilien des Bereiches die erforderlichen Entscheidungen getroffen. Die erforderlichen juristischen Schritte werden sukzessive in Abhängigkeit vom Vorliegen der Wertgutachten und der Zustimmung der örtlichen Organe zum Rechtsträgerwechsel durchgeführt.

Dazu kommen eine Reihe von Ferienbungalows und -objekten sowie Kinderferienlage als Betriebseigentum bzw. als Mitbeteiligter oder Mitnutzer gemeinsam mit anderen Volkseigenen Betrieben in der DDR. Diese Ferienobjekte bewegen sich in ihrer Ausstattung in einem üblichen Rahmen.

Dokument 16/14, Bericht vom Kommissarischen Leiter des Bereiches Kommerzielle Koordinierung, Prof. Gerstenberger, zum Stand der Eingliederung des Bereiches KoKo und seiner Betriebe in die Volkswirtschaft; Seite 12 von 21

2. Kraftfahrzeuge

Im Lagerkomplex Treseburger Straße befanden sich 107 Pkw und Transporter, davon 100 neue Fahrzeuge. Es ist festgelegt, 94 Fahrzeuge gegen Valuta, die dem Staatshaushalt zugeführt werden, zu verkaufen. 13 Fahrzeuge (vor allem Gebrauchtwagen) werden zur volkswirtschaftlichen Nutzung in den Grundmittelbestand des IHZ, des VEB BMK Ost sowie an den VEB Maschinenbauhandel übergeben.
Es wurde kein Fahrzeug an Privatpersonen verkauft.

3. Bargeld und Schmuck

Im Panzerschrank des Herrn Seidel befand sich ein Bestand an Valutabarbeträgen und Schmuck, der durch den Militärstaatsanwalt beschlagnahmt wurde.
Des weiteren befanden sich 1 Koffer und 4 Kartons mit Schmuck im Bereich, die ebenfalls durch die Staatsanwaltschaft sichergestellt wurden. Sie waren jedoch nicht Eigentum des Bereiches, sondern stammen offensichtlich aus der Rückführungsaktion Wandlitz.

4. Hochwertige Konsumgüter

Im Objekt Kommerzielle Koordinierung befand sich ein umfangreiches Sortiment industrieller Konsumgüter sowievon Nahrungs- und Genußmitteln. Diese Bestände waren ausschließlich für die Versorgung ehemaliger Funktionäre bestimmt. Für diese Waren wurde sofort eine inventurmäßige Erfassung, z. T. auch durch die Staatsanwaltschaft, durchgeführt. Sie sind inzwischen zu einem wesentlichen Teil der Vermarktung in Valuta bzw. Mark der DDR zugeführt bzw. werden Vorschul- und medizinischen Einrichtungen kostenlos übergeben.

Dokument 16/14, Bericht vom Kommissarischen Leiter des Bereiches Kommerzielle Koordinierung, Prof. Gerstenberger, zum Stand der Eingliederung des Bereiches KoKo und seiner Betriebe in die Volkswirtschaft; Seite 13 von 21

14

4. Waffen, Munition und Ausrüstungen

Der Bereich Kommerzielle Koordinierung unterhielt durch den AHB IMES ein Hauptlager in Kavelstorf und kleine Lager bei Produzenten der DDR und in Objekten der NVA und des ehemaligen Ministeriums für Staatssicherheit.
In Kavelstorf lagerten:

- Maschinenpistolen   24.760 Stck.
- leichte Maschinengewehre   1.398 Stück.

sowie dazu passende Munition.
Die Übernahme durch die NVA wurde am 16.12.1989 abgeschlossen. Die Lagerung erfolgt jetzt in Lagern der NVA.

Einschätzung der Arbeit der Mitarbeiter des Bereiches Kommerzielle Koordinierung und seiner Firmen

Insgesamt haben die Mitarbeiter des Bereiches und die der ihm unterstellten Firmen mit großem persönlichen Einsatz durch die kontinuierliche Erwirtschaftung hohe Valutabeträge für die Zahlungsbilanz der DDR einen erheblichen Beitrag zur Sicherung der Zahlungsfähigkeit der DDR geleistet.
Die Außenhandelsbetriebe des Bereiches leisteten eine gute, effektive kommerzielle Arbeit. Ihre betriebswirtschaftliche Arbeit und die Leitungstätigkeit vollzog sich wie in anderen volkswirtschaftlichen Einheiten der DDR. Sie unterlagen regelmäßigen Revisionen und Rechenschaftslegungen.

Die Tatsache, daß ein Teil der erwirtschafteten Valutabeträge auf Anordnung einzelner Staats- und Parteifunktionäre nicht an den Staatshaushalt abgeführt wurde, schmälert zwar die Arbeit der dort tätigen Leiter und Mitarbeiter, wofür sie jedoch nicht verantwortlich gemacht werden können, da sie auf die Verteilung der erzielten Gewinne keinen Einfluß hatten.

Dokument 16/14, Bericht vom Kommissarischen Leiter des Bereiches Kommerzielle Koordinierung, Prof. Gerstenberger, zum Stand der Eingliederung des Bereiches KoKo und seiner Betriebe in die Volkswirtschaft; Seite 14 von 21

15

Ich möchte mich an dieser Stelle ausdrücklich für die loyale und kameradschaftliche Zusammenarbeit mit diesen Mitarbeitern bedanken. Das Grundproblem bestand darin, daß der Bereich als Devisenausländer eingestuft war und dadurch von den Staats- und Kontrollorganen nicht kontrolliert werden konnte. Hinzu kam, daß die einzelnen Arbeitsbereiche mit ihren Arbeitsinhalten voneinander isoliert waren und somit keine zusammenhängenden Kenntnisse über die Arbeitsaufgaben insgesamt und über die erwirtschafteten Gesamtgewinne und deren Verwendung hatten. Dadurch war es möglich, Plusdifferenzen zwischen erzielten Gewinnen und den planmäßigen Abführungen als Geldanlagen zur Erwirtschaftung von Zinsgewinnen, zur Ansammlung weiterer Liquidität, für Sonderimporte für die Volkswirtschaft und die Versorgung der Bevölkerung, aber auch zur Absicherung von Privilegien der ehemaligen Führung einzusetzen.
Dabei von einzelnen Personen begangene Straftaten sind Gegenstand der laufenden Untersuchungen durch die Staatsanwaltschaft.

Dokument 16/14, Bericht vom Kommissarischen Leiter des Bereiches Kommerzielle Koordinierung, Prof. Gerstenberger, zum Stand der Eingliederung des Bereiches KoKo und seiner Betriebe in die Volkswirtschaft; Seite 15 von 21

16

Eingeleitete und vorgesehene Veränderungen in den Firmen und im Bereich Kommerzielle Koordinierung

Entsprechend dem Auftrag des Vorsitzenden des Ministerrates wurden die Strukturen zwischen den Firmen und innerhalb der Betriebe gründlich untersucht.
Im Prozeß der Entflechtung, Rationalisierung und Schaffung durchschaubarer Unterstellungs- und Leitungsbeziehungen wurden folgende Entscheidungen getroffen.

- Betriebe, für deren weitere Tätigkeit keine Grundlagen bzw. Voraussetzungen mehr bestanden, <u>stellten</u> ihre <u>Tätigkeit</u> ein bzw. befinden sich in Liquidation
Das sind:

  . IMES
  (Das Munitions- und Waffenlager Kavelstorf wurde dem VEB Agrotechnik Rostock übergeben.)

  . Kunst und Antiquitäten
  Es wurde festgelegt, daß dieser Außenhandelsbetrieb, seine Tätigkeit auf dem Gebiet des Exports von Kunstgütern einstellt. Der Name der Firma wurde notariell gelöscht. Das Kollektiv des bisherigen Betriebes wird mit den vorhandenen Einrichtungen als Internationale Beratungs- und Vertriebsgesellschaft dem Ministerium für Kultur unterstellt und seine Tätigkeit auf der Grundlage der gesetzlichen Bestimmungen zur Erwirtschaftung von zusätzlichen Devisen durchführen.

  Und das sind die Firmen:
  . Berag
  . Camet
  . Simpex

- Firmen mit denen alte Unterstellungsverhältnisse und die Waren- und Geldbeziehungen aufgelöst werden

    . F. C. Gerlach
    . Forgber

- Firmen mit veränderter Unterstellung/Überführung in andere Verantwortung

    . Delta — Ministerium für Bauwesen und Wohnungswirtschaft

    . Investbau- — BMK Ost, MfBW
      leitung Hönow

    . Philatelie — Ministerium für Post-
      Wermsdorf   und Fernmeldewesen

    . Handelsbereich 4 — AHB Elektronik

    . Asimex — forum Handelsgesellschaft mbH

- Firmen mit zu erweiterndem Profil und Neubildung

    . BIEG   (+ Firma intercoop)
    . forum   (+ Mobil/Service)
    . Büro-Vermietung   (Neugründung)

    . Intrac

        Innerhalb des AHB Intrac wird ein gesonderter Betrieb, nämlich die AWUS-GmbH gebildet, die für kommerzielle Dienstleistungen auf dem Gebiet der Abfallwirtschaft, des Umweltservices sowie angrenzender Gebiete zuständig ist.
        Die Gründung dieser Gesellschaft dient dem Ziel, die kommerziellen Prozesse durchsichtiger zu machen und das Obligo in stärkerem Maße zu begrenzen.

Dokument 16/14, Bericht vom Kommissarischen Leiter des Bereiches Kommerzielle Koordinierung, Prof. Gerstenberger, zum Stand der Eingliederung des Bereiches KoKo und seiner Betriebe in die Volkswirtschaft; Seite 17 von 21

18

- Berliner Makler- und Vertretergesellschaft

    Die ehemalige staatliche Vertreterorganisation des AHB Transinter wurde aufgelöst. Die neue Gesellschaft ist ein Dachverband spezifischer Branchenvertretergesellschaften für ausländische Firmen zur Wahrnehmung ihrer Interessen auf dem DDR-Markt. Das bestehende System von Zwangsvertretungen wurde beseitigt.

- Internationales Handelszentrum

    (Erweiterung für Service, Leasing, Verkauf)

    Aus dem früheren Transinterverband wurde das Internationale Handelszentrum als selbständiges Unternehmen herausgelöst, um seinen spezifischen Aufgaben als Dienstleistungsunternehmen für ausländische Firmen besser gerecht zu werden.

Ich kann hier erklären, daß der Bereich Kommerzielle Koordinierung als Staatsorgan bis zum 31.03.1990 aufgelöst wird. In der Zeit vom 6. 12. 1989 bis zum 28. 2. 1990 wurden von den ursprünglich 171 Mitarbeitern des Bereiches (einschließlich der Investbauleitung Hönow) 95 Mitarbeiter in andere Bereiche der Volks- und Außenwirtschaft umgesetzt.

Zur Zeit besteht die Aufgabe, in Abhängigkeit von den noch durchzuführenden Maßnahmen zur endgültigen Liquidation des Bereiches, die noch vorhandenen Mitarbeiter ebenfalls entsprechend den geltenden gesetzlichen Bestimmungen in andere Arbeitsaufgaben bzw. Arbeitsverhältnisse überzuleiten.

Für die Betriebe Intrac, forum, BIEG, IHZ und die Berliner Makler- und Vertretergesellschaft wurden die Konzeptionen für das zukünftige Leistungsprofil

Dokument 16/14, Bericht vom Kommissarischen Leiter des Bereiches Kommerzielle Koordinierung, Prof. Gerstenberger, zum Stand der Eingliederung des Bereiches KoKo und seiner Betriebe in die Volkswirtschaft; Seite 18 von 21

bestätigt. Sie haben die Aufgabe, im Jahre 1990 einen Ertrag von rund 1 Mrd. Valutamark zu erwirtschaften und an den Staatshaushalt abzuführen.

Wesentliches Element für die Entwicklung der Leistungsfähigkeit vorgenannter Betriebe ist die Bildung eines Unternehmensverbandes, um im künftigen ökonomischen Wettbewerb auf den Binnen- und Außenmärkten bestehen zu können.

Es wird deshalb vor der endgültigen Liquidation des Bereiches Kommerzielle Koordinierung ein solcher Unternehmensverband als

> Berliner Handels- und Finanzierungsgesellschaft mbH

gegründet, die der Treuhandverwaltung des Volkseigentums der DDR zu unterstellen ist.

Die besondere Verantwortung dieser Gesellschaft liegt in der Planung und strategischen Umsetzung der Entwicklung des gesamten Unternehmensverbandes entsprechend den gegenwärtigen und künftigen Anforderungen der Märkte, in der Gewährleistung der dazu notwendigen Liquidität, der weiteren Erhöhung der Effektivität und Leistungsfähigkeit der Unternehmen sowie der Sicherung der vorgesehenen Abführungen an den Staat für 1990 und entsprechender Erträge für die Folgejahre.

Ausgehend davon, daß der Umsatz des Unternehmensverbandes 5 bis 6 Mrd VM pro Jahr betragen wird, ist zur Erfüllung der zukünftigen Aufgaben eine Ausstattung mit Eigenkapital einschließlich der notwendigen Umlaufmittel erforderlich.

Deshalb wird bei Sicherung der für 1990 gemäß Status vom 31. 12. 1989 an den Staatshaushalt abzuführenden und in die Zahlungsbilanz bereits eingerechneten Valutamittel aus den bei Auflösung des ehemaligen Bereiches Kommerzielle Koordinierung per 28. 2. 1990 noch verfügbaren Valutamitteln ein Teil in Höhe von

20

300 Mio VM als Eigenkapital einschließlich Umlaufmittel für die zugründende Gesellschaft eingesetzt. Der Einsatz dieser eigenen Valuta aus der DDR ist günstiger, als die Aufnahme von teuren Fremdmitteln.

Weiterhin werden 10 Mio Mark zur marktseitigen Eigenfinanzierung des Unternehmens verwandt.

Mit der Bildung der Berliner Handels- und Finanzierungsgesellschaft mbH werden gute Voraussetzungen geschaffen, um die Potenzen der einzelnen Unternehmen maximal für die Volkswirtschaft wirksam zu machen.

Hauptinhalt der unternehmerischen Tätigkeit der Handels- und Finanzierungsgesellschaft ist

- Einschaltung in Handelsoperationen internationaler Kooperationsbeziehungen zu ausländischen Investoren

- Entwicklung neuer Formen der Geschäftstätigkeit zur Abrundung des Unternehmensprofils

- Unterstützung und finanzielle Absicherung von Handels- und Finanztransaktionen der Unternehmen

- Finanzierung und Zwischenfinanzierung von Rationalisierungsvorhaben und Investitionen der Industrie

- Erwirtschaftung von Gewinnen aus Kapitalbeteiligungen an in- und ausländischen Unternehmen

- Kontrolle und Gewährleistung der Wiedererwirtschaftung der Kredittilgung und Gewinnsicherung

Dokument 16/14, Bericht vom Kommissarischen Leiter des Bereiches Kommerzielle Koordinierung, Prof. Gerstenberger, zum Stand der Eingliederung des Bereiches KoKo und seiner Betriebe in die Volkswirtschaft; Seite 20 von 21

21

Die Berliner Handels- und Finanzierungsgesellschaft mbH
hat die Abwicklung der restlichen Aufgaben der in Liquidation befindlichen Firmen des ehemaligen Bereiches
zu Ende zu führen.

Zusammenfassung

Hiermit erkläre ich, daß ich seit dem 4. 12. 1989
systematisch an der Erfüllung der mir von der Regierung
Modrow erteilten Aufträge

- Sicherung des Vermögens

- Gewährleistung der Gesetzlichkeit in der Valuta-
  und Finanzwirtschaft und

- Einordnung des Bereiches in die Volks- und
  Finanzwirtschaft der DDR

arbeite.

Der Bericht spiegelt den erreichten Stand per 28. 2. 1990
wider.

Anlagen　　　　　　　　　　　　　　Prof. Dr. sc. Gerstenberger
　　　　　　　　　　　　　　　　　　Kommissarischer Leiter

Runder Tisch
16. Sitzung
12. März 1990

Schlußansprache

Der Zentrale Runde Tisch beendet mit dieser 16. Sitzung seine Arbeit. Nach eigenem Selbstverständnis wollte er für eine Übergangszeit bis zur Durchführung freier, demokratischer und geheimer Wahlen tätig sein. Er wußte sich mitverantwortlich für unser in eine Krise geratenes Land. Sein Ziel war es vor allem, mit seinen Beratungen und Vorschlägen zur Überwindung der Krise beizutragen.

Es waren gut drei Monate in einer intensiven Arbeit in bewegter und bewegender Zeit. Seit wir uns am 7. Dezember 1989 auf engstem Raum im Dietrich-Bonhoeffer-Haus zusammenfanden, haben wir alle an diesem Runden Tisch nicht nur am Wandel zum Besseren gearbeitet, wir haben selbst Wandlungen durchgemacht. Der Runde Tisch war eine Schule der Demokratie. Es galt, gemeinsam politisch zu denken. Es galt, gegensätzliche Meinungen zu tolerieren und nach Konsens zu suchen.

In der Anfangsphase führten uns die Aufarbeitung der Vergangenheit, besonders die Auseinandersetzungen um das Amt für Nationale Verteidigung in eine Krise (8. 1. 1990). Die hätte das vorzeitige Ende des Zentralen Runden Tisches bringen können. Zunehmend verlangten jedoch auch die Bürger, die die Verhandlungen am Runden Tisch dank der Übertragungen durch Radio DDR und das Zweite Fernsehen verfolgten, konstruktive Vorschläge zur Überwindung der wirtschaftlichen und gesellschaftlichen Probleme. Der 15. Januar 1990 mit dem ersten Besuch des Ministerpräsidenten Modrow am Runden Tisch markiert einen deutlichen Einschnitt. Der Weg zur Übernahme unmittelbarer Mitverantwortung wurde eröffnet. Sie kam schließlich durch den Eintritt von Vertretern der neuen Parteien und Gruppierungen in die "Regierung der nationalen Verantwortung" (28. 1. 1990) am eindrücklichsten zum Ausdruck.

2

Der Runde Tisch behielt auch danach seine harten Kanten. Er machte Aufgaben bewußt, brachte Probleme und Fragen an die Öffentlichkeit. Doch die Kritik wurde immer mehr Mittel zur Entwicklung konstruktiver Vorschläge. Ermöglicht wurde das durch die Offenheit und Bereitschaft der Regierung zu fairer Zusammenarbeit. Wir danken es zuerst dem Ministerpräsidenten Dr. Hans Modrow. Dank gebührt ebenso den Mitgliedern der Regierung, die sich dem Gespräch am Runden Tisch stellten. Zu danken haben wir den Vertretern aus dem Sekretariat des Ministerpräsidenten, die die Zusammenarbeit vermittelten und dafür sorgten, daß der Runde Tisch und seine Arbeitsgruppen Arbeitsmöglichkeiten hatten. Ich nenne die Namen Halbritter, Hegewald und Sauer.

Wir danken den Mitarbeitern des Konferenzzentrums, die uns versorgten und ideale Arbeitsmöglichkeiten boten. Wir danken den Mitarbeitern des Rundfunk und des Fernsehens und den Leuten von der Technik im Hintergrund. Wir danken den Vertretern der Presse. Ohne sie wäre es nicht möglich gewesen, die Öffentlichkeit an den Verhandlungen des Runden Tisches zu beteiligen. Wir danken der Deutschen Volkspolizei, die sorgsam und unaufdringlich die Verantwortung für die Sicherheit unserer Arbeit wahrnahm. Vor allem aber nenne ich nun die Mitarbeiter des Arbeitssekretariats, namentlich Frau Grüner, Frau Schäffner und den Leiter Herrn Reichelt. Ohne ihren Einsatz wären unsere bis zu 12 Stunden dauernden Mammutsitzungen nicht zu bewältigen gewesen. Wir danken ihnen und auch allen nicht namentlich genannten, die im Hintergrund halfen. Wir danken endlich auch den Pressesprechern Frau Helm-Schubert, Herrn Grande und Herrn Günther, die die Ergebnisse unserer Beratungen gesammelt und festgehalten haben.

Als wir am 7. Dezember 1989 die erste Sitzung eröffneten, wußten wir Moderatoren nicht, worauf wir uns einließen.

Dokument 16/15, Schlußansprache der Moderation, Oberkirchenrat Pfarrer Martin Ziegler; Seite 2 von 3

3

Wir wußten nicht, daß Monate einer zeitaufwendigen, angespannten Arbeit vor uns standen. Es war eine dichte und intensive Zeit. Sie hat uns viele neue Erfahrungen gebracht, vor allem aber viele Begegnungen mit verantwortungsbereiten, kreativen und engagierten Menschen. Wir danken, daß sie uns und unsere Mittlerdienste akzeptierten.

Der Runde Tisch beendet seine Arbeit. Die ersten freien demokratischen Wahlen stehen bevor. Der Runde Tisch nahm Verantwortung wahr in einer Übergangszeit. Jetzt ist es an den Bürgern, ihre Entscheidung zu treffen und ein freies Parlament zu wählen, das nun die schweren und riesengroßen Aufgaben zu lösen hat, vor denen unser Land nach wie vor steht. Die Wahlvorbereitungszeit war kurz, zu kurz, so daß viele noch fragen: Wen sollen wir wählen? Wir bitten, nehmen Sie das nicht zum Vorwand, sich nicht an der Wahl zu beteiligen. Nehmen Sie Ihr Stück Verantwortung wahr und gehen Sie zur Wahl!

Gegenüber großen Worten sind wir zurückhaltend geworden. Große Worte verbrauchen sich, auch gute Worte verbrauchen sich. Häme und Mißbrauch zernagen sie wie der Rost den Stahl. Und dennoch fangen sie etwas ein von dem Wollen und von der Sehnsucht, die im tiefsten Grunde - das ist meine Überzeugung - die vielen Menschen beseelte, die sich zum Wohl unseres Landes mit ihrer Kraft, mit ihrer Kritik und mit ihren Ideen eingesetzt haben, "daß die Sonne schön wie nie über Deutschland scheint", über einem einigen Deutschland in einem befriedeten Europa.

gez. Ziegler

Runder Tisch
16. Sitzung
12. März 1990 Vorlage 16/8

Der Runde Tisch möge beschließen:

Die Regierung der DDR wird aufgefordert, die für den
13. 3. 1990 vorgesehene Gründung der "Internationalen
Beratungs- und Vertriebsgesellschaft mbH" zu verhindern.

Begründung:

Mit der Gründung der "Internationalen Beratungs- und Vertriebsgesellschaft mbH" sollen Warenbestände sowie Liegenschaften und
Ausrüstungen der in Liquidation befindlichen "Kunst- und
Antiquitäten GmbH" Mühlenbeck (KuA GmbH) in eine neue Gesellschaft eingebracht werden. Durch die Eintragung in das Handels-
register vermutlich von Potsdam (Oranienburg) entsteht eine
Neugründung, die nicht Rechtsnachfolger der KuA GmbH ist. Es
gibt damit keine Möglichkeit mehr, deren Vermögen für notwendige Wiedergutmachungsvorhaben zu sichern. Die KuA GmbH hat
in der Vergangenheit Bürger, Museen und andere juristische
Personen durch rechtswidrige Aktionen um Eigentum gebracht.
Diese sind jetzt Gläubiger mit Rechtsansprüchen, die ein be-
rechtigtes Interesse an einer Treuhandverwaltung der Bestände
und des Anlagevermögens haben.

Die geschädigten natürlichen und juristischen Personen müssen
Gelegenheit erhalten, über Fachgutachten ihre Ansprüche anmel-
den zu können.

Die Gründung der "Internationale Beratungs- und Vertriebsgesellschaft mbH" ist durch eine einstweilige Verfügung bis
mindestens nach den Volkskammerwahlen aufzuschieben.

Grüne Partei
Grüne Liga
Neues Forum

Dokument 16/16, Antrag GP, GL, NF: Zur Verhinderung der Gründung der "Internationalen Beratungs- und Vertriebsgesellschaft mbH" (Vorlage 16/8)